Andreas Nehring

Orientalismus und Mission

Die Repräsentation der tamilischen Gesellschaft und Religion durch Leipziger Missionare 1840–1940

2003
Harrassowitz Verlag · Wiesbaden

Gedruckt mit Unterstützung der Deutschen Forschungsgemeinschaft.

Bibliografische Information Der Deutschen Bibliothek:
Die Deutsche Bibliothek verzeichnet diese Publikation in der Deutschen Nationalbibliografie; detaillierte bibliografische Daten sind im Internet über http://dnb.ddb.de abrufbar.

Bibliographic information published by Die Deutsche Bibliothek:
Die Deutsche Bibliothek lists this publication in the Deutsche Nationalbibliografie; detailed bibliographic data is available in the Internet at http://dnb.ddb.de.

Gedruckt auf alterungsbeständigem Papier.
Druck und Verarbeitung: Memminger MedienCentrum AG
Printed in Germany

www.harrassowitz.de/verlag

ISSN 1611-0080
ISBN 3-447-04790-9

Thacker, Spink & Co. *Calcutta.*

ANTHROPOMETRY.

Aus: Journal of the Amateur Photographic Society of Madras III, 1896–97.

Inhalt

Vorwort 11

Konventionen 13

Abkürzungen 15

I. Missionare im Diskurs

1. Einleitung 17
2. Dialog und Religionsvergleich 23

3. Orientalismus 29
   3.1. Indien im Orientalismusdiskurs 35
   3.2. Die Einheit des Diskurses 38
   3.3. Deutscher Orientalismus 41
   3.4. Schweigen im Diskurs 47

4. Ziel der Studie 53

II. Die Leipziger Mission in Tamil Nadu

1. Aufnahme der Missionsarbeit 55

2. Missionsgeschichtliche Perspektiven 56
   2.1. Anknüpfung an die Dänisch-Hallesche Mission 56
   2.2. Aufklärungskritik 58
   2.3. Zur Genealogie des Diskurses – Südindieninterpretationen der Aufklärungszeit 65
   2.3.1. Tamilische Kultur 65
   2.3.2. Schularbeit 68
   2.3.3. Naturwissenschaftliche Forschungen 75
   2.4. Zur Bedeutung der Missionare der Aufklärungszeit 80

3. Karl Graul als Theologe des lutherischen Bekenntnisses 82
4. Leipziger Missionare 1840–1940 85
Exkurs: Der Fall S. Samuel Pillay 88

5. Leipziger Missionarsberichte als Dokumente interkultureller Wahrnehmung 90
5.1. Berichte in Missionszeitschriften 92
5.2. Reise nach Ostindien 94
5.3. Monographien 99
5.4. Übersetzungen 99
5.5. Archiv 101

III. Repräsentation der südindischen Gesellschaftsordnung

1. Die Behandlung der Kaste in der Lutherischen Kirche 102
1.1. Der Kastenstreit 105
1.2. Der Kastenstreit innerhalb der Lutherischen Mission 114
1.3. Berufung auf Dänisch-Hallesche Tradition 118
1.4. Reinheit und Speise 122

2. Leipziger Missionare im orientalistischen Kastendiskurs 124
2.1. Kaste, Jāti, Varṇa 124
2.2. Zum Ursprung der Kasten 128
2.3. Arisch und Dravidisch – Zum Verhäntnis von Kaste, Rasse und Sprache 137
2.4. Religiöse und bürgerliche Ordnung 152
2.5. Religion und Politik 157

3. Kasten in Tamil Nadu 169
3.1. Brahmanen 173
3.2. Nicht-Brahmanen 178
3.2.1. Vanikar – Linke- und Rechte-Hand-Kasten 182
3.2.2. Pilley und Muteli – Kastentitel der Vellalar 186
3.2.3. Panchakammalar 189
3.2.4. ‚Räuberkasten' 191
3.2.5. Shanar 196
3.3. Lutherische Paraiyar 201

4. Zusammenfassung 210

IV. Übersetzen – Zugänge zur Tamil-Literatur

1. Romantische Übersetzungsmethoden ... 215
2. Tamil-Bibliothek ... 225
3. Der Tirukkuṟaḷ ... 228

V. Religionsdiskurse

1. Die Konstruktion des Hinduismus ... 242
1.1. Hinduismus – eine Religion ... 244
1.1.1. ‚Heidentum' ... 244
1.1.2. ‚Brahmanenthum' ... 248
1.1.3. Kultureller Wandel ... 254
1.1.4. Sadur Veda Siddhanta Sabha ... 258
1.1.5. Vedānta ... 261
1.2. Hinduismus und Christentum ... 266
1.2.1. Apologetik und Religionsvergleich ... 266
1.2.2. Hinduismus – eine synkretistische Religion ... 273

2. Hinduismus und Volksreligion ... 282
2.1. Hakenschwingen und religiöse Autorität ... 286
2.2. Die Feste der Ammaṉ – Partizipation am Ritual ... 293
2.3. Aiyaṉār, der Herr der Dämonen ... 299
2.4. Pēy und Bhūtas – Teufelsdienst und Heroenverehrung ... 302

3. Die Repräsentation von Śaiva Siddhānta im orientalistischen Diskurs ... 308
3.1. Śivabhakti und Mystik ... 310
3.1.1. Śaiva Siddhānta ... 310
3.1.2. Kritik an Vedāntarezeption ... 312
3.1.3. Indische und christliche Mystik ... 317
3.2. Einseitige Rezeption der Bhakti-Religionen ... 324
3.2.1. Pantheismus ... 324
3.2.2. Reduktion von Bhakti auf den Viṣṇuismus ... 325
3.2.3. Ursprünge von Bhakti in Südindien ... 327
3.2.4. Männliche Arier und weibliche Draviden ... 331
3.3. Missionare und der Śaiva Siddhānta Samāj ... 335

Ausblick ... 342

Karten ... 348
Glossar ... 351
Zeitschriftenverzeichnis ... 359

Literaturverzeichnis

I. Teil: Primärquellen ... 361

1. Handschriftliche Quellen ... 361
   a) Stationsberichte ... 361
   b) Kollegialprotokolle ... 361
   c) Personalakten ... 362
   d) Copiebücher ... 362
   e) Verschiedene Aktenstücke ... 362
   f) Nachlaß Karl Graul ... 364
   g) Nachlaß Carl Ochs ... 368
   h) Sonstige Aktenstücke ... 368
   i) Tamilbibliothek der Leipziger Mission ... 368
   k) Sonstiges (gedruckt) ... 369

2. Gedruckte Quellen ... 369

II. Teil: Sekundärliteratur ... 385

Anhang

1 Protokoll der Sitzung von Abgeordneten der „Madras Missionary Conference" mit Karl Graul ... 447
2 Brief von Lechler an den Herausgeber des ‚Madras Christian Herald' .. 448
3 Manuskript über die Panchakammaler ... 450
4 Beantwortung verschiedener Fragen Grauls von S. Samuel Pillay ... 451
5 Antwort auf zwölf Fragen Grauls von S. Samuel Pillay ... 459
6 Antwort auf drei Fragen Grauls von S. Samuel Pillay ... 467
7 Brief von S. Samuel Pillay an Graul ... 472
8 Memorandum ... 473
9 Listen der Bhūtas und Pēy ... 476

Namenregister ... 483
Stichwortregister ... 493

Vorwort

In einer vor allem in den Kulturwissenschaften geführten Debatte um Orientalismus und Postkolonialismus gewinnt auch die Analyse historischer Quellen aus den westlichen Missionsarchiven zunehmend an Bedeutung. Leider gibt es ungeachtet dessen, gerade in Bezug auf die Archive der Missionsgesellschaften, die in Indien tätig waren, nach wie vor erhebliche Forschungsdefizite. Zwar finden sich zahlreiche Untersuchungen zur kirchlichen Arbeit deutscher Missionen in Indien, kaum untersucht ist hingegen, wie Missionare im 19. Jahrhundert die ihnen begegnende Kultur wahrgenommen und repräsentiert haben. Die vorliegende Untersuchung will einen Beitrag dazu leisten, diese Forschungslücke zu schließen.

Die Durchführung einer solchen Studie, die den vielfältigen interkulturellen Begegnungen nachgeht und Repräsentationsprozesse kritisch hinterfragt, verdankt sich der Mithilfe, Unterstützung, Kritik und Ermutigung anderer.

Prof. Dieter Becker (Neuendettelsau) hat mich bei seinem ersten Besuch in Chennai/Südindien ermutigt, eine solche Untersuchung zu beginnen und meine Studien auch während der letzten Jahre durch seine unermüdliche fachliche und menschliche Unterstützung begleitet. Ihm sei an erster Stelle gedankt. Danken möchte ich auch den Professoren Norbert Klaes (Würzburg) und Friedrich Huber (Wuppertal), dass sie sich die Mühe gemacht haben, das Manuskript zu lesen und Gutachten für das Habilitationsverfahren zu erstellen.

Meinen Kollegen/innen an der Augustana-Hochschule, Neuendettelsau, danke ich für zahlreiche Hilfestellungen und Hinweise, insbesondere Prof. Wolfgang Stegemann, Dr. Christian Strecker und Dr. Renate Jost für die vielen guten Gespräche und die Zeit, die wir miteinander verbracht haben.

Schwer in Worte zu fassen ist der Dank an meinen Freund Dr. Michael Bergunder, mit dem ich in den letzten Jahren allen methodisch-relevanten Aspekte der Arbeit immer wieder diskutiert habe.

Prof. Robert Frykenberg (Wisconsin) danke ich nicht nur für zahlreiche Hilfestellungen, sondern auch für die Gelegenheit, an seinem Arbeitskreis über indische Christentumsgeschichte teilnehmen zu können. Dem Leipziger Missionswerk in Leipzig danke ich für die großzügige Hilfe in der Benutzung der Archive.

An der Augustana-Hochschule möchte ich besonders die Unterstützung durch den Bibliothekar Herrn Markus Bomba hervorheben, der unermüdlich die Literatur beschafft hat, die in Deutschland nur sehr schwer zugänglich war. Außerdem danke ich Andrea Siebert, die viele Stunden ihrer Freizeit in die Korrektur, Formatierung und Registrierung der Arbeit gesteckt hat. Beulah Manoharan und Sebastian Rajah haben meine Transkription der tamilischen Manuskripte aus den Archiven noch einmal

Korrektur gelesen und dadurch geholfen, Missverständnisse zu vermeiden. Auch ihnen sei dafür gedankt.

Der DFG danke ich für einen Druckkostenzuschuss und Prof. Dr. Klaus Koschorke für die Aufnahme dieser Untersuchung in die von ihm betreute Reihe. Der Evangelisch-Lutherischen Kirche in Bayern danke ich für Unterstützung bei der Fertigstellung der Arbeit.

Schließlich danke ich meinen Freunden Inge und Peter Grosse (Leipzig), mit denen ich seit unserer ersten Begegnung in Indien vor über 20 Jahren verbunden bin und die meine Beziehung zu Indien in entscheidender Weise geprägt haben. Ihnen ist diese Arbeit gewidmet.

Seeon, Frühjahr 2003 *Andreas Nehring*

Konventionen

Diese Untersuchung basiert vor allem auf Archivmaterial aus dem Missionsarchiv in Leipzig und auf gedruckten Quellen aus dem Bereich der Leipziger Mission. Eine Schwierigkeit ergab sich bei der Transkription indischer Termini, vor allem aus dem Tamil und Sanskrit. Ich habe mich dafür entschieden, Kastennamen und -titel ohne diakritische Zeichen anzugeben und groß zu schreiben. Die Schreibweise der Namen lehnt sich in der Regel an E. Thruston, ‚Castes and Tribes of Southern India' an. Bei direkten Transkriptionen von Manuskripten und in Zitaten habe ich den ursprünglichen Text und auch die Schreibweise indischer Termini so genau wie möglich wiedergegeben. Unleserliche Stellen sind mit eckigen Klammern [?] markiert. Namen werden so wiedergegeben, wie sie in englischen Titeln der Autoren umgesetzt sind. Klassische Namen werden mit diakritischen Zeichen angeführt, zeitgenössische Namen ohne Zeichen. Dabei kommt es zu Variationen bei der Schreibweise gleicher Namen (z.B. Pillei und Pillai). Andere indische Termini, die dem Leser u.U. unbekannt sind, werden mit diakritischen Zeichen markiert und in einem Glossar im Anhang erläutert. Um die Lesbarkeit zu erleichtern werden einige Begriffe in ihrer eingedeutschten Form verwendet. Dabei wird aber, um Kontinuität zu wahren, auf die diakritischen Zeichen nicht verzichtet (also z.B. Śivaiten anstatt Shivaiten). Obwohl indische Termini in dieser Arbeit in der Regel klein geschrieben werden, habe ich für diejenigen Begriffe, die an ein deutsches Wort angebunden sind, die Großschreibung vorgezogen (also z.B. bhakti, aber Bhakti-Frömmigkeit). In der Transkription tamilischer Begriffe folge ich Th. Malten, Lehrbuch des Tamil, Köln 1991. Die Transkription von Sanskrit-Begriffen folgt der international üblichen, am Devanāgarī ausgerichteten Umschrift.

Englische Zitate sind in dieser Arbeit nicht übersetzt.

Bei Namen der Missionare sind nicht immer die Vornamen angegeben.

Im Anhang finden sich einige Texte aus dem Leipziger Missionsarchiv, die Tamil-Begriffe enthalten. Diese Texte sind soweit wie möglich ohne Veränderungen hier abgeschrieben und ohne Umschrift wiedergegeben.

Abkürzungsverzeichnis

AHR	American History Review
AIDMK	All India Anna Dravida Munnetra Kalagam
AMGD	Anzeigenblatt für die Evangelische Missions-Gesellschaft zu Dresden 1838–1840
AMM	American Madurai Mission
AMZ	Allgemeine Missions-Zeitschrift
AV	Akapporuḷ Viḷakkam
AZA	Allgemeine Zeitung. Augsburg
BKG	Bibliographie Karl Graul
BMS	Basler Missionsstudien
BSKG	Beiträge zur sächsischen Kirchengeschichte
BT	Bibliotheca Tamulica
CMI	The Church Missionary Intelligencer
CMS	Church Missionary Society
CU	Chāndogya-Upaniṣad
CWL	Christian Work
DAA	Das Ausland. Augsburg
DEHM	Die deutsche evangelische Heidenmission
DEWM	Deutsche Evangelische Weltmission
DMK	Dravida Munnetra Kazhagam
DMN	Missions-Nachrichten der Ev.-Luth. Missionsgesellschaft zu Dresden
ELMB	Evangelisch-Lutherisches Missionsblatt
EMM	Evangelisches Missions-Magazin
EMZ	Evangelische Missions-Zeitschrift
EncRel(E)	Encyclopedia of Religion
GN	Graul Nachlaß im Missionsarchiv der Evangelisch-Lutherischen Mission in Leipzig
HB	Hallesche Berichte
HF	The Harvest Field
ICHR	Indian Church History Review
IER	Indian Evangelical Review
IESHR	The Indian Economic and Social History Review
Ind.Ant.	Indian Antiquaries
IOL	India Office Library
ISPCK	Indian Society for Promoting Christian Knowledge
IuC	Schomerus, H.W., Indien und das Christentum

JBM	Jahrbuch für Mission
Jber	Jahresbericht
JEM	Jahrbuch Evangelischer Mission
JIH	Journal of Indian History
JBMK	Jahrbuch der Bayerischen Missionskonferenz
JSMK	Jahrbuch der Sächsischen Missionskonferenz
LELM	Evangelisch-Lutherisches Missionswerk in Leipzig
LMA	Missionsarchiv der Evangelisch-Lutherischen Mission in Leipzig
LMJB	Lutherisches Missions-Jahrbuch
LMS	London Missionary Society
MCH	Madras Christian Herald
MDLK	Vom Missionsdienst der Lutherischen Kirche
ME	Colbrooke, Miscellaneous Essays
MNGEMB	Magazin für die neueste Geschichte der evangelischen Missions- und Bibelgesellschaften
MNH	Madras Native Harald
MOIMH	Missionsnachrichten der Ostindischen Missionsanstalt zu Halle
MU	Muṇḍaka Upaniṣad
NAMZ	Neue Allgemeine Missionszeitschrift
NF	Neue Folge
NHB	Neuere Geschichte der Missions-Anstalten zur Bekehrung der Heiden in Ostindien (Neue Hallesche Berichte)
NOI	Nachrichten aus und über Ostindien für Freunde der Mission
NTT	Nederlands Theologisch Tijdschrift
OCS	The Oriental Christian Spectator
skt.	Sanskrit
SPCK	Society for Promoting Christian Knowledge
SPG	Society for the Propagation of the Gospel
SU	Śvetāśvatara-Upaniṣad
TA	Tamilian Antiquary
TBLM	Tamil Bibliothek im Archiv der Leipziger Mission
TSK	Theologische Studien und Kritiken
U	Briefumschlag in Aktenstücken im LMA
VSK	Verschiedene Schriften zur Kastenfrage
WZ(H)GS	Wissenschaftliche Zeitschrift der Martin-Luther-Universität Halle-Wittenberg, Gesellschafts- und sprachwissenschaftliche Reihe
ZDMG	Zeitschrift der Deutschen Morgenländischen Gesellschaft
ZfK	Zeitschrift für Kulturaustausch
ZHT	Zeitschrift für die Historische Theologie
ZLThK	Zeitschrift für die gesamte lutherische Theologie und Kirche

I. Missionare im Diskurs

1. Einleitung

Unsere Kenntnis von Indien, seiner Geschichte, seiner Religion und seiner Gesellschaft, ist in entscheidendem Maße ein Produkt der kolonialen Vergangenheit.[1] An der Produktion dieses Wissens waren Orientalisten, Kolonialbeamte, staatliche Verwaltungsstrukturen wie der Zensus, aber auch Missionare beteiligt. In dieser Studie untersuche ich in erster Linie die Rolle der deutschen protestantischen Missionare in Südindien, insbesondere in Tamil Nadu, die einen für die heutige Ethnologie und Indologie nicht zu vernachlässigenden kritischen Beitrag in der europäischen Repräsentation Südindiens im 19. Jh. geleistet haben, der die theoretischen Strukturen, wie sie vor allem in der von den Indologen betriebenen Erforschung der sanskritischen Tradition ausgeprägt wurden, in ihrem kategorischen Gültigkeitsanspruch in Frage stellt. Gegenstand dieser Untersuchung ist mit dieser Einschränkung auf deutsche Missionare in Südindien ein Bereich der Missionsgeschichte, der relativ ausführlich von Historikern bearbeitet worden ist.[2]

Missionsgeschichte als einen Teil der Kirchengeschichte zu betreiben, hat Tradition.[3] Die Ausbreitung der Mission, Gründung einer einheimischen Kirche, Begegnung mit fremder Religion und Kultur und die Entstehung einheimischer Theologien sind die zentralen Bereiche der Missionsgeschichtsschreibung. In der Konzentration auf diese Themen hat die Missionsgeschichtsschreibung ihren eigenen Diskurs geführt, der, obwohl er in vielen Bereichen Fragen der Religionswissenschaft, der Ethnologie und der Sprachforschung berührte, eigentümlich isoliert geblieben ist. Missionswissenschaftliche Arbeiten werden im sozial- und kulturwissenschaftlichen Diskurs kaum rezipiert. Die Gründe dafür sind hier nicht zu ermitteln, sie sind jedoch vermutlich mehrschichtig. Zum einen lässt sich in der Missionswissenschaft die Tendenz nicht verleugnen, religionswissenschaftliche und ethnologische Ansätze in den Bereich von Hilfswissenschaften einzuordnen, zum anderen konzentrierte sich die missionsgeschichtliche Forschung auf die Arbeit und das Leben von Individuen, die Gründung und Entwicklung von Kirchen und das Leben von Christen in einem fremden kulturellen Kontext, aus dem sie durch Bekehrung in gewisser Weise herausgelöst worden sind.

Die Geschichtsschreibung der Leipziger Mission in Indien hat bis in die Gegenwart die Tendenz, die Entwicklung der Kirche in Tamil Nadu und die Arbeit der

1 COHN 1968:3ff; 1987:224–254; 1996.
2 NEILL 1985; RICHTER 1924; GRAFE 1990.
3 Siehe: GENSICHEN 1985b:145ff.

Missionare als einen theologisch motivierten, von sozialen, politischen und wirtschaftlichen Entwicklungen in Indien unabhängigen Prozeß zu beschreiben.[4] Das Quellenmaterial für diese Geschichtsdarstellungen sind im wesentlichen die Berichte der Missionare.

Wenn nun erneut anhand dieser Missionarsberichte eine missionsgeschichtliche Darstellung unternommen wird, so bedarf dies der Begründung. Die erkenntnisleitende Frage dieser Arbeit ist: Wie sahen die Leipziger Missionare die südindische Gesellschaft, in der sie lebten und arbeiteten? Und daran anschließend: Sind die Berichte und Beobachtungen der Missionare über ein kirchliches Interesse hinaus von Relevanz zum Verständnis der tamilischen Gesellschaft, Religion und Kultur?

Hinter dieser historischen und der kulturgeschichtlichen Fragestellung steht allerdings die weiterführende Frage nach der interkulturellen Begegnung in einem kolonialen Kontext. Während in der Theologie diese Begegnung vor allem unter der Perspektive des interreligiösen Dialogs reflektiert wird, ist in den Kulturwissenschaften seit etwa zwei Jahrzehnten das Diskursmodell prominent, das von Edward Said unter Bezugnahme auf Michel Foucault und Antonio Gramski eingeführt wurde, um die Machtstrukturen westlicher Repräsentationsmuster vom Orient im kolonialen Kontext aufzudecken. Zwischen beiden Reflexionsebenen gibt es bisher nur wenig Beziehungen. Zwar wurden in binnenchristlichen Reflexionen auf den interreligiösen Dialog die theologischen Voraussetzungen der Wahrnehmung der anderen Religion kritisch analysiert,[5] und eine in den Kulturwissenschaften entworfene interkulturelle Hermeneutik zum Verstehen des Fremden[6] wurde auch theologisch reflektiert;[7] dass aber die Bedingungen des Verstehens eingebunden sind in einen hegemonialen Diskurs, durch den in der Repräsentation des Fremden zugleich Macht über das Fremde ausgeübt wird, wurde bisher für den interreligiösen Dialog kaum beachtet.[8] Die Beziehungen von Missionaren zur Macht sind inzwischen für zahlreiche koloniale Kontexte untersucht worden,[9] ebenso gibt es eine Vielzahl von Darstellungen missionarischer Repräsentation anderer Kulturen, der Sprachen, der Lebensformen und Religionen, in denen die wissenschaftlichen Leistungen der Missionare herausgestellt wurden.[10] Wie aber der Diskurs der kolonialen Begegnung von europäischen Kolonialisten und Missionaren ebenso wie von einheimischen Interessen produziert wurde, ist bisher erst in Ansätzen untersucht worden.[11]

---

4 KARSTEN 1893/94; HANDMANN 1903; FLEISCH 1936; AAGAARD 1967; MORITZEN 1986; KUBERSKI 1993.

5 Die Literatur dazu ist weit gefächert; siehe exemplarisch MILDENBERGER 1978; BERNHARDT 1993; WHALING 1986.

6 WIERLACHER 1993; WALDENFELS 1990.

7 SUNDERMEIER 1996.1999; jüngst GRÜNSCHLOSS 1999.

8 Für die Repräsentation des Islam durch christliche Theologen siehe allerdings HOCK 1986.

9 Klassische Untersuchungen von HAMMER 1981; GRÜNDER 1992.

10 Siehe im Überblick TRIEBEL 1988.

11 Überlegungen dazu in KOSCHORKE 1998; vor allem WENDT 1998, 259ff.

Quellen für diese Diskursanalyse sollen in dieser Untersuchung in erster Linie die Berichte, Übersetzungen und Monographien der Leipziger Missionare sein, die als deutsche Missionare in einer englischen kolonialen Situation in Südindien gearbeitet haben und damit in mehrerlei Hinsicht der kolonialen Kollaboration unverdächtig sind.

Die Bedeutung europäischen Materials aus dem 19. Jh. für das Studium fremder Kulturen, wie der Südindiens, ist umstritten. Koloniale wie missionarische, aber auch innereuropäische politische Interessen haben diese Berichte gefärbt. Bestimmte kulturelle und religiöse Vorstellungen, die die Europäer nach Indien mitgebracht haben, so wird argumentiert, haben ihre Sicht der indischen Gesellschaft beeinflusst, und sowohl Fremdwahrnehmung als auch die europäische Darstellung Indiens stimmt mit dem Selbstbild der Inder nicht überein. Diese pauschale Kritik des eurozentrischen Blickes bedarf allerdings genauerer methodischer Überlegungen, die für diese Arbeit relevant werden.

Darüber hinaus lässt sich feststellen, dass sich der europäische Blick durchaus differenziert gestaltete. Missionare und Kolonialbeamte, die Hauptproduzenten von Informationen über Indien, hatten sehr verschiedene moralische und religiöse Ansichten, die ihre Berichte beeinflussten. Engländer und Deutsche, Evangelikale, Katholiken und Lutheraner hatten einen unterschiedlichen Zugang zu den Religionen Indiens. Einige von ihnen standen dem tamilischen Weltbild in ihren Auffassungen näher als andere. Aber auch dieses Weltbild ist ja nicht objektiv verfügbar. Es wurde einerseits unter den kolonialen Bedingungen im 19. Jh. einem Wandel unterzogen, andererseits immer schon interpretiert.[12]

Aus ethnologischen Untersuchungen der Gegenwart kann man nicht unmittelbar auf Verhältnisse im 19. Jh. schließen, aus indischer Literatur des 19. Jh.s, die meist von Brahmanen oder Angehörigen höher stehender Kasten verfasst wurde, lässt sich ebenfalls kein eindeutiges Bild der tamilischen Gesellschaft entwerfen. Allein die Tatsache, dass aus europäischer Sicht über Indien geschrieben wurde, lässt noch nicht den Schluss zu, dass diese Sicht nur falsch gewesen sein muss. Ebenso lässt auch das apologetische Interesse der Missionare in der Begegnung mit der Hindu-Religion noch nicht darauf schließen, dass die Berichte über die Kultur, in der sie oft viele Jahre gelebt haben, nicht brauchbar sind zum Verständnis Indiens. Die Missionare hatten meist ein kritisches und oftmals ein offen polemisches Verhältnis zu den von ihnen beschriebenen religiösen oder kulturellen Gegebenheiten, und sie haben ihre Kritik offen ausgesprochen, so dass es dem gegenwärtigen Leser möglich gemacht wird, zwischen Kritik und sachlich-deskriptivem Gehalt der Berichte zu unterscheiden.

---

12 Mit Hans Lenk kann man sagen: „Es gibt keine absolute objektive Basis, die uns erlauben würde, das Interpretationsschema, die Interpretativität einerseits und die von der Interpretation und von jeder interpretativen Erfassung unabhängige Welt andererseits voneinander zu trennen.“ LENK 1993:163; siehe auch Richard Rorty: „There is no way to compare descriptions of the world in respect of adequacy.“ RORTY 1982:XLIII.

Hinter der Kritik an der missionarischen Repräsentation fremder Kulturen von Seiten der Ethnologie und der Religionswissenschaft steht auch der Anspruch, objektiv berichten und den ‚natives point of view' methodisch sauber rekonstruieren zu können. Da sich die Ethnologie inzwischen, in Abgrenzung zu funktionalistischen Ansätzen, bis auf wenige Ausnahmen[13] selbst von diesem Objektivitätsanspruch verabschiedet hat,[14] werden auch Darstellungen anderer Kulturen durch Missionare relative Gültigkeit zugestanden.[15]

Darüber hinaus hat George Deveraux eingewendet, dass eine Korrelation von Objektivität und persönlicher Einstellung in kulturwissenschaftlichen Analysen grundsätzlich nicht hergestellt werden kann und dass die Überzeugungen oder Verhaltensweisen eines Sozialwissenschaftlers Objektivität gegenüber dem Darstellungssubjekt weder garantieren noch verdächtig machen.[16]

Dadurch, dass viele Missionare jahrzehntelang in der Umgebung lebten, über die sie schrieben, lassen sich aus ihren Berichten Aspekte lokaler Traditionen entnehmen, die zum Verständnis der indischen Gesellschaft und ihres Wandels im 19. Jh. beitragen. Während Kolonialbeamte in der Regel in Städten lebten und das Leben in den Dörfern nur von Exkursionen kannten, waren die Missionsstationen zum großen Teil in Dörfern und Kleinstädten gegründet. In den Berichten der Missionare finden sich immer wieder Beschreibungen von Festen, Tempelritualen, aber auch von lokalen Kastenstrukturen und Konflikten, die von einer genauen Kenntnis der Verhältnisse zeugen.

Die Nähe zum Darstellungssubjekt und seiner Kultur kann allerdings nicht zum Kriterium gemacht werden für ein tieferes oder besseres Verstehen oder für die Authentizität der Repräsentation, da ja dann die eigene Kultur diejenige wäre, die man am besten versteht. Eben dieser Ansatz wird aber gerade von Ethnologen wie Malinowski und Lévi-Strauss den indigenen soziologischen Zugängen versagt, weil ihnen die holistische Perspektive von außen fehlt.[17]

Ein Problem für die Analyse der Missionarsberichte ist, dass nur auf dem Hintergrund neuerer ethnologischer, religionswissenschaftlicher und historischer Studien die Rolle der Missionare im europäischen, indologischen und ethnographischen Repräsentationsdiskurs von Indien im 19. Jh. und der Beitrag der Missionare zum Verständnis insbesondere der südindischen Gesellschaft erhoben werden kann. Dabei ergibt sich, wie oben angedeutet, die Schwierigkeit, dass die ethnologischen Untersuchungen, die die Gegenwart repräsentieren und ihre ethnographischen Daten aus gegenwärtigen Verhältnissen ziehen, nicht unmittelbar für das Verstehen der

---

13 Z.B. HARRIS 1969.

14 Siehe dazu die Diskussion bei BERG/FUCHS 1993; CLIFFORD/MARCUS 1986; MARCUS/FISCHER 1986.

15 Siehe TYLER 1991:92, dessen radikale postmoderne Kritik an jeglicher Repräsentation des Anderen durch die Ethnologie Unterschiede in den Formen der Repräsentation letztlich minimiert.

16 DEVERAUX 1984:40ff.

17 LEVI STRAUSS 1981; BERG/FUCHS 1993:37. Siehe dazu auch die Diskussion unter indischen Soziologen, PANDIAN 1987:15ff; SRINIVAS 1992:132ff. Vgl. auch: KOEPPING 1987:7ff.

tamilischen Gesellschaft im 19. Jh. übertragen werden können. Neuere historische Untersuchungen über Südindien im 19. Jh. konzentrieren sich aber vor allem auf politische und wirtschaftliche Verhältnisse einerseits und auf den Hinduismus andererseits. Die politische Entwicklung in Indien nach der Unabhängigkeit von der britischen Kolonialregierung und insbesondere die jüngsten Entwicklungen eines Hindu-Nationalismus, in denen Politik und Religion in einem Verhältnis zueinander stehen, das mit dem Stichwort ‚Hindūtva' gekennzeichnet wird,[18] scheinen die von westlichen Autoren immer wieder vorgebrachte Ansicht zu bestätigen, dass soziale und politische Probleme in Indien auf die Unbeweglichkeit der indischen Religionen zurückzuführen sind, die trotz aller Reformbewegungen letztlich an ihren Wurzeln festgehalten haben.[19]

Insbesondere indologische Darstellungen vermitteln oftmals den Eindruck, die indische Religion sei in klassischen Texten kodifiziert, die eine Dynamik kultureller Entwicklungen eher verhindern als fördern. Dagegen wird von Ethnologen und Historikern in neuerer Zeit für eine dynamische Sicht der indischen Religionen plädiert, die auch geographische Unterschiede in Betracht zieht.[20] Ein Bereich, der bisher in der dynamischen Sicht Indiens stark vernachlässigt wurde, ist allerdings die christliche Missionstätigkeit in Indien im 19. Jh. Bis jetzt gibt es nur wenige Untersuchungen über die christlichen Missionen in Indien, die den Diskurs der theoretischen und historisch-empirischen Erforschungen der indischen Gesellschaft aufgenommen haben.[21] Die vorliegende Arbeit verdankt viel der Einsicht von Susan Bayly, die in einer Studie über Christen und Muslime in Südindien aufgezeigt hat, dass die Missionare nicht nur Außenseiter der südindischen Gesellschaft waren und diese beobachtet haben und dass Konversionen zum christlichen Glauben in der Regel nicht einen totalen kulturellen Bruch bedeutet haben, sondern dass die Missionare selbst, oft gegen ihre Intentionen, in einen kulturellen Prozess einbezogen waren, den sie nicht allein steuerten.[22]

Das Interesse dieser Arbeit liegt aber nicht in erster Linie darin, die politischen und wirtschaftlichen Implikationen dieses gegenseitigen Kulturaustausches zwischen Missionaren und der tamilischen Gesellschaft zu untersuchen, sondern die hermeneutischen Voraussetzungen der gegenseitigen Erwartungen und deren Auswirkungen auf soziale und religiöse Veränderungen aufzuzeigen. Diese Untersuchung bleibt insofern im Rahmen traditioneller „eurozentrischer" Muster, als das Textmaterial, anhand dessen diese gegenseitige Beziehung aufgezeigt werden soll, im Wesentlichen europäischen Ursprungs ist; sie bleibt auch im Inneren einer im

---

18 Siehe dazu u.a. LELE 1995; VEER 1996; ALLEN, A. 1993; AUGUSTINE 1993; NEHRING 1994; im Überblick PULSFORT 1991; HANSEN 1999.

19 Gunnar Myrdal hat diese Sicht unter dem Stichwort ‚Asian Drama' vertreten. MYRDAL 1968.

20 Bahnbrechend war hier Robert BELLAHS „Religion and Progress in modern Asia" aus dem Jahr 1965; siehe darin besonders den Beitrag von Geertz in der Diskussion. GEERTZ 1965:150ff.

21 Wichtige Ausnahmen sind die Untersuchungen von ODDIE 1979.1991.1997; FORRESTER 1980; MANICKAM 1977; BAYLY, S. 1989; MOSSE 1986, FRYKENBERG 1976; BUGGE 1994.

22 BAYLY, S. 1989.

Westen ausgebildeten kulturwissenschaftlichen Orientierung. Eine Aufarbeitung tamilischer Quellen und eine Methodenreflexion, die die gegenseitige Rezeption von tamilischer Seite darlegt, steht damit noch aus.[23]

Die oben erwähnte Doppelstruktur der Fragestellung der vorliegenden Untersuchung bedeutet damit, dass die Begegnung der Missionare mit Indien nicht aus einer missionstheologischen Perspektive untersucht werden soll, sondern dass die implizite und zum Teil auch explizite Hermeneutik der interkulturellen Begegnung zwischen Leipziger Missionaren und Indien mit Hilfe religionswissenschaftlicher Methodik analysiert werden wird. Religionswissenschaft ist bemüht, ihre Gegenstände aus sich selbst und ihren eigenen Voraussetzungen heraus und nicht in Kategorien fremder religiöser oder weltanschaulicher Systeme zu verstehen. Das bedeutet für die Methode der Arbeit, dass es nicht darum gehen kann, die spezifische Sicht der Leipziger Missionare von indischer Gesellschaft und Religion zu rechtfertigen oder andererseits, dieser Form der interkulturellen Begegnung Sinn und Existenzberechtigung abzusprechen, sondern dass diese Begegnung selbst zum Gegenstand religionswissenschaftlicher Analyse gemacht wird. Dazu ist es notwendig, zwischen verschiedenen Diskursebenen zu unterscheiden.

In der Diskussion kultureller Fremdwahrnehmung, die die Aussagekraft und Relevanz europäischer und insbesondere missionarischer Berichte als Quellen für das Verstehen und die geschichtliche Darstellung kultureller Entwicklungen eines Landes in Frage stellt, weil diese eher Zeugnis eines europäischen Vorurteils, als von der dargestellten Wirklichkeit seien, wird m.E. bisher zu wenig beachtet, dass die Missionarsberichte nur als ein Sonderfall der hermeneutischen Prämisse unterliegen, dass die Perspektive des Beobachters die Darstellung von Wirklichkeit determiniert. Natürlich bleiben die Missionare als Beobachter indischer Lebensformen in der Beurteilung der ihnen begegnenden indischen Kultur in einem lutherisch geprägten Wertehorizont ihrer Gesellschaft, ihrer Zeit und ihrer Bildungsschicht befangen. Ihre Bilder von Indien entstehen nicht in der unmittelbaren Gegenüberstellung eines individuellen Beobachters mit einem reinen Objektes der Beobachtung, sondern diese Bilder werden kulturell geprägt und produziert. Es scheinen mir zwei Diskursebenen von Bedeutung zu sein, auf denen das Problem des Vorurteils[24] in Bezug auf die Begegnung der Missionare mit der indischen Kultur diskutiert werden muss: die Ebene des interreligiösen Dialogs und des Religionsvergleiches und die Ebene der Repräsentation des Fremden und insbesondere des Orients als Machtdiskurs.[25]

23 Für den Zeitraum der Begegnung der Dänisch-Halleschen Missionare mit der tamilischen Gesellschaft von 1706–1735 hat Dennis Hudson neuerdings vor allem die Perspektive der Vellalar-Christen in Tanjore aus den Archivalien erhoben. Hudson 2000, 70ff.

24 Dass diese Frage nicht neu ist, sondern bereits in der Zeit der Aufklärung, also weit vor Ankunft der Leipziger Missionare in Indien intensiv reflektiert wurde, macht die Problematik umso dringlicher. Siehe dazu SCHNEIDERS 1983.

25 Fragen der Fremdwahrnehmung und ihrer Bedeutung für den interreligiösen Dialog sind in den letzen Jahren in Deutschland intensiv diskutiert worden und müssen daher hier nur im Ansatz skiz-

2. Dialog und Religionsvergleich

Die Begegnung von Christen mit dem Hinduismus ist sowohl im 19. wie im 20. Jh. geprägt von sich wandelnden theologischen Überzeugungen. Obwohl es beinahe unmöglich geworden ist, die Flut von Veröffentlichungen, die diese Begegnung zum Inhalt haben, zu überblicken, lässt sich doch im Wandel der theologischen Wahrnehmungsmuster der indischen Religionen eine Tendenz ausmachen, die es fragwürdig erscheinen lässt, den Zugängen der Missionare zum Hinduismus im 19. Jh. heute noch eine Relevanz zuschreiben zu können. In Überblicksdarstellungen zum christlich-hinduistischen Dialog[26] wird diese Tendenz als Pluralisierung nachgezeichnet. Von einer apologetischen Haltung, die die Überlegenheit der eigenen religiösen Überzeugung voraussetzt, hat sich der theologische Zugang zu der anderen Religion über Anknüpfungs- und Erfüllungsmodelle[27] zu einer dialogischen Haltung entwickelt, die das eigene christliche Glaubenserbe im Licht der anderen Religion und in der Begegnung mit der anderen Religion zu verstehen sucht und in der interreligiösen Begegnung eine Bewusstseinsänderung erfährt.[28]

Von dieser dialogischen Haltung, die die eigene theologische Position durch die Begegnung mit der anderen Religion verändern oder bestimmen lässt, ist in den Berichten der Leipziger Missionare aus Südindien so gut wie nichts zu finden. Im Gegenteil, der Untersuchungszeitraum kennzeichnet auch die Phase in der Missionsgeschichte, in der die Missionswissenschaft zunehmend systematisiert wurde. Diese Systematisierung war begleitet von einer Ausformulierung des Absolutheitsanspruchs des Christentums, die man in den Missionskonferenzen von Edinburgh 1910, Jerusalem 1928 und Tambararam 1938 beobachten kann.[29] Die Kenntnis indologischer Forschungsergebnisse, die auch von den Leipziger Missionaren zunehmend rezipiert wurden, hat zwar Auswirkungen auf das Indienbild der Missionare gehabt, ihre theologische Haltung der anderen Religion gegenüber aber nur marginal berührt. Die ausdrücklich theologischen Urteile über den Hinduismus sind in erster Linie von theologischen Prämissen bestimmt, die eine Interpretationsstruktur vorgeben, die auch unabhängig von der anderen Religion, der die Missionare begegnet sind, formuliert werden kann. Die theologische Auseinandersetzung der Leipziger Missionare mit dem Hinduismus ist daher nicht in erster Linie Gegenstand dieser Studie, da sie nur einen Sonderfall christlicher Auseinandersetzung mit anderen Religionen im allgemeinen darstellt und damit in dem Problembereich einer Theologie der Religionen verhandelt werden muß.

---

ziert werden. Siehe z.B. SUNDERMEIER 1996; GRÜNSCHLOSS 1999. Dagegen ist der sogenannte Orientalismusdiskurs in der Missionswissenschaft bisher noch nicht reflektiert worden.

26 Siehe dazu COWARD 1989; ARIARAJAH 1991; SHARPE 1977.

27 Dazu FAQUAR 1913; SHARPE 1965.

28 Exemplarische Beispiele dieser dialogischen Haltung sind KLOSTERMEIER 1969, PANIKKAR 1990; VON BRÜCK 1986; CLOONEY 1996.

29 Dazu GÜNTHER 1970; CRACKNELL 1995.

Die theologischen Implikationen der verschiedenen christlichen Zugänge zum Hinduismus werden in der Diskussion um die „Pluralistische Religionstheologie“ seit einigen Jahren intensiv reflektiert. Dabei hat sich in der religionstheologischen Debatte ein dreigliedriges Klassifikationsschema durchgesetzt, um die unterschiedlichen religionstheologischen Positionen bestimmen zu können: Exklusivismus, Inklusivismus, Pluralismus.[30] Auch wenn dieser Klassifikation eine logische Stringenz nicht abzusprechen ist, indem sie theologische Positionen von der Frage nach Wahrheit her bestimmt, scheint sie mir doch nicht geeignet zu sein, umfassende Aussagen über die Verhältnisbestimmungen von Christen zu Menschen anderer Religionen machen zu können.[31] Der Argumentation inhärent ist, daß mit zunehmender Pluralisierung auch ein approximativer Fortschritt in der Erkenntnis fremder Religionen und Kulturen einhergeht. Dabei ist die Frage nach dem Verhältnis von Wahrnehmung der anderen Religion bzw. ihrem Studium, realem Dialog und theologischem Urteil von zentraler Bedeutung. Das theologische Urteil, so wird argumentiert, schränkt die Wahrnehmung der anderen Kultur insofern in besonderer Weise ein, als in einem Religionsvergleich nur diejenigen Elemente der anderen Kultur zur Sprache kommen, anhand derer sich die Überlegenheit der eigenen Kultur und Religion aufzeigen lässt.

Mit dem Erkenntnisfortschritt, den eine Pluralisierung der Religionstheologie für sich in Anspruch nimmt, geht der Wunsch nach einer intensiveren Erfahrung in der Begegnung mit dem Fremden einher. Wilfred Cantwell Smith hat diese Erfahrung als Personalisierung sowohl des ‚Objekts‘ als auch des ‚Subjekts‘ der Religionswissenschaft eingefordert.[32] Smiths Ansatz einer Religionswissenschaft als Theologie der Religionen[33] scheint mir als einer der bedeutenden Entwürfe der Religionstheologie besonders geeignet zu sein, einige hermeneutische Probleme aufzuzeigen, die für diese Untersuchung relevant werden. Smith wendet sich gegen Essentialisierungen, wie sie in kategorialen Begriffen wie ‚der Islam‘, ‚das Christentum‘, ‚die Religion‘ zum Ausdruck kommen, aus zwei Gründen.[34] Die Kategorien, die die Religionswissenschaft verwendet, sind etisch, d.h. Kategorien, die dem Religionswissenschaftler eigen sind, für den Gläubigen im Glaubensvollzug aber keine Rolle spielen.[35] Daher sollte man nicht von den Religionen oder gar der Religion sprechen, sondern von religiösen Traditionen, die einem historischen Wandel unterliegen und sich kumulativ entwickelt haben. Nicht ‚der Hinduismus‘, sondern ‚Hindus‘, denen

---

30 Zuerst HICK 1983:485–492. Systematisiert bei RACE 1983; neuerdings vor allem vertreten von SCHMIDT-LEUKEL 1993.1997.

31 Kritisch dazu GRÜNSCHLOSS 1999:16ff.

32 SMITH 1963:83.90.

33 SMITH 1991; zu Smith siehe GRÜNSCHLOSS 1994.

34 SMITH 1991:131ff.

35 „The participant is concerned with God; the observer has been concerned with ‚religion‘. I propose now to contend that this latter concept, despite appearances and despite usage, is inadequate also even for the observer.“ SMITH 1991:131. Zur Unterscheidung von ‚emisch‘ und ‚etisch‘ siehe FELEPPA 1986.

man begegnet und die einen Glauben (Faith) haben wie Angehörige anderer Religionsgemeinschaften auch, sind ebenso Gegenstand der Religionswissenschaft wie die religiösen Traditionen, d.h. die historisch feststellbaren Daten, die in einer Wechselwirkung zu ‚Faith' stehen. Die Religionswissenschaft muss daher dialogisch arbeiten, will sie die emischen Kategorien ihres Gegenübers wirklich ernst nehmen. Während die klassische Religionswissenschaft nach den Ursprüngen, dem Wesen von Religion gefragt habe und glaubte, dieses Wesen in den ältesten Texten oder, im Falle ‚primitiver Religionen', in ‚survivals' zu finden, sei die Aufgabe der gegenwärtigen Religionswissenschaft, ihr Augenmerk auf die lebendigen Traditionen zu richten.[36] Die entscheidende Frage im Leben jeder religiösen Gemeinschaft sei, was eine religiöse Tradition mit ihr bzw. den ihr angehörenden Individuen mache und für sie bedeute.[37] Das personale Prinzip versorge die religionswissenschaftliche Forschung mit einer experimentellen Kontrolle ihrer Ergebnisse, denn diese besitzen nur dann Gültigkeit, wenn sie von Anhängern der betreffenden Religion anerkannt werden.[38]

Aus dieser Forderung, die eine gewisse methodische Stringenz für sich beanspruchen kann, ergibt sich aber das Problem, dass jede Person und jede religiöse Gemeinschaft, die sich in irgendeiner Weise äußert und diese Äußerung selbst als religiös bezeichnet, im Licht ihrer Formulierungen beschrieben und verstanden werden muss. Ein Religionswissenschaftler aber, der z.B. über Südinder schreibt, kann nicht in Tamil schreiben und muss für seinen westlichen Leserkreis notwendig Begriffe und Kategorien aus der westlich-christlichen Tradition verwenden[39] und darüber hinaus, will er seinem Gegenüber nicht nur als Individuum, sondern als Vertreter einer religiösen Tradition begegnen, kategoriale Abgrenzungen für die einzelnen kumulativen Traditionen treffen.[40]

Smiths Argument impliziert, dass der Gläubige die letzte Autorität über seinen eigenen Glauben ist und dass alle Beschreibungen dieses Glaubens durch andere nur Annäherungen sein können. Es impliziert aber auch, „daß der Gläubige nur als Autorität für den gegenwärtigen Zeitpunkt betrachtet werden kann"[41], weil er seine religiöse Tradition immer schon auslegt. Der einzelne Gläubige oder eine Glaubensgemeinschaft können nie für die ganze Tradition sprechen, sondern immer nur ‚ihr Christentum' oder ‚ihren Hinduismus' vertreten. Damit erkennt die Religionswissenschaft aber auch verschiedene Auslegungen der Tradition als authentisch an. Um eine Auslegung der Tradition zu verstehen, die unter Umständen in einem Widerspruch zu anderen Auslegungen steht, ist es daher auch notwendig, zumindest vor-

36 Smith 1963:83.

37 Smith 1991:136.

38 Smith 1963:87.

39 Dazu auch Gladigow 1988:37f.

40 Inwieweit die Lösung des Problems darin bestehen kann, wie Robert Baird vorschlägt, von kategorialen Unterscheidungen auf geographische Abgrenzungen umzusteigen, kann hier nicht erörtert, muss aber bezweifelt werden; siehe Baird 1991:142.

41 Smith 1963:88.

übergehend, diese anderen Auslegungen zu vernachlässigen. Damit stellt sich aber für die Religionswissenschaft eine entscheidende Frage: Wem höre ich zu?

Einige der religionswissenschaftlichen Arbeiten der Leipziger Missionare wurden von Angehörigen der religiösen Gemeinschaft, über die die Missionare geschrieben haben und mit der sie über längere Zeit in engem Kontakt standen, sehr positiv aufgenommen.[42] Sie erfüllen damit in gewissem Sinn das von Smith aufgestellte Kriterium, „zumindest innerhalb zweier religiöser Traditionen gleichzeitig verstanden werden [zu] können"[43].

Offensichtlich ist das religionswissenschaftliche Verstehen und die Rezeption dieses Verstehensprozesses ein bedeutender Aspekt der Kulturbegegnung, ein dialogischer Prozess, der aber von einem interreligiösen Dialog als einem Ereignis, das in der Begegnung mit Vertretern der anderen Religion den eigenen Glauben bereichert oder verändert, zu unterscheiden ist.[44] Interkulturalität hat in den letzten Jahren als Gegenstand hermeneutischer Forschung an Bedeutung in den Kulturwissenschaften gewonnen,[45] und wenn auch Interreligosität und Interkulturalität nicht gleichgesetzt werden können,[46] so stellt doch die Frage einer wissenschaftlich strukturierten Wahrnehmung einer anderen Religion eher ein interkulturelles denn ein interreligiöses Problem dar. Von einem interreligiösen Dialog im soeben genannten Sinn ist in den Texten der Leipziger Missionare wenig zu merken.[47] Daraus kann aber nicht geschlossen werden, dass die Missionare die ihnen begegnenden Hindus nicht verstanden haben.[48] Vincent Crapanzanos Überlegungen zum Dialog in der Ethnologie spielen auch für religionswissenschaftliche Hermeneutik und ihr Verhältnis zum interreligiösen Dialog eine Rolle. Er stellt fest, dass zwar die meisten Ethnographen den dialogischen Aspekt, der ihren Darstellungen anderer Kulturen zugrunde liegt, zugestehen, dass dieser aber in den Texten nur selten zum Ausdruck kommt und dass die dialogischen Aspekte der interkulturellen Konstitution der Enthnologie

---

42 Dazu unten Kapitel V.3. Das gilt in gleicher Weise von zahlreichen indologischen Arbeiten, wie den Schriften Colebrookes, Max Müllers u.a.

43 SMITH 1963:98.

44 Das betont vor allem Baird, der sich ausdrücklich gegen eine Vermischung von akademischem Studium der Religionen und interreligiösem Dialog wendet. BAIRD 1989:223; vgl auch BELLAH 1978.

45 Einen Überblick bietet WIERLACHER 1993.

46 Die Feststellung von Interdependenz und Differenz zwischen Kultur und Religion bedarf nicht nur einer allgemeinen Klärung (dazu GEERTZ 1987:44ff), sondern wird für verschiedene kulturelle Kontexte unterschiedlich ausfallen.

47 Einzelne Missionare, wie Wilhelm Graefe, die sich zu tief auf die Begegnung mit dem Hinduismus einließen, wurden innerhalb der Mission als Apostaten bezeichnet.

48 Schmidt-Leukels Untersuchung zur Hermeneutik eines christlichen Verständnisses der buddhistischen Heilsbotschaft legt mit zunehmender Dialogbereitschaft einen Fortschritt in dem Verstehen des Buddhismus durch christliche Interpreten nahe. SCHMIDT-LEUKEL differenziert zwischen Religionsvergleichen und interreligiösem Dialog und spricht den missionarischen Zugängen zu anderen Religionen jeglichen dialogischen Ansatz ab, 1992:136ff. Siehe dagegen Sharpe: „By the ... period covering the last two centuries ... the Christian missionary knew, and appreciated, far more about the religions of the world than he is today generally given credit for." SHARPE 1977:Xf.

ausgeblendet werden.[49] Wo der Dialog zur Sprache kommt, bleibt er meist unbestimmt, und der Begriff schwankt zwischen einem Hinweis auf die kommunikativen Aspekte menschlicher Interaktion als Voraussetzung für Verstehen und der Beschreibung eines Idealzustandes gegenseitiger Anerkennung als Ergebnis des Verstehens. Dialog ist in jedem Fall nicht frei von normativen Akzenten. Dialog offenbare, so Crapanzano, daher auch oft genug die in ihm verborgenen Machtinteressen der Dialogpartner, die hinter den gesprochenen Worten zum Vorschein kommen.[50]

In den meisten neueren theologischen Ansätzen zum interreligiösen Dialog wird als Ziel des Dialogs ein Konsens angestrebt,[51] als seine Voraussetzung Gemeinschaft postuliert,[52] oder wo Zielbestimmungen für den Dialog gänzlich abgelehnt werden, erscheint der Prozess des Dialogs als quasi religiöses Ereignis einer Kommunion mit Gott und anderen Menschen.[53] Dagegen betonen einige Dialogansätze die Differenz als notwendige Bedingung des Dialogs und die Erfahrung der Akzeptanz des kulturell Anderen als Ausgang und Ziel des Dialogs.[54]

Cantwell Smiths Ansatz ist für diese Untersuchung insofern von Bedeutung, als die Missionare nicht nur klassische Texte gelesen und übersetzt haben, sondern in ihrer Missionstätigkeit täglich mit Menschen zusammengekommen sind, die in ihrer Person ‚Faith' und kumulative religiöse Tradition zusammengebracht haben. Die Personen, mit denen sie zusammenkamen und mit denen sie in einem kommunikativen Austauschprozess gestanden haben, denen sie zugehört haben, repräsentierten nicht ‚den Hinduismus', sondern eine andere Form kumulativer Tradition als die, die im 19. Jh. von Indologen aus klassischen Sanskrit-Texten extrahiert worden ist. Cantwell Smith hat schon früh darauf hingewiesen, daß die Kategorie ‚Hinduismus' als einheitlicher Oberbegriff für die verschiedenen religiösen Traditionen in Indien problematisch ist:

> „My objection to the term ‚Hinduism', of course, is not on the grounds that nothing exists. Obviously an enormous quantity of phenomena is to be found that this term covers. My

---

49 CRAPANZANO 1990:269ff.

50 CRAPANZANO 1990:270.

51 Siehe z.B. OTT 1978:37.

52 So die offizielle Erklärung einer Konsultation zum interreligiösen Dialog in Chiang Mai 1977 „Dialogue in Community"; siehe in: MILDENBERGER 1978:47ff.

53 So schreibt zum Beispiel Klaus Klostermaier über den christlichen Dialog mit Hindus: „Dialogue has no ulterior or extrinsic purpose. We cannot use it for private ends or manipulate it without destroying the spirit of dialogue. But we appreciate the fact that there is a built-in purpose in all dialogue, insofar as we share in and through it what God is and what He gives to both the participants. It is in this sense an experience of our deepest oneness in God and of our being men for other men even in our differences." KLOSTERMAIER 1971:20.

54 Für die dialogische Ethnologie siehe TEDLOCK 1993:269ff; für die interkulturelle Literaturwissenschaft WIERLACHER 1993; für die Theologie SUNDERMEIER 1996, der seinen Ansatz einer Hermeneutik des Fremden als Prolegomena zu interkulturellem und interreligiösem Verstehen entfaltet. „Erst wenn wir das gelernt haben, im Fremden eben nicht nur uns selbst zu suchen und das Fremde nicht mehr nur als das Fremde in uns selbst zu sehen, sondern den Fremden als Fremden wahrzunehmen, kann das Verstehen beginnen" (11).

point, and I think that this is the first step that one must take towards understanding something of the vision of Hindus, is that the mass of religious phenomena that we shelter under the umbrella of that term, is not a unity and does not aspire to be. It is not an entity in any theoretical sense, let alone any practical one."[55]

Smiths Kritik impliziert aber, dass nicht nur verschiedene religiöse Traditionen unter einem Begriff subsumiert werden, sondern dass jede Definition von Hinduismus einer Perspektivität unterliegt, die von anderen, die ebenfalls als Hindus bezeichnet werden, nicht geteilt wird. Jede Person und jede religiöse Gemeinschaft, die innerhalb des Hinduismus entsteht, muss aus der Perspektive ihrer Formulierungen von ‚Faith' verstanden werden. Die Geschichte der Hinduismusrezeption im 19. und 20. Jh. zeigt jedoch, dass nur sehr wenige Richtungen als ‚orthodoxe' Ausdrucksformen des Hinduismus wahrgenommen bzw. anerkannt worden sind. In westlichen Darstellungen des Hinduismus findet sich daher eine Tendenz, ‚Hinduismus' mit Vedānta gleichzusetzen und die Perspektiven anderer Gläubiger auszublenden.[56] Klaus Klostermaier hat daher zu Recht schon 1970 gefordert, dass der interreligiöse Dialog von Christen mit Hindus sich nicht auf diejenigen Positionen reduzieren dürfe, die in westlichen Darstellungen des Hinduismus prominent sind und die sich auch in den Reformbewegungen als führende Stimmen etabliert haben,[57] sondern auch mit Hindus, die bisher in westlichen Darstellungen unterrepräsentiert sind, geführt werden müsse.

„Our dialogue is with all those who call themselves Hindu. We cannot confine it to our relations with people who follow what is called ‚Higher Hinduism'. We recognize the diversities within Hinduism, and we are aware of the presence, in our midst, of Hindu brethren, who are traditional and orthodox, of those who follow popular Hinduism, of those who are loyal to it in its renascent phases, and even of secularized and atheistic Hindus."[58]

Klostermaiers Forderung macht deutlich, dass der interreligiöse Dialog zwischen Christen und Hindus nicht nur theologisch präformiert ist, sondern wesentlich bestimmt wird von den Bildern, die sich christliche Dialogpartner von der anderen Religion machen. Ein wesentlicher Aspekt eines interreligiösen Dialogs muss daher sein, die Geschichte dieser Bilder als eine Geschichte des Verstehens zu schreiben. Die andere Religion ist, unter semiotischen Gesichtspunkten, nur als ‚Repräsentation' erfassbar. Und diese Repräsentation lässt sich nicht auf die unmittelbare Begegnung von Menschen zweier Religionen reduzieren, sondern sie hat eine Geschichte, die die Wahrnehmung vom Anderen prägt. Für einen Dialog zwischen Hindus und Christen ist es daher notwendig, die Formen der Repräsentationen des Anderen zu untersuchen, die Texte, in denen die andere Religion dargestellt wird,

---

55 SMITH 1991:65f.

56 Dazu KING 1999:128.

57 Wie z.B. Radhakrishnan, Vivekananda und Aurobindo.

58 KLOSTERMAIER 1971:20.

ihre Denkstile und Wahrnehmungsraster, die literarischen Konventionen und Strategien der Darstellung.

3. Orientalismus

Die Kritik am ‚Orientalismus', die es sich zur Aufgabe gemacht hat, die Verbindung von wissenschaftlicher und literarischer Darstellung des Orients und politischer Herrschaft und Ausbeutung aufzudecken, zielt auf eine Dekonstruktion und Revision der theoretischen Voraussetzungen orientalistischer und auch indologischer Repräsentationen.[59] Die Indologie, so wird argumentiert, hat, indem sie für sich in Anspruch nimmt, Indien zu repräsentieren, es damit seines genuinen Selbstverständnisses beraubt. Indien wurde als exotisch und als ein Bereich des ‚Anderen' zum Westen projiziert und so als eine dem Westen unterlegene Kultur repräsentiert. Darüber hinaus wurden das Land und seine Menschen durch ethnologische Projekte der Kolonialregierung klassifiziert[60], katalogisiert[61] und damit objektiviert, um westliche hegemoniale Interessen effektiver durchsetzen zu können.[62]

Der Zusammenhang von Ethnographie und Kolonialismus ist, wie James Clifford vermutet, wahrscheinlich zum ersten Mal 1950 von Michel Leiris in einer gleichnamigen Monographie untersucht worden.[63] Darin hat er nicht nur die Frage aufgeworfen, wie europäische Autoren in kolonialen Strukturen eingebunden waren, sondern vor allem, wie das europäische Wissen von anderen Kulturen beeinflusst ist von dem Willen zur Macht. Diese Fragestellung wurde in der Ethnologie in den folgenden Jahrzehnten wiederholt diskutiert,[64] aber erst Edward Saids Buch ‚Orientalism' aus dem Jahr 1978 hat sich zu einem grundlegenden Rezeptionsfokus des post-kolonialen Diskurses entwickelt und hat eine ganze Welle von positiven wie kritischen Reaktionen hervorgerufen.[65] Die weite Rezeption des Buches lässt sich aus der Struktur des Werkes selbst erklären, das Said als in Amerika lehrender palästinensischer Literaturwissenschaftler verfasst hat und das nicht nur die interkulturelle Existenz seines Autors widerspiegelt, sondern auch interdisziplinär angelegt ist. Said zeigt auf, wie Europas geopolitisches Bewusstsein von dem „exotischen Ande-

---

59 Carol Breckenridge und Peter van der Veer schreiben unter Berufung auf Edward Saids für in ihrem diesen Diskurs grundlegenden Buch ‚Orientalism': „Our proposition is not so much the usual historical one, that we have to understand social and cultural processes historically, but rather that we have to rethink our methodologies and the relation between theories, methods, and the historical conditions that produced them." BRECKENRIDGE/VEER 1994:2.

60 COHN 1987; APPADURAI 1994; LUDDEN 1994.

61 Siehe dazu vor allem EDNEY 1997; auch ALLEN 1976.

62 INDEN 1990; APPADURAI 1994:34ff. Das Foto auf S. 5 illustriert diesen Vorgang.

63 LEIRIS 1985:53–71; siehe auch CLIFFORD 1988:255f.

64 Siehe z.B. DUERR 1978:152ff; ABDEL-MALEK 1963. Zur Vorgeschichte von Saids Orientalismuskonzept siehe SARDAR 1999:54ff.

65 Im Überblick dazu SPRINKER 1992.

ren" sich in den unterschiedlichsten Bereichen europäischer Textproduktion niederschlägt, und wie diese literarischen, poetischen, philosophischen, ethnologischen, sozialen, historischen, ökonomischen, politischen Texte einen heterogenen Diskurs der Macht produziert haben, durch den der Orient kolonisiert werden konnte. Eine Kritik an diesem Machtdiskurs kann deshalb nur als ein interdisziplinäres Projekt verstanden werden, weil Orientalismus ein Produkt der verschiedenen wirtschaftlichen wie politischen und sozialen Machtinteressen auf dem gemeinsamen Boden der Kultur ist, die diesen Diskurs formiert haben.

Indem Said Orientalismus als Diskurs begreift, grenzt er sich deutlich gegen ein überkommenes Verständnis von Orientalismus ab, das darin eine Disziplin sah, die sich dem Studium von klassischen Schriften aus dem Orient, dem Herausgeben dieser Schriften und dem Übersetzen in europäische Sprachen widmete, oder Orientalismus als eine ästhetische Rezeption vor allem arabischer und indischer Kunst und Literatur deutete. Orientalismus wurde herkömmlich verstanden als ein positives Konzept der Aneignung orientalen Kulturguts zur Bereicherung des eigenen kulturellen Ausdrucks, so z.B. in Deutschland zur Zeit der Romantik und in Frankreich[66] oder im englischsprachigen Bereich als eine wissenschaftliche Zugangsweise zur indischen Kultur, um die indischen Untertanen besser und ihren Bedürfnissen entsprechend regieren zu können.[67] Der Beginn des britischen Orientalismus wird in der Regel mit William Jones in Verbindung gebracht, einem Richter der East India Company und dem Begründer der Asiatic Society of Bengal 1784, sowie mit John Zephaniah Holwell, Alexander Dow, Nathaniel Brassey Halhed, Charles Wilkins, H.T. Colebrooke u.a., die als Übersetzer und Interpreten von Schriften aus dem Sanskrit hervorgetreten sind.[68] Der britische Orientalismus im 18. und 19. Jh. war getragen von der Annahme, dass die indischen Untertanen am besten regiert werden können, wenn man ihre eigenen Gesetze und Gebräuche bzw. was man dafür hielt, in den indischen Sprachen als Grundlage für die Regierung einsetzte. Warren Hastings, der erste General-Gouverneur von Britisch-Indien, war auch zugleich ein bedeutender Förderer orientalistischer Studien. Ein in den ersten Jahrzehnten des 19. Jh.s sich zunehmend verschärfender Konflikt zwischen den ‚Orientalisten' und den ‚Anglizisten', die für die Einführung von Englisch als offizieller Sprache und eine Verbreitung westlicher Kulturmuster, inklusive eines evangelikalen Christentums, als koloniale Aufgabe der Zivilisierung der indischen Untertanen eintraten,[69] hat

---

66 Siehe dazu v.a. SCHWABs klassische Untersuchung von 1950 (englisch 1984 mit einem Vorwort von Edward Said), aber auch WILLSON 1964; DREW 1987; LOWE 1991.

67 Dazu KOPF 1969.

68 Siehe MARSHALL 1970; KEJARIWAL 1988.

69 Führend hierin waren Alexander Mcaulay mit seiner „Minute on Education" von 1835, die von General-Gouverneur Bentnik unterstützt worden ist, und der Missionar Alexander Duff. Siehe dazu auch den Konflikt unter den Dänisch-Halleschen Missionaren über die Einführung des Englischunterrichtes durch Missionar John, unten Kapitel II.

sicherlich entscheidend dazu beigetragen, dass zumindest für den indischen Raum der Begriff ‚Orientalismus' eine positive Konnotation behalten hat.[70]

Im Unterschied zu der traditionellen Sicht von Orientalismus unterscheidet Said nicht zwischen positiver Rezeption des Orients und eurozentrischem Kulturimperialismus, sondern er hebt hervor, dass alle Texte der Orientalisten nicht nur Wissen geschaffen haben, sondern auch eine Wirklichkeit, die sie in ihren Texten beschreiben.[71] Darüber hinaus will er in dem Buch „Orientalismus" aufzeigen, wie die Wahrnehmung und Repräsentation des Orients, wie die Wissensproduktion über den Orient so in ökonomische und politische Strukturen eingebunden war, dass sie zum Handlanger kolonialer Interessen geworden ist, ja koloniale Machtansprüche überhaupt erst begründet hat. Said zeigt, wie Europa ein Bild des Orients und der orientalen Mentalität im Gegenüber zu sich selbst entworfen hat, das dann als Instrument der kolonialen Ausbeutung eingesetzt werden konnte.[72]

Der Zusammenhang zwischen Kolonialismus und Orientalismus bleibt daher bei Said unbestimmt und ist nicht als direkte Gleichung zu verstehen, sondern Orientalismus hat bei ihm eine Geschichte, die bereits in den frühesten griechischen Tragödien ihren Ursprung hat.[73] Schon bei Aeschylos und Euripides erscheint der Westen als stark und den Diskurs bestimmend und der Osten als schwach und unterlegen. Orientalismus wird so durch Said als ein Phänomen bestimmt, das die ganze europäische Geschichte durchzieht. Damit wird es jedoch schwierig, besondere Auswirkungen dieses Diskurses auf den Orient festmachen zu können. Wenn die ganze europäische Geschichte eine monolithische Repräsentationsgeschichte ist, dann könnte man daraus folgern, dass nichts besonders Skandalöses in der kolonialen Repräsentation des Orients liegt[74] und dass die Kritik an dieser Geschichte in erster Linie Kritik an der metaphysischen Konstitution des Subjekts[75] oder am Logozentrismus der ‚weißen Mythologie'[76] zu sein hat. Die Frage nach einer anderen Repräsentation des Orients in der Kritik könnte damit zurücktreten. Eben dieses will Said aber nicht erreichen, und er distanziert sich an diesem Punkt von Derridas Dekonstruktionsprojekt.[77] Said will eine westliche Tradition des Wissens vom Orient

---

70 Kopf, der gegen Said nach wie vor an dieser positiven Sicht des Orientalismus festhält, beruft sich vor allem auf den bengalischen Neo-Hinduismus, der die Arbeit der Orientalisten positiv aufgenommen und gegen die Kolonialherrschaft für ein unabhängiges Indien eingesetzt habe. KOPF 1980:505f.

71 SAID 1978:94.

72 Dazu YOUNG 1990:129f.

73 SAID 1978:56f.

74 So ROBBINS 1992:54.

75 Diesen Ansatz vertritt MEYDA YEĞENOĞLU 1998:7 in ihrer feministischen Kritik des Orientalismusdiskurses.

76 „Die Metaphysik – weiße Mythologie, die die abendländische Kultur vereinigt und reflektiert: der weiße Mensch hält seine eigene Mythologie, die indoeuropäische Mythologie, seinen *logos*, das heißt *Mythos* seines Idioms, für die universelle Form dessen, was er immer noch Vernunft nennen wollen soll." DERRIDA 1988:209.

77 Dazu AHMAD 1994:199; SALUSINSZKY 1987:138.

aufzeigen, die die Geschichte des Orientalismusdiskurses unausweichlich geprägt hat. Ahmad hat sicher Recht in seiner Kritik, dass Said mit diesem Konzept Foucaults ‚Ordnung des Diskurses' nicht konsequent rezipiert.[78] Bekanntlich hat Foucault in seiner Antrittsvorlesung am Collège de France die Ordnung des Diskurses machttheoretisch begründet.[79] Diskurse sind nicht an sich natürlich geordnet oder durch ihre Geschichte, sie sind, damit grenzt sich Foucault von der Subjektphilosophie der klassischen Moderne ab, nicht Produkt eines frei handelnden Subjekts, sondern sie sind, so liest er sie in Anlehnung an Nietzsche, geordnet durch die Intervention des Willens zur Macht und durch Ausschließungsstrategien. Für Foucault ist aber der Konstitutionsgrund einer Ordnung nicht ein Subjekt[80], sondern ebenfalls eine Ordnung, die des Diskurses, des Codes in dem eine Episteme Form annimmt. Daher kann der Diskurs auch nicht auf eine ursprüngliche Ordnung oder einen willentlichen Akt zurückgeführt werden, sondern allenfalls in seiner Genealogie aufgedeckt werden, in einer Archäologie, die nach kontingenten Anfängen, nicht Ursprüngen, der Diskursformationen sucht. Foucault versteht das Konzept der „Diskursformationen" als einen Teil eines historischen Projektes, das darin besteht, ideale Entitäten wie Ursprung, Entwicklung, Epochen oder Fortschritt zu vermeiden. Damit setzt er sich von herkömmlichen Kategorien der Geschichtsschreibung ab und indem er Geschichte unter dem Aspekt diskursiver Formationen untersucht, legt er das Augenmerk auf nichtlineare historische Ereignisse, Brüche und Wandlungen. Darin eingeschlossen sind vor allem die Analyse des Wissens und der Instrumente, die Wissen produzieren. Foucault hebt hervor, dass weder die Bedingungen für diskursive Formationen noch die Gegenstände des Wissens festgelegt oder identisch sind.[81] Foucault nimmt daher keinen durchgängigen Diskurs in der europäischen Geistesgeschichte an,[82] und es wäre zu fragen, ob es nicht sinnvoller und für eine historisch begründete Kritik an der westlichen Repräsentation des Orients effektiver ist, Orientalismus als Machtdiskurs nicht von der Phase des Kolonialismus abzukoppeln. Im Anschluss an Foucaults Ordnung des Diskurses legt es sich nahe, auch die Genealogie des Orientalismus als Diskurs im Rahmen der ‚Episteme der Klassik'[83] zu diskutieren, in der wissenschaftliche Taxonomien auch systematisch in der Repräsentation des Orients eingesetzt wurden. Foucault hat für die „Episteme der Klassik" aufgezeigt, dass die Grundbegriffe der Subjektphilosophie nicht nur die Art des Zugangs zu den Objekten beherrschen, sondern auch die Geschichte.[84] Ziel seiner Archäologie der Wissenschaften ist es daher, die Geschichte als eine Einheit

78 AHMAD 1994:166f; ähnlich auch CLIFFORD 1988:264ff.

79 FOUCAULT 1977a; zu Foucaults Diskursverständnis siehe FRANK 1988.

80 „Modernity begins with the incredible and ultimately unworkable idea of a being who is souvereign precisely of being enslaved, a being whose very finitude allows him to take the place of God." Foucault in DRYFUS/RABINOW 1983:30.

81 Siehe dazu Foucault 1973:17ff.

82 Siehe z.B. die Diskursivierung der Sexualität im 18. Jh. FOUCAULT 1977b:30ff.

83 FOUCAULT 1971:25ff.

84 Dazu auch HABERMAS 1988:293ff.

aufzulösen in eine Vielzahl von Geschichten, von Diskursfeldern, die sich bilden und wieder auseinanderfallen können. Bei Said findet sich in seiner Darstellung der westlichen Repräsentation des Orients eine mehr oder weniger direkte Linie von Aeschylos zu Jimmy Carter, und er lässt damit nur wenig Raum für Varianten des Diskurses, Brüche oder Alternativen.[85] Damit führt er neue Sinntotalitäten in die Geschichte des Orientalismus ein, die Foucault durch seine Auflösung der Geschichte in Diskurse gerade zurückweisen wollte.

Bezeichnenderweise hat, soweit ich sehe, kaum einer der Rezipienten von Saids Orientalismusthese sich intensiver mit seinen Überlegungen zum antiken Orientalismus auseinandergesetzt. Dabei ist dieser Ansatz trotz aller historischen Oberflächlichkeit[86] für seine Methode von Bedeutung. Der Orient ist ein Produkt westlichen Wissens, und dieses Wissen hat eine Tradition, die wiederum weiteres Wissen vom Orient beeinflusst. Die Anfänge dieser Tradition liegen bereits so weit zurück, dass man fragen muss, ob es überhaupt einen Orient außerhalb der Repräsentation gibt. Eben dieses ist aber eine der zentralen Fragen, die das Buch von Said aufwirft.

Kritiker haben Said vorgeworfen, dass er unklar darin bleibt, ob der Orient auch jenseits der Repräsentation durch die Orientalisten existiert und worin er besteht. Einerseits kann er schreiben: „... it would be wrong to conclude that the Orient was *essentially* an idea, or a creation with no corresponding reality“[87], andererseits finden sich bei ihm auch zahlreiche Hinweise darauf, dass er ein diskursives Repräsentationsmodell in Anlehnung an Foucault auf den Orientalismus angewendet wissen will, das eine Bestimmung des ‚Wesens‘ des Orients zurückweist.[88] Said definiert Orientalismus nicht eindeutig, sondern er umschreibt das Phänomen auf dreifache Art und Weise:

1. „Anyone who teaches, writes about, or researches the Orient – and this applies whether the person is an anthropologist, sociologist, historian, or philologist – either in its specific or its general aspects, is an Orientalist, and what he or she does is Orientalism.“
2. „Orientalism is a style of thought based upon an ontological and epistemological distinction made between ‚the Orient‘ and (most of the time) ‚the Occident‘.“
3. „Orientalism can be discussed and analyzed as the corporate institution for dealing with the Orient – dealing with it by making statements about it, authorizing views of it, describing it, by teaching it, settling it, ruling over it: in short, Orientalism as a Western style for dominating, restructuring, and having authority over the Orient.“[89]

James Clifford hat in der ersten und der dritten Beschreibung von Orientalismus einen Bezug auf die ‚Wirklichkeit‘ eines Orients gesehen, während die zweite Umschreibung die diskursiven Aspekte des Orientalismus hervorhebe, die den Orient

85 Dazu PORTER 1983:183f; Texte zum antiken Indienbild bei M'CRINDLE 1901.
86 Die ihm Halbfass bescheinigt, HALBFASS 1991:10.
87 SAID 1978:5. Hervorhebung bei Said.
88 Zur Kritik siehe vor allem CLIFFORD 1988:260.
89 SAID 1978:2–3.

als Konstrukt des Westens aufzeigen.[90] Eine Schwierigkeit an Saids Diskursanalyse ergibt sich aus der Frage, wo die Grenzen zu ziehen sind zwischen Okzident und Orient und ob beide überhaupt existieren. Said vermeidet es, diese Frage zu beantworten, und seine Orientalismusanalyse liefert daher auch keinen kritischen Gegenentwurf einer ‚richtigen' oder angemessenen Repräsentation des Orients, was, wie im Folgenden zu diskutieren sein wird, nicht nur an der formalen Übernahme von Foucault's Diskursverständnis liegt, sondern an der Frage, wie dieser Diskurs formiert wird. Darüber hinaus differenziert Said den ‚Orient' nicht weiter und tendiert dadurch dazu, einen allgemeinen eurozentrischen Orientbegriff, den er gerade kritisch hinterfragen will, auch für eine post-koloniale Diskursanalyse beizubehalten. Der Orient bei Said bleibt geschichtslos, er transzendiert Zeit und in gewissem Sinn auch den Raum, der durch Übertragung der Verhältnisse im Nahen Osten auf Asien allgemein bleibt. Der Schwerpunkt seiner Darstellung liegt allerdings auf den arabischen Ländern, und Indien kommt nur in Nebenbemerkungen zur Sprache.

Die Frage der diskursiven Konstruktion des Orients ist aber gerade in Bezug auf deutsche Orientalisten, die über Indien geschrieben haben, von Bedeutung. 1816 schrieb der romantische Indologe Friedrich Majer, ein Schüler von Herder, der Deutschland nie verlassen hatte, an Schlegel: „Ich lebe jetzt ganz in Indien."[91] Welches Indien wird hier repräsentiert, und gibt es noch andere Repräsentationsformen innerhalb des orientalistischen Diskurses? Für eine Untersuchung der deutschen missionarischen Repräsentation Südindiens sind daher zwei Fragen von besonderer Bedeutung: Gibt es Differenz im Diskurs? Und gibt es Differenz im Orient?

Die Bedeutung von Saids Ansatz ist, dass er Orientalismus als einen Meta-Diskurs präsentiert, der über Regionalstudien hinausgeht und das Verhältnis von Europa zu sich selbst und zu seinem „anderen"[92] zum zentralen Thema hat. Unter ‚Orientalismus' lassen sich daher auch die Bereiche von Kultur einer Kritik unterziehen, deren Autoren keine konkrete Beziehung zum Orient haben, wie Musik und Literatur.[93] Said bezeichnet weiterhin als Orientalismus:

> „... a way of coming to terms with the Orient that is based on the Orient's special place in European Western experience. The Orient is not only adjacent to Europe; it is also the place of Europe's greatest and richest and oldest colonies, the source of its civilizations and languages, its cultural contestant, and one of its deepest and most recurring images of the Other."[94]

---

90 CLIFFORDs Kritik, auf die sich die meisten der späteren Rezipienten Saids beziehen, hat die zentralen methodischen Probleme von Said ausführlich reflektiert; siehe 1988:260; auch KING 1999:83f.

91 Zu Majer siehe WILLSON 1964:94ff.

92 Eine der Behauptungen der Anthropologie, die auch CLIFFORD GEERTZ 1985:623 in seinem Aufsatz „Waddling In" als verlogen kritisiert, ist, dass der Andere immer Singular ist und immer groß geschrieben wird, einer der uns als ein Subjekt gegenübertritt. Saids Ansatz wirft dagegen in der Tat die Frage auf, ob das Selbst wie der Andere im Diskurs erst geschaffen wird. Siehe FOX 1992:145; auch grundlegend dazu CLIFFORD/MARCUS 1986; CORBEY/LEERSSEN 1991.

93 Z.B Mozarts ‚Zauberflöte' oder Goethes ‚West-östlicher Divan'.

94 SAID 1978:1.

Edward Said bietet in seiner Interpretation von Orientalismus weder eine Polemik gegen den Westen noch eine Verteidigung einer humaneren östlichen Perspektive. Orientalismus ist keine Fehlinterpretation eines wahren Orients, der nicht mit dem Bild, das sich Europäer von ihm machen, übereinstimmt. Orientalismus wird von ihm auch nicht verstanden als ideologischer Überbau zur Legitimation materieller und ökonomischer Verhältnisse, sondern indem Said darauf besteht, Orientalismus als Diskurs zu begreifen, verhindert er, dass literarische Repräsentationen des Orients als ideologische Instrumente kolonialer Macht interpretiert werden, und weist darauf hin, dass die Analyse orientalistischer Texte die in diesen Texten inhärenten produktiven Aspekte des Machtdiskurses zum Gegenstand haben muss.

In der vorliegenden Untersuchung über die Rolle der deutschen Missionare im orientalistischen Diskurs wird versucht, diese von Said angeregte methodische Voraussetzung für die Analyse der Texte umzusetzen, auch und gerade weil diese Texte Aspekte des Diskurses widerspiegeln, die die Machtstrukturen innerhalb der europäischen Repräsentation Indiens und ihre Auswirkungen auf koloniale Entwicklungen deutlich machen. Einige Kommentatoren von Said, wie Kopf[95] und Moore-Gilbert[96], haben, denke ich, den diskursiven Ansatz seiner Orientalismusthese missverstanden, indem sie zwischen einem ‚guten' und einem ‚falschen' Orientalismus unterscheiden wollen. Es geht nicht um positive oder negative Einstellung gegenüber der indischen Kultur, die, wie wir sehen werden, aus der christlich-apologetischen Sicht der lutherischen Missionare in jedem Fall als dem Christentum unterlegen verstanden wurde, und auch nicht um Fragen der Inkulturation der christlichen Botschaft oder einen mehr oder weniger gelungenen Dialog mit indischer Religion, sondern darum, welche diskursiven Strukturen sich in der Sicht der Missionare von Indien wiederfinden und wie diese Strukturen ihr Verhältnis zu Südindien geprägt haben. Die Gefahr bei diesem Ansatz ist, dass er in seiner Allgemeinheit die historischen Entwicklungen nicht genügend differenziert und den Diskurs als monolitische Einheit betrachtet, in die nur diejenigen Aussagen aufgenommen werden, die die Einheit des Diskurses bestätigen. Daher wird diese Frage nach der Einheit des Diskurses und seinem Verhältnis zur ‚Wirklichkeit' ebenso wie die Frage nach den Teilnehmern am Diskurs noch diskutiert werden müssen. Zuvor soll zumindest im Überblick skizziert werden, wie die Kritik am Orientalismus in Bezug auf Indien durchgeführt wurde.

3.1. Indien im Orientalismusdiskurs

Der erste Anstoß zu einer kritischen Revision der politischen Implikationen des Orientalismus kommt von dem Ägypter Anwar Abdel Malek.[97] Said, dessen politi-

95 KOPF 1980.
96 MOORE-GILBERT 1986.
97 ABDEL-MALEK 1963.

sches Interesse wohl auch aufgrund seiner Herkunft auf die Palästinafrage gerichtet ist,[98] hat sich auf Abdel Malek als einen seiner theoretischen Vorläufer bezogen,[99] die Orientalismusfrage aber, wie oben angedeutet, im Wesentlichen an Beispielen aus dem Nahen Osten behandelt. Erst in neuerer Zeit ist die Debatte auch auf andere Kontexte bezogen worden. In Bezug auf Indien ist das bedeutendste Werk in der Nachfolge von Said nach wie vor Ronald Indens ‚Imagining India' von 1990.[100] Inden präsentiert in diesem Buch eine Kritik an europäischen orientalistischen Konstruktionen Indiens, die, wie er ausführt, entscheidend dazu beigetragen haben, den Indern die Möglichkeit zu versagen, sich selbst zu repräsentieren. Inden spricht von „agency", die den Indern durch die orientalistische Repräsentation versagt sei. Der Prozess, durch den diese ‚Selbstvertretung' enteignet wurde, beginnt mit der Aufklärung und den Anfängen der East India Company, also zu einer Zeit, in der die ersten systematisch wissenschaftlichen Aussagen über Indien gemacht wurden. Inden argumentiert, dass die indologische Analyse dazu eingesetzt wurde, indisches Denken, Institutionen und Lebensweisen als eine Abart einer normativen westlichen Lebensweise zu konstituieren, um dadurch die kulturelle Dominanz des Westens zu begründen. Die Indologie hat diesem hegemonialen Zugriff des Westens darin Genüge geleistet, dass sie den Anspruch erhoben hat, Aussagen über das ‚Wesen' (Inden: essence) Indiens zu machen, die den Indern, über die diese Aussagen gemacht wurden, verwehrt geblieben sind. Die Indologie habe damit, indem sie die Inder objektiviert habe, sich selbst als eine Wissensordnung etabliert, die allein den europäischen Experten vorbehalten war. Indologie beschreibt nicht nur die beobachtete Wirklichkeit, sondern übersetzt und kommentiert klassische indische Traditionen nicht nur für Europäer, sondern für die Inder selbst.[101] Damit, und das ist Indens zentrales Argument, hat die Indologie aber nicht nur kommentiert, sondern indem sie das Wesen der Phänomene bestimmt hat, hat sie auch Strukturen geschaffen, in denen diese Phänomene sozial, religiös und politisch umgesetzt werden konnten, zunächst durch die Kolonialregierung, später auch durch diejenigen Inder, die das Machtvakuum nach der Unabhängigkeit ausgefüllt haben, indem sie die europäischen Repräsentationsmuster übernommen und ‚Wesensaussagen' über Indien strategisch eingesetzt haben.[102]

Indens Buch versteht sich im Wesentlichen als eine Dekonstruktion essentialistischer Kategorien der Indologie, insbesondere der ‚Kastenordnung' als der Sozial-

---

98 Siehe dazu mehrere Veröffentlichungen Saids zu Palästina; auch: Harlow und Hovsepian in: Sprinker 1992.

99 Said 1978:96ff.

100 Die geistesgeschichtlichen Beziehungen zwischen Indien und Europa werden in dem bedeutenden Werk von Wilhelm Halbfass „Indien und Europa" 1981 (englisch erweitert „India and Europe" 1988) reflektiert, das sich gegenüber früheren Darstellungen des europäischen Indienbildes (Glasenapp 1960; Leifer 1969; Rothermund 1986) vor allem dadurch auszeichnet, dass es die gegenseitigen Wahrnehmungsmuster aufzeigt.

101 Inden 1986:408.

102 Dazu auch Spivak 1995.

ordnung Indiens, des ‚Hinduismus' als der Religion Indien, des ‚Dorfes' als der vorindustriellen Lebensform Indiens und der ‚göttlichen Königsherrschaft' als der indischen Form von Regierung.

Indem Inden die vielfältige Repräsentation Indiens seit dem 18. Jh. auf einen Diskurs reduziert, ist sein Buch zugleich eine generelle Abrechnung mit der Indologie. Jegliche Repräsentation durch westliche Indologie ist, weil sie ihre Aussagen in essentialistischen Kategorien formuliert und beansprucht, wesentliche Aspekte von Indien erkannt zu haben, als Teil eines hegemonialen Machtdiskurses zurückzuweisen. Inden versucht dann am Schluss des Buches, den Indern ihre ‚Selbstvertretung' zurückzugeben, indem er als Historiker vorkoloniale Strukturen in Erinnerung ruft. Allerdings wirkt es merkwürdig, dass nun erneut ein westlicher Indologe, nachdem er die Ansätze seines Faches einer Enteignungsstrategie indischer ‚agency' und als Produktion ‚imperialen Wissens'[103] bezichtigt hat, auftritt, um diese zurückzugeben. Darüber hinaus kann die pauschale Kritik Indens Differenzen im europäischen Diskurs über Indien nicht erklären,[104] und es bleibt z.B. unverständlich, wie bei einem Autor detaillierte Sprachuntersuchungen mit rassistischen Aussagen in Verbindung gebracht werden, bei anderen aber nicht.

Ich halte Indens Buch trotz zahlreicher grober Vereinfachungen, die ihm von Indologen angekreidet werden,[105] dennoch für einen wichtigen Ansatz, da er, indem er die ‚essentialistischen' Repräsentationsformen und die damit verbundenen Stereotypen[106] des europäischen Bildes von Indien aufdeckt, den westlichen Blick auf die Heterogenität des indischen Gegenübers lenkt. In der vorliegenden Untersuchung wird dieser Impuls von Inden für die Interpretation einer heterogenen Sichtweise der Missionare aufgenommen, die freilich die beobachtete Wirklichkeit strukturell in gleicher Weise essentialisiert hat, aber in einer Differenz zu einem sanskrit-orientierten indologischen Diskurs steht und dravidische Perspektiven zur Sprache kommen lässt.

Indens radikale Kritik an der ‚positivistischen' und ‚empirisch realistischen' Indologie[107] wirft aber die Frage nach der diskursiven Determination des Wissens vom Orient und der Konstruktion von Wirklichkeit in einer ähnlichen Weise wie Saids Ansatz auf. Vor allem von Historikern wurden in den letzten Jahrzehnten die Implikationen der orientalistischen Repräsentationsformen auf die kolonialen und post-kolonialen Entwicklungen in Indien untersucht.[108]

---

103 INDEN 1990:36.

104 Siehe z.B. Freeman, die Differenzen zwischen Jones und Colebrookes Rezeption von Sanskrittexten und ihre Auswirkungen auf koloniale Strukturen untersucht hat, FREEMAN 1998:140ff.

105 Z.B. HALBFASS 1991:11ff; 1997:18.

106 Dazu allgemein QUASTHOFF 1989.

107 INDEN 1986:440.

108 Historiker wie ROMILA THAPAR 1992, die die orientalistischen und nationalistischen Konstrukte des alten Indiens untersucht hat, BERNHARD COHN 1987, dessen Studien sich vor allem auf politischen und sozialen Verfestigungen von Wahrnehmungsstrukturen in der Kolonialzeit konzentrieren, der Sammelband von BRECKENRIDGE/VEER 1994, der einen Überblick über verschiedene Aspekte des Orientalismus in Bezug auf Indien gibt, vor allem aber das „Subaltern Studies"-Projekt indischer

3.2. Die Einheit des Diskurses

Inden weist ausdrücklich die binäre Sicht von einer einheitlichen Wirklichkeit Indiens zurück, die durch europäische Indologen wissenschaftlich abgebildet werden kann.

> „I reject the duality of knower and known presupposed by this episteme. It is my position that knowledge both participates in the construction of reality and is itself not simply natural (in the sense of necessary and given), but, in large part, constructed."[109]

Aus dieser allgemeinen Aussage über Wissensproduktion wird auch deutlich, wie Inden die Rolle der Indologie im orientalistischen Diskurs versteht. In Anlehnung an Richard Rorty wehrt er sich gegen ein ‚naturwissenschaftliches' Verständnis der Indologie, die ihren Gegenstand als ein System von hierarchisch geordneten Teilen begreift, die einerseits unabhängig voneinander betrachtet werden können, andererseits so voneinander abhängig sind, dass sie dieses System konstituieren, und die die Rolle der Wissenschaft darin sieht, einzelne Teile des Systems wie Sprache, Religion oder Kastenordnung abzubilden und als Teile eines ‚Körpersystems' zu deuten.[110] Indens allgemeines Verständnis von Wissensproduktion kann man so auslegen, dass ‚Wahrheit', ‚Wesen' oder ‚Wirklichkeit' Indiens nicht etwas ist, das außerhalb des Diskurses besteht und das man als ‚natürlich' gegeben annehmen kann, um daran die indologischen Repräsentationen auf ihre Richtigkeit zu überprüfen.

Seine Kritik an der Indologie läßt sich, darauf hat in anderem Zusammenhang Meyda Yeğenoğlu hingewiesen,[111] mit Judith Butlers Reflexion über den Körperdiskurs dahingehend zuspitzen, daß sowohl die Kategorie des Orients als auch die binäre Unterscheidung zwischen einer ‚gegebenen Wirklichkeit' und dem Diskurs durch den Diskurs über Indien erst konstituiert wird, der sich dadurch zugleich selbst legitimiert.[112]

---

und westlicher Historiker, das seit 1982 Kolonialgeschichte aus der Perspektive der „Subalternen" betreibt und mehrere Sammelbände veröffentlicht hat, hg. von RANAJIT GUHA. Zum Zusammenhang siehe PRAKASH 1992a; O'HANLON 1988.

109 INDEN 1986:444f.

110 INDEN 1990:12–21. Inden führt hier für Indien aus, was auch schon von Said als „orientalistischer Realismus" interpretiert wurde. Said argumentiert: „Philosophically, then, the kind of language, thought, and vision that I have been calling Orientalism very generally is a form of radical realism; anyone employing Orientalism, which is the habit for dealing with questions, objects, qualities, and regions deemed Oriental, will designate, name, point to, fix what he is talking or thinking about with a word or phrase, which then is considered either to have acquired, or more simply to be, reality. Rhetorically speaking, Orientalism is absolutely anatomical and enumerative: to use its vocabulary is to engage in the particularizing and dividing of things Oriental into manageable parts." SAID 1978:72.

111 YEĞENOĞLU 1998:16.

112 Judith Butler schreibt in ‚Körper von Gewicht': „Auf ein solches außer-diskursives Objekt naiv oder direkt ‚zu referieren', wird sogar immer die vorausgegangene Abgrenzung des Außer-Diskursiven erfordern. Und insoweit das Außer-Diskursive abgegrenzt wird, wird es von dem gleichen Diskurs gebildet, von dem es sich frei zu machen sucht." BUTLER 1997:34.

Für Said ist die Orientalität des Orients ebenfalls nicht eine natürliche Gegebenheit, sondern indem „wesentliche“ Aussagen über den Orient gemacht werden, wie z.B. ‚das spirituelle Indien‘ gegenüber dem materiellen Westen oder die ‚hierarchische Gesellschaft des Kastensystems‘ gegenüber der Gleichheit aller Menschen in westlichen Gesellschaftsordnungen oder die ‚Herrschaft der brahmanischen Priester‘ in einer vorindustriellen, in sich selbst ruhenden bäuerlichen Gesellschaft, wird in eben diesen Aussagen der Orient orientalisiert.

> „The Orient was Orientalized not only because it was discovered to be ‚Oriental‘ in all those ways considered commonplace by an average nineteenth-century European, but also because it *could be* – that is, submitted to being – *made* Oriental.“[113]

Der Orient wird möglich nur durch das Wissen über ihn und die Textproduktion, durch die er repräsentiert wird. Orientalisierung ist nach Said ein Prozess, der sich materialisiert. Said und Inden bezweifeln nicht, dass es eine geographische Wirklichkeit, Indien genannt, gibt, sondern sie wollen aufdecken, dass die Macht des Diskurses es unmöglich macht, zwischen der Materialität und der Repräsentation eindeutig zu unterscheiden.[114] Damit stellt sich die Frage nach der Referenzstruktur des Orients. Eine Dekonstruktion des orientalistischen Diskurses unterscheidet sich von der traditionellen Kritik am Kolonialismus nicht dadurch, dass sie in ihrer Betonung der diskursiven Formierung des Orients die Existenz eines materiellen Referenten leugnet, sondern dass sie auf die Komplexität von Referenz überhaupt aufmerksam macht.[115] Saids nachhaltige Bedeutung für postkoloniale Entwürfe einer Orientalismuskritik liegt darin, dass er auch die diskursive Formierung von orientaler Wirklichkeit nicht absolut setzt. Orientalismuskritik ersetzt nicht Essentialismus durch Konstruktivismus, sondern verdeutlicht, dass der Orient als Referenzstruktur schon immer in Beziehung steht mit seiner Repräsentation und dass die Referentialität des Orients diskursiv produziert wird.

Eigentümlich ist an Saids Orientalismuskonzept und in besonderer Weise an Indens Kritik der Indologie, dass beide, obwohl sie ihre Kritik unter Berufung auf Foucaults Diskurstheorie entwickeln, das Subjekt des Orientalisten in eine moralische Verantwortung stellen.

> „Yet unlike Michel Foucault, to whose work I am greatly indebted, I do believe in the determining imprint of individual writers upon the otherwise anonymous collective body of texts constituting a discursive formation like Orientalism.“[116]

---

113 SAID 1978:5f. Hervorhebung bei Said.

114 Ähnlich in anderem Zusammenhang Judith Butler: „Die Behauptung, jener Diskurs sei formierend, ist nicht gleichbedeutend mit der Behauptung, er erschaffe, verursache oder mache erschöpfend aus, was er einräumt; wohl aber wird damit behauptet, daß es keine Bezugnahme auf einen reinen Körper gibt, die nicht zugleich eine weitere Formierung dieses Körpers wäre.“ BUTLER 1997:33.

115 Diesen Punkt in Saids Orientalismusthese hat bereits 1982 Christopher Norris zum Ausdruck gebracht. NORRIS 1991:89.

116 SAID 1978:23.

Bei Inden geschieht das dadurch, dass er nur auf die Ansätze rekurriert, die in das zuvor abgesteckte Konzept der ‚Essentialisierung' Indiens passen. Dadurch werden diskursive Strukturen immer wieder durchbrochen und dem beobachtenden Individuum eine handelnde Rolle zugeschrieben, die Foucault diesem gerade nicht zugestand.[117] Gerade in dieser selektiven Vermischung von Subjektivität und diskursiven Strukturen wird dem orientalistischen Diskurs jegliche Pluralität abgesprochen, indem differente Stimmen in der geschichtlichen Produktion der Referenzstruktur ‚Orient' negiert werden.[118] Judith Butler hat sich in ihrem Interessenszusammenhang der diskursiven Konstruktion des Geschlechts dagegen verwahrt, diese Konstruktion als subjektiven Akt oder kausalen Prozess aufzufassen, sondern hat die Konstruktion als Wiederholung von Normen bezeichnet:

> „... im Verlauf dieser unentwegten Wiederholung wird das biologische Geschlecht sowohl hervorgebracht als auch destabilisiert. Als die sedimentierte Wirkung einer andauernd wiederholenden oder rituellen Praxis erlangt das biologische Geschlecht seinen Effekt des Naturalisierten; und doch tun sich in diesen ständigen Wiederholungen auch Brüche und feine Risse auf als die konstitutiven Instabilitäten in solchen Konstruktionen, dasjenige was der Norm entgeht oder über sie hinausschießt, was von der wiederholenden Bearbeitung durch die Norm nicht vollständig definiert und festgelegt werden kann."[119]

Gerade die „Brüche und feinen Risse", die die Instabilität des Diskurses aufzeigen, sind es, die nach Butler die Möglichkeit der Dekonstruktion bieten, indem sie die Konsolidierung der Normen in eine „potentiell produktive Krise" versetzen. Eben diese Risse werden in den Berichten der Missionare in Bezug auf die Konstruktion Indiens deutlich. Darüber hinaus sind es die von Butler markierten Risse und Brüche, auf die postkoloniale Kritiker des Orientalismus wie Gayatri Spivak und Homi Bhabha besonders hingewiesen haben.

Von Historikern wurde Said und Inden, wie ich meine zu Recht, grobe Vereinfachung der komplexen Beziehungen zwischen Europäern untereinander und zwischen Europäern und Indern in der Kolonialzeit vorgeworfen.[120] Die Kritik geht daher vor allem in zwei Richtungen: Zum einen ist es notwendig, die Heterogenität der europäischen Repräsentationen des Orients in den Blick zu bekommen und in eine Re-

---

117 FOUCAULT 1971:14f. Zur Kritik an Said in diesem Punkt siehe wiederum CLIFFORD 1988:259f.

118 Nebenbei bemerkt, vollzieht damit die Kritik und Dekonstruktion des orientalistischen Diskurses von Inden dasselbe, was sie diesem in Bezug auf den Orient gerade vorwirft: eine „Essentialisierung des Orientalismusdiskurses".

119 BUTLER 1997:32f.

120 Dennis Porter schreibt in einer Analyse der Orientalismusdebatte über Said: „He overlooks the potential contradictions between discourse theory and Gramscian hegemony, he fails to historicize adequately the texts he cites and summarizes, finding always the same triumphant discourse where several are frequently in conflict. Second, because he does not distinguish the literary instance from more transparantly ideological textual forms, he does not acknowledge the semi-autonomous and overdetermined character of aesthetic artefacts. Finally he fails to show how literary texts in their play establish distance from the ideologies they seem to be reproducing." PORTER 1983:192.

flexion des Diskurses stärker mit einzubeziehen,[121] zum anderen stellt sich die Frage nach der Rolle der ‚Orientalen' im Diskurs. Beide Aspekte spielen für die Analyse der Begegnung der Leipziger Missionare mit Südindien eine zentrale Rolle und müssen daher an dieser Stelle skizziert werden.

3.3. Deutscher Orientalismus

Nach Said ist Imperialismus ein dem Orientalismus inhärenter Wesenszug, da diejenigen Europäer oder Amerikaner, die über den Orient schreiben, dies in erster Linie als Angehörige einer sich der eigenen kulturellen und geschichtlichen Dominanz bewussten Nation tun und erst in zweiter Linie als Individuen.[122] Diese Verbindung von Orientalismus, Nationalismus und Imperialismus ist aber gerade in Bezug auf deutsche Missionare in Südindien auf mehrfache Weise fragwürdig. So bedeutend Saids Ansatz für ein neues Verständnis indologischer und ethnologischer Repräsentationen der fremden Kultur auch ist, in seiner verallgemeinernden Tendenz ist er zu wenig konstruktiv für eine nachhaltige Dekonstruktion der westlichen Begegnung mit Indien. Mag man auch für die englischsprachige Erforschung Indiens, von William Jones ausgehend, eine zunehmende Systematisierung der indologischen Wissensproduktion annehmen, die mit dem Wandel der British East India Company als einer Handelsgesellschaft zu einer kolonialen Regierung einherging,[123] so waren deutsche Missionare in Indien zunächst im 18. Jh. allenfalls geduldet, später im 19. Jh. abhängig von englischer Obrigkeit, und im Ersten und Zweiten Weltkrieg wurden sie als Feinde Englands interniert.[124] Edward Said räumt allerdings ein, dass deutsche Orientalisten, anders als ihre englischen und französischen Kollegen, ihre Arbeit nicht im Sinne nationaler Expansionsinteressen gemacht hätten, dass sie jedoch Methoden und Techniken zur Aneignung orientaler Texte und Mythen bereitgestellt haben.

> „Yet at no time in German scholarship during the first two-thirds of the nineteenth century could a close partnership have developed between Orientalists and a protracted, sustained *national* interest in the Orient. There was nothing in Germany to correspond to the Anglo-French presence in India, the Levant, North Africa. Moreover, the German Orient was almost exclusively a scholarly, or at least a classical, Orient: it was made the subject of lyrics, fantasies, and even novels, but it was never actual … What German Oriental scholarship did was to refine and elaborate techniques whose application was to texts, myths, ideas, and languages almost literally gathered from the Orient by imperial Britain and France.

---

121 Das hat vor einigen Jahren Lisa Lowe in ihrer Untersuchung über britischen und französischen Orientalismus gefordert, LOWE 1991:X.

122 SAID 1978:11.

123 Siehe dazu LUDDEN 1994:250–278; auch COHN 1994:276–329; BHATTI 1997:3–19.

124 OEPKE 1918; TUCHER 1980.

> Yet what German Orientalism had in common with Anglo-French and later American Orientalism was a kind of intellectual *authority* over the Orient within Western culture. This authority must in large part be the subject of any description of Orientalism."[125]

Saids Orientalismuskonzept ist aber, wie oben ausgeführt, gar nicht in erster Linie an physischer Macht interessiert, sondern Philologie, die wissenschaftliche Repräsentation des Fremden an sich, ist bereits Ausdruck westlichen Machtwillens.[126] Und die Rolle der Philologie im Orientalismusdiskurs kann insbesondere in Deutschland nicht abgekoppelt von nationalen Interessen und politischen Entwicklungen diskutiert werden. Gegen Said hat Dorothy Figueira argumentiert, dass die Tendenz, in der Kritik des Orientalismus alles unter der Perspektive von Hegemonie zu analysieren, den reichen unpolitischen Motiven einer Beschäftigung mit dem Orient nicht gerecht würde. Foucaults Diskursanalyse und Saids Adaption derselben auf den Orientalismus seien eine Form von politischem Reduktionismus, der die individuelle Vielfalt der Zugänge zum Orient nicht mehr wahrnehmen könne.[127] Gerade die Indienbilder, die in Deutschland im 19. Jh. kursierten, geben ein beredtes Beispiel von dieser Vielfalt.[128] Von besonderer Bedeutung für eine differenzierte Analyse der Vielfalt der Textgattungen im orientalistischen Diskurs ist Dennis Porters Beobachtung, dass die Diskurstheorie und die darin implizierte Analyse von Machtstrukturen den vielfältigen literarischen Gattungen nicht gerecht wird. Porter vertritt die Auffassung, dass literarische Texte nur selten einstimmig sind, dass sie sich vom Autor distanzieren können und dass sie in sich zu Text gewordene Dialoge zwischen westlichen und nicht-westlichen Kulturen enthalten, die in der Analyse zum Vorschein kommen können.[129] Diese Überlegungen sind für eine Dekonstruktion orientalistischer Texte von besonderer Bedeutung, weil sie die Möglichkeit eröffnen, in den Texten die polyphonen Stimmen der im Diskurs Beteiligten zum Klingen zu bringen, und Wege aufzeigen, aus einem orientalistischen Solipsismus, den die Diskurstheorie suggeriert, herauszukommen.[130]

Auch die Analyse der missionarischen Bilder von Indien wird zeigen, dass es durchaus Differenzen in der Repräsentation Indiens gibt, die hegemoniale Interessen fraglich erscheinen lassen. Allerdings scheint mir der Vorwurf des Reduktionismus an der Intention von Foucaults Analyse des Diskurses vorbei zu zielen, die sich gerade nicht als Analyse von Totalitäten, sondern von der Produktion solcher Totalitäten versteht.[131] Saids Anliegen ist es nicht, alle Bilder vom Orient auf Macht zu

---

125 SAID 1978:19 (Hervorhebung im Original).

126 SAID 1978:131f; dazu BRENNAN 1992:74ff.

127 FIGUEIRA 1994:7ff.

128 Vgl. z.B. GANESHAN 1975, der das Indienbild deutscher Dichter um 1900 untersucht hat, oder ASOKA DE ZOYSAS Analyse der Indienbilder in der deutschen Unterhaltungsliteratur zwischen Aufklärung und Restauration 1997, vor allem aber LESLIE WILLSONS Untersuchung über das romantische Indienbild in Deutschland 1964; auch SCHWAB 1984.

129 PORTER 1991:4ff.

130 Siehe dazu auch die Überlegungen am Schluss dieser Untersuchung.

131 FOUCAULT 1973:18ff.

reduzieren, sondern die politischen Implikationen in der Vielfalt der Bilder aufzudecken.[132] Seine Verwendung des Diskursmodells hat damit eine strategische Funktion, nämlich die Wahrheitsansprüche der Aussagen über den Orient einer ‚Hermeneutik des Verdachts'[133] zu unterziehen. Auch die bedeutende philologische Arbeit deutscher Indologen und die romantischen Indienbilder deutscher Dichter sind Teil eines Diskurses und können von ihren politischen Voraussetzungen und Implikationen nicht abstrahiert werden.

Um die Stellung der Leipziger Missionare im deutschen Orientalismusdiskurs zu verdeutlichen, müssen im Folgenden einige Aspekte des deutschen Orientalismus skizziert werden. Deutsche Indologen im 19. und 20. Jh. genießen hohe Autorität nicht nur in ihrem Fach, sondern oftmals weit über spezifisch indologische Interessensbereiche hinaus. Namen wie Friedrich Schlegel, Max Müller, Franz Bopp, Paul Deussen sind weit über den Fachbereich hinaus bekannt geworden. Unabhängig von ihren indologischen Leistungen, die hier nicht zur Debatte stehen können, sind mit diesen Namen über die Zeit vom Ende des 18. Jh.s bis weit in das 20. Jh. deutsche nationale Interessen an Indien verbunden gewesen, die mangels realer politischer Möglichkeiten intellektuell verarbeitet werden mussten. Die Beziehungen zwischen Deutschland und Indien in dieser Zeit waren vielfältig, und man würde der oben angedeuteten Problematik nicht gerecht werden, wenn man die Heterogenität der deutschen Begegnung mit Indien in einem Zeitraum von mehr als hundertfünfzig Jahren auf einen monolitischen Diskurs reduzieren wollte. Ein Aspekt, der in der deutschen Rezeption Indiens seit der Romantik allerdings besonders heraussticht, ist die Sprache, insbesondere das Studium des Sanskrit und seine Beziehung zu indogermanischen Wurzeln. Darüber hinaus war die Beziehung zwischen Indien und Deutschland im Wesentlichen durch Texte konstituiert. Zwar ist seit dem Beginn des 18. Jh.s eine zunehmende Zahl von Reiseberichten aus und über Indien von Reisenden, Missionaren, Geschäftsleuten, die mit der East India Company in Verbindung standen, und den ‚civil servants' der Company in Deutschland bekannt geworden,[134] klassische Texte aus Indien, die von den Engländern herausgegeben oder übersetzt worden sind, wurden aber erst langsam bekannt. Eine relativ begrenzte Sammlung von Sanskrittexten rief aber in der zweiten Hälfte des 18. Jh.s eine enthusiastische Rezeption dieser Literatur unter romantischen Autoren hervor.[135] Vasudha Dalmia-Lüderitz, die die Orientalismusthese Saids auf die deutschen Indienbilder der Romantik angewandt hat, hat in dieser Rezeption einen Ausdruck wachsenden Nationalbewusstseins gesehen, das die Deutschen nach anderen außereuropäischen kulturellen Wurzeln suchen ließ.[136] Die tiefgreifenden Umbrüche des 18. Jh.s in Europa,

---

132 SAID 1986:212f.

133 Siehe dazu auch SCHREITER 1997:74.

134 Umfassend dazu DHARAMPAL-FRICK 1984.1994; zum Orientalismus in Reiseberichten vor allem PORTER 1991.

135 DALMIA 1987:434f.

136 DALMIA 1993:101f.

der Verlust allgemein verbindlicher Totalitäten nach der Aufklärung[137] und das erwachende nationale Bewusstsein in Deutschland bzw. die Entwicklung einer Theorie nationaler Identität in Abgrenzung zu Frankreich waren zeitgleich mit dem zunehmenden Engagement der britischen East India Company in Indien und der ‚Entdeckung' einer Jahrtausende alten Kultur, die in den nach Europa übermittelten Texten auch in Deutschland bekannt wurde. Eine Hoffnung, die in Deutschland in diese Literatur gesetzt wurde, bestand darin, eine andere Wurzel der Kultur zu finden als die, die seit der Aufklärung und der französischen Revolution mit dem Begriff ‚Zivilisation' verbunden war. Norbert Elias hat darauf hingewiesen, dass seit dem ausgehenden 18. Jh. besonders die deutsche Mittelschicht dem Zivilisationsbegriff, wie er in England und Frankreich als eine nationale Grenzen überschreitende Kategorie verstanden wurde, den Begriff ‚Kultur' entgegengesetzt hat, der die nationalen Unterschiede und nationale Identität besonders hervorhebt. Elias betont, dass der deutsche Kulturbegriff die Tendenz hat, zwischen geistigen und politisch-sozialen ‚Fakten' zu differenzieren und beiden Bereichen ein Eigenleben zuzugestehen.[138] Das deutsche Kulturverständnis in der Romantik und die Suche nach den Wurzeln dieser Kultur in Indien war somit zugleich verbunden mit einer Zivilisationskritik, die in der Aufklärung und der französischen Revolution die Ursache für das Zerbrechen geistiger und politischer Ordnung in Europa sah. Die deutschen Kleinstaaten und die politische Machtlosigkeit, die Unmöglichkeit, eigene Kolonien zu besitzen, ließ romantische Dichter nach „geistigen Kolonien" suchen, die sie vor allem in Indien fanden.

Die Suche nach nationaler Identität ging einher mit Überlegungen zu Ursprung und Entwicklung der Sprachen, und Johann Gottfried Herder entwickelte gegen Ende des 18. Jh.s die zentrale These, die für die Entwicklung der Indienrezeption in Deutschland im ganzen 19. Jh. prägend geblieben ist, dass jede Sprache Ausdruck der nationalen Identität und des Charakters derjenigen Menschen ist, die diese Sprache sprechen.[139]

Dieser Gedanke wurde von Friedrich Schlegel dahingehend ausgeweitet, dass die einzelnen Völker und Nationen aufgrund ihrer Sprache voneinander zu unterscheiden seien, die das signifikante Merkmal eines gemeinsamen Ursprungs aller der Menschen sei, die diese Sprache sprechen. Sowohl nationale Einheit als auch ethnische Differenz beruhen demnach auf dem Gebrauch der Sprache. Durch die Entdeckung des Sanskrit als einer strukturell und semantisch dem Griechischen, Lateinischen und Deutschen verwandten Sprache und durch die Parallelisierung von griechisch-lateinischer Kultur und Religion mit der Sanskritkultur konnte sowohl zu der klassischen Antike wie zu Indien eine tiefere Verbindung hergestellt werden als zu

137 Dazu LÜBBE 1986.

138 ELIAS I, 1976:2f; Hinweis bei ROCHE-MAHDI 1997:109, die den kulturellen und intellektuellen Hintergrund des deutschen Orientalismus überzeugend dargestellt hat. Zur Diskussion um das Verhältnis von ‚Kultur' und ‚Zivilisation' vgl. auch YOUNG 1995:30ff.

139 Zur Gegenwartskritik der Romantik und zu Herder siehe HALBFASS 1981:86ff; auch DALMIA 1993:103f; FIGUEIRA 1994; YOUNG 1995:36ff.

Frankreich, von dem man sich mit der gleichen Sprachtheorie distanzieren wollte. Darin liegt ein wesentliches Moment der intensiven Indienrezeption in Deutschland. William Jones' Übersetzung von Kalidasas Śākuntala (1789) und Charles Wilkins' Übersetzung der Bhagavadgītā (1785) wurden von romantischen Autoren in Deutschland enthusiastisch aufgenommen.

Vor allem aber entstand durch die Entdeckung der indogermanischen Sprachfamilie und der Abhängigkeit der deutschen Sprache vom Sanskrit eine Suchbewegung nach den eigenen nationalen Wurzeln; und die Wiederbelebung dieser Wurzeln, zu denen die Romantiker sich berufen fühlten, war auch ein Wiederaufrichten der ‚Kultur' als einem nationalen Identitätskriterium gegen die zerstörenden Kräfte der ‚Zivilisation'. Mit der Entzifferung der ältesten Sprachen, wie Sanskrit, und der Entdeckung der ‚Weisheit Indiens' war die Möglichkeit einer zweiten Renaissance eröffnet. Die Bedeutung, die die griechische Kultur im 16. Jh. eingenommen hatte, wurde nun der indischen beigemessen. Die Deutschen sahen sich als die Brahmanen von Europa, als legitime Erben der indischen Tradition.[140] Entwicklungen in Indien wurden dabei entweder zunehmend ignoriert, indem Indien auf seine Ursprünglichkeit festgelegt wurde, oder sie wurden als Degeneration der ursprünglichen Reinheit beurteilt. Die Orientalisten, die sich der Herausgabe und Übersetzung der „ältesten Texte der Menschheit" widmeten, verstanden sich damit nicht nur als die legitimen Erben Indiens, sondern als die einzigen, die in der Lage waren, kulturelle Erneuerung aus den gemeinsamen arischen Wurzeln der Sprache durchzuführen. Die Verbindung von Sprache, Kultur und Nation blieb aber in Bezug auf deutsch-indische Beziehungen aufgrund der politischen Machtlosigkeit der deutschen Kleinstaaten problematisch, denn durch die Verbindung von Sanskritsprache und arischer Rassentheorie ließ sich die kulturelle Dominanz der Deutschen weiter begründen.[141] Der deutsche Orientalismus war von Anfang an politisch motiviert; auch wenn der Kulturbegriff von Politik und sozialen Fakten gerade differenziert werden sollte, hatte seine Verwendung und seine Begründung durch den Rekurs auf Indien und das Alter der indo-germanischen Sprache eine politische Funktion, die, wie Sheldon Pollock betont, nicht in erster Linie nach außerhalb von Europa auf den Orient und seine Kolonialisierung gerichtet war, sondern innereuropäisch die Rolle Deutschlands im Gegenüber zu Frankreich und England begründen sollte.[142]

Für die Untersuchung des Orientalismus der Leipziger Missionare, die Mitte des 19. Jh.s über Indien schrieben, sind daher die Lebens- und Arbeitsumstände und die äußeren politischen Bedingungen, unter denen die Missionare in einem englisch-kolonialen Umfeld Indien wahrnahmen, zwar von Bedeutung, entscheidender für die Frage nach der Repräsentation Südindiens ist jedoch, wie sie die in Deutschland den Diskurs bestimmenden kulturellen Muster auf den Kontext Südindien umgesetzt haben. Ein Großteil der Leipziger Missionare, die Indien in ihren Texten repräsen-

140 Dazu ROCHE-MAHDI 1997:114.

141 MAW 1990:19ff; POLIAKOV 1971; SCHWAB 1984; auch BLOME 1943; GEISSEN 1988; RÖMER 1985.

142 POLLOCK 1994:83.

tierten, ist von einem am Sanskrit orientierten indologischen Diskurs abgewichen und hat mit Übersetzungen tamilischer Texte eine Kultur in Deutschland bekannt gemacht, die weder den nationalen und selbstreflexiven Interessen der Deutschen kommensurabel war, noch konnten die Überlegungen der Missionare zu dravidischer Kultur und Sprache von den Engländern für eine effektivere Kolonialpolitik strategisch eingesetzt werden. Gleichwohl müssen auch diese Texte als Ausdruck westlicher Repräsentationsmacht über Indien gelesen werden.[143]

Die Untersuchung der Repräsentationsformen der Missionare wird zeigen, dass Dichotomien wie Kultur und Zivilisation auch im sogenannten Kastenstreit eine zentrale Rolle gespielt haben und dass diese von deutschen Missionaren als Kritik an der Kolonialpolitik der Engländer eingesetzt wurde. Das Verhältnis von Sprache, Rasse und Nation als Chiffren deutscher Positionierung in Europa wird von den Missionaren auf die Rolle der dravidischen Tamilen gegenüber den dominierenden sanskritischen Ariern übertragen.

Eines der zentralen Themen, von denen die Missionare ebenso wie die Indologen im 19. Jh. ‚besessen' waren, war die Suche nach dem Ursprung. Der Glaube, im Ursprung das reine Wesen der Dinge zu finden, gegen den Foucault mit Nietzsche die Genealogie gestellt hat,[144] ist wahrscheinlich das Moment des orientalistischen Diskurses, das die tiefste Auswirkung auf postkoloniale Selbstbestimmungsstrategien in Indien gehabt hat. Rashimi Bhatnagar hat den Kommunalismus im heutigen Indien und die verschiedenen Reformbewegungen, die als Revitalisierungsbewegungen einer vergangenen Kultur auftreten, als Ausdruck der unmöglichen Suche nach einer ursprünglichen Reinheit der eigenen Tradition gedeutet, die durch den orientalistischen Diskurs über arische und dravidische Ursprünge in das indische Denken induziert worden sind.[145] Die Texte der Missionare offenbaren eine Kontinuität im Diskurs, zugleich aber eine Heteroglossie[146] innerhalb europäischer Projektionen von Indien, die bisher in dem vom Sanskritstudium dominierten indologischen Diskurs weitgehend ausgeblendet worden ist.

---

143 Auffällig ist, dass die Anregungen von Said im englischsprachigen Raum weithin rezipiert werden und eine breite Welle von Untersuchungen über den Diskurs ausgelöst haben, während in Deutschland Orientalismus bis jetzt noch nicht als ein Phänomen akzeptiert ist, das der wissenschaftlichen Auseinandersetzung bedarf.

144 „Am historischen Anfang der Dinge findet man nicht die immer noch bewahrte Identität ihres Ursprungs sondern die Unstimmigkeit des Anderen. So lehrt uns die Historie, über die Feierlichkeiten des Ursprungs zu lachen." FOUCAULT 1974:86.

145 BHATNAGAR 1986:5; siehe auch PANDEY 1990.

146 Zu dem Begriff von BACHTIN siehe unten Kapitel V.3.3.

3.4. Schweigen im Diskurs

„Can the Subaltern speak?", diese Frage hat Gayati Chakravorty Spivak gestellt[147] angesichts des historiographischen Projekts einer Gruppe von indischen und westlichen Wissenschaftlern, die man als ‚Subaltern Studies Group' bezeichnet, und die in einer Reihe von Aufsatzbänden indische Kolonialgeschichte aus der Perspektive der durch diese Geschichte Marginalisierten geschrieben hat.[148]

Wenn der orientalistische Diskurs, wie Inden meint, den Indern Vertretung und Subjektivität verweigert hat, und wenn Repräsentation, die Said in Anlehnung an Marx' berühmtes Wort über das französische Proletariat aus dem 18. Brumaire von Louis Bonaparte: „Sie können sich nicht selbst vertreten, sie müssen vertreten werden" auf den Orientalismus überträgt,[149] immer Repräsentation durch andere ist, dann fragt sich, welche Rolle die Repräsentierten in diesem Diskurs spielen. Sowohl Historiker als auch post-koloniale Theoretiker haben Said vorgeworfen, die Passivität der ‚Orientalen' zu sehr betont zu haben:[150] die Historiker, weil Said die komplexen Beziehungen zwischen Einheimischen und Ausländern, die in kolonialen Strukturen bestanden haben, nicht genügend berücksichtigt habe; die post-kolonialen Theoretiker, wie Homi Bhabha, weil Said dem Widerstand im Diskurs keinen Raum gegeben habe.

Einige historische Ansätze, die insbesondere die komplexen Beziehungen zwischen Europäern und Indern in Tamil Nadu beleuchten, verdeutlichen in besonderer Weise das Problem der Orientalismus-Analyse. Welche Rolle haben die Europäer in der Kodifizierung und Umstrukturierung der südindischen Gesellschaft gespielt?

Der Historiker David Washbrook hat argumentiert, dass die Annahme, die indische Gesellschaft habe sich erst unter dem Einfluss der Engländer gewandelt, impliziert, dass zuvor eine statische traditionelle Gesellschaft existiert haben muss, die plastisch und passiv gewesen ist.[151] Er zeigt auf, dass die Sicht eines antiken traditionellen Indien nicht nur von Engländern induziert worden ist, die die Tamilen passiv über sich ergehen ließen, sondern dass sie selbst aktiv an der Produktion dieses Bildes beteiligt waren. Nach Washbrook bedeutet die Traditionalisierung Indiens sehr viel mehr als bloße Übertragung bestimmter europäischer Ideen von Indien auf die Gesellschaft, vielmehr haben wirtschaftliche und soziale Interessen vor allem auf der Seite der tamilischen Eliten dazu geführt, dass diese sich selbst als die Inhaber traditioneller Landrechte vor den kolonialen Gerichten präsentierten.[152] Westliche

147 SPIVAK 1988:271.

148 Subaltern Studies. Writings on South Asian History and Society, hg. von RANAJIT GUHA seit 1982; dazu vor allem O'HANLON 1988:189ff.

149 SAID 1978:21.

150 PARRY 1995:36ff; 1992:20ff; BHABHA 1986:148ff; IRSCHICK 1994:8; FOX 1992:144ff; O'HANLON 1988:216ff.

151 WASHBROOK 1975:20ff; erneut in direkter Kritik an SAID 1993:240ff.

152 WASHBROOK 1993:243f.

Repräsentationsmuster wurden für die eigenen Interessen von tamilischen Eliten angewandt.

Einige Untersuchungen wie die Studie über Muslime und Christen in Südindien von Susan Bayly machen deutlich, dass beide ‚Bekehrungsreligionen' nicht nur die südindische Gesellschaft verändert haben, sondern selber so verändert wurden, dass sie in das soziale und religiöse Normgefüge in Tamil Nadu eingepasst wurden. Konversion wurde so von Bayly nicht als Bruch mit bisherigen Normen interpretiert, sondern als synkretistischer Prozess, an dem europäische Christen bzw. Muslime wie Tamilen gleichermaßen beteiligt waren.[153] Neuere Studien aus Tamil Nadu, die vor allem den Einfluss des Christentums auf die südindische Kultur untersuchen, können belegen, dass Missionare gegen ihre Intention in das südindische Religions- und Sozialgefüge integriert worden sind.[154]

Auch Christopher Bayly hat hervorgehoben, dass jede Revision des Übergangs von einer vor-kolonialen Gesellschaft in ein koloniales Indien in Betracht ziehen muss, dass die Inder an diesem Prozess aktiv beteiligt und nicht nur die Opfer der Kolonialisierung gewesen sind.[155]

Der Historiker Eugene Irschick hat in bewusster Abgrenzung zu Said die Auseinandersetzung zwischen kolonialer Macht und tamilischer Interessen als Dialog bezeichnet. In seinem 1994 erschienenen Buch ‚Dialogue and History' stellt Irschick den Wandel der ländlichen Gesellschaft im Chingleput Distrikt bei Madras als ein gemeinsames Projekt von britischen Kolonialbeamten und einheimischer Bevölkerung dar. Sowohl die Briten als auch südindische dominierende Gruppen in der Gesellschaft haben gemeinsam an der Konstruktion einer ‚Hindu-Vergangenheit' gearbeitet, die als in sich wohl geordnet repräsentiert wurde, um als Modell für zukünftige Kulturpolitik zu dienen. Irschicks Modell eines kolonialen Dialogs geht davon aus, dass ein solcher Dialog möglich ist, auch wenn die Dialogpartner unterschiedlichen Status und mehr oder weniger Zugang zu Macht haben, und er stellt so die These in Frage, dass politische Dominanz der Engländer auch zugleich Repräsentationshoheit bedeutet. Irschicks Ansatz folgt im Grunde der diskursiven Ordnung der interkulturellen Begegnung konsequenter als Said, indem er die Frage der Autorschaft des Diskurses zurückweist.

> „The argument here focuses less on the willed or repressive aspect of a colonial state as part of the construction of knowledge than on the dialogic, heteroglot productive process through which culture is formed."[156]

Kultureller Wandel wird daher nicht allein von kolonialer Macht indiziert, sondern von den dominanten wie von den subalternen Partizipierenden am kolonialen Dialog. Die Heteroglossie dieses Dialogs ist in jeder Form von Bedeutungen und Insti-

153 BAYLY, S. 1989.

154 BUGGE 1994; MOSSE 1986.

155 BAYLY, C. 1988:4f.

156 IRSCHICK 1994:10.

tutionen enthalten, und Irschick betont daher, dass es unmöglich ist, die reinen Ursprünge dieser Bedeutungen und Institutionen, seien sie nun ‚britisch' oder ‚tamilisch', zu rekonstruieren. Gegen Ronald Inden, bei dem die westliche Repräsentation Indiens als ein geschlossener Diskurs erscheint, hält Irschick daran fest, die verschiedenen Positionen des Dialogs nicht zu ‚essentialisieren'. Die Ergebnisse dieses Dialogs – und darin nähert sich Irschick als Historiker post-kolonialen Dekonstruktionen des Orientalismus wie der Position von Homi Bhabha an – sind ‚Hybride', d.h., ihre Autorenschaft ist nicht mehr eindeutig zu fixieren.

Der Dialog der Leipziger Missionare mit Tamilen zeigt, dass man auch hier die Repräsentation der tamilischen Gesellschaft nicht auf eine Autorengruppe zurückführen kann, sondern dass sich in der Repräsentation Allianzen gebildet haben, die zu einem großen Teil auch gegen andere indigene dominierende Interessensgruppen geschlossen wurden. An dem Sprachkonflikt zwischen Tamil und Sanskrit wird deutlich, wie die Missionare in kulturelle Prozesse einbezogen wurden und wie Repräsentationen von Sprachursprüngen verwoben waren mit indigenen dravidischen Interessen der Selbstbehauptung gegenüber brahmanisch-sanskritischer Dominanz. Die Untersuchung der missionarischen Repräsentation von Südindien ist daher auch nicht als Suche nach einem reinen oder authentischen Diskurs zu verstehen, der – das würde sich bei christlichen Missionaren vielleicht nahe legen – die theologischen Implikationen ihres Indienverständnisses aufdecken könnte, sondern zu zeigen, wie sie an einem heteroglotten Diskurs beteiligt waren, der geprägt wurde von unterschiedlichen Macht- und Selbstbehauptungsstrategien.

Ein Problem bei Irschick, auf das allerdings hingewiesen werden muss, ist die Frage, ob die Zurückweisung der Frage der Autorschaft nicht zugleich koloniale Macht rechtfertigt. Wenn in der Analyse der kolonialen Begegnung nur der kreative Prozess des interkulturellen Dialogs im Vordergrund steht, und, da ein ursprünglicher natürlicher Referent, sei es die traditionelle indische Gesellschaft, seien es konkrete koloniale Interessen, nicht zur Verfügung steht, man Kolonialismus auch nicht als Zerstörung von indigener Kultur begreifen kann, dann kann auch die Kritik am Kolonialismus sich nur auf diskursive Strukturen beziehen.

Sowohl Homi Bhabha als auch Gayatri Spivak betonen, dass die kulturellen Prozesse der kolonialen Begegnung in gleicher Weise verändernd auf Europäer und Inder gewirkt haben und dass es eine vereinfachte Sicht dieser Prozesse sei, die Dominierenden und die Subalternen als aktive und passive Diskursteilnehmer radikal zu unterscheiden.

Für die vorliegende Arbeit ist es von großer Bedeutung, den Begriff ‚Subaltern' etwas genauer zu bestimmen, der eine Wende von einer klassenspezifischen zu einer relationalen Sicht kolonialer Beziehungen markiert. Gayatri Spivak übernimmt den Begriff ‚subaltern' von Antonio Gramski,[157] der mit diesem Begriff die subalternen und unterdrückten Klassen bezeichnet, die an den Rändern der Geschichte stehen. Die „Subaltern Studies Group" indischer Historiker, der Spivak nahe steht, verwen-

157 SPIVAK 1999:269.

det den Ausdruck, um damit die Vielfalt der unterdrückten Positionen zum Ausdruck zu bringen, in der Möglichkeit, ihre eigene Geschichte zu schreiben, unabhängig von jeder Elite, sei es koloniale Macht oder dominierende Klassen des Landes. Sie kritisiert allerdings an der „Subaltern Group", dass diese die positivistischen Strukturen hegemonialer Geschichtsschreibung letztlich unbewusst übernehme, indem sie ihr historisches Programm auf die Produktion von Berichten fokussiere, die die „Wahrheit" der subalternen Geschichte ans Licht bringen sollen. Spivak selbst verwendet den Begriff subaltern in Zusammenhang mit ihrer Übersetzung von Derridas Grammatologie in Beziehung auf Derridas Konzept des Supplements[158], um, ähnlich wie Homi Bhabha das subversive Potential der Grenze und der Marginalität für ihre Kritik am Kolonialismus und Imperialismus fruchtbar zu machen. Damit problematisiert sie die schlichte Vorstellung, Gegengeschichtsschreibung könne bereits den Subalternen ihre Geschichte zurückgeben bzw. sie zu Subjekten ihrer eigenen Geschichte machen. Kritik kann für Spivak nicht darin bestehen, eine andere Geschichte zu schreiben, sondern darin die Geschichte des Orientalismus und Kolonialismus anders zu lesen.[159] Spivak macht auf ein methodisches Dilemma aufmerksam. In der Unterscheidung zwischen Dominierenden und Subalternen ist die Frage zu stellen, wer subaltern ist, und es ist daher notwendig, zwischen verschiedenen Ebenen der Dominanz zu unterscheiden und damit nach vergleichbaren essentialistischen Taxonomien zu suchen, die Foucault als wesentliche Aspekte der Ordnung des Diskurses angenommen hat.[160] Wenn man zwischen verschiedenen Ebenen der Dominanz unterscheidet, zwischen Europäern und indischen Eliten, die auf unterschiedlichen Ebenen in der Lage waren, sich im Diskurs zu repräsentieren, dann bleiben als Subalterne nur diejenigen übrig, die sich nicht selbst repräsentieren können. Rosalind O'Hanlon hat daher dafür plädiert, zwischen drei Gruppen zu differenzieren, die an der Formierung des kolonialen Diskurses beteiligt sind:

> „… the Orientalist scholar, the native informant successful in convincing him of his authority to represent, and those others among the colonized unable to do so."[161]

Diese Beteiligung am Diskurs kann aber nicht nur als ein einmütiges Beisteuern indischer und europäischer Elemente zum Diskurs verstanden werden, sondern ist durch die beständige Ausgrenzung von Gruppen, die sich nicht selbst repräsentieren können, sich dieser Ausgrenzung aber bewusst sind, als Konflikt und Kampf zu analysieren. O'Hanlon bemerkt, dass gerade dieser Aspekt von Widerstand gegen die disziplinierende Macht in Foucaults Diskursanalyse unterbelichtet bleibt und dass auch in der Orientalismuskritik die Rolle von widerständigen Bewegungen meist zu wenig beachtet wird. Für die Untersuchung der Missionarsberichte und Übersetzungen aus Tamil Nadu wird diese Konfliktthese in mehrfacher Hinsicht bedeutsam.

---

158 SPIVAK 1976: 145.
159 SPIVAK 1988b:204
160 SPIVAK 1988b:271ff.
161 O'HANLON 1988:217.

Dabei sind vor allem zwei Problembereiche zu bedenken: die Rolle der einheimischen ‚Informanten' für die europäische Repräsentation Indiens und die Rezeption des europäischen Indienbildes durch die Inder.

Bereits die ersten Orientalisten wie Jones, Halhed und Dow beschäftigten für ihre Übersetzungsarbeit indischer Texte aus dem Sanskrit einen großen Stab einheimischer Mitarbeiter.[162] Der Wunsch der frühen Orientalisten, die normativen und theoretischen Texte zu finden, aus denen das Wesen der indischen Kultur, insbesondere die Religion und Gesellschaftsordnung, verständlich wird, hat sie bewogen, sich an diejenigen einheimischen Informanten zu wenden, die diese Texte lesen und auslegen konnten, also vor allem Brahmanen, die von ihnen als ‚Kulturträger' der indischen Gesellschaft angesehen wurden. Die brahmanische Konstruktion indischer Gesellschaft und das brahmanische Bild von Religion wurde von den Europäern im großen Ganzen übernommen und in soziale Wirklichkeit übersetzt bzw. als die Wirklichkeit Indiens interpretiert. Brahmanen erlangten als Lehrer oder untere Beamte einflussreiche Positionen innerhalb der Kolonialregierung, und Sanskrit-Kultur entwickelte sich zunehmend als die gesamtindische Norm. Die Sanskrittexte, in denen die europäischen Indologen das Wesen der indischen Zivilisation zu finden hofften, wurden so auf die Ebene von hegemonialen Texten erhoben.[163] Die Allianz von Orientalisten und Brahmanen führte zu einer Brahmanisierung der indischen Gesellschaft, indem die Werte einer Gruppe dieser Gesellschaft als dominant und für die ganze Gesellschaft gültig etabliert worden sind.[164]

Die Missionarsberichte zeigen aber, dass dieser Anspruch auf kulturelle Dominanz in Tamil Nadu nicht ohne ethnische, religiöse und soziale Konflikte durchgesetzt werden konnte und dass es im orientalistischen Diskurs durchaus andere Stimmen gab, die im Widerstand gegen sanskritische Dominanz und mit Hilfe von europäischen Repräsentationen ihrer Kultur eigene religiöse und soziale Interessen verfolgt haben.

In der Beobachtung, dass der koloniale Herrschaftsdiskurs immer wieder von einheimischen Stimmen unterbrochen wurde, die sich in ihrer eigenen Sprache einen Freiraum innerhalb der Grenzen des Diskurses geschaffen haben, setzt auch Homi Bhabhas post-koloniale Kritik an.[165] Bhabhas Lektüre der kolonialen Texte deckt die Stimme der kolonialen Subjekte auf, die immer schon in diesen Texten vorhanden ist, aber erst durch eine dekonstruierende Lektüre zum Erklingen gebracht wird. Er weist Saids Behauptung, der koloniale Diskurs sei einseitig von Europäern beherrscht, zurück und ist bemüht, in den disparaten kolonialen Texten die Brüche und Grenzen diskursiver Macht aufzuzeigen. Dazu beruft er sich auf Michael Bachtins Modell der linguistischen Hybridität,[166] das eine grundlegende Fähigkeit der Sprache

---

162 Dazu DIRKS 1994:279ff.

163 POLLOCK 1994:96.

164 Siehe WASHBROOK 1988.

165 Zu Bhabha, siehe PARRY 1995:36ff; KING 1999:202ff; YOUNG 1990:141ff; 1995:22ff; MACKENZIE 1995:11ff.

166 Zu Hybridität als kulturkritischem Konzept siehe YOUNG 1995.

zum Ausdruck bringt, zugleich identisch als auch different sein zu können und in einer Aussage zwei verschiedene soziale Sprachen zu sprechen.[167] Homi Bhabha interpretiert Bachtins Modell linguistischer Hybridität als Subversion einer monologischen Autorität der Sprache und überträgt es auf die koloniale Situation. Hybridität beschreibt eine Situation, in der der westliche Repräsentationsmonolog des orientalistischen Diskurses das Wirken kolonialer oder missionarischer Macht geradezu unterminiert, indem er in den Worten der Einheimischen etwas anderes sagt, als er intendiert. Koloniale Macht ist nach Bhabha nicht die Unterdrückung der Stimme der Einheimischen, sondern ist von Anfang an zweistimmig.[168] Bhabha sieht darin einen möglichen Zugang zur Subversion des kolonialen Diskurses.

> „Hybridity is the sign of the productivity of colonial power, its shifting forces and fixities; it is the name for the strategic reversal of the process of domination through disavowal (that is, the production of discriminatory identities that secure the ‚pure' and original identity of authority). Hybridity is the revaluation of the assumption of colonial identity through the repetition of dicriminatory identity effects. It displays the necessary deformation and displacement of all sites of discrimination and domination."[169]

Die Begegnung der deutschen Missionare mit Tamilen, wie sie in den Texten ihrer Berichte erscheint, offenbart eine patriarchalische Haltung gegenüber tamilischen Christen und eine Repräsentationsautorität des europäischen Berichterstatters indischer Religiosität und Gesellschaftsformen. Die gleichen Texte offenbaren aber auch eine Differenz, indem sie zeigen, dass die Tamilen die Repräsentationsformen der Deutschen bis ins Detail übernommen haben, damit aber etwas ganz anderes ausdrücken als das von den Missionaren intendierte. Bhabha sieht in der Nachahmung europäischer Repräsentationsstrukturen durch die kolonialen Subjekte, die niemals die Kopie des europäischen Originals sind, eine permanente Unterbrechung des ‚Meister-Diskurses', die die Ambivalenzen orientalistischer Texte offenbart. Für solche Unterbrechungen finden sich in der indischen Kolonialgeschichte zahlreiche Beispiele,[170] und auch eine kritische Lektüre von deutschen Missionarsberichten kann die polyvalenten Strukturen des Diskurses und die Stimmen der Reformbewegungen in Tamil Nadu herausarbeiten.

---

167 „What is a hybridization? It is a mixture of two social languages within the limits of a single utterance, an encounter, within the arena of an utterance, between two different linguistic consciousnesses, separated from one another by an epoch, by social differentiation or by some other factor." BACHTIN 1981:358.

168 BHABHA 1994:111.

169 BHABHA 1994:112.

170 Siehe dazu z.B. FOX 1992:144ff, der die Rolle der Sikhs im Unabhängigkeitskampf und Gandhis Rezeption orientalistischer Muster von Hindu-Dharma untersucht hat. Vgl. aber auch Vivekanandas Rezeption von sanātanadharma; dazu HALBFASS 1981:394ff. Siehe auch die Interpretation von Śaṇkaras Advaitavedānta in der Neo-Vedānta Bewegung. Ein anderes Beispiel liefert RICHARD FOX YOUNGS ‚Resistant Hinduism' über anti-christliche Hindu-Apologeten im 19. Jh., 1981.

Durch die Perspektive der Missionarsbriefe und Berichte, der Übersetzungen und Monographien ist es möglich, Aspekte wie Machtstrukturen, soziale Bewegungen, politische Werte, nationale und regionale Abgrenzungstendenzen, Modernisierung, rituelle Hierarchie, wirtschaftlicher Wandel und die Rolle der Kolonialregierung noch einmal anders zu studieren als durch indologische Arbeiten.

Obwohl das Material schwierig zu bearbeiten ist, weil die Urteile oft einseitig ausfallen, man das theologische Urteil immer schon zu kennen meint, oder einfach weil von den Missionaren oftmals die Verhältnisse in ihren Dörfern ermüdend und langweilig geschildert werden und bestimmte Vorurteile wie die Faulheit der Inder oder mangelnde Ethik gebetsmühlenartig über den ganzen Untersuchungszeitraum wiederholt werden, finden sich in den Missionsberichten und Missionsarchiven dennoch große Ressourcen von Informationen über den orientalistischen Diskurs, die bisher weitgehend ignoriert worden sind.

4. Ziel der Studie

Bei der Beobachtung der Missionare in ihrer Beobachtung der südindischen Kultur kann es nicht das Ziel dieser Arbeit sein, ‚indische Wirklichkeit' zu erheben, sondern besondere Wahrnehmungs- und Repräsentationsformen zu studieren und durch sie etwas über die wahrgenommene Wirklichkeit zu erfahren. Das kann jedoch für die eigene hermeneutische Arbeit der Wahrnehmung einer fremden Kultur nur dann fruchtbar werden, wenn der besondere Beitrag der Missionare im Vergleich mit anderen zeitgenössischen Wahrnehmungs- und Repräsentationsmodellen gelesen wird, die die oben angedeutete Differenz in der europäischen Perspektive markieren.

Die Arbeit beschränkt sich auf den Tätigkeitsbereich der Dänisch-Halleschen Mission in ihrer Endphase und ihrer Nachfolgerin, der Leipziger Mission in Tamil Nadu in Südindien, der als ein Modell dienen kann für die gegenseitige Wahrnehmung von Christen und Hindus. Die kulturelle Prägung des Landes, die sozialen und religiösen Entwicklungen, die in Tamil Nadu im 19. Jh. zu einer Renaissance der Tamilkultur geführt haben, sowie die besondere Position der Leipziger Missionare dieser Kultur, den übrigen Missionsgesellschaften und der englischen Kolonialregierung gegenüber, machen deren Berichte zu einem besonders interessanten Beitrag interkultureller Begegnung. Dabei geht es mir in dieser Untersuchung, wie oben angedeutet, nicht darum, das Indienbild der Leipziger Missionstheologen von Fehlinterpretationen einzelner Bereiche der indischen Gesellschaft oder des Hinduismus zu korrigieren, sondern einerseits deren Wahrnehmungsmuster und theologische Interpretationen nachzuzeichnen, andererseits Ähnlichkeiten und Differenzen der spezifisch missionarischen Wahrnehmungsmuster zu religionswissenschaftlichen und indologischen Interpretationen aufzuzeigen, um in eben dieser Differenz des orientalistischen Diskurses den besonderen Beitrag der Leipziger Missionare zum Bild von Südindien im 19. und frühen 20. Jh. herauszuarbeiten.

Obwohl diese Arbeit historisch ausgerichtet ist, ist das erkenntnisleitende Interesse gegenwartsorientiert. Am Beispiel der Leipziger Mission in Indien sollen interkulturelle und interreligiöse Fragen diskutiert werden, die den gegenwärtigen Diskurs beschäftigen. Dabei ist vor allem die Frage nach einer historischen Hermeneutik von Bedeutung. Der interreligiöse Dialog hat die Tendenz, die Begegnung zwischen den verschiedenen Religionen sowie die Wahrnehmung der jeweils anderen Religion auf einen geschichtsfreien Raum zu reduzieren, in dem sich vermeintliche Kernaussagen der Religionen herauskristallisieren, die miteinander ins Gespräch gebracht werden können. Dabei wird von der Dialogtheologie bisher zu wenig beachtet, dass nicht nur die an der Begegnung beteiligten Religionen, sondern auch ihre gegenseitigen Wahrnehmungsmuster geschichtlich bedingt sind und dass die politischen, gesellschaftlichen und wirtschaftlichen Interaktions- und Kommunikationsprozesse auch den interreligiösen Dialog historisch prägen. Ein religionswissenschaftlich orientierter Zugang zu einem Abschnitt der Missionsgeschichte hat daher auch eine ideologiekritische Funktion gegenüber den interreligiösen Wahrnehmungsstrukturen, die dazu neigen, ‚den Hinduismus‘ und ‚das Christentum‘ als unwandelbare Größen anzusehen.[171]

Die in diesem Rahmen behandelten missionarischen Wahrnehmungsperspektiven indischer Kultur und Religiosität erstrecken sich über einen Zeitraum von etwa 150 Jahren. Obwohl sich in dieser Zeit die Wahrnehmungsmuster gewandelt haben und parallel zur Entwicklung indologischer Forschungen in der zweiten Hälfte des 19. und in den ersten Jahrzehnten des 20. Jh.s auch die Missionare sich spezielle Kenntnisse über südindische Religiosität angeeignet haben, die die Missionare der Anfangszeit der Leipziger Arbeit in Tamil Nadu noch nicht hatten, lassen sich doch bestimmte Grundthemen festhalten, die zentral für die Leipziger Südindienrezeption, und insbesondere Tamil Nadus geblieben sind: die Kastenfrage (Teil 3), die Übersetzung klassischer tamilischer Texte (Teil 4) und die Repräsentation des Hinduismus, der südindischen Volksreligion und des Śivaismus (Teil 5).

171 Siehe dazu GEERTS 1965:155.

II. Die Leipziger Mission in Tamil Nadu

1. Aufnahme der Missionsarbeit

Mit dem Wandel der East India Company von einer Handelsgesellschaft zu einer kolonialen Regierung wurde Indien 1833 für die Ansiedlung von Nicht-Briten geöffnet. Damit war auch deutschen Missionsgesellschaften die Möglichkeit gegeben, Missionsarbeit auf englischem Territorium in Indien zu beginnen. Die 1836 gegründete ‚Evangelisch-Lutherische Missionsgesellschaft zu Dresden' beschloss 1839, ihre Missionstätigkeit in Indien aufzunehmen und an die Arbeit der Dänisch-Halleschen Mission anzuknüpfen. Bereits 1819, anlässlich der Gründung des Vorgängers der Evangelisch-Lutherischen Mission, dem ‚Dresdener Missions-Hilfsverein', wurde betont, dass Ostindien ein lohnendes Missionsgebiet sei.[1] Der Missions-Hilfsverein unterstützte jedoch zunächst die Missionsarbeit der Baseler Mission, von der er sich 1836 aus konfessionellen Gründen löste. 1840 wurde Heinrich Cordes als erster Missionar der Dresdener Mission nach Indien ausgesandt. Ende 1840 erreichte er Madras, wo er zehn Wochen lang bei dem Missionar Caldwell von der Londoner Missionsgesellschaft lebte. Cordes erhielt die Instruktion, keine „bindenden Verhältnisse" mit bereits in Südindien arbeitenden Missionsgesellschaften einzugehen, sondern seine Aufmerksamkeit auf die Arbeit der verwaisten Dänisch-Halleschen Mission in der dänischen Kolonie Tranquebar zu richten.[2] In Tranquebar kaufte Cordes ein Haus und arbeitete zunächst als Hilfsprediger bei dem dänischen Pfarrer Knudson.

Als die Kolonie Tranquebar 1843 an die Engländer verkauft wurde, verließ Knudson Indien, und für die Dresdener Mission stellte sich die Frage, ob sie nicht ebenfalls Tranquebar verlassen und die Beziehung zur Dänisch-Halleschen Mission abbrechen sollte, um weiter nördlich im „Telugu-Land"[3] von neuem zu beginnen. Der dänische Gouverneur hatte zwar den Missionaren die Fortführung ihrer Tätigkeit gestattet, jedoch keinerlei Schutz oder Unterstützung zusagen können.[4] Karl Graul, der 1844 zum Missionsdirektor der Dresdener Mission gewählt worden war, wies Cordes an, die Arbeit in Tranquebar fortzusetzen, „weil uns der geschichtliche

1 HANDMANN 1903:87.

2 CORDES, Personalakte Dienstanweisung. Siehe auch, CORDES, A. o.J.:15.

3 Heute Andhra Pradesh. Die Dresdener Missionare Schwarz und Ochs reisten 1844 nach Guntoor, um das neue Missionsgebiet zu erkunden. DMN 12, 1844:89.

4 DMN 11, 1843:85.

Boden teuer ist"[5]. 1847 reiste Graul nach Kopenhagen, um mit der dänischen Missionsgesellschaft den Übergabevertrag der Tranquebar-Mission abzuschließen. Einige Gemeinden, die nach dem Ende der Dänisch-Halleschen Mission von der anglikanischen SPG und der CMS weitergeführt worden waren, kehrten zur inzwischen 1848 nach Leipzig verlegten Evangelisch-Lutherischen Mission zurück.[6]

2. Missionsgeschichtliche Perspektiven

2.1. Anknüpfung an die Dänisch-Hallesche Mission

1837 starb August Friedrich Caemmerer als letzter Dänisch-Hallescher Missionar. Damit ging eine Epoche der protestantischen Missionsgeschichte zu Ende, die 1706 mit der Ankunft von Ziegenbalg und Plütschau in der dänischen Kolonie Tranquebar begonnen hatte. In der Missionsgeschichtsschreibung wird immer wieder hervorgehoben, dass das Ende der Dänisch-Halleschen Mission in Tranquebar im Wesentlichen auf Einflüsse des Rationalismus und der Aufklärung zurückzuführen ist. Der Neuanfang durch die Leipziger Missionare wird dagegen als Ausdruck eines wieder auflebenden Missionswillens, einer konfessionalistischen Konsolidierung und einer Neubesinnung auf die lutherischen Bekenntnisschriften interpretiert.[7] Karl Graul schreibt im Namen des Kollegiums der Leipziger Mission:

> „Doch der Herr hatte sich aufgemacht und unsre heimische Kirche gnädig heimgesucht: ihr Bekenntniß hatte sich wieder Bekenner gewonnen, in welchen die Erkenntniß lebendig wurde, daß alle Stücke der heilsamen Lehre, die der lutherischen Kirche vertraut ist, zu dem Evangelium gehören, welches den Heiden nicht halb, sondern ganz gepredigt werden soll. Da konnte man der lutherischen Mission in Ostindien nicht länger vergessen."[8]

Wenn es auch vor allem konfessionelle Gründe waren, die Missionsfreunde in Sachsen dazu bewogen haben, an die lutherische Tradition in Tranquebar anzuknüpfen, so hat sich doch in den ethnographischen und indologischen Arbeiten der Leipziger Missionare die aufklärerische Tradition der Dänisch-Halleschen Missionare seit Ziegenbalg fortgesetzt. Vor allem Karl Graul knüpft in seinen ethnographischen und sprachwissenschaftlichen Arbeiten und in dem Bemühen, die Missionsarbeit mit fächerübergreifender wissenschaftlicher Arbeit zu verbinden, an die Forschungen

---

5 Zitiert in HANDMANN 1903:120.

6 GRAFE 1990:47; FLEISCH 1936:23ff.

7 HANDMANN 1903:71.

8 Das Kollegium der ev.-luth. Mission zu Leipzig (Graul war der Verfasser), Brief aus dem Missionshause zu Leipzig, 1857:6f.

von Ziegenbalg, die er allerdings nur zu einem Teil gekannt hat,[9] und an die wissenschaftliche Tätigkeit der Missionare der späteren Aufklärungszeit an.

Da die kritische Auseinandersetzung mit der Aufklärung für die Konsolidierung der lutherisch-konfessionellen Leipziger Mission in Indien ein wichtiger Prozess war, um diese Anknüpfung auch inhaltlich zu rechtfertigen, sollen im Folgenden zunächst einige wesentliche Aspekte der Dänisch-Halleschen Mission in ihrer letzten Phase dargestellt werden. Für den missionarischen Diskurs über Indien ist diese Phase der Missionsgeschichte von besonderer Bedeutung, weil ein Blick auf Indien entwickelt wird, der sich aus theologischen Vorgaben befreit und dem Beobachten, d.h. dem systematischen Sehen einen ebenso großen Wert einräumt, wie dem theologischen Urteil. In theologischer Terminologie wird dieser Wandel als eine neue Verhältnisbestimmung von ‚natürlicher Theologie' und ‚Offenbarung' beschrieben, dahinter steht aber ein neues Verständnis von Geschichte. Neben die Geschichte der Offenbarung trat bei den Missionaren der Aufklärungszeit – und darin unterschieden sie sich nicht wesentlich von ihren frühaufklärerischen Vorgängern wie Ziegenbalg – die Geschichte der Natur. Foucaults Analyse dieses Wandels der Sichtweise in der Zeit der Aufklärung, die er am Beispiel von Linnés Systematisierung der Naturwissenschaft darlegt, ist für die Bildung des indologischen Diskurses und die Rolle der Missionare in diesem Diskurs sehr aufschlussreich. Foucault beschreibt diesen Wandel:

> „Die ganze durch die Zeit in den Dingen niedergelegte Sprache wird bis zur äußersten Grenze zurückgedrängt, wie ein Zusatz, in dem der Diskurs sich selbst erzählte und die Entdeckungen, Traditionen, Ansichten, poetischen Figuren berichtete. Vor dieser Sprache der Sprache erscheint die Sache selbst in ihren eigenen, wesentlichen Merkmalen, aber innerhalb dieser Realität, die von Anfang an durch den Namen aufgeteilt wird. Die Errichtung einer Naturwissenschaft im Zeitalter der Klassik ist nicht die direkte oder indirekte Auswirkung der Verlagerung einer andernorts gebildeten Rationalität …; sie ist eine getrennte Bildung mit ihrer eigenen Archäologie."[10]

Das Zurückdrängen einer theologischen Sprache zur Beschreibung der beobachteten Wirklichkeit und die Differenzierung von Offenbarung und Natur hat bei den Missionaren der Aufklärungszeit zu einem neuen Indienbild mit einer ‚eigenen Archäologie' geführt, das trotz der Polemik seitens der Lutherischen Mission gegen ihre Missionsarbeit auch im 19. Jh. prägend geblieben ist.

---

9 Graul plante, Ziegenbalgs ‚Genealogie der Malabarischen Götter' herauszugeben, starb aber vorher; GERMANN, Genealogie, VIII. Das „Malabarische Heidentum" wurde erst 1926 von dem Indologen Caland herausgegeben.

10 FOUCAULT 1971:171.

2.2. Aufklärungskritik

Von Missionshistorikern des 19. und des 20. Jh.s wurde das Eindringen aufklärerischer Gedanken in pietistische Missionskreise oftmals als eine Art Krankheit angesehen,[11] die den wahren Geist der Mission von innen zerstört habe. Wenn auch in den verschiedenen Darstellungen des Ausgangs der Dänisch-Halleschen Mission in Ostindien der Hauptgrund für den Untergang der Missionsarbeit in Indien in dem nachlassenden Missionsinteresse in den europäischen Kirchen gesehen wird, so werden doch auch die Missionare Christoph Samuel John (1747–1813) und Johann Peter Rottler (1749–1836) als diejenigen dargestellt, die von dieser ‚Krankheit' am stärksten infiziert waren und somit für die ‚innere Schwächung der Mission'[12] verantwortlich zu machen sind.

Bezeichnend ist nun, dass John und Rottler neben Schwartz die südindischen Missionare des ausgehenden 18. Jh.s waren, die außerhalb von Missionskreisen gesellschaftliche wie wissenschaftliche Anerkennung gefunden haben. Beide kommunizierten regelmäßig mit Naturwissenschaftlern und wissenschaftlichen Gesellschaften in Europa und Indien.[13] Rottler und John sind, um den Diskurs mit diesen wissenschaftlichen Vereinigungen zu fördern und für ihre Arbeit in Tranquebar fruchtbar zu machen, der von dem Kolonialprediger Engelhardt 1788 gegründeten ‚Tranquebarsche[n] Gesellschaft zur Beförderung indischer Kenntnisse und Industrie' beigetreten,[14] die in regelmäßigem Austausch mit der königlichen Sozietät der Wissenschaften in Kopenhagen stand.[15] Sie selber korrespondierten regelmäßig mit der ‚Asiatic Society of Bengal' und hatten so Kenntnisse von William Jones' Arbeiten. Auch mit Georg Forster, einem der führenden deutschen Reiseschriftsteller der Aufklärungszeit und Sekundärübersetzer von Jones' Śākuntala, stand zumindest John in Briefkontakt und hatte so intellektuelle Verbindung zu der sich in Deutschland gerade entwickelnden Indologie.[16] John hat bei einem Brahmanen in Tranquebar Sanskrit gelernt.[17] Rottlers Pflanzensammlung und Johns Muschelsammlung haben regelmäßig Besucher nach Tranquebar gezogen.[18] 1795 wurde Rottler die

11 So z.B. LEHMANN 1955:293.

12 Als Beispiel eines jüngeren Vertreters dieser Auffassung siehe NORGAARD 1988:196.

13 In den NHB sind einige Briefwechsel mit Professoren naturwissenschaftlicher Fakultäten in Deutschland abgedruckt, Giftschlangen oder botanische Probleme sowie medizinische Fragen betreffend; siehe z.B. NHB 43, 1793:648ff.

14 NHB 37, 1790:105.

15 NHB 38, 1791:204.

16 Es ist zu vermuten, dass diese Beziehungen John auch mit geschichtsphilosophischen Konzepten wie denen von Herder, der ja zu Forsters Übersetzung des Śākuntala ein Vorwort verfasst hat, bekannt gemacht haben, die für sein Indienbild bedeutsam wurden. Zu Forster und Herder siehe HALBFASS 1990:70ff; TELTSCHER 1995:132ff; DREW 1987:267f; FIGUEIRA 1991:12ff; WILLSON 1964:72ff.

17 NHB 45, 1794:866.

18 NHB 58, 1802:840; Lady Clive reiste im Jahr 1800 eigens nach Tranquebar, um Rottlers Herbarium, Königs Vögel- und Insektensammlung und Johns Sammlung von Conchylien zu besichtigen.

Ehrendoktorwürde der Philosophie der Universität Erlangen verliehen, und im gleichen Jahr unternahm er mit finanzieller Unterstützung von Colonel Martinez aus Ramanadapuram[19] eine Forschungsreise nach Ceylon, deren wissenschaftliches Ergebnis, eine botanische Sammlung, an das Kings College in London geschickt wurde.[20]

Angesichts der fast durchgängig polemischen Beurteilung der Aufklärungszeit in der Missionsgeschichtsschreibung fragt sich, wie sich bei diesen Missionaren pietistische Tradition und aufklärerischer Geist zueinander verhielten. Dabei soll in diesem Zusammenhang nicht so sehr ihre theologische Herkunft und Entwicklung untersucht werden als vielmehr ihre Arbeit in Indien und deren Auswirkungen.

Rottlers und Johns Berichte und Briefe sind in der seit 1770 erschienenen ‚Neueren Geschichte der Evangelischen Missionsanstalten zur Bekehrung der Heiden in Ostindien' (NHB) veröffentlicht und geben Aufschluss über ihre Arbeit, ihren theologischen Ansatz und vor allem über ihr Indienbild.

Die Missionsgeschichtsschreibung des 19. Jh.s hat die Berichte dieser beiden Missionare vor allem unter konfessionalistischer und aufklärungskritischer Perspektive gelesen und sie gegen einen vermeintlich rein ‚pietistischen' Anfang der Tranquebar-Mission zu Zeiten Ziegenbalgs abgehoben.[21]

Der Däne J.F. Fenger hat 1843 in seiner Geschichte der Tranquebar-Mission zum ersten Mal einen Zusammenhang zwischen dem Ausgang der Dänisch-Halleschen Mission und dem Geist des Rationalismus hergestellt.[22] Christoph Samuel John ist in seinen Augen der herausragende Missionar jener Zeit. Johns Reformen, insbesondere seine Schularbeit, werden von Fenger dargestellt, ebenso wie die zeitgenössische Kritik an John, vor allem durch seine Kollegen König und Klein.[23]

Fenger erwähnt weiterhin einen Brief des Missionssekretärs im dänischen Kollegium, Hee-Wadum, an John, in dem dieser sein Misstrauen gegenüber allen Menschen, die sich zu einer anderen Religion bekehren, ausdrückt, hebt dann aber hervor, dass John, obwohl er ein persönlicher Freund von Hee-Wadum war, an dessen Nachfolger Grude schrieb, dass er enttäuscht von Hee-Wadums Indifferenz in Missionsfragen gewesen sei.[24]

---

19 NHB 51, 1797:228.

20 Siehe dazu LEIFER 1969:60.

21 Das Verhältnis von Pietismus und Aufklärung in der Tranquebarmission ist m.E. bis heute nur ungenügend aufgearbeitet. Ein Beispiel dafür, dass diese aufklärungskritische Haltung auch noch gegenwärtig die Missionsgeschichtsschreibung beeinflusst, bietet BOSCH in seinem Hauptwerk ‚Transforming Mission'. Die Aufklärungszeit stellt sich ihm nicht so sehr als eine Periode der positiven Veränderung in Kirche und Mission dar, sondern als eine Zeit der Einschläferung, der erst wieder ein „Awakening" folgen musste. BOSCH 1991:278.

22 Eine ausführliche Biographie Johns von Reinhold Bormbaum aus dem Jahre 1852, die sich im Wesentlichen auf Johns Briefe und Berichte stützt, sieht diesen Zusammenhang nicht; BORMBAUM 1852:51–123.

23 FENGER 1906:224f.

24 FENGER 1906:227f.

Bei seiner Archivarbeit fand Fenger eine Notiz von Bischof Balle, einem Mitglied des Kollegiums in Kopenhagen, die zufällig in einem Bericht von 1804 liegengeblieben ist, den der Katechet Schreyvogel aus Tranquebar an das Kollegium geschickt hat. Sie lautet:

> „Schreyvogel. In Tranquebar ist die Bibel ein Fabelbuch; die Glaubenslehren werden verworfen. Der Bischof von Kopenhagen ist ein abergläubischer Mann! Achtung: Rationalismus! Das habe ich schon lange gewußt.“[25]

Fenger interpretiert diese Notiz als ein neues Zeichen des immer wieder aufflammenden Konfliktes zwischen Kolonialregierung und Mission. Er stellt auch fest, dass sich die Missionare in immer schwieriger werdenden Zeiten mehr und mehr der Naturwissenschaft zuwandten, dass ihre botanischen Sammlungen berühmt waren und dass Rottler und John Mitglieder in acht gelehrten Gesellschaften waren.[26]

Die politischen Verhältnisse schließlich und die Besetzung Tranquebars durch die Engländer 1808–1815 werden von Fenger nur als ein äußerlicher Rahmen für den Verfall der Mission angesehen. Dass in dieser Zeit die von John initiierte Schularbeit zur zentralen Tätigkeit der Mission in Tranquebar wird, beurteilt er kritisch.

Die in der Nachfolge Fengers meist aus den Kreisen der Leipziger Mission entstandenen geschichtlichen Darstellungen des Endes der Tranquebar-Mission berufen sich, ohne freilich Fenger zu zitieren, auf die gleichen Beispiele, allerdings nicht ohne sie verändernd zu interpretieren. Bei dem Leipziger Missionar Germann, der 1886 in Warnecks ‚Allgemeiner Missionszeitung‘ einen Artikel zum ‚Ausgang der Dänisch-Hallischen Mission in Indien‘ veröffentlicht hat, der vor allem als Warnung vor zu enger Zusammenarbeit der Mission mit der deutschen Kolonialpolitik geschrieben wurde, ist Hee-Wadums Brief an John zum Anlass geworden, festzustellen, dass es mit diesem „jetzt schnell abwärts ging“[27], dass er also völlig von Gedanken des Rationalismus ergriffen sei und mit den Ansichten des ‚missionsfeindlichen‘ Missionssekretärs der dänischen Kolonialregierung übereinstimme. Bischof Balles Notiz zu Schreyvogels Bericht von 1804 wird bei Germann umgewandelt von einer Beobachtung des Verhältnisses von Mission und Obrigkeit zu einem „Urteil über John und seiner Genossen Gesinnung und Arbeit“.[28] Germann schreibt dann weiter:

> „Die Mission war ein wurmstichiger Apfel, von allen Seiten angefressen, und daher zum Wegwerfen reif. Nachdem ihr erstes Ziel: Verkündigerin der frohen Botschaft des Evan-

---

25 FENGER 1906:228.

26 FENGER 1906:231.

27 GERMANN 1886:349. Eine ähnliche Beurteilung der Missionare Rottler und John findet sich in GERMANN 1901:65f und GERMANN 1865b:230f. In dem Aufsatz über die wissenschaftliche Arbeit der Dänisch-Halleschen Missionare wird allerdings neben Rottlers Arbeit an einem Englisch-Tamil Lexikon auch erwähnt, dass dieses die Ostindischen Pflanzen mit lateinischen Systemnamen umfasse; GERMANN 1865a:24.

28 GERMANN 1886:349; John selbst berichtet von einem guten Verhältnis zu Balle, von dem er 1804 einen „herzlichen und erbaulichen Brief“ erhielt; NHB 62, 1806:202.

geliums von Christo zu sein um des herrschenden Zeitgeistes willen vergessen und dafür erst nebenbei, dann anstatt desselben Förderung der Wissenschaft und Aufklärung durch Schulen auf ihre Fahnen geschrieben, waren die alten Freunde stutzig geworden und die Gegner nicht gewonnen, für die ihren Anschauungen sich anbequemende Mission ein Opfer zu bringen oder sie auch nur duldsamer zu beurteilen. Die Missionsgegner waren trotz alledem oder richtiger wohl gerade deswegen in Trankebar zur Herrschaft gekommen."[29]

Auffällig ist, dass in Germanns Analyse des Endes der Mission in Tranquebar indische Verhältnisse oder sich aus der Situation in Tranquebar möglicherweise ergebende Umstände keine Rolle spielen, sondern dass allein das Verhältnis zu Missionsfreunden und Missionsgegnern in Deutschland entscheidend ist für die Beurteilung der Missionare der Aufklärungszeit. Ein schwelender Konflikt zwischen den Missionsanstalten und der öffentlichen Meinung wird auf die Arbeit der Missionare in Indien übertragen.[30]

Dass dieser Konflikt allerdings die Redaktion der Missionarsberichte und die Herausgabe der ‚Neuen Halleschen Berichte'[31] beeinflusst hat, wird bereits in der Vorrede zum ersten Band von 1776 deutlich. Während die Halleschen Berichte[32] im Geist der pietistischen Kirchengeschichtsschreibung verfasst und redigiert waren mit dem Ziel, einzelne Leser und auch die die Mission unterstützenden Gemeinden geistlich zu erbauen,[33] machen Freylinghausen und ein nicht genannter Autor in einer Antwort auf eine in dem neologischen Rezensionsblatt ‚Allgemeine Deutsche Bibliothek' erschienene Rezension der Halleschen Berichte deutlich, dass die Berichte von Missionaren über Gespräche mit Heiden nicht lehrreich und erbaulich für den europäischen Leser sein können, da man europäische Christen anders belehren müsse als malabarische Heiden.[34]

Die Berichte der Missionare sollen also nicht in erster Linie der Werbung für Mission, der Sammlung von Geld, wie es Kate Teltscher von den katholischen ‚lettres édifiantes' und den ‚Halleschen Berichten' vermutet,[35] oder der Erbauung europäischer Christen dienen, sondern Rechenschaftsberichte der Arbeit der Missionare sein, die von allgemeinerem Interesse sind.[36] In den NHB werden nach wie vor vollständige Tagesregister abgedruckt, aus denen man einiges über Missions-

29 GERMANN 1886:350.

30 Ein ähnlicher Konflikt, der sog. Kastenstreit, wird ebenfalls zunehmend von Indien auf Deutschland verlagert. Pastoren, die selbst nie in Indien waren und die Verhältnisse dort nicht kennen, greifen in den Streit ein; siehe dazu HANDMANN 1903:320ff.

31 Eine neue Reihe wird von Freylinghausen begonnen mit der Begründung, dass mit der neu errichteten Mission in ‚Tirutschinapalli' [!] ein neuer Abschnitt der Mission in Tamil Nadu begonnen habe und dass in der Missionsgeschichte von Niekamp die ältere Missionsgeschichte zusammengefasst sei; NHB 1, 1776:III.

32 „Die Königl. Dänischen Missionarien aus Ost-Indien eingesandter ausführlichen Berichten" (HB).

33 Vgl. dazu JEYARAJ 1996:10.

34 NHB 1, 1776:IX.

35 TELTSCHER 1995:77ff.

36 NHB 1, 1776:X.

methode und theologischen Ansatz der Missionare erfahren kann.[37] Dass die Gespräche mit Hindus und die Berichte über indische Kultur und Religion kürzer ausfallen als in den ersten Bänden der HB, ist weniger auf die Redaktion der Berichte in Halle zurückzuführen, sondern wird mit Arbeitsüberlastung der Missionare begründet.[38]

Die späteren Missionare haben sich immer wieder auf Ziegenbalgs religionswissenschaftliche Darstellungen berufen.[39] Das ursprüngliche Interesse an einer zusammenhängenden Darstellung der tamilischen Religion und Gesellschaft, das in Ziegenbalgs Werken zu spüren ist, scheint einem eher naturwissenschaftlichen und politischen Interesse gewichen zu sein. Die Art und Weise, wie die Missionare Gespräche mit ‚Heiden' führen und wie sie in diesen Gesprächen das Evangelium theologisch auslegen, so wird im Vorwort zum ersten Band der NHB betont, müsse ihrem Gewissen überlassen bleiben und dürfe nicht von Europa aus zensiert werden.[40]

Das Verhältnis von natürlicher Theologie und Offenbarung war in der Dänisch-Halleschen Mission von Anfang an spannungsreich gewesen. A.H. Franckes Kritik an Ziegenbalgs Forschungen ist hinlänglich bekannt[41] und durchaus als ein missionsinterner Konflikt zwischen pietistischer Tradition und den aufklärerischen Gedanken eines Missionars zu deuten. Knapp urteilt jedoch als Herausgeber der NHB über das Verhältnis von natürlicher Theologie und Offenbarung in der Berichterstattung des Missionars Schwarz und auch der anderen Berichte,

> „daß sich die Missionarien nach den Begriffen der Leute, die sie vor sich haben, aufs möglichste zu richten suchen, und nicht unterlassen, durch die Wahrheiten der natürlichen Theologie sich den Weg zur Offenbarung ..., so wie es die Beschaffenheit der vorhabenden Personen jedesmal zu erfordern scheinet, zu bahnen ...; ob sie gleich nicht nöthig gefunden haben dürften, zwischen den Lehren der natürlichen Theologie und den eigenthümlichen Lehren der Offenbarung allezeit und bey aller Gelegenheit einen solchen weiten Zwischenraum, absonderlich der Zeit nach, zu setzen, wie man sichs wol in der Speculation als nöthig vorstellen möchte. Denn es komt dabey auf die Ueberzeugung der vorhabenden Personen von den nöthigen Prämissen an."[42]

---

37 NHB 1, 1776:XXVII.

38 So antwortet Johann Georg Knapp auf eine kritische Rezension in der ‚Allgemeinen Deutschen Bibliothek', die die Kürze der Missionarsberichte bemängelt: „... daß sie die Diaria von ihren täglichen Verrichtungen eigentlich in der Absicht einzusenden ihrer Schuldigkeit erachten, damit die Vorgesetzten von ihrem Fleiß und Treue in Ausrichtung ihres Amts daraus urtheilen könten; wozu dieselbe, wo nicht völlig hinreichend, doch brauchbar sind, indem die Vorgesetzten aus den vorigen Berichten bereits hinlänglich von ihrer Art mit den Heiden umzugehen, von den gewöhnlichen Einwürfen der Heiden, und was sie ihnen darauf zu antworten pflegen, und überhaupt von der Methode, wie sie dieselben zu überzeugen suchen, wie auch sonst von der ganzen Verfassung der Missions-Anstalten, unterrichtet sind." NHB 2, 1771:30.

39 Dessen ‚Malabarisches Heidenthum' sie aber wahrscheinlich nicht gekannt haben.

40 NHB 1, 1976:XI.

41 Siehe dazu: DHARAMPAL-FRICK 1994:103.

42 NHB 2, 1771:32.

Knapp schreibt dies 1771, in dem Jahr, in dem John nach Indien ausreist. Diese Rechtfertigung der Arbeit der älteren Missionare ist allerdings auch programmatisch für die neu Dazukommenden. Während aber Knapp und Schulze, die als Direktoren des Waisenhauses und Herausgeber der NHB praktisch alle Berichte und Briefe, die John in seiner Amtszeit verfasst hat, in den NHB veröffentlicht haben, einen pragmatischen Ansatz für das Verhältnis von natürlicher Theologie und Offenbarung vertreten, der aus der Arbeitserfahrung der Missionare erwachsen ist, urteilt die Nachwelt über John und Rottler, anders als über ihre Vorgänger, auf einer dogmatischen Ebene.

Konfessionalistische Vorentscheidungen,[43] eine Dichotomie von Moral und Glauben und die Negativfolie ‚Rationalismus' werden zum Beurteilungskriterium für Johns und Rottlers Arbeit. John war sich des Konfliktes, in dem seine missionarische Arbeit stand, bewusst, sah allerdings die Angriffe von einer anderen Seite, die ihm Traditionalismus und Dogmatismus vorwarf.[44] Knapp war als Herausgeber der NHB bemüht, die Vorwürfe von verschiedenen Seiten gegen die Mission zu korrigieren, indem er Briefe und Berichte der Missionare veröffentlichte. John schreibt im Jahr 1803 an ihn:

> „Soll man aber die christliche Religion mit der bloß natürlichen vertauschen? Man versuche es, sehe aber dann auch, ob man damit so weit kommt, oder ob der Erfolg größer und heilsamer ist, als aus der Predigt des Evangeliums, welches ein Licht ist, das alle Menschen erleuchtet, und das für alle Nationen, und für ihre auch noch so verschiedenen Fassungskräfte ist. Der Herr wird gewiß selbst sein Reich, und durch dasselbe das Wohl der Nationen fördern."[45]

Lehmanns 1955 veröffentlichte Missionsgeschichte ‚Es begann in Tranquebar' baut auf Fengers und Germanns Vorarbeiten auf, kann aber Rottlers botanische Untersuchungen und Johns Schularbeit nur noch mit den Absurditäten rationalistischer Predigt „vom Segen aufgestellter Ruhebänke und vom vorsichtigen Wandel a) mit Porzellan und b) mit Glaswaren"[46] vergleichen. Norgaard schließlich, der allerdings die pauschale Verurteilung Johns kritisiert und in John einen Gewährsmann für die kritische Haltung der Missionare gegenüber der Obrigkeit sieht, vermutet bei John pantheistische Ansätze, durch die er versucht habe, mit Hindus in ein Gespräch zu

43 Handmann wirft John und Rottler z.B. „Gleichgültigkeit gegen das feste kirchliche Bekenntnis" sowie Unionismus vor; HANDMANN 1867:17.

44 John schreibt: „Wir werden manchmal getadelt, daß wir uns immer an das Alte halten, die dogmatischen Lehren nicht übergehen und dahin gestellt seyn lassen, nicht blos die Moral vortragen, und uns nicht nach dem jetzigen allgemeinen Ton, den doch auch große und rechtschaffene Männer führten, richten. Meine Antwort aber ist dann: Alter abgegohrner und abgeklärter Wein bekommt mir besser als Most." NHB 60, 1804:1066.

45 NHB 60, 1804:1072.

46 LEHMANN 1955:294.299. Bezeichnend ist, dass Lehmann, der in seiner Missionsgeschichte gerade die Ökumenizität der frühen Halleschen Mission hervorhebt, die ökumenischen Bemühungen von John vollkommen vernachlässigt.

kommen, dabei aber von der christlichen Offenbarungslehre abgewichen sei.[47] Der Konflikt zwischen Rationalismus und Offenbarungstheologie löst sich für Norgaard in der Entwicklung Johns, der im Alter selbst seine rationalistische Haltung aufgegeben habe.[48] Abgesehen davon, dass seine Kritik nicht definiert, was die rechte christliche Offenbarungslehre zu sein hat, werden mit dem Pantheismus-Urteil über John Aspekte der romantischen Hinduismusdebatte des frühen 19. Jh.s auf einen Missionar übertragen, der als Pantheist zur Schwächung der Mission beigetragen habe.[49] In F. Schlegels Abhandlung ‚Über die Sprache und Weisheit der Inder' wird der Pantheismus als die Emanation der indischen Religion dargestellt, die am weitesten entfernt von der ursprünglichen Reinheit und Einfalt Ausdruck dafür ist, wie tief der menschliche Geist in der orientalischen Philosophie herabgesunken ist. Pantheismus, so urteilt Schlegel, ist verderblich für die Moral und zerstörend für die Phantasie.[50] Eben diese Dekadenztheorie wird in der Missionsgeschichtsschreibung über die späte Aufklärungszeit zum Muster für die Beurteilung von Missionaren. Selbst ein gegenwärtiger indischer nichtchristlicher Historiker kann in seiner Untersuchung über ‚German Tamilology' Rottlers und Johns naturwissenschaftliche Arbeit nur unter der missionsideologischen Perspektive, es sei eine Epoche der ‚geistlichen Lähmung' gewesen, lesen.[51]

Dass es vor allem wirtschaftliche Gründe und europäische Kriegsverhältnisse waren, die die Arbeit der Dänisch-Halleschen Mission in Tranquebar zum Erliegen brachten, und nicht so sehr die Naturforschungen einzelner Missionare, kann man Briefen des Missionars Caemmerer entnehmen, der die Situation in Tranquebar um 1814 als desolat beschreibt.[52]

Rottler und John mussten sich immer wieder Vorwürfen gegenüber rechtfertigen, dass sie neben der Schularbeit und neben der wissenschaftlichen Arbeit die ‚Hauptaufgabe', ihre Missionsarbeit, vernachlässigen würden.[53] Handmann stellt in einem Vortrag auf der Tranquebarer Missionssynode die These auf, dass sich Rottler und John „dem Gelächter der Welt zu entziehen suchten durch Verdienste um die Wissenschaften"[54]. Andererseits wurde ihnen von missionskritischen Kreisen der Vorwurf gemacht, sich nicht genügend um wissenschaftliche Erforschung ihrer tamilischen Umwelt bemüht zu haben.[55]

---

47 NORGAARD 1988:195ff.

48 NORGAARD 1988:202.

49 NORGAARD 1988:196.

50 SCHLEGEL 1976:253; siehe dazu auch HALBFASS 1990:77.

51 MOHANAVELU 1993:144f.

52 „Hier in Trankenbar geht es jetzt, leider, wie auf den ehemaligen holländischen Besitzungen. Die Europäischen Einwohner sind theils verstorben, theils nach Europa zurückgekehrt. Der Werth der Häuser ist daher sehr gefallen, und der Handel liegt ganz darnieder ... Aber, welchen Jammer und welches Elend verbreitet nicht der unglückliche Krieg in allen Ländern und Gegenden Deutschlands." NHB 66, 1816:493.

53 NHB 48, 1796:1092.

54 HANDMANN 1867:13.

55 NHB 58, 1802:844.

Die Bekehrung der Heiden in Ostindien stand also zunächst für die pietistisch geprägte Missionstheologie in keinem methodischen Zusammenhang mit der Erforschung der tamilischen Kultur oder der Natur. Hierfür musste erst eine Sprachregelung gefunden werden. Zwar hatte schon Ziegenbalg neben seinen Untersuchungen zur Kultur und Religion der Tamilen auch Abhandlungen zu Naturwissenschaft und Astrologie vorgelegt und ist m.E. durchaus als ein Aufklärungstheologe einzustufen, in seinen Briefen und Berichten ist aber der theologische Bruch zwischen pietistischem Glauben und rational aufgeklärtem Denken noch nicht so stark zu spüren wie bei den späteren Aufklärungsmissionaren, die diesen Bruch auch immer wieder theologisch reflektiert haben.

2.3. Zur Genealogie des Diskurses – Südindieninterpretationen der Aufklärungszeit

2.3.1. Tamilische Kultur

In den NHB finden sich verstreute Berichte über Sprachforschungen[56] und Übersetzungen tamilischer Texte, daneben beobachtende Beschreibungen von Festen sowie Nacherzählungen puranischer Mythen. In ihren Darstellungen tamilischer Kultur haben sich John und Rottler jedoch an der Missionarstradition orientiert und versucht, diese zu bewahren. 1792 schickte John an den Herausgeber der NHB eine ‚Übersicht der malabarischen Göttergeschichte sowie eine Beschreibung der heidnischen vornehmsten Feste' aus der ‚Tamulischen Bibliothek', die Ziegenbalg und Walther angefangen haben zu sammeln.[57] Zusammen mit einem tamilischen Sprachkundigen überarbeitete er das Material, das dann in den NHB veröffentlicht wurde, wie sich später herausstellte, die Einleitung zu Ziegenbalgs ‚Genealogie der malabarischen Götter'.[58]

1794 veröffentlichte John eine Beschreibung von 14 Festen in Tamil Nadu,[59] die er nach ihren puranischen Ursprüngen aufgrund mündlicher Informationen dargestellt hat. Diese Beschreibung bietet detaillierte Schilderungen von Abläufen der einzelnen Feste. An Universitäten in Deutschland schickte John regelmäßig Tamil-

56 1798 verfasst John eine Schrift mit dem Titel ‚Sapientia vera in epistola ad Tamulos', die er zusammen mit brahmanischen Sprachgelehrten redigiert, um das verpönte Missions-Tamil zu vermeiden und jungen Missionaren eine Anleitung zum richtigen Erlernen der Tamilsprache zu geben (NHB 63, 1807:251). Siehe auch Johns ‚Einige Anmerkungen zur Berichtigung der Orthographie und Aussprache der in den Missionsberichten und anderen historischen und geographischen Schriften vorkommenden Wörter; nebst einigen unter den Tamulen gewöhnlichen Namen', NHB 44, 1794:725–73.

57 NHB 42, 1793:554.

58 Siehe dazu JEYARAJ 1996:124, der allerdings annimmt, dass die Autorenschaft der ‚Kurzen Übersicht der tamulischen oder malabarischen Göttergeschichte' zur Zeit der Veröffentlichung (NHB 42, 1793:560–568) unbekannt war.

59 ‚Beschreibung der vornehmsten Tamulischen oder Malabarischen Feste', in: NHB 45, 1794:794–807.

und Sanskritschriften; das ‚Ulaga Nidi', das schon Ziegenbalg übersetzt hatte, Schriften aus der späten Caṅkam Zeit, wie z.B. Abhandlungen der Fürstin Auvaiyār, sowie andere ethische Werke der Tamil Tradition übersetzte er ins Englische und veröffentlichte sie in den von William Jones herausgegebenen ‚Asiatic Researches'.[60] John war durch seinen ständigen Kontakt mit der ‚Asiatic Society of Bengal' informiert über die Entwicklungen der Erforschung indischer Schriften, er setzte sich kritisch mit Charles Wilkins' Übersetzung der Bhagavadgītā von 1785[61] auseinander, der nach Ansicht von John europäische Vorstellungen in die Übersetzung hineingetragen habe, „die der Urschrift und dem indischen Geiste ganz fremd" wären. Das Mānavadharmaśāstra[62] sowie andere Sanskritschriften schickte er an Prof. Rüdiger in Halle.[63]

Im Zusammenhang mit seiner Arbeit unter den Paraiyar im Raum von Tranquebar veröffentlichte John auch Beschreibungen von Tempeln und Festen, aus denen deutlich wird, dass er Kenntnisse von Dalit-Traditionen hatte, die durch den Sanskritisierungsprozess hindurch noch eine ursprünglich höhere kulturelle und gesellschaftliche Stellung der Paraiyar erkennen lassen. Von dem großen Śiva-Fest in Tiruvallur im Tanjore Distrikt, von M.J. Walhouse 1874 in den ‚Indian Antiquaries'[64] beschrieben, berichtet John bereits 1802 ausführlich anlässlich eines Diebstahls der dort verehrten Abbildung des Tyāgarāja wahrscheinlich durch Brahmanen, und er stellt dabei den Sthāla Purāṇa von Tyāgarāja als eine Paraiyar Ätiologie des Tempels und des Festes dar.[65]

> „Nach dieser Fabel also befindet sich daselbst wirklich ein Pareier, in welchem nach der Meinung der Heiden Dewendiren wohnt, und nicht nur von seinem Geschlechte, sondern auch unter allen höhern in großer Achtung steht."[66]

Zu Johns und Rottlers Verhältnis zur Kastenproblematik findet sich in den NHB wenig, die Unterscheidung der Kasten erscheint ihnen jedoch als unvernünftig.

---

60 Wird erwähnt auch in einem Nachruf von Prof. Rüdiger aus Halle über John (NHB 66, 1816:526). John erwähnt diese Übersetzungen auch in seinen ‚Remarks on Indian Civilization', London 1814; ein Auszug in deutscher Übersetzung findet sich in NHB 66, 1816:493–498; siehe auch: ‚Etwas aus einigen Malabarischen Sittenbüchern, von welchen Aweiar die Verfasserin ist', NHB 39, 1791:263–269.

61 Siehe dazu WINDISCH I, 1917:23.

62 Wahrscheinlich beeinflusst von WILLIAM JONES Übersetzung ‚Institutes of Hindu law: or, the Ordinaces of Menu, according to the gloss of Cullúca', Calcutta 1796.

63 NHB 66, 1816:525ff.

64 Ind.Ant. III, 1874; siehe auch THURSTON VI, 1909:83.

65 Über den dravidischen Ursprung und die ursprüngliche Bedeutung von Tempeln in Tamil Nadu als heiligen Orten der Pareiyar und anderer unterer Kasten siehe SHULMAN 1980:29ff; STEIN 1978:25ff.

66 NHB 61, 1805:59; Jagadisa Ayyar (1919) berichtet bei der Darstellung des Tempels in Tiruvalur diese Paraiyar Ätiologie nicht, JAGADISA AYYAR 1993:37ff.

„Gegen euren Geschlechtsunterschied, da die Vornehmern die geringern und in mancher Rücksicht nützlichsten Menschen verachten, nicht mit ihnen essen, umgehen und irgend eine nähere Gemeinschaft haben wollen, empöret sich der gesunde Menschenverstand."[67]

Der Bedeutung der Kastenunterschiede als Problem für christliche Mission ist er sich bewusst, er beurteilt sie als „alte und befestigte Landessitte", die auf einem Vorurteil beruht, das als Grund für die mangelnde Entwicklung Indiens angesehen wird.[68] John äußert mehrfach die Hoffnung, dass durch den Prozess der Christianisierung der Gesellschaft auch das „Geschlecht der Pareier" die gleichen ihm zustehenden Rechte erhalte, wie sie jedem Menschen in den anderen Nationen zustehen, insbesondere weil sie die produzierende Bevölkerungsschicht seien. Da dieser Gleichstellungsprozess aber nicht unmittelbar zu erreichen ist, akzeptiert John die Unterscheidung der Kasten auch für seine missionarische Arbeit.[69] Aus den wenigen Aussagen von John über die Kaste kann man schließen, dass er nicht der Ansicht ist, dass es zu ihrer Erklärung einer religiösen Begründung oder einer begrifflichen Ordnung bedarf, und dass er die seit 1727 in der Tranquebar Mission eingeführte Unterscheidung von ‚religiöser' und ‚bürgerlicher' Ordnung[70] übernommen und, um den Erfolg der Mission nicht zu gefährden, akzeptiert hat.[71] Der Begriff ‚Kaste' findet sich in seinen in den NHB veröffentlichten Schriften nicht. Lediglich die Brahmanen werden in Bezug auf ihre religiöse Funktion und wissenschaftliche Bildung beurteilt, während einzelne von ihm erwähnte jātis manchmal nach ihrer beruflichen Funktion eingeordnet werden, andererseits als ein eine bestimmte Gegend bewohnender Stamm erscheinen können.[72] Dass die Paraiyar öfter als andere jātis erwähnt werden, hat nicht so sehr ideologische als vielmehr missionsgeographische Gründe. Die Solidarität der Missionare ist eindeutig auf der Seite der ‚Armen und Unterdrückten'. Sie machen aber nicht explizit das Kastensystem für die Armut verantwortlich, sondern vielmehr die „Unmenschlichkeit und Gleichgültigkeit der Befehlshaber"[73]. Unterdrückung und Armut sind für John eher politische als kulturelle Probleme, daher kann er auch von einer christlich geprägten Gesetzgebung in Indien soziale und wirtschaftliche Verbesserung für die Paraiyar erhoffen.

Johns und Rottlers aufgeklärte Haltung einerseits und ihre pietistische Tradition und Frömmigkeitsprägung andererseits und die aus diesem Zwiespalt resultierende theologische Beurteilung der ihnen begegnenden Phänomene macht es ihnen zum Teil schwer, sich zu der tamilischen Volksreligiosität zu verhalten. Wunder und Heilungen, die ihre Gesprächspartner sich von ihrer Bekehrung zum christlichen

67 NHB 45, 1795:867.

68 NHB 45, 1795:868.

69 NHB 63, 1807:255.

70 Siehe dazu GENSICHEN 1975:173f; JEYARAJ 1996:230ff.

71 NHB 46, 1795:870.

72 John berichtet auch, dass von den Tamilen der Begriff Malabar „zur Unterscheidung des höhern und niedern Geschlechts" in Abgrenzung zu den Paraiyar verwendet wurde (NHB 44, 1794:725).

73 NHB 62, 1806:186.

Glauben erhoffen, werden von Rottler spiritualisiert. Einem Blinden, der in der Hoffnung, wieder sehen zu können, zu Rottler kommt, antwortet dieser:

> „Dazu … kann ich euch zwar keine Hoffnung machen … Seyd daher jetzt doch darum besorgt, daß ihr geistliche Augen, das ist rechte Erkenntniß und Weisheit, und ein gebessertes Herz erlanget.“[74]

Rottler geht zwar in dem Gespräch mit dem Blinden darauf ein, dass im Weltbild seiner Gesprächspartner ‚Teufel‘ die Erde beherrschen und Krankheiten verursachen, entwickelt seine Predigt aber nicht in Auseinandersetzung mit diesem Weltbild, sondern als eine vom konkreten Problem abgelöste Heilsbotschaft.

Obwohl die Missionare im Raum von Tranquebar die ersten waren, die volksreligiöse Praktiken und Vorstellungen berichteten und aufschrieben, ist doch die Auseinandersetzung mit diesen Phänomenen, die von den Missionaren als ‚Teufelsanbetung‘ und primitiver, auf brahmanische Verführung zurückgeführter Wunderglaube interpretiert werden, geprägt von einer Tendenz zur Entmythologisierung des Beobachteten,[75] die bis heute Auswirkungen zeigt im Umgang der Kirchen mit der Volksreligiosität der Tamilen.[76]

2.3.2. Schularbeit

John ist vor allem ins Kreuzfeuer der Kritik geraten mit seinem Plan, eine Schule für europäische Kinder zu öffnen, die neben der indischen Schule bestehen sollte, in der aber europäische Kinder zusammen mit tamilischen Kindern unterrichtet wurden. Die Kritik richtete sich vor allem gegen den Finanzierungsplan. Die ‚Gründung einer christlichen Kultur‘ in Indien war der tragende Gedanke von Johns Schulkonzept.[77]

> „Ich ließ ihnen … ihre Nationalgesänge, wenn sie sittlichen Inhalts waren, und den Lehren des Christenthums nicht widersprachen. Ich gab ihnen auch Erlaubniß, ihre Feste und heiligen Gebräuche zu feyern. Ich nahm nur Kinder auf, deren Eltern mich darum ersucht hatten. Ich verstattete ihnen, die Sprüche ihres Sittenlehrers Aveyar zu lesen. Das Alles geschah, um ihnen bemerkbar zu machen, daß wir nicht Alles ohne Unterschied verwerfen, was die alte Indische Literatur aufzuweisen hat, wohl aber den Waizen sondern von der Spreu.“[78]

---

74 NHB 58, 1802:875.

75 Rotes Wasser, das von Dorfbewohnern als Wunder gedeutet wird, wird von Missionsärzten im Jahr 1800 untersucht, um rote Farbe im Wasser festzustellen (NHB 59, 1808:957f).

76 Zur Problematik siehe BERGUNDER 1997:153–166 und DIEHL 1965.

77 „Um aber allen Verdacht zu vermeiden, als sollte den heidnischen Malabaren die christliche Religion aufgedrungen werden, machte ich allen Schulmeistern und Eltern bekannt, daß die Absicht meiner Schule zunächst dahin gehe, ihre Kinder auf einem leichtern und kürzern Wege, und nach gedruckten Büchern, Lesen und Schreiben zu lehren; und daß diese Art der Erziehung und Unterweisung geschickt machen werde, weiser, klüger, fleißiger und thätiger zu werden.“ NHB 66, 1816:495f.

78 NHB 69, 1820:840; siehe auch: NHB 66, 1816:498. Dass Johns Schulkonzept in der Tradition der früheren Halleschen Missionare steht wird deutlich, wenn man Johns Aussagen mit dem vergleicht,

John wurde schon zu Lebzeiten kritisiert, weil er neben der Lektüre tamilischer Literatur[79] aus pädagogischen Gründen nur ausgewählte Texte der Bibel und eine verkürzte Fassung des Katechismus im Unterricht verwendete.[80] Wenn auch diese Kritik, wie zu vermuten ist, im Wesentlichen traditionalistische Gründe hat, so bringt sie doch zum Ausdruck, dass hier ein bisher auch in Deutschland sich erst in Ansätzen entwickelndes Schriftverständnis in die Missionsarbeit nach Indien eingeführt wird, nämlich die Überzeugung, dass die Bibel nicht mehr als die Urkunde von Gottes Offenbarung ist und dass ihre Auslegung in den Strukturen des menschlichen Verstandes geschehen muss. Die zeitgenössische Kritik richtete sich aber vor allem dagegen, dass die Schularbeit nicht auf unmittelbare Bekehrung abzielte. John schreibt in seinen ‚Remarks on Indian Civilization‘:

> „Vielmehr könnten sie versichert seyn, daß jeder unsere Schulen besuchende Heide bey der Freyheit bleiben solle, nach der Ueberzeugung von seinem eigenen Glauben, in den bisher vom ihm beobachteten Cärimonien und Ortsgebräuchen fort zu leben.“[81]

John hielt es nicht für ratsam, in der Missionsarbeit auf „öffentliche Religionsveränderung zu dringen“[82], da es den Tamilen überlassen bleiben müsse, wie und ob sie das von den Missionaren Gelehrte übernehmen wollen.

Ihren theologischen Standpunkt haben Rottler und John mehrfach in ihren Berichten, insbesondere in den in den NHB als eigene Textkategorie aufgeführten ‚Gesprächen mit Heiden‘ zum Ausdruck gebracht. In Bezug auf Sittlichkeit und moralische Werte stehen die tamilischen Sittenbücher den biblischen Schriften (dem wahren Gesetz) um nichts nach.[83] Mit Hilfe der Theorie vom *lumen naturale* und der natürlichen Offenbarung stellen die Missionare fest, dass es in Indien und Europa die gleichen Anknüpfungspunkte für sittlichen Lebenswandel und soziale Gerechtigkeit gibt, um dann jedoch davon die Offenbarung Gottes in Jesus Christus und die Sündenvergebung abzuheben, die allein zum ewigen Leben führe.[84] Rottler und John vertreten die Ansicht, dass die Heilsordnung, die Gott in Jesus Christus endgültig

---

was Gensichen über die Schulpläne von Ziegenbalg und Gründler schreibt; GENSICHEN 1975:155–178.

79 Auch Gründler verwendete in seiner Schule für nichtchristliche Kinder bereits den Kuṟaḷ des Tiruvaḷḷuvar und das Śivavakkiam im Unterricht, allerdings nicht, um die Urteilskraft der Schüler zu fördern oder sie für eine Entscheidung zum christlichen Glauben vorzubereiten, sondern um ihnen eine Anstellung bei der dänischen Kompanie zu ermöglichen; siehe JEYARAJ 1996:273.

80 John stellt auch fest, dass die 4. Bitte des Vaterunsers in Tamil Nadu „weitläufigerer“ Erklärungen bedarf als in Europa, da die Tamilen für Soru und Kanschi (Reissorten) danken würden (NHB 40, 1792:367).

81 NHB 66, 1816:496.

82 NHB 46, 1795:869.

83 NHB 61, 1805:68.

84 Rottler spricht in diesem Zusammenhang von einer Heilsordnung (NHB 63, 1807:294). Während aber Rottler die natürliche Erkenntnis Gottes aus der Erfahrung der Schönheit und Ordnung der Natur ableitet, liegt bei John der Schwerpunkt auf einem Entwicklungsgedanken und der Möglichkeit kultureller Entfaltung.

offenbart hat, eine Ordnung ist, die dem Verstand einsichtig gemacht werden kann und der man willentlich zustimmen muss. Beeinflusst wahrscheinlich von Sigmund Jacob Baumgarten (1706–1757), der zunächst als Lehrer an der Halleschen Waisenhausschule, später als Professor an der Theologischen Fakultät in Halle tätig war und dessen ‚Evangelische Glaubenslehre' (1759/60) auch in der theologischen Ausbildung der Missionare gelesen wurde,[85] waren sie der Ansicht, dass Erweckung allein durch Belehrung vermittelt werden kann, und dass Lehre und Predigt an „Fähigkeiten, Vorurteilen, Irrtümern und Unwissenheit"[86] der Zuhörer anknüpfen müssen.[87]

Trotz der Annahme, dass die tamilische Kultur Anknüpfungspunkte bietet, auf die allein durch Gott geoffenbarte Heilsordnung Gottes hinzuweisen, betonen die Missionare in ihren Berichten von ‚Gesprächen mit Heiden' immer wieder deren Torheit, der man die Vernünftigkeit des Gottesglaubens entgegenhalten müsse. Caemmerer, John und Rottler entwickeln eine Dekadenztheorie, die davon ausgeht, dass die tamilischen Schriftsteller der Caṅkam-Zeit eine Basis gelegt haben, auf der ein moralisch fundiertes, sozial gerechtes und wirtschaftlich abgesichertes Zusammenleben in der Gegenwart möglich wäre, dass aber durch Unvernunft und Uneinsichtigkeit in die Vergebung der Sünden durch den einen Gott sich diese Grundlage in Zeremonien, Ritualen und Wallfahrten aufgelöst habe, mit denen die Tamilen ihre Zeit verbringen.[88]

Caemmerer hat 1803 die ersten beiden Bücher des Tirukkuṟaḷ übersetzt,[89] auf den er sich auch in seinen Gesprächen mit den Tamilen immer wieder bezieht.[90] Man muss vorsichtig sein und darf nicht überinterpretieren, aber auch wenn sich die Missionare nur auf Werke der späten Caṅkam-Zeit beziehen, die bis in ihre Gegenwart hinein unter den Tamilen bekannt waren, so finden sich doch hier erstmals Gedanken von einer alten dravidischen Kultur, die von der im 19. Jh.

---

85 Handmann führt den Verfall der Mission seit 1780 vor allem auf den „verderblichen Einfluß" Semlers unter den Missionaren in Halle zurück. HANDMANN 1903:31. Semler hat die Schriften und Vorlesungen von Baumgarten herausgegeben und somit ermöglicht, dass sie zu Standardwerken der theologischen Ausbildung wurden; siehe dazu HIRSCH II, 1984:370ff.

86 Zitiert bei HIRSCH II, 1984:375.

87 Ein sehr anschauliches Beispiel für Johns Methode der Anknüpfung an die kulturellen Voraussetzungen seiner Zuhörer bietet sein Bericht über die Gespräche mit Heiden von 1790 (NHB 40, 1792:315–317).

88 NHB 61, 1805:76f.

89 ‚Des Tiruvalluver Gedichte und Denksprüche. Aus der tamulischen Sprache übersetzt von A.F. Cämmerer, der Weltweisheit Doctor und königlich dänischer Missionar in Tranquebar', 1803; siehe dazu auch GRAUL, Kural, XVIII; NHB 66, 1816:526f.

90 Auch Rottler plante eine Übersetzung des Tirukkuṟaḷ: „Ich lese anjetzo den Tiruwalluwen, aus dem man vornehmlich auch sehen kann, wie weit es die Malabaren in ihrer natürlichen Moral gebracht haben; und ich wollte wohl künftig eine Übersetzung von diesem Buch nach Europa senden." NHB 30, 1785:683.

entstehenden dravidischen Bewegung aufgenommen und ausgebaut wurden.[91] John bezieht sich in seinem Urteil über die Vergangenheit Indiens allerdings auch auf die Sanskrittradition und vergleicht die indische Kultur sogar mit der der Römer und Griechen, die er in Abhängigkeit von Indien sieht.

> „Eure älteste Vorfahren und Gelehrte hatten nach den damaligen Zeiten mehr schätzbare Kenntnisse, als die mehresten Nationen auf dem ganzen Erdboden; und mir ist es wahrscheinlich, daß selbst die weisen Griechen, deren Schriften wir in unsren Schulen lesen, ihre besten Kenntnisse von euren ältesten Vorfahren erhalten haben."[92]

Dieses universal- und menschheitsgeschichtliche Denken, das sich in der Aufklärungsliteratur häufig findet, ist erstaunlich für einen christlichen Missionar. John bringt es darüber hinaus in Zusammenhang mit dem Gedanken einer weiteren Entwicklung des christlichen Europa, in dem sich in der Nachfolge ursprünglich indischen Denkens Wissenschaften und Aufklärung des Verstandes entwickelt hätten, die jetzt durch die Missionare wieder zurück nach Indien gebracht würden. Er ist aber auch der Ansicht, dass die Europäer von tamilischer Literatur, von den indischen Sprachen und von indischer Medizin und Chemie einiges lernen könnten. Es ist als wahrscheinlich anzunehmen, dass John in der Entwicklung dieses Gedankens von William Jones und der ‚Asiatic Society' beeinflusst war.

John kann aber andererseits angesichts der Betrachtung eines Tempels in Tiruporiur bei Madras auch annehmen, „daß die Malabarische Nation von Alters her noch in der Kindheit ist, welche an Spielereyen und am Bundscheckigten Gefallen hat"[93].

Während sich hier feststellen lässt, dass die südindischen Missionare die ersten waren, die im Gegensatz zu der sich in der romantisch geprägten frühen Indologie entwickelnden Idee von der ursprünglichen Reinheit der indischen Religion die Tamiltradition gegenüber der Sanskrittradition hervorhoben, so äußert sich doch auch in dieser unterschiedlichen Beurteilung ein hermeneutischer Konflikt, wie er auch in Deutschland Ende des 18. und zu Beginn des 19. Jh.s zwischen Dekadenz- und Entwicklungstheorien ausgetragen wurde.[94] Deutlich fällt bei den Missionaren auf, dass, anders als bei den ‚Orientalisten', die Brahmanen als die Hauptverantwortlichen für die Dekadenz der gegenwärtigen indischen Gesellschaft angesehen werden und die indische geschichtliche Entwicklung aus der Perspektive der unteren Kasten beurteilt wird, die als die Leidtragenden dargestellt werden.

---

91 Robert Frykenberg hat in jüngster Zeit den Einfluss der medialen Verbreitung klassischer indischer Texte durch Missionsdruckereien und Missionsschulen untersucht und in ihnen einen wesentlichen Aspekt kultureller Veränderungen im 18. und 19. Jh. in Indien gesehen; FRYKENBERG 1999:6ff.

92 NHB 46, 1795:868.

93 NHB 38, 1791:183; vgl. damit Hegels Bestimmung der indischen Religion als ‚Religion der Phantasie', HEGEL 1969:331ff; siehe auch Blanke, der in seiner Analyse der Reiseberichte aus Ostindien feststellt, dass in der zweiten Hälfte des 18. Jh.s in diesen Berichten zunehmend ein Indienbild entwickelt wird, das einem eurozentrischen Fortschrittsmodell entstammt und in dem Indien eine explizite Gegenwelt zu Europa darstellt. BLANKE I, 1997:296ff.

94 Man vergleiche nur F.W. Schlegel und G.F.W. Hegel.

Von John wird, trotz der relativen Toleranz gegenüber der schriftlichen Tradition der Tamilen, die Gegenwart als chaotisch geschildert. Die wiederholten Angriffe des Tippu Sultan und die Poligar-Kriege, aber auch die Missionsarbeit von Kohlhoff unter den Kallar sind Hintergrund für ein Bild von Indien als einem Land, das allein nicht fähig ist, sich selbst zu regieren, und daher der englisch-christlichen Regierung bedarf. Die politische und soziale Verkommenheit erscheint als Abbild der Verkommenheit der Götter,

> „die an wohlbesetzten Tafeln schwelgen, in Unzucht leben, stehlen, unschuldiges Blut vergießen, und den Bewohnern der Erde durch Indische Gelehrte ihr höchst unerbauliches Beyspiel im vollen Schmuck der Poesie darstellen"[95].

Die „eingeführte Staatsreligion" ist nach Johns Auffassung nicht in der Lage, das zivile Leben in Indien zu ordnen, das sich durch Rohheit und Wildheit auszeichnet, die er mit Gesellschaft des vorchristlichen Germaniens vergleicht.[96] Insbesondere werden von John die Nabobs und Poligars als despotische Herrscher beurteilt, die, beeinflusst von den „Täuschungsmitteln der Brahmaner und Fakirs"[97], das Volk unterdrückt haben.[98]

Auffällig an dieser Analyse der indischen Gesellschaft ist, dass sie anders als bei den früheren pietistischen Beurteilungen der ‚Verderbtheit' der Inder nicht von einem christlichen Sündenbegriff ausgeht, an dem gesellschaftliche Zustände gemessen werden, sondern von einer Gegenüberstellung christlich geprägter und indischer Gesellschaftsformen, wobei die letzteren als Negativfolie für den Aufbau einer auf christlichen Werten basierenden Gesellschaft in Indien dienen. Christentum und Hinduismus erscheinen als staatstragende Religionen. In Johns Analyse der Gesellschaft ist auch der Ansatz für seine Schulpläne zu finden, hinter denen die Auffassung steht, dass der christliche Glaube allein die wahre Grundlage für das Wohl des Individuums und für die zukünftige Entwicklung des Staates abgeben könne.[99]

> „Das beste Mittel, die hiesigen Einwohner zu verbessern, wird immer dieses seyn und bleiben, wenn man die Herzen durch christlichen Unterricht für Jesum zu gewinnen sucht. Dann werden sie auch willig ihrer Obrigkeit gehorchen, und bald einsehen, daß man ihr wahres Beste sucht, und dahin arbeitet, sie weiser und glücklicher zu machen, ihre Kinder

---

95 NHB 62, 1806:187.

96 NHB 59, 1803:1007; NHB 46, 1795:868.

97 NHB 60, 1804:1047.

98 John entwirft hier ein Bild einer theokratischen Regierungsform, indem er den Brahmanen eine zentrale Rolle in der ideologischen und religiösen Strukturierung der Gesellschaft und der Regierung einräumt. Dieses wurde auch ein zentraler Gedanke in Mill's History of British India. Siehe dazu INDEN 1990:165ff.

99 NHB 62, 1806:186f. John setzt dabei die christliche Religion von der natürlichen ab, da der Erfolg der Predigt des Evangeliums größer und heilsamer sei; NHB 60, 1804:172.

zu unterrichten, für den Staat zu erziehen, für ihre Wittwen und Armen zu sorgen, und Gewerbe, Fleiß und allgemeinen Wohlstand zu befördern."[100]

Es wird hier deutlich, dass der alternde John weder, wie Norgaard und mit ihm andere Missionshistoriker zu hoffen meinen, an ‚aufklärerischem Gedankengut' zu zweifeln beginnt,[101] noch Kritik an der Kolonialpolitik der Engländer übt,[102] sondern wahrscheinlich unter Einfluss des Kollektors im Tanjore Distrikt Harris, der der Arbeit der Missionare positiv gegenüberstand und sie vor allem in sozialen Fragen und in ihren Bemühungen um gerechte Behandlung der Einwohner unterstützte,[103] sich dem Utilitarismus von Sir Thomas Munro (1761–1827) einerseits und der evangelikalen englischen Richtung anderseits annäherte. Im Gegensatz zu einer zunehmenden Bürokratisierung und anglozentrischen Vergesetzlichung der Verwaltung des Einflussbereiches der British Company suchte Munro als Gouverneur von Madras[104] nach einer Kontinuität von indischen Traditionen in der Regierungsform. John schreibt:

„So wie die Erfahrung zeigt, daß keine einzige Europäische Regierungsform der hiesigen Nation anpasset, so müssen auch die Plane, die christliche Religion hier auszubreiten, erst hier nach der Beschaffenheit und Empfänglichkeit der Nation gemacht, verändert, verbessert und mit der politischen Verfassung und Regierung weise und redlich verbunden werden …"[105]

1793 hat Wilberforce in die Parlamentsdebatte zur Erneuerung der Company-Verfassung in London einen Antrag eingebracht, dass die Company ihre Verantwortung gegenüber der spirituellen Entwicklung ihrer indischen Bürger übernehmen müsse, der zwar zu einer noch strengeren Ausgrenzung der Missionare im Einflussbereich der Company führte, aber doch einen Diskurs zwischen Liberalen und Evangelikalen über die Verantwortung der Company für die Erziehung und Ausbildung der ‚Native Inhabitants of the British Dominion in India' ausgelöst hat.[106] Knapp beurteilt Johns Schulkonzept nach dessen Tod als einflussreich auch auf die englische Schulpolitik,[107] man muss aber andererseits annehmen, dass John durch Andrew Bells 1789 in Indien eingeführtes Schulsystem, das dieser 1797 beschrieben hat, beeinflusst war. John schreibt:

100 NHB 62, 1806:189.

101 NORGAARD 1988:202.

102 NORGAARD 1988:201.

103 NHB 63, 1807:264f; dazu auch NHB 58, 1802:840f.

104 Dazu STOKES 1959:9ff.

105 NHB 60, 1804:1052.

106 Hervorzuheben ist in diesem Zusammenhang das ‚Madras System of Education', das der Kompaniegeistliche Andrew Bell in Madras entworfen hat, und das in England durch Vermittlung des Quäkers Joseph Lancaster zu einer Schulreform geführt hat. Dazu NHB 67, 1818:VIIf; auch GRAFE 1990:189.

107 NHB 67, 1818:VII.

„Die lankasterische Schulmethode ist für Indien und das Clima desselben sehr angemessen. Nach dieser können leicht und ohne bedeutende Kosten allenthalben Schulen errichtet werden. Wenn eingeborne Schullehrer zum Unterricht der Jugend in den ersten Elementen gebraucht werden, so werden die indischen Eltern dieß weniger bedenklich finden, als wenn blos Europäer angestellt würden.“[108]

Darüber hinaus, so berichten die Missionare 1818, ist auch das in Tranquebar eingeführte Schulsystem beeinflusst von klassischen indischen Lehrmethoden.[109] Finanzielle Unterstützung erhielt die Schule in Tranquebar auch von Serfogee Rāja aus Tanjore, der das Gehalt eines Brahmanen finanzierte, der John und Caemmerer in der Freischule geholfen hat.

John und Rottler waren der Auffassung, dass es, um die Mission gesellschaftlich und politisch besser zu verankern, nötig wurde, einerseits mit den englischen Missionsgesellschaften enger zusammenzuarbeiten, andererseits die Schularbeit auch auf europäische Kinder auszudehnen. In einem Schreiben an die Gesellschaft der Gelehrten zu Batavia von 1780 erklären die Missionare:

„Überhaupt wird die Englische und die Dänische Mission als Ein Werk betrachtet, das nur in Absicht der Casse oder Ausgaben von einander verschieden ist.“[110]

Seit 1710 gab es enge Zusammenarbeit zwischen der SPCK und den Tranquebar-Missionaren, vor allem in der Schularbeit.[111] Diese Form der Ökumene wurde jedoch von späteren konfessionell geprägten Kritikern in Deutschland nicht akzeptiert,[112] weil in ihr ein Verlust pietistisch-lutherischer Identität gesehen wurde, der aus der historischen Sicht des 19. Jh.s zum Ende der Dänisch-Halleschen Mission geführt hat. Johns Schulkonzept wurde von anderen Missionsgesellschaften positiv

---

108 John, zitiert in einem Aufsatz mit dem Titel: ‚Bildungsanstalten für die Jugend‘, in: Magazin für die neueste Geschichte der evangelischen Missions- und Bibelgesellschaften (MNGEMB) III, 1818:255.

109 NHB 67, 1818:576.

110 NHB 25, 1782:10. Rottlers Übersetzung des ‚Book of Common Prayer‘ in die tamilische Sprache, das 1819 gedruckt wurde, macht deutlich, dass hier ein theologischer Transfer von lutherischer zu anglikanischer Tradition stattgefunden hat; dazu GRAFE 1990:32.

111 Vgl. JEYARAJ 1996:276f.

112 In Grauls Nachlass findet sich eine kritische Notiz, die sich auf diese Stelle des Briefes nach Batavia bezieht; LMA, GN, Kapsel 6, Aktenstück: Dänisch-Hallesche Mission. Im ELMB schreibt er: „... daß alle confessionsvermengende Union auch in der Mission Verwirrung erzeugt hat und daher schon vom rein praktischen Standpunkte aus betrachtet, vom Übel ist.“ Graul, Confessionsvermengende Union, 224. Als um die Mitte des 19. Jh.s die Missionsarbeit in Indien durch die Leipziger Mission wieder aufgenommen wurde, stand die konfessionell lutherisch geprägte Mission relativ isoliert da.

beurteilt[113] und die Schularbeit der SPCK in Calcutta sieht sich in der Tradition von John.[114]

2.3.3. Naturwissenschaftliche Forschungen

Berichte von Indienreisenden des 17. und frühen 18. Jh.s enthalten oftmals Beschreibungen von Flora und Fauna, die die Fruchtbarkeit und den Reichtum des Landes hervorheben,[115] wobei aber in diesen Beschreibungen der Aspekt des Fremden und Exotischen dominiert.[116] Von wilden Tieren und überdimensionalen Fledermäusen, die schreckliche Verwüstungen anrichten, berichtet auch John, allerdings aus den Reisebeschreibungen eines Besuchers, der zu ihm aus Sumatra kam.[117] An den Naturbeschreibungen Tamil Nadus von Rottler und John in den NHB ist auffällig, dass Natur einerseits ein ästhetisches Erlebnis vermittelt – Witterung, Strand, Blumenpracht bereiten ihnen Vergnügen[118] –, dass es andererseits bei der Naturbeschreibung vor allem auf die in ihr festzustellende Ordnung ankommt. John verfolgte neue Erkenntnisse in der Astronomie und verglich europäische Kenntnisse mit der traditionellen ‚malabarischen Astronomie'.[119] Dass es unter den Tamilen einige gab, die in europäischer Astronomie Kenntnisse hatten, und dass es einen Austausch von neuem Wissen zwischen dem Missionar und interessierten Tamilen gab, wird deutlich in einem Bericht Johns von 1793, in dem er beschreibt, wie er sich mit einem Besucher über den neu entdeckten Uranus und seine Trabanten unterhält und aus den neuen Entdeckungen neue Möglichkeiten zur Erkenntnis Gottes ableitet.

> „In der Astronomie der Malabaren war er sehr erfahren, und kannte auch manches in der Europäischen. Er kannte den de la Caille und la Lande. Er wußte auch schon von dem neu entdeckten Uranus, doch war ihm noch unbekannt, daß auch schon drey von seinen Trabanten entdeckt worden: welches ihm, so wie die Nachricht von dem Herschelschen Riesen-Teleskop, und den mit dessen Hülfe gemachten neuen Entdeckungen am Himmel, sehr angenehm war. Endlich sagte er seufzend und nachdenkend: Die Astronomie ist eine verderbliche Wissenschaft, die den Kopf ganz in Verwirrung setzt. Ich antwortete: Nein,

---

113 So die CMS, die vor allem Johns Plan, über Englischunterricht biblische Inhalte zu vermitteln, begrüßte. Siehe dazu Bhabhas kritische Analyse der Anglizisten in BHABHA 1994:106. Die bedeutendste Untersuchung zu den Auswirkungen der Einführung der englischen Literatur in Indien von VISWANATHAN 1989; siehe auch SPIVAK 1994:134ff.

114 So zu lesen aus einem Brief von Hawtayne vom Diozesankommitee der SPCK in Calcutta, NHB 69, 1820:840; siehe dazu auch GRAFE 1990:189.

115 Siehe DHARAMPAL-FRICK 1994:121ff.

116 Siehe dazu BLANKE 1997:276ff, der feststellt, dass die Beschreibung des Elefanten als eines der exotischen Tiere in den Reisebeschreibungen beinahe topologischen Charakter annahm. In NHB 26, 1783:137f findet sich eine Abhandlung über die Begattung bei Elefanten von Klein, in der dieser bemüht ist, Unrichtigkeiten früherer Beschreibungen zu korrigieren und den Zeugungsvorgang bei Elefanten mit dem von Pferden und Rindern zu vergleichen.

117 NHB 63, 1807:286.

118 NHB 38, 1791:165.

119 Siehe zu den tamilischen Reaktionen auf diese Forschungen PETERSON 1999:175ff, die vor allem Vedanayaka Sastris Beziehungen zu Schwartz und Gerike untersucht hat.

diese Wissenschaft ist eine der alleredelsten, die GOtt in seiner unendlichen Grösse am allerdeutlichsten darstellt."[120]

Bei Johns Naturbetrachtungen stehen neben ästhetischen Erwägungen auch ökonomische Fragen im Mittelpunkt des Interesses. Sein Bericht über den Reisanbau im Tanjore-Distrikt[121] enthält nicht nur Informationen über verschiedene Reisarten und die Beschaffenheit des Bodens, sondern auch über die Produktionsverhältnisse in Tamil Nadu im ausgehenden 18. Jh., sowie politische und soziale Ordnung in Tanjore und schließlich Informationen über Steuerverhältnisse, Methoden der Steuererhebung und Handelsbeziehungen zu Ceylon.

Rottler untersucht und beschreibt Pflanzen nach den Ordnungskriterien des Linnéischen Systems.[122] Als die Mission 1791 einen neuen Missionsarzt für Tranquebar suchte, stellte ein Mediziner aus Kopenhagen fest, dass nur ein eifriger Pietist oder ein enthusiastischer Linnéanist dorthin gehen könne.[123] Diese Dichotomie von Glauben und Wissenschaft, die in der Missionsgeschichtsschreibung des 19. Jh.s konstitutiv wurde für die Kritik an den Missionaren der Aufklärungszeit, war für Rottler aufgehoben in dem Begriff der Naturgeschichte. Der Anknüpfungspunkt zum Erweis der Größe Gottes wird von ihm nicht mehr allein im Schöpfungsakt Gottes begründet, sondern in der strukturellen Ordnung der Natur, deren Anblick eine Einsicht eröffnet, die auch den Tamilen den Schluß auf einen ordnenden Gott möglich machen soll.[124]

Bereits im Halleschen Pietismus angelegte Defizite in der Schöpfungstheologie und in der Unterscheidung von Geist und Buchstabe als Verstehensstruktur der Offenbarungsgeschichte Gottes in der Bibel[125] führen bei Rottler zu Problemen bei dem Versuch, naturwissenschaftliche Betrachtungen und theologische Aussagen in Einklang zu bringen. Nicht die Offenbarungsgeschichte Gottes vom Beginn der Schöpfung an lässt auf die Größe Gottes schließen, sondern die Natur selbst erzählt ihre Geschichte, eine Geschichte, die sich vor allem in Namen ausdrückt, die aber selbst nicht mehr auf den, der sie im Schöpfungsakt zuerst gesprochen hat,[126] verweisen können, sondern in einer deskriptiven Ordnungsstruktur in Analogie zur Ordnung Gottes gesetzt werden. Naturgeschichte ist die Benennung des Sichtbaren, wobei aber diese Benennungen keine essentielle Implikationen mehr haben, die eine Be-

---

120 NHB 46, 1795:871f.

121 ‚Wie der Nellu oder Reis im Tanschaurischen gebauet wird, und dessen verschiedene Arten', NHB 40, 1792:349ff. Vgl. damit David Luddens Untersuchung über die südindische Agrargesellschaft vor allem im Tirunelveli Distrikt, LUDDEN 1985:84ff.

122 NHB 49, 1796:42ff.

123 Zu der Berufung von Dr. Klein als Missionsarzt siehe FENGER 1906:227.

124 NHB 58, 1802:872.883.

125 Siehe dazu: SCHMID 1961:377.

126 Zur Bedeutung der Namen für die Naturgeschichte bei Francis Bacon siehe BLUMENBERG 1996:86ff.

deutungsstruktur für den Betrachter herstellen könnten.[127] Foucault hat es für die Zeit der ,Klassik' unternommen, aufzuzeigen, dass es ein Charakteristikum der im 18. Jh. entstehenden Naturwissenschaften sei, nicht die Auswirkung der Verlagerung einer andernorts gebildeten Rationalität zu sein, sondern eine getrennte Bildung mit ihrer eigenen Archäologie.[128] Rottler steht als pietistisch geprägter Theologe und aufgeklärter Naturwissenschaftler in dem Zwiespalt, zwischen zwei Rationalitäten, der Theologie und der Naturwissenschaft, vermitteln zu müssen. Dabei ist die Trennung von Hauptberuf und Nebentätigkeit, wie sie in den ,Neuen Halleschen Berichten' in pragmatischer Weise mehrfach betont wird,[129] eher Ausdruck dieses Rationalitätenkonflikts, als wirkliche Teilung der Interessen. Dass dieser Konflikt Auswirkungen auf die Arbeit der Missionare hatte, wird deutlich, wenn John berichtet:

> „Den 14ten April ging ich mit Herrn Rottler aus, um eine bequeme Gelegenheit aufzusuchen mit Heiden zu sprechen ... Wir durchwandelten eine ziemliche Gegend, ohne eine bequeme Gelegenheit zu finden, uns in ein ordentliches Gespräch mit jemand einzulassen. Endlich verursachte uns ein Scarabaeus pilularius ungemeines Vergnügen, und wir schämten uns nicht, die Arbeitsamkeit dieses Thierchens und darin die Weisheit und Güte Gottes zu bewundern, die er auch in solchen Insecten offenbaret."[130]

Der polemische Hinweis von Lehmann, dass die Briefe und Berichte der Missionare unter der Leitung von Schulze seit 1785 immer ,interessanter' würden und allerlei Kuriositäten zu berichten hätten,[131] geht an diesem Konflikt vorbei. Rottlers Analogieschlüsse lassen vermuten, dass er vom Empirismus deistischer Prägung zumindest beeinflusst war. Der Verstand als anthropologische Grundkonstante, schreibt Rottler, ermöglicht es allen Menschen, von der Naturbetrachtung auf Gottes Wirklichkeit zu schließen.[132] Anders als die deistische Tradition hebt er aber davon die Offenbarung Gottes in Jesus Christus als ,deutlichere' Offenbarung ab. Diese theologisch schwache Distinktion war sicherlich ein Anlass der Kritik. Ich will Rottlers Naturbetrachtungen nicht als Interesse am Exotischen deuten, sondern als einen Versuch, unter Berücksichtigung der geistesgeschichtlichen Entwicklungen neue, rational nachvollziehbare Anknüpfungspunkte für die Mission unter den Tamilen zu finden und neue Verstehensstrukturen zu errichten. Die Beobachtung und Beschreibung des Sichtbaren mit Hilfe von Gattungen und Strukturen gestattete es dem

127 Zum Verständnis der Naturgeschichte in der Zeit der ,Klassik' und dem Wandel des Geschichtsbegriffes siehe FOUCAULT 1971:171ff.

128 FOUCAULT 1971:171.

129 NHB 30, 1785:IIIf; NHB 38, 1791:164f.

130 NHB 40, 1792:311f.

131 LEHMANN 1955:298f.

132 Rottler berichtet über ein Gespräch in seinem Tagebuch von 1799: „Gott ist ein unsichtbares Wesen; aber er hat uns unzählbare Beweise von seiner Herrlichkeit, von seiner unendlichen Macht, Weisheit und Güte vor Augen gelegt, ihr dürft solche nur öffnen, und mit Aufmerksamkeit den Himmel, die Erde, und die Geschöpfe auf derselben betrachten. Ihr habt dazu den Verstand, den sonst kein Geschöpf der Erde hat, als einen sehr großen Vorzug, von ihm empfangen." NHB 58, 1802:877.

Sichtbaren, sich in Sprache umzusetzen[133] und so Teil eines Indien und Europa verbindenden Diskurses zu werden. Nur so ist es verständlich, dass Rottlers Herbarium ebenso wie die Beschreibung der Pflanzen seines Missionsgartens internationale Aufmerksamkeit auf sich ziehen konnten.

In seinen Beschreibungen von Pflanzen, die er im Umkreis von Tranquebar und in Ceylon sammelte und beobachtete, finden sich fast durchgehend zwei Namen für jede Pflanze, der tamilische Name und die lateinische Bezeichnung, die an das Linnéische System angepasst wird.[134] Pflanzen, die nur in Tamil Nadu wachsen, werden zusammen mit Pflanzen aufgelistet, die Rottler auch aus Europa kennt und die bereits einen festen Platz im System von Linné gefunden haben. Alle aber werden doppelt bezeichnet. Die Taxonomie hebt exotische Differenz auf und erstellt gerade in der doppelten Benennung eine Gemeinsamkeit der Natur zwischen Europa und Indien. Strukturell geschieht mit der Ordnung und Benennung tropischer Pflanzen durch Rottler dasselbe, was Indologen und Missionare in der Entwicklung und Entdeckung grammatikalischer Strukturen für die indischen Sprachen unternommen haben.[135] Gerade an Rottlers Beschreibungen tamilischer Pflanzen lassen sich aber Ambivalenzen ausmachen, die eine traditionelle Historiographie kolonialer Macht in Indien in Frage stellen und die repräsentative und epistemologische Bedeutung der einheimischen Stimmen in einem anderen Licht erscheinen lassen. Der intensive Briefwechsel, den John und Rottler mit gelehrten in Europa führten, war nicht nur ein Textaustausch eines europäisch geführten Diskurses, sondern er war ebenfalls zu einem großen Teil bestimmt von indischen Stimmen, die bereits die Perspektive der Fragen deutscher Forscher determiniert haben. Rottler verwendete zur Bestimmung der Pflanzen den *hortus malabaricus* des Holländers A.H. van Reede[136], der zwischen 1678 und 1693 veröffentlicht worden ist, allerdings besaß er nach dem Tod von Martini, der sein Exemplar in Batavia verloren hatte, nur die ersten Bände und bat Prof. Forster, ihm doch die anderen Bände zu schicken, um auf Fragen aus Deutschland besser antworten zu können.[137] Van Reedes Standardwerk über Pflanzen aus Indien erweist sich aber bei genauerer Untersuchung, wie Richard H. Grove aufgezeigt hat, als ein Text, dessen Konstruktion wesentlich von nicht-brahmanischen Informanten und Sammlern aus der Kaste der Ezhava in Kerala beeinflusst ist,

---

133 FOUCAULT 1971:179.

134 König war ein Schüler von Linné; MNGEMB III, 1818:257.

135 1808 schrieb Friedrich Schlegel: „Jener entscheidende Punkt aber, der hier alles aufhellen wird, ist die innere Struktur der Sprachen oder die vergleichende Grammatik, welche uns ganz neue Aufschlüsse über die Genealogie der Sprachen auf ähnliche Weise geben wird, wie die vergleichende Anatomie über die höhere Naturgeschichte Licht verbreitet hat." SCHLEGEL 1808:28. Anquetil-Duperron entdeckte auf der Ebene der Analyse der „allgemeinen Grammatik" in der Flexion lateinischer Verben Analogien zur Flexion im Sanskrit, die ihn auf einen gemeinsamen Grund der Sprachen schließen ließen; FOUCAULT 1971:290. Zu Anquetil siehe HALBFASS 1990:64ff; dazu auch BOPP 1816.

136 Adriaan Hendrik van Reede tot Drakenstein, Hortus indicus malabaricus, continens regioni malabarici apud Indos celeberrimi omnis generis plantas rariores, 12 Bde., Amsterdam 1678–1693.

137 NHB, 43, 1793:663f.675.

deren medizinisches und botanisches Wissen von van Reede nur zusammengestellt worden ist.[138] Auch von Linné ist dieses Werk in der Weise rezipiert worden, dass er die Ezhava-Klassifikation übernommen und 240 neue Pflanzenarten in sein Werk eingefügt hat. Die Klassifikation von Pflanzen, das Anwachsen von Wissen und die Ausbreitung von Texten, lassen aus dieser Perspektive Saids Analyse der kolonialen Ausbreitung noch einmal in einem anderen Licht erscheinen. Auch Rottler und seine Missionarskollegen misstrauten brahmanischem Wissen als hilfreich für die Sammlung und botanische Kategorisierung ihrer Pflanzen.

> „Wenn man dieses … erwägt, so sieht man, daß das falsch sey, was so manche Europäische Geschichtschreiber von der großen Ehrlichkeit, Unschuld und Simplicität derselben sagen. Manche sagen sogar, die Indianer wären ein gebildetes, feines, erfinderisches und künstliches Volk. Sie wissen viel von der Schärfe des Verstandes, Gelehrsamkeit und Weisheit der Brahmaner zu sprechen; und bedenken nicht, dass gerade diese Brahmaner und Pandarams (Bettelmönche) die bösesten Menschen, die unerträglichsten Faullenzer und Menschenquäler sind, die sich auf allerley Kunstgriffe, andere um ihr Geld und Gut zu bringen, sehr gut verstehen; aber sich gewiß niemals die Mühe geben, über eine Sache weder in der Naturlehre, noch in der Moral nachzudenken, noch weniger physikalische und moralische Erfindungen zu machen, oder Bücher darüber schreiben.“[139]

In ihren Stationsberichten und Briefen kommt immer wieder zum Ausdruck, dass sie einen Großteil ihrer Informationen über Pflanzen, Reptilien und Muscheln, aber auch über indigene Heilmethoden aus Gesprächen mit der Bevölkerung auf ihren Missionsexkursionen erhalten haben. Die Verbreitung dieser Informationen in den viel gelesenen Neuen Halleschen Berichten, auf die sie auch die Wissenschaftler in Deutschland hinwiesen, mit denen sie korrespondierten, haben eher zur Verbreitung indischen Wissen und indischer Kategorisierungsschemata beigetragen als umgekehrt.

Taxonomien der Naturgeschichte in der Aufklärungszeit haben trotz der ihnen inhärenten Euphorie einer strukturellen Einheit allerdings auch dazu beigetragen, Differenz zu schaffen. Dies gilt insbesondere für die anthropologischen Forschungen in Indien im 19. Jh., die, auf der Naturgeschichte des 18. Jh.s aufbauend, Gesellschaft und Völker Indiens untersuchten und sie als in sich strukturiert, aber von Europa unterschieden, darstellten.[140] Dieser Entwicklung hat John jedoch entschieden widersprochen:

> „Ich bin gewiß nicht einer von denen Europäern, die um eurer Verschiedenheit willen von uns, oder wegen einiger auffallenden Ungereimtheiten, gleich Nation, Schriften und alles was Tamulisch oder Indianisch heißt, verachten.“[141]

---

138 GROVE 1995:78ff.87.

139 NHB 47, 1795:1004.

140 Zur Debatte über die Wahrnehmung Indiens in Europa im 19. Jh. siehe: HALBFASS 1990; BRECKENRIDGE/VEER 1994; METCALF 1995; COHN 1987; INDEN 1990.

141 NHB 46, 1795:868.

Strukturelle Ordnungen von Natur bescheinigen aber auch dem Leser dieser Ordnungen eine höhere Rationalität als den in ihnen strukturierten Objekten. Der Missionar Rottler versteht sich als Lehrer der Inder, der sie in die Ordnung ebenso wie in den göttlichen Grund der Ordnung einführt und sie so vorbereitet auf die Erkenntnis der Offenbarung Gottes in Jesus Christus.[142]

2.4. Zur Bedeutung der Missionare der Aufklärungszeit

Der Vorwurf, die Missionare der späteren Aufklärungszeit, Rottler und John, hätten sich einem der Mission widersprechenden Zeitgeist verschrieben und so zum Verfall der Tranquebar Mission in Südindien beigetragen, wirft ein klareres Licht auf die Missionsapologetik des 19. Jh.s als auf die Arbeit der Missionare in Tranquebar. In Johns Schularbeit sind bereits erste Ansätze dessen zu bemerken, was später ‚Christian participation in nationbuilding' genannt wurde. In der Schularbeit, die auch der sozialen und ökonomischen Verbesserung der Menschen aller Kasten in der Umgebung von Tranquebar dienen sollte, knüpft John an das Schulkonzept der frühen Missionare Ziegenbalg und Gründler an, während seine Schule für europäische Kinder der ökumenischen Ausweitung und der Anpassung der Mission an veränderte politische Verhältnisse dienen sollte.[143] Nicht in der Rationalisierung und Säkularisierung, sondern in der Kontextualisierung ihrer Theologie unter den Herausforderungen, die die Aufklärung an das theologische Denken des ausgehenden 18. Jh.s stellte, ist der Ansatzpunkt zur theologischen Beurteilung der Missionare Rottler und John zu suchen. Politische Veränderung sowie soziale Gleichberechtigung und wirtschaftliche Entwicklung der indischen Gesellschaft und insbesondere der Paraiyar sah John als zentrale christliche Aufgaben an, zu denen die Mission ihren Beitrag leisten sollte.

Während Germann die Ausgangslage der Dänisch-Halleschen Mission zur Zeit Rottlers und Johns mit einem Garten verglich, der, „wenn alles um sie her der Dürre des Unglaubens verfallen sollte, als eine Oase in der Wüste herzerquickend weiter grünen und blühen werde"[144], schnitten John und Rottler die Pflanzen in ihrem Missionsgarten ab, trockneten sie und schickten sie beschriftet nach England. Das Leben und Denken der Mission kann nicht seine eigene Rationalität reproduzieren, ohne sich von der geistigen Situation in Deutschland und Indien hinterfragen zu lassen.[145]

---

142 „Damit ihr weiser und verständiger werden möget, sind durch die gütige Leitung Gottes Männer zu euch gekommen, die euch sein Gesetz lehren." NHB 58, 1802:877.

143 Mit dem Plan, aus der europäischen Schule neue Missionare gewinnen zu können, ist John allerdings gescheitert. Seine Zöglinge Johnson und Lebec, die er für den Missionarsberuf vorbereiten wollte, sind beide nicht in den Dienst der Mission getreten.

144 GERMANN 1886:346.

145 Dennoch ist es auffällig, dass sich die Missionare nicht explizit über geistesgeschichtliche Einflüsse aus Deutschland äußern. Während Schreyvogel zumindest noch Kants ‚Kritik der reinen Vernunft' als für seinen frühen theologischen Werdegang bedeutsam erwähnt (NHB 49, 1796:95), finden sich

Nicht Leibnizens Gedanke von der *propagatio fidei per scientiam* stand im Hintergrund ihres missionarischen Bemühens, sondern unter Berücksichtigung der für die Aufklärungszeit bestimmenden kognitiven Dichotomie von Tatsachen und ihrer Bedeutung[146] haben sie in ökumenischer Annäherung an die SPCK pietistisches Erbe mit Rationalismus verbunden und so die Tranquebar Mission in Anknüpfung an die ökumenischen Intentionen der frühen Dänisch-Halleschen Mission dahingehend geöffnet, dass Mission auch als theologische ‚Grenzüberschreitung', wie Horst Bürkle es genannt hat,[147] möglich wurde.

Diese Grenzüberschreitung implizierte aber, dass auch ein ‚Jenseits' der Grenze festgelegt war, dass es einen Raum und eine Ordnung jenseits der Grenze gab, der theologisch definiert war und der als Raum beschreibbar wurde. Die Definition des ‚anderen' folgte gegen Ende des 18. Jh.s nicht mehr der Dichotomie Sünder – Erlöste, sondern durch den Nachweis einer Ordnung in der begegnenden Wirklichkeit und in der Bezugnahme dieser Ordnung auf eine göttliche Ordnung. Die Repräsentation dieser Wirklichkeit jenseits der Grenze durch die Missionare war damit nicht mehr eine Repräsentation der einzelnen Elemente der Wahrnehmung,[148] sondern der inneren Organisation dieser Elemente.[149] Die Aufhebung des Exotischen als dem ganz Anderen in eine Ordnung von Identität und Differenz hat entscheidend dazu beigetragen, dass die Ordnung der Natur (Gattung, Rasse), der Sprache, der Religion und der Gesellschaft sich zu den zentralen Themen des orientalistischen Diskurses entwickeln konnte.

Die Kritik an der Aufklärung und die Verurteilung der Missionare der Aufklärungszeit durch die Geschichtsschreibung des 19. Jh.s, die vor allem auf einer Übertragung der Dichotomie von Moral und Religion[150] auf die Arbeit der Missionare basierte, hat nicht nur dazu beigetragen, dass im 19. Jh. von Missionstheologen auch die Begegnung mit dem Hinduismus unter den Kategorien Moral und Offenbarung gesehen wurde, sondern dass ein ganzer Zweig der Missionstheologie[151] sich aufklärungskritisch entwickelt hat und die Aufklärung in ihrer Dialektik missionstheologisch kaum rezipiert wurde. In Kreisen der Leipziger Mission, die sich der Bekenntnistradition des Neuluthertums verpflichtet fühlten, diente die Chiffre des rationalistischen Verfalls der Mission auch dazu, den eigenen Anspruch auf die Rettung und Fortsetzung der Dänisch-Halleschen Mission in Tranquebar zu begründen.

---

in Rottlers und Johns Berichten keine Hinweise auf die Strömungen und Gedanken, die sie beeinflusst haben könnten. Dagegen spiegeln die Berichte mehrfach Auseinandersetzungen mit den indologischen Forschungen der Asiatic Society, mit der beide in regelmäßiger Korrespondenz standen.

146 Zu den Konsequenzen dieser Dichotomie in der Aufklärungszeit für die Mission siehe BOSCH 1991:271ff.

147 BÜRKLE 1979:62ff.

148 Die als besonders exotisch und jenseits der Grenze bleibend aufgefasst wurden.

149 FOUCAULT 1971:292ff.

150 Zur Problematik dieser Dichotomie siehe LÜBBE 1986:206ff.

151 Von Hendrik Kraemer über Leslie Newbigin zu David Bosch, um nur einige herausragende Vertreter zu nennen.

3. Karl Graul als Theologe des lutherischen Bekenntnisses

Die bedeutendste Persönlichkeit der Leipziger Mission im 19. Jh. war Karl Graul, der von 1844 bis 1861 das Missionswerk als Direktor leitete.[152] Er wurde 1814 in Wörlitz bei Dessau geboren und starb 1864 in Erlangen, nur wenige Monate nachdem er dort für den ersten Lehrstuhl einer deutschen theologischen Fakultät in Missionswissenschaften sich habilitiert hatte. Graul veröffentlichte, nachdem er sich zuvor als Übersetzer Dantes einen Namen gemacht hatte, zahlreiche Artikel zu allen zu seiner Zeit diskutierten Themen der Missionswissenschaft;[153] sein spezielles Interesse galt jedoch der Kultur und Literatur Südindiens. Von 1849 bis 1853 unternahm er eine Studienreise nach Indien über Ägypten, Syrien und Israel, über die seine fünfbändige Reisebeschreibung berichtet. Aus Indien zurückgekehrt, wurde er konfrontiert mit zahlreichen Streitigkeiten innerhalb seiner Mission, so dass er 1861 seinen Posten als Missionsdirektor niederlegte und sich literarischen und missionswissenschaftlichen Tätigkeiten widmete. 1864 habilitiert er mit einem programmatischen Vortrag ‚Über die Stellung und Bedeutung der christlichen Mission im Ganzen der Universitätswissenschaften'[154] in Erlangen. Ziel dieser Vorlesung war es, die Wissenschaftlichkeit von Mission nachzuweisen und ihr eine legitime Stellung in der theologischen Fakultät sowie im wissenschaftlichen Kanon der Universität insgesamt einzuräumen. Die Missionstheologie Grauls muss hier nicht ausführlicher dargestellt werden.[155] Neben der Bedeutung, die Graul der Mission für die Theologie beimisst, betont er ausdrücklich, dass missionarische Arbeiten zu Ethnologie, Religions- und Sprachwissenschaft von fächerübergreifender Relevanz sind. „Länder- und Völker-, Sprachen- und Religionskunde, sowie überhaupt alle Zweige der Culturgeschichte nehmen aus ihrer Fülle."[156] Diesen Anspruch Grauls zu untersuchen ist ein Ziel dieser Arbeit. Da aber Grauls theologische Prägung nicht nur für sein eigenes Verständnis indischer Kultur von Bedeutung war, sondern auch über mehrere Jahrzehnte die theologische Position der Leipziger Mission und die Missionare in ihrem ‚ethnographischen Blick' der indischen Gesellschaft beeinflusst hat, sollen hier einige wesentliche Aspekte im Überblick aufgezeigt werden.

Es war nicht zufällig, dass Graul als Professor nach Erlangen berufen wurde. Er stand dem Neuluthertum der Erlanger Schule sehr nahe.[157] Adolf Gottlieb Christoph

---

152 Es liegen bisher zwei ausführliche Biographien über Graul vor, eine von GOTTHELF HERMANN, einem Schüler Grauls, aus dem Jahr 1867 und eine von JÜRGEN KUBERSKI von 1993. Daneben gibt es zahlreiche kürzere Darstellungen seines Lebens und seiner Theologie sowie eine Monographie über die Graulrezeption von 1865 bis 1965 von SIEGFRIED KRÜGEL 1965.

153 Siehe dazu unten Grauls Nachlass, aber auch die Literaturangaben bei KRÜGEL 1965 und KUBERSKI 1993, die sich um Vollständigkeit bemüht haben.

154 Erlangen 1864.

155 Siehe dazu MYKLEBUST I, 1955; AARGAARD 1967; HOEKENDIJK 1967; KUBERSKI 1993; GENSICHEN 1993.

156 GRAUL, Stellung und Bedeutung, 8.

157 Aus einem Brief von Graul vom 17.5.1856 an das Preiskommitee: „I am ashamed to say there is only one learned body in Germany of Importance, all the members of which are believers in the full

von Harleß, Professor für Neues Testament und ab 1836 für Systematische Theologie, einer der führenden Theologen des Erlanger Neuluthertums,[158] wurde 1845 als Professor nach Leipzig berufen. Er war in den ersten Jahren von Grauls Direktorat Mitglied im Kollegium der Mission und zusammen mit Graul maßgeblich beteiligt an der Formulierung der ‚Allgemeinen Grundsätze der Evangelisch-Lutherischen Mission zu Leipzig', in denen die Gebundenheit der Mission an das Bekenntnis als Grundlage für eine kirchliche Mission als unabdingbar formuliert ist:

> „§.1. Die Evangelisch-Lutherische Mission in Leipzig … erkennt als die einzige Grundlage ihrer Thätigkeit für die Mission das Bekenntnis der Evangelisch-Lutherischen Kirche, und leitet daraus ihren Charakter als einer kirchlichen Mission ab.
>
> §.6. Indem wir endlich alle unsre Arbeit im Gehorsam der Einen Regel und Richtschnur des kirchlichen Bekenntnisses treiben, haben wir dabei nicht nur im Allgemeinen den Segen im Auge, der allein der lautern Predigt des Worts und dem schriftgemäßen Gebrauch der Sacramente verheißen ist, und folgen kann, sondern zugleich die besondern Gefahren und Irrthümer in der Missionsweise andrer kirchlicher Gemeinschaften, von denen unsere Mission überall umgeben und zeitweise bereits innerlich bedroht gewesen ist. Unser kirchliches Bekenntnis ist der königliche Weg der Wahrheit, auf welchem unsre Missionare die lautre Mitte zu halten haben zwischen der Römischen Missionspraxis einerseits, welche zur Erlangung ihres höchsten Zieles, der Zahlenvermehrung ihrer Kirchenglieder, neben und über der einfachen Heilspredigt auch die Mittel einer die Sinne blendenden Cultuspracht und reichlicher die Armuth anlockender Barmherzigkeitswerke aufbietet – und den Irrthümern und Mißbräuchen der verschiedenen Missionsgesellschaften Reformirten Bekenntnisses auf der andern Seite, namentlich der Baptistischen Geringschätzung des Taufsacraments und der ungestümen Bekehrungswirksamkeit der Methodisten, wie nicht minder der weltförmig bequemen Repräsentationssucht der Englisch-Bischöflichen Kirche."[159]

Graul hatte bereits 1846 in seinen ‚Unterscheidungslehren'[160] die Notwendigkeit des Bekenntnisses um der Ordnung der Kirche willen hervorgehoben und gleichzeitig eine Verbindung zwischen persönlicher Erweckung und Bekenntnisgebundenheit gezogen. In Zeiten der Bedrängung der Kirche durch die katholische Kirche, der Bildung von Sekten und zunehmendem Unglauben sei es nötig, dass sich die lutherische Kirche wieder auf das Bekenntnis besinne.[161] Graul betont in der Tradition des Erlanger Neuluthertums die von Schleiermacher in diese Theologie aufgenommene Erfahrungsdimension des Glaubens und vertritt die Auffassung, dass eine Erweckung durch das Bekenntnis gesteuert werden muss. Dem Pietismus stand Graul

truth of the gospel. I speak of the Faculty of Divinity in Erlangen (Bavaria). This is consequently the only body that might be commisioned to appoint Examiners of the Price Essay on a refutation of Hindu errors in the light of Christianity." LMA, GN, Kapsel 13, Aktenstück: K. Graul Kahnis usw.

158 RGG^3, III:75; ANDRESEN III, 1984:182.

159 ELMB 1851:357f.

160 GRAUL, Unterscheidungslehren, 1891.

161 GRAUL, Unterscheidungslehren, 1891:1.

kritisch gegenüber, da dieser die persönliche Erfahrung überbetone und die kirchliche Gebundenheit der Erweckungserfahrung vernachlässige. Für Grauls Missionsverständnis spielte die Bekenntnisgebundenheit insofern eine entscheidende Rolle, als er nur in ihr die Möglichkeit einer kirchlichen Mission gegeben sah.

> „Wir aber wissen zwischen kirchlich und confessionell in dieser Beziehung gar keinen rechten Unterschied zu machen: wesentlich kirchlich wird eben die Mission, wenn sie bekenntnismäßig ist.“[162]

Zwar brachte die Bekenntnisgebundenheit und der Antiunionismus[163] der Leipziger Missionare in Indien die lutherische Mission in eine isolierte Position zu anderen protestantischen Missionsgesellschaften, für Grauls Missionskonzept, der Gründung einer einheimischen Kirche, und für das Verhältnis der Mission zur südindischen Sozialstruktur war aber gerade die Konfessionalität Erlanger Prägung von zentraler Bedeutung. Die Verkündigung des Evangeliums sei zwar in Indien und in Deutschland der Form nach verschieden, der Inhalt müsse jedoch der gleiche sein, wenn erreicht werden sollte, „dass die Heiden Ein Geist unter einander und mit uns werden“[164], schrieb Graul bereits 1845 kurz nach seinem Antritt als Missionsdirektor in einem programmatischen Aufruf, der die wesentlichen Aspekte seiner Missionstheologie wiedergibt. In einem Vortrag am 9.6.1846 in Berlin anlässlich einer Missionstagung, auf der diskutiert wurde, ob die deutschen Missionsgesellschaften gemeinsam eine Mission in China beginnen sollten, führte er den Gedanken einer kirchlich-konfessionellen Mission weiter aus und legte dabei zwei Punkte dar, die im sogenannten Kastenstreit in Indien von fundamentaler Bedeutung für die Position der Leipziger Mission werden sollten. Zum einen berief er sich auf CA 7, dass es genüge, zur wahren Einheit der Kirche in der Lehre des Evangeliums und in der Verwaltung der Sakramente übereinzustimmen, und dass es nicht notwendig sei, dass die menschlichen Traditionen, Riten und Zeremonien, welche von Menschen eingeführt wurden, sich überall gleichen. Daher könne die Mission darauf verzichten, den ‚Heiden‘ „eine gleichförmige Verfassung, gleichförmige Gebräuche und Ceremonien aufzudringen“[165]. Zum anderen vertrat Graul die Auffassung, dass das Bekenntnis nicht in einer bloßen Verpflichtung durchgesetzt werden könne, sondern dass es sich durch Erziehung „in Saft und Blut“ verwandeln müsse,[166] und dass auf diese Weise gesellschaftliche Missstände durch die Erweckung von Individuen zum wahren Bekenntnis aufgehoben werden würden. Dieses wissenschaftlich zu reflektieren, sei die Aufgabe der Missionswissenschaft, die aus „dem Helldunkel senti-

---

162 ELMB 1846:301.

163 1847 schrieb GRAUL einen Artikel ‚Daß die confessionsvermengende Union auch in der Mission von Uebel ist‘, ELMB 1847:222–224.

164 ‚Die evangelisch-lutherische Mission zu Dresden an die evangelisch-lutherische Kirche aller Lande. Offene Erklärung und dringende Mahnung. Vorwärts oder rückwärts?‘, Leipzig 1845, 9.

165 ELMB 1846:301.

166 ELMB 1846:301.

mentaler Gläubigkeit sichtlich heraus zur Mittagshelle gläubiger Wissenschaftlichkeit"[167] zu führen ist. Graul knüpft in seinem Verständnis der Missionswissenschaft an den theologischen Wissenschaftsbegriff von Harleß und Gottfried Thomasius an und überträgt den Erlanger Ansatz einer wissenschaftlichen Begründung des Bekenntnisses und den Gedanken des organischen Fortschrittes[168] auf die Mission.

4. Leipziger Missionare 1840–1940

Obwohl Graul seine Auffassung von der ‚Stellung der Mission im Ganzen der Universitätswissenschaften' erst am Ende seines Lebens formuliert hat, so war er doch von Beginn seiner Tätigkeit als Missionsdirektor an davon überzeugt, dass die Ausbildung von Missionaren im universitären Diskurs stattfinden müsse. Ein wesentlicher Grund für den Umzug des Missionswerkes von Dresden nach Leipzig war die Möglichkeit, Missionare an der Universität ausbilden zu lassen. Er forderte, dass das Missionswerk nur solche Missionare aussenden sollte, die zuvor ein theologisches Studium absolviert hätten, da die Lutherische Kirche die Reinheit von Wort und Sakrament zu wahren habe.[169] Grundsätzlich wehrte sich Graul gegen Missionsseminare, da diese nur fromme Anstaltssprache und wissenschaftliche Halbbildung vermittelten.[170] Die Aufgabe der Mission sei, die Theologen auf ihr spezielles Arbeitsfeld vorzubereiten. Da es nicht das Ziel der Mission in Indien sei, ‚Colonisation'[171] zu betreiben oder westliche Zivilisation zu bringen, da dieses Land bereits eine hohe eigenständige Kultur besäße, sei es vor allem notwendig für die Missionskandidaten, sich intensiv mit der Sprache und Kultur Tamil Nadus auseinanderzusetzen.[172] Graul selbst gab den Missionskandidaten Vorlesungen in Indologie, tamilischer Literatur, Philosophie und indischer Missionsgeschichte. Tamil lernten die ersten Missionare bei Friedrich Rückert in Erlangen, später im Leipziger Missionsseminar, das 1879 gegründet wurde, nachdem sich auf mehrere Aufrufe der Mission an Theologen niemand gemeldet hatte.[173]

---

167 GRAUL, Stellung und Bedeutung, 5; Graul nimmt hier diese berühmt gewordene Phrase in seinem Habilitationsvortrag aus einem schon 1849 veröffentlichten Aufsatz, in dem er den Zweck seiner Indienreise angibt, wörtlich wieder auf, MOIMH I, 1849:80.

168 Siehe dazu: KANTZENBACH 1968:132; 1960:169.

169 GRAUL, Missionsarbeiter, in: ELMB 1847:175; GRAUL, Missionsdienst, in: MOIMH VI, 1854:31ff.

170 HANDMANN 1903:169ff.

171 Graul grenzt die Arbeit seiner Mission gegen die der Brüdergemeinde ab. Während jene vor allem unter „rohen Nationen" arbeiten und daher neben ausgebildeten Theologen auch andere Missionare bräuchten, sei die Arbeit der Leipziger Mission in Indien auf Unterricht und Predigtdienst beschränkt, da dieses Land bereits zivilisiert ist, und Handwerk und Ackerbau nicht von den Missionaren eingeführt werden muss. ELMB 1847:174; ELMB 1854:302.

172 ELMB 1859:64.

173 ELMB 1878:213f; ELMB 1879:81.

Die Leipziger Mission hatte durch diesen Anspruch an die Bildung der Missionare mehrfach Schwierigkeiten, geeignete Kandidaten zu finden, viele von denjenigen, die länger in Indien waren, haben aber nicht nur ihr Indienbild in literarischen Zeugnissen mitgeteilt, sondern sich auch wissenschaftlich mit tamilischer Religion und Kultur beschäftigt. Neben Graul sind vor allem Hilko Wiardo Schomerus und Arno Lehmann zu Beginn des 20. Jh.s als Indologen hervorgetreten, aber auch Ernst Baierlein, Carl Ochs, Siegfried Zehme, Hugo Schanz, Erich Just, Richard Frölich, Hermann Beythan, Alvin Gehring und Wilhelm Germann haben in kleineren Abhandlungen und Berichten eine Fülle von Detailinformationen über die tamilische Religiosität und Kultur mitgeteilt.

Die Reihe der Namen, die sich noch verlängern ließe, lässt vermuten – zumal sich die Namen unterschiedlichen Dekaden des 19. und 20. Jh.s zuordnen lassen –, dass der Diskurs über Südindien, an dem diese Missionare Teil hatten, zum einen relativ differenziert gewesen ist, zum anderen eine Entwicklung von ersten ethnographischen Repräsentationen zu differenzierten indologischen, sprachwissenschaftlichen und kulturanthropologischen Darstellungen durchgemacht hat. Ich bin in Anlehnung an Foucault der Auffassung, dass es nicht Aufgabe einer missionsgeschichtlichen Darstellung sein kann, den Missionaren als beobachtenden Subjekten und ihrer Arbeit in Südindien eine absolute Priorität für die Formierung dieses Diskurses zuzuschreiben,[174] sondern dass die diskursive Praxis der missionarischen Begegnung mit Indien im Vordergrund stehen muss. Die traditionelle Missionsgeschichtsschreibung im Kreis der Leipziger Mission hat in erster Linie einzelne ‚herausragende' Missionare in ihrer Begegnung mit dem indischen Kontext zum Thema ihrer Darstellung gemacht, die Berichte dieser Begegnung sind jedoch bisher noch nicht ausgewertet worden.

In der Hinwendung zum Text und in der Thematisierung von Erkenntnis als Vertextung von diskursiver Praxis eröffnet sich die Möglichkeit, die missionarische Repräsentationspraxis selbst zu diskutieren. Eine Schwierigkeit ergibt sich allerdings daraus, dass die missionarischen Texte nicht wie wissenschaftliche Texte einer Gattung angehören, sondern in ihrer Struktur und Intention äußerst disparat sind. Während in den indologischen Arbeiten der Missionare das Subjekt des Autors weitgehend den Forderungen nach ‚Objektivität' weicht und in den Texten in den Hintergrund tritt, sind Reisebeschreibungen und Berichte aus den Missionsstationen von Gesprächen mit Hindus als Reflexionen personaler Subjekte gekennzeichnet. Malinowski hat eben dieses Verhältnis von persönlicher Begegnung und wissenschaftlicher Beobachtung einerseits als Modell ethnographischer Arbeit überhaupt konstituiert, andererseits in seiner Trennung von wissenschaftlichem Subjekt und unmittelbarer subjektiver Erfahrung die sogenannten Amateurethnologen und mit diesen auch die Missionare aus dem wissenschaftlichen Diskurs ausgeschlossen. Das Modell der ‚teilnehmenden Beobachtung' setzt zwar voraus, dass nur aufgrund interpersoneller Beziehungen wissenschaftliche Objektivierung des Erkenntnisge-

174 Siehe FOUCAULT 1971:15.

genstandes möglich ist, weil nur so authentische Berichte der Beobachtung schriftlich fixiert werden können. Der Ethnograph bleibt dabei hinter seinem Text verborgen. Die Folge von diesem in der Ethnologie ausgesprochen einflussreichen Modell war, dass lange Zeit der Ethnologe selbst nicht zum Thema der Reflexion gemacht wurde, dass aber vor allem diejenigen Berichte der Missionare, in denen das Subjekt explizit vorkommt, aus dem wissenschaftlichen Diskurs ausgeschlossen und nicht weiter rezipiert worden sind. Gerade die gegenwärtige Methodendiskussion in der Ethnologie zeigt, dass es in der Ethnographie, wie Stephen Tyler formuliert, keine Auslöschung der autorialen Präsenz geben kann und dass das Zurückweisen personaler Subjektivität in den Texten nur zugunsten eines in den Texten implizit vorhandenen impersonalen Subjektes geschieht.[175]

Wenn auch in den Stationsberichten der Missionare gerade diejenigen Stellen, die einen Dialog mit den ‚Heiden' wiedergeben, starke apologetische Züge aufweisen, die die theologische Überlegenheit des Missionars herausstellen sollen und seine autoriale Kontrolle bestätigen, und es schwierig ist festzustellen, ob der Missionar die Aussagen seines Gesprächspartners angemessen wiedergegeben hat, so ist aus ihnen dennoch einiges über den ‚native's point of view' zu erfahren. Dass allerdings die ‚Heiden' meist namenlos bleiben oder allenfalls nach ihrer Kastenzugehörigkeit klassifiziert werden, während der Missionar als das Gespräch dominierende Subjekt erscheint, zeigt, dass der Dialog, der im Text aufgehoben ist, einem bestimmten Muster folgt, das in dem missionarischen Schrifttum Tradition hat.[176] Auch über Informanten von lokalen Verhältnissen, deren Aussagen den Missionaren in der indologischen oder ethnologischen Darstellung als Quelle dienten, erfährt man allenfalls in den Fußnoten oder in bisher nicht aufgearbeitetem Archivmaterial.[177] Zwei Ausnahmen seien hier erwähnt, da sie deutlich machen, dass die Missionare trotz jahrelanger Aufenthalte in Indien in ihrer Kenntnis des Landes von den Informationen der Einheimischen abhängig waren, diese aber meist verschwiegen. Frölich berichtet in seinem Buch über ‚Tamulische Volksreligion', dass er sich die Totenrituale der Paraiyar in drei Dörfern von Einheimischen hat aufschreiben lassen, um in die Lage versetzt zu werden, diese von den Ritualen der Brahmanen zu unterscheiden.[178] Um lokale Unterschiede herausarbeiten zu können, kommt es auf die Sicht

---

175 TYLER 1991:95. Zur Diskussion über das Subjekt des Ethnographen siehe BURKHARD 1998:35–58; BERG/FUCHS 1993:11–109; MARCUS/FISCHER 1986; CLIFFORD/MARCUS 1986; GEERTZ 1993.

176 Bei der Veröffentlichung der „Malabarischen Korrespondenz", den Briefen von Tamilen auf Fragen von Gründler und Ziegenbalg, schreibt der Herausgeber der ‚Halleschen Berichte': „Die Namen der Korrespondenten wie auch derer Städten und Flecken, wo jeder seine Briefe datieret hat, beizufügen, ist weder ratsam noch nötig erachtet worden. Inzwischen versichern die Missionarien, daß alle diese Briefe von keinem anderen als Heiden, und zwar solchen, die man mit unter die verständigsten zählen könne, geschrieben sein." HB 17, 1714:336f.

177 Es wäre dringend notwendig, von tamilischer Seite die Repräsentationsgeschichte durch die deutschen Missionare im 19. Jh. aufzuarbeiten, so wie dies von Daniel Jeyaraj für die Anfangszeit der Dänisch-Halleschen Mission unternommen wurde (JEYARAJ 1996). Zur Problematik allgemein siehe BURGHART 1990:260–279; DIRKS 1994:279–313.

178 FRÖLICH 1915(?):62.

der Informanten an. Im Gegensatz zu dem am Sanskrit orientierten orientalistischen Diskurs über Indien, der vor allem durch brahmanische Informanten geprägt wurde, haben die Missionare in ihren Berichten oftmals die andere Seite dieses Diskurses repräsentiert. Paul Gäbler, der 1938 eine Ethnographie einer Dorfgöttin von Pattukkottai verfasst hat, erwähnt als einziger der Leipziger Missionare seine Informanten mit Namen und macht zugleich die Abhängigkeit der europäischen Sicht von einheimischen Informationen deutlich.

> „Ich erwähne dankbar, daß ich die meisten Einzelheiten der Mitarbeit zweier Inder, D. Chinnappan und G.D. Francis, zu verdanken habe, die mir das von ihnen zusammengetragene Material zur Verfügung stellten. Wer die indischen Verhältnisse kennt, weiß, daß man als Europäer bei derartigen Nachforschungen auf die Hilfe zuverlässiger Inder angewiesen ist."[179]

Den Missionarsberichten fehlt aber meist die Polyphonie eines offenen Dialogs, der die Stimme der Einheimischen neben der ihrer westlichen Repräsentanten erklingen lässt. Diese kommt allenfalls in klassischen tamilischen Texten zu Gehör, die von Missionaren übersetzt, zitiert und immer wieder auch als apologetische Argumente im Dialog gegen die Aussagen ihrer tamilischen Gesprächspartner eingesetzt wurden.

Exkurs: Der Fall S. Samuel Pillay

Insbesondere ein tamilischer Informant Grauls, dessen Briefe an Graul bis jetzt unbekannt geblieben sind, ist in Archivarbeiten zu dieser Untersuchung hervorgetreten: S. Samuel Pillay.

> „Eigennamen, deren ‚Aussage' ein Gesicht bedeutet, Eigennamen sind unter allen Namen und Gemeinplätzen diejenigen, die der Auflösung des Sinns widerstehen und uns helfen zu sprechen. Erlauben sie uns nicht, hinter brüchigen Aussagen zwar das Ende der einen *Verstehbarkeit* (Intelligibilität), aber auch den Morgen einer anderen zu erahnen?"[180]

Graul hatte auf seiner Reise nach Indien mehrere einheimische Informanten, denen er konkrete Fragen stellte, ohne sie jedoch in seinen Schriften jemals namentlich zu erwähnen.[181] In Grauls Nachlass finden sich allerdings zahlreiche Briefe aus den Jahren 1853 bis 1855 von S. Samuel Pillay und P. Singarapelavanderam Pillay,

---

179 GÄBLER 1938:36 Anm. 1.

180 LÉVINAS 1988:9.

181 Informationen von Hermann Gundert, dem Baseler Missionar, über Religion und Sozialstrukturen in Kerala nimmt Graul, ohne ihre Herkunft zu erwähnen, in seinen Reisebericht auf, ebenso wie Informationen über die Kaste der Shanar von dem englischen Missionar Caldwell. Zu Gundert über Graul siehe KUBERSKI 1993:77ff.

wahrscheinlich Gemeindegliedern aus der lutherischen Gemeinde in Vepery bzw. Purasawalkam in Madras, die der Vellalar-Kaste angehören, und die Graul vor allem über Probleme der Tamil-Sprache und Literatur befragte. P.S. Pillay war der Leiter der SPCK-Druckerei in Madras und Herausgeber eines Tamil Vade-Mecum für Missionare und Kolonialbeamte,[182] und S. Samuel Pillay hat sich mit grammatischen Fragen in Sanskrit und Tamil beschäftigt.[183] 1858 hat er eine vergleichende Ausgabe von Tolkāppiyam und Naṉṉūl, zwei klassischen Tamil-Grammatiken, herausgegeben, die Graul in seine Sammlung der Tamil-Literatur aufgenommen hat. Dass er aber den Großteil seiner Informationen über Kasten, über tamilische Literatur und über Volksreligion von Samuel Pillay hat, wird von Graul verschwiegen. Im Anhang werden die Briefe von Samuel Pillay veröffentlicht, weil an ihnen deutlich werden kann, dass auch der orientalistische Diskurs der Leipziger Missionare in der Repräsentation Tamil Nadus die Tamilen zwar objektiviert hat, dass er sie aber als Aktanten des Diskurses nicht eliminieren konnte. S. Samuel Pillay war als Tamil Vellalar in seinen Briefen an Graul durchgängig bemüht, die kulturelle Position dieser Kaste in Tamil Nadu herauszustellen und die Bedeutung der Tamilsprache für die kulturelle Identität der Tamilen gegenüber dem Sanskrit hervorzuheben. Grauls Berichte reflektieren die Sicht von Samuel Pillay an zahlreichen Stellen.

Gerade die relativ hohe theologische Bildung der Missionare sowie ihre bereits in Leipzig vor der Ausreise angeeigneten Kenntnisse klassischer tamilischer Literatur und Philosophie haben aber auch dazu beigetragen, den indischen Gesprächspartnern die Gleichzeitigkeit mit den Missionaren zu entziehen, indem sie von ihnen auf ein in den klassischen tamilischen Texten zugrunde gelegtes Menschenbild festgelegt wurden. Der Dialog mit Hindus war in der Arbeit der Missionare eine geprägte Gattung. Er war Teil der Predigttouren, die die Missionare regelmäßig in ihrem Gemeindebereich unternahmen. Alle Missionare wohnten in sogenannten ‚Mission-compounds', die einen umschlossenen Bezirk darstellten, in dem sich die Kirche, das Missionshaus, manchmal eine Schule, Werkstätten, Unterkünfte für die Bediensteten, oft auch die Häuser der Lehrer und Katecheten befanden. Einige ‚compounds' hatten auch eigenes Land oder eine Kokospalmenplantage, die der Mission ein Einkommen gewährleistete. In vielen ‚Mission-compounds' wurden auch diejenigen Christen angesiedelt, die nach ihrer Taufe nicht mehr in ihren Dörfern leben konnten. In vielen Fällen bekamen sie vom Missionar neue Arbeit. Die ‚Mission-compounds' lagen meist in größeren Dörfern oder Distriktstädten und waren das Herz eines Gemeindebezirkes, der zahlreiche kleinere Dörfer einschloss. Die kleineren Dörfer wurden in der Regel von Katecheten betreut, aber neben den Gottes-

182 Gedruckter Prospekt des Vade-Mecum von 1857, in: LMA, GN, Kapsel 6, Aktenstück: Tamil Literatur.

183 In einem Brief an Graul, in dem er zwölf von Graul gestellte Fragen beantwortet, bittet er diesen, ihm Böthlings Übersetzung des Mahābhasya von Panninis Grammatik und eine Kopie des Sāmaveda zu schicken, da diese in Madras nicht erhältlich seien; LMA, GN, Aktenstück: K. Graul, Briefe an ihn, 4. und 8 (Anhang).

diensten in der Kirche unternahmen die Missionare mit Pferden oder Ochsenkarren auch regelmäßige Predigttouren.[184] Sie versuchten, jedes Dorf ihres Gemeindebezirks wenigstens einmal im Jahr zu besuchen. Ein wesentlicher Teil der Predigttouren waren die öffentlichen Predigten in den Straßen, in der Nähe von Tempeln am Abend, wenn es kühler wurde und die Menschen von der Arbeit heimkehrten oder bei Dorffesten und an Markttagen. Die Predigten, die die Missionare auf diesen Touren hielten, waren meist dialogisch angelegt. Oft fragten sie ihre Zuhörer oder verwickelten sie in ein Gespräch, um an die Vorstellungen ihrer Gesprächspartner anknüpfen zu können. Bei den meisten Leipziger Missionaren findet sich die Auffassung, dass es bei aller Falschheit, die sie unterstellen, in den indischen Religionen etwas gibt, an das die Predigt anknüpfen kann, da es Spuren verborgener Wahrheit bietet.[185]

5. Leipziger Missionarsberichte als Dokumente interkultureller Wahrnehmung

Die Quellen für diese Untersuchung der interkulturellen Begegnung der deutschen Missionare mit Indien sind im Wesentlichen die gedruckten Berichte der Missionare in Missionszeitschriften, Reiseberichte, von der Leipziger Mission herausgegebene Traktate und Übersetzungen tamilischer Texte. Daneben wird Archivmaterial aus den Personalakten der Missionare, den Stationsakten und Nachlässen ausgewertet. Das Problem liegt in der Verwendung dieser Quellen. In ihnen wird der ‚eurozentrische Blick' der Missionare zu Text. Damit stellt sich die Frage, wie mit diesen Texten umgegangen wird. Zunächst ist es naheliegend, nur diejenigen Quellen heranzuziehen oder auszuwerten, die aus der gegenwärtigen Sicht plausibel erscheinen und die aus *meiner* Perspektive sinnvoll sind zur Beschreibung südindischer Kultur. Dieser Gefahr kann man nicht entgehen, allerdings ist diese Arbeit getragen von der Überzeugung, dass jede Quelle, wenn sie kritisch ausgewertet wird, eine Spur in die Vergangenheit offen legt. Der Wert der Quellen ist freilich unterschiedlich. Missionarsberichte über ihre Predigtreisen können mehr oder weniger über die Begegnung mit Menschen anderer Religionen enthalten, sie können aber auch nur über die Arbeit des Predigers und seiner Gehilfen berichten. Sie können detaillierte Aufschlüsse geben über Kastenstrukturen in einem Dorf, sie können aber auch offene Polemik gegen Hindus oder Muslime enthalten. Um die christlich-europäische Perspektive in

184 Beschreibungen solcher Predigttouren finden sich beinahe in jedem Jahrgang des ELMB.

185 Graul sah seine und die Leipziger Position im Kontrast zu englischen Theologen. „Englische Theologen sind geneigt in allem Heidenthum nichts als das pure Gegentheil der Wahrheit und in dem indischen insbesondere nur das Chaos von Unsinn zu sehen, während doch das Heidenthum in vielen Stücken bloß mehr oder minder verkehrte Wahrheit, das indische aber zum größten Theile sogar ein mehr oder minder geordnetes System entstellter Wahrheit ist." MOIMH IX, 1858:24.

den Berichten aufzudecken, muss man mehrere Quellen gegeneinander lesen. In den ethnographischen Monographien und in den Abhandlungen über Religion wird das christliche Urteil am deutlichsten ausgesprochen, aber auch in Reiseberichten oder Tagesregistern, die die Missionare dem Missionsvorstand in regelmäßigen Abständen schicken mussten, kann man die Perspektive ausmachen. Dabei ist allerdings auch zu bedenken, dass besonders in den Berichten an die Missionsleitung von den Missionaren oftmals auch von einer bestimmten Erwartung der Rezipienten ausgegangen wird. Das waren zum einen die Missionsleitung, die die Arbeitsberichte der Missionare erhielt, zum anderen ein weiter Leserkreis von Missionsfreunden und wahrscheinlich auch an Indien interessierten Personen, und schließlich Indologen. Die überwiegende Zahl der Leser bestand aus Personen, die noch nie in Indien gewesen sind und auch nicht beabsichtigten, dorthin zu reisen. Auf der einen Seite mussten die Missionare solchen Lesern Indien so weit verständlich machen, dass diese die Missionsarbeit weiter unterstützten, andererseits musste ein Interesse geweckt werden, indem das ‚Fremde' oder Exotische hervorgehoben wurde. Daher fehlt vielen populären Berichten der Missionare eine eingehende Behandlung des kontextuellen Hintergrundes des Beschriebenen.

Ein weiteres Problem der meisten Quellen, insbesondere der Monographien ist, dass sie zwar den Anspruch erheben, etwas über die ganze tamilische Gesellschaft auszusagen, dass aber die Missionare in der Regel nur zu bestimmten Schichten dieser Gesellschaft in Kontakt standen und oftmals Gegebenheiten aus ihrem Gemeindebereich als für ganz Tamil Nadu oder gar ganz Indien gültig angesehen haben. Die Mehrzahl der Christen, die die Hauptgruppe der ‚Informanten' darstellte, waren Kastenlose oder Angehörige niederer Kasten. Gespräche mit Brahmanen oder Angehörigen höherer Kasten werden meist als Besonderheit in den Berichten herausgestrichen. Die Berichte sind natürlich meist keine systematischen Ethnographien, und das Interesse an dem, was des Aufschreibens für wert gehalten und gesammelt wurde, war, wie auch schon bei den Missionaren der Spätaufklärung dargestellt, geprägt von kulturellen Wahrnehmungsmustern des 19. Jh.s. Themen wie z.B. finanzielle Verhältnisse, die in Ethnographien des 20. Jh.s systematisch recherchiert und dargestellt wurden, werden nur erwähnt, um damit z.B. normative Aussagen über die Ausbeutung der Kastenlosen zu belegen. Andererseits finden sich in den Berichten detaillierte Schilderungen von Festen und Tempelprozessionen, bei denen die Missionare selbst anwesend waren, also von Informationen, die durch Beobachtung erschlossen werden konnten. Nur selten findet man in den Berichten den Versuch einer Deutung solcher ‚Götzenfeste'. Der folgende Überblick über das Textmaterial missionarischer Repräsentation Südindiens kann keinen Anspruch auf Vollständigkeit erheben, sondern er dient dazu, die disparaten Textgattungen vorzustellen.

5.1. Berichte in Missionszeitschriften

Das bedeutendste Medium für die Öffentlichkeitsarbeit des Missionswerkes in Deutschland war die regelmäßig publizierte Missionszeitschrift. Über die Leser der Missionszeitschrift wurden Spenden zur Finanzierung der Missionsarbeit in Deutschland und in Indien gesammelt. Von 1836 bis 1838 wurden die Nachrichten der Dresdener Mission als Beiblatt zum ‚Pilger aus Sachsen' veröffentlicht und von Januar 1839 bis 1840 als eigenständiges ‚Anzeigenblatt für die evangelisch-lutherische Missionsgesellschaft zu Dresden'. Von 1841 bis 1845 erschien es unter dem Titel ‚Dresdener Missionsnachrichten'[186]. Der Zweck des Missionsblattes war nach Angaben der Herausgeber, Erfahrungen aus der Missionsarbeit zunächst des eigenen Missionswerkes, dann aber auch aus anderen Werken, mitzuteilen, Missionsgeschichtliches bekannt zu machen und vor allem die Leser zu erbauen.

> „Wenn es den Zustand der Völker, unter denen das Evangelium verkündigt wird, schildert, und nun zeiget, mit welchen Gegensätzen die Friedensboten zu kämpfen, dann nachweist, über welche Hindernisse sie den Sieg errungen haben, so soll sich der Leser sagen, über welche Befestigungen des Seelenfeindes die Gnade Gottes in seinem eigenen Herzen und Leben entweder schon gesiegt habe, oder noch siegen wolle und müsse ..."[187]

Im September 1844 stellte Graul auf der Leipziger Missionskonferenz seinen Plan für eine Reformierung des Missionsblattes vor. Er bemängelte an dem bisherigen Blatt, dass das Erbauliche auf Kosten von Informationen über die Verhältnisse im Ausland zu sehr im Vordergrund stehe, und vertrat die Ansicht, dass die Teilnahme der Leser an der Mission nur durch Gründung auf der biblischen Botschaft und dem Bekenntnis einerseits und einer sachlichen Schilderung der Missionsarbeit und der Umgebung, in der sie geschieht, andererseits gefördert werden könne.

> „Ich bin überhaupt der Meinung, dass es nicht genug ist, die Leser durch Schilderungen heidnischen Elends zum Mitleiden zu reizen und durch Vorhaltung des Missionssegens die Theilnahme zu fesseln; solche fleischliche Rührung hält nicht Stich, und der Segen des Evangeliums unter den Heiden lässt sich nicht immer mit den Händen greifen."[188]

Ab 1846 gab Graul die neue Zeitschrift, das ‚Evangelisch-Lutherische Missionsblatt'[189], heraus, das bis 1941 erschien und aus finanziellen Gründen während des

---

186 Missionsnachrichten, herausgegeben von der evangelisch-lutherischen Missionsgesellschaft zu Dresden.

187 AMGD 1838:1.

188 Graul, Missionswirksamkeit, in: ZLThK 1844:119. Zu Grauls Plan des neuen Missionsblattes und dessen Zielsetzungen siehe DMN 1845:80.91f.

189 Dieser allgemein gehaltene Titel, der die Nachrichten nicht mehr auf ein Missionswerk beschränkt, sondern den Anspruch erhebt, für die ganze lutherische Mission in Deutschland zu sprechen, reflektiert Grauls Plan, alle lutherischen Missionen unter einem Dach zusammenzufassen. De facto wer-

Krieges eingestellt werden musste.[190] Neben den Missionarsberichten führte Graul in das Blatt eine Sparte ‚Die Heidenländer und ihre Bewohner' ein, in der religionsgeschichtliches und ethnographisches Material, das Graul aus anderen Zeitschriften sammelte,[191] sowie Aufsätze von Graul, Ochs und anderen Missionaren zu religionsgeschichtlichen Themen veröffentlicht wurden.[192] Ab 1864 finden sich in dem ELMB fast ausschließlich Berichte über Indien, ab 1893 auch über das zweite Missionsgebiet der Leipziger Mission in Ostafrika. Die Missionare waren verpflichtet, regelmäßig Berichte über ihre Arbeit nach Leipzig zu schicken, diese wurden redigiert und in Auszügen im Missionsblatt veröffentlicht.[193]

Da es der Umfang des ELMB nicht gestattete, längere zusammenhängende Artikel zu veröffentlichen, wandte sich Graul an Hermann Agathon Niemeyer, den Herausgeber der NHB, mit dem Plan, diese „zu einem allgemeinen missionswissenschaftlichen Organ, namentlich für Ostindien umzugestalten"[194]. Niemeyer, der über die Franckeschen Stiftungen in Halle Grauls Reise nach Indien mitfinanziert hatte, veröffentlichte Grauls Reiseberichte in den ersten Bänden der ‚Missionsnachrichten der Ostindischen Missionsanstalt zu Halle' (MOIMH),[195] die ab 1849 erschienen.[196] Nach seiner Rückkehr aus Indien übernahm Graul die Herausgabe dieser ersten missionswissenschaftlichen Zeitschrift in Deutschland. Das Profil der Zeitschrift ist geprägt von der Indienarbeit der Leipziger Mission. Graul nennt als wesentliche Inhalte:

> „1) Fortlaufende und vollständige Berichte über die Mission unter dem gesamten Volke der Tamulen.
> 2) Beleuchtung der Erscheinungen auf dem Gebiete der Missionsliteratur und Besprechung der schwebenden Fragen in Bezug auf die Missionspraxis.
> 3) Beiträge zur Völker-, Religions- und Sprachkunde, mit steter Berücksichtigung des Missionszwecks."[197]

---

den aber in dem Missionsblatt vorrangig die Berichte der Leipziger Missionare sowie Artikel über Missionsarbeit in anderen Kontinenten und missionsgeschichtlichen Darstellungen veröffentlicht.

190 ELMB 1941:72.

191 Siehe dazu das Material in Grauls Nachlass.

192 Die Berichte der Missionare wurden von den Herausgebern des ELMB redigiert und zum Teil gekürzt. Allerdings ist der Redaktionsprozess nicht mehr nachzuvollziehen, da sich die Manuskripte nicht im Archiv der Leipziger Mission befinden und wahrscheinlich vernichtet worden sind.

193 Auch in den Personalakten der Missionare findet sich fast ausschließlich Korrespondenz, die das Dienstverhältnis der Missionare, Aussendung, Ordination, Rückkehr u.ä. sowie familiäre Fragen betrifft.

194 ELMB 1853:371.

195 Mit dieser Zeitschrift wurde die Tradition der HB und NHB fortgeführt.

196 NHB 1848:V; MOIMH I, 1849:III.

197 ELMB 1853:371.

5.2. Reise nach Ostindien

In der Missionswissenschaft gilt Karl Graul als ‚Erfinder der Missionsstudienreise'[198]. Seine Reise nach Ostindien von 1849–1853 hat Niederschlag gefunden in einem fünfbändigen Reisebericht von mehr als 1600 Seiten.[199] Graul hat an den ihm vorliegenden Missionsberichten kritisiert, dass sie nicht in der nötigen ‚Nüchternheit' verfasst worden seien und dass die Missionare, da sie in der Regel nur ‚halbgebildete Leute' waren, nicht in der Lage gewesen sind, die fremde Kultur zu verstehen. Weder die indische Gesellschaftsstruktur noch die Religion seien in den Berichten angemessen dargestellt. Darüber hinaus würden die Missionare in der Regel ein idealisiertes Bild von der Missionsarbeit und ihren Erfolgen zeichnen. Daher sei es notwendig, das Land aus eigener Anschauung kennen zu lernen. „Die eigene Anschauung an Ort und Stelle – das ist die wahre Missionshochschule."[200] Graul war somit auch der Ansicht, dass seine Reisebeschreibung einem wissenschaftlichen Anspruch genügt, da sie ‚objektiv' von den Verhältnissen in Israel, Palästina, Ägypten und Indien berichtet. Er hielt dennoch die Gattung einer Reisebeschreibung, die auch poetische Elemente enthält, für die angemessene Ausdrucksform. Abgesehen von dem Problem, dass jeder Reisebericht wohl ebenso viel über die Kultur und die sozialen und politischen Verhältnisse im Herkunftsland des Autors bzw. sein kulturelles Selbstverständnis aussagt wie über die ‚Fremde'[201], stellt sich die Frage, wie ein solcher Reisebericht auszuwerten ist. Da diese Untersuchung der Leipziger Missionare in Südindien zu großen Teilen von diesem Reisebericht Grauls ausgeht, da sich auch nachfolgende Missionare im 19. Jh. in ihrer Beschreibung Tamil Nadus auf Grauls ‚Reise' berufen, sie also eine missionshermeneutische Wirkungsgeschichte hat, ist zunächst darzulegen, inwieweit die von Gensichen angesprochenen „ungehobenen Schätze aus Ethnologie, Indologie, Kultur- und Kirchengeschichte"[202] aus Grauls Reisebericht für ein Verständnis Tamil Nadus im 19. Jh. erschlossen werden können.

Dabei stößt man zunächst auf das Problem, dass sich die oben verwendete Gattungsbezeichnung ‚Reisebericht' als unzureichend erweist. Graul selbst hat seine Reise als ‚missionswissenschaftliche Reise'[203] bezeichnet und hat als wissenschaftliches Ziel der Reise angegeben, einen ‚Abriss der neueren Mission in Ostindien' sowie ein ‚Handbuch für Missionare in Ostindien', eine ‚gründliche Apologie des Christentums' und schließlich eine ‚allgemeine Theorie des Missionswesens' abfas-

198 OEPKE 1917:317; der Begriff wurde wieder aufgenommen von GENSICHEN 1993:31.

199 KARL GRAUL, Reise nach Ostindien über Palästina und Ägypten vom Juli 1849 bis April 1853, Leipzig 1854–1856. Teile des Reiseberichts wurden vorab in MOIMH und ELMB veröffentlicht.

200 GRAUL, Zweck der Reise, in: MOIMH I, 1849:67ff; ELMB 1848:319ff. Zu weiterem Zweck und zur Vorbereitung und Durchführung der Reise Grauls, siehe KUBERSKI 1993:67ff.

201 Siehe dazu BRENNER 1989:15; auch BHEDAD 1994; PRATT 1992; BLANKE 1997.

202 GENSICHEN 1993:31.

203 Brief an Hofmarschall Georg Rudolf von Gerstdorf vom 16.4.1849, Abschrift in: LMA, Personalakte Graul.

sen zu können. Nur das erste Vorhaben ist zur Ausführung gekommen, aber der Plan der Reise bewegte sich eindeutig in einem Rahmen, der einen Forschungsreisebericht erwarten ließe im Sinne der in der ersten Hälfte des 19. Jh.s aufgekommenen Gattung. Wie Wolfgang Neuber aufgezeigt hat, ist es ein zentrales Moment der Reisebeschreibungen im 19. Jh., nicht mehr divergierende Erkenntnisinteressen befriedigen zu wollen, sondern eine wachsende Mobilität in den ersten Jahrzehnten des 19. Jh.s. Eine Diversifikation von Reiseinteressen sowie eine Pluralität von kulturellen Strömungen in Zeiten von Revolution und Restauration haben auch die Reiseberichte beeinflusst.[204] Spezielle Forschungsreisen, die es ja bereits seit dem 16. Jh. gab, wurden in der ersten Hälfte des 19. Jh.s mit der Motivation unternommen, fachspezifische Problemlösungen anzustreben. Damit stehen nicht mehr die reflektierten Reiseerfahrungen des die Fremde wahrnehmenden Subjekts im Vordergrund des Berichts, wie noch im 18. Jh., sondern die den Bericht kontrollierenden Instanzen sind die Erkenntnisbedingungen und Diskursregeln des Faches, die auch die Form der Berichterstattung beeinflussen.

Bereits die Vorbereitung der Reise hat die Darstellung geprägt.[205] Eine zentrale Frage für Graul war die sogenannte Kastenfrage, die zwar vor seiner Abreise nach Indien noch nicht als Konflikt zum Ausbruch gekommen war, die aber ein wesentliches religionssoziologisches Problem berührte, ob nämlich die indische Gesellschaftsordnung nur religiös oder auch von einer zivilen Seite zu betrachten sei. Wie die Ausführungen in Teil 3 dieser Untersuchung zeigen, hat diese Frage zu einem intensiven Studium der tamilischen Kastenverhältnisse durch Graul geführt. Graul lernte zur Vorbereitung auf seine Reise in Leipzig bei Prof. Brockhaus Sanskrit und studierte Indologie.[206] Als Leiter der Mission in Leipzig stand Graul in dem Konflikt, verschiedene Rezipienten seiner Berichte ansprechen zu wollen, die missionsinteressierten Gemeindeglieder und wissenschaftliches Fachpublikum. Er löste das Problem, indem er im ELMB eine andere Version des Berichtes abdruckte als in den MOIMH.

Obwohl als wissenschaftliche Reise geplant und durchgeführt, trägt der Bericht doch poetische Züge; er ist geprägt von persönlichen Bemerkungen und Impressionen und zu einigen im Band eingefügten eigenen Gedichten entschuldigt sich Graul, dass diese keine Zeit gekostet haben, sondern während der Reise auf dem Kamel und auf dem Schiff entstanden seien. Gerade diese Gedichte zeigen, dass Fremderfahrung auch als ein Teil von Selbsterfahrung aufgearbeitet wird. Allerdings gelingt Graul in seinem Bericht die Verbindung von poetischer Darstellung, persönlicher Tagebuchaufzeichnung und wissenschaftlicher Darstellung nicht bruchlos. In die Reisebeschreibung eingefügt sind immer wieder längere Exkurse ethnologischer, religionswissenschaftlicher und auch archäologischer Art sowie ausführliche Dar-

---

204 NEUBER 1990:443ff.

205 John Allen hat in einer Studie über geographische Forschungsreisen im 19. Jh. gezeigt, wie sehr bei den Zielvorstellungen während der Vorbereitung der Reise eine Mischung von Imagination und Wissen auch den Erkenntnisvorgang und den späteren Bericht prägt. ALLEN 1976:41ff.

206 HANDMANN 1903:161.

stellungen aus der Missionsgeschichte, wobei vor allem der Exkurs über ‚Land und Volk der Tamulen' im vierten Band für diesen Untersuchungszusammenhang von Bedeutung ist. Dass Graul zahlreiche indologische und ethnologische Ergebnisse seiner Reise aus dem Text herausnimmt und in den Anhang verlagert, ist sicherlich nicht nur, wie er zu Beginn des vierten Bandes über Tamil Nadu bemerkt, mit Rücksicht auf den wissenschaftlich nicht interessierten Leser geschehen, sondern zeugt von dem Konflikt der Darstellung, dass Graul einerseits unter dem Druck stand, einen missionswissenschaftlichen Gebrauchstext[207] als Ergebnis seiner von der Mission genehmigten Reise zu verfassen, andererseits aber bemüht war, in seinem Bericht Indien als ästhetisches und emotionales Objekt der eigenen sinnlichen Wahrnehmung zu schildern. Über seine Ankunft in Bombay schreibt er:

> „Auch bin ich nun der manigfaltigen Eindrücke, mit denen die außerordentliche Natur und die wildfremde Menschenwelt in diesem Theile Indiens jeden neuen Ankömmling nicht ganz stumpfen Geistes und Sinnes bestürmt, so weit Meister geworden, daß ich mit einiger Ruhe und Klarheit darüber schreiben kann."[208]

Als ‚ästhetische Erfahrung des kulturell Unvertrauten' hat Alois Wierlacher, in bewusster Absetzung zur traditionellen Hermeneutik Schleiermachers und Gadamers, die eine Erfahrung des Fremden als eine Umwandlung in das Eigene verstanden, eine Hermeneutik des Fremden bezeichnet.[209] Grauls Bemerkung macht deutlich, dass das kulturell Unvertraute als eigenständig neben der Meisterung der eigenen Eindrücke bestehen bleibt und dass die Verarbeitung der Eindrücke in seinem Reisebericht nicht als Aneignung des Fremden oder gar Verwandlung des Fremden in das Eigene verstanden werden können.

Diese Eigenständigkeit von unterschiedlichen sprachlichen Formen in der Repräsentation des kulturell Fremden, das Nebeneinander von Poesie und deskriptiven Teilen offenbart eine gewisse Ambivalenz in der Wahrnehmung, die dem eindeutigen Gebrauch der Sprache widersteht. Für eine Interpretation von Grauls ‚Reise nach Ostindien' erweist sich vor allem Roland Barthes sprachanalytische Unterscheidung von poetischer und praktischer Sprache als hilfreich. Diskurse sind, obgleich sie einen autonomen Gegenstand bilden, linguistisch zu untersuchen.[210] Die Ambivalenz der praktischen Sprache liegt nach Barthes darin, dass sie niemals die poetische Dimension der Literatur vollständig unterdrücken kann. Barthes schließt in seiner Antrittsvorlesung am College de France daher, dass in der poetischen Sprache der Literatur ein subversives Element liegt, das der Gewalt, die in der Sprache

---

207 Dass in der Restaurationszeit Reiseberichte oft den Charakter von Gebrauchstexten bis hin zu Reiseführern aufwiesen, darauf hat Brenner hingewiesen, BRENNER 1990:344ff.

208 GRAUL, Reise III, 1854:20f.

209 WIERLACHER 1983:7.

210 BARTHES 1988:105.

gegenüber ihrem Gegenstand begründet ist,[211] widersteht. Poetische Sprache hat ihre Bedeutung darin, dass ihr die Möglichkeit eignet, die Wahrnehmung zu verändern, Stereotypen aufzubrechen und ein neues Bild von Welt zu ermöglichen. Sie ist eine Form der „List", mit der Sprache gegen die repräsentative Macht der Sprache anzugehen.

> „Uns jedoch, die wir weder Ritter des Glaubens, noch Übermenschen sind, bleibt nichts, wenn ich so sagen kann, als listig mit der Sprache umzugehen, als sie zu überlisten. Dieses heilsame Überlisten, dieses Umgehen, dieses großartige Lockmittel, das es möglich macht, die außerhalb der Macht stehende Sprache in dem Glanz einer permanenten Revolution der Rede zu hören, nenne ich: *Literatur.*"[212]

Die poetischen Elemente in der Reisebeschreibung markieren die Offenheit in der Beschreibung des Gegenstandes, die Unmöglichkeit, ein endgültiges Vokabular in der Repräsentation des Fremden festzulegen, sie markieren damit auch einen Ansatzpunkt zur Interpretation des Reiseberichtes an den Brüchen des orientalistischen Diskurses.

Homi Bhabha hat diese sprachlichen Brüche des orientalistischen und des kolonialen Diskurses aufspürt:

> „Die Objekte der Diskriminierung mögen zwar auf der Stelle erkannt (recognized) werden, trotzen aber gleichzeitig der Unmittelbarkeit und Artikuliertheit der Autorität eine Revision des Erkennens (*re-cognition*) ab – ein Störfaktor, der uns von dem wiederholten Zögern her vertraut ist, das den kolonialistischen Diskurs befällt, wenn er seine diskriminierten Untertanen betrachtet: die *Undurchdringlichkeit* des Chinesen, die *unaussprechlichen* Riten der Inder, die *unbeschreiblichen* Gewohnheiten der Hottentotten. Nicht, daß es der Stimme der Autorität an Worten fehlte. Es verhält sich vielmehr so, daß der koloniale Diskurs den Punkt erreicht hat, an dem die *Präsenz* der Macht angesichts der Hybridität ihrer Objekte sich als etwas anderes herausstellt als das, was ihre Erkenntnisregeln glauben machen wollen."[213]

Die auffällige Disjunktion zwischen den narrativ schildernden Teilen von Grauls Reisebericht und den wahrnehmungstheoretisch vorgeprägten Ausführungen aus dem Bereich der Indologie und Ethnologie machen es jedoch schwer, den eigentlichen Gegenstand der Darstellung dieses Reiseberichtes zu ermitteln. Erst in der Vermittlung von beiden Darstellungsformen wird die besondere Indiensicht Grauls deutlich. Es lassen sich daher auch nicht indologische oder ethnologische Extrakte

---

211 BARTHES 1980:17f. „Die Rede ist Gesetzgebung, die Sprache ist deren Code. Wir sehen die in der Sprache liegende Macht deshalb nicht, weil wir vergessen, daß jede Sprache eine Klassifikation darstellt und daß jede Klassifikation oppressiv ist … So impliziert die Sprache durch ihre Struktur selbst eine unausweichliche Entfremdung. Sprechen – und noch viel mehr einen Diskurs führen – heißt nicht kommunizieren, wie man allzu oft wiederholt, es heißt unterwerfen: die gesamte Sprache ist eine verallgemeinerte Rektion."

212 BARTHES 1980:21ff.

213 BHABHA 2000: 166.

aus dem Bericht herausfiltern, sondern die ‚ungehobenen Schätze' erschließen sich nur, wenn die verschiedenen Darstellungsformen des Reiseberichtes gegeneinander gelesen werden. Dabei stellt sich dann die Frage nach der Legitimität und Authentizität dieser Fremdwahrnehmung als Wirklichkeitswahrnehmung. Die beschreibenden Abhandlungen über Religion und Sozialstruktur der Tamilen sind, obwohl sie als besondere Gattung sich von dem sonstigen Reisebericht abheben, doch auch als Reflexionen der Reiseerfahrung zu lesen. Auch wenn Graul keine Feldforschung im Sinne ‚teilnehmender Beobachtung' getrieben hat, so ist er doch bemüht, immer wieder die Stimme der tamilischen Hindus zu Wort kommen zu lassen, um, wie er an einer Stelle schreibt, zu zeigen, wie „sich die gebildeten Tamulen heut zu Tage das Brahmanenthum zurecht[legen]"[214]. Eben dieses „Zurechtlegen" durch die einheimischen Stimmen bricht immer wieder durch Grauls Bericht hindurch und erweist sich im Sinne von Homi Bhabha als ein Störfaktor im Diskurs, dessen Produktivität in den folgenden Kapiteln untersucht werden soll.

Obwohl Grauls Reisebericht einen naiven Zugang zur südindischen Kultur darstellt, da die theologischen wie kulturellen Voraussetzungen der Ausgangsperspektive ebenso wenig reflektiert werden wie die hermeneutische Problematik der Wahrnehmung des Fremden, und die eigene Beobachtung als objektive und, gerade im Gegensatz zu anderen Missionaren, sachliche Darstellung Indiens und der Missionsarbeit behauptet wird, ist der Reisebericht aus heutiger Sicht dennoch nicht an diesen Objektivitätsforderungen zu messen. Die Frage, ob Grauls Darstellungen authentisch oder zuverlässig seien, kann nicht auf die Problematik einer möglichst wahren Abbildung der Realität Südindiens reduziert werden, sondern sie hängt mit dem existentiellen Engagement des Beobachters selbst zusammen.[215] Gerade die Tatsache, dass Graul seinen Reisebericht als Ergebnis einer ‚Missionsstudienreise' verfasste, erweist sich insofern als reflexives Element, als das Bewusstsein der Spaltung von Innenansicht und Außenansicht originalen Lebens durch die christlich-missionarische Perspektive gewahrt bleibt. Insbesondere an einer Analyse des Reiseberichtes zeigt sich, dass die oben angeführte Kritik an missionarischer Repräsentation des Fremden ein positivistisches Objektivitätsideal impliziert. Wie Klaus-Peter Koepping betont hat, können die Verfälschungen des anderen Lebens durch eine Beschreibung nur dann zum Maßstab für die Athentizität eines Berichtes genommen werden, „wenn die Reflexion die Gründe der Verdrehungen durch die analytische Beschreibung durchschaubar macht"[216].

214 GRAUL, Reise IV, 1855:138.

215 Zur Problematik allgemein: NEUBER 1989:43–64.

216 KOEPPING 1987:26.

5.3. Monographien

Neben ihren Arbeitsberichten verfasste ein großer Teil der Missionare längere Berichte aus den Missionsstationen, die als separate Drucke vom Verlag der Leipziger Mission veröffentlicht worden sind und als Informationsmaterial für die Gemeinden und Freundeskreise in Deutschland bestimmt waren.[217] Die meisten Überblicksdarstellungen über die ‚Tamulenmission' lehnen sich jedoch in der Darstellung der südindischen Gesellschaft sowie der Volksreligiosität eng an die Beschreibungen von Karl Grauls Reisebericht an oder sind sogar Paraphrasierungen derselben.[218] Einige Missionare haben ihre Indienerfahrung nach ihrer Rückkehr in Büchern verarbeitet, die einen vorwiegend gemeindepädagogischen Charakter hatten.[219] Neben diesen Berichten aus der Missionspraxis erschienen gegen Ende des 19. Jh.s aber auch Abhandlungen der Leipziger Missionare, die sich explizit mit Aspekten des Hinduismus auseinandersetzten und neben detaillierten Informationen zu volksreligiösen Praktiken in Tamil Nadu[220] auch den Śaiva Siddhānta als besondere Form tamilischer Bhakti-Frömmigkeit zum ersten Mal darstellen.[221] Während noch bei Graul das theologische Urteil die Darstellung der tamilischen Gesellschaft und Religiosität nur insoweit beeinflusste, als die Frage nach der missionarischen Praxis von Bedeutung war für seine spezifische Wahrnehmung der südindischen Kultur, waren die indologischen Arbeiten von Hilko Wiardo Schomerus in den ersten Jahrzehnten des 20. Jh.s, die den zeitlichen Rahmen dieser Untersuchung abschließen, geprägt von der Begegnung von Christentum und Hinduismus. Der apologetische Religionsvergleich ist das Thema seiner zahlreichen Bücher und Aufsätze über Indien. Auch wenn diese Art des Religionsvergleichs heute sowohl aus theologischer als auch aus religionswissenschaftlicher Perspektive als überholt angesehen werden muss, und die religionswissenschaftlichen Arbeiten von Schomerus schon bald nach seinem Tod in Vergessenheit geraten sind, so verdienen doch seine Erkenntnisse zu südindischer Bhakti-Frömmigkeit, Śaiva Siddhānta und europäischer Hinduismusrezeption in Erinnerung gebracht zu werden, da sie Aspekte des gegenwärtigen Diskurses vorweggenommen haben.

5.4. Übersetzungen

Die bedeutendste indologische Leistung durch die Leipziger Missionare im 19. und zu Beginn des 20 Jh.s waren sicherlich ihre Übersetzungen tamilischer Texte. Vor allem war der Tirukkuṟaḷ, ein ethischer Text aus der jainistischen Tradition, für die

217 Diese Berichte wurden in zwei Serien unter dem Titel ‚Palmzweige vom ostindischen Missionsfelde' veröffentlicht.

218 Z.B. GEHRING, A., Tamulenland.

219 So z.B. BAIERLEIN, STOSCH, GEHRING.

220 Z.B. FRÖLICH 1915(?).

221 JUST, Siddhanta, 1897.

Missionare von Interesse, weil sie hier Anknüpfungspunkte für die Verkündigung der christlichen Botschaft gefunden haben. Karl Graul hat den Kuṟaḷ zum ersten Mal vollständig in eine europäische Sprache übersetzt[222] und später noch eine Übersetzung vom Hochtamil in umgangssprachliches Tamil durchgeführt.[223] Graul selbst hat bereits ein Jahr vor seiner Kuṟaḷ-Übersetzung das Kaivaljanavanīta von Tāṇṭavamūrttisvāmigel, das Panćadaśparakaraṇa, einen Vedānta-Text aus dem 18. oder frühen 19. Jh.[224] und das Ātmabōdhaprakāśika, einer Śaṇkara zugeschriebenen Schrift, als ersten Band der ‚Bibliotheca Tamulica' unter dem Titel ‚Tamulische Schriften zur Erläuterung des Vedanta-Systems' herausgegeben[225] und ein Jahr später das Kaivaljanavanīta in Tamil und englischer Übersetzung zusammen mit einem Glossar und einer englischsprachigen Grammatik der Tamilsprache als zweiten Band der ‚Bibliotheca Tamulica' veröffentlicht.[226] Graul verfolgte mit der Übersetzung dieser Texte das Ziel, einen Teil der tamilischen Vedānta-Literatur dem an Sanskrit orientierten indologisch interessierten Publikum bekannt zu machen. Von größerer Bedeutung für die weitere Śaiva Siddhānta-Forschung der Leipziger Missionare war aber Grauls Übersetzung eines Teils des Śivañāṉacittiyār aus dem 13. Jh., einem Text, der sich als Kommentar zum Śivañāṉapōtam versteht, einem zentralen Text des Śaiva Siddhānta. Graul übersetzte einen Abschnitt über die Darstellung und Widerlegung buddhistischer Lehrmeinungen aus dem Parapakṣa-Teil des Werkes.[227] Die Übersetzung aus dem Śivañāṉacittiyār unternahm Graul, um zu zeigen, wie die buddhistische Lehre in Tamil Nadu bekämpft wurde. Bei der Übersetzung der Vedānta-Texte war für ihn das Kriterium der ‚Rechtgläubigkeit' von Bedeutung. Er wollte diejenigen Texte präsentieren, die als orthodox gelten können.[228] Als Verfasser der christlichen Unterscheidungslehren war ihm eine dogmatisch-apologetische Denkweise vertraut, und er interpretierte die Lehrunterschiede der orthodoxen Schulen des Hinduismus als konfessionelle Unterschiede. Die Auswahl der von ihm übersetzten Texte orientierte sich daher nicht so sehr an ihrem Gebrauch innerhalb der Vaiṣṇava- oder Śaiva-Tradition, sondern an ihrer von westlichen Indologen festgelegten[229] dogmatischen Bedeutung.

In der Nachfolge Grauls ist besonders Hilko Wiardo Schomerus als Übersetzer tamilischer Texte hervorgetreten. Er war von 1902 bis 1912 als Missionar in Irōd tätig, und ab 1923 hatte er den Lehrstuhl für Missions- und Religionswissenschaften

222 GRAUL, Kural, 1856.

223 GRAUL, Kural, 1865.

224 Graul vermutet ein relativ junges Datum, weil in dem Text die „Franken" erwähnt werden, Bibliotheca Tamulica (BT) I, 1854:XIII.115 (Schreibweise bei Graul).

225 GRAUL, Vedanta, BT I, 1854.

226 GRAUL, Kaivaljanavanīta, 1855.

227 GRAUL, Widerlegung des Buddhistischen Systems vom Standpunkte des Sivaismus, in: ZDMG 8, 1854:720–738.

228 GRAUL, Vedanta, BT I, 1854:XIIf.

229 Seit 1852 erschienen die ersten Aufsätze von MAX MÜLLER über indische Philosophie in der ZDMG, die von ihm aber erst 1899 in dem Werk „The Six Systems of Indian Philosophy" in ein systematisches philosophiegeschichtliches Konzept gebracht worden sind.

an der theologischen Fakultät in Halle inne. Schomerus' Ausgangspunkt für seine Übersetzungen war die gegenwärtige Bedeutung der Texte in der religiösen Praxis. Er hielt eine intensivere Beschäftigung mit den Vedānta-Texten für seine Arbeit in Tamil Nadu nicht für fruchtbar, da hier vor allem der Śaiva Siddhānta für die Volksreligiosität von Bedeutung sei. 1923 übersetzte er das Tiruvācakam des Māṇikkavācakar, eine Schrift aus der, wie Schomerus sie nannte, ‚Erbauungsliteratur'[230] Tamil Nadus, der 1925 eine Übersetzung des Periyapurāṇa und des Tiruvātavūrapurāṇa[231] folgten. 1935 erschien von Arno Lehmann eine Übersetzung von sivaitischen Hymnen aus dem 18. Jh. von Tāyumāṉavar[232] und 1947 eine Übersetzung von Ausschnitten aus dem Tēvāram.[233] Erst 1981 wurde posthum ein Manuskript von Schomerus' vollständiger Übersetzung von Aruṅantis Śivañānacittiyār[234] herausgegeben. Die Übersetzungen von Texten aus der tamilischen śivaitischen Tradition geben, weil sie in den Śiva-Tempeln Tamil Nadus täglich rezitiert werden, einen Eindruck von der gelebten Frömmigkeit, sie sind zugleich als eine Einführung in die klassische tamilische Zivilisation zu lesen, da die poetischen Formen der tamilischen Literatur, die Weltanschauung und vor allem die Entwicklung von bhakti in Tamil Nadu, das in Texten wie dem Tēvāram einen frühen literarischen Niederschlag gefunden hat,[235] durch die Missionare zum ersten Mal in deutscher Sprache bekannt gemacht worden sind.

5.5. Archiv

Von großer Bedeutung für diese Untersuchung sind die im Leipziger Missionsarchiv aufbewahrten Nachlässe, Briefe und Berichte der Missionare, die Personalakten und die Sitzungsberichte des Missionskollegiums. Das Archiv ist in den ersten Jahren nach der ‚Wende' kaum benutzbar gewesen, und erst in jüngster Zeit werden die Archivalien systematisch katalogisiert. Berichte der Missionare, die oftmals nur in Auszügen in den Missionszeitschriften veröffentlicht worden sind, sind im Original nicht mehr aufzufinden. Daher kann die Redaktion dieser Berichte durch die Herausgeber, die sicherlich mehrfach aus theologischen oder anderen Gründen vorgenommen worden ist, nicht überprüft werden. Der Nachlass von Karl Graul ist im Rahmen dieser Arbeit erstmalig aufgenommen und in seinen indologischen Teilen ausgewertet worden.

230 SCHOMERUS, Māṇikka-Vāšaga, 1923.

231 SCHOMERUS, Sivaitische Heiligenlegenden, 1925. Ausschnitte aus dem Periyapurāṇa wurden bereits 1903 von S. Zehme übersetzt. ZEHME, Tamulische Singpredigt, 1903.

232 LEHMANN, Tayumanavar, 1935.

233 LEHMANN, Erbauungsliteratur, 1947.

234 SCHOMERUS, Sivajñānasiddhiyār, 1981.

235 Siehe dazu PETERSON 1991:4.

III. Repräsentation der südindischen Gesellschaftsordnung

1. Die Behandlung der Kaste in der Lutherischen Kirche

In diesem Kapitel wird untersucht, wie die Leipziger Missionare die indische Kastengesellschaft wahrgenommen und repräsentiert haben. Diese Sicht genauer zu analysieren, ist insofern von Bedeutung, als westliche Konstrukte von Kaste in der Kolonialzeit Auswirkungen auf die indische Gesellschaft gehabt haben, besonders wenn diese geprägt waren von indischen Vorgaben aus der klassischen Literatur oder durch Informanten, mit denen die Europäer in Kontakt standen. Ein bedeutender Teil dieser Vorstellungen von Kaste wurde in der kolonialen Administration und auch in der Kirchenpolitik praktisch umgesetzt.

Die Missionare, die im 19. Jh. in Tamil Nadu arbeiteten, nahmen die indische Gesellschaft zunächst im Spiegel ihrer Gemeinden wahr. Die Mehrheit der Christen in Tamil Nadu waren Dalits und Angehörige verschiedener Śūdra Gruppen.[1] Die Notwendigkeit, genauere Kenntnis der indischen Gesellschaftsformen zu erhalten, ergab sich aus praktisch missionarischen und in Folge davon theologischen Überlegungen. Die Frage nach dem Verhältnis einer kleinen christlichen Minderheit zur indischen Gesellschaft bestimmte auch die Konzeptionalisierung dieser Gesellschaft durch die Missionare. Das heterogene Gemisch von Riten, Anschauungen und Gebräuchen, das den Missionaren begegnete und das sie zu ihren Vorstellungen von Kirche in Beziehung setzen mussten, konnte von ihnen nicht in indischen Kategorien verstanden und klassifiziert werden, sondern ihre Verstehens- und Ordnungsprinzipien waren notwendig eurozentrisch. Bereits die für die Missionare vorrangige Fragestellung, ob Kastenunterschiede und Kastengebräuche vereinbar seien mit dem christlichen Glauben, hatte, je nach Beurteilung, Einfluss auf das Verständnis der indischen Gesellschaftsordnung.

Seit der Zeit der britischen Kolonialregierung ist es üblich, Indien als Kastengesellschaft zu bezeichnen und die Werte der sogenannten Kasten-Hindus als das Leben bestimmend anzusehen. Eine unter den sogenannten ‚Orientalisten' weit verbreitete Auffassung war, dass die Hindus in einem starren, hierarchischen, von Brahmanen dominierten Wertesystem eingebunden waren, in dem das Individuum

---

1 Siehe GRAFE 1990:81; MANICKAM 1988:155. In der Diskussion des Kastenstreits wird in dieser Untersuchung immer wieder für tamilische Christen die Varṇa-Bezeichnung Śūdra verwendet, die im 19. Jh. üblich war. Dabei bin ich mir bewusst, dass es sich um eine missionarische Fremdbezeichnung handelt, die von Tamilen nicht geteilt wurde.

keine Rolle spielte und aus dem es auch für den Einzelnen kein Entkommen gab.[2] In neuerer Zeit ist diese Sicht jedoch kritisch hinterfragt worden. Die europäische Sicht vom Kastensystem, so wird argumentiert, hat eine entscheidende Rolle dabei gespielt, die indische Gesellschaft erst als traditionelle Gesellschaft festzulegen und das von Europäern angenommene Kastensystem als indische Sozialstruktur zu konsolidieren.

Sicherlich ist ein Kastenbewusstsein zur Zeit der britischen Kolonialherrschaft gefördert worden, indem von den Engländern eingeführte gesetzliche Strukturen die Möglichkeit geöffnet haben, sich auf Kastenrechte und Kastendifferenzen vor einem europäischen Gericht zu berufen.[3] Daraus aber zu schließen, die Kaste sei nur europäische Einbildung[4] oder eine Fehlinterpretation einer Gesellschaft, die die Europäer nicht verstanden haben, scheint mir eine Vereinfachung des Problems zu sein und den orientalistischen Diskurs auf europäische Willkür zu reduzieren.

Einige Historiker stellen in der Tat nicht nur die europäische Sicht einer vorkolonialen gesamtindischen Kastenordnung in Frage, sondern führen die Kastenordnung in ihrer jetzigen Form auf koloniale Administratoren und ihre indischen Informanten zurück. Kaste erscheint in der postkolonialen Kritik des Orientalismus als die Institution, die durch Überlegungen der Orientalisten zum Wesen der indischen Gesellschaft diese Wesenheit erst innerhalb der administrativen Strukturen des Raj angenommen hat. Orientalistische Konzeptionen wurden so „lebendige Wirklichkeit".[5] Historiker der ‚Subaltern Studies Group' führen den Gedanken noch weiter, indem sie die Konzeption der Kastenordnung durch die Europäer als bewusste, an Machtinteressen orientierte Verzerrung der ursprünglichen Gesellschaftsordnung darstellen, die in der Kolonialzeit die Macht der Engländer befestigte und nach der Unabhängigkeit ermöglichte, diese Macht unmittelbar auf dominante Kasten zu übertragen.[6]

Die vorliegende Untersuchung über die Kastenbilder der Leipziger Missionare geht selbst nicht in vorkoloniale Zeiten zurück, sondern analysiert nur die Konzeption dieser Zeiten durch die Missionare. Es fällt allerdings schwer, anzunehmen, dass europäische Konzeptionen in der Tat solch eine Macht gehabt haben, dass sie die soziale Wirklichkeit eines Kontinents radikal verändern konnten. Warum sollte die Dynamik, die Historiker in vielen Bereichen der vorkolonialen indischen Gesellschaft konstatieren, wie z.B. das Aufkommen religiöser Reformbewegungen wie dem Buddhismus, Jainismus oder den Sikhs nicht auch für die Sozialstruktur gegolten haben? Man kann, denke ich, davon ausgehen, dass es auch vor der Zeit der europäischen Expansion in großen Teilen Indiens Formen der sozialen Ordnung gegeben hat, die ähnlich wie die heutigen Kasten hierarchisch strukturiert waren. Ob es allerdings ein einziges pan-indisches Kastensystem gegeben hat, das identisch ist

2 So die orientalistische Sicht etwa dargestellt bei INDEN 1990:49ff.

3 Siehe z.B. WASHBROOK 1993:237ff; vgl. auch GALANTER 1968:299ff.

4 Das legt der Titel von Indens Buch ‚Imagining India' nahe.

5 LUDDEN 1994:250ff; auch INDEN 1990; DIRKS 1992b; APPADURAI 1992.

6 CHATTERJEE 1986.1989a:169ff; PRAKASCH 1992a:353ff.

mit der Ausformulierung dieser Ordnung in den klassischen brahmanischen Texten, ist mehr als fraglich.[7]

Das Schlüsselproblem für die indische Soziologie ist, zu entscheiden, ob Kaste eine kohärentes System von Theorie und Praxis darstellt, oder ob sie ein orientalistisches Konstrukt ist. Ronald Inden, der ethnograpische, indologische und philosophische Untersuchungen des Kastensystems im 19. Jh. analysiert hat, ist der Ansicht, dass die Konzeptionalisierung des Kastensystems durch westliche Beobachter in erster Linie als eine Folie gedient habe, auf der ein Selbstbildnis des dynamischen Westens gegenüber einem statischen Osten konstruiert werden konnte.[8] Die Kategorisierung der Kasten durch westliche Interpreten hat dazu geführt, das Kastensystem als ein unveränderliches Gebilde anzusehen, dessen Mitglieder nicht als Individuen handeln, sondern durch ein im Wesentlichen feststehendes Gesellschaftssystem auf das ihnen vorgegebene soziale Verhalten festgelegt sind. Die indische Gesellschaft erscheint so als voraufgeklärt und primitiv und die Beherrschung durch eine zivilisierte Gesellschaft als legitimiert.[9] Diese Sicht impliziert, dass europäische Repräsentationen der indischen Gesellschaft sich klassischer brahmanischer Vorstellungen von der Kastenordnung bedient haben und diese als für die gesamte Gesellschaft verbindlich darstellen.

Wie die Behandlung der Kastenfrage durch die deutschen lutherischen Missionare zeigt, finden sich solche hegemonialen Ansprüche auch im Denken von Graul, Ochs und anderen. Die moralische Überlegenheit des christlichen Westens wird in ihren Schriften immer wieder betont, und sie lassen keinen Zweifel daran, dass die indische Gesellschaft einer ‚sittlichen' Erneuerung bedarf. Die Frage war nur – und darin unterschieden sich die deutschen von der Mehrheit der englischen Missionare –, ob diese Erneuerung in Anknüpfung an ein Ethos geschehen sollte, das die Missionare als das traditionelle indische identifizierten, oder ob die Erneuerung auch eine Übernahme westlicher Lebensformen bedeute.

Durch ihre oftmals langjährige Arbeit in Indien und genaue Kenntnis der lokalen Verhältnisse sowie durch ihre kritische Distanz zur East India Company waren viele der Missionare jedoch in der Lage, unabhängig vom offiziellen Diskurs mit den orientalistischen Forschungen eigene Beobachtungen und Überlegungen zur indischen Gesellschaftsordnung anzustellen, die bis heute für das Verständnis Südindiens relevant sind. Anders als die ‚Orientalisten' und die Beamten der East India Company bzw. der englischen Kolonialregierung, die ihre Sicht der indischen Gesellschaft mit Hilfe brahmanischer pundits, basierend auf Sanskrittexten, ausbildeten,[10] schlossen Missionare eher aus lokaler Erfahrung auf gesamtindische Zusammenhänge. Die einseitige Sicht, die südindische Gesellschaft des frühen 19. Jh.s sei allein durch Brahmanen dominiert gewesen, wird so durch die Dokumente der Mis-

---

7 Die bedeutendsten neueren Untersuchungen über Konzeptionen von Kaste stellt die Reduktion der Ursprünge der Kastenordnung auf die Kolonialzeit ebenfalls in Frage. BAYLY, S. 1999; auch Dirks 2001.

8 INDEN 1990:83.

9 INDEN 1990:52ff.

10 Siehe dazu COHEN 1987:142.

sionare korrigiert, die zum Teil sehr differenziert die politischen und gesellschaftlichen Verhältnisse in Tamil Nadu beschreiben.

1.1. Der Kastenstreit

Die Behandlung der Kastenfrage war eines der zentralen missionstheologischen Probleme der indischen Missionsgeschichte des 19. Jh.s. Insbesondere in Südindien war das kirchliche Leben geprägt von der Frage, ob ein Getaufter seine Kastenzugehörigkeit beibehalten könne, oder ob die christliche Gemeinde eine neue, homogene Gemeinschaft bilde, in der die Unterschiede der Kasten keine Rolle mehr spielen dürften. Wahrscheinlich ist die unterschiedliche Behandlung der Kastenfrage durch die Missionare das am besten dokumentierte und am meisten diskutierte Problem der indischen Missionsgeschichtsschreibung,[11] allerdings sind die Gründe, die vor allem die deutschen Missionare für ihre Position angeführt haben, bisher nur aus einer innerkirchlichen Perspektive betrachtet worden. Die Beurteilung der Kaste in der Kirche kann aber nicht unabhängig von der Frage gesehen werden, wie sich die indische Gesellschaft und ihre Geschichte den Missionaren überhaupt dargestellt hat. Geoffrey A. Oddie hat als einen zentralen Grund für die radikale Haltung der englischen Missionen gegenüber der Kaste um 1850 ein negatives Hinduismusbild angenommen. Hinduismus und Christentum erschienen als nicht kompatibel, und da die Kasten als integraler Bestandteil des Hinduismus interpretiert wurden, mussten sie, ebenso wie dieser, radikal bekämpft werden.[12] Erst in der zweiten Hälfte des 19. Jh.s wurden von den Missionaren Anknüpfungspunkte zwischen Hinduismus und christlichem Glauben gesucht.[13]

Es ist bekannt, dass die Leipziger Mission (LELM) unter den in Indien arbeitenden Missionsgesellschaften im Jahr 1850 in Fragen der Kastenpraxis in ihren Gemeinden isoliert dastand. In der ‚Madras Missionary Conference' von 1850 haben sich beinahe alle protestantischen Missionen in Südindien darauf geeinigt, dass das Halten der Kaste in der Kirche ein Skandal sei und von einem christlichen Standpunkt nicht akzeptiert werden dürfe.[14] An die hundert Missionare der verschiedenen Denominationen haben eine Resolution[15] unterschrieben, in der festgestellt wird, dass die Kaste eines der größten Hindernisse für die Ausbreitung des Evangeliums in Indien sei, dass sie auch die einheimische Kirche korrumpiere, wenn sie unter Christen geduldet wird, und dass sie, unabhängig von der Frage nach dem Ursprung der Kaste, so wie sie sich 1850 darstellte, nicht nur eine bürgerliche, sondern auch

11 GRAFE 1990:97; hervorzuheben ist vor allem die Untersuchung über die Stellung der englischen Missionare zur Kastenfrage von FORRESTER 1980.

12 ODDIE 1979:49.

13 Siehe dazu BALLHATCHET 1961:348.

14 Zur Position der englischen Missionen im Kastenstreit siehe FORRESTER 1980:23ff.

15 Minute of the Madras Missionary Conference and other Documents on the Subject of Caste, Madras 1850 (British Museum Library 14170.c.22); siehe auch FORRESTER 1980:42f.

eine religiöse Ordnung sei, die von der Hindu-Religion nicht zu trennen ist. Unter Berufung auf Apg 17,26 wurde die ursprüngliche Einheit aller Völker betont,[16] während andererseits unter Bezugnahme auf Röm 14,14 die Vorstellung einer ursprünglichen Unreinheit bestimmter Bevölkerungsgruppen abgelehnt wurde. Für Christen sei es daher unmöglich, aufgrund von Kastenunterschieden abzulehnen, mit anderen Christen zu speisen oder von ihnen Speise zu empfangen.

Ein wesentlicher Punkt der Resolution war die Sorge um die Reinheit des Evangeliums. Das Tolerieren der Kastenunterschiede in der Gemeinde, so wurde argumentiert, unterstütze einen Kastenstolz und eine fortgesetzte Gemeinschaft von Christen mit Nichtchristen ihrer Kaste. Daher müsse die Kaste beim Eintritt in die christliche Gemeinde gebrochen werden. Dazu empfahl die Resolution, dass Konvertiten sich von ihrer Kaste lossagen und als Bedingung zur Aufnahme in die Gemeinde in sogenannten ‚love-feasts'[17] ihre Kaste brechen sollten, indem sie mit Gemeindemitgliedern aus niederer Kaste oder mit Missionaren aßen.

Die Resolution der Madras Missionary Conference war der vorläufige Abschluss einer seit mehreren Jahrzehnten andauernden Auseinandersetzung über die Frage nach dem Halten der Kaste in den Gemeinden,[18] sie war aber zugleich auch der Höhepunkt eines interkonfessionellen Streites mit der LELM, in dem es nicht nur um die Kastenfrage, sondern auch um die kirchenpolitisch ausgesprochen brisante Frage des Proselytismus ging. Es waren vor allem zwei Gemeinden, in denen der Kastenkonflikt zum Ausbruch kam, die Gemeinde von Vepery[19] in Madras und die Gemeinde in Tanjore[20]. Beide Gemeinden sind von Dänisch-Halleschen Missionaren gegründet und nach dem Zerfall der Dänisch-Halleschen Mission in Indien[21] von englischen Missionsgesellschaften (SPG)[22] übernommen worden. Die Gemeinden bestanden hauptsächlich aus Vellalar und Adidravida, die gemäß einer milden Kastenpraxis der Dänisch-Halleschen Missionare ihre Kastenordnungen auch in der Kirche beibehalten haben, voneinander getrennt saßen und getrennt zum Abendmahl gingen. Eine strengere Politik der SPG-Missionare, die eine vollständige Aufhebung der Kastenunterschiede in den Gemeinden erreichen wollten, und vor allem das Eingreifen von Bischof Wilson aus Calcutta, haben in Vepery und Tanjore zu Gemeinde-

16 Wörtlich: „God has made of one blood all nations of men"; womit man sich eindeutig gegen die rassische Unterscheidung von Kasten wandte.

17 Dazu auch GRAUL, Reise V, 1856:102f.

18 Dazu auch: HUDSON 2000.

19 Zur Geschichte des Kastenstreites in Vepery siehe TAYLOR 1847; LELM, Stellung, 1861:50ff; FORRESTER 1980:36ff; GRAFE 1990:99ff; PERCIVAL 1854:485ff; HANDMANN 1903:196ff.

20 Siehe HANDMANN 1903:39ff.245ff, GRAFE 1990:100f; BATEMAN I, 1860:447ff; FORRESTER 1980:122ff. Briefwechsel zwischen dem englischen Missionar Guest und Wolff, in: LMA, Indische Pressestimmen U7.

21 Siehe dazu NORGAARD 1987:227ff.

22 1826 hat die SPCK (Society for Promoting Christian Knowledge) ihre indische Mission an die anglikanische SPG (Society for the Propagation of the Gospel in Foreign Parts) übergeben, die seit 1818 in Indien arbeitete.

spaltungen geführt. Bischof Wilson forderte in einem Rundschreiben von 1833 an alle Missionare und ihre Gemeinden:

> „The distinction of castes then must be abandoned, decidetly, immediately, finally; and those who profess to belong to Christ, must give this proof of their having really put off concerning the former conversation the old, and having put on the new man in Christ Jesus."[23]

In Tanjore verließen im Jahr 1835 1700 Dissidenten die Gemeinde, und in Vepery trennten sich 1846 alle Vellalar von der Gemeinde,[24] gründeten die ‚Tamil Christian Church Society', stellten den Katecheten Adeikalam Pillei als Lektor ein und verwalteten sich beinahe drei Jahre lang als unabhängige Gemeinde, bis sie 1848 als eigene Gemeinde von Purasawalkam von der LELM aufgenommen wurden.

Diese Aufnahme, die zu einem ernsten Konflikt zwischen der lutherischen Mission und englischen Missionsgesellschaften führte,[25] zwang die Leipziger Missionare, sich mit der Kastenfrage genauer auseinanderzusetzen. Die Konferenz der Leipziger Missionare beschloss 1848 in Tranquebar, nachdem das Missionskollegium zur Vorsicht in dieser Frage gemahnt hatte,[26] die Vepery-Gemeinde aufzunehmen, wenn sieben von der Konferenz entworfene Artikel von allen Familienvätern der Gemeinde unterzeichnet würden. Artikel 3 der Aufnahmevereinbarung lautete: „In der Kirche und besonders beim Abendmahl ist kein Kastenunterschied."[27] Über 400 Gemeindeglieder unterschrieben die Artikel mit der Einschränkung, dass Śūdra-Christen, wie auch zuvor in Vepery, von den Dalits getrennt sitzen und vor diesen zum Abendmahl gehen sollten. Ochs, der Vorsitzende der Leipziger Missionskonferenz, lehnte diese Klausel ab, und erst nachdem die Gemeinde sie zurückgezogen

---

23 To the Rev. Brethren the Missionaries in the Diocese of Calcutta, and the flocks gathered by their labours or entrusted to their care, Culcutta, 5. July 1833, abgedruckt in PERCIVAL 1854:496ff (Druckfehler im Original).

24 Missionar Christian Samuel Kohlhoff hatte darauf bestanden, Dalit-Katecheten auch in die Häuser der Śūdra-Christen zu schicken, was jedoch von den Vellalar abgelehnt wurde. Er weigerte sich daraufhin, ihre Kinder zu taufen, und als ein vom eigenen Vater getauftes Kind starb, ließ er es nicht auf dem kirchlichen Friedhof beerdigen. HANDMANN 1903:198f; GRAFE 1990:101f; HUDSON 200; siehe auch DEVASAGAJAM 1919:79ff, der die Gemeinde 1889 als erster tamilischer Pfarrer übernahm und von ständigem „Parteikampf zwischen den Shudra und Paria" (82) berichtet.

25 Es lässt sich in der Tat feststellen, dass in den Jahren nach 1850 im Tanjore-Distrikt ein starker Rückgang von anglikanischen Christen zu verzeichnen ist, während sich zur gleichen Zeit die Zahl der Lutheraner fast verdreifacht hat. Zur Statistik siehe ODDIE 1991:176. Die Konflikte zwischen Anglikanern und Lutheranern wurden auch auf Gemeindeebene bald öffentlich ausgetragen. Siehe dazu einen Briefwechsel zwischen dem anglikanischen Missionar Rev. J. Guest in Tanjore und dem Lutheraner Wolff im Mai 1850, LMA, indische Pressestimmen U 7.

26 In einem Brief vom 26.8.1847, siehe dazu LELM, Stellungnahme, 1861:50.

27 Aus Berichten von CORDES, in: ELMB 1849:104, und MOIMHI, 1849:20; siehe auch HANDMANN 1903:200f und ELM, Stellungnahme, 1861:51.

hatte, wurde sie von den Leipziger Missionaren aufgenommen.[28] Andere Gemeinden in Tiruchirapalli, Cuddalore, Coimbatore und Kumbakonam folgten.[29]

Für die Leipziger Missionare stellte sich das Problem, ob die Gemeinden aus Gründen der radikalen Kastenpraxis der Engländer oder aufgrund ihres lutherischen Bekenntnisses der Leipziger Mission beitreten wollten. Man war bemüht, konfessionelle Unterschiede in den Vordergrund zu heben und Traditionswahrung der alten Dänisch-Halleschen Missionsgemeinden als Begründung für die Übertritte zu betonen, es wird jedoch deutlich, dass sich Graul und die Konferenz der Missionare bewusst waren, wie sehr sie sich durch die Aufnahme der Gemeinden des Proselytismus verdächtig machten.[30] Die Madras Missionary Conference von 1850 verurteilte die Praxis der Lutheraner, ohne sie allerdings in dem Protokoll der Konferenz ausdrücklich zu erwähnen.[31] Graul, der 1850 nach Indien gekommen war, rief die Leipziger Missionare zu einer Konferenz nach Tranquebar zusammen, auf der in Bezug auf die lutherische Kastenpraxis folgendes vereinbart wurde:

> „We freely acknowledege that some evils connected with the Caste-Institution are still found in our native congregations.
> There are still various obstacles to the admission of Pariahs to all the eccles. functions and in like manner there are still some difficulties in the way of Malabars as to the full exercise of their ecclesiastical functions among the Pariahs.
> Erroneous notions, pride and want of christian love, are still frequently to be met with.
> We therefore agree upon the following principles for the gradual removal of the before mentioned evils."[32]

„a) Alle Gewaltmaßregeln sind zu vermeiden;
b) die Hauptmittel sind Predigt des Wortes, Seelsorge und eigenes Beispiel in demüthiger Herablassung zu den Geringen, besondere Ermahnung, und in Fällen, wo die Kaste zum Vorwand eines Verhaltens gemacht wird, das auch sonst der Kirchenzucht anheimfallen würde, selbstverständlich auch Kirchenzucht;

---

28 Siehe dazu HANDMANN 1903:201f. Dass die kompromisslose Haltung der Tranquebarer Missionskonferenz zu fortgesetzten Problemen in Purasawalkam geführt hat, kann man den Berichten von Missionar Kremmer entnehmen, der ab 1849 die Leitung der Gemeinde übernommen hatte. Siehe ELMB 1853:318. Während Cordes von 400 Gemeindegliedern berichtet, die 7 Artikel unterschrieben hätten, ist Moraht, der sich im internen Kastenstreit der Leipziger Mission zum Anwalt von Ochs und Wolff gemacht hat, der Ansicht, dass nur 2–3 der vornehmsten Christen die Artikel unterzeichnet haben. MORAHT 1959:9.

29 ELMB 1907:155ff. Zur Geschichte der einzelnen Missionsstationen siehe HANDMANN 1903:185ff.

30 CORDES schreibt 1971 über diese Problematik: „Durch die ‚neuen Maßregeln' der Engländer wider die Kaste abgestoßen und zur Separation getrieben, wandten sich ja ganze Gemeinden unserer lutherischen Kirche zu, der die Stifter und Pfleger aller tamulisch-protestantischen Gemeinden von 1706 bis 1820 angehört hatten, und deren Lehre und Brauch noch in den Gemeinden fortlebten, trotz der Bemühungen späterer Missionare, sie zu anglisieren." ELMB 1871:74.

31 Minutes of the Madras Missionary Conference 1850:5f; abgedruckt in: MNH IX,5, 1850:35f.

32 Graul, Protokoll vom 14.5.1850, in: LMA, U 5 Indische Pressestimmen; eine deutsche Vorlage der Präambel war mir nicht mehr zugänglich.

c) dermalen soll man die niederen Kasten – mit Sorgfalt für ihre christliche Erziehung – zu heben suchen."

Dazu Verhaltensmaßregeln im Fall einer Aufnahme von Christen aus anderen Konfessionen:

„a) Es versteht sich von selbst, daß wir, wie überhaupt, wo es sich um Uebertritt handelt, auch in diesem Falle nie die ersten Schritte thun;
b) wo es irgend thunlich und räthlich ist, soll dem betreffenden Missionar irgendwie noch zur rechten Zeit vor dem Uebertritt Mittheilung gemacht werden, wie es denn überhaupt wünschenswerth ist, daß möglichst vielseitige Erkundigungen über den Charakter der betreffenden Person eingezogen werden;
c) es bedarf kaum der Erwähnung, daß niemand aus bloßen Kastenrücksichten, sondern nur auf Zustimmung zur Lehre und Brauch der lutherischen Kirche angenommen werde;
d) es soll ihnen, wie Allen, die zu uns übertreten, zur Pflicht gemacht werden, nach Kräften zu den kirchlichen Bedürfnissen beizutragen."[33]

Während noch 1843 das Missionskomitee den Leipziger Missionaren in Bezug auf die Kastenpraxis in ihren Gemeinden riet, „diesem gottlosen Wesen sogenannter Christen zwar mit Weisheit und Sanftmut auf das Entschiedenste entgegenzutreten"[34], und damit der englischen Praxis zumindest näher stand, wurde 1850, ohne dass das Verständnis von ‚Kaste' hinreichend geklärt worden wäre, eine vorläufige Duldung von Kastenunterschieden offizielle Kastenpraxis in der lutherischen Mission.

Graul wurde von einem Komitee der Madras Missionary Conference aufgefordert, die Position der Leipziger darzulegen und die Beschlüsse von Tranquebar zu erläutern, um gegenseitige Angriffspunkte aus dem Weg zu räumen.[35] Aus dem Bericht dieses Komitees wird deutlich, dass hier bereits die von Graul formulierte Unterscheidung von Kaste in der Hindu-Gesellschaft und Kaste in der Gemeinde zur Sprache kam, dass aber Grauls Position in Bezug auf das Verständnis der Kaste in Indien noch nicht festgelegt war, dass er die Erklärung der Missionare von Tranque-

---

33 ELM, Stellung, 1961:54.

34 Zitiert bei MORAHT 1859:6.

35 Brief von Sekretär BRAIDWOOD an Graul vom 25.9.1850 (siehe Anhang), in: LMA, U 5 Indische Pressestimmen. Anlässlich dieses Treffens schrieb Braidwood an den Baseler Missionar Mögling, bei dem sich Graul zu der Zeit aufhielt, mit der Bitte, zusammen mit Graul dessen Position zu diskutieren. Mögling berichtete an Braidwood von seinem Gespräch mit Graul und führte dessen Argumente auf, die, obwohl sie von denen der Baseler und Engländer abwichen, nicht dazu verleiten dürften, die Leipziger zu verdammen. „Still I should not feel justified in condemning a christian Brother or a christian society, for differing from us this far, while in the main points there is so substantial an agreement, and I have no doubt but their own experience will in course of time convince them, that the safest course is the wisest." Abschrift des Briefes an Graul in: LMA, U 5 Indische Pressestimmen.

bar, basierend auf deren Sachkenntnis und Erfahrung, mit unterschrieben hatte und er sich weiter Informationen über die Kaste zu verschaffen wünschte.[36]

Graul selbst fand sich in dem Protokoll über sein Treffen mit dem Komitee falsch wiedergegeben und sah sich dadurch veranlasst, seine ‚Explanations concerning the principles of the Leipzig Missionary Society with regard to the Caste Question' zu verfassen, die 1851 in Madras erschienen.[37] In dieser Erklärung unterscheidet Graul zwischen einem ‚bürgerlichen' und einem ‚religiösen Charakter' der Kaste[38] und nimmt damit eine eindeutige Position gegenüber der gängigen englischen Auffassung ein. Während Kaste ursprünglich nur ein „natürlicher Unterschied von nationaler und sozialer Bedeutung" gewesen sei, müsse die Leipziger Missionsgesellschaft den englischen Missionen darin zustimmen, dass die Kaste, wie sie sich außerhalb der Kirche zeige, gegenwärtig auch einen religiösen Charakter habe, und dass ihr Verständnis im Sinne der Hindu-śāstras nicht mit dem Evangelium vereinbar sei.[39] Graul unterscheidet dann aber Kaste innerhalb und außerhalb der Kirche.[40]

---

36 Report of the Deputation of the Madras Missionary Conference appointed to meet with Dr. Graul and converse with him on the Caste Question, vom 30.9.1850, in: LMA, U 5 Indische Pressestimmen. „Dr. Graul wished it to be understood that his oppinions on Caste were not fully and finally made up – he was open to information on all sides – he had declined giving a decided opinion on the subject to his colleagues in Germany, and much more would decline giving it to the Madras Conference – he was not to be understood therefore as expressing his own opinions on Caste, while he was quite prepared to state what the theory and practice of the Dresden Bretheren were as to this subject."

Auch der Brief von MÖGLING an den Sekretär der Madras Missionary Conference vom 9.3.1850 macht deutlich, dass Graul seine Position in der Kastenfrage sehr stark von Beobachtungen und ‚Felderfahrungen' bestimmen ließ und sich nicht frühzeitig festlegen lassen wollte. Mögling bezeichnete die Diskussion mit Graul über die Kastenfrage als fruchtbar, da sie sich in ihren Positionen angenähert hätten. Graul habe ausdrücklich die Baseler Kastenpraxis für gut geheißen; in: LMA, U 5 Indische Pressestimmen.

Ähnlich auch an Graul selbst. Brief von MÖGLING an Graul, Mangalore 13.7.1850, in: LMA, VSK I. Gunderts Urteil über Graul, dass dieser „ein fertiges Urteil mitbrachte und dasselbe nicht ohne Gereiztheit verfocht", EMM 1968:362, scheint eher aus den schlechten persönlichen Erfahrungen mit Graul während seines Aufenthaltes im Arbeitsgebiet der Baseler Mission zu resultieren. Von englischer Seite wurde Graul vorgeworfen, dass er seine ‚Explanations' ohne jede Kenntnis der indischen Verhältnisse verfasst habe. Seine Kenntnisse der indischen Sprachen und das Universitätsstudium hätten ihn unfähig gemacht, sich allgemein verständlich zu machen, da er die biblische Basis für ein angemessenes Verständnis verlassen habe; in: Madras Advertiser, 26.11.1851.

37 Deutsche Übersetzung in: ELMB 1852:64–72.

38 In Anknüpfung an Bishop Heber, der diese Unterscheidung zuerst gebraucht hat; HEBER 1828.

39 Richter beurteilte Gaul in seinem 1906 veröffentlichten Aufsatz über die Entstehung der Kasten als denjenigen, dem das Verdienst zukomme, „daß er mit Takt und Sachkenntnis betont hat, daß die Kaste eine soziale Einrichtung, eine bürgerliche Gesellschaftsordnung ist, die an sich mit der Religion wenig zu tun hat". RICHTER 1906:562.

40 Bereits 1847 hat CORDES, der erste von der Dresdener Mission ausgesandte Missionar, die Auffassung vertreten, das „Kastengesetz ist, wo es rein bei Christen die religiösen Stützen verloren hat, sicherlich im Wesen dasselbe, was bei uns zu Hause das Gesetz des Anstandes – ‚die Etiquette' – ist. Die Tamulen kennen keinen anderen Namen dafür als palakkam, d.h. Sitte, Mode und dergl." NHB 94, 1847:914. Im Jahr 1857 äußerte sich BAIERLEIN anlässlich einer Stellungnahme zu Ochs' Denk-

Schon durch die Teilnahme am Abendmahl sei die Kaste gebrochen,[41] und durch die biblische Lehre von einem gemeinsamen Ursprung der Menschheit sei der Kaste die religiöse Grundlage entzogen. Kaste, so argumentiert Graul weiter, sei ein ‚tiefgewurzeltes Nationalinstitut', und erst wenn die Kirche zum ‚Vollwuchs einer Nationalkirche' gewachsen sei, könne man eine Auflösung der Kastenunterschiede erwarten.[42] Graul sieht daher den wesentlichen Unterschied zu den Engländern in der Praxis der Lutheraner, die sich nicht so sehr auf die ‚Kasteneinrichtung', sondern auf den ‚Kastengeist' richte.[43] Die Abweichung zur Praxis der Engländer begründet

schrift über die Kaste ähnlich und formulierte damit bereits einen wesentlichen Punkt der Stellungnahme des Missionskollegiums von 1861: „Durch Diskussionen mit den Brüdern Cordes und Schwartz und durch mehrfache Erfahrungen gerade in den westlichen Gemeinden, bin ich mehr und mehr befestigt worden in meiner Überzeugung, daß die Kaste im allgemeinen bei unseren Christen nichts mit heidnischen Ansichten von Rein- und Unreinsein zu thun habe, sondern einfach ein bürgerliches Institut sei, wobei es überflüssig sein dürfte zu bemerken, daß bürgerliche Institute und Rangverhältnisse verschieden sind in Europa oder Amerika und Indien." Bemerkungen zur Denkschrift des Br. Ochs, in: LMA, VSK I.

41 GRAUL betont hier den einen gemeinsamen Kelch, weil immer wieder das Gerücht aufkam, dass in einigen Gemeinden der Lutheraner zwei Kelche für die verschiedenen Kasten ausgeteilt würden, MNH X.25, 1851:65.200.

42 Zu Grauls Kirchenbegriff und seinem Ziel der Mission zur Bildung einer Volkskirche siehe KUBERSKI 1993:174ff; AARGAARD 1967:696ff; HOEKENDIJK 1967:65ff.

43 Ein häufig erwähntes Konfliktfeld in den Missionsberichten der Engländer und der Deutschen waren die sogenannten Kostschulen, in denen Kinder verschiedener Kasten unterrichtet und verpflegt wurden. Die Weigerung der Śūdras, mit den kastenlosen Kindern zusammen in einem Raum zu essen, führte in Tanjore in den 50er Jahren des 19. Jh.s zur Schließung einer durch die Engländer geführten Schule. 1859 gab es auch im lutherischen theologischen Seminar von Tranquebar einen Kastenkonflikt, der die weitere Existenz des Seminars ernsthaft bedrohte. Der Leiter des Seminars, Missionar Stählin, hatte schon seit längerer Zeit eingeführt, dass alle Kasten ein Krankenzimmer benutzten und dass die Esszimmer für Paraiyar und Śūdras nebeneinander lagen. Da sich kein Widerstand unter den Seminaristen regte, plante er, einen neuen Esssaal zu bauen für Angehörige beider Kasten. Da der Essraum der Paraiyar zu klein war, in dem Raum der Śūdra aber noch Platz war, beschloss er am 18.1.1859, Angehörige beider Gruppen in einem Raum speisen zu lassen, allerdings voneinander durch eine leichte spanische Wand von 4 Fuß Höhe getrennt. Sämtliche Śūdra-Seminaristen weigerten sich, mit den Paraiyar in einem Raum zu essen, und baten Stählin, entweder wieder getrennte Räume einzuführen, oder zu Hause bei ihren Eltern essen zu dürfen. Stählin verweigerte beides, und daraufhin verließen alle Śūdra das Seminar. Eine Seminarkonferenz am 26.1. beschloss, dass alle Śūdra ohne Bedingungen in das Seminar zurückkehren könnten und entweder im Garten essen sollten oder, wenn sie dazu nicht bereit wären, von Kostschülern zu Tagesschülern wechseln sollten. Dieser zweite Vorschlag war allerdings überhaupt nicht durchführbar, da alle Schüler so arm waren, dass sie nicht selbstständig für ihre Ernährung sorgen und nebenbei in das Seminar gehen konnten. Stählin kam in der Konferenz zu der Ansicht, dass die leichte spanische Wand bei den Śūdras den Endruck erwecken konnte, dass sie nur vorläufig und somit der erste Schritt zu vollständigen Aufhebung der Kastenunterschiede sei. Stählin wollte kein gemeinsames Essen erzwingen und ließ daher die Wand um 1½ Fuß erhöhen und an dem Durchgang für den Koch einen Vorhang anbringen. Da aber dennoch keiner der Śūdra-Seminaristen zurückkehrte, schrieb Stählin an den Missionskirchenrat mit der Bitte um Entscheidung. Der Missionskirchenrat sah sich aber nicht in der Lage, einzugreifen und schlug nur vor, die jetzigen Kostschüler als Tagesschüler weiter zu unterrichten. Stählin befragte darauf jeden Einzelnen der Śūdra, und bis auf acht Seminaristen aus Tanjore und Madras kehrten alle wieder in das Seminar zurück. ELMB 1859:129–138. Zu den Kostschulen siehe

Graul mit einer unterschiedlichen Gemeindesituation im Arbeitsbereich der Leipziger Mission. Während in Nordindien auch zahlreiche ‚Hindu-Secten' die Kaste nicht mehr halten würden, und in Tinnevelly beinahe alle Christen aus einer niedrigen Kaste (Shanars) stammten, sei das Arbeitsfeld der Lutheraner eine Hochburg des Hinduismus, und die Christen kämen missionsgeschichtlich bedingt aus den unterschiedlichsten Kasten.[44] Daher müsse die Leipziger Mission die Tradition der Dänisch-Halleschen Missionare bewahren.

Diese Erklärung Grauls wurde von englischen Missionaren vor allem mit der Begründung abgelehnt, dass es keinen Unterschied zwischen Kaste im Hinduismus und Kaste in der Kirche gäbe,[45] dass die Leipziger Mission mit dieser Politik geradezu zum Proselytismus auffordere[46] und dass sie die Einheit der Gemeinden zerstöre.[47] G.U. Pope, der 1851 als Missionar der SPG in Tanjore tätig war, verfasste einen offenen Brief unter dem Titel ‚The Lutheran Aggression',[48] in dem er sich an die Leipziger Missionare wandte und ihnen vorwarf, dass ihre Position in der Kastenfrage an Stumpfheit und Laxheit in Bezug auf die Ansprüche der christlichen Sittlichkeit der Haltung der Römisch-Katholischen Kirche in Indien ähneln würde.[49]

JEYARAJ 1996:263ff; GRAFE 1990:188ff. Hier wird die Kastenbezeichnung Śūdra von Stählin verwendet. Tamilen würden sich selbst dagegen verwehren, in diese Varṇa-Kategorien eingeordnet zu werden.

44 Dass diese Sicht der unterschiedlichen Situation in Tamil Nadu auch von englischen Missionaren anerkannt wurde und englische Missionare an einer Annäherung der gegensätzlichen Positionen interessiert waren, zeigt ein Brief von L. Jennett, der an Graul schreibt, dass die Unterschiede in der Kastenpraxis lägen, nicht aber in der grundsätzlichen Einschätzung der Kaste. „I have read your pamphlet on the Caste Question. The successful labours of the Baptist Missionary Society in Bengal for over half a century – where the braking of Caste has ever been made imperative on all Candidates for baptism – has inclined me very strongly in favor of their views and discipline. We have also found it to work well in Nellore. With these views perhaps I was too much prejudiced to examine your views or rather those of the society you represent, impartially. So long as your views and mine are the same as respects the necessity that caste shoul be destroyed and only differ as to the best method of bringing it to an end, we can differ as bretheren and as friends." JENNETT an Graul, Nellore 31.5.1852, in: LMA, U 5 Indische Pressestimmen; in Auszügen zitiert in ELM, Stellung, 1861:45.

45 SCUDDER, in: Christian Instructor, April 1852:156ff; MNH, X,25, 1851:200.

46 „When the Lutheran Missionaries arrived in this country, the caste Christians were but too glad to join them, since they admitted them to church-mebership without any conditions", in: The Circulator vom 9.8.1852. Nach einer Serie von Angriffen im MQMJ, dem Organ der SPG, in denen den Lutheranern hauptsächlich Prosyletismus vorgeworfen wurde, sahen sich die Missionare gezwungen, 1853 ihre theologische Position sowie ihre Missionspraxis öffentlich darzulegen und verfaßten ‚The Evangelical Lutheran Missionaries Defence of their Position, their Proceedings and their Doctrine', Madras 1853:55.

47 Madras Advertiser vom 26.11.1851. Graul und Handmann berichten aber auch, dass Grauls Erklärung unter den Engländern einige Zustimmung erfahren hatte; HANDMANN 1903:315; LELM, Stellung, 1861:60.

48 Ich danke Robert FRYKENBERG für diesen Hinweis und eine Kopie des Briefes.

49 Graul erwidert diesen Brief mit einem Artikel, der Pope eine Verblendung in der Kastenfrage vorwirft, die diesen dazu veranlasst habe, Dinge zu lesen, die Graul nie geschrieben habe. MOIMH VI, 1854:58ff.

Graul sah eine Gefahr in der rigorosen Behandlung der Kaste in der Kirche, weil durch die gemeinsamen Essen in der Gemeinde die Christen in den Augen der Hindu-Öffentlichkeit immer mehr den Status einer niederkastigen Gemeinschaft bekämen[50] und Konversionen von hochkastigen Hindus fast unmöglich würden.[51] Status und soziale Unterschiede in der Gemeinde spielten in seinen Überlegungen gegenüber dem Verhältnis der Kirche zur nichtchristlichen Bevölkerung eine geringere Rolle. Hierin ist m.E. der entscheidende Unterschied zur Position der Engländer und Amerikaner zu sehen. Während sich die englische Argumentation fast durchgängig auf die Reinheit des Evangeliums[52] im Gegenüber zum Hinduismus und auf die innergemeindliche Ordnung bezieht, sieht Graul die wachsende Kirche in ihrem Verhältnis zur indischen Gesellschaft. Sein missiologischer Ansatz einer ‚Nationalkirche im Vollwuchs'[53] hat somit auch Auswirkungen auf sein Verständnis der Kaste gehabt.

Grauls Argumentation und seine Unterscheidung zwischen bürgerlicher und religiöser Ordnung in der Kastenfrage wurde vor allem von den Vellalar in Tanjore unterstützt, die die religiöse Dimension als eine brahmanische Überfrachtung ihrer ursprünglichen tamilischen Gesellschaftsordnung ansahen.[54] Neben dem Interesse, Kastenunterschiede auch in der Gemeinde zu wahren, lässt sich hier bereits eine auch von Vellalar-Christen unterstützte, tamilische Protestbewegung gegen eine brahmanisch sanskritisierte Entfremdung ihrer Kultur beobachten, die in der zweiten Hälfte des 19. Jh.s in Tamil Nadu an Bedeutung gewann.

Darüber hinaus hatte die Diskussion um die Frage, ob die Kaste in Indien im Wesentlichen religiöser oder bürgerlicher Ordnung sei, einen eminent politischen Aspekt. Das Prinzip der englischen Kolonialregierung, in religiösen Fragen Neutralität zu wahren, musste auch auf die Kastenfrage angewandt werden. Grauls Ansicht, die Kaste sei wesentlich eine bürgerliche Ordnung, wurde ab 1858 auch von Max Müller unterstützt,[55] dessen Einfluss auf die Kolonialpolitik der Engländer nicht zu

---

50 Der CMS Missionar J.M. LECHLER berichtet 1857 aus Salem, dass Christen von Hindus als Kastenlose behandelt wurden, unabhängig von ihrer ursprünglichen Kastenzughörigkeit. Im Salem Distrikt wurden auch die europäischen Missionare wie Kastenlose behandelt, und es wurde ihnen der Zugang zu öffentlichen Brunnen verwehrt. Lechler berichtet weiter, dass unter Einfluss von Kastenhindus auch Muslims in Salem den Christen einen Zugang zu öffentlichen Brunnen verweigert haben. Correspondence in: LMA, VSK I (siehe Anhang).

51 Zur unterschiedlichen Missionspraxis der katholischen Kirche, die sich in den ersten Jahrhunderten auf die Gewinnung von Mitgliedern höherer Kasten konzentriert und Mitte des 19. Jh.s ähnliche Kastenprobleme hatte wie die protestantischen Kirchen, siehe GRAFE 1990:107ff.

52 Kenneth Cracknell hat aufgezeigt, wie sich unter den englischen Missionaren im 19. Jh. bis zur Missionskonferenz in Edinburgh 1910 eine Entwicklung von einer Theologie der Diskontinuität von Evangelium und Kultur zu einer Theologie der Anknüpfung und Erfüllung vollzogen hat. CRACKNELL 1995:242ff.

53 GUNDERT 1868:395.

54 Zur Position der Vellalar in Tanjore und Veperey, die sich bereits in der ersten Hälfte des 19. Jh.s gegen die rigide Kastenpraxis der Missionare Hanbroe und Rhenius aufgelehnt hatten vgl.: HUDSON 2000:140ff.

55 MÜLLER 1868:301–359.

unterschätzen ist.[56] Wenn die Kaste eine bürgerliche Ordnung ist, so kann auch die englische Regierung in Kastenfragen und Streitigkeiten frei verfahren. Volkszählungen können ohne Identifizierung von Personen nach ihrer Kaste durchgeführt werden, und die Regierung, so forderte Müller, solle Kaste in öffentlichen Institutionen ignorieren. 1858 war diese Frage besonders brisant, nachdem gerade ein Jahr zuvor die große Revolte gegen die englische Kompanie-Regierung ausgebrochen war, die dazu führte, dass die englische Regierung offiziell die Verwaltung Indiens übernahm.[57] Königin Victoria erklärte in ihrer Proklamation vom 8.11.1858, dass alle Bürger Indiens in gleicher Weise unter ihrem Schutz stehen und vor dem Gesetz gleiche Rechte genießen sollten und dass sich die Regierung nicht in religiöse Fragen einmischen werde.[58]

1.2. Der Kastenstreit innerhalb der Lutherischen Mission

Während 1850 auf dem Konvent der Leipziger Missionare, den Graul einberufen hatte, alle Missionare der dort verfassten Erklärung zustimmten und auch Grauls Erklärung von 1851 von allen Leipziger Missionaren positiv aufgenommen wurde, kam es 1854 zum Ausbruch des Kastenstreits innerhalb der Leipziger Mission. Anlass war die geplante Ordination der beiden Katecheten Samuel und Nallatambi. Missionar Ochs schlug vor, die Katecheten zu einem Probeessen mit den Missionaren als Bedingung ihrer Ordination einzuladen.[59] Nallatambi, ein Vellalar, lehnte dieses Probeessen ab, und es entstand unter dem Konvent der Missionare eine Spaltung in der Frage, ob er trotzdem ordiniert werden könne. Der herausragende Vertreter derjenigen, die die Ordination ablehnten, war Karl Ochs, der sich zusammen mit Wendland im Verlauf eines langen Streites mit der Missionsleitung von der Leipziger Mission trennte.[60] Literarischen Niederschlag fand dieser Streit in einer

56 Sharpe 1986:37f; Forrester 1980:61, Dumont 1976:43.

57 Siehe Chaudhuri 1965.

58 Abschrift der Erklärung in LMA, GN, Kapsel 10, Aktenstück: Kunde von Ostiniden/Mutiny. „We declare it to be Our Royal will and pleasure that none be in any wise favored, none imolested or disquited, by reason of their religious faith or observances; but that all shall alike enjoy the equal and impartial protection of the law, and We do strictly charge and enjoin all those who may be in authority under Us, that they abstain from all interference with the religious belief or Worship of any of Our subjects, on pain of Our highest displeasure. And it is Our further will that, so far as may be, Our subjects, of whatever race or creed, be freely and impartially admitted to Offices in Our service.“ Siehe dazu auch Cohn 1983:165ff.

59 Dieser Vorschlag von Ochs wird in der Missionsgeschichtsschreibung immer wieder darauf zurückgeführt, dass Ochs enge familiäre Beziehungen zu den Engländern gehabt habe und daher von der englisch-amerikanischen Position beeinflusst sei. Am 3. März 1854, nur zwei Wochen nach dem Konvent, berichtete Ochs von den Ereignissen dem Madras Christian Herald, dessen Herausgeber darin einen ersten Schritt zu einer gemeinsamen Kastenpraxis aller Protestantischen Kirchen sieht. MCH, vom 15.3.1854:85.

60 Siehe den Bericht der Missionskommitees in ELMB 1859:303ff; ebenso: Vertrauliche Mitteilung LMA, VSK 2/89. Alle Leipziger Missionare wurden vom Missionskollegium aufgefordert, zu Ochs

Reihe von Aufsätzen und Abhandlungen sowie Briefen des Missionskollegiums und der Missionare. Das Missionskollegium veröffentlichte 1861 unter Grauls Federführung ein Dokument ‚Die Stellung der Evangelisch-Lutherischen Mission in Leipzig zur Ostindischen Kastenfrage', in dem es seine Position gegenüber derjenigen von Ochs und seinen Anhängern deutlich machte. Der zentrale Punkt der Argumentation dieses Dokuments ist, dass die Kaste eine religiöse und bürgerliche Ordnung sei, dass aber bei Christen das Verhältnis der beiden Aspekte anders sei als bei Hindus. In sechs Punkten, in denen er die Argumentationsstruktur der ‚Explanations' von 1850 ausbaut, versucht Graul nachzuweisen, dass bei Christen nur das bürgerliche Element der Kaste übrig geblieben ist: 1. Śūdra- und Paraiyar-Christen versammeln sich zum Gottesdienst in einer Kirche, während der Hinduismus keine Gemeinde kennt und der Tempel kein Versammlungsort ist. 2. Während unter den ‚brahmanisch rechtgäubigen Heiden' nur die Brahmanen die śāstras lesen dürfen, wird die Bibel auch Śūdras und Paraiyar zugänglich gemacht. 3. Kein nichtchristlicher Śūdra wird auch in einer religiösen Zeremonie einen Gegenstand mit dem Mund berühren, den ein Paraiyar berührt hat, Christen trinken aber beim Abendmahl aus einem Kelch. 4. Unter den Christen finden gegenseitige Hausbesuche zwischen Śūdras und Paraiyar statt. 5. In den Gemeinden werden Frauen nicht vom Schulunterricht ausgeschlossen. 6. Unter den Christen gilt die strenge Bindung der jātis an einen vorgegebenen Beruf nicht, und die Zersplitterung der jātis wird aufgehoben in die Dichotomie von ‚höherem und niederem Geschlecht', die sich nur noch in der Endogamie äußert.[61]

Graul vergleicht, um seinen Ansatz von der Überwindung der Kastenunterschiede durch „Wort, Beispiel und möglichste Hinwegräumung natürlicher Hindernisse"[62] biblisch zu begründen, die Behandlung der Kastenfrage in der Kirche mit der Sklavenproblematik des Neuen Testaments. Auch Paulus habe in der Sache des Onesimus nicht in die bürgerlichen Verhältnisse eingegriffen, sondern ihn wieder zu Philemon zurückgeschickt in der Hoffnung, dass aus dem Herr-Sklave-Verhältnis sich ein Bruderverhältnis entwickeln würde.[63] Er schließt daraus:

Schrift ‚Die Kaste in Ostindien' Stellung zu nehmen. Berichte von Kremmer, Cordes, Baierlein, Schwarz, Meischel, Ouchterlony, Wolff und Appelt liegen im Archiv der Leipziger Mission in VSK I; Nallatambi und Samuel wurden am 27.6.1860 in Tranquebar ordiniert, nachdem sie sieben von dem Missionskirchenrat vorgelegte Ordinationsfragen mündlich und schriftlich beantwortet hatten. Die vierte Frage betraf die Kastenproblematik: „4. Du glaubst mit der christlichen Kirche, daß durch Gottes Schöpfung aller Menschen Geschlechter von Einem Blut auf dem Erdboden wohnen, und daß alle von Natur gleich unrein sind vor Gott, aber auch alle gleich gereinigt durch das Versöhnungsblut Jesu Christi, und gleich geheiligt durch das Wasserbad im Wort und die Erneuerung des heil. Geistes? Gelobest du diesen Glauben durch die Liebe zu bethätigen, und durch keinen Geburtsunterschied am Warten deines Amts dich hindern zu lassen, und wie alle, so namentlich die Irrthümer und Sünden in Verbindung mit der Geschlechtssitte als ein treuer Seelsorger dem Worte Gottes gemäß zu strafen?", ELMB 1860:291.

61 LELM, Stellung, 1861:5f.

62 ELMB 1859:142.

63 ELMB 1859:138.

„… so fehlt uns das Recht, ihre Aufhebung unbedingt zu befehlen und die dem Befehl nicht Gehorsamen ohne Weiteres aus der christlichen Kirche auszuschließen. Es wäre das eine nicht bloß angemaßte, sondern auch maßlose Herrschaft, die am allerwenigsten dem Verkündiger des holdseligen Evangeliums ziemt."[64]

Ochs argumentiert dagegen, dass der Versuch, das Problem der Paria (Paraiyar) mit der Sklavenfrage des NT gleichzusetzen, nicht nur eine Beschönigung ihrer Lage sei, sondern auch ein Verkennen der Kastenproblematik bedeute, da ein Paraiyar aufgrund seiner Unreinheit nicht in den Häusern von Śūdras und Brahmanen arbeiten und daher nicht in einem Leibeigenschaftsverhältnis zu den höheren Kasten stehen könne. Die Abhängigkeit der Paraiyar sei eher wirtschaftlicher Art.[65] Die Kastenproblematik offenbare sich dagegen in ihrer Schärfe in dem Verhältnis von Brahmanen und Śūdra. Seiner Schrift ‚Die Kaste in Ostindien' stellt Ochs daher bezeichnenderweise keinen Bibelvers als Motto, sondern ein Zitat aus dem Tirukkuṟaḷ und ein Wort des Śivavakkiyar voran, das die ontologischen Unterschiede der Kasten in Frage stellt:

„Was denn ist Kaste, willst Du mir's nennen?/ Sind sie nicht Eines, die Tropfen im Meer?/ Kannst die fünf Sinne im Leibe trennen?/ Stammt nicht All aus fünf Grundstoffen her?/ Machet nicht Ein Gold manch köstlich Geschmeide,/ Kette und Spang' und der Ohren Gezier?/ Aber der Kasten Unterschiede,/ Was sind sie? Elender! sage es mir./ Der Heide Siwawakkier."[66]

Śivavakkiyar (14. Jh.) war einer der 18 siddhar (śivaitische Asketen), denen übernatürliche okkulte Kräfte zugeschrieben wurden und die als Theisten vor allem Kultkritik, Kritik an der sanskritisch-brahmanischen Tradition und an der Unterscheidung der Kasten übten.[67] Irschick hat deutlich gemacht, dass die Werte der mittelalterlichen siddhar-Tradition von zahlreichen tamilischen Reformern des 19. Jh.s wiederbelebt wurden und dass vor allem ihre Anti-Kasten-Proteste nachhaltigen Einfluss auf die dravidische Bewegung gehabt haben.[68] Ochs zitiert in seiner Abhandlung das Śivavakkiyam, um deutlich zu machen, dass seine Position in dem Kastenstreit in einer Tradition der Kastenkritik steht, die auch im Buddhismus, Jainismus, verschiedenen Bhakti-Bewegungen und in der neueren indischen Kolonial-

---

64 ELMB 1859:142.

65 OCHS 1860:26. Manickam vergleicht in Anlehnung an Ambedkar die Unberührbarkeit allerdings mit der Sklaverei; MANICKAM 1993:2ff. Zur Problematik der Paraiyar siehe unten Kapitel III.3c.

66 OCHS 1860:2. Auch Ziegenbalg zitiert in seinem Malabarischen Heidentum, aus dem *Tschiwawawaickium* (Śivavakkiyam), CALAND 1926:199 und wie JEYARAJ 1996:227 vermutet, hat Ochs diese Quelle nicht gekannt, auch beruft er sich in seinen Schriften an keiner Stelle auf das ‚Malabarische Heidentum', sondern nur auf die Berichte aus den HB. Wahrscheinlich hat er dieses Zitat von Graul übernommen, der bereits 1855 verschiedene Reformbewegungen gegen die Kastenordnung darstellt und auch Śivavakiyam zitert, MOIMH VII, 1855:139.

67 Zu Śivavakkiyar siehe M.S. PURNALINGAM PILLAI 1929:262ff; zu den siddhars ZVELEBIL 1973:225ff.

68 IRSCHICK 1986:14.83ff.

geschichte, wie der Diskussion um den *lex loci act* (caste disabillities removal act) von 1850 und dem nordindischen Aufstand im Jahr 1857 zum Ausdruck gekommen ist.[69] Ochs sieht in diesen Reformen Anzeichen dafür, dass die Kaste keine natürliche Ordnung, sondern Folge brahmanisch-religiöser Usurpation ist und daher überwunden werden kann und muss.

Deutlich wird an der Auseinandersetzung zwischen Graul und Ochs, wie im Kastenstreit theologische und ethnographische Argumente ineinander geschoben und gegeneinander ausgespielt wurden. Da sich in diesem Streit innerhalb der lutherischen Mission ähnliche Strukturen und ähnliche Argumentationslinien aufweisen lassen wie in dem Kastenstreit zwischen Lutheranern und Engländern, ist es unbefriedigend, die Positionen in dem Streit allein in einer unterschiedlichen Interpretation der ‚Zwei-Reiche-Lehre' und somit in einer ethnozentrischen Übertragung eines theologischen Problems auf indische Gesellschaftsverhältnisse begründet zu sehen. Vielmehr haben sowohl Ochs als auch Graul ihre Ansichten von der Kaste in der Begegnung mit der tamilischen Gesellschaft und den ihnen zur Verfügung stehenden Interpretationsmodellen des 19. Jh.s aus Theologie, Indologie und Ethnographie ausgebildet.[70]

Der missionsinterne Kastenstreit, im Laufe dessen Graul 1860 sein Direktorat in der Leipziger Mission an Hardeland übergab,[71] wurde noch mehrere Jahre in Deutschland fortgesetzt, ohne dass sich neue Positionen in Bezug auf das Verständnis der indischen Kastenverhältnisse ergaben.[72] Ochs gründete 1861 seine unabhängige ‚Mission ohne Kaste', die sich später mit Unterstützung der Dänischen Missionsgesellschaft zur Arcot Lutheran Church entwickelte.[73]

---

69 OCHS 1860:27ff.

70 Graul selbst hat kritisch bemerkt, dass sich die Kastenfrage in Indien schon wie ein Glaubensartikel gebärde; GRAUL, Reise V, 1856:101. Hoekendijk interpretiert Grauls Haltung im Kastenstreit m.E. zu sehr aus seiner lutherisch konfessionellen Herkunft, die er gegen calvinistische Gesetzlichkeit abhebt. Das Eingehen auf tamilische Gesellschaftsverhältnisse erscheint nach Hoekendijks Darstellung, die sich in dieser Frage im Wesentlichen auf Sekundärliteratur aus der zweiten Hälfte des 19. Jh.s stützt, als folkloristisches Interesse, dem Graul sich leidenschaftlich und mit tiefem Entzücken hingegeben habe. HOEKENDIJK 1967:68f. Auch AARGAARD 1967:693ff, der sich zwar nicht direkt auf den Kastenstreit bezieht, glaubt Graul am besten unter dem ‚Primat des Bekenntnisses' würdigen zu können. Siehe auch MYKLEBUST I, 1955:93ff; anders allerdings RUNDBLOM, der die Wurzeln von Grauls Denken in einem romantischem Traditionalismus sieht, der sich auch in der Behandlung der Kastenfrage niedergeschlagen habe, RUNDBLOM 1948:232.

71 FLEISCH 1936:61; HERMANN 1867:114.

72 Ausführliche Beschreibungen des Kastenstreites finden sich bei LELM, Stellung, 1861; MORAHT 1859; OCHS 1860; HANDMANN 1903:310ff; KARSTEN I, 1893:384ff; FLEISCH 1936:55ff; SIEBERT 1967:34ff.

73 Ab 1857 wurde Ochs von einem Missionsfreundeskreis im Herzogtum Lauenburg unterstützt, der regelmäßig bis 1866 ‚Nachrichten aus Ostindien' (NOI) veröffentlichte und ihm so ein Forum bot, über seine Arbeit in Indien zu berichten. Zur Arcot Lutheran Church siehe: WANDALL 1978; HEIDBERG 1952:81–96.

1.3. Berufung auf Dänisch-Hallesche Tradition

Sowohl Graul und das Leipziger Missionskomitee als auch Ochs berufen sich in ihrer Argumentation in der Kastenfrage neben theologischen, indologischen, ethnographischen und religionsgeschichtlichen Überlegungen auf die Tradition der Dänisch-Halleschen Missionare. Der politische Hintergrund dieser historischen Argumentation, die die rechtmäßige Nachfolge der Dänisch-Halleschen Missionspraxis sichern sollte, ist nicht zu übersehen. Unter Berufung auf die in den HB abgedruckten Berichte der frühen Missionare wollten die Kontrahenten vor allem klären, ob bereits seit Ziegenbalg eine Kastentrennung in der Gemeinde eingeführt wurde oder nicht. Die historischen Zusammenhänge können hier nicht geklärt werden. Es ist jedoch deutlich, dass die unterschiedlichen Einstellungen zur Kastenfrage auch das historische Bild von der Kastenpraxis in der Dänisch-Halleschen Mission beeinflusst haben. Ochs war der Ansicht, dass erst Walther und Pressier 1727 die Trennung von Kasten in der Kirche von Tranquebar eingeführt haben, als sie zwischen ecclesiasticis und politicis unterschieden, während Ziegenbalg keine Kastentrennung in der Kirche geduldet habe.[74] Graul ist dagegen davon überzeugt dass schon zu Ziegenbalgs Zeiten die Trennung der Kasten in der Kirche eingeführt wurde, weil Dal, der 1719 nach Tranquebar kam, also kurz nach Ziegenbalgs Tod, aber noch vor Gründlers Tod, von den *antecessores* berichtet, die

> „anfangs genöthigt worden [sind], Selbigen (den Pariahs als dem ‚geringsten Geschlecht' der Heiden), wenn sie die christl. Religion angenommen, in der Kirche einen besondern Ort anzuweisen, so sie sich auch gern haben gefallen lassen"[75].

Der Streit zwischen den beiden Parteien beschäftigte sich daher auch mit der Frage, ob Pressier und Dal Geschichtsfälschung betrieben und so das spätere Bild von dem Beginn der Mission – Niekamp schreibt in seiner ‚kurzgefassten Missionsgeschichte': „Die ersten Missionare sahen sich genötigt, jedem Geschlechte (d.i. Kaste) in der Kirche einen besonderen Platz anzuweisen" – in ihrem Sinne beeinflusst haben.[76] Neuere Untersuchungen schließen sich der Position von Ochs an und vertreten die Ansicht, dass Ziegenbalg alle Kastenunterschiede in der Gemeinde von Tranquebar abgelehnt hat.[77] Die zentrale Stelle, auf die sich die verschiedenen Parteien im Kastenstreit bei Ziegenbalg beziehen, ist ein Brief aus dem Jahr 1712, in dem Ziegenbalg von ‚96 Geschlechtern der Heiden' berichtet.

> „Es statuiren diese Heiden unter sich 96 unterschiedliche Geschlechter. Und ob zwar diese nur eigentlich den Künsten, Aemtern, Professionen und Verrichtung nach von einander unterschieden sind, so machen sie doch unter ihnen einen solchen abergläubischen Unter-

---

74 OCHS 1860:37.41.

75 LELM, Stellung, 1861:19.

76 LELM, Stellung, 1861:21f, Fußnote.

77 SIEBERT 1967:20; JEYARAJ 1996:226ff.

> schied, daß einer aus seinem Geschlechte nicht in ein andres heirathen darf, noch mit Leuten von andern Geschlechten essen mag. Ein jedes Geschlecht hat seinen besondern Namen, seine besondern Ceremonien, seine besondern Gebräuche, und seine besondern Eßarten und Speise-Waaren. Wo einer dawider handelt, so hat er sein Geschlecht verloren, und wird für den verachtetsten Menschen gehalten.
> Wenn einer aus diesen Heiden zu unsrer christlichen Religion tritt, muß er allen solchen Aberglauben ablegen. Denn wir verstatten keinen solchen Unterschied, sondern lehren, daß sie alle in Christo eins sind, und keiner von dem andern hierinnen einen Vorzug habe. Dahero lassen wir sie auch untereinander sich verheirathen, nicht nach dem Geschlechte, sondern nach ihrem Belieben, wo sie anders ohne Hinderniß auf christliche Weise getrauet werden können.
> Aus jetzt erwähntem Aberglauben, kommts diesen Heiden sehr wunderlich vor, wenn sie sehen, daß sie, so zur christlichen Religion getreten, in einer Kirche beisammen sitzen, unter einander ohne Ansehung ihres Geschlechts heirathen, bei einander essen und trinken, und allen vorigen Unterschied aufheben. Was sonst Dignitatem officii anlanget, so heben wir selbige nicht auf, sondern sehen dahin, daß alle gute Ordnungen unter den Unsrigen observirt werden.“[78]

Jeyaraj interpretiert das *dignitatem officii* als Äußerlichkeiten der Kleidung und Ernährung, durch die Ziegenbalg die Kommunikation der Tamil-Christen mit der nichtchristlichen Umwelt ermöglichen wollte. Auch Ochs hat das *dignitatem officii* Ziegenbalgs als Rücksicht auf ‚Nationalität und Volkssitte‘ gedeutet.

> „‚Dignitatem officii‘ hält er als eine Ordnung Gottes fest; aber Union mit dem Heidenthum durch die Kaste war ihm eine Thorheit und ein Gräuel, der nicht geduldet werden dürfte.“[79]

Graul ist dagegen der Ansicht, dass das Halten der Kaste und *dignitatem officii* strukturelle Parallelen aufweisen.

> „Aber bei genauer Betrachtung ist es nicht zu verkennen, daß sie [die Kaste] eben wie jedes andre natürliche Thun und Lassen der Heiden (z.B. sogar das Essen, das Waschen, die Ehe, die Kindererziehung) von dem heidnischen Aberglauben zwar völlig durchwirkt und zerrissen ist – daß sie aber auch ihre rein menschliche und bürgerliche Seite hat. So wie man nun zwar vom Waschen, Heirathen, Kinderziehen den heidnischen Aberglauben und dessen Ceremonien abzuthun, aber die dann noch übrigbleibenden natürlichen Dinge keinesweges aufzuheben, sondern vielmehr der Entwicklung christlichen Lebens zu überlassen hat, ebenso bei der Kaste.“[80]

---

78 HB VII, 342f, zitiert bei GRAUL, in: MOIMH IX, 1858:54ff; OCHS 1860:35ff; LELM, Stellung, 1861:19ff. Ziegenbalgs Malabarisches Heidentum, CALAND 1926:195, das Graul und Ochs nicht gekannt haben können, erwähnt 98 Geschlechter.

79 OCHS 1960:38.

80 ELMB 1959:140.

Entscheidend für die weitere Entwicklung der Kastenfrage in der lutherischen Mission und die Beurteilung der Kaste durch die Missionare ist die Übertragung des Verhältnisses von *ecclesiaticis* zu *politicis*, also die Unterscheidung zwischen der Behandlung der Kaste in der Kirche und im Gottesdienst einerseits und im bürgerlichen Leben der Gemeindeglieder andererseits. Darin sollte sich die Frage klären, ob die Kaste allgemein eine bürgerliche oder eine religiöse Ordnung darstelle. Die Streitfrage, ob Ziegenbalg zwischen einer religiösen und einer bürgerlichen Ordnung unterschieden habe, greift zu kurz und zwar nicht allein, wie Siebert in diesem Zusammenhang meint, weil eine Aufspaltung in ‚geistlich' und ‚weltlich' in Indien unbekannt sei,[81] sondern weil Ziegenbalg sich in dem, was er Aberglauben nennt, in keiner Weise auf die „Hindu-sastras" bezieht, aus denen von beiden Parteien des Kastenstreites das religiöse Element der Kaste abgeleitet wird. Ziegenbalg hat seine Informationen über die Kastenregeln in Südindien im Wesentlichen aus Gesprächen mit tamilischen Brahmanen,[82] eigenen Beobachtungen sowie ihm zur Verfügung stehenden Texten der tamilischen Tradition bezogen. Es ist daher, wie Dharampal-Frick in ihrer Analyse von Ziegenbalgs ‚Malabarisches Heidentum' aufzeigt, zu vermuten, dass sich Ziegenbalg in seiner Beschreibung und Analyse der Kastenordnungen im Raum von Tranquebar sehr nahe an der gesellschaftlichen Wirklichkeit Tamil Nadus des frühen 18. Jh.s bewegt hat.[83] Aus dem Verhalten, das Ziegenbalg als Aberglauben bezeichnet, ist nicht notwendig zu schließen, dass es von den Tamilen in Tranquebar aus den Kastenregeln des Manavadharmaśāstra abgeleitet wurde, sondern es ist wahrscheinlich, dass Ziegenbalg hier von lokalen tamilischen Gesellschaftsordnungen berichtet, die von Endogamie, Berufs- und Ständeabgrenzung und Vorstellungen von Reinheit und Verunreinigung geprägt sind. Ob diese Ordnung arisch oder vorarisch ist, wird im 19. Jh. eine der zentralen Fragen in der Analyse der Entstehung des Kastensystems. Da bei den Leipziger Missionaren diese Frage immer wieder diskutiert wurde, unter ihnen aber ein ausgeprägtes historisches Bewusstsein von den Ursprüngen ihrer Missionsarbeit in Südindien vorhanden war, spielten Ziegenbalgs Darstellungen nicht nur in der Behandlung der Kastenfrage in den Gemeinden eine bedeutende Rolle, sondern sie haben auch das Bild der Missionare von der tamilischen Gesellschaft insgesamt beeinflusst.[84]

---

81 SIEBERT 1967:13, zitiert Lehmann, der diese Unterscheidung für ‚die Welt des Hinduismus' trifft, LEHMANN 1961:3.

82 Malabarische Correspondenz; siehe dazu JEYARAJ 1996:116; LIEBAU 1998.

83 DHARAMPAL-FRICK 1994:229; 1995:92.

84 Nach wie vor ist ungeklärt, wie weit die Leipziger Missionare in den ersten Jahren ihrer Tätigkeit mit den Hauptschriften Ziegenbalgs bekannt waren. Die ‚Genealogie der Malabarischen Götter' wurde 1867 von Wilhelm Germann, einem Schüler Grauls, allerdings in stark erweiterter Form, herausgegeben. Er wollte damit ein Handbuch für die Ausbildung der künftigen Missionare bereitstellen. Graul selbst plante bereits die Genealogie herauszugeben, konnte aber diesen Plan aufgrund seines Todes 1860 nicht mehr verwirklichen. 1883 fertigte Germann eine Abschrift des ‚Malabarischen Heidentums', die im Archiv der Leipziger Mission vorhanden ist, TBLM D 359; zur Überlieferungsgeschichte von Ziegenbalgs Hauptschriften siehe JEYARAJ 1996:110ff.

Über Grauls sogenannten ‚mittleren' Standpunkt ist bereits viel diskutiert worden. Lutherische Einflüsse und Elemente der Romantik[85] werden sicherlich auch erkenntnisleitende Momente seiner Auffassung gewesen sein, dass es zwischen dem Dämonischen und dem Göttlichen eine mittlere Ebene gibt, in der sich die ‚nationale Eigenthümlichkeit' eines Volkes manifestiere. Graul bemängelt an den englischen Missionaren, dass viele von ihnen

> „sich mehr oder minder in einer schiefen Stellung zum indischen Volksthum befinden, und in Folge davon nicht blos von Außen her gegen tamulische Volks-Sitte und Brauch unterscheidungslos anstürmen, sondern auch hier und da das Studium der tamulischen Literatur, worin sich der Volksgeist so klar zu erkennen giebt, geradezu verschmähen"[86].

Neben der missionstheologischen Perspektive, die die Frage nach der Bedeutung der indigenen Kultur für das Werden einer in dieser Kultur verwurzelten Kirche stellt, hat Graul in der Betonung der ‚Mittleren Dinge' auch einen Ansatz zum Verstehen der indischen Kultur geliefert. Auch wenn für Graul die ‚Mittleren Dinge', wie Kuberski meint, „ganz unter den Ordnungen Gottes"[87] stehen, so wird doch die Analyse tamilischer Kultur, der Kasten und Literaturen immer wieder einer theologischen Epoche unterzogen. Grauls ethnologische Untersuchungen und seine Übersetzungen aus dem Tamil zeigen, dass er die Außenperspektive, die er den Engländern vorwirft, immer wieder aufgegeben hat[88] und bemüht war, die gegenwärtige Kultur der Tamilen zu verstehen, wie diese sich aus der klassischen Literatur und ethnographischer Beobachtung und nicht aus einem theologischen Urteil erschließt. Darin war Graul Nachfolger von Ziegenbalg und Vorbild für spätere Forscher der dravidischen Kultur unter den Leipziger Missionaren.

Der Vorwurf Grauls, die englischen Missionare stürmten „von außen her gegen tamulische Volks-Sitte und Brauch unterscheidungslos an", ist, modern gesprochen, der Vorwurf des Reduktionismus, weil diese Haltung die indische Gesellschaft in Religion vollkommen aufgehen lässt. Der ‚mittlere Bereich', zu dem die Kaste nach Graul gehört, ist geprägt von der Religion, aber er ist auch geprägt von politischen,

---

85 Über die Einflüsse und Prägungen von Grauls Missionstheologie aus lutherischem Konfessionalismus und Romantik ist bereits ausführlich von Hoekendijk, Kuberski und andern spekuliert worden, so dass diese Argumentationen, die sich bei Hoekendijk im wesentlichen aus Sekundärliteratur speisen und bei Kuberski systematisch, jedoch ohne Kenntnisse Indiens, dargestellt wurden, hier nicht wiederholt zu werden brauchen. Siehe KUBERSKI 1993:31ff.191ff.

86 GRAUL, Reise V, 1856:310.

87 KUBERSKI 1993:192. Bezeichnenderweise kann Kuberski, der ansonsten eine ausgezeichnete Kenntnis des gedruckten Quellenmaterials hat, für diese Behauptung keinen Hinweis aus Grauls Schriften beibringen.

88 Trotz zahlreicher polemischer Auslassungen über den moralischen Verfall insbesondere der Paraiyar und anderer niedriger Kasten.

kulturellen und ethnischen Konstellationen, die nach Grauls Auffassung von den englischen Missionaren ausgeblendet worden sind.[89]

1.4. Reinheit und Speise

Die Kastenproblematik innerhalb der Gemeinden hat sich vor allem immer wieder an Fragen der Nahrungsaufnahme entzündet. Reinheit und Abgrenzung sind abhängig von der Art der Speise und dem Status der Speisenden. Allerdings zeigt die unterschiedliche Speisepraxis innerhalb der lutherischen Gemeinden, dass in der Bedeutung der Nahrungsaufnahme für die Kastenpraxis differenziert werden muss. Es sind im Wesentlichen drei Situationen, in denen die Nahrungsaufnahme für die Kastenfrage relevant wird: das Abendmahl, das Probeessen zwischen Missionaren und Ordinationskandidaten und das gemeinsame Essen von Schülern unterschiedlicher Kasten in den Kostschulen.

Es lässt sich nicht mehr feststellen, wie die tamilischen Gemeindeglieder um 1850 das Abendmahl aufgefasst haben, da die Berichte der Missionare über das Abendmahl theologisch gefärbt sind und sie der Ansicht waren, nur solche Christen zum Abendmahl zugelassen zu haben, die auch das rechte Abendmahlsverständnis hätten. Die Missionarsberichte reflektieren auch die Position der Missionare selbst ausschließlich aus westlich-patriarchalischer Perspektive. Bezeichnenderweise liegen keine Beobachtungen vor, die die Position der Missionare aus tamilischer Perspektive darstellen. In den drei Konfliktbereichen von Reinheit und Abgrenzung wird jedoch deutlich, dass der Status der Missionare je nach Situation differenziert beurteilt wird. Christen aller Kasten haben das Abendmahl aus den Händen der Missionare empfangen, aber der Katechet Nallatambi wehrt sich, mit ihnen Tee zu trinken. Das Problem in dem Seminar von Tranquebar, wo Śūdras sich weigerten, mit Paraiyar in einem Raum zu essen, wird von Missionar Stählin nicht so gelöst, dass er auf die Forderungen der Śūdras eingeht und zwei Essräume einrichtet, sondern dass er seine und die Autorität der Lehrer zur Disposition stellt. Die Śūdra-Schüler werden gefragt, ob sie nicht einmal mit ihren Lehrern anderer Kaste speisen würden. Daraufhin lenkt der Großteil der Śūdras im Seminar ein und fügt sich den Anordnungen des Missionars.[90]

---

89 In der Ethnologie des 20. Jh.s wurde diese Form von Reduktionismus vor allem am Beipiel von Lévy-Bruhls These einer primitiven Mentalität, die im magischen Denken verhaftet bleibt, diskutiert. Dagegen Clifford Geerts, der ähnlich wie Graul die ‚Doppeltatsache' (LELM, Stellung, 1861:2f) gesellschaftlicher Wirklichkeit herausarbeitet: „Religion ist nicht etwa deswegen soziologisch interessant, weil sie, wie der Vulgärpositivismus meint, eine soziale Ordnung wiedergibt (was sie, sofern sie das überhaupt tut, nur sehr indirekt und unvollständig tut), sondern deshalb, weil die soziale Ordnung von ihr – ebenso wie von der natürlichen Umwelt, der politischen Macht, von Reichtum, Recht, persönlichen Neigungen und einem Gefühl für Schönheit – geprägt wird." GEERTZ 1987:87.

90 ELMB 1859:137.

Im Ritus des Abendmahls ist die Frage der Essensgemeinschaft der Kasten untereinander von Bedeutung, der rituelle Status des austeilenden Missionars wird jedoch nicht angezweifelt. In den Augen der Missionare war das Abendmahl immer auch Ausdruck der Gleichheit aller Kommunikanten vor Gott, der jedoch kontrovers war zu tamilischen Vorstellungen von Gleichheit und Gemeinschaft. Das Problem des Abendmahls war es, dass zwei Konzepte von Essen miteinander in Verbindung gebracht wurden, die in der tamilischen Kultur nicht unmittelbar zusammengehören: das rituelle Mahl und die Tischgemeinschaft. Louis Dumont hat in seinem Werk ‚Homo Hierarchicus' nur die Tischgemeinschaft als abgrenzenden und zugleich identitätsbildenden Ausdruck von Kastenhierarchie analysiert,[91] und auch McKim Marriotts Untersuchung über das Verhältnis von Nahrungsaustausch und Kastenhierarchie untersucht das Verhältnis der Kasten untereinander anhand der Frage von pakkā- und kaccā-Speisen.[92] Davon abzugrenzen ist jedoch das rituelle Mahl in der pūjā. Zu jeder pūjā gehört die Darbringung von Speise, zumeist gekochtem Reis. Die Speise, die im Tempel von den Gläubigen den Göttern dargebracht wird, wird durch den Priester, der diese zuvor gekostet hat, den Anbetenden als prasāda (tamil: pracātam) wieder ausgeteilt.[93] Pracātam bedeutet aber soviel wie Gefallen, Gnade, Gabe.[94] Nicholas Dirks hat am Beispiel der Nayakas in Madurai gezeigt, dass die Austeilung von pracātam ein Akt ist, der Hierarchie und soziale Bindung festigt.[95] Es gibt in den Missionsberichten verständlicherweise keine Hinweise darauf, dass das Abendmahl von tamilischen Christen als eine Art pracātam angesehen wird, der anerkannte rituelle Status des Missionars in der Abendmahlsfeier läßt jedoch analoge Strukturen von pūjā und Abendmahl vermuten.

Während in der Situation in Tranquebar der Missionar außerhalb des Konfliktes zwischen den Kasten stand und eine hierarchisch abgehobene Position gegenüber den Studenten innehatte, aus der er den Konflikt lösen konnte, deutet das Probeessen anlässlich der Ordination von Nallatambi eine Situation an, in der Statusunterschiede aufgehoben werden sollten. Nallatambi hat als Katechet ab 1853 in Tirumenjanam, einer Paraiyar-Gemeinde, gearbeitet und sich unter anderem dadurch ausgezeichnet, dass er engen Kontakt mit den Gemeindegliedern pflegte. Schwarz berichtet 1860, dass Nallatambi in Mayaveram das Abendmahl erst nach den Paraiyar einnahm.[96] Seine Weigerung, an dem Probeessen mit den Missionaren teilzunehmen, deutet

91 DUMONT 1976:173.

92 MARRIOTT 1968:133ff.

93 Zur Bedeutung von Speiseopfern als zentralem Teil von pūjā siehe BABB, 1975:54; auch MILLNER 1994:178; FULLER 1992:74.

94 DIRKS 1987:101.

95 „... the literal consumption of food, rice, given by the king creates a substantial bond which outweighs in significance the kinship bond between father and son. The favor of the king is presented in precisely the same form as puja itself." DIRKS 1987:101. David Mosse berichtet von einem Jesuiten Priester im Ramnad Distrikt, der im 19. Jh. eine Position, vergleichbar der eines tamilischen Königs eingenommen hat, dem die Verwaltung und Ordnung des Ritus sowie des rituellen Status seiner Untertanen obliegt; MOSSE 1986:34ff.

96 ELMB 1860:280.

darauf hin, dass die Missionare in einer Situation, die nicht hierarchisch strukturiert war, von den christlichen Vellalar als unrein angesehen wurden, während ihnen in Situationen, die die hierarchische Position der Missionare unterstrich, rituelle Reinheit zuerkannt wurde.

2. Leipziger Missionare im orientalistischen Kastendiskurs

Die Intensität, mit der der Kastenstreit zwischen den Missionen und innerhalb der lutherischen Mission ausgetragen wurde, lässt sich damit erklären, dass die Missionare Kaste als die wesentliche, das indische Sozialgefüge bestimmende Größe ansahen. Während jedoch Ziegenbalg Kaste lokal bestimmt hatte und seine Theorie des indischen Gesellschaftssystems allein unter Berufung auf tamilische Informanten und Texte entwickelt hatte, standen den Missionaren und Missionstheoretikern des 19. Jh.s umfassendere ethnologische, indologische und historische Untersuchungen zur Verfügung, die sie mit ihrer lokalen Erfahrung in Tamil Nadu in Einklang zu bringen suchten.

Einigkeit bestand unter den Missionaren darin, dass das indische Kastensystem mit dem christlichen Glauben nicht vereinbar sei und dass Kaste entweder sofort oder in einem Prozess des Wachsens im Glauben aus den Kirchen entfernt werden müsse. Die Schwierigkeiten dabei, die sich im Kastenstreit offenbarten, ließen sie zu dem Schluss kommen, dass die Kaste, da sie das zentrale Problem der Mission war, damit auch die zentrale Ordnung der indischen Gesellschaft sein müsse. Um diese ‚rätselhafte Macht'[97] zu entschlüsseln, griffen sie auf Kategorien zurück, die ihnen aus dem eigenen Kulturkreis vertraut waren und mit denen sie die indische Gesellschaft verglichen. Dabei teilten sie die im 19. Jh. verbreitete Auffassung, dass das Wesen der Kasten aus ihren Ursprüngen zu erschließen sei.[98]

2.1. Kaste, Jāti, Varṇa

Der Kastendiskurs der Leipziger Missionare ist aber nicht unabhängig zu betrachten von den Arbeiten der Orientalisten des 18. Jh.s in Calcutta. William Jones hatte das manusmṛti, einen Gesetzestext aus dem 3. Jh., von Brahmanen verfasst, als erster Europäer übersetzt. 1813 wurde der Text in Calcutta veröffentlicht[99] und hat seitdem unter europäischen Interpretatoren Indiens einen beinahe autoritativen Charakter zum Verständnis der Gesellschaft angenommen. Mit der hierarchischen Unterteilung der Gesellschaft in vier varṇas, Brahmanen, Kṣatriyas, Vaiṣyas und Śūdras sowie

97 STOSCH 1896:157.

98 Obwohl sie vor der Hochzeit evolutionistischer Theorien über die indische Gesellschaft schrieben.

99 Zur Geschichte des Manusmṛti siehe KANE I, 1990:306ff.

der mythologischen Beschreibung der Entstehung dieser vier varṇas aus dem Leib des prajāpati haben sich auch die Missionare immer wieder auseinandergesetzt, wenn auch die gesamtindische Gültigkeit des puruṣa-Mythos von Einzelnen bestritten wurde.[100]

Der puruṣa-Mythos ist ein alter kosmologischer Mythos, der sich z.B. in Ṛgveda X findet und nach dem der soziale Organismus aus dem Leib eines Urwesens (ādipuruṣa) entstanden ist. Dieser ursprüngliche Körper wurde aufgeteilt, um dann vier eigenständige, jedoch aufeinander bezogene soziale Gruppen zu bilden, die varṇa genannt werden. Die Brahmanen-varṇa wurde aus dem Mund des ādipuruṣa geboren, und ihr oblag die Aufgabe, zu lehren und den Veda zu studieren. Die Kśatriya-varṇa wurde aus den Armen des puruṣa geboren und hatte die Aufgabe, gegen Feinde zu kämpfen, die anderen Kasten zu verteidigen und den Brahmanen Opfer zu geben. Die Vaiśya-varṇa wurde aus den Schenkeln des puruṣa geboren und hatte die Aufgabe, die Dinge zu produzieren, die geopfert werden können und die das Volk zum Leben braucht. Die Śūdra-varṇa wurde aus den Füßen des puruṣa geboren und hatte die Aufgabe, den anderen Kasten zu dienen. Die ersten drei varṇa werden dvija genannt, die zweimal Geborenen. Sie sind durch das Ritual wiedergeboren worden und damit ermächtigt, am Opfer teilzunehmen und von den Brahmanen die heiligen Texte zu hören und zu lernen. Die Rezeption dieses brahmanischen Textes im orientalistischen Diskurs war von zentraler Bedeutung für die Entwicklungen der Kastenproblematik im 19. Jh.

Bernhard Cohn hat die Ansicht vertreten, dass sich Orientalisten und Missionare im 18. und 19. Jh. in ihrer Auffassung von der indischen Gesellschaft polar gegenüberstanden. Obwohl beide ähnliche Aspekte der Gesellschaft in ihrer Analyse hervorgehoben hätten, sei doch die zumeist negative Beurteilung des Kastensystems durch die Missionare konträr zur Forderung der Orientalisten, Indien müsse auf der Basis der von ihnen erschlossenen, indischen Gesetze regiert werden. Sowohl Missionare als auch Orientalisten sahen Texte wie manusmṛti oder das puruṣasūkta als autoritativ für die indische Gesellschaftsordnung an, unterschieden sich aber in der Beurteilung der Bedeutung dieser Texte für die Entwicklung der indischen Gesellschaft. Cohn begründet diesen Unterschied mit der niedrigeren sozialen Herkunft und Bildung der Missionare.[101] Inwieweit dies auf englische Missionare zutraf,[102] kann hier nicht untersucht werden, in Bezug auf die lutherischen Missionare, die Mitte des 19. Jh.s nach Tamil Nadu ausgesandt wurden, greift es sicherlich zu

100 Stosch schreibt: „Will man jene Legende angreifen, daß die Bahminen aus dem Antlitz des Brahma, die Sudra aus dem Fuß desselben entstanden seien? Man würde damit nur ernsthaft nehmen, was von den Hindu kaum ernsthaft genommen wird.“ STOSCH 1896:182;

101 COHN 1968:10.

102 Die frühen baptistischen Missionare in Serampore kamen aus der englischen Handwerkerschicht. Zur sozialen Herkunft und Bildung der L.M.S. und C.M.S. Missionare in Südindien siehe ODDIE 1979:11ff.

kurz.[103] Die Unterschiede sind m.E. vielmehr in den unterschiedlichen Arbeitsbereichen und Zugangsweisen zur indischen Gesellschaft zu suchen. Während die Orientalisten als Beamte der East India Company und später der englischen Kolonialregierung mit rechtlichen Fragen der Regierung Indiens befasst waren und Brahmanen zu ihren Mitarbeitern und Beratern gemacht haben, hatten die Missionare in ihren Gemeinden fast ausschließlich mit Śūdras und Kastenlosen zu tun, durch die ihre Sicht der indischen Gesellschaftsordnung geprägt wurde. Darüber hinaus lebten sie oftmals in einem dörflichen Umfeld, in dem andere hierarchische Strukturen von Bedeutung waren, als sie überregional durch Texte repräsentiert wurden.

Die Politik der East India Company, in Religionsfragen Neutralität zu bewahren, hat dazu beigetragen, das brahmanische Modell einer indischen Gesellschaftsordnung, in dem der Ritus ein zentraler Aspekt der Ordnung und Hierarchisierung ist, auch als ein historischen Veränderungen kaum unterliegendes Ideal der indischen Gesellschaft zu betrachten. Die dem brahmanischen Ritual kritisch gegenüber eingestellten Missionare tendierten dazu, den klassischen brahmanischen Texten innerhalb des Hinduismus zwar eine normative Funktion für die Gestaltung der indischen Gesellschaft zuzugestehen, ihre Autorität aber immer wieder mit biblisch-christlichen Werten zu konfrontieren und zu hinterfragen.

Anders als die meisten englischen Missionare, die im Anschluss an William Wards berühmten Vergleich des Kastensystems mit dem chinesischen Schuh,[104] die Brahmanen für den verkommenen Zustand der indischen Gesellschaft verantwortlich gemacht haben, sahen die deutschen Missionare in den Brahmanen vor allem die Gründer und Erhalter einer einheimischen Kultur. In dieser Spannung zwischen lokaler Erfahrung unter Śūdras und Dalits und der Überzeugung von einer relativen Überlegenheit brahmanischer Kultur bildete sich um 1850 die spezifisch deutsche lutherische Sicht der Gesellschaft Indiens heraus.

Bei der Beurteilung der indischen Gesellschaftsordnung spielte auch die biblische Überlieferungsgeschichte von der nachsintflutlichen Ausbreitung der Söhne Noahs, Sem, Ham und Japheth, eine Rolle.[105] Die biblische Aussage, dass die gesamte Menschheit von diesen drei Söhnen abstamme, also zwar letztlich auf einen Ursprung zurückzuführen sei, jedoch nach der Sintflut in verschiedene Völker auseinandergefallen ist, galt im 19. Jh. als Beweis für die Existenz unterschiedlicher Rassen und wurde mit linguistischen Überlegungen untermauert.[106] In der Argumen-

103 Die meisten von ihnen kamen aus bürgerlichen Familien und wurden im Missionsseminar nach abgeschlossenem Theologiestudium auf ihre Arbeit in Indien vorbereitet. Siehe dazu oben S. 85f.

104 WARD 1822:64f.

105 Bereits 1844 schrieb Graul einen längeren Aufsatz über ‚die Noachitische Weissagung in bezug auf die Mission', in dem er es als das Ziel der Mission beschreibt, dass die Häuser Japheth, zu dem er Europa, Kleinasien, Nordasien und „wahrscheinlich auch noch Amerika" rechnet, und Ham „in die Hütten Sems" zurückkehren. DMN 1844:80.

106 Zur Verbreitung dieser Überlieferung, siehe BITTERLI 1991:341. Diese Ansicht war so verbreitet, dass auch tamilische Historiker sie übernahmen; vgl. TAMBY PILLAI 1914:24. Bei Graul entwickelte sich die Überlieferung von Noahs Söhnen nicht zu einer Theorie der Hierarchie der Rassen oder zu

tation der Missionare über den Ursprung der Kaste war dieser biblische Mythos bis in die zweite Hälfte des 19. Jh.s von Bedeutung, da auf diese Weise biblische Überlieferung mit der vor allem von Max Müller vertretenen Theorie einer arischen Völkerbewegung nach Indien und Europa in Einklang gebracht werden konnte.[107]

Die deutschen Missionare waren Teilnehmer an einem im 19. Jh. gängigen Diskurs über Indien, in dem arische Superiorität, rassische Differenzen, evolutionistische Theorien, sprachliche Abhängigkeiten und kulturelle Entwicklungen verhandelt wurden und in dem Indien zum einen in einer Verwandtschaft, zum anderen als Kontrast zu einem entwickelten christlichen Europa erschien. Es ist in der postkolonialen und postnationalen[108] Geschichtsschreibung über das 19. Jh. in Indien üblich geworden, vor allem die hegemonialen Ansprüche dieses Diskurses aufzudecken und die ‚westlichen Konstruktionen' Indiens zu dekonstruieren.[109] Eine genauere Beschäftigung mit den Vorstellungen der deutschen Missionare von Konzepten wie Kaste, Rasse und Sprache zeigt jedoch, dass es von dem uniformen kolonialen Diskurs, falls es diesen je gegeben hat, durchaus Abweichungen gab, und dass sich dieser Diskurs vielfältiger gestaltete, als ‚Census Reports', ‚Reports of the Board of Revenue' und ‚Imperial Gazeteers' offenbaren.

Der portugiesische Begriff ‚la caste' ist der europäische Ausdruck für zwei unterschiedliche indische Konzepte von Gesellschaftsordnung, jāti und varṇa, die jedoch nach Auffassung europäischer Beobachter dieser Gesellschaftsordnung miteinander korrespondieren. Portugiesische Handelsleute, die im 16. und 17. Jh. vor allem die Westküste Indiens bereisten, bezeichneten mit ‚la caste' die unterschiedlichen Gruppen, die ihnen begegneten, womit sie verschiedene Rassen, Stämme, Clans und vor allem wohl Geschlechter gemeint haben könnten.[110] Die Missionare schien es im Kastenstreit nicht nur nicht irritiert zu haben, dass sie für die Bezeichnung der indischen Gesellschaft einen europäischen Begriff verwendeten, sie verglichen das Kastensystem auch immer wieder mit einer mittelalterlichen Ständeordnung.[111] Dass zwei Konzepte in dem Begriff Kaste miteinander verbunden wurden, wurde von den Missionaren nicht explizit reflektiert. Graul verwendet beide Begriffe, um einen Abstammungsunterschied zwischen den einwandernden Ariern und der Urbevölkerung auszumachen.

---

antisemitischen Äußerungen. Insbesondere Sem bezeichnet er als „Segensmittel für alle Völker", DMN 1844:39.

107 Zum Verhältnis von englischen Missionaren zu den arischen Theorien Max Müllers, siehe MAW 1990.

108 Zentrales Werk der nationalen Geschichtsschreibung ist die 12-bändige ‚History and Culture of the Indian People', MAJUMDAR 1951ff.

109 Siehe das auf mehrere Bände angelegte Werk der ‚Subaltern Studies', GUHA u.a. 1979ff; BRECKENRIDGE/VEER 1994; METCALF 1995; INDEN 1990.

110 Siehe MARRIOTT/INDEN 1985:348; Ziegenbalgs Unterscheidung der ‚Geschlechter' der Malabaren käme dann der portugiesischen Bezeichnung relativ nahe.

111 MOIMH IX, 1858:59f.

„Der Sanskrit-Name für das portugiesische Wort ‚la casta' ist Djati oder Varna; jenes heißt eigentlich ‚Geburt, Geschlecht', dieses ‚Farbe'. Die Kaste beruht somit auf einer ursprünglichen Stamm-Verschiedenheit, die sich im Allgemeinen selbst durch die Farbe bemerklich machte."[112]

Diese Indifferenz gegenüber den zwei Sanskritbegriffen ist erstaunlich, wenn man sich die linguistische Genauigkeit vor Augen hält, mit der die Missionare, und insbesondere Graul, die Texte aus dem Tamilkorpus übersetzt haben.

Die ‚ursprüngliche Stamm-Verschiedenheit', die Graul annimmt, bezieht sich auf eine Unterscheidung von Ariern und Ureinwohnern, die er aus Lassens ‚Indischer Altertumskunde', dem indologischen Standardwerk in Deutschland um die Mitte des 19. Jh.s,[113] übernommen hat. Sie hält sich relativ nahe an das varṇa-Konzept des Ṛgveda, das nur zwischen ārya-varṇa und dāsa-varṇa unterscheidet und die spätere Zuordnung von varṇa zu den vier Gruppen, Brahmanen, Kṣatriyas, Vaiśyas und Śūdras, nicht kennt.[114] Graul unterscheidet zwar die funktionalen und die geburtsrechtlichen Bedeutungen von varṇa bzw. jāti, ohne aber jāti als Abstammungskategorie und varṇa als Funktionskategorie einer hierarchisch geordneten Gesellschaft voneinander zu unterscheiden.[115]

2.2. Zum Ursprung der Kasten

Die Frage nach dem Ursprung der Kasten in Indien wurde von Graul und Ochs kontrovers diskutiert. Während Graul annahm, die Kastenordnung sei unter den Ariern bei ihrer Sesshaftwerdung in Indien in Auseinandersetzung mit den Ureinwohnern ausgebildet worden und sei daher mit anderen Ständeordnungen durchaus vergleichbar, vertritt Ochs die Ansicht, das Kastensystem sei Ausdruck der Abgeschlossenheit Indiens von äußeren Einflüssen und könne sich nur aus sich selbst und in der Isolation entwickelt haben.[116] Grauls Überlegungen, der den Ursprung der Kasten mit einer für die kulturelle und politische Entwicklung in Tamil Nadu im 19. Jh. sehr einflussreichen Theorie über das Verhältnis von Ariern und Draviden und der Eigenständigkeit der dravidischen Sprachen gegenüber dem Sankrit in Verbindung bringt, sollen hier zuerst ausführlicher dargestellt werden.

„‚Gott breite Japhet aus!' heißt es in der noachischen Weissagung (1 Buch Mosis 9,27.). Dieser Weissagung gemäß, zerstreuete sich der edelste Theil der Japhetiten, der sich wahrscheinlich auf dem iranischen Hochlande gesammelt hatte, in zwei Hauptgruppen. Von

112 MOIMH VII, 1855:66.

113 LASSEN 1847.

114 Siehe dazu GHURYE 1969:46.

115 Wie schwierig auch für Soziologen die Zuordnung von jāti und varṇa ist, hebt Srinivas hervor; SRINIVAS 1962:66.

116 OCHS 1860:3ff.

der, welche nach Nordwesten zog, stammen wir selbst; von der, welche die südöstliche Richtung einschlug, kommen die sanscritischen Hindus."[117]

Die Gründe, warum „unsere Vorfahren" mit der Sonne nach Norden ihrer „weltgeschichtlichen Bestimmung" gemäß gewandert sind, sieht Graul in ihrer Strebsamkeit, während die Sankrit sprechenden Arier als minder strebsamer Teil sich den sonnigen und fruchtbaren Süden ausgesucht haben. Obwohl also Europäer und Inder als der edelste Teil eines Stammes einen gemeinsamen Ursprung haben, legt bereits die Richtung der Völkerwanderung die geschichtliche Bedeutung der einzelnen Völker fest. Indien erscheint als das verlorengegangene Gegenstück zum christlichen Europa. Darin ist Graul dem Hegelschen Gedanken der Substantialität einer ‚an sich seienden' und nicht wirklich zu konkreter Freiheit vorstoßenden Subjektivität des indischen Geistes[118] verbunden, ein Gedanke, der vor allem zu Beginn des 20. Jh.s, als die Missionare sich mit dem wachsenden Nationalismus Indiens auseinandersetzen mussten, von Schomerus aufgenommen wurde.[119] Schon im Prozess der Einwanderung der ‚minder strebsamen' Arier nach Indien liegt die Wurzel der Geschichtslosigkeit des indischen Volkes sowie der Grund für seinen im 19. Jh. von den Missionaren statuierten, verkommenen moralischen Zustand. Da Graul jedoch, wie noch ausführlicher darzulegen sein wird, die arischen Einflüsse als die kulturtragende Schicht der südindischen Gesellschaft ansieht, ist seiner Überzeugung nach das Christentum aufgerufen, einen noch vorhandenen „Kern der Sittlichkeit zu veredeln".[120] Er wendet sich gegen die englischen Missionare, die die Brahmanen „für Volksbetrüger von vornherein erklären",[121] ohne ihre Bedeutung für die Entwicklung der indischen und auch insbesondere der tamilischen Kultur zu berücksichtigen.

Entscheidend für die weitere Entwicklung der Kasten in Indien ist für Graul die von Lassen vorgetragene Ansicht, dass die nomadisierenden Arier schon früh Ackerbau und Viehzucht betrieben haben.[122] Bereits der Begriff ārja, den Graul mit ‚Heerdgenosse' übersetzt,[123] deutet darauf hin, dass Ackerbau die Grundlage der entstehenden indischen Gesellschaft war, und dass diese neue Kulturform auch eine gesellschaftliche Reform mit sich bringen musste.[124] Diese Kulturentwicklung sieht

---

117 MOIMH VII,1855:66.

118 HEGEL 1970:174ff.

119 Siehe dazu unten Kapitel V.3c.

120 Graul wurde immer wieder als Romantiker bezeichnet, da seine Überlegungen zum ‚Volkstum' eine gewisse Glorifizierung der ursprünglichen indischen Kultur beinhalten, mir scheint jedoch ein aufklärerischer Aspekt in seinem Denken vorzuherrschen. Entscheidender ist jedoch, dass Graul hier in Bezug auf den brahmanischen Einfluss auf die tamilische Kultur einen in der dravidischen Bewegung kontrovers diskutierten Punkt andeutet. Zuerst FLEISCH 1936b:11f und RUNDBLOHM 1948:231; zur Diskussion über romantische Einflüsse bei Graul vgl. SIEBERT 1967:69ff.

121 GRAUL, Reise IV, 1855:151. Siehe auch GRAUL, Reise V/2, 1856:310.

122 LASSEN I, 1851:813ff.

123 Er bezieht sich auf Haucks Zendstudien in der ZDMG VIII, 1854:748; siehe dazu auch: TAMBY PILLAI 1914:21, der den Begriff mit ‚cultivator' übersetzt.

124 ELMB 1859:109.

Graul als eine ‚nothwendige Grundlage zur Gesittung' an, ja sie ist Grundlage des indischen Staates.[125] Die Differenzierung von sesshaften Bauern und Nomaden und die Überzeugung Grauls von der kulturtragenden Rolle der sesshaften Bauern, war Teil eines soziologischen und historischen Diskurses, der in der Mitte des 19. Jh.s vor allem in England geführt wurde,[126] und spielt eine entscheidende Rolle in der Unterscheidung von Hochkultur und niedriger Kultur in der indischen Gesellschaft. Der sesshafte, ackerbauende Teil einer Bevölkerung steht kulturell höher als die nomadisierenden unproduktiven Stämme, weil die Bauern durch ihre Produktivität die Ausbildung eines in Stände geordneten Volkes erst ermöglichen.[127]

Die ursprüngliche arische Bevölkerung bestand aus „viç", ein Begriff, den Graul mit „Ansiedlern" übersetzt und aus dem er ableitet, dass sich aus dem ursprünglichen Nährstand der Vaiśya erst später ein Lehrstand der Brahmanen und ein Wehrstand der Kṣatriya entwickelt hat. Diese drei Stände, die ursprünglich gleichgestellt waren, „machten die Grundlage des indischen Staates aus"[128]. Die Prämisse, die Graul hier anlegt, ist, dass sich die Spezialisierung der Arbeit und der Funktionen nach den Bedürfnissen aller im Staat richtet. Die Brahmanen erscheinen in diesem Staatsgebilde als ‚stellvertretende Gemeindebeamte', und Graul deutet purohita als den ursprünglichen Amtsnamen.

Die Gründe, warum sich aus diesen Ständen Kasten gebildet haben, sind nach Graul wirtschaftlicher und politischer Natur.[129] Die ausschließliche Beschäftigung mit Ackerbau sowie die Eroberung der eingeborenen Stämme haben die Stände erblich werden lassen. Durch die Unterwerfung der Ureinwohner ist dann ein Stand der Diener entstanden, der in das Kastensystem aufgenommen wurde, von dem sich jedoch die Arier als ‚dviga', ‚auf dem Wege der Kultur Wiedergeborene', absetzen mußten.[130]

Diese Sicht der Eroberung der indischen Ureinwohner durch eine in sich bereits strukturierte Gesellschaft, die Graul ebenfalls von Lassen übernommen hat, ist vor allem nach den archäologischen Entdeckungen von Mohenjo Daro und Harappa kontrovers diskutiert worden.[131] Die Frage, ob die Arier in Indien eingewandert und ob die Vermischung mit einer Urbevölkerung als ein kultureller Prozess zu deuten

---

125 MOIMH VII, 1855:67; siehe auch GRAUL, Reise IV, 1855:147.

126 Siehe dazu IRSCHICK 1994:153ff.

127 Grauls Suche nach den historischen Wurzeln einer bäuerlichen Gesellschaft, in der bestimmte Teile als nomadisch lebend ausgegrenzt waren, wie sie ihm auf seiner Reise in Indien begegnete, reflektiert eine soziale Bewegung in Indien im 19. Jh., die auf Ablösung des Mirāsidar-Systems, wie es seit dem Ende des 18. Jh.s genannt wurde, drängte und die landlosen Arbeiter (hauptsächlich Paraiyar) durch Einführung des Ryotwari-Systems sesshaft machen wollte. GRAUL, Reise V, 1856:136; dazu auch IRSCHICK 1994:32ff.

128 GRAUL, Reise IV, 1855:148. Die Auffassung von den drei ursprünglichen Ständen findet sich auch in Berichten derjenigen Missionare wieder, die Graul im Kastenstreit gefolgt sind, siehe z.B. BAIERLEIN 1874:148.

129 Vgl. diejenigen Theorien, die Kaste und Klassen verbinden, vor allem WEBER 1921:33ff.

130 GRAUL, Reise IV, 1855:148 (Schreibweise bei Graul).

131 Einen Überblick über diese Diskussion liefert KLOSTERMEIER 1994:33ff; dazu auch NANDI 1996.

ist, oder eine ursprüngliche Kultur durch die Eroberung durch die Arier zurückgedrängt und unterdrückt worden ist, gehört zu den problematischen Fragen, die heute in Indien nicht ohne ideologische Positionierung diskutiert werden können.[132]

Wichtig ist aber in unserem Zusammenhang, dass die Theorie einer gewaltsamen Eroberung von der dravidischen Bewegung zu Beginn des 20. Jh.s aufgenommen wurde, um die Identität einer ursprünglich egalitären und friedlichen Tamilgesellschaft gegen brahmanisch hierarchische Überfrachtung des tamilischen Kulturraums abzusetzen.[133] Literarische Hinweise für die Theorie von kriegerischen Übergriffen der im Norden lebenden Arier auf Südindien findet Graul in dem Epos Rāmāyaṇa, das die Eroberung Ceylons schildert und das auch von P. Sundaram Pillei (1855–1897), einem der bedeutendsten Vertreter der sich im 19. Jh. entwickelnden dravidischen Geschichtsforschung, als ein Bericht des Krieges zwischen Ariern und Draviden gedeutet wurde.[134]

Während Graul jedoch aus der Geschlossenheit und Starrheit der brahmanischen Ordnung, die er in Kerala (Malayalam) beobachtet hat,[135] auf eine ursprünglich militärische Eroberung der Ureinwohner durch die Arier schließt, geht er davon aus, dass die Arier in Tamil Nadu nicht in der Lage waren, die tamilischen Ureinwohner militärisch vollständig zu unterwerfen und den Grundbesitz an sich zu reißen.

Er stellt fest, dass von den arischen Kasten nur die Brahmanen in Tamil Nadu zu finden sind, die im Wesentlichen priesterliche Funktionen ausüben, und dass daher die Śūdras, in deren Händen der Grundbesitz liegt und die den Ackerbau übernommen haben, eine gesellschaftlich höhere Stellung einnehmen als in anderen Teilen Indiens.

> „... allein wenn, wie im Tamulenland, der eingewanderten Vaisja's nur wenige, die Sudra's aber, oder mit andern Worten die Urbewohner, die sich dem Gesetze des brahmanischen Staates unterwarfen, im Besitze des Grundes und Bodens waren, so konnte, da eine gewaltsame Unterwerfung seitens der arischen Einwanderer nicht statt fand, es kaum anders kommen, als daß die Sudra's wesentlich in die Stelle der Vaisja's einrückten und zu Ackerbauern, Hirten und Kaufleuten wurden."[136]

Linguistische Bestätigung für diese Theorie findet Graul in der Feststellung, „dass das tamulische Wort für Pflügen in seiner Wurzel ‚urzh' offenbar auf das sanskriti-

---

132 Siehe dazu HOCK 1999; BERGUNDER 2002.

133 Berühmt geworden ist V. KANAKASABHAIs 1904 veröffentlichtes Buch ‚The Tamils Eighteen Hundred Years Ago', Madras 1904; zur Tamil Renaissance siehe auch: NAMBI AROORAN 1980:25f; IRSCHICK 1969, WASHBROOK 1975, KRUSE 1975.

134 GRAUL, Reise IV, 1855:150; SUNDARAM PILLEI, 1897. E.V. Ramasami Naikar ein politischer Führer der Dravidischen Bewegung und einer der Gründer des ‚Self-Respect Movement' hat in seinem Kampf für die Rechte der Nicht-Brahmanen in Tamil Nadu 1922 dazu aufgerufen, das Rāmāyaṇa öffentlich zu verbrennen; RICHMAN 1994:177.

135 GRAUL, Reise III, 1854:221ff. Einen Großteil seiner Informationen über die gesellschaftlichen Verhältnisse in Kerala verdankt Graul dem Basler Missionar Hermann Gundert.

136 MOIMH VII, 1855:133.

sche ‚krish‘ zurückweist“[137]. Darüber hinaus beruft sich Graul auf eine tamilische Schrift über die Kasten ‚Cāti pētaka ṉūl‘, die, anders als das Mānavadharamśāstra, den Śūdras Ackerbau, Viehzucht und Handel zuschreibt.[138]

Graul hebt unter den Śūdras vor allem die Vanikar und die Vellalar als führende tamilische Kasten hervor, die nicht in das Varṇa-Schema der manusmṛti passen und in Status und Kastenhierarchie gestiegen sind, da sie faktisch die Rolle der Vaiśya übernommen haben.

In seinem Disput mit Graul bezeichnet Ochs diese Ansicht als absurd, da es keine exogamen Beziehungen und keinen Nahrungsmittelaustausch zwischen Śūdras und Brahmanen gäbe und da letztere die Śūdras nicht als rein anerkennen würden.[139] Ochs sieht die Kasten als Teil eines in der Hindu-Gesetzgebung von Brahmanen festgelegten hierarchischen Systems, das keinen Austausch und keine Mobilität zulässt.

Eine ähnliche Ansicht, wenn auch eine zu Ochs konträre Bewertung des Kastensystems, hat in neuerer Zeit Louis Dumont vertreten.[140] Auch für ihn ist das Kastensystem integral mit dem Hinduismus verbunden, ein System, das konträr zur westlichen Stellung des Individuums zur Gesellschaft, holistisch ist und in dem jeder einzelne durch eine hierarchische Ordnung auf dieses Ganze bezogen wird. Während aber Dumont forderte, dass die soziologische Interpretation des Kastensystems diese holistische Sichtweise übernehmen müsse,[141] setzten die Missionare, die im Kastenstreit radikaler vorgegangen sind, das von ihnen beobachtete Kastensystem bewusst in Opposition zu westlich-christlichen Werten von Freiheit.[142] In seiner Kritik an der Beurteilung der Kasten in europäischen Kategorien beruft sich Graul auf H.H. Wilson, den er zitiert:

> „Es ist ein großer Irrthum zu denken, daß die Kaste in Indien eine Schmach und Bürde sei. Diese Idee ist eben europäisch, entspringend wie viele andere aus dem Wahne, daß unsre eigenen Bräuche und Ansichten einen untrüglichen Maßstab für die anderer Völker bilden.“[143]

Grauls Sicht der Stellung der Śūdras in Tamil Nadu, auch wenn sie soziale, wirtschaftliche, religiöse und kulturelle Unterdrückung der Dalits beschönigt,[144] scheint

137 MOIMH III, 1851:117. Schreibweise bei Graul.

138 GRAUL, Reise IV, 1855:337 Anm. 157; MOIMH IV, 1852:57. Die Bedeutung der Śūdra in Tamil Nadu kommt auch in ihrer Bezeichnung maṇmakkaḷ (Kinder des Bodens) zum Ausdruck.

139 OCHS, Kaste, 1860:8.26.

140 DUMONT 1976.

141 Zur Kritik an diesem Ansatz Dumonts siehe neuerdings QUIGLEY 1993 und FULLER 1996.

142 Ochs nennt die Kaste „das monströse Uebel eines despotischen Hierarchismus“; OCHS, Kaste, 1860:23.

143 WILSON 1840:59, zitiert in: LELM, Stellung, 1861:88.

144 „Damit war auch den kastenlosen Tschandala's der Weg zu einer höhern Stufe im bürgerlichen Leben geebnet. Nur wo sie von Waffengewalt unterworfen wurden, oder sich culturscheu in die freien Berge zurückzogen, behielten sie ihre alte Stellung; wo sie aber, wie die Pariah's im Tamu-

zum einen die gesellschaftliche Wirklichkeit in Tamil Nadu besser getroffen zu haben als die Beschreibungen aus der Perspektive der manusmṛti,[145] zum anderen hat er bereits Prozesse aufgezeigt, die in der Soziologie und Geschichtsschreibung Südindiens nach wie vor diskutiert werden, vor allem die Frage der ‚Sanskritisierung'. Graul ist davon ausgegangen, dass soziale Mobilität und Anhebung des Status unter den Śūdra nicht allein wirtschaftliche Gründe gehabt haben kann, sondern dass auch exogame Beziehungen zwischen Ariern und Urbevölkerung dazu beigetragen haben, dass einige Śūdra-jātis einen Anspruch darauf erheben, arischen Ursprungs zu sein.[146] Obwohl Graul die drei zu seiner Zeit üblicherweise erwähnten Kriterien Erblichkeit, Endogamie und Trennung in der Nahrungsaufnahme als charakteristisch für die einzelnen Kasten ansieht,[147] so schließen sie doch für ihn Verschiebungen in der Hierarchie der jātis sowie das Entstehen neuer Unterkasten nicht aus.[148]

M.N. Srinivas hat in seinem Buch über ‚Religion and Society among the Coorgs of South India' (1952) den Begriff ‚Sanskritisierung' zuerst verwendet, um damit die Aufnahme orthodoxer Rituale und Doktrinen sowie kultureller und ethischer Werte des sanskritischen Hinduismus von niedrigeren Kasten zu bezeichnen. Er ging dabei von der Beobachtung aus, dass die Kaste sich nicht als rigides System darstellt, das ein für alle Male festgelegt ist, sondern dass es unter den niederen Kasten immer Mobilität gegeben hat.[149] Während Graul die soziale Mobilität der Urbevölkerung und die Übernahme von Kastenregeln hauptsächlich auf den ‚Einfluß brahmanischer Gesittung'[150] zurückführt und somit den Brahmanen eine zentrale Position für die kulturelle Entwicklung Tamil Nadus einräumt, setzt Srinivas den Begriff der Sanskritisierung gegen Brahmanisierung ab, da sich auch die brahmanische Kultur in der Begegnung mit der Urbevölkerung verändert habe.[151]

Ein weiterer wichtiger Aspekt der historischen Konstruktionen Grauls betrifft die Rolle der Adivasi, der nicht sanskritisierten Bergbewohner, und die Annahme, in ihnen die Adidravidas, die dravidischen Ureinwohner, gefunden zu haben. Wie

---

lenlande, allmählig ein Dienstverhältnis eingingen, da wurden sie, was die Sudra's nach Manu sein sollten, ja sogar noch mehr, denn die Dienste der Pariah's auf der Coromandelküste sind durchaus frei." MOIMH VII, 1855:133; auch GRAUL, Reise III, 1854:314. Eine Dreiteilung der tamilischen Gesellschaft war auch schon den Dänisch-Halleschen Missionaren bekannt. 1827 schreiben Walther, Pressier, Dal und Bosse: „... so ist zu wissen, daß alle Malabaren in folgende drei allgemeine Sorten gemeiniglich eingetheilet werden, nämlich: 1. Brahmaner, 2. Der Sittier und 3. Der Pareier." HB cont. 25, 1727:38.

145 Zur Diskussion der einzelnen Kasten in Tamil Nadu siehe unten, S. 169ff.

146 GRAUL, Reise IV, 1855:168.

147 ELMB 1859:111f.

148 Grauls Beobachtungen überschneiden sich hier mit Überlegungen von C. Bayly, der darauf hingewiesen hat, dass die Kasten in der vorkolonialen Zeit des 18. Jh.s und des frühen 19. Jh.s nicht als zu sehr festgelegt und unveränderbar angesehen werden dürfen. BAYLY 1988:11.

149 SRINIVAS 1952:30.

150 GRAUL, Reise IV, 1855:151.

151 SRINIVAS 1962:42. Der Begriff ‚Hinduisierung', den Max Weber eingeführt hat, ist fragwürdig, weil er von einer Vorstellung eines schon bei der Begegnung der Arier mit der Urbevölkerung ausgeformten Hinduismus ausgeht; WEBER 1921:15.

weiter unten zu zeigen ist, spielen die Adidravidas eine zentrale Rolle in der Rekonstruktion der dravidischen Sprachfamilie. Während derjenige Teil der Urbevölkerung, der sich der arischen Invasion unterwarf, als Śūdras in das Kastensystem integriert wurde, wurden diejenigen Bevölkerungsteile, die sich der arischen Beeinflussung widersetzten und sich in die Berge zurückzogen, aus dem Kastensystem und damit aus dem ‚indischen Staate', ja aus der ‚menschlichen Gesellschaft' ausgeschlossen.[152] Diese Theorie, die zuerst von William Jones vertreten wurde und 1808 von Alexander Hamilton auf Überlegungen zu sprachlichen Differenzen zwischen Ariern und Bergbewohnern ausgedehnt wurde,[153] macht deutlich, dass der orientalistische Diskurs über Indien im 19. Jh. keineswegs eine sprachliche und ethnische Einheit eines gesamten Indien im Gegenüber zu Europa repräsentiert hat, sondern dass die Frage nach der Identität der indischen Ureinwohner bereits zu Beginn des 19. Jh.s intensiv diskutiert wurde.

Graul schließt aus den ‚survivals', die er unter den ‚Todavar', den ‚Pulayar' und anderen Bergstämmen findet, auf einen nomadischen Ursprung der Bevölkerung Südindiens. Diese ‚survivals' bieten für die gegenwärtige Dalit- und Adivasibewegung einen Anknüpfungspunkt, ihre eigene Geschichte als Widerstandsgeschichte gegen die brahmanischen Unterdrücker zu deuten, die eigenen kulturellen Werte wiederzuentdecken und sich selbst von Objekten der Geschichte zu deren Subjekt zu machen.[154] Dagegen schließt Graul aus ihrer Lebensweise und ihren Essgewohnheiten auf eine kulturell weniger entwickelte Stufe der Bevölkerung. In seiner Reisebeschreibung interpretiert Graul den Widerstand und Rückzug der Urbevölkerung als Fortsetzung des ‚süßen Naturlebens' und freiwillige Verkümmerung[155] und er leitet daraus eine Berechtigung der Kasten als Institutionen ab, in denen Kultur und Moral gewahrt worden sind und in denen zivilisiertes Verhalten sich entwickeln konnte.[156]

Grauls Interpretation der Kaste als einer patriarchalischen Ordnung, die Sittlichkeit gewährleistet, ist in ihrer rassistischen Beurteilung der kulturellen Überlegenheit der arischen Brahmanen und in der Abwertung eines der Natur nahen Lebensstils der Bergbewohner ein Beispiel für die Instabilität des orientalistischen Diskurses. Durch die Verbreitung der von Europäern entwickelten Theorie von der Ureinwohnerschaft der Adivasi und der Brahmanisierung der unteren Kasten war der Diskurs nicht mehr einseitig von Europäern zu steuern. Von den Adivasi- und in der Dalit-Bewegung im 20. Jh. wurde die Theorie der Ureinwohnerschaft und des Widerstands gegen Brahmanisierung übernommen, und ein ökologisch verträglicher Lebensstil wurde als kultureller Gegenentwurf zur dominanten Kultur der Kolonialmacht und ihrer postkolonialen Nachfolger präsentiert. Homi Bhabha hat diese Übernahme des orientalistischen Diskurses durch die kolonialen Subjekte ‚subver-

152 ELMB 1859:110; MOIMH VII, 1855:68; GRAUL, Reise III, 1854:314.

153 Vgl. TRAUTMANN 1997:147ff. Zu Hamilton siehe unten S. 116ff.

154 AMBEDKAR VII, 1990:239ff.

155 GRAUL, Reise IV, 1855:148.

156 ELMB 1851:31f.

sive Nachahmung' genannt, durch die die Hybridität[157] des Diskurses aufgedeckt und dieser in sein Gegenteil verwandelt wird.

An den protoethnographischen Analysen Grauls zur tamilischen Gesellschaft wird aber auch deutlich, dass soziale Mobilität von einzelnen Kasten nicht ausgeschlossen werden kann und dass das ‚Kastensystem' regional sehr unterschiedlich strukturiert ist, so dass man fragen kann, ob es um die Mitte des 19. Jh.s ein panindisches System gegeben hat und ob ein genuiner Zusammenhang zwischen Kaste und sozialem Status bestanden hat.[158]

Während Graul also den Ursprung der Kasten auf die Schwelle der Einwanderung der Arier nach Indien zurückführt und aus einer auf ökonomischen Prinzipien errichteten Ständeordnung ableitet, sieht Ochs ihn in einer Verbindung von anthropologischen Grundanlagen und ‚Brahmanismus'. Das menschliche Streben nach Wissen, Gewalt und Besitz führt in allen sesshaften Kulturen zur Ausbildung von vier Ständen, den Gelehrten, den Kriegern, den Ackerbauern/Händlern und den Dienern. Diese Gesellschaftsordnung sieht Ochs als „gut und Gott wohlgefällig" an, sie ist aber in Indien pervertiert worden, als die Brahmanen Landbesitz und Macht an sich gerissen haben. Dies wurde möglich, weil die Krieger und Händler sich in Indien praktisch nie richtig ausgebildet haben. Ochs teilt die Auffassung, dass Indien ein geschlossenes und in sich ruhendes Land sei, das keine Eroberungen und keinen Handel betrieben habe, letztlich fremdbestimmt sei und keinen geschichtlichen Fortschritt kenne.[159] Kṣatriyas und Vaiṣyas haben, da sie in Tamil Nadu nicht vorhanden sind, an Bedeutung verloren, und die Śūdras haben ihre Position eingenommen.[160] Ochs beurteilt diesen Prozess sozialer Mobilität aber nicht aus der Perspektive der tamilischen jātis, sondern aus der Sicht des Manavadharmaśāstra, das allein maßgeblich war für die Verhärtung der Stände in Kasten. Brahmanische Macht wurde durch Religion gesichert, und mit Hilfe von Reinkarnations- und Karmavorstellungen sowie der Einführung von Reinheits- und Segregationsvorschriften wurden andere Stände von der Teilhabe an der Macht ausgeschlossen. Brahmanismus und Kastensystem sind daher nicht voneinander zu trennen. Aus dieser Analyse der Entstehung der Kasten hat Ochs abgeleitet, dass es in der Kastenfrage keine Trennung zwischen bürgerlicher und religiöser Ordnung gäbe, sondern dass Kaste und Brahmanismus so eng miteinander verbunden seien, dass das eine ohne das andere nicht bestehen könne.[161] Die Identität von Kasten und Brahmanismus, die Ochs für einen

157 BHABHA 1994, KING 1999:203.

158 Zur Diskussion von Mobilität im Kastensystem siehe SRINIVAS 1968:189–200; SILVERBERG 1967. Während Graul die ‚Freiheit' der Paraiyar als Mangel an Zivilisation deutet, wird von einigen Ethnologen des 20. Jh.s die gleiche Beobachtung einer relativen Freiheit der Paraiyar und Pallar anders gedeutet: als positiver Zustand psychischer Freiheit und Natürlichkeit; siehe GOUGH 1956:845ff.

159 OCHS 1862:3.20f.

160 OCHS 1856:4, in: LMA, VSK I.

161 OCHS 1862:22. Siebert vertritt in ihrer Analyse des Kastenstreits letztlich die Position von Ochs, wenn sie Graul vor allem vorwirft, dass er die Vorstellungen von Karma und Reinkarnation in seiner Interpretation der Entstehung der Kasten zu wenig berücksichtigt habe. SIEBERT 1967:8.56.

kulturellen Stillstand in Indien verantwortlich macht und die er als die zentrale Ursache für den sittlichen Verfall der indischen Bevölkerung ansieht, lässt keinen Anknüpfungspunkt für die christliche Botschaft zu. Anders als Graul, der die Entstehung der Kasten unter der Perspektive gedeutet hat, die das Christentum als Vollenderin einer schon in den Wurzeln der indischen Geschichte angelegten moralischen und kulturellen Ordnung erscheinen lässt, sieht Ochs den christlichen Glauben in absolutem Gegensatz zu einer despotischen und teuflischen, religiös verbrämten Ordnung, die sich auf Erscheinungsform und Charakter der indischen Bevölkerung ausgewirkt hat.

> „Neu ankommenden Europäern scheinen alle Gesichter der Farbigen gleich zu sein, erst allmälig bekommt einer ein Auge für die Unterschiede. Wenn man dann einem Haufen Heiden predigt und Muße hat, ihre Gesichter zu betrachten, so hat man ein Bild vor sich, wie es in Deutschland kaum ein Zuchthaus zu liefern im Stande sein wird. Stumpfe Gleichgültigkeit, grobe Sinnlichkeit, unzugängliche Dummheit, Bosheit, List, Hochmuth, Zorn, Geiz, haben sich klar auf dem Gesicht abgespiegelt, wie sie ungezügelt im Herzen hausen. Es sind Karrikaturen des menschlichen Angesichts, entstellt durch die Sünde; ein Anblick von dem man sich abwendet. Natürlich giebt es auch Ausnahmen. Aber auffallend ist es, wie sehr sich die Gesichter der Christen gegen die der Heiden vortheihaft abstehen.“[162]

Die Theorien von der Entstehung der Kasten und dem Prozess des Kulturtransfers einer arisch-bäuerlichen Zivilisation auf die nomadische Urbevölkerung, die auch Graul vertreten hat, sind nicht unwidersprochen geblieben. Zum Ende des 19. Jh.s hat es in Tamil Nadu zahlreiche Debatten in Tageszeitungen und Magazinen zu dieser Frage gegeben, die von zentraler Bedeutung für das Entstehen einer dravidischen Bewegung waren. Thillanayangam Pillay schrieb 1898 im ‚Indian Social Reformer‘ zur Frage des ‚National Progress‘: „It is the brahmans that brought light and civilisation to Southern India. Their example is followed by other castes, who look to them for their regeneration.“[163] Vor allem unter den Vellalar ist aber eine Bewegung entstanden, die intendierte, die vorarische Kultur wiederzubeleben und sich des varṇa-Schemas zu entledigen, das den Vellalar nur die Position von Śūdras einräumt. Zahlreiche historische Untersuchungen wurden zur Frage einer eigenständigen Tamil-Kultur veröffentlicht.[164] Zum zentralen Punkt der Identifizierung einer eigenständigen tamilischen Kultur wurde die Sprache, die im 19. Jh. von Indologen und Missionaren als das entscheidende Kriterium zur Unterscheidung von Völkern und Rassen angesehen wurde.

162 Ochs, in: NOI 1859:27.

163 Zitiert in: TA I,3, 1908:11.

164 Z.B. Srinivasa Aiyangar 1985 (reprint); Krishnaswami Ayangar 1923; Kanakasabhai 1904.

2.3. Arisch und Dravidisch – Zum Verhältnis von Kaste, Rasse und Sprache

Der Sanskritbegriff varṇa deutet nach Graul auf einen Stammesunterschied hin, der sich bereits in der unterschiedlichen Hautfarbe der Angehörigen der verschiedenen Kasten bemerkbar macht. Siebert hat Graul Rassismus vorgeworfen, weil er Kastenhierarchie mit Schattierung der Hautfarbe analog gesetzt und aus einer helleren Hautfarbe auf eine höhere Zivilisationsstufe geschlossen habe.[165] Dieser Vorwurf ist sicherlich berechtigt, wenn man sich bewusst macht, dass Graul den arischen Brahmanen eine kulturtragende Rolle zugeschrieben hat. Dennoch bedarf er der Interpretation, weil es gerade die Einführung des Rassenbegriffs in die arisch-dravidische Theorie war, die den Draviden in den Reformbewegungen des 19. Jh.s ein zentrales Argument für die Unabhängigkeit von den dominanten Ariern lieferte.

Es finden sich in Grauls Reiseberichten und Abhandlungen zahlreiche Belege dafür, dass er eine hellere Hautfarbe mit arischer Abstammung in Zusammenhang bringt[166] und dass er die Brahmanen als „von edlerem Stamme als die Urbevölkerung, besonders wenn der letzteren auch ein afrikanisches Element beigemischt sein sollte“[167], ansieht. Allerdings:

> „Die Frage, ob der Urbevölkerung auch africanische Elemente beigemischt waren, lasse ich für jetzt unentschieden. Die schwärzere Farbe der nicht arischen Volksklassen ist an und für sich nicht entscheidend, da sie sich allenfalls aus der rohern und geringern Lebensweise jener Stämme erklären ließe.“[168]

Er verwendet den Begriff ‚Rasse‘ in der Bezeichnung der Arier und Ureinwohner nur an einer Stelle. In einem Bericht von 1851 nimmt er an, „daß die Brahmanischen Hindus von edlerer Rasse als die Urbevölkerung“[169] seien, ansonsten ordnet er aber beide der „japhetischen Raçe“[170] zu. Sicherlich war Graul beeinflusst von frühen anthropometrischen Untersuchungen und evolutionistischen Theorien, und er stand im Austausch mit Ethnologen und Missionaren, die afrikanische Völker beschrieben und eingeordnet haben.[171] Ausschlaggebend für die Unterscheidung von Ariern und Ureinwohnern waren für ihn jedoch sprachliche Kriterien. Die kulturelle Höherbewertung der Arier leitet er allein aus ihrer Sesshaftigkeit ab. Die vorwiegende Ver-

---

165 SIEBERT 1967:53.55.

166 GRAUL, Reise III, 1854:27.182; Reise IV, 1855:152.

167 GRAUL, Reise III:1854:315.

168 MOIMH III, 1851:116. Graul kritisiert die Verachtung der sogenannten ‚Ostindier‘ durch die Europäer: „Man höre doch endlich auf, die dunkleren oder lichteren Schatten der Hautfarbe zu Gradmessern gesellschaftlicher Achtung zu machen!“; GRAUL, Reise V, 1856:145.

169 ELMB 1851:31. Diese Stelle hat Dagmar Hellman-Rajanayagam, die annimmt, dass Graul den Begriff ‚Rasse‘ nie zur Unterscheidung von Ariern und Draviden verwendet, wahrscheinlich nicht gekannt, HELLMANN-RAJANAYAGAM 1995:112 Anm. 8.

170 MOIMH III, 1851:115.

171 Siehe z.B. GRAUL, Reise III, 1854:320 Anm. 3 u. 4.

wendung des Begriffs ‚Rasse' in Verbindung mit den Japhiten deutet darauf hin, dass Graul insofern an einer an der biblischen Tradition orientierten Theorie der Entstehung der Völker festhält, als er zwischen den drei biblischen Stämmen unterscheidet und eine grundsätzliche Wertigkeit zwischen Sem, Ham und Japhet nicht im Interesse seiner ethnologischen Überlegungen zur Kastenordnung in Indien liegt.

In Grauls Berichten finden sich hin und wieder anthropometrische Feststellungen, die in der kolonialen ethnologischen Taxonomie unter Herbert Risley (1851–1911), dem Commissioner der Volkszählung von 1901, an Bedeutung gewannen und schließlich zu einer differenzierten rassischen und rassistischen Kategorisierung der einzelnen Kasten geführt haben.[172]

Das in den neueren einschlägigen Tamil-Lexika gebräuchliche Wort für Rasse ist iṉam.[173] Wie Dagmar Hellmann-Rajanayagam aufgezeigt hat, ist diese Konnotation von iṉam mit Rasse erst Ende des 19. Jh.s und zu Beginn des 20. Jh.s in Schriften von Swami Vedāchalam nachzuweisen, der den Begriff strategisch einsetzt, um die Unabhängigkeit der Tamilen zu begründen.[174] In der Caṅkam-Literatur wird iṉam durchgängig als Gattungsbegriff gebraucht, in erster Linie für Tiere.[175] Graul hat während seiner Reise in Südindien das ‚Malabar and English Dictionary' von Fabricius in der Auflage von 1809 benutzt, in dem der Begriff Rasse nicht vorkommt.[176] Erst in der Auflage von 1910 wird der Begriff kulam mit ‚family, race, tribe, decent, caste' übersetzt.[177] Fabricius übersetzt iṉam mit ‚kindred, relationship, class, sort, company, flock, herd'[178]. Der Begriff ‚class' könnte darauf hindeuten, dass Fabricius iṉam in Verbindung mit Kaste gebracht hat. Während aber bei Fabricius alle Übersetzungen Relationsbegriffe und Gruppenbezeichnungen darstellen, liest Graul in einem Kommentar zu Pavanantis Grammatik Naṉṉūl (um 1855) iṉam als einen

172 Dazu BAYLY 1995:169; BATES 1995:241; INDEN 1990:58; PANT 1987:145ff.

173 Kriyaviṉ Taṟkālat Tamiḻ Akarāti (Tamiḻ-Tamiḻ Āṉkilam), 1992:120, setzt iṉam in Verbindung mit kulam und übersetzt: „race, ethnic group, community"; siehe auch University of Madras 1992:801; LIFCO 1966:103.

174 HELLMANN-RAJANAYAGAM 1995:115; sie weist allerdings darauf hin, dass die Ursprünge dieser Übersetzung nicht geklärt werden können, 116. Swami Vedāchalam (1875–1950) hat in einem Buch ‚Vēḷāḷar Nākarikam' (Vellalar Zivilisation) von 1923 unter Bezugnahme auf das Tolkāppiyam argumentiert, dass die Brahmanen eine fremde Rasse sind, die in das Land der ursprünglichen Draviden eingedrungen sind und diesen das Kastensystem aufgedrückt haben. Die ursprünglichen Draviden werden von Swami Vedāchalam, der seinen Namen später in Maṟaimalaiyaṭikaḷ änderte, mit den Vellalar identifiziert; siehe IRSCHICK 1969:296.

175 HELLMANN-RAJANAYAGAM 1995:114.

176 FABRICIUS' Wörterbuch wurde 1779 unter dem Titel ‚A Malabar and English Dictionary' veröffentlicht und 1809 unverändert abgedruckt. Ein Exemplar mit handschriftlichen Anmerkungen Grauls findet sich in der Bibliothek der Leipziger Mission in Kodaikanal, ebenso eine Tamil Bibel von 1844 mit Grauls handschriftlichen Notizen. Graul hat auch das 1830 veröffentlichte ‚Dictionary of the Tamil and English Languages' des Halleschen Missionars Rottler, das auf dem von Fabricius aufbaut, herangezogen.

177 FABRICIUS 1910:216.

178 FABRICIUS 1910:76; diese Übersetzung ist auch in der vierten Auflage von 1972 beibehalten worden.

geschichtlichen Begriff. Er ist der Ansicht, dass iṉam auf ‚die gleiche Geburt' zu beziehen ist und ‚Ursprünglichkeit' zum Ausdruck bringt.[179] Er hat damit dem Begriff zum ersten Mal eine Deutung gegeben, die für spätere Interpretationen von Tamiḻ iṉam als einem eigenständigen Volk der Tamilen und der Konsolidierung eines ethnischen Bewusstseins von zentraler Bedeutung wurde.[180]

Die Frage stellt sich aber, wer iṉam ist bzw. wer dazugehört. Wie Hellmann-Rajanayagam gezeigt hat, ist im 19. Jh. die Verbindung von Tamil-Identität und iṉam noch nicht nachzuweisen,[181] und auch in der klassischen tamilischen Literatur kommt Tamil als Identitätsmerkmal eines Volkes nicht vor bzw. es ist sehr schwierig nachzuweisen.[182] Die Entscheidung über nationale Identität, und auch wie Arier und Ureinwohner zu unterscheiden sind, kann, so sieht es Graul, trotz aller Überlegungen über Sesshaftigkeit und unterschiedliche Hautfarbe allein die Analyse der Sprachen erbringen. Romantische Überlegungen zur Sprache als Ausdruck der Nationalität werden von ihm verbunden mit Überlegungen zu rassischen Differenzen.

Die Überlegungen Grauls zur dravidischen Sprache als Identitätsmerkmal der von den Ariern abzusetzenden dravidischen Bevölkerung sind sicherlich als einer der bedeutendsten Beiträge der Leipziger Missionare zur Indologie des 19. Jh.s zu rechnen.

Graul hat keine sprachgeschichtliche Unterscheidung zwischen oraler Tradition und Schriftsprache getroffen und von der Feststellung, dass die Tamilsprache von Sanskritelementen durchsetzt ist, auf einen arischen Einfluss auf eine der turanischen Sprachfamilie[183] zugehörige Sprache geschlossen. Da die Turanier aber Nomaden waren, so folgert Graul, müsse auch die indische Urbevölkerung Nomaden gewesen sein. Er stellt aber fest, dass es neben dem turanischen Kern der Ursprache auch javanische Elemente gibt, die unabhängig von dem Einfluss des Sanskrit auf eine ursprüngliche Gemeinsamkeit von Ariern und Draviden schließen lassen, die Graul als japhetisch bezeichnet. Er bezeichnet dieses Problem als die zentrale ethnologische Frage, relativiert aber seine Beobachtungen dahingehend,

---

179 LMA, GN, Kapsel 6, Notizen zur Tamil Literatur, Naṉṉūl, 28; Graul hat einen 54-seitigen Kommentar zu Pavananti's klassischer Grammatik Naṉṉūl (das gute Buch) aus dem 12. oder frühen 13. Jh. verfaßt. ZVELEBIL 1992:227, berichtet, dass ein Teil des Naṉṉūl 1837 von Missionaren der LMS gedruckt und im Tamil-Unterricht für die B.A. Kurse an der Universität verwendet wurde. Graul hat ein handschriftliches Exemplar der vollständigen englischen Übersetzung auf seiner Reise von dem S.P.G.-Missionar Henry Bower erhalten, als er diesen 1853 in Vetiarpūram besuchte. Allerdings wurde die revidierte Fassung erst 1876 gedruckt. In einem Glossar des vierten Bandes der Bibliotheca Tamulica übersetzt Graul iṉam allerdings mit ‚crowd, kindred, affinity'; Graul, BT IV, 1865:314.

180 Siehe dazu HELLMANN-RAJANAYAGAM 1995:137, die vor allem E.V. Ramasamy Naikers Rolle in der Popularisierung von iṉam hervorhebt; auch DIRKS 1996:279.

181 HELLMANN-RAJANAYAGAM 1995:117.

182 ZVELEBIL 1992:137.

183 Der Begriff Turanier stammt von Baron Bunsen, an den MAX MÜLLER 1854 einen Brief ‚On the Turanian Languages' schrieb, in dem er die turanische Sprachfamilie, zu der er auch das Tamil zählte, von den arischen und semitischen Sprachen absetzte.

dass er zum einen auf noch zu unternehmende sprachgeschichtliche Forschung verweist, um diese Frage zu klären, zum anderen, dass sich die Sprachfamilie, zu der das Tamil gehört, „sich um so viel mehr den Turaniern zuneigt, als eine durchgehende grammatische Verwandtschaft einzelne lexicographische Anklänge an ethnologischer Bedeutung überwiegt“[184]. Die lexikographischen Anklänge des Tamilischen an indo-arische Sprachen scheinen in Tamil Nadu zur Zeit von Grauls Reise diskutiert worden zu sein. Obwohl er aus sprachwissenschaftlichen Gründen diesen Anklängen weniger traut als grammatikalischen Strukturen,[185] so geben sie ihm doch Argumente, den biblischen Befund von der ursprünglichen Einheit der Menschen und ihre Aufteilung in nur drei Rassen zu untermauern.

In der dravidischen Reformbewegung des späten 19. und frühen 20. Jh.s sowie durchgehend in der wissenschaftlichen Literatur wird die Entdeckung der dravidischen Sprachen und die erstmalige Verwendung des Begriffes ‚dravidisch‘ für verschiedene, einer Familie zugehörige Sprachen Robert Caldwell (1814–1891), dem Missionar und Bischof der Mission in Tinnevelly, zugeschrieben.[186] Caldwell hatte 1856 seine ‚Comparative Grammar of the Dravidian or South Indian Family of Languages‘ veröffentlicht, die 1875 in zweiter und 1913 in dritter Auflage erschienen ist. In dieser vergleichenden Grammatik wies er nach, dass die dravidischen Sprachen unabhängig von Sanskrit und der indo-arischen Sprachfamilie sind. Er ordnet sie der scythischen Sprachfamilie zu, da sich strukturelle Parallelen zwischen den dravidischen und der finnischen und türkischen Sprache feststellen lassen, und schließt daraus, dass die Ureinwohner Indiens vor den Ariern aus Zentralasien nach Indien eingewandert sein müssen, dass aber auch eine ursprüngliche Beziehung zwischen den arischen und den scythischen Völkern bestanden haben muss.[187]

> „The hypothesis of the existence of a remote original affinity between the Dravidian languages and Sanskrit, or rather between those languages and the Indo-European family of tongues, inclusive of Sanskrit, of such a nature as to allow us to give the Dravidian languages a place in the Indo-European group, is altogether different from the notion of the direct derivation of those languages from Sanskrit.“[188]

---

184 MOIMH III, 1851:115; GRAUL, Reise IV, 1855:149.

185 „... allein hierbei ist die bekannte philologische Thatsache nicht außer Acht zu lassen, daß oft die unähnlichsten Wörter stammverwandt sind, die ähnlichsten aber auch gar nichts mit einander zu thun haben. Solche Wörter, deren Anklang an westarische durch das Sanscrit geschichtlich vermittelt ist, können ohnehin nicht in Betracht kommen.“ GRAUL, Reise IV, 1855:335 Anm. 140.

186 SRINIVASA AIYANGAR 1982:6; SENATHI RAJA 1910:3; SESHA IYENGAR 1925:26; SHEHAGIRI SASTRI 1884:9; NARAYANA RAO 1929:69; KANAKASABHAI 1904:10; SAVARIROYAN 1907:16; THAMBI PILLAI 1907:43.

187 Diese Theorie ist wahrscheinlich zuerst von R. Rask aufgestellt worden; siehe RHODE 1827:VIIf; CALDWELL 1913:61.

188 CALDWELL 1913:42.

Dieser gemeinsame Ursprung der Sprachen ist nach Caldwell eine Bestätigung für die von Gott geschaffene ursprüngliche Einheit aller Menschen nach Apg 17,26.[189] Caldwell bestätigt mit seiner linguistischen Theorie zugleich auch die Resolution der Madras Missionary Conference von 1850, die Kastenfrage betreffend, die sich ja auf den selben biblischen Text beruft. Die Frage, wie dann der wesentliche Unterschied zwischen den dravidischen und den indo-europäischen Sprachen entstanden ist, beantwortet Caldwell mit der höheren Begabung der Indo-Europäer:

> „This remarkable difference between the Indo-European languages and those of the Scythian stock seems to have arisen partly from the higher mental gifts and higher capacity for civilisation, with which the Indo-European tribes appear to have been endowed from the beginning, and still more from the earlier literary culture of their languages, and the better preservation, in consequence, of their forms and roots. It seems also to have arisen in part from their settled habits, in comparison with the wandering, nomadic life led by most Scythian tribes."[190]

Inden hat die rassistischen Implikationen von Caldwells und Max Müllers Sprachtheorien aufgedeckt,[191] den Aspekt der Verbindung einer hierarchischen Taxonomie der Sprachen durch die missionarische und indologische Forschung des 19. Jh.s mit einer Rassenideologie aber m.E. zu stark pauschalisiert. Gerade unter den Missionaren gibt es um die Mitte des 19. Jh.s zahlreiche Beispiele einer ausgesprochenen Bewunderung für die Struktur und den grammatikalischen Aufbau der dravidischen Sprachen. So schreibt z.B. der Missionar Bernhard Schmid[192] 1829 über Tamil:

> „Man kann sich leicht denken, daß ein Volk, das seit Jahrtausenden ununterbrochen gute Schriftsteller hatte, eine sehr ausgebildete Sprache besitzen muß. Du wirst es mir kaum glauben, wenn ich Dich versichere, daß die Tamulische Sprache selbst die Griechische an logischer Bestimmtheit und Regelmäßigkeit der Analogie weit übertrifft."[193]

Hier ist zum ersten Mal, so weit ich weiß, tamilische Sprache und Kultur mit der griechischen verglichen worden. Auch Graul sieht vor allem den Tirukkuṟaḷ als eine Schrift, die an griechische Vollendung heranreicht;[194] er kann sich jedoch aufgrund

---

189 CALDWELL 1913:68.

190 CALDWELL 1913: 69.

191 INDEN 1990:60.

192 Bernhard Schmid arbeitete seit 1817 im Dienst der CMS als Mitarbeiter von Rhenius in Indien, zunächst in Madras, dann ab 1820 in Palayamkottai und ab 1829/30, nachdem er sich im Streit mit der CMS zu Rhenius gehalten hatte, in den Niligiris-Bergen unter den Todawern (Todas). In dieser Zeit (1834) plante er, sich von der CMS endgültig zu trennen, die keine Arbeit in den Niligiris anfangen wollte, und wandte sich an die Franckeschen Stiftungen in Halle mit der Bitte um Unterstützung seiner Arbeit (NHB 83, 1837:1045). Seine Briefe und Berichte wurden in den NHB abgedruckt und haben so Auswirkungen gehabt auf die Tamilforschungen der Leipziger Missionare.

193 NHB 83, 1837:1008.

194 GRAUL, Reise IV, 1855:193.

der „ausschweifenden Phantasie“ der tamilischen Poesie nur dazu durchringen, die Kultur der Tamilen als einen „Halbbruder des griechischen Genius“[195] zu würdigen.

Die Bedeutung, die Caldwells Theorie für die dravidische Reformbewegung trotz seiner kulturellen Abwertung der dravidischen Sprachen gehabt hat, ist nicht zu unterschätzen. Wenn auch eine Ableitung der dravidischen Sprachen aus dem scythischen Sprachstamm und die Theorie einer Einwanderung der dravidischen Völker schon früh widerlegt worden sind, so war doch die Entdeckung einer gemeinsamen dravidischen Sprachfamilie, die sich als linguistisch unabhängig von der Sprache der Arier erwies, von hoher politischer Bedeutung. Caldwells Grammatik wurde von P.K. Govindan, einem Führer der Dravida Munnetra Kazhagam übersetzt und zusammen mit politischen Schriften der Partei veröffentlicht. In der Forschung wurde dieser Theorie zum Teil eine Initialfunktion für die dravidische Bewegung zugeschrieben.[196] Arooran ist sogar der Ansicht, dass ein dravidisches Bewußtsein erst nach dem Erscheinen von Caldwells Grammatik gewachsen ist.[197] Hellman-Rajanayagam hat, obwohl sie als einzige unter den gegenwärtigen Historikern und Dravidologen auch Grauls Beitrag würdigt, die allgemein vertretene Auffassung bestätigt, dass Caldwell die dravidische Sprachfamilie entdeckt hat,[198] und laut Zvelebil war er der erste, der das Wort ‚dravidisch‘ verwendet hat.[199]

Bisher ist es unbekannt geblieben, dass deutsche Missionare bereits vor Caldwell die gleichen Überlegungen über eine dravidische Sprachfamilie angestellt haben und dass Graul mindestens zwei Jahre vor Caldwell den Begriff ‚dravidisch‘ eingeführt hat.[200] 1855 schreibt er:

---

195 GRAUL, Reise IV, 1855:198.

196 KRUSE 1975:11; IRSCHICK 1969:276f; neuerdings auch DIRKS 1996:272ff.

197 AROORAN 1980:12.

198 HELLMAN-RAJANAYAGAM 1995:132.

199 ZVELEBIL 1992:18; weitere ähnliche Feststellungen siehe PANDIAN 1987:61; INDEN 1990:59f; RYERSON 1988:60.

200 Graul bezieht sich in seinen Schriften zwar auf Caldwells Abhandlung über die Tinnevelly Shanars, und Cordes, war bei seiner Ankunft in Indien mehrere Wochen bei Caldwell in Madras (siehe HANDMANN 1903:94). In Grauls Nachlass finden sich jedoch keine Hinweise auf eine Abhängigkeit voneinander hinsichtlich der dravidischen Forschungen. 1859 rezensiert Graul Caldwells Grammatik in den MOIMH, bezweifelt dort jedoch die im englischen Sprachraum vertretene Auffassung, Caldwells Werk sei der Grammatik von Bopp gleichzustellen. Er freut sich jedoch, dass Caldwells Forschungen seine eigenen in vielen Punkten bestätigen, MOIMH XI, 1859:4f. 1857 kritisiert Graul in der AZA in einer Rezension von Caldwells Grammatik, obwohl er in ihr seine eigenen Forschungen durch Caldwell bestätigt sieht, die dieser nicht gekannt haben kann, dass Caldwell die Abhängigkeit der dravidischen Sprachen von den arischen und semitischen zu sehr betone, und sich in seinem Sprachvergleich zu stark von Gleichklängen habe leiten lassen. Caldwell habe in seinen Sprachvergleichen die historische Dimension der Beeinflussung der arischen und semitischen Sprachen auf die dravidischen zu wenig berücksichtigt und z.B. den Einfluss der Muslime auf die südindische Sprachentwicklung außer Acht gelassen. GRAUL, Caldwell, in: AZA vom 23.11.1857:5226. Germann, der Caldwells Theorie ebenfalls, allerdings in Anlehnung an Graul, kritisiert, stört sich vor allem an Caldwells polemischen Äußerungen gegen Max Müller und dessen Überlegungen zu den turanischen Sprachen. GERMANN, in: LMA, GN, Kapsel 10, Aktenstück: Kunde von Ostindien,

„An der Spitze der indischen Ursprachen, die wir unter dem Namen Dravida umfassen, finden wir, als die gemeinschaftliche Mutter, das Tamul …“[201]

Diese Nichtbeachtung deutscher dravidischer Forschung hängt sicherlich mit Sprachproblemen und mangelnder Verbreitung der Werke deutscher Missionare in Indien im 19. Jh. zusammen, sie ist aber auch Folge der isolierten Stellung der Leipziger Mission im Kastenstreit, die dadurch aus dem tamilischen Reformdiskurs praktisch herausgefallen ist.

Graul war allerdings nicht der erste, der den Zusammenhang in der dravidischen Sprachfamilie linguistisch nachgewiesen hat. Thomas Trautmann hat vor einigen Jahren dargelegt, dass Francis Whyte Ellis bereits 1816 die dravidische Sprachfamilie durch Sprachvergleiche von Telugu, Kannada und Tamil entdeckt hat.[202] Darüber hinaus muss auch noch Bernhard Schmid erwähnt werden, der mit seinen Sprachforschungen unter den Toda einen bedeutenden Beitrag zur Erforschung der dravidischen Sprachen geleistet hat.

Wie oben bereits angedeutet, kamen erste Überlegungen zur Einheitlichkeit der Sprache der Ureinwohner von Alexander Hamilton. Hamilton hatte bereits unter Bezug auf Colebrookes Überlegungen zum Unterschied zwischen den Prakrits und Sanskrit vermutet, dass die Bergbewohner eine andere Sprache sprechen als die ‚Hindus‘ und dass diese einer anderen Rasse zugehören, konnte diese Differenz und die Annahme einer Verbindung von Rasse und Sprache aber nicht durch linguistische Untersuchungen belegen.

„Whether we are to consider the wild but harmless inhabitants of the mountains as a distinct race from the Hindus, must be determined by investigations not hitherto undertaken. It is also a matter of very curious inquiry, whether all these tribes of mountaineers throughout Hindustan, speak one language, and bear an affinity to each other in their configuration and customs, – authorizing the inference, that one great nation formerly peopled Hindustan, and were driven, by invaders, to the recesses of those hilly countries which they still occupy.“[203]

Die Bedeutung der Missionare Graul und Schmid liegt darin, dass sie Hamiltons Vermutungen und Ellis Entdeckung ethnologisch interpretiert und mit eigenen linguistischen Forschungen verbunden haben. Entscheidend war dafür die Erforschung der Sprachen der Bergstämme.

Während ungeachtet von Ellis Forschungen um 1830 die Ansicht vorherrschte, dass die südindischen Sprachen zwar eigenständig, jedoch eng mit Sanskrit ver-

‚Während die Sprachen der Indus und Gangesländer …‘ o.J. (beigefügt wahrscheinlich anlässlich von Germanns Ordnung des Nachlasses).

201 GRAUL, Mitteilungen 1, in: DAA, 1855:1159.

202 TRAUTMAN 1997:149ff.

203 HAMILTON 1808:93, zitiert in TRAUTMANN 1997:148f.

wandt sind,[204] hat Bernhard Schmid 1829 die ‚Tamulen, Malabaren oder Maleialen, die Telingianer, Canadier (Einwohner von Canara)‘ einem ‚Volksstamm der Ureinwohner‘ zugeordnet, die ‚eine Grundsprache haben, die mehr oder weniger mit Sanscritwörtern vermischt ist‘[205]. Zwischen 1830 und 1834 veröffentlichte er mehrere Aufsätze im ‚Oriental Christian Spectator‘, im ‚Journal of the Bombay Branch of the Royal Asiatic Society‘ und im ‚Madras Journal of Literature and Science‘, in denen er seine Sprachforschungen über die Toda und das Verhältnis ihrer Sprache zu Tamil darstellt. Angeregt von Friedrich Rückert, der Schmid gegenüber geäußert hat, dass er eine Analogie zwischen den scythischen Sprachen und Tamil vermute, unternahm Schmid vergleichende Sprachforschungen von Tamil, Telugu, Canada und der Toda-Sprache.

Er kam mit der Überzeugung in die Niligiris,

> „daß die Todawer nicht Hindus seien, sondern entweder Abkömmlinge der Juden vom Süden Arabiens, deren Königreich Mahomed zerstörte, und die sich auf die Malabarische Küste zurückzogen …, oder daß sie vielleicht von Persien gekommen sein möchten“[206].

Bisherige archäologische Funde im Gebiet der Toda konnten nach Ansicht von Schmid keinen hinreichenden Beweis für einen Zusammenhang zwischen der Urbevölkerung im Flachland und den Stämmen in den Bergen liefern. Nur die „Identität oder Analogie der Sprache ist anerkannter Maßen das sicherste Kennzeichen der Identität oder der Verwandtschaft der Volksstämme“[207]. Schmids Untersuchungen der Sprache der Todas, die er vor allem durch Wortvergleiche anstellte, ließen ihn zu der Überzeugung kommen, dass die Sprache weder mit dem Arabischen oder Hebräischen noch mit dem Persischen oder Sanskrit zusammenhängt, sondern „daß die Sprache der Todawer ein ächter, aber sehr ungebildeter, Dialekt des alten Tamulischen ist“[208].

---

204 „… das Tamulische und Telingische sind eigentlich nur, obgleich sehr und zum Theil wesentlich, verschiedene Dialecte derselben Sprache sind, und daß mit der Kenntniß des Tamulischen und Telingischen, bei der großen Verwandtschaft der lebenden Sprachen in Ostindien mit der alten Sanscritsprache, schon ein großer Theil der Schwierigkeiten [des Sprachenlernens] überwunden.“ NHB 83, 1937:941; J. Stevenson schreibt noch 1849 in dem Journal of the Bombay Branch of the Royal Asiatic Society: „It is usually taken also for granted that between the non-Sanskrit parts of the northern and southern families of language there is no bond of union, and that the only connecting link between the two is their Sanskrit element.“ Zitiert in: MUIR II, 1860:485; Colebrooke hat Tamil, Telugu, Canada und Malayalam zwar als Sprachen der Dravirs bezeichnet, sie jedoch in keinen Zusammenhang gebracht und vor allem unter dem Aspekt ihrer Abhängigkeit von Sanskrit untersucht, COLEBROOKE (1801) 1872:28ff.

205 NHB 83, 1837:1005.1041.

206 MOIMH II, 1850:50.

207 MOIMH II, 1850:49, Übersetzung eines ursprünglich englisch erschienenen Textes: „Bemerkungen über den Ursprung und die Sprache der Urbewohner des Blaugebirgs“, ursprünglich in: Journal of the Bombay Branch of the Royal Asiatic Society XII, 1849.

208 MOIMH II, 1850:50; siehe auch: NHB 83, 1837:1092; auch Caldwell unterschied zwischen kultivierten und nicht kultivierten Dialekten der dravidischen Sprachen, CALDWELL 1913:6.

In seinen Überlegungen zum Verhältnis der südindischen Sprachen zum Scythischen folgte er zwar der seit Rask verbreiteten Auffassung, auch finden sich bei Schmid keine neuen Erkenntnisse zu der viel diskutierten Einwanderungstheorie über die Ureinwohner, er war aber der erste, der seine Überlegungen zu einer südindischen Sprachfamilie allein aus linguistischen Vergleichen der südindischen Sprachen ableitete.

> „... die Vergleichung der Wörter der Todawer-Sprache mit denen der Budager und Canaresen zeigt ebenso handgreiflich, daß die Sprachen der Tamulen, Todawer, Budager und Canaresen Glieder einer ungebrochenen Kette von Dialecten Einer Ursprache seien ...“[209]

Schmid erhoffte sich eine enge Zusammenarbeit zwischen der Leipziger und der Basler Mission, um vor allem die vergleichende Sprachforschung und die Herausgabe von Traktaten und Büchern in den verschiedenen Sprachen zu fördern.[210] Seine Sprachforschungen waren zunächst missionarisch motiviert, sie hatten aber wichtige ethnographische Implikationen. Schmid begann seine Arbeit unter den Toda in der Überzeugung, dass er hier eine größere Empfänglichkeit für das Christentum antreffen würde als in Palayamkottai. Sehr bald musste er aber feststellen, dass die Missionsarbeit an ihre Grenzen stieß, da die übliche Methode der Verteilung von Schriften, Übersetzung biblischer Texte und Aufbau eines Schulsystems nicht ohne weiteres möglich war, weil die verschiedenen Bergstämme unterschiedliche Sprachen, aber keine Schrift hatten. Während die Sprache der Toda sich eng an Tamil anlehnt, hat die Sprache der Badaga Affinität zu Canada. Um eine einheitliche Schrift für die verschiedenen Sprachen zu bilden, entwarf Schmid ein ‚Polyglott-Alphabetarium‘, um in den Schulen die Möglichkeit zu schaffen, die jeweiligen Sprachen zu unterrichten und die passende Schrift der Sprache zuzuordnen. Schmid entschied sich dafür, seine Texte zum einen in Grandam (Grantha), der Schrift, in der Dravida-Brahmanen Sanskrit schrieben, drucken zu lassen, weil er in dieser Schrift den klassischen Ausdruck der Verbindung der dravidischen Sprachen sah. Zum anderen setzte er sich trotz anfänglicher Vorbehalte dafür ein, Schulbücher, Lexika und vergleichende Grammatiken für den Unterricht unter den Badaga und Toda in lateinischer Schrift drucken zu lassen.[211] Schmid war davon überzeugt, dass

209 MOIMH II, 1850:50.

210 NHB 83, 1837:1098; MOIMH II, 1850:50. Sein Wörterbuch der Todasprache wurde von den Basler Missionaren Greiner, Mörike und Metz durch Malayalam, Canada und Tulu ergänzt und in Bombay und Mangalore herausgegeben.

211 „Ob ich gleich von diesem Plane schon vor siebzehn Jahren wußte und Vorurtheile dagegen hatte, weil durch Einführung der römischen oder (was ziemlich dasselbe ist) englischen Buchstaben die volksthümliche Individualität der Indier zerstört und der Gang ihrer eignen Ausbildung unterbrochen werden würde, obgleich ich bisher glaubte, daß eine Sprache nur in dem ihr eigenen Kleide, dem selbsterworbenen Eigenthum einer Nation dargestellt und erlernt werden sollte ...; so hatte mich doch in diesen siebzehn Jahren die Erfahrung Manches gelehrt ..., daß durch Einführung der römischen Buchstaben (aber nicht durch Verdrängung der indischen, welches nie geschehen wird

die Toda-Sprache im Zuge einer wachsenden Bildung und Verbindung der Bevölkerung mit der Kultur des Flachlandes in der Gefahr stand, verloren zu gehen, wenn sie nicht in schriftlicher Form niedergelegt würde.

Es liegt hier nahe, mit Levi Strauss[212] die Einführung der Schrift als Instrument der Ausbeutung und Unterdrückung, zumindest aber als Instrument von Macht und intellektueller Kontrolle zu interpretieren, oder mit Goody als die Domestizierung der ‚Wilden'.[213] Und in der Tat sollte die Einführung der Schrift ja auch vor allem dazu dienen, solche europäischen Gedanken bekannt zu machen, „welche indische Vorutheile untergraben oder den Tamulen einen besseren Weg, zum Glück zu gelangen, zeigen"[214]. Die Textualisierung oraler Tradition ist aber auch unabhängig von missionarischen Intentionen als Gewaltakt interpretiert worden. Stephen Tyler, der Grammatiken, Lexika und Ethnographien als Repräsentationen konkreter Äußerungen und Handlungen bezeichnet hat, die ein direktes Verhältnis zwischen Redner und Hörern auslöschen und gelebten Dialog durch Abstraktionen ersetzen, hat die Verschriftlichung von Sprache durch Linguisten und Ethnographen als einen Gewaltakt bezeichnet, in dem das zerstört wird, was durch Schrift repräsentiert werden soll.[215] Es ist allerdings nur sehr schwer nachzuvollziehen, welche subtileren Folgen der Übergang zur Schriftlichkeit der Sprache für die Toda im 19. Jh. hatte.[216] Die Haltung der Missionare zu der gesprochenen Sprache war durchaus ambivalent. Bei Graul war Schriftlosigkeit Ausdruck einer primitiveren Sprache der unzivilisierten Bergbewohner, und er hat in seiner Habilitationsrede von 1864 eine Missions-Linguistik gefordert,

> „die nach Vorausschickung des Nöthigen über Ursprung, Wesen und allgemeine Gesetze der Sprache, sowie über die verschiedenen Typen, Gruppen und Entwicklungsperioden der gegenwärtigen Heidensprachen – Anleitung zu geben hätte zum grammatischen Ausbau naturwüchsiger Heidensprachen; Anleitung zur Fixierung bloß gesprochener Sprachen durch die Schrift …"[217].

Neben dieser eindeutig negativen Beurteilung der schriftlosen Sprachen findet sich bei Schmid aber auch eine beinahe Rousseausche Bewunderung für eine ursprüngliche Sprache, die es zu erhalten gilt.

Da aber auch in der Toda-Sprache nach Auffassung von Schmid ein „roher und einfacher Dialekt des Tamulischen, ohne alle Sanskritworte" vorliegt, würde mit seinem Untergang auch der Zugang zum Ursprung der Sprache und damit des dravi-

---

und kann) den indischen Nationen unabsehbare Wohlthaten wiederfahren, und daß alle verständigen Indier ihren freudigen Beifall geben werden." NHB 83, 1837:1094.

212 LÉVI-STRAUSS 1981:293. Zur Kritik an Lévi-Strauss' Kapitel ‚Schreibstunden' siehe DERRIDA 1983:178ff.

213 GOODY 1977.

214 NHB 83, 1837:1094.

215 TYLER 1991:57f.

216 Zu ähnlichen Problemen bei den Kurumba in den Niligiris siehe KAPP 1992.

217 GRAUL, Stellung, 1864:11f.

dischen Volkes versperrt sein. Vergleichende Sprachforschung schafft Geschichte,[218] und Schmid war einer der ersten, die diese Idee, die in der Sanskritphilologie des 19. Jh.s dazu diente, die arischen Ursprünge und damit die Ursprünge unserer eigenen europäischen Kultur aufzudecken, auf innerdravidische Beziehungen übertrug. In der Toda-Sprache spiegelt sich der Ursprung der dravidischen Urbevölkerung, wenn auch in seiner Roheit und Unkultiviertheit. Die vergleichende Sprachforschung, die eine der dravidischen Sprachen in einen Zusammenhang mit anderen, noch ungebildeten Formen dieser Sprachfamilie gestellt hat, diente dazu, eine Geschichte zu konstruieren und konstituieren, und hat damit die Draviden aus der Rolle des Negativs zur arisch-sanskritischen Kultur befreit. Schmid sah in den Toda, deren Sprache nicht mit Sankritelementen vermischt war und „unter die nie ein Brahmine gekommen war“, „einen Zweig der uralten Tamulen“, sozusagen einen ‚survival‘ der tamilischen Kultur vor Einfluss des Buddhismus und Jainismus.[219] Die Entdeckung der Sprache, die eine eigene Geschichte hat und die der Geschichte der Sanskritisierung und ihres Widerstandes analog verläuft, liegt auch die ethnologische Möglichkeit der Entdeckung der eigenen Wurzeln[220] und der Befreiung, zu der der Missionar die christliche Botschaft anbietet. Schmid deutet daher die Entdeckung der südindischen Sprachfamilie als eine Rückführung auf die noachitische Tradition.

> „Alle diese Völker [der nordindischen Sprachen und der südindischen Sprachfamilie, die Schmid, wie auch Graul als Japhetiten bezeichnet] waren Deisten, und hatten die Noachischen Traditionen fast ganz vergessen, und waren in völlige Unwissenheit versunken.“[221]

Metcalf hat die Geschichte des Raj als einen Prozess der Schaffung und Ordnung von Differenz bezeichnet, in dem Indien als ‚das Andere‘ zu einer europäischen Ordnung erschien, das ideologisch abgestoßen und zugleich assimiliert werden musste.[222] Auch die Missionare standen, unabhängig von ihrer theologischen Prägung, in Bezug auf Indien in einer durch die Aufklärung geprägten dialektischen Spannung zwischen der Suche nach Einheit und gemeinsamem Ursprung der Menschheit und dem Bewusstsein kultureller Differenz und geschichtlich gewachsener hierarchischer Ordnungen. Die dravidischen Sprachforschungen dieser Missionare sind von besonderer Bedeutung, weil sie die Frage von Identität und Differenz von einem europäisch-indischen Verhältnis auf ein innerindisches, ja innerdravidisches Verhältnis übertragen haben. Die Entdeckung der dravidischen Sprachen hat nicht nur dravidische Identität in Differenz zu arischer Dominanz begründet,

---

218 Siehe dazu auch COHN 1994:326.

219 NHB 83, 1837:1042.

220 Ähnliche Auffassungen wie diejenigen von Bernhard Schmid finden sich auch bei Caldwell, der Sprache und Geschichte explizit in einen Zusammenhang bringt: „They [die Draviden] would begin to discern the real aims and objects of language, and realise the fact that language has a history of its own, throwing light upon all other history, and rendering ethnology and archaeology possible.“ CALDWELL 1913:XII.

221 NHB 83, 1837:1041.

222 METCALF 1995:5f.160f.

sondern zugleich eine dialektische Spannung zwischen Adidravidas und Adivasi entstehen lassen, die einerseits eine Sprachfamilie bilden, andererseits aber in rohe und kultivierte Dialekte unterschieden werden, aus denen unterschiedliche Zivilisationsstufen abgeleitet werden, die sich auch in der unterschiedlichen Gewichtung von Volksreligion und Hochreligion in der Religionswissenschaft des 19. Jh.s widerspiegeln.

Graul hat Schmids Untersuchungen über die Toda-Sprache und ihr Verhältnis zu den dravidischen Sprachen übernommen und weitergeführt, indem er die Entdeckung der dravidischen Sprachfamilie mit Überlegungen zur turanischen Rasse in Verbindung gebracht hat.

> „In den Toda's dagegen sehe ich Ueberbleibsel eines Turanischen Nomadenvolkes, dem die Schranken des Brahmanischen Gesetzes zu enge däuchten und dem es dazu gelang, seine innerste Volkseigenthümlichkeit auf der hohen Alpenburg der Nilagiri's zu retten. Aussehen, Beschäftigung und Sprache sind nicht dagegen, und die letztere, das allerwichtigste Volkskennzeichen, weist sogar entschieden darauf hin. Ihre Gesichtsbildung zeigt so rein Kaukasischen Charakter, daß man sie ohne Weiteres für eine Jüdische oder gar für eine Römische Colonie genommen hat ... ihre Sprache endlich, und die allein entscheidet, trägt, so rauh sie auch der Kehle des rauhen Hirtenstammes auf den verhältnismäßig rauhen Nilagiri's entströmt, doch entschieden Tamulisches Gepräge, und das Tamulische selbst ist ohne Zweifel Turanischen Ursprungs, indem, um nur eins zu erwähnen, fast alle leitenden Grundsätze der so überaus eigenthümlichen Sprachlehre sich in allen Tartarischen Sprachen wiederfinden, die Türkische nicht ausgenommen."[223]

Graul hat 1850 in seinem Reisebericht über die Arbeit der Basler Missionare in Mangalore, den er in den Nilgiris verfasst hat, zum ersten Mal die Vermutung geäußert, dass die Tulu-Sprache und Kannada zur gleichen Sprachfamilie gehören wie Tamil.

> „Bis jetzt haben sich die Missionare nur der zwei erstern [Tulu und Kannada] bemächtigt, die, in sich zusammenhängend, beide dem sogenannten Dravida-Sprachstamme zugehören, der seine Zweige über das gesammte Dekhan ausgebreitet, und seine Krone im Tamul, der Sprache unsrer eignen Mission, angesetzt hat."[224]

Auch in seiner Tamil-Grammatik von 1855, die im Wesentlichen dem Aufbau derer von Beschi folgt, stellt Graul tamilische Flexionen in Zusammenhang mit denen anderer dravidischer Sprachen fest.[225]

Anders als Colebrooke, der bereits 1801 Tamil, Telugu, Kannada und Malayalam zwar mit dem Sanskritwort als Sprachen der Dravirs bezeichnet, sie jedoch in keinen Zusammenhang gebracht und vor allem unter dem Aspekt ihrer Abhängigkeit von

---

223 ELMB 1851:31.

224 MOIMH II, 1850:111; GRAUL, Reise III, 1854:183.

225 GRAUL, Grammar, 1855:97ff. Graul vergleicht Malayalam, Telugu, Kannada, Tulu und Badaga mit Tamil. Auch MOIMH XI, 1859:4f.

Sanskrit untersucht hat,[226] leitet Graul Tamil von ‚Dravida' ab, eine Wortanalyse, die auch von Zvelebil bestätigt wurde.[227]

Die Zugehörigkeit zu einer Sprachfamilie deutet nach Graul „auf eine Zeit hin, wo die betreffenden Völkerschaften Eins waren"[228]. Er ist der Ansicht, dass eine linguistische Ableitung von Dravida aus Tamil auf die Ursprünglichkeit des Tamil in den dravidischen Sprachen hinweist.[229]

Bekannt war den Missionaren allerdings auch die Legende von Agastya, dem Ṛsi aus Benares, der nach einem Streit mit dem dortigen Sanskritkolleg von Śivas Sohn Subramaniam eine neue Sprache erbat, die süßer und heiliger als Sanskrit sei. Das Haus wurde von einem angenehmen Duft erfüllt, und als Agastya in einer Ecke ein Palmblattbündel mit der Grammatik der neuen Sprache fand, rief er Tamil, Tamil (i.e. süß, süß), und schrieb auf Anweisung von Murukaṉ mit seinen Schülern die Grammatik ab, die von seinem Nachfolger Tolkāppiyaṉār in Tamil Nadu gelehrt wurde.[230] Agastya gilt nach Graul als Repräsentant einer ‚brahmanischen Gesinnung', durch die sich Tamil erst zur Schriftsprache ausbilden und der Grund einer tamilischen Kultur gelegt werden konnte. Aus dem Tolkāppiyam leitet Graul ab, dass „der Stand der Brahminen für die Gesittung des tamulischen Volkes von unberechenbarer Bedeutung war"[231]. Das Buch Tolkāppiyam, das älteste Werk der Tamilsprache (wahrscheinlich aus dem 1. Jh. B.C.),[232] wurde aber, wie Zvelebil vermutet, erst in den Jahrhunderten nach 700 A.D. von einer brahmanisch-tamilischen Tradition in Verbindung mit Agastya gebracht und durch Interpolationen sanskritisiert.[233]

---

226 COLEBROOKE (1801) 1872:28ff.

227 „... Tamulische ist sicherlich der gemeinschaftliche Ausgangspunkt, wie denn im Namen selbst (Tamil, der Ausspr. nach fast wie Tamirzh) die gemeinschaftliche Benennung der indischen Aboriginal-Sprachen Dravida zu stecken scheint. (Das r fiel naturgemäß aus, das v verwandelte sich leicht in m und das cerebrale d in das ebenfalls zum Theil cerebral gesprochne l (Dravida = Damida, Damila)." GRAUL, Reise III, 1854:349 Anm. 130. Siehe im Vergleich ZVELEBIL 1992:18.

228 GRAUL, MOIMH III, 1851:115.

229 Der Begriff Drāvida findet sich allerdings zuerst in Sanskrittexten wie Mānavadharmaśāstra, X,43,44, aber auch in dem Bhāgavata Purāṇa, um die vom Norden unterschiedliche Bevölkerung des Südens zu bezeichnen. Die Kennzeichnung der südindischen Sprachen durch einen im Sanskrit verankerten Begriff wurde zwar allgemein übernommen, hat jedoch innerhalb der dravidischen Bewegung zu Auseinandersetzungen geführt; IRSCHICK 1969; Zvelebil enthält sich bewusst einer linguistischen Analyse, denn: „... the search for ethymology becomes provocatively dangerous since the term is charged with potentially highly explosive emotions." Er betont aber seine Überzeugung, dass nicht, wie Graul und Caldwell meinten, die dravidischen Sprachen von den arischen Sprachen beeinflusst wurden, sondern dass das dravidische Element arischen Worten zugrunde liegt. ZVELEBIL 1992:IX.

230 Berichtet von Miss. KREMMER, ELMB 1865:286; auch SCHMID, in: NHB 83, 1837:1006; zur Überlieferungsgeschichte der Agastya-Legende siehe auch ZVELEBIL 1992:39.

231 GRAUL, MOIMH III, 1851:117.

232 Siehe SOMASUNDARAM PILLAI 1968:50ff; ZVELEBIL 1992:X.

233 ZVELEBIL 1992:38.242.

Während die Entdeckung der dravidischen Sprachen durch die Missionare von politischer Bedeutung für die weitere kulturelle Entwicklung in Südindien war, die bis heute in Tamil Nadu spürbar ist, sind die linguistischen Reflexionen über den Zusammenhang der dravidischen Sprachen mit scythischen oder turco-tartarischen Sprachfamilien marginal geblieben. Graul schreibt:

> „Eine gründliche Erörterung der Frage, ob die sogenannten Dravidasprachen, darunter die tamulische die bedeutendste ist, in einen nähern Zusammenhang zu der turco-tatarischen Sprachfamilie stehen oder nicht, verspare ich mir auf eine andre Gelegenheit."[234]

Diese Gelegenheit hat er angesichts seiner intensiven Beschäftigung mit Übersetzungen tamilischer Werke nicht mehr wahrgenommen.[235]

In den vierziger Jahren des 20. Jh.s hat der Leipziger Missionar Hermann Beythan diese Frage wieder aufgenommen und in Zusammenhang mit einer Theorie von verschiedenen Rassen auf dem indischen Subkontinent diskutiert.[236] Eine vom Nationalsozialismus geprägte rassistische Terminologie bestimmt seine Überlegungen zum Verhältnis von Sprache und Rasse. Allerdings beurteilt er den im 19. Jh. entwickelten und auch von Graul vertretenen Versuch, rassische Identität linguistisch zu ermitteln, kritisch. Seine eigenen Überlegungen zur Rassen- und Kastenfrage baut er auf den Ergebnissen einer biologischen Anthropometrie auf, die seit den Forschungen von Herbert Risley die Rassenfrage in Indien bestimmten. In Anlehnung an Eugen Freiherr von Eickstedt unterscheidet Beythan in Indien die indide, die weddide und die melanide Rasse. Die Draviden ordnet er der melaniden Rasse zu, obwohl „lange Kopfform, Gesichtsschnitt und Nasenform" auf europiden Einfluss hinweisen.[237] Beythan nimmt mehrere Einwanderungswellen schon vor den Ariern an und versucht mit Hilfe der Theorie von verschiedenen Rassen, die arisch-dravidische Dichotomie zu überwinden. Hinter einer Terminologie, die von Dravidisch als Sprache einer vorarischen „Herrenschicht" spricht und ihn den Caṅkam in Madurai mit der „Reichsschrifttumskammer" vergleichen lässt,[238] steht das Anlie-

---

234 GRAUL, Reise III, 1854:350 Anm. 131.

235 Nur in seinem Nachlass finden sich undatierte Notizen zur Problematik der Sprachfamilien, LMA, GN, Kapsel 3, Aktenstück: Linguisti.

236 Beythan arbeitete von 1902–1909 in Tamil Nadu und wurde dann als Dozent an das orientalistische Seminar nach Berlin berufen. Von bleibender Bedeutung ist seine ‚Praktische Grammatik der Tamilsprache, Leipzig 1943. Er hat allerdings auch Hitlers ‚Mein Kampf‘ in das Tamil übersetzt, oder zumindest paraphrasiert. Die Herausgeber des ELMB sahen darin einen geeigneten Beitrag, „den vielen Verleumdungen, die auch in Indien über Deutschland umgehen, entgegenzuwirken". ELMB 1937:74. Am 20.9.1945 ist Beythan vom russischen Geheimdienst verhaftet worden und seitdem verschollen. LMA, Personalakte: BEYTHAN.

237 BEYTHAN 1942:33. „Durch altes Erbgut aus ostmediterraner Quelle, das von ihnen harmonisiert wurde, bilden sie eine Übergangsgruppe, jene Schwarz-Inder, die man noch zur ‚weißen‘ Rasse rechnen könnte, wenn sie nicht ‚schwarz‘ wären." Er zitiert von EICKSTEDT 1934:222.

238 BEYTHAN 1942:34; 1943:8.

gen, die weit verbreitete Annahme einer Superiorität der arischen Kultur zugunsten einer indigenen dravidischen Kultur zu hinterfragen.

> „Diese Indo-Melaniden, wie wir nun sagen können, haben eine sehr alte hohe Eigenkultur.“[239]

Da die Draviden keine Nomaden waren, die, wie Graul es sah, im Zuge der arischen Einwanderungen zivilisiert wurden, sondern selbst als vorarische ‚Herrenschicht‘ auftraten,[240] nimmt Beythan an, dass auch eine gewisse Unterscheidung der Kasten in Tamil Nadu, wie sie sich in der Trennung zwischen Śūdras und Paraiyar zeige, vorarischen Ursprungs sei.[241] Die Auffassung, dass Endogamie und Abgrenzung durch dichotomische Konzepte von Reinheit und Unreinheit Kategorien waren, die bereits die vorarische Gesellschaft Tamil Nadus geprägt haben, ist neuerdings wieder von Pandian vertreten worden.[242]

Beythan, der besonders als Kenner der tamilischen Sprache hervorgetreten ist, macht sich zum Anwalt der tamilischen Sprache und Kultur, die er aus der ‚Knechtschaft‘ des Sanskrit und des Englischen befreit sehen möchte. Das Tamil der Piḷḷai und Mudaliyār als ‚Sprache der oberen Mittelklassen‘ drückt für Beythan am besten aus, was Tamiḻaṉ bedeutet: nämlich Muttersprache, frei von sanskritischen Einflüssen. Gerade die Piḷḷai und Mudaliyār waren aber die führenden Vellala-jātis in der anti-brahmanischen ‚Self-Respect-Bewegung‘ und in der 1916 gegründeten ‚Justice Party‘. Beythan hebt schließlich noch hervor, daß Tamiḻaṉ sich zu einem Ausdruck ethnischer Identität und Abgrenzung der Tamil Śūdras entwickelt hat.

> „Es ist dies aber auch ein Name für eine Volksschicht, Großkaste oder Klasse als Zwischenglied zwischen den Brahmanen und den Unreinen für den Kern des Volkes. Auch die Christen, soweit sie dieser Schicht angehören, bezeichnen sich so.“[243]

Dass Tamiḻaṉ aber nicht nur als ein Abgrenzungsbegriff gegenüber den Brahmanen verstanden wurde, wird deutlich an einem Konflikt in der Gemeinde in Vepery im Jahr 1820, als der englische Missionar Haubroe Śūdra- und Paraiyar-Schüler zusammensetzte. In einer Resolution von Śūdra-Christen, in der diese sich bei Geldstrafe dazu verpflichteten, ihre Kinder so lange nicht in die Missionsschule zu schicken, bis die Kastentrennung wieder eingeführt würde, werfen diese Haubroe vor,

---

239 BEYTHAN 1942:33.

240 Beythan nimmt hier den in dem nicht-brahmanischen Teil der dravidischen Bewegung sich immer stärker durchsetzenden Gedanken der Ursprünglichkeit und Selbstständigkeit der tamilischen Kultur von arischen Einflüssen von P. SUNDARAM PILLAI (1855–1897) auf, die dieser in seinen ‚Milestones in the History of Tamil Literature‘ von 1897 dargelegt hat.

241 BEYTHAN 1942:49.

242 PANDIAN 1987:24.

243 BEYTHAN 1943:4.

dass er „ein Kind von einem Pariah hat an die Seite der Tamulen-Schüler niedersetzen lassen"[244].

Die bisherige Untersuchung der Kastenfrage hat gezeigt, dass die zunächst kirchenpolitisch und missionstheologisch begründete Aufspaltung der Kastenproblematik in einen religiösen und einen bürgerlichen Aspekt durch die lutherischen Missionare nicht nur kirchliche Fragen berührte, sondern in ganz eigener Weise dazu beigetragen hat, jenseits der brahmanisch-hierarchischen Ordnung des varṇāśramadharma zentrale Strukturen der Tamil-Gesellschaft des 19. Jh.s und deren historische Wurzeln aufzudecken. Insbesondere die Entdeckung der wesentlichen Dichotomie von āriya und drāvida hatte eine eminent kulturpolitische Bedeutung für die gesellschaftlichen Veränderungen in Tamil Nadu im späten 19. Jh. und in der ersten Hälfte des 20. Jh.s. Obwohl Graul und Caldwell in der Kastenfrage innerhalb der Kirche konträrer Ansicht waren, kommen sie doch in ihrer Analyse der arisch-dravidischen Beziehungen zu ähnlichen Urteilen,[245] indem sie die Eigenständigkeit der Tamil-Śūdras gegenüber brahmanischer Dominanz hervorheben. Andererseits waren für Graul die Kastenordnung und die Kastengesetze, deren Ursprung er im Wesentlichen den Brahmanen zuschreibt, notwendig für eine moralisch-sittliche Entwicklung der indischen Gesellschaft. Ochs dagegen sah das Verhältnis der Brahmanen zu den Śūdras aus der Perspektive des Manusmṛti und macht die Kaste verantwortlich für einen moralischen und politischen Verfall der indischen Gesellschaft.

In den folgenden zwei Abschnitten soll daher nun untersucht werden, welche religiösen und welche bürgerlichen Aspekte die lutherischen Missionare in der Kaste entdeckt und welche Bedeutung sie diesen für die indische Gesellschaft, in der sie lebten, beigemessen haben.

2.4. Religiöse und bürgerliche Ordnung

Weder die Dichotomie von ārya und drāvida noch die Analogie der indischen Gesellschaftsordnung zur europäischen Ständeordnung des Mittelalters reicht aus, um das Spezifische des indischen Kastensystems zu erklären. Graul war bemüht, Endogamie, Erblichkeit der Kaste, Trennung nach Berufsständen und Speiseordnung, die er als die vier zentralen Kriterien zur Definition der Kasten ansah, aus den geschichtlichen Prozessen während der arischen Einwanderung herzuleiten und den religiösen Aspekt als später notwendig eingeführtes Ordnungsprinzip zur Aufrechterhaltung der Kastenunterschiede und Kastenprivilegien sowie zur moralischen Stabilisierung der indischen Gesellschaft zu deuten. Die Verbindung von Religion und Gesellschaftsordnung sieht er als tragendes Prinzip aller ‚heidnischer' Staaten an.

244 Berichtet von BAIERLEIN, MOIMH VIII, 1856:134.

245 Wenn auch Caldwell, anders als Graul, eine prä-arisch entwickelte dravidische Kultur annahm.

„Alle heidnischen Staaten sind mit der Religion aufs innigste verwachsen, ja haben dieselbe zur eigentlichen Grundlage, denn nur sie bietet einen festen Punkt für Gesetz und Sitte. Es wäre daher im höchsten Grade befremdlich, wenn die Kasteneinrichtung, der eigentliche ‚Kitt' des indischen Staates, obschon anfangs auf halb natürlichem und halb sittlichem Boden entsprungen, von der Religion unberührt geblieben wäre. Die indische Gesetzgebung knüpfte nicht bloß die Ausübung der religiösen Pflichten fest an die Kaste, sie gab ihr auch selbst eine religiöse Unterlage, indem sie die Kasten-Vorschriften unmittelbar von Brahma ableitete."[246]

Die Kaste geht zwar in ihrem religiösen Aspekt nicht auf, ist aber dennoch so mit diesem verbunden, dass nun nicht die Kaste nicht von der Religion, sondern die Religion nicht mehr von der Kaste zu trennen ist. Der Leipziger Missionar Stosch ist Ende des 19. Jh.s sogar der Ansicht: „Die Religionen Indiens sind Geschöpfe der Kaste."[247] Während die Mehrheit der englischen Missionare um die Mitte des 19. Jh.s Kaste und Hinduismus untrennbar ineinander verwoben sahen und darin das ahistorische unwandelbare Spezifikum der indischen Gesellschaft entdeckten, das dem Christentum diametral entgegenstand, und daher insgesamt überwunden werden müsse, interpretiert Graul den Dharma-Kodex der Brahmanen als ein historisch notwendiges Ordnungsprinzip zur geistigen und moralischen Entwicklung des ganzen Volkes und damit als einen Anknüpfungspunkt für christliche Missionsarbeit.

„Es giebt wohl kaum ein Land, in welchem die ganze Natur einen so geordneten Gang ginge, wie in Indien. Dieser Naturstempel ist auch der indischen Gesetzgebung aufgeprägt: Ordnung ist ihr höchstes Prinzip."[248]

Der Einfluss von Herders Geschichtsverständnis ist nicht zu übersehen. Geschichte ist Naturgeschichte, ein Prozess, in dem sich Humanität oder, in Grauls Terminologie, Sittlichkeit in kulturell verschiedenen Ausprägungen verwirklicht. Graul nimmt an, dass in diesem Prozess die indische Gesetzgebung Kaste und religiöse Ordnungen miteinander verbindet und von Brahma ableitet. Manu erscheint bei Graul nicht als Begründer dieser gesetzgebenden Ordnung, sondern ist als brahmanischer Interpret einer geschichtlich gewordenen Ordnung der verschiedenen Völker Indiens anzusehen. In dem Maße, wie die brahmanischen Arier in Indien die Oberhand gewonnen haben, haben sie auch ein gesellschaftliches Ordnungsprinzip eingeführt, wobei nicht brahmanische Willkür oder Machtfragen im Hintergrund standen, sondern die Notwendigkeit, dem entstehenden Staat eine stabile Form zu geben. Daher stellt Graul dem Puruṣa-Mythos aus Mānavadharmaśāstra I,31, der eine Unterscheidung der vier varṇas auf göttlichen Ursprung zurückführt, die puranische Tradition einer geschichtlich gewachsenen Unterscheidung der varṇas gegenüber. Er interpre-

---

246 GRAUL, Kaste, in: MOIMH VII, 1855:110.

247 STOSCH 1896:158 interpretiert die Entstehung des Śivaismus als Reaktion der Kasten auf buddhistische Reformbestrebungen und bezweifelt die Verbindung von Śiva mit dem vedischen Rudra sowie die Annahme, der Śivaismus sei eine Weiterführung der arischen Religion.

248 GRAUL, Kaste, in: MOIMH VII, 1855:112.

tiert Manu als dogmatische Ausformulierung eines natürlich gewachsenen Unterschiedes der Kasten, die notwendig war, um die indische Gesellschaft mit den verschiedenen Rassen und Völkern zu einer strukturierten Einheit zusammenwachsen zu lassen, ohne die Unterschiede zu verwischen.[249] Dabei kommt der Gesetzgebung aber nur eine residuale Funktion zu, da die natürliche Trennung der Rassen und die Entstehung einer arbeitsteiligen Gesellschaft im Übergang von nomadischen zu ackerbaulichen Lebensformen sich unabhängig von einer gesetzgebenden Macht entwickelt hat.

Auffällig ist, dass Graul die Kastenordnung und die Dominanz der Brahmanen nicht als Ausdruck einer primitiven, voraufgeklärten Staats- und Gesellschaftsform ansieht, in der die Priesterschaft zugleich politische Macht hat,[250] sondern seine beinahe funktionalistische Sicht der indischen Gesellschaft lässt den religiös-politischen Aspekt der Kastenordnung als notwendig erscheinen. Die Gesetze des Manu haben zwar staatstragende Funktion, sind aber nicht allein autoritativ zum Verstehen der indischen Gesellschaft, sondern werden von Graul relativiert an historischen und ethnographischen Beobachtungen. Insbesondere in Bezug auf Tamil Nadu stellt er fest, dass ‚Manu mit seiner Gesetzgebung nicht in allen Stücken durchdrang'.[251] Darüber hinaus belegen die verschiedenen Reformbewegungen wie Buddhismus, Jainismus, und Bhakti-Religionen, dass die Kastenordnung sich in Veränderung befindet und historischen Prozessen unterliegt. Graul geht also, indem er bemüht ist, religiöse und bürgerliche Aspekte der Kaste gesondert zu betrachten, auf den religiös-ethischen Aspekt der Kastenordnung nur von einer historisch-kritischen Außenperspektive ein. Die Unterscheidung zwischen bürgerlicher und religiöser Ordnung ist zugleich eine epistemologische Unterscheidung zwischen ethnographischer Beobachtung der Kastengesellschaft des 19. Jh.s und historischer Analyse der Entstehung der Kasten einerseits und ihrer Interpretation auf der Basis der Hindu-Kodices andererseits.[252] Der Dharma-Kodex der Brahmanen wird in Bezug auf das Ganze der indischen Gesellschaft beurteilt und weder aus der Perspektive des euro-

---

249 GRAUL, Kaste, in: MOIMH VII, 1855:113ff.

250 Diese Auffassung vertritt z.B. James Mill in seiner ‚History of British India' von 1858. Er nimmt an, dass in den niedrigsten Formen von Gesellschaft die Priester die höchste Autorität genießen und dass daher Indien, wo die Priester durch das ganze Leben bestimmende Rituale unkontrollierbare Herren des Lebens geworden sind, sich in einem ahistorischen, primitiven Zustand befindet, aus dem nur die Engländer es befreien können. MILL I, 1858:128ff.

251 GRAUL, Kaste, in: MOIMH VII, 1855:132. Graul erwähnt Manu IV,61: „Ein Brahmine soll nicht wohnen in einer Stadt, deren König ein Sudra ist", und stellt fest, dass sowohl in der Chandragupta-Dynastie als auch in Puttukkottai unter der Herrschaft des Tondaiman Brahmanen am Hof von Śūdra-Herrschern gelebt haben.

252 Die Diskussion um Dumonts Ansatz, in dem er eine neue Soziologie für Indien gefordert hat, die sich an dem Schnittpunkt von Indologie und Anthropologie formieren solle (DUMONT 1957:7–22), hat gezeigt, dass die Frage der Einheit der indischen Gesellschaft als einer Kastengesellschaft oder einer Hindu-Gesellschaft nicht nur ein epistemologisches oder hermeneutisches Problem europäischer Beobachter der indischen Gesellschaft ist, sondern in Indien eminent politische Dimensionen hat; dazu DAS 1993:405f.

päischen Beobachters als primitiv oder unmoralisch kritisiert, noch wird aus ihm eine Andersheit der indischen Gesellschaft gegenüber den europäischen Gesellschaftsformen abgeleitet. Graul ist bemüht, allein den sittlich-moralischen Aspekt des Dharma-Kodexes hervorzuheben und auch hinduistisches Heilsstreben innerhalb dieses Aspektes zu interpretieren,[253] um in dem Dharma-Kodex als staatstragendem Element Anknüpfungspunkte für seine Vorstellung von der Entwicklung einer ‚Nationalkirche' zu entdecken.

> „So darf man denn, auch in der Gesetzgebung, der Kaste einen sittlichen Charakter – natürlich im heidnischen Sinne – nicht absprechen, wir müßten denn so einseitig sein, und den heidnischen Staat nach dem Ideal eines christlichen beurtheilen und dazu die indischen Verhältnisse an unsern messen wollen. Auch durch das verworrenste Gewebe heidnischer Religion zieht sich immer noch ein goldener Faden der Wahrheit."[254]

Dieser Faden der Wahrheit wurde gefunden, indem ethnographische Beobachtungen um die Mitte des 19. Jh.s mit indologischen Analysen des Manavadharmaśāstra, einem Gesetzestext aus dem 3. Jh. B.C. in Einklang gebracht wurden. Dem Theologen Graul ist diese methodologische Bezugnahme auf heilige Texte der Sanskrittradition nicht schwer gefallen, weil sie in einer Analogie zur Lektüre biblischer Texte gesehen wurde. In Indien waren jedoch die Brahmanen die Traditionsrepräsentanten, für die eine Gleichzeitigkeit zwischen ihren Schriften und der ethnographischen Realität ihrer Gesellschaft bestand. Der indologisch forschende und ethnographisch beobachtende Missionar wird, indem er die Tradition als gegenwärtig gültig betrachtet, so zum Mittler brahmanischer Ideale,[255] und das auch, obwohl er feststellt, dass „Manu mit seiner Gesetzgebung nicht in allen Stücken durchdrang"[256]. Burghart hat hervorgehoben, dass nach brahmanischem Traditionsverständnis die Gesetzestexte ihre Autorität allein aus der Göttlichkeit der Autorschaft, nicht aber aus der realen Erfahrung ableiten. Diese Texte würden Verhaltenskodices beschreiben, die als vorbildlich und dem dharma entsprechend gelten, während daneben gewohnheitsrechtliches Verhalten unangetastet bestehen könne.[257] Dieses Nebeneinander von Ideal und Regel ist auch Graul aufgefallen. Seiner Ansicht nach

---

253 „Das Heil erschien ihnen in der Form der ‚Sitte', und diese Sitte sollte in der Kasten-Einrichtung" gewahrt werden." GRAUL, Kaste, in: MOIMH VII, 1855:112.

254 GRAUL, Kaste, in: MOIMH VII, 1855:112f.

255 Ähnliche Kritik siehe BURGHART 1990:277; SRINIVAS 1962:129; DAS 1995:416. Es zeigt sich hier, dass die von SAID (1978) und INDEN (1990) dargestellten und kritisierten orientalistischen Herrschaftsstrukturen der europäischen Repräsentationsmuster von der indischen Gesellschaftsstruktur nicht unmittelbar auf alle europäischen Missionare übertragbar sind. Zumindest die Brahmanen blieben nicht bloße Objekte der Wahrnehmung, sondern ihre Sicht geht aktiv in die missionarischen Repräsentationen der Gesellschaftsstrukturen ein, selbst und gerade dann, wenn die Missionare die Brahmanen für die Kastenmisere verantwortlich machen, die sich ihnen als das größte Hindernis für die Evangelisationsarbeit darstellt. Zur Problematik insgesamt siehe BURGHART 1990:269ff.

256 GRAUL, Kaste, in: MOIMH VII, 1855:132.

257 BURGHART 1990:270f.

wird es innerhalb der brahmanischen Tradition mit der Theorie von der Gültigkeit verschiedener Gesetze in verschiedenen Weltzeitaltern (yugas) gelöst.[258]

Graul ist davon überzeugt, dass der hierarchischen Ordnung der indischen Gesellschaft auch eine Hierarchie der Sittlichkeit entspricht, die diese Ordnung rechtfertigt und den Brahmanen notwendig die höchste Position im Gesellschaftsganzen einräumen muss. Während Graul in dem Großteil seiner Ausführungen über Gesellschaft, Kultur und Religion in Südindien bemüht ist, tamilische Literatur heranzuziehen und vor allem aus dem Kuṟaḷ zu zitieren, beschränkt er sich in der Kastenfrage auf brahmanische Texte aus Mānavadharmaśāstra und Bhagavadgītā. Das mag zum einen damit zusammenhängen, dass ihm die Kastenordnung als gesamtindisches Phänomen erscheint, von dem sich die Verhältnisse in Tamil Nadu nur als ein Spezialfall unterscheiden, vor allem aber deutet es darauf hin, dass die Brahmanen als Repräsentanten der gesellschaftlichen Ordnung auch als legitime Informanten über diese Ordnung anerkannt werden und damit das indische Pendant darstellen zu dem Missionar, der einerseits die christliche Lehre in Indien heimisch machen will, andererseits über die Verhältnisse dort informiert sein muss bzw. informieren muss. Richard Burghart hat eine ähnliche Verhältnisstruktur in Bezug auf den anthropologischen Diskurs über Indien festgestellt und vermutet, dass sich diese nur bilden konnte, weil sowohl Brahmanen als auch Anthropologen soziale Beziehungen zu einem System totalisieren, in dem sie als Wissende agieren.[259] Die Ambivalenz dieser Bezugnahme von Missionaren auf brahmanische Traditionen und Kodizes wird deutlich im Kastenstreit, in dem sich in der Frage nach dem Verhältnis von religiöser und bürgerlicher Ordnung beide Seiten auf Manu berufen. Einerseits gelten Brahmanen als legitime Informanten über den Dharma-Kodex und als Bewahrer dieses Kodexes, andererseits erscheinen sie den Missionaren als die Repräsentanten des moralischen Verfalls der indischen Gesellschaft und Lügner und Betrüger, die das eigene Volk verführen und die Missionare bekämpfen.

Ochs hat in seiner Streitschrift zur Kastenfrage gerade im varṇadharma das Prinzip der Unordnung gesehen, weil Moralität auf die Einhaltung der Kastenpflichten beschränkt sei und ‚durch sie alles Gefühl für Wahrheit, Gerechtigkeit und Menschenliebe in den Herzen der Hindu erstickt ist'[260]. Darüber hinaus habe das Prinzip des varṇadharma dazu beigetragen, dass kein Staatsverständnis und keine ‚Vaterlandsliebe' entstehen konnte, und

> „jeglicher Fortschritt unter dem Volk, außer der zum Bösen, hat nicht nur schon lange aufgehört, sondern, wie seine Productionen in Literatur und Kunst, den beiden vornehmsten Zeugen der Größe eines Volkes, darthun, große Rückschritte gemacht"[261].

258 GRAUL, Kaste, in: MOIMH VII, 1855:132.
259 BURGHART 1990:261f.
260 OCHS 1860a:19.
261 OCHS 1860a:21.

Indien erscheint bei ihm als ein Land, das aufgrund der Kastenunterscheidungen seine Selbstständigkeit verloren hat und nicht in der Lage war und es auch im 19. Jh. noch nicht ist, sich selbst zu regieren und daher entweder im Despotismus brahmanischer Herrschaft versank oder von Mächten, die von außerhalb in das Land eindrangen, regiert wurde.

Aus den unterschiedlichen Positionen zur Frage nach der religiösen und bürgerlichen Ordnung der Kaste wird deutlich, wie von den Missionaren das Bemühen um Objektivität in der Darstellung der Kastenordnung dem Werturteil je nach Position im Kastenstreit nachgestellt wird und wie dennoch zentrale interpretatorische Kategorien, die den Missionaren zur Verfügung standen, bestimmend für das Verständnis der indischen Gesellschaftsordnung geblieben sind. Das zeigt sich vor allem an Problemkreisen wie ‚Religion und Politik' und ‚Status und Macht', die die Missionare immer wieder beschäftigen sollten und die auch in der soziologischen Forschung über Indien nach wie vor diskutiert werden.

2.5. Religion und Politik

Ausgehend von einem idealen Bild der Kirche als Gemeinschaft gleichberechtigter, von Gott gleichermaßen geliebter Glieder, stellte sich für die Missionare die Frage, welche sozialen Beziehungen das Kastensystem konstituieren. Dabei wurden vor allem zwei Ansätze wichtig. Zum einen erschien das Kastensystem als ein Netz von miteinander verknüpften und voneinander abhängigen Kasten und jātis, und die Kasten wurden vor allem in ihrer Beziehung zu anderen Kasten verstanden. Die Struktur einer Kaste allein ist aus dieser Perspektive in der Repräsentation der Kastenordnung nicht zu erheben, da Kaste als Relationsbegriff verstanden wird. Der zweite Ansatz sieht die wesentlichen Beziehungen, die die Kaste konstituieren, als ein Produkt der Mitglieder dieser Kaste, die sich zwar in Konkurrenz zu anderen, analog sich konstituierenden Kasten absetzen, jedoch eine Kastenidentität ausbilden, die immanent bestimmt bleibt. Beide Ansätze finden sich häufig in der Missionsliteratur wie auch in der anthropologischen Literatur über die indischen Kasten, und sicherlich kann man sie nicht gegeneinander ausspielen. Es zeigt sich jedoch, dass die Brahmanen vorwiegend nach dem zweiten Modell beschrieben werden, während alle andern Kasten in Relation zur dominierenden Brahmanenkaste als Teil eines vorgegebenen Systems betrachtet werden.[262]

Eine der zentralen Fragen in der Analyse der indischen Kastenordnung ist das Problem des Verhältnisses von Status und Macht. In der Regel wird es in westlichen Darstellungen des Kastensystems an dem Verhältnis von Brahmanen und Kṣatriyas bzw. Brahmanen und König diskutiert. Der bedeutendste Beitrag zu dieser Frage stammt im 20. Jh. von Louis Dumont, der in der Trennung von Status und Macht

262 Allerdings finden sich vor allem in Grauls Reisebeschreibungen Ausnahmen, die im nächsten Abschnitt noch genauer untersucht werden.

eines der genuinen Elemente des Kastensystems sieht. Dumont kritisiert diejenigen westlichen Interpretationsansätze, die, von einem individualistisch geprägten Weltbild ausgehend, das Kastensystem an egalitären Gesellschaftsformen messen und bestenfalls als eine extreme Form der sozialen Stratifikation ansehen. Dumonts eigener Ansatz geht von der strukturalistischen Prämisse aus, dass Kaste im Wesentlichen ein Relationsbegriff ist, der nicht substantialisiert werden darf, sondern nur aus der spezifischen Relation der Hierarchie heraus verstanden werden kann. Und das Besondere an der indischen Hierarchie ist, dass Status und Macht in ihr getrennt sind, d.h., dass diejenigen, die politisch und ökonomisch mächtig sind, nicht notwendig den höchsten Status haben, während diejenigen, die diesen Status haben, die Brahmanen, durchaus arm und politisch unbedeutend sein können. Dumonts Verdienst ist es, die Frage aufgeworfen zu haben, wie es kommen konnte, dass in der indischen Gesellschaft die Mächtigen den höchsten Status an die Brahmanen abgegeben haben oder haben abgeben müssen, und zum anderen, ob tatsächlich Status und Macht in der von ihm dargestellten Weise getrennt werden können. Dumonts Ansatz ist von vielen Seiten kritisiert worden,[263] vor allem aber, weil er eine Repräsentation des brahmanischen Kastenideals sei und hinter der Idealität der hierarchischen Gesellschaftsordnung die realgeschichtlichen Verhältnisse der Kastenstrukturen nicht mehr erkennen lasse. Dumont teilt mit Durkheim die Überzeugung, dass für jede Gesellschaft, um zu funktionieren, ein kollektives Bewusstsein konstitutiv sei, das ein von allen Teilen der Gesellschaft akzeptiertes Wertesystem produziere, und dieses sei, anders als in westlichen Gesellschaften, in denen die Freiheit des Individuums und soziale Gleichheit als Grundwerte gelten, orientiert an der Gesamtheit der Gesellschaft in ihrer notwendig hierarchischen Struktur der Statusunterschiede.[264]

Milner hat dagegen argumentiert, dass Status eine besondere Form der Macht sei, die in bestimmten Sanktionen und Formen der gesellschaftlichen Anerkennung bzw. Ablehnung wurzele.[265] So wenig wie die Statusordnung des Kastensystems auf ökonomische oder politische Macht reduziert werden könne, so wenig könne man auch, wie Dumont es tut, die Kastenfrage auf eine spezifische Hindu-Ideologie der Hierarchie reduzieren, die eine besondere Weise von indischer Mentalität erzeugt habe, die das menschliche Leben als hierarchisch geordnet ansehe.

Die Streitfrage der Missionare, ob die Kaste eine bürgerliche oder eine religiöse Ordnung sei bzw. wie sich diese beiden Aspekte von Kaste zueinander verhalten, wird in der Soziologie unter dem Gesichtspunkt von Status und Macht erneut aufgenommen.

Graul hatte die drei oberen Kasten des Varṇa-Schemas als konstitutiv und hinreichend für den Bau des indischen Staates angenommen, allerdings ohne die Bezie-

---

263 Zusammenfassung der Kritik bei QUIGLEY 1993:39ff; siehe auch MADAN 1994:52ff, INDEN 1990:201ff.

264 DUMONT 1976:63.

265 MILNER 1994:53ff.

hung der drei Kasten zueinander genauer zu reflektieren. Er ging davon aus, dass die Kasten erst im Laufe der Einwanderungsgeschichte der Arier in Indien erblich wurden, und zwar im Zusammenhang ihrer Auseinandersetzung mit den dravidischen Stämmen (Kṣatriyas) und im Prozess der Sesshaftwerdung und der Ausbildung landwirtschaftlicher Produktionsverhältnisse (Vaiśyas). Die Brahmanen behaupteten ihre Position nach Graul durch ihre geistige Überlegenheit, mit der sie ihre Macht vor allem als Hauspriester bei den Königen ausbauten. Graul nimmt einen schon seit der arischen Einwanderung bestehenden höheren Status der Brahmanen an. Dieses zeigt sich an der Funktion des purohita, den Graul als einen Amtsnamen bezeichnet und mit ‚Vorangestellter' übersetzt. Er ist der Auffassung, dass diese purohita von der ganzen arischen Bevölkerung aus denjenigen gewählt wurden, die sich in der Tradition am besten auskannten und diese poetisch umsetzen und weiterentwickeln konnten.[266] Er setzt damit unter den arischen Einwanderern ursprünglich demokratische Verhältnisse voraus, die bei der Bildung eines indischen Staatswesens sich zur Aristokratie wandelten, in denen schließlich die Brahmanen aufgrund ihrer Gesetzgebung die Oberhand behielten und somit Gründer einer hierarchischen Gesellschaftsordnung wurden.[267] Die Kṣatriyas, denen im Mānavadharmaśāstra nur eine den Brahmanen untergeordnete Rolle zugestanden wird, haben ihre Machtposition nach Graul nicht freiwillig aufgegeben, sondern haben sie innerhalb der Kastenordnung eingebüßt, weil es ihnen nicht gelungen ist, die Kaste rein zu halten und gegen Einflüsse von anderen, niedrigeren Śūdra-Kasten abzugrenzen.

> „Die Wahrheit ist: sie haben sich nicht in gleichem Grade unvermischt erhalten, wie die Brahminen, – aus dem einfachen Grunde, weil die Stärke der Faust sich nicht eben so leicht monopolisiren läßt, als die Wissenschaft. Die Kschatriya-Könige waren nicht immer fähig, sich mittelst ihrer eignen Kaste auf dem Throne zu halten, besonders in der Eigenschaft als Eroberer oder als Thronräuber. Sie nahmen daher auch andre kriegslustige Leute in Sold und zuweilen gelang es dann selbst einem Mann aus tieferstehender Kaste, mit Muth und Talent, sich auf den Thron zu schwingen."[268]

Graul beobachtet trotz seiner relativ unkritischen Akzeptanz des höchsten Status der Brahmanen, dass die Statusfrage auch eine Machtfrage ist, die innerhalb der Kastenordnung immer wieder neu auf pragmatischem Weg gelöst wurde. Er gibt ein Beispiel solcher Kastenpolitik und berichtet von einem Streit unter den Prabhus, der wenige Jahre vor seinem Aufenthalt in Bombay dort ausgebrochen war.[269] Im Zusammenhang dieses Streites um die Hierarchie unter Prabhu-Unterkasten wurde ein Schreiben von 1743 durch einen Ugra-Prabhu veröffentlicht, in dem berichtet wird,

---

266 GRAUL, Kaste, in: MOIMH VII, 1855:68.

267 „Diese bereits religiös gefärbte Aristokratie auf nationaler Grundlage vollendet sich in dem Brahminenstande zur kräftigsten Hierarchie, die je gegründet worden." GRAUL, Kaste, in: MOIMH VII, 1855:111.

268 GRAUL, Reise III, 1854:61.

269 GRAUL, Reise III, 1854:62ff.

dass ein Patanay-Prabhu eine Witwe geheiratet hatte und deshalb von seiner Kaste ausgeschlossen wurde. Der Hintergrund war, dass Witwenheirat und andere Śūdra-Ordnungen unter den Prabhus, die sich selbst als Kṣatriya verstehen wollten, nicht mehr erlaubt sein durfte, obwohl sie bisher praktiziert wurde. Allerdings wurde der Versuch der Prabhus, sich als Kṣatriyas erklären zu lassen, von den Pulṣay-Brahmanen, die bisher in den Häusern der Prabhus priesterlichen Dienst versehen hatten, abgelehnt. Daraufhin entließen die Prabhus ihre Priester und suchten sich andere Brahmanen, die die notwendigen Rituale vollzogen und sie die heiligen Texte Brahma Gajatri und Rudra Gajatri gelehrt haben.

Aus diesem Bericht Grauls lässt sich entnehmen, dass die Missionare tatsächlich Vermischungen von Kasten und Mobilität innerhalb der Kastenordnungen beobachtet haben und dass diese Vermischungen auch öffentlich diskutiert worden sind. Zum anderen aber macht der Bericht deutlich, dass Status und Macht nicht voneinander getrennt werden können und dass politische und wirtschaftliche Macht angewandt wird, um Statusverbesserungen zu erzielen. Graul wollte mit diesem Beispiel der Prabhus erklären, warum sich die Kṣatriyas nicht in ihrer ursprünglichen Position halten konnten und in großen Teilen Indiens in den Śūdra-Kasten aufgegangen sind.

1928 hat der Leipziger Missionar und spätere Ordinarius für Missionswissenschaft in Halle, H.W. Schomerus, die Frage des Verhältnisses von Status und Macht ausführlich diskutiert und dabei die lutherische Position in der Kastenfrage zu einer Theorie der politischen Ordnung der indischen Gesellschaft ausgebaut. Der Ansatz von Schomerus, der im Folgenden ausführlicher dargestellt werden muss, stellt die Bedeutung der Könige in ihrem Verhältnis zu den Brahmanen heraus und unterscheidet sich dadurch in der Einschätzung der politischen Entwicklung Indiens wesentlich von früheren Darstellungen der Missionare. Er geht aber nicht so weit wie die 1939 verfasste, aber erst 1950 veröffentlichte Abhandlung von A.M. Hocart, in der die Könige als die zentrale Institution des Kastensystems dargestellt werden, das als Ganzes als eine Organisation des Opferwesens gedeutet wird.[270] Béteille hat in Auseinandersetzung mit Dumont gefragt, ob König und Brahmane überhaupt kompatible Größen seien, da hier varṇa-Kategorie mit einer politischen Kategorie verglichen werde. Er hat Dumont vorgeworfen, den König oder Fürsten zu stark mit den Kṣatriyas zu identifizieren und den anderen politischen Institutionen, die spätestens seit der muslimischen Herrschaft über Indien von gesellschaftlicher Relevanz waren, zu wenig Bedeutung zuzumessen.[271]

Schomerus deutet zwar die politische Entwicklung als einen Konflikt ursprünglich zwischen Kṣatriyas und Brahmanen, der sich nach Zerfall der Kṣatriyas besonders in Südindien auf andere Kasten verlagert habe. Vor allem aber hebt Schomerus hervor, wie sich Funktion und Institution der Kasten und insbesondere der Brahma-

---

270 HOCART 1950:17.
271 BÉTEILLE 1969:22.

nen unter dem Einfluß der englischen Kolonialregierung gewandelt haben.[272] In dem Versuch, einen geschichtlichen Wandel der Kastengesellschaft aufzuzeigen und die klassischen Texte nicht als normativ, sondern als Ausdruck dieses Wandels zu lesen, liegt die bleibende Bedeutung von Schomerus' Untersuchung über Politik und Religion in Indien.[273]

Schomerus beginnt seine Untersuchung mit der Feststellung, dass die indische Geschichte „wenig ruhmreich"[274] gewesen sei und macht es sich zur Aufgabe, die Gründe dafür darzulegen. Zwei Beobachtungen lassen ihn zu diesem negativen Urteil über die politische Geschichte Indiens kommen: zum einen, dass Indien in Kleinstaaten aufgespalten gewesen sei, zum anderen, dass es fremden Völkern leicht gewesen sei, in Indien einzudringen und diese Kleinstaaten zu überwinden und größere Einheiten zu bilden. Neben skythischen und hunnischen Eroberungen erwähnt er vor allem das Reich Alexanders des Großen (um 350 B.C.), die muslimischen Reiche vom 11. bis ins 18. Jh. und die englische Kolonialherrschaft. Diese Feststellung der Kleinstaaterei und der Fremdherrschaft gehörten allerdings zum historischen Diskurs über Indien seit Ende des 18. Jh.s. Von bedeutendem Einfluss auf diesen auch von lutherischen Missionaren geführten Diskurs war James Mill's ‚History of Britisch India' von 1820. Mill sah die Gründe für den politischen Verfall zum einen im Kastensystem, zum anderen in einer Form von Hindu-Despotismus der Priester, die durch Gesetze und abergläubische Lehren das Volk versklavt haben.[275] Eric Stokes hat deutlich gemacht, dass die utilitaristische Sicht der indischen politischen Geschichte vor allem von evangelischen Missionaren geteilt wurde, die ebenso wie jene das Individuum und seine Rechte und Freiheiten als zentrale Größe ansahen, von der aus ein Staatssystem beurteilt werden müsse.[276] Auch in den lutherischen Berichten seit 1855, vor allem im Zusammenhang mit dem Kastenstreit, finden sich zahlreiche Belege über die Verbindung von Kaste und religiösem Despotismus der Brahmanen,[277] wodurch jegliches staatsbürgerliche Verantwortungsbewusstsein der Individuen unmöglich gemacht wurde. Graul hat dagegen, da er einen positiven Einfluss der Brahmanen auf die Gestaltung der indischen Gesellschaft

---

272 Zur Diskussion des Einflusses des Britisch-Raj auf die Kastendynamik, siehe BAYLY 1988; COHN 1970, FULLER 1996; BAYLY 1999.

273 SCHOMERUS, Politik, 1928.

274 SCHOMERUS, Politik, 1928:3.

275 „We have already seen, in reviewing the Hindu form of government, that despotism, in one of its simplest and least artificial shapes, was established in Hindustan, and confirmed by laws of Divine authority. We have seen likewise, that by a division of the people into castes, and the prejudices which the detestable views of the Brahmens raised to separate them, a degrading and pernicious system of subordination was established among the Hindus, ... in short that despotism and priestcraft taken together, the Hindus, in mind and body, were the most enslaved portion of the human race." MILL II 1820:166f.

276 STOKES 1959:54.

277 Ochs vergleicht die Kaste in Indien mit den Kasten der Äthiopier, Chaldäer und Perser und vermutet den Unterschied zu diesen Völkern in der Überlegenheit der Kriegerkaste über die Priesterkaste, die ‚die Hierokratie in eine Kriegerdespotie verwandelte'. OCHS 1860:23.

annahm, ähnlich wie später Schomerus, die Zerteilung der indischen Gesellschaft in verschiedene Kasten und den damit verbundenen Mangel an Staats- und Gemeinschaftsbewusstsein als Schwäche des indischen Volkes gegenüber Fremdherrschaft gedeutet.

> „Familienliebe tritt daher an die Stelle der Vaterlandsliebe, für die Begriff und Bezeichung fehlt. In dieser Zersplitterung der Interessen durch die Kasten-Zerklüftung liegt die Hauptstärke der Britischen, wie jeder andern Fremdherrschaft. Ein allgemeiner Vertheidigungs-Krieg ist eine Sache der Unmöglichkeit, so lange nicht alle Volks-Klassen gleich harten Druck erfahren.“[278]

In der Nachfolge von Graul ist diese Auffassung innerhalb der Leipziger Mission mehrfach wiederholt worden, meistens ohne die historischen Veränderungen nach dem Militäraufstand von 1857, der von Historikern heute als ein deutliches Zeichen politischer Willenserklärung und als Ausdruck der politischen Macht von Kasten gedeutet wird, zu reflektieren.[279]

> „Der Hindu hat keinen politischen Sinn. Der Begriff des Vaterlandes und der Volksgemeinschaft geht ihm ab. Für das alles tritt die Kaste ein. Die Kaste ist sein Staat, die Kaste als erweiterte Familie sein Vaterland.“[280]

Stosch, der als Vertreter einer gemäßigten Behandlung der Kasten in der Kirche bemüht ist, die positiven Elemente der indischen Kastenordnung herauszustellen und in ihr ein Äquivalent zum europäischen Gedanken des Staates zu sehen,[281] sieht die Herrschaft der Brahmanen, die Kleinstaaterei und die Kastenordnung als Ausdruck einer ‚krankhaft idealistischen‘ Veranlagung des indischen Volkes:

> „Ein Idealist ist am liebsten allein oder in kleiner, ihm homogener Gesellschaft. Der Realist sucht größere Gemeinschaften. So hat der Idealismus des indischen Volkes es verhindert, größere Staatenbildungen zu schaffen.“[282]

Stosch ist bemüht, seinen Lesern die lutherische Kastenpraxis nahezubringen, und vertritt in der Nachfolge von Graul die Auffassung, dass es vornehmliche Aufgabe der Mission sei, eine Volkskirche zu gründen. Eine Schonung der Kasten und den Versuch einer allmählichen Christianisierung des indischen Volkes hält er deshalb

---

278 GRAUL, Mitteilungen, in: MOIMH IV, 1852:66.

279 Zur Position der englischen Missionare zur Indischen Revolte von 1857 siehe FORRESTER, 1980:48ff; sonst CHAUDHURI 1965.

280 STOSCH 1896:165.

281 Ähnlich auch Ihmels: „Gab es denn in Indien überhaupt je eine Volksgemeinschaft? Das ist vielfach geleugnet worden. Wer mit den demokratischen Vorstellungen des Abendlandes oder gar den Idealen Amerikas nach Indien kommt, ist geneigt, das zunächst zu bestreiten; denn die soziale Gliederung des indischen Volkes war einst so seltsam, uns so ganz fremdartig, daß sie auf den Abendländer abstoßend wirkte.“ IHMELS, Aufgabe, o.J., 12f.

282 STOSCH 1896:165.

für angemessen, weil „der Hindu mehr als jeder andere ein Gesellschaftsmensch [ist]. Sein Denken und Empfinden ist nicht individuell, sondern sozial.“[283] Ähnlich wie bei Dumont 70 Jahre später, soll hier Verständnis für die Kastenpraxis geweckt werden, da die Kastenunterschiede nicht aus einer westlichen Position, die die Freiheit des Individuums absolut setzt, beurteilt werden können. Zum anderen ist gerade der Mangel an Individualität für Stosch nicht nur das Haupthindernis für eine Bekehrung, die aus persönlicher Überzeugung erfolgt, er hat es auch verhindert, ein politisches Bewusstsein entstehen zu lassen, das Stosch als konstitutiv für einen Staat ansieht.

Schomerus übernimmt diese Repräsentation Indiens als einer Kastengesellschaft, die durch brahmanischen Despotismus und Mangel an Individualität in politische Bedeutungslosigkeit versunken ist, nicht. Unter dem Eindruck des erwachenden Nationalbewusstseins und des zunehmenden Einflusses des indischen Nationalkongresses fragt Schomerus, welche Gründe dazu geführt haben, dass Indien politisch relativ bedeutungslos geblieben ist, sich aber dennoch reformerische Kräfte bilden konnten, die sich gegen die Kolonialherrschaft der Engländer aufzulehnen begannen. Schomerus hebt gegenüber der herrschenden Auffassung von dem Mangel an politischer Tradition in Indien hervor, dass es mit dem Arthasāstra, aber auch den itihasa Rāmāyana und Mahābhārata eine reiche Tradition politischer Wissenschaft in Indien gegeben habe. Er widerlegt die z.B. von Ochs vertretene Auffassung, dass die Hindus keine Eroberungen und kriegerischen Auseinandersetzungen geführt hätten,[284] mit Hinweisen auf Texte des Ṛgveda, in denen Indra als Kriegsgott verehrt wird, aber auch auf die dravidische Kriegsgöttin Koṯṟavai und die tamilischen Heldenlieder Puṟanāṉūru, in denen die Könige vor allem wegen ihrer Kriegstaten gepriesen werden.[285] Schomerus ist bemüht, Indien nicht in erster Linie als passives Opfer kolonialer Eroberungen zu verstehen, sondern die Ursachen der politischen Entwicklung des Landes aus den religiösen und sozialen Konstellationen zu erklären, die sich vor allem aus der Konkurrenzsituation von Kṣatriyas und Brahmanen ergäben. Während man in anderen antiken Kulturen wie Ägypten, Babylonien und China ein religiös verankertes Königtum erheben kann, könne in Indien von einer religiösen Fundierung politischer Macht nicht geredet werden. Schomerus sieht gerade in der religiösen Ungebundenheit politischer Macht einerseits und in der Nebenordnung politischer Macht zur Religion andererseits die besondere Situation Indiens. Die Loslösung der Politik von der Religion habe bereits in der vedischen Zeit begonnen, obwohl es vor allem in der Verehrung von Varuṇa Ansätze gab, die das Königtum zu einer religiösen Institution hätten werden lassen können. Von Anfang an stand die Varuṇa-Religion in enger Verbindung zum Königtum, und der Gedanke eines himmlischen Königs, der die Welt durch ṛta, die kosmische Ordnung, regiert, legt es nahe, dass diesem ein weltlicher Stellvertreter und Beauftragter ent-

283 Stosch 1896:179f.
284 Ochs 1860:4.
285 Schomerus, Politik, 1928:6f.

sprechen soll.[286] Da aber die unveränderliche Ordnung ṛta dem Einfluss der Menschen entzogen bleibt und weder durch Opfer noch durch asketische Übungen beeinflusst werden kann, musste sie den Brahmanen als anṛta erscheinen. Die Götter des Varuṇa-Kreises, die asuras, wurden im Laufe der Zeit dämonisiert. Schomerus interpretiert den Untergang der Varuṇa-Religion als einen Sieg der Brahmanen über die Kṣatriyas in der Zeit der Brahmanas und des Atharvaveda, als durch die Zunahme der Bedeutung des brahmanischen Opfers den Kṣatriyas der direkte Zugang zur religiösen Begründung ihrer Macht abgeschnitten wurde. An dem Verhältnis von Brahmanen und Kṣatriyas lässt sich exemplarisch die politische Bedeutung der Kastenordnung aufzeigen. Anders als Dumont, der die Konflikttheorien von Lassen und Dumézil explizit ablehnt und das Verhältnis von Kṣatriyas und Brahmanen als ‚notwendige Institution' begreifen will, will Schomerus gegenüber der gängigen Auffassung von Indien als einer apolitischen, allein religiös bestimmten Gesellschaft die relative Unabhängigkeit der Politik und damit auch der Kṣatriyas von der brahmanischen Dominanz darlegen. Das Kastensystem stellt sich ihm dadurch nicht als eine ideale Ordnung dar, in der Statusunterschiede von allen anerkannt werden, sondern die Kṣatriyas arrangieren sich aus realpolitischen Interessen mit dem Status-Anspruch der Brahmanen. Nicht die Trennung von Status und Macht, die Dumont als wesentliches Element des Kastensystems ansah, ist bestimmend für das Verhältnis von Brahmanen und Kṣatriyas, sondern Status lässt sich nur aus der Macht ableiten, die die Brahmanen in einem in Kleinstaaten zersplitterten Land einnehmen konnten. Während alle anderen Kasten in ihren Organisationsformen jeweils auf das Territorium des Kleinstaates beschränkt und aus politischen Gründen nicht in der Lage waren, sich überstaatlich zu organisieren, hatten die Brahmanen, die durch ihre exklusive sanskritische Kultur eine gesamtindische Größe darstellten und durch das Interesse an der Aufrechterhaltung ihrer Macht miteinander verbunden waren, durch die Einführung der Kastentrennung die Möglichkeit, die Bildung eines Großreiches zu verhindern.[287] Dass diese Sicht der Kastenorganisation nicht ganz den historischen Tatsachen entspricht, zeigt Béteilles Untersuchung über das Verhältnis der Kasten im Tanjore-Distrikt in Tamil Nadu.[288] Neben den Brahmanen haben auch Śūdras und Dalits schon in der traditionellen südindischen Gesellschaft Regionen und Kleinreiche übergreifende Organisationsformen gehabt.

Schomerus bezeichnet das Herrschaftsprinzip der Brahmanen als *divide et impera* und sieht vor allem in der Kastentrennung die politische Macht der Brahmanen begründet.[289] Er nennt drei Gründe, warum die Kṣatriyas sich mit dem Status der Brahmanen arrangierten: 1. Die Kṣatriyas akzeptierten die Institution der Kaste, weil

---

286 Die Auffassungen in der Indologie über den Varuṇa-Kult gehen stark auseinander. Siehe dazu GONDA 1960:73f; vor allem DANDEKAR 1938:24ff hat Varuṇas Königswürde hervorgehoben.

287 SCHOMERUS, Politik, 1928:34.

288 BÉTEILLE 1965, bes. Kap 3.

289 SCHOMERUS, Politik, 1928:34. Bereits 1919 stellt Schomerus fest, dass die Engländer dieses Prinzip übernommen und die Kastentrennung politisch ausgenutzt haben; SCHOMERUS, Homerule, 1919:575.

ihnen damit zumindest der zweite Rang vor allen anderen Kasten eingeräumt wurde. 2. Die Kastenordnung stand in einem unmittelbaren Zusammenhang zum Berufs-Dharma und sicherte so jeder Berufsgruppe ihre Eigenständigkeit. Die politische Macht, die ein zentrales Element des Berufs-Dharma der Kṣatriyas darstellte, konnte daher weder von den niederen Kasten noch von den Brahmanen angefochten werden. 3. Der Ausübung der weltlichen Macht wurde eine rechtliche Grundlage gegeben, die religiös sanktioniert war. Die Kṣatriyas hatten daher angesichts ihrer relativen Machtstellung in den Kleinstaaten kein Interesse daran, sich zu verbünden, um die Macht der Brahmanen zu brechen, und Schomerus sieht die Gründe dafür, dass Großstaaten im Lauf der indischen Geschichte immer wieder zerfallen sind, in dieser besonderen Stellung der Kṣatriyas im Kastensystem.[290]

Dumont hat seinem Hauptwerk ‚Homo Hierarchicus‘ einen Abschnitt angefügt, in dem er seine Sicht der Konzeption des Königtums im alten Indien darlegt.[291] Ähnlich wie Schomerus vor ihm will er die Frage beantworten, warum die Könige den Brahmanen die Kontrolle über die religiöse Macht überlassen und sich ihrem Status freiwillig untergeordnet haben. Dumont nimmt an, dass die Kṣatriyas von den Brahmanen erwarteten, dass diese ihr geistliches Wohlergehen garantierten und als purohita die Opfer im Namen ihrer Patrone vollzögen; zweitens, dass den Kṣatriyas neben bzw. unmittelbar nach den Brahmanen der zweite Rang in der Gesellschaft garantiert würde, und drittens, dass die Brahmanen sich einzig und allein der Aufrechterhaltung der transzendenten Ordnung des dharma widmen würden, und so artha (Schomerus übersetzt: Berufsdharma) als autonome Größe innerhalb der Grenzen von dharma schützten.[292] Während Schomerus den Kṣatriyas jedoch realpolitische Interessen unterstellte, ist nach der Auffassung von Dumont die Anerkennung des höchsten Status der Brahmanen durch die Kṣatriyas Ausdruck der dem Kastenprinzip notwendig inhärenten hierarchischen Ordnung, die im Unterschied von temporärer Autorität (artha) zu spritueller Autorität (dharma) manifest wird, wie sich an einer Textanalyse der Brāhmaṇas zeigen lässt.[293]

In der Darstellung von Schomerus hat die Säkularisierung der Politik, die in der Artikulierung von artha, dem Berufsdharma der Kṣatriyas begründet ist, nicht zu ihrer Befreiung von der Religion beigetragen, sondern zu einer Unterordnung des Wertes des Politischen unter das Religiöse. Die Hierarchisierung der Werte hat dazu geführt, dass der brahmanische Pessimismus und das weltverneinende Ideal der Askese zur dominierenden Geisteshaltung geworden ist:

> „... eine welt- und lebensverneinende Atmosphäre und eine resigniert pessimistische Stimmung hat sich gewissermaßen wie ein dichter Nebel über alle Gemüter gelegt und in

290 SCHOMERUS, Politik, 1928:33.

291 Zuerst erschienen in Contributions to Indian Sociology, VI. 1962:48–77.

292 DUMONT 1976:360; siehe auch QUIGLEY 1993:28f.

293 DUMONT 1976:337ff.

irgend einer Form wohl auf jeden Sohn Indiens bald mehr und bald weniger lähmend gewirkt."[294]

Schomerus erneuert mit dieser Analyse der politischen Verhältnisse letztlich Hegels Urteil über Indien als einem statischen Gebilde, das aus der Einheit der Seele zwar Unterschiede hervorbringt, die aber nicht freigesetzt und damit auf die Einheit bezogen sind, sondern „in die Natur zurückfallen" und in festen Formen erstarren.[295] Der indische Staat ist, so Schomerus, notwendig fragil und zerrissen, gerade weil die indische Gesellschaft eine Einheit darstellt, die sich in einer hierarchischen Ordnung manifestiert, die alle Konflikte und politischen Auseinandersetzungen zwischen den Gruppen und Kasten zweitrangig werden lässt, weil das sie religiös Normierende nie von innen her in Frage gestellt wurde. Die Kolonialherrschaft der Engländer, die es vermocht hat, ein Großreich zu bilden, das anders als frühere Großreiche von Bestand war, war nach Ansicht von Schomerus deshalb erfolgreicher, weil sie die Kastenstruktur nicht angegriffen, in religiösen Fragen Neutralität geübt und so die Machtstellung der Brahmanen befestigt hat, ohne dass diese es wagen konnten, gegen die englische Herrschaft zu rebellieren, da sie sich keinen Rückhalt von den anderen Kasten erwarten konnten.[296] Erst das britische Großreich hat es allerdings auch ermöglicht, dass sich auch andere Kasten politisch organisieren. Eine solche Neuentwicklung sieht Schomerus in der tamilischen ‚Self-Respect-Bewegung' und der ‚Justice-Party',[297] wo sich deutlich zeige, dass sich Kasten zu politischen Organisationen zusammengeschlossen haben. Das Aufkommen von Kastenvereinigungen als politischen Organisationen gilt als eines der deutlichsten Anzeichen politischer Erneuerung in Indien. Seit dem Ende des 19. Jh.s, aber besonders seit 1910 wuchs die Zahl der Organisationen, die für sich in Anspruch nahmen, die Interessen ihrer Kaste zu vertreten, deutlich an.[298] Die Beobachtung von Schomerus, dass Kasten unter dem Einfluss der britischen Herrschaft zunehmend politische Funktionen übernahmen, wurde 1957 von dem führenden indischen Soziologen M.N. Srinivas bestätigt, der, ähnlich wie Schomerus, zwischen territorialen Kleinstaaten und einer gesamtindischen politischen Struktur unterscheidet. Srinivas sieht Gründe für das Anwachsen politischen Einflusses der Kasten in der Zunahme an Kommunikationsmöglichkeiten und wachsender Mobilität durch den Bau von Eisenbahnen, Straßen und der Entwicklung der Presse.[299] Schomerus' Analyse der politischen Entwicklung in Indien zeigt deutlich, dass er die Kastenproblematik unter der Perspektive der Einheit des Staates betrachtet. Solange dieser nicht bestand, diente aus europäischer Perspektive die Einheit der Kastenordnung als Supplement für den Staat, und die

294 SCHOMERUS, Politik, 1928:61.
295 HEGEL 1970:180f.
296 SCHOMERUS, Politik, 1928:44.48.
297 SCHOMERUS, IuC II, 1933:87f.
298 Siehe dazu WASHBROOK 1975:150.
299 SRINIVAS 1962:15f. Zur Presse und dem Einfluss von Informationsmöglichkeiten vgl. BAYLY 1996; FRYKENBERG 1999.

Kṣatriyas und Brahmanen waren als Repräsentanten ihrer Kaste diejenigen, welche das soziale und politische Gefüge bestimmten. Politische und religiöse Macht waren getrennt, und der politische Einfluss der Brahmanen leitete sich von ihrer panindischen Struktur ab. Eine Politisierung der Kasten hat nach Ansicht von Schomerus erst begonnen, als gesamtindische Interessen die politische Debatte bestimmten und Kasten sich zu größeren politischen Einheiten zusammenschlossen.

Es ist allerdings fraglich, ob das diachrone Bild von Kasten als ursprünglich sozial-religiösen Größen, die sich zu politischen Größen entwickeln, zum Verständnis der Funktion der Kasten in der Gesellschaft ausreichend ist. Politik wird von Schomerus zu sehr als Funktion des Staates angesehen, während der politischen Rolle, die Kasten auf der Dorfebene spielen, kaum Beachtung geschenkt wird. Der Großteil der Leipziger Missionare arbeitete in Dörfern oder kleinen Städten, und die politische Dorfstruktur war auch den Missionaren in der zweiten Hälfte des 19. Jh.s vertraut. Die Missionsberichte zeigen deutlich, dass die Missionare, wann immer sie für ihre Gemeinden etwas erreichen wollten oder Streit zwischen Gemeindegliedern zu schlichten hatten, die politischen Dorfstrukturen ausnützten. Die wohl früheste Beschreibung der politischen Struktur in den Dörfern Südindiens stammt von dem Kollektor der East India Company, Lionel Pace, von 1799. Burton Stein stellt in der Analyse dieses Berichtes fest, dass zur Zeit der Übernahme der politischen Macht durch die East India Company von den Nachfolgern der Vijayanagara-Könige die Dörfer als politische Einheiten mit einer eigenen Verwaltungsstruktur funktionierten.[300] Ein knapper Überblick über das britische Landverteilungssystem ist notwendig, um die politischen Strukturen zu verstehen, in denen sich die Missionare bewegen mussten. Das Tamil-Land war Teil einer größeren politischen Einheit, der Madras Presidency, die auch Teile von dem heutigen Kerala, Karnataka und Andhra Pradesh einschloss. Die Madras Presidency wurde in ‚Districts' unterteilt, und diese wiederum in kleinere Einheiten. Die Briten entwickelten eine einheitliche Methode der Steuererhebung. Dazu etablierten sie erneut die mirāsidars, die Landbesitzer, eine Einrichtung, die bereits unter muslimischer Herrschaft eingeführt worden war. Sie ernannten aber britische Kollektoren, die von den Landbesitzern und den Bauern direkt die Steuern eintreiben konnten. Dieses direkte System der Steuererhebung wurde ryotwari genannt. Daneben gab es auch die Möglichkeit, nur den Landbesitzer zu besteuern, das Zamindari-System. Schließlich gab es noch die sogenannten Inam-Dörfer, in denen das Land als Trust den Dorfbewohnern überlassen war und die nicht besteuert wurden. Jedem Dorf stand ein munsif vor, dessen Macht in etwa dem eines Kollektors auf lokaler Ebene entsprach.[301]

Eine relativ aussagekräftige Beschreibung der politischen Struktur eines Dorfes in Tamil Nadu, in dem die Missionare gearbeitet haben, findet sich bei Baierlein, der

300 Stein 1994:435f.

301 Siehe Pandian 1987:38f, bei dem sich eine ausführliche Diskussion der britischen Landverteilungspolitik in Tamil Nadu findet.

1870 in einer Reihe von Aufsätzen über ‚Land und Volk der Tamulen und die Mission in demselben' berichtet hat:[302]

> „Jeder noch so kleine Ort hat seinen Ortsrichter (Munsifdar), der wie ein kleiner König haust, und freilich auch oft die Schwächeren bedrückt. Weiter gehört zum Ortspersonal noch der Maniakaren, der die Grundsteuern einzufordern und abzuliefern hat, der Kanaken, der die Rechnungen führt und die Listen der Ländereien in den Händen hat (diese Listen bestehen freilich meist aus Palmenblättern); diese drei sind Sudras und gehören zu den Honoratioren des Ortes. Ihre Aemter sind erblich. Nahe bei dem Sudraorte aber liegt wie eine Vorstadt, doch nicht unmittelbar anstoßend, das Cheri, in welchem die Pariahs wohnen, die für die Sudras das Land bebauen und wenig genug dafür bekommen. Unter ihnen ist der Taleiari (Häuptling), der den ganzen Ort zu bewachen, Diebe einzufangen und zu transportiren hat u.s.w., weswegen er auch in vielen Orten noch einen Spieß trägt. Ihm folgt sein Adjutant, der Vettian, der auch für die Vergrabung von gefallenem Vieh u.s.w. zu sorgen hat. Auch ihre Aemter sind erblich und durch Nutznießung eines Stück Landes bezahlt. So ist die Ortsbehörde vollständig und fehlt in keinem Orte."[303]

Seit dem frühen 19. Jh. entwickelte sich vor allem unter offiziellen britischen Ethnographen ein Bild von Indien als einem Land der in sich geschlossenen Dorfgemeinschaften. Sicherlich ist Baierleins Beschreibung ein Reflex dieses Trends. Im gleichen Jahr, in dem Baierlein seine Berichte veröffentlichte, erschien Maines Werk ‚Village Communities in the East and West',[304] das für die nächsten zwanzig Jahre als ein Standardwerk der sozialen Strukturen des ländlichen Indiens galt.[305] Baierlein gibt allerdings keine Analyse oder historische Erklärung für die politische und soziale Struktur der ‚Ortsbehörde'. Baierlein hat 1854 seine Missionstätigkeit in Sadras begonnen, einer kleinen Gemeinde im Chingleput-Distrikt, für den der Einfluss britischer Administrations- und Landverteilungspolitik besonders gut belegt ist.[306] 1796 wurden durch den Kollektor Lionel Place zum Zwecke effektiverer Steuererhebung die Posten des munsif, des karanam[307]und des talaiyari neu errichtet und jedem dieser Posten ein Stück Land zugeschrieben. Das Land der Dorfes wurde

302 Bereits 1875 wurden diese gesammelten Aufsätze von einem Mitglied des Madras Civil Service ins Englische übersetzt und in Madras als Buch ‚The Land of the Tamulians and its Missions' herausgegeben. Baierlein ist dadurch auch in englischen Kreisen ein bekannter und häufig zitierter Missionar geworden.

303 BAIERLEIN, in: ELMB 1870:252. Diese Beschreibung des indischen Dorfes wurde in Leipziger Missionskreisen immer wieder kolportiert. Siehe z.B. GEHRING, H. 1899:68.

304 MAINE 1871.

305 1892 erschien dann B.H. BADEN POWELLs dreibändiges Werk ‚The Land Systems of British India', in dem die politischen Strukturen der einzelnen Regionen beschrieben werden.

306 1879 verfasste der damalige Verwalter Charles Crole einen Bericht, der deutlich zeigt, dass die Verwalter der East India Company periodisch versucht haben, traditionelle Administrationsformen wieder aufzubauen. CROLE 1879. Neuerdings dazu v.a. IRSCHICK 1994:115–152, der die Entwicklung des Mirāsi-Systems im Chingleput-Distrikt seit 1796 untersucht.

307 Zur Verwendung des Begriffes und der Bedeutung dieses Postens für Munro siehe YULE/BURNELL 1903:281.

von der Gemeinschaft verwaltet und die Erträge der Ernte den einzelnen Dorfbewohnern zugeteilt (Mirāsi-System). Die mirāsidars, den höheren Kasten zugehörig, beanspruchten ein erbliches Recht über die Landverteilung. Um 1810 führten die Engländer unter Thomas Munro im Chingleput-Distrikt das Ryotwari-System ein, indem Land einzelnen Individuen zugeteilt und von der Regierung direkt besteuert wurde. Um 1859 haben sich jedoch Gruppen und Individuen etabliert, die ein permanentes Recht auf das Land beanspruchten, so dass die Verwaltung des Dorfes durch einen Dorfverbund praktisch aufgelöst war und sich erbliche Strukturen der Dominanz herausgebildet hatten. Zwischen 1859 und 1863 führten die Engländer daher eine zweite Reform durch, in der vor allem zum Schutz der Dalits die Ämter des karanam, des talaiyari und des vettiyam neu eingerichtet und mit festen Gehältern versehen wurden. Gleichzeitig wurde eine Landreform durchgeführt, die es den Dalits ermöglichte, Land selbst zu bebauen.[308] Baierleins Bericht von der ‚Ortsbehörde', der Dalits und Śūdras angehörten, scheint daher ein Mischbild seiner ersten Erfahrungen im Chingleput-Distrikt von 1854 und der Situation von 1870 zu sein, als der Bericht veröffentlicht wurde. Auffällig ist, dass die Brahmanen keinen Platz in der offiziellen Dorfhierarchie innehatten. Baierlein stellt ausdrücklich heraus, dass munsifdar, maniakaren und kanaken Śūdras sind. Das war sicherlich nicht in allen Orten so. Zwar gibt es Berichte, dass Christian Friedrich Schwartz unter der Herrschaft des Königs Tuljaji (1763–87) im Tanjore-Distrikt erreicht hat, einige brahmanische munsifs ab- und nicht-brahmanische an ihre Stelle zu setzen,[309] aber die Mehrzahl der Dörfer hatte doch brahmanische munsifs. Der Großteil der Landbesitzer waren Brahmanen oder Vellalar, und diese dominierenden Kasten stellten den zentralen Teil der Ortsverwaltung. Baierleins Beschreibung der Dorfpolitik macht aber vor allem auch deutlich, dass durch die Neuordnung politischer Systeme durch die Engländer um 1870 der Einfluss der Dalitkasten in der lokalen Politik zunahm.

3. Kasten in Tamil Nadu

Hans Werner Gensichen hat Graul's ‚Reise nach Ostindien' als eine Sammlung noch ungehobener Schätze aus Ethnologie, Indologie und Kultur- und Kirchengeschichte bezeichnet.[310] Einer der bedeutendsten Abschnitte dieses Werkes ist sicherlich Graul's Abhandlung über ‚das Tamulenvolk in seinen verschiedenen Abteilungen' im vierten Teil, die als ein frühes Beispiel der Ethnographie bezeichnet werden kann. Graul stellt auf 50 Seiten einige Kasten in Tamil Nadu dar, beschreibt ihre

308 Zur Bedeutung dieser Reformen im Chingleput-Distrikt und anderen Distrikten für die Dalits vgl. auch MOFFATT 1979:44ff; IRSCHICK 1994:115ff.

309 SUBRAMANIA IYER 1928:31; K.K. PILLAY 1979:617f; GOUGH 1969:60.

310 GENSICHEN 1993:31.

wirtschaftliche und soziale Struktur, ihre Hochzeits- und Sterberiten[311] und religiösen Bindungen und Praktiken. Vor allem aber bezieht er die Hinweise aus klassischen tamilischen Schriften auf die einzelnen Kasten in ihre Beschreibung ein.[312] Grauls Abschnitt über die Kasten ist, wenn auch nicht im Umfang, so doch in seiner Intention vergleichbar mit der groß angelegten, von der Kolonialregierung beauftragten und 1909 erschienen Ethnographie ‚Castes and Tribes of Southern India' von Edgar Thurston.[313]

Graul gibt als Kriterium für die Auswahl der Kasten, die er darstellen wollte, an, ob sie bereits in Kontakt mit katholischer oder protestantischer Mission gekommen sind. Er weitet seinen ethnographischen Überblick aber auf bedeutende Kasten in Tamil Nadu aus, unter denen christliche Missionare bisher keine Konvertiten gewinnen konnten. Das Besondere an Grauls Überblick ist, dass er die einzelnen Kasten lexikographisch nacheinander darstellt, wobei es ihm dabei um eine Hierarchisierung der Kasten in ihrer kulturellen und moralischen Bedeutung geht. Er beginnt mit den Brahmanen, gefolgt von verschiedenen Śudra-jātis in der Reihenfolge der sozialen Stellung, die Graul ihnen beimisst, und schließt die Darstellung mit den Totti, die als eine der niedrigsten der Dalitkasten gelten. Wie oben deutlich wurde, ist für Graul neben der Hautfarbe der Prozess der Sanskritisierung ein entscheidendes Merkmal für den kulturellen Status einer Kaste in Tamil Nadu.[314] Allerdings weicht seine Beschreibung an wesentlichen Punkten von dem brahmanischen Varṇa-Schema ab, das im 19. Jh. als das grundlegende Modell zur Repräsentation der verschiedenen Kasten galt.[315]

Obwohl Graul und die Leipziger Missionare, die sich zu dem Kastensystem geäußert haben, auch von den indologischen Überzeugungen ihrer Zeit beeinflusst waren, so lassen sich ihre Beobachtungen und Reflexionen zur Funktion der Kasten in Südindien als kritisches Korrektiv zu einer zu ihrer Zeit gängigen und auch in der soziologischen Debatte des 20. Jh.s häufig festzustellenden, vor allem aus der Sanskrittradition europäischer Indologen abgeleiteten Auffassung von einer festgelegten hierarchischen Gesellschaftsordnung in vier varṇas lesen. Soziale Mobilität, Sanskritisierungsprozesse und regional unterschiedliche Ordnungen von Kastenhierarchie[316] wurden von den Missionaren beobachtet und beschrieben. Dabei ist auffäl-

311 GRAUL, Reise IV, 1855:147ff.

312 Dumont hat in neuerer Zeit es als die Aufgabe der indischen Soziologie gesehen, am Schnittpunkt von Indologie und Ethnologie die Gesellschaft Indiens zu beschreiben; DUMONT 1976:19.

313 THURSTON, Bde. I–VII, 1909.

314 Eine Frage, die Graul an S. Samuel Pillay stellte, lautete: „What castes are the least coloured?" Die Antwort, die Graul erhielt, bestätigte seine Theorie von der Einwanderung der Arier in Tamil Nadu. Die Brahmanen aus dem Norden hätten die hellste Hautfarbe, während die Brahmanen im Süden sich kaum von den Vellalar unterschieden. Auch zwischen Paraiyar in Madras und auf dem Land gäbe es Unterschiede in der Hauttönung. LMA, GN, Kapsel 6, Aktenstück: Notizen für Tamul. Literatur etc. Questions on Miscellaneous subjects (Anhang).

315 Diesem Schema folgt beispielsweise DUBOIS Darstellung der Kasten von 1816.

316 Vgl. dazu SRINIVAS 1952.1966.1968; Richard Fox hat 1969 einen Vorschlag gemacht, wie man das Problem der zu unterscheidenden, aber ineinandergreifenden Konzepte von ‚Kaste' lösen könne. Er

lig, wie sich theologische Positionen im Kastenstreit auch auf die Sicht der einzelnen Kasten ausgewirkt haben. Während diejenigen Missionare, die gegen die Kaste in der Kirche radikal vorgingen, diese eher als ‚closed status group'[317] in einem in sich geschlossenen hierarchischen System verstanden, hat Graul, obwohl auch er hierarchisch gedacht hat, eher die Identität stiftenden Merkmale der einzelnen jātis und die Dynamik der jātis untereinander beschrieben. Vor allem Grauls Ethnographie der einzelnen Kasten in Tamil Nadu in seinem Reisebericht bieten zahlreiche Hinweise, die eine seit der Volkszählung von 1871 übliche Einordnung der jātis in ein fest gefügtes Varṇa-Schema[318] in Frage stellen.

Graul hatte für seine Darstellung bereits Vorbilder. Die Beschreibung von 71 Kasten in Ziegenbalgs Malabarischem Heidentum konnte Graul nicht kennen, und ein Vergleich macht auch deutlich, dass Graul, genauer als Ziegenbalg, zwischen Kastennamen und Kastentiteln unterscheidet. Zwar beginnt auch Ziegenbalg seine Aufzählung der Śūdra-jātis mit den *Tschuddira-Bramanern*, ansonsten ist aber eine hierarchische Ordnung unter den Kasten bei ihm nicht zu erkennen.[319] Graul kannte jedoch Abbé J.A. Dubois' Werk ‚Hindu Manners, Customs and Ceremonies', das, 1806 verfasst, 1816 in englischer Übersetzung erschienen ist. Dubois erwähnt einige Śūdra-jātis, die er für die wichtigsten und am weitesten verzweigten Kasten in Tamil Nadu hält, beschreibt einige Zeremonien der Kasten und hebt vor allem die in Tamil Nadu bedeutende Unterscheidung der Śūdra-jātis in Linke-Hand (iṭaṅkai)- und Rechte-Hand (valaṅkai)-Kasten hervor, die er für die tamilische Gesellschaft als ausgesprochen schädlich ansieht, da sie der Grund für zahlreiche Unruhen gewesen sei.[320] Auch Dubois unterscheidet allerdings nicht zwischen Kastennamen und Kastentiteln und hält sich im Wesentlichen an die von dem Varṇa-Schema vorgegebene hierarchische Struktur.

Graul hat jedoch die meisten Informationen über die Kasten nicht aus Schriften europäischer Beobachter gesammelt, sondern während seiner Reise durch Tamil Nadu und vor allem während seines Aufenthaltes in Madras von Juni 1851 bis

---

sieht verschiedene, voneinander logisch getrennte, aber dennoch aufeinander bezogene Ebenen von Kastenaktivitäten. Neben den varṇas als gesamtindischen Ordnungseinheiten müsse man von ‚subregionalen varṇas' sprechen, die regional vorkommen, aber eine bestimmte Position innerhalb des varṇa-Schemas einnehmen. Diese sub-regionalen varṇas sind wiederum unterteilt in Untergruppen, die sich lokal formieren und durch rituelle Vorschriften voneinander getrennt bleiben. Unterhalb dieser Kategorie kann man dann Clans oder Großfamilien ausmachen, die durch Zwischenheirat und rituelle und soziale Verbindungen gekennzeichnet sind; FOX 1969:27–45; siehe dazu auch WASHBROOK 1976:127.

317 RUDOLF 1967:5.

318 Bernhard COHN stellt in Bezug auf die koloniale Behandlung der Kastenunterschiede fest: „Attempts were made in the first census of 1871–2 to collect information on caste. The principle of organization was to try to place castes (*jatis*) in the four *varnas* or in categories of Outcastes and Aborigines." COHN 1987:243.

319 CALAND 1926:195f. Die Toddier (Totti) erscheinen z.B. bei Ziegenbalg nicht an letzter, sondern an 58. Stelle. Zur genauen Analyse von Ziegenbalg siehe DHARAMPAL-FRICK 1994:228ff.

320 Dazu BRIMNES 1999.

Oktober 1852. Dass dieses Sammeln von Informationen über gesellschaftliche Verhältnisse sich zum Teil sehr schwierig gestaltete, zeigt Grauls Bericht aus Mayaveram (Mayaladutturai) von 1850:

> „Nach Tische lese ich ein halbes Stündchen Hindostani und excerpire dann allerlei, was sich auf Indische Dinge und Verhältnisse bezieht, bis gegen 3 Uhr. Dann kommt der Katechet, mit dem ich mich, hauptsächlich zur Uebung im Tamulisch-Reden, eine gute Stunde über Missionssachen nicht blos, sondern auch, und zwar hauptsächlich, über das Indische Volksleben, insbesondere die Kastenverhältnisse, unterhalte. Es ist von solch einem Katecheten erstaunlich wenig herauszubringen; man muß die Sache von zehn Seiten anfassen und kreuz und quer fragen, und zuletzt findet man doch nur Ein Körnlein unter einer ganzen Hand voll Spreu. Ueber die eigne Kaste hinaus reicht selten die Kenntniß eines Hindu's weit, wenigstens wo es auf Gründlichkeit abgesehen ist."[321]

Die Begegnung zwischen dem missionswissenschaftlich orientierten Ethnographen und dem eingeborenen Berichterstatter ist insofern aufschlussreich, als sie die unterschiedlichen Zugangsweisen und Interessen deutlich macht. Der westliche Missionswissenschaftler will Wissen konstruieren. Der schon strukturell festgelegten Systematik, die einen Zusammenhang von Sprache und Sozialstruktur und eine Objektivität des Kastensystems auch außerhalb des Wissens des Ethnographen voraussetzt, begegnen die einheimischen Informanten auf unterschiedliche Weise. Zum einen scheinen sie der Struktur der von Graul implizierten Ordnung nicht folgen zu können, was dann von diesem als Nichtwissen interpretiert wird, zum anderen scheinen sie sich der vorgegebenen Frageordnung anzupassen. Sie hatten aber an dem aus dem Westen kommenden Missionswissenschaftler ihr eigenes Interesse, wie die Briefe von S. Samuel Pillay zeigen, aus denen deutlich wird, dass er bemüht war, Graul die kulturelle Bedeutung der Vellalar in der tamilischen Geschichte und die Gleichrangigkeit tamilischer Literatur neben der Sanskritliteratur zu vermitteln.[322]

Informationen über die Kastenverhältnisse in Kerala hat Graul vor allem von Hermann Gundert erhalten.[323] Grauls Kastenbeschreibungen, obwohl sie insgesamt kaum rezipiert wurden, wurden doch zumindest von G.U. Pope gewürdigt, der als einer der bedeutendsten Kenner tamilischer Literatur und Kultur im 19. Jh. gelten kann. In seinen Anmerkungen zu Dubois' Werk ‚A Description of the Character, Manners and Customs of the People of India and of their Institutions, Religious and Civil' zitiert Pope aus Grauls Reisebeschreibungen ausführlich, da sie eine für die

321 GRAUL, Reisemitteilungen, in: ELMB 1851:117.

322 Vgl. dazu unten Kapitel IV.

323 In Grauls Nachlass befindet sich eine Liste von 64 Missbräuchen unter den Brahmanen von Kerala, die Gundert zusammengestellt, und die Graul in seiner Reisebeschreibung wiedergegeben hat (GRAUL, Reise III, 1854:332f) sowie eine Liste von 16 Dalit Kasten in Tamil Nadu und eine ethymologische Beschreibung der von diesen Kasten verehrten Gottheiten. LMA, Akte: Briefe an Graul, Gundert.

erste Hälfte des 19. Jh.s außergewöhnliche Detailfülle und genaue Kenntnis einzelner Kasten enthalten.[324]

3.1. Brahmanen

Graul beginnt seine Darstellung der Brahmanen mit der Vermutung, dass aufgrund dunklerer Hautfarbe nicht alle von ihnen rein arischen Ursprungs seien. Auf seiner Reise sind ihm Unterschiede unter den Brahmanen vor allem in Rameswaran und Madurai aufgefallen, und er hat durch S. Samuel Pillay über die Brahmanen und Priester beider Orte genauere Erkundigungen einziehen lassen. In zahlreichen anthropologischen Studien über das Kastensystem Indiens findet man die Auffassung, dass der höhere Status der Brahmanen vor allem aus ihrer Rolle als Priester resultiert, da ihre Nähe zum Heiligen ihnen einen besonderen Grad an Reinheit vermittelt. Dumont schreibt z.B.: „The Brahmans, being in principle priests, occupy the supreme rank with respect to the whole set of castes."[325] Angesichts von Grauls Untersuchungen über die Kastenverhältnisse in Tamil Nadu und insbesondere in Madurai[326] und Rameswaran ist diese verallgemeinernde Aussage Dumonts in zweierlei Hinsicht unzutreffend. Zum einen ist die Stellung der Brahmanen im 19. Jh. nicht unangefochten geblieben – vor allem die Panchakammalar haben einen den Brahmanen zumindest ebenbürtigen Status angestrebt –, zum anderen waren nicht alle Brahmanen Priester und gerade die Brahmanengruppen, die als Tempelpriester dienten, galten als im Status und im Reinheitsgrad niedriger stehend als die Laienbrahmanen.

> „Die Guru's (Priester), denen der Tempeldienst vorzugsweise obliegt, machen die unterste Klasse der Saiva-Brahminen aus. Es sei hiebei bemerkt, daß keineswegs alle Brahminen beamtete Priester sind."[327]

Die Tempelbrahmanen gelten nur während des Tempeldienstes und insbesondere während des Vollzuges der pūjā als rein,[328] andere Brahmanen jātis haben aber sonst

---

324 Z.B. Grauls Beschreibung der Paraiyar in DUBOIS 1879:329ff, oder die Darstellung der Kuravar ebd., 336. Eine ausführliche Beschreibung einzelner Kasten bietet der Leipziger Missionar HUGO SCHANZ im 10. Kapitel seines Manuskriptes ‚Indische Wissenschaft', verfasst am 5.10.1871 in Porayar, das sich im Archiv der Leipziger Mission findet. Auf diese Darstellung muss aber hier nur an einigen Punkten näher eingegangen werden, da es sich im Wesentlichen um eine Zusammenfassung und einen Vergleich von Grauls Reisebeschreibung und A. ESQUER's Essai sur les castes dans l'Inde, Pondycherry 1870 handelt.

325 DUMONT 1970:47.

326 Grauls Frage an seinen Informanten, S. Samuel Pillay: „The different classes of Brahmins in Madura. What is the proportion of Vaishnava Brahmins to Saiva Brahmins? What is the amount of Teloogoo Brahmins?" LMA, GN, Kapsel 6, Aktenstück: Tamil Literatur, Memorandum (Anhang).

327 GRAUL, Umschau, in: ELMB 1856:118.

keinen Kontakt mit ihnen. Sie heiraten nicht untereinander und essen nicht miteinander. Die Tempelbrahmanen dürfen nicht an den höheren religiösen Zeremonien und vedischen Ritualen teilnehmen, die außerhalb des Tempels als punniyam,[329] yāgam (Opfer) und yogam vollzogen werden.[330] Die Adi-Brahmanen[331] in Rameswaran, die selbst ihre Herkunft auf eine sehr alte Tradition in Nordindien zurückführen und in Anspruch nehmen, von Sri Ramaswamy, dem Gründer des Tempels von Rameswaran dorthin geholt worden zu sein, werden nicht als reine Brahmanen angesehen und dürfen nur den Maratha-Brahmanen, die später im 17. Jh. aus Maharastra nach Rameswaran kamen und im Tempel hauptsächlich die pūjā vollziehen, als Assistenten dienen. Sie dürfen die Gottheit nicht berühren und kein Wasser schöpfen, um es den anderen Brahmanen zu reichen.[332] Grauls Darstellung und die Informationen, die er über die Tempelbrahmanen erhielt, werden in neuerer Zeit bestätigt von C.J. Fuller, der in einer Untersuchung über die Priester am Mīnakṣī-Tempel in Madurai die Kastenhierarchie unter Brahmanen in Madurai beschreibt und die Gründe für diese Hierarchiebildung untersucht.[333] Graul nimmt zwar an, dass die Statusfrage unter den Brahmanen jātis eine Frage relativer Reinheit und sozialer Stellung[334] ist, für ihn leitet sich die Stellung der Brahmanen jedoch wesentlich aus ihrer Bildung ab. In Bezug auf die Tempelbrahmanen stellt er wiederholt fest, dass sie ungebildet seien, kein Sanskrit mehr könnten und nur an weltlichem Wohlstand interessiert seien.

> „Am unwissendsten und deshalb am verachtetsten sind die Tempelbrahmanen. Ich wollte, ich könnte dich, mein lieber europäischer Leser, der du um jedes Brahminenhaupt die Glo-

328 Nach Untersuchungen von PARRY 1980:88–111 und FULLER 1979:469ff und 1991 ist es gerade die Annahme von Opfergaben, die den Status der Brahmanenpriester gefährdet.

329 Fabricius übersetzt: „Religiöser Verdienst".

330 Auf seine Frage: „Are the officiating Brahminms in the above five Pagodas real Brahmins and are they equal in rank with other Brahmins?", die sich vor allem auf Śaiva-Brahmanen bezog, erhielt Graul als Antwort eine Beschreibung über die soziale Stellung der Śaiva- und Vaiṣṇavabrahmanen im Tempeldienst und die verschiedenen Klassen von Tempel-Brahmanen. Grauls Informant Samuel Pillay unterscheidet zehn Klassen von ṭevanakaḷ, die mit anderen Brahmanen-Klassen keine Heiratsverbindungen haben. LMA, Akte: Karl Graul. Briefe an ihn. Brief vom April 1855 (Anhang).

331 Schanz nennt sie schon Ādiśaivas und erwähnt, dass sie vor allem an Tempeln gedient haben; SCHANZ 1871:8. Der Kastentitel dieser Brahmanen war Kurukkaḷ.

332 LMA, GN, Kapsel 6, Aktenstück: Tamilische Literatur, Memorandum (Anhang).

333 FULLER 1991:49ff. Ähnliche Bemerkungen wie die von Graul finden sich aber auch bei THURSTON I, 1909:347; O'MALLEY 1935:193, der vermutet, dass der Status der Tempelpriester deshalb niedriger sei als der der anderen Brahmanen, weil das Tempelritual erst nach dem Familienritual entstanden ist. Fuller vermutet in Ziegenbalg eine frühe Referenz für das Wissen um die Statusunterschiede bei Brahmanen; FULLER 1991:192, allerdings ist die von Fuller angegebene Stelle in der englischen Version von Ziegenbalgs ‚Genealogie der malabarischen Götter' eine spätere Einfügung von W. GERMANN, dem Herausgeber der Genealogie, einem Schüler Grauls, und dazu noch in der Überarbeitung von Metzger von 1869.

334 Dass der Kasten-Status der Brahmanen nicht nur ein ideologisches Konstrukt ist, sondern sich auch vom sozialen und ökonomischen Status ableitet, hat Peter van der Veer am Beispiel der Brahmanen von Ayodhya gezeigt. VEER 1985:303–321.

rie der ‚Brahminen-Weisheit' schweben siehst, einmal flugs in das Aether-Linga-Heiligthum zu Sittambalam [Chidambaram] führen, und dir die dortigen geistlichen Herren mit den dummen, gemeinen Gesichtern und dem rundlichen Bauche zeigen. Du würdest dich sicherlich in dem klösterlichsten Kloster des allerdunkelsten Mittelalters wähnen."[335]

Vor allem aber will er in seiner Darstellung das Bild korrigieren, alle Brahmanen seien Priester:

„Was nun die Beschäftigung der Brahminen anlangt, so macht man sich daheim leicht eine falsche Vorstellung. Obgleich z.B. der berühmte Tempel zu Sittambalam, wo der mondlockige Gott, Siva, zum Entzücken der versammelten Götter tanzte, in alter Zeit, wenn man der Ueberlieferung glauben soll, dreitausend Brahminenbäuche fütterte, und noch immer dreihundert, wenn auch etwas kümmerlich, nährt, so bilden doch die Müßiggangsseligen Tempel-Brahminen, denen abgesehen von den oft bedeutenden Tempel-Pfründen das Volk den Reis in den Mund steckt, immerhin nur eine Abteilung."[336]

Graul erwähnt dann insbesondere die Lehr- und Studientätigkeit der Brahmanen, aber auch ihre Tätigkeit als Beamte bei der East India Company. Grauls Beobachtungen stehen, wie er selbst bemerkt, in einem gewissen Widerspruch zur allgemeinen Auffassung, die auch heute noch zum Teil das Bild von den Brahmanen bestimmt, diese seien aufgrund ihrer priesterlichen Funktion auf der höchsten Stufe der Kastenhierarchie, weil sie die Mittler zwischen den übernatürlichen Mächten und der Welt sind.[337] Für dieses Bild des Kastensystems stellt die relativ niedrige Stellung der Tempelbrahmanen zunächst einen logischen Bruch dar, der für Grauls Argumentation im Kastenstreit, die Kastenordnung sei neben einer religiösen Institution auch eine bürgerliche Ordnung, von großer Bedeutung ist. Nicht die Frage von Reinheit und Unreinheit begründet die Dominanz der Brahmanen in Tamil Nadu im 19. Jh., sondern die Kontrolle von Wissen in Verbindung mit den politischen Interessen der Kolonialmacht. In der Tatsache, dass in fast allen Taluks eines Distrikts in Tamil Nadu Brahmanen von der Regierung an entscheidende Positionen gestellt wurden, sieht Graul einen Wandel politischer Machtstrukturen von einem „milden Despotismus der väterlichen Regierung" zu einer „brahmanischen Oligarchie". Da die meisten der englischen Beamten die Landessprache nicht sprechen, sei es für die Brahmanen relativ leicht, ihre Machtposition auszubauen.[338]

Die Brahmanen in Tamil Nadu lassen sich nach Graul in zwei Gruppen unterscheiden: die Śaiva-Brahmanen (Iyer) und die Vaiṣṇava-Brahmanen (Aiyengar). Er

---

335 GRAUL, Reise IV, 1855:157f.

336 GRAUL, Reise IV, 1855:156f; siehe auch SCHANZ, Indische Wissenschaft 10, Kaste, Beschäftigungen und Unterricht, Poraiyar 5.10.1871:9, der bereits berichtet, dass die Zahl der Brahmanen in Chidambaram auf 200 gesunken ist, „die sich für die vorzüglichsten aller Brahminen halten, obwohl die Tempelbrahminen besonders berüchtigt sind".

337 Siehe dazu neuerdings VEER 1989:77.

338 GRAUL, Reise IV, 1855:206.

stellt fest, dass die Śivaiten die Mehrheit bildeten,[339] dass es zwischen Śaivas und Vaiṣṇavas weder Essensgemeinschaft noch Mischehe gab, und er deutet an, dass die Beziehung der beiden Richtungen der Brahmanen konfliktgeladen war, da beide einen rechtmäßigen Anspruch auf die vedische Tradition erhoben haben. Diese Konflikte waren nicht nur geistlicher Art, sondern während Prozessionen in Kanchipuram kam es Mitte des 19. Jh.s häufig zu Unruhen und blutigen Auseinandersetzungen.[340] Bezeichnend ist, dass Graul die Frage des Verhältnisses der Vaiṣṇavas zu den Śaivas als ein Problem der Brahmanen behandelt. Während in den Volkszählungen für Tamil Nadu diese Unterscheidung bis 1891 getroffen wurde, hat man sie danach aufgegeben, da sie für die unteren Kasten kaum relevant war.[341] Graul erwähnt darüber hinaus die Unterteilung der Vaiṣṇavas in einen Nordzweig (Vaṭakalai) und einen Südzweig (Tenkalai). Die Ursprünge der Trennung dieser beiden Zweige der Vaiṣṇava-Tradition gehen zurück auf dogmatische Differenzen in der Nachfolge Rāmānujas im 13. Jh. Vor allem die Frage, ob Sanskrittexte oder Tamiltexte in dogmatischen Fragen autoritativ sind, spaltete die Vaiṣṇavas in die zwei Gruppen. Die Vaṭakalai beriefen sich auf die Sanskrittradition. U.a. erwähnt Graul auch das von Rāmānuja verfasste Śrībhāṣja,[342] womit Rāmānuja's Kommentar zu Bādarāyana's Vedānta-Sūtra gemeint ist, während die Tenkalai sich auf die 12 Āḻvār beriefen.[343] Neben linguistischen Differenzen, hinter denen der Anspruch der Tenkalai auf eine eigenständige tamilische Tradition deutlich wird, bestand Meinungsverschiedenheit in der Interpretation von Rāmānujas Konzept von prapatti (Hingabe). Während die Vaṭakalai in prapatti eine Ergänzung zu bhakti sah und den sogenannten ‚Affenweg' vertrat, interpretierte die Tenkalai prapatti als Vervollkommnung von bhakti und vertrat den ‚Katzenweg'.[344] Zu wirklichen Konflikten und einer

339 Er erwähnt, dass es 1008 Śivatempel in Tamil Nadu gäbe und 108 Viṣṇutempel. Graul, Reise IV, 1855:334. In seinem Nachlass befindet sich eine Liste der 108 Viṣṇutempel. LMA, GN, Kapsel 10, Aktenstück: Kunde von Indien.

340 GRAUL, Reise IV, 1855:134.

341 Census of India 1891, XIII Madras, 1891:70.

342 GRAUL, Reise IV, 1855:336 Anm. 147.

343 Die tamilische Tradition legt das Alter der 12 Āḻvār auf 4203 bis 2706 BC fest. Man kann jedoch annehmen, dass die Texte der Āḻvār in einer Periode zwischen 200 und 800 AD verfasst worden sind. Aiyangar 1920:4ff; Chari 1994:19. Graul erwähnt insbesondere das ‚Tivvijappirapantam', das er als den „Volks-Veda der Vaishnavas" bezeichnet (GRAUL, Reise IV, 1855:153) und aus dem er einzelne Abschnitte übersetzt hat. GRAUL, Reise IV, 1855:10 (Schreibweise bei Graul).

344 GRAUL, Reise IV, 1855:152f; auch Schomerus beschreibt den Affen- und den Katzenweg; SCHOMERUS, Erlösungslehren, 1919:106f. Diese Unterscheidung spielte im späten 19. und frühen 20. Jh. bei den Missionaren der Leipziger Mission insofern eine beträchtliche Rolle, als sie als homiletisches Element in zahlreiche Predigten und Lehrvortäge eingebaut wurde. Dabei wurde aber selten darauf geachtet, ob die Predigt wirklich an Mitglieder der Vaiṣṇava-Tradition gerichtet war. Auch die Frage, inwieweit der Tenkalai-Vaṭakalai-Disput eine Kontroverse zwischen Brahmanen war, die andere Kasten kaum berührte, wird in den Missionsberichten nicht gestellt. Das Verhältnis von Affenschule zu Katzenschule wurde vor allem übertragen auf die Unterschiede zwischen Lutheranern und Katholiken, denen ein Synergismus, ähnlich dem der Affenschule, nachgesagt wurde. Siehe auch GRAFE 1990:15, der die Synergismus-Bezeichnungen des 19. Jh.s unkommentiert übernimmt.

strengen Trennung der beiden Sekten scheint es aber erst im 18. Jh. gekommen zu sein. Um 1869 gab es einen Konflikt in Cuddalore zwischen beiden Richtungen, der durch den Kollektor des Distriktes zugunsten der Vaṭakalai, die die Majorität bildeten, entschieden wurde. Baierlein, der in Cuddalore als Missionar tätig war, berichtet,[345] dass der Konflikt ausgebrochen ist über eine Prozession, in der die Tenkalai-Brahmanen ein Abbild von „Manavalawamuni" (Manavāla Māmuni) verehrten. Manavāla Māmuni (1370–1445) war ein ācārya von Srirangam, unter dessen Führung sich die Tenkalai-Vaiṣṇavas im Süden Tamil Nadus zur dominierenden Richtung entwickelt hatten.[346] Vor allem hat er die Grundlagen dafür gelegt, dass sich die Tenkalai-Richtung organisieren und institutionalisieren konnte. Baierlein schreibt, dass die Tenkalai-Brahmanen von Cuddalore eine goldene Figur von Manavāla Māmuni verehrten, um mit den Vaṭakalai-Brahmanen gleichzuziehen, die schon seit etwa 400 Jahren „Desigan" (Vēdānta Dēsika) (1269–1369), der in der neueren Vaiṣṇava-Geschichtsschreibung als Begründer der nördlichen Schule gilt,[347] in Form eines goldenen Abbildes verehren. Für Baierlein ist diese Prozession in Cuddalore ein Beweis dafür, dass sich in Tamil Nadu die Zahl der Götter bis in die Gegenwart hinein ständig vermehrt. Er reflektiert nicht über die Bedeutung, die der ācārya als Mittler für prapatti in der Tenkalai-Schule hat, und kann die Verehrung des ācārya, den er mit einem Bischof vergleicht, über dessen Tod hinaus nur als ‚Götzendienst' verstehen. Aus Baierleins Bericht wird jedoch deutlich, dass in dem Konflikt zwischen beiden Brahmanengruppen religiöse Argumente relativ beliebig bleiben. Die Tenkalai-Brahmanen wenden sich auch an ihn als Missionar mit der Überlegung, Christen zu werden. Der Streit ist in erster Linie Ausdruck lokaler Dominanzbestrebungen einer brahmanischen Gruppe. Wie regional unterschiedlich die Machtverhältnisse und die kulturellen Beziehungen von einzelnen Brahmanengruppen im 19. Jh. waren, wird deutlich, wenn man die Berichte der Missionare auf dem Hintergrund neuerer historischer Arbeiten liest. Oddie analysiert die Rivalitäten zwischen Tenkalai und Vaṭakalai um die Vorherrschaft im Sriranganatha-Tempel in Tiruchirapally. Zwischen Mitgliedern beider Sekten gab es dort schon zu Beginn des 19. Jh.s keine Mischehe und keine Essensgemeinschaft.[348] Die Brahmanen in Madurai, über die Graul genauere Untersuchungen angestellt hat, sind in der Mehrzahl Śaiva-Brahmanen,[349] und Tenkalai- und Vaṭakalai-Brahmanen haben um 1855 noch

345 ELMB, 1870:360f.

346 Siehe dazu APPADURAI 1981:90f.

347 Siehe CHARI 1994:27ff.

348 ODDIE 1991:85.

349 Grauls Informant Samuel Pillai nennt ein Verhältnis von 1:4 und zählt unter den Śaiva-Brahmanen sechs Telugu jātis, die zwar miteinander essen, aber keine Mischehe haben, sechs Tamil jātis, von denen fünf miteinander essen aber nicht untereinander heiraten und eine jāti der Ādiśaiva, die von den anderen vollkommen abgetrennt ist. Darüber hinaus erwähnt er noch die Maratta (maratha) Brahmanen, „partly belonging to Siva Sect and partly to Muthoova [Madhva] sect which is exactly like Vishnava sect, but only differing from the Vaishnavas in their manners, marks and observances. The intercourse of these Maratta Brahmins is confined to their own caste." LMA, GN, Kapsel 6, Aktenstück: Tamil Literatur, Memorandum (Anhang).

Essensgemeinschaft und Mischehe gepflegt.[350] An solchen lokalen Differenzen wird deutlich, dass die Konstellation der Brahmanengruppen im 19. Jh. im Wandel begriffen war. Neue Machtkonstellationen bildeten sich in Tamil Nadu, vor allem Telugu-Brahmanen und Maratha-Brahmanen werden von Graul erwähnt. Mit den Maratha-Brahmanen, die sowohl Śivaismus als auch Viṣṇuismus ablehnten, nahm der Einfluss des Dvaita Vedānta der Madhvāchāryā-Schule nach Tamil Nadu zu, gegen die sich die Vaiṣṇava und die Śaiva-Brahmanen nur abzugrenzen wussten, indem sie ihr geistiges Profil bewusst neu formulierten.[351] Im 19. Jh. schien der geistige Einfluss der Smārta-Brahmanen (Liṅgāyata) aus dem Norden in Tamil Nadu zu wachsen, und vor allem unter den Śaiva-Brahmamen gab es Tendenzen, von der ursprünglichen am Viśiṣṭādvaita Vedānta ausgerichteten Position abzuweichen und sich dem Advaita Vedānta anzunähern. Gegen diese ‚Sanskritisierung' der tamilischen Śaiva-Tradition erhob sich in Tamil Nadu im 19. Jh. zunehmend Protest, und es entstanden vor allem zunächst in Madras Gesellschaften zur Bewahrung der Śaiva-Tradition.[352] Graul berichtet auch von Zusammenschlüssen von Vaiṣṇavas und Śaivas gegen die Smārtas, worin man ein erstes Aufblühen einer dravidisch-brahmanischen Bewegung unter Einwohnern von Madras erblicken kann.[353]

3.2. Nicht-Brahmanen

Neu an Grauls Untersuchung war, dass er neben den Brahmanen den anderen tamilischen Kasten und den Dalits den größten Teil seiner Untersuchung widmet.[354] Grund dafür ist sicherlich seine Erkenntnis, dass, wie oben bereits angedeutet, der Unterschied zwischen Brahmanen und den von Europäern so bezeichneten „Śudras" in der tamilischen Gesellschaftsstruktur geringer war, als bisher von Europäern angenommen.

> „Wie aber die Gesetze Manu's in Bezug auf viele andre Bestimmungen in diesem und jenem Theile Indiens Theorie blieben, so namentlich die den Sudra's zugedachte Stellung

---

350 In Madurai gab es nach Auskunft von S. Samuel Pillay fünf Vaiṣṇava-Brahmanen jātis: „1. Tenkalai, 2. Vadakalai, 3. Selloor, 4. Sholeyah, 5. Teloogoo." „The first two are distinguished by the peculiar cast of their marks on the forehead. They intermarry and eat together. The three last have no intercourse among themselves or with the 1st two nor are they allowed to eat with them." LMA, GN, Kapsel 6, Aktenstück: Tamil Literatur, Memorandum (Anhang).

351 GRAUL, Reise IV, 1855:154.

352 Siehe dazu Kapitel V.1.a. Graul berichtet von der Gründung der Śaiva-Gesellschaft von Madras und zitiert aus einem, in diesem Zusammenhang herausgegebenen Aufsatz.

353 In der zweiten Hälfte des 19. Jh.s bildeten vor allem die Brahmanen in Madras die neue Mittelschicht, gründeten zahlreiche religiöse und politische Vereinigungen und erhielten führende Ämter in Regierung und Wirtschaft; siehe GRAFE 1990:19f.

354 In späteren Berichten über die Kasten Tamil Nadus, die im ELMB veröffentlicht wurden, finden sich weit weniger genaue Analysen und Beschreibungen der einzelnen Kasten. Grauls Reisebeschreibungen dienten meist als Vorbilder für spätere Berichte.

> hier im Süden. Derselbe geschichtliche Umstand, der die Brahminen hier, wie anderwärts, über alle andern Volksklassen so hoch hinaushob, sicherte auch den Sudra's eine verhältnißmäßig höhere Stellung im bürgerlichen Leben, der Umstand nämlich, daß weder Kschatriya's noch Vaisya's von unzweifelhaft reiner Abkunft die Kluft zwischen der ersten und der vierten Kaste füllten. Sie treten daher als der eigentliche Mittelstand auf."[355]

Der tamilische Name für Śūdras *maṇmakkaḷ*, der soviel heißt, wie ‚Kinder des Bodens', deutet bereits darauf hin, dass die Śūdra-jātis in Tamil Nadu den Status der Landbesitzer und Landbebauer haben.[356] Einzelne Śūdra-jātis wie die Vellalar, Vanikar und die Kallar haben auch den Anspruch erhoben, der Kṣatriya oder Vaiṣya-varṇa zugerechnet zu werden. Diese Feststellung Grauls ist von besonderer Bedeutung, da sie zeigt, dass zum einen Kastenmobilität in Tamil Nadu das varṇa-Schema beansprucht und dass Mobilität innerhalb der jātis nicht die Regel war, dass zum anderen diese Kastenmobilität auch vor der Volkszählung der britischen Kolonialregierung von 1871 ein deutlich wahrnehmbarer Aspekt tamilischer Gesellschaftsdynamik gewesen sein muss.[357]

Zwar werden von Graul auch die Śūdra-jātis in einer hierarchischen Ordnung aufgeführt, neben ihrer religiös-sozialen Stellung betont er aber insbesondere ihre gesellschaftliche Funktion, die sich bereits aus dem Kastennamen ableiten lässt. Das Bemühen, ein kohärentes Bild der tamilischen Gesellschaft zu geben, stieß immer wieder an Grenzen der Kategorisierung. Dass das sanskritische Varṇa-Schema nicht unmittelbar auf Tamil Nadu anzuwenden war, wurde oben gezeigt. Aber auch der Versuch der Kategorisierung der Śūdras in einer hierarchischen Ordnung war schwierig, da lokale Unterschiede ein uniformes Ordnungsschema nicht zuließen.

Es ist als Grauls bedeutendste ethnologische Leistung zu beurteilen, dass er die öko-sozialen Bedingungen der tamilischen Gesellschaft als wesentliche Faktoren der sozialen Stratifikation und der religiösen Unterschiede in seine Beschreibungen der Kasten einbezogen hat. Die Beobachtung, dass in den fruchtbaren Regionen des Cauvery und seines Deltas andere Kastenverhältnisse und andere politische Konstellationen von Bedeutung sind als in den steppenartigen Zonen des Ramnad-Distrikts, hat Graul bewogen, die historischen Hintergründe dieser Unterschiede zu er-

---

355 GRAUL, Reise IV, 1855:167.

356 GRAUL, Reise IV,1855:337 Anm. 159. Graul findet eine Bestätigung für seine Beobachtung in dem tamilischen Werk ‚Sāti pētaka nūl' (Werk über die Kastenunterschiede), das den Śūdras Ackerbau, Viehzucht und Handel anweist.

357 Srinivas betont, dass durch die Volkszählungen die Kastenmobilität einen deutlichen Aufschwung erlebte, da jātis versuchten, ihren Namen zu ändern, um sich in der Hierarchie aufwärts zu bewegen. SRINIVAS 1962:69. Zwischen 1871 und 1941 führte die britische Kolonialregierung alle zehn Jahre eine Volkszählung durch. Dabei wurden die einzelnen Kasten hierarchisch aufgeführt. Während die Zensusberichte ein statisches Gesellschaftssystem voraussetzten, indem sie sich an von eigenen Ethnologen und Historikern erstellten anthropometrischen und ethnologischen Untersuchungen der Kastenordnung orientierten, bewirkten sie einen dynamischen Prozess, in dem einzelne jātis sich zu Organisationen zusammenschlossen und danach strebten, möglichst oben in der Liste des Census-Reports zu erscheinen und damit offiziell als höhere Kaste anerkannt zu werden.

mitteln. Erst die modernen Geschichtswissenschaften und die Ethnologie haben diese frühen Erkenntnisse Grauls wieder aufgenommen.[358]

Während seiner Arbeit an dem IV. Band des Reiseberichtes übersetzte Graul das Akapporuḷ Viḷakkam von Nārkavirāca Nampi,[359] eines der bedeutenden tamilischen Werke über die Liebesdichtung, in dem, ausgehend von der im Tolkāppiyam niedergelegten Unterscheidung (poruḷ) der zwei großen Prinzipien der klassischen Tamil-Literatur akam (Akapporuḷ) und puṟam (Puṟapporuḷ), systematisch die Elemente von akam dargelegt werden.[360] Der erste Teil des Akapporuḷ, Akattiṇaiyiyal, handelt von den Orten (tiṇai).[361] Das Akapporuḷ folgt der in der klassischen Caṅkam-Literatur entfalteten Vorstellung, dass das Tamil-Land in fünf ökokulturelle Zonen aufgeteilt ist, denen bestimmte Charaktere entsprechen und die verschiedene Produkte und moralische Verhaltensweisen hervorbringen. Graul übersetzt:

> „Das was einem ‚Tiṇei' eignet, an sich tragen ist ‚Gegenstands-Art'. So sagen die Klassiker."[362]

Akapporuḷ I,9 unterscheidet nun in Analogie zu den fünf Elementen der klassischen Raumvorstellungen indischer Philosophie (Erde, Wasser, Feuer, Wind und Himmel) diese Landschaftszonen in ‚Hügelboden' (kuṟiñci), ‚Haideboden' (pālai), ‚Waldboden' (mullai), ‚Fruchtboden' (marutam) und ‚Strandboden' (neytal). Jede dieser Zonen hat ihr karu (Graul übersetzt: „Erzeugnis – im weitesten Sinn"), d.h. ihre spezifische Eigenart zeigt sich an dem, was das Land hervorbringt. Zu den karu gehören nun nicht nur Gewächse und landwirtschaftliche Erzeugnisse, sondern auch Menschen und Götter.[363] Die Menschen, die das Hügelland bewohnen, heißen Kuravar; die des „Haidelandes" (Steppe) heißen Maravar (Krieger); die des Waldlandes

---

358 BAKER 1984; LUDDEN 1989; allgemein COSGROVE 1984.

359 Graul übersetzte dieses Werk als eine Vorarbeit zu seiner Kuṟaḷ-Übersetzung, weil er in dem Akapporuḷ eine „normative Grundlage" zu dem dritten Teil des Kuṟaḷ sah. Die neuere Forschung belegt allerdings, dass Graul in der Frage der Abhängigkeit des Kuṟaḷ vom Akapporuḷ irrte. ZVELEBIL 1992:147 vermutet als Entstehungszeitraum die Herrschaft von Maravarman Kulacekara I (1268–1308/9); MEENAKSHI SUNDARAM 1965:100 datiert das Akapporuḷ auf das Ende des 12. Jh.s. Bei folgenden Zitaten halte ich mich an die Übersetzung von Graul.

360 Poruḷ bedeutet der Gegenstand, dem die Literatur gewidmet ist, akam bezieht sich auf ‚Innen', im Haus, Landwirtschaft, Landschaft und bedeutet im kulturellen und literarischen Bereich das ‚innere Leben', ‚Privatleben' und insbesondere ‚alle Aspekte der Liebe'. Puṟam dagegen bezieht sich auf das Äußere, das Fremde und meint im literarischen Sinn das öffentliche Leben, Politik und vor allem Kriegskunst; siehe dazu ZVELEBIL 1973:90f.

361 Tiṇai bedeutet eigentlich Art und wird in der tamilischen literarischen Tradition als Unterscheidungsmerkmal für jegliche Gegenstände verwandt. Die tiṇai werden dann wieder in turai unterschieden. TA I.6:2.

362 AV V.24, zitiert nach GRAUL, Bibliothek, Akkaparul, 1857:394.

363 Das Akapporuḷ unterscheidet zwei mal sieben karu in den fünf tiṇai: „1) Die (vollkommne) Gottheit, 2) Standespersonen, 3) Andre (d.i. Gemeine), 4) Vögel, 5) (andre) Thiere, 6) Ortschaften, 7) Wasser, 8) Blumen, 9) Bäume, 10) Speise, 11) Trommel, 12) Laute, 13) Melodie, 14) Hanthierung." AV I.19, zitiert nach GRAUL, Bibliothek, Akkaparul, 1857:371.

Ideiyar, was wörtlich soviel bedeutet wie ‚Mittlere' zwischen Ackerbauern und Kaufleuten;[364] die Bewohner des Fruchtlandes sind die „Pflüger und Märkter", die Vellalar und die Vanikar und die Bewohner der Strandlandes heißen Paratar. In seiner Beschreibung der Śūdra-jātis geht Graul auf diese Gruppen ausführlicher ein und erwähnt auch jeweils ihren klassischen Wohnort. Während allerdings das Akapporuḷ nur die Unterscheidung zwischen Standespersonen und anderen trifft, die in jedem der fünf tiṉai vorkommen, ansonsten aber keine hierarchische Ordnung der tiṉai und der in ihnen wohnenden Gruppen vornimmt (das Fruchtland und seine Bewohner, die Vellalar, werden erst an vierter Stelle angeführt), sieht Graul, wie oben gezeigt, einen Zusammenhang zwischen Kastenhierarchie, Produktivität und moralischer Gesinnung. So wird daher bei ihm unter der Hand das Bild von einer bürgerlichen Familienordnung zu einem Kriterium für den Status der einzelnen Kasten. Das Akapporuḷ bringt die fünf tiṉai auch mit Liebesbeziehungen in Verbindung:

> „In den fünf Tinei's von unendlichem Vergnügen sind zwei Bräuche gäng und gebe: heimliche und keusche Ehe."[365]

Auch im Tolkāppiyam und im Kuṟaḷ wird in dem dritten Teil, der der Akam-Poesie zuzurechenen ist, und den Graul erstmalig in eine westliche Sprache übersetzt hat, zwischen der öffentlichen Liebe (kaṟpu) und der heimlichen Liebe (kaḷavu) unterschieden. Graul sieht in der tamilischen Liebestheorie einen Grund für den sittlichen Verfall einiger Kasten. Über die Rāsaposa Achampadier (Agambadiyar) schreibt er:

> „Was aber eine andre Abtheilung betrifft, die früher einmal des Kriegshandwerks sich beflissen zu haben scheint, so steht es in Folge der sogenannten ‚Kalavu', die unter derselben im Schwange geht, oft sehr traurig um das Familien-Leben. Kalavu heißt eigentlich Geheimniß und es wird damit eine Ehe bezeichnet, die ohne die sonst üblichen Ceremonien insgeheim zu Stande kommt. Der dritte Theil der tamulischen Grammatik, der von Liebes- und Kriegs-Sujets handelt, stellt sie als durchaus ehrenhaft neben die Karpu, d.i. die ordentliche Ehe hin, ja will sie eben nur den ‚Gottesgelehrten, Königen, Kaufleuten und Handwerkern', also den vier höchsten Kasten, und unter den niedern einer Standesperson (einem Häuptling u.s.w.) gestatten. Dennoch kann sie ihrem heimlichen und losen Charakter nach ein geordnetes Familienwesen nicht wohl aufkommen lassen."[366]

Die Entdeckung eines Zusammenhanges zwischen der klassischen tamilischen Literatur und der Gesellschaftsordnung des 19. Jh.s muss deshalb als einer der bedeutendsten Beiträge Grauls in der europäischen Repräsentation der südindischen Kastenordnung gewertet werden, weil, soweit ich sehe, zum ersten Mal durch die Bezugnahme auf klassische tamilische Texte ein anderes indigenes Konzept von Ge-

364 GRAUL, Reise IV, 1855:338 Anm. 171.

365 AV I.26, zitiert nach GRAUL, Bibliothek, Akkaparul, 1857:372; dazu SCHOMERUS, Heiratsbräuche, o.J.:391ff, der diese Ehevorstellungen untersucht hat.

366 GRAUL, Reise IV, 1855:177f.

sellschaftsordnung als die den Europäern bekannte sanskritische Varṇa-Theorie vorgestellt wurde. Der mythologischen Vorstellung der Aufteilung des Ādipuruṣa in vier varṇas in der Sanskrittradition und der Varṇa-Ordnung des Mānavadharmaśāsta wird hier ein klassisches tamilisches topographisches Modell entgegengestellt, aus dem Graul Rückschlüsse auf die historische Entwicklung und lokale Erscheinung der Kasten in Tamil Nadu zieht, die er anhand von ethnograpischen Beobachtungen und Befragungen überprüft. Die Kasten erscheinen bei Graul dadurch nicht mehr in erster Linie als Teil eines hierarchisch geordneten Systems, sondern er wendet sich ihnen als einzelnen, unabhängigen und regional dominierenden Größen zu.[367]

Darüber hinaus ist Grauls Übersetzung des Akapporuḷ und seine Methode der Interpretation als ein Beitrag zur Revitalisierung klassischer tamilischer Literatur zu sehen, die in der zweiten Hälfte der 19. Jh.s eine hervorragende Bedeutung im Selbstbewusstseinsprozess der dravidischen Bewegung hatte.

3.2.1. Vanikar – Linke- und Rechte-Hand-Kasten

Graul bezeichnet die Vanikar (Chetti) und die Vellalar als die führenden Kasten in Tamil Nadu, „als sie zu den wohlhabendsten und einflußreichsten gehören“[368].

Diejenigen Kasten, die ursprünglich Kriegerkasten waren, Agambadiyar, Maravar und Kallar und die zum Teil den Anspruch erhoben haben, den Kṣatriyas zugeordnet zu werden, stehen in der Kastenhierarchie unter den Vanikar und Vellalar, die allenfalls Vaiśya-Status beanspruchten.[369] Grauls Beschreibung kann man entnehmen, dass in der tamilischen Gesellschaft ein anderer Entwicklungsprozess stattgefunden hat als in der arisch geprägten nordindischen Gesellschaft. Die Differenzierung der arischen Gesellschaft in Priester, Krieger und Bauern wurde in Tamil Nadu zum Teil umgekehrt. Während die Priester ihre Position behaupten konnten, wurden die Krieger zu kriminellen Kasten degradiert, und die Bauern übernahmen ihren Status als politische und wirtschaftliche Führungskräfte.[370] Graul entnimmt dem Puṟapporuḷveṇpāmālai von „Eijanaritan“ (Aiyaṉāritaṉār) pādalam VIII, 10.164, dass die Vanikar eine Mischkaste von Brahmanen und Śūdras darstellen und deshalb den iṭankai (Linke-Hand-Kasten) zugezählt werden:

367 Solche Untersuchungen hat es von Missionaren auch schon vor Graul gegeben, z.B. CALDWELL 1849.

368 GRAUL, Reise IV, 1855:168.

369 Während des Zensus von 1871 haben sich einige Vellalar-Gruppen mit einer Petition bei der Stadtverwaltung von Madras darüber beschwert, dass sie als Śudras eingestuft wurden, und verlangt, als Vaiśyas bezeichnet zu werden, da ihre Tätigkeit genau der der Vaiśya im Mānavadharmaṣastra entspräche. THURSTON VII, 1909:366.

370 Graul zitiert Nampis Akapporuḷ I, 75.76. „Beiden, den Theologen und den Kriegern, gehört das Geschäft der Gesandtschaft. – Wenn aber ein ausgezeichneter Name vorhanden ist, so ist Beides zur Uebernahme geeignet auch für die beiden Andern; d.i. Vaisja's und Sudra's.“ „Den Vêlâlar'n insbesondere wird die Fähigkeit, Gesandte (Minister und Gelehrte) zu werden, zugesprochen.“ GRAUL, Reise IV, 1855:337 Anm. 163. Diese Beobachtung Grauls wird von DAGMAR HELLMANN-RAJANAYAGAM bestätigt, 1995:125.

„‚Er das Haupt der Ur-Vanikar's empfängt des Pflügers Gewinn, zieht geräuschvolle Kuhheerden auf, theilt fehlerlose Waaren aus, lernt die Vedas durch und durch, geht dem Feuer(-Opfer) nach, und giebt Spenden, die er nicht für sich bewahrt.' Sollte nicht das ‚Ur' (âdi) auf solche anspielen, die sich im Laufe der Zeit gemischt haben?"[371]

Aus der „Zwischenheirat" erklärt Graul, dass der Status der Vanikar, obwohl sie zu den führenden Kasten in Tamil Nadu zählen, nicht von allen jātis anerkannt wurde. „Zwischenheirat" und „Reinheit der Abstammung" werden in einen unmittelbaren Zusammenhang gebracht.

„Dagegen vermag all ihr Reichthum die Schmach nicht zu tilgen, die auf allen Misch-Kasten haftet, – und selbst die arische Schnur an ihrem Halse kann sie nicht verhüllen. Sogar der Wäscher und der Barbier, die geringsten der geringsten Sudra's, werden sich schwer entschließen, in den Häusern gewisser Vanicher-Abtheilungen zu essen."[372]

Diese Beobachtung bedarf einer genaueren Analyse. Graul berichtet hier nicht nur von Kastenbeziehungen, sondern er interpretiert sie gleichzeitig. Gegen Grauls Interpretation, die die Reinheit der Herkunft aus der Endogamie ableitet, wird man mit Morton Klass einwenden müssen, dass Endogamie und Reinheit der Herkunft zwei unterschiedliche Kategorien sind und dass die Vermischung der beiden mehr über die ethnozentrischen Vorstellungen des Interpreten als über die wirklichen Kastenverhältnisse aussagt.[373] Allerdings reflektiert Grauls Interpretation eine Ideologie der ‚Reinheit des Blutes' oder ‚Reinheit der Rasse', die, wie Klass nachweisen will, solchen Vermischungen der Kategorien inhärent ist. Während Graul, wie oben versucht wurde zu zeigen, sich der im 19. Jh. sich entwickelnden Rassentheorie einer arischen Superiorität über die dravidischen Ureinwohner nicht unkritisch anschließen will, finden sich in seinen Schriften, u.a. in der Reisebeschreibung, zahlreiche Belege für eine Abqualifizierung der ‚Mischkasten'. Die Beobachtung, dass einige der Śūdra-jātis wie Wäscher und Barbiere keine Essensgemeinschaft mit den Vanikar haben, deutet auf Abgrenzungen zwischen Rechte-Hand- und Linke-Hand-Kasten hin.

Die Ursprünge der Unterscheidung von Iṭaṅkai und Valaṅkai (Linke-Hand- und Rechte-Hand-Kasten) sind noch nicht geklärt. Burton Stein hat festgestellt, daß ein frühes Zeugnis des Begriffes valaṅkai als soziales Unterscheidungsmerkmal aus dem 10. Jh. stammt und iṭaṅkai spätestens seit dem 11. Jh. verwendet wird, daß also seit dieser Zeit die tamilische Gesellschaft in diese beiden großen, oftmals sich befeindenden sozialen Gruppen aufgeteilt war. Dabei ist es schwierig, die einzelnen

371 Graul, Reise IV, 1855:337 Anm. 158. Pope, dessen Übersetzung des Puṟapporuḷ in Siddhantā Deepikā und in Bd. I,6 des TA von 1910 abgedruckt ist, interpretiert diese Stelle als einen Hinweis, dass die Vanikar den Vaiṣya zugeordnet werden und dass die Vellalar ihre Diener seien. Dagegen hat J.M. Nallasvami Pillai, ein Vellalar, hervorgehoben, dass die Vellalar den Vanikar gleichgeordnet seien. TA I,6, 1910:32 Anm.

372 Graul, Reise IV, 1855:169.

373 Klass 1980:28f.

Kasten Tamil Nadus den beiden Unterteilungen zuzuordnen. Eine Kaste, die an einem Ort zu den valaṅkai gehört, wird an anderen Orten zu den iṭaṅkai gezählt.[374] Während Dubois die Unterscheidung von iṭaṅkai und valaṅkai als „modern invention, since it is not mentioned in any of the ancient books of the country"[375] ansieht, ist sie nach Graul das Resultat einer Abgrenzung gesellschaftlicher Gruppen, die sich endogam entwickelt haben, von Gruppen, die sich mit anderen Kasten vermischt haben.[376] Ein Bericht von Hugo Schanz, der 20 Jahre nach Grauls Beschreibung entstanden ist, bestätigt diese Vermutung, deutet aber zugleich auf die Perspektive hin, aus der die Leipziger Missionare die Śūdra-jātis gesehen haben:

> „Dem Tamulenland eigenthümlich ist die auf die Göttin Kâli zurückgeführte Eintheilung fast aller Kasten (mit Ausnahme der Brahminen) S. Indiens in die rechtr (Valangai) u. die linkr (Idangai) Hand, deren Anhänger oft miteinander über ihre … (?) in blutige Händel gerathen sind. Die Linkehandkaste scheint durch Vermischung der Kasten entstanden zu seyn, obwohl ihre Anhänger das in Abrede stellen u. für sich den Ursprung beanspruchen, freilich straft sie ihre größere Unsittlichkeit Lügen. An der Spitze der Rechtenhandkasten stehen die Vellaler; unter den Kastenlosen gehören zu ihr die Pariahs (daher Valangamattâr genannt); an der Seite der Linkenhandkasten die Chettys (Kaufleute) d. Panchakammâler (Fünfgewerker, cf. unten); unter den Kastenlosen gehören zu ihr die Sakkilis (Schuhmacher)."[377]

Die Leipziger Missionare haben vor allem unter den Vellalar, den Kallar und den Paraiyar gearbeitet, also Valaṅkai-jātis, durch die ihre Sicht des Verhältnisses von valaṅkai und iṭaṅkai wohl geprägt sein muss. Unter den Chettis war die Missionsarbeit der Leipziger nie erfolgreich.[378] Über eine relative Parteinahme hinaus sind Grauls und Schanzs Beobachtungen über Iṭaṅkai und Valaṅkai, aber auch frühe Dokumente einer europäischen Wahrnehmung dieser für Tamil Nadu charakteristischen Aufteilung der Kasten,[379] die andeuten, dass zumindest in Tamil Nadu rituelle Reinheit nicht allein als ein linear hierarchisches Abstufungsmodell interpretiert werden

---

374 BRIMNES 1999:26.

375 DUBOIS 1906:24.

376 Allerdings kennt Graul auch die Tradition, die eine Unterscheidung von iṭaṅkai und valaṅkai auf den Beginn des 16. Jh.s zurückführt. Vgl. GRAUL, Kaste, in: MOIMH VII, 1855:135.

377 SCHANZ, Indische Wissenschaft. 10. Kapitel, Kaste, Beschäftigungen und Unterricht, §1 Kasten im Tamulenlande, Poreiar 5.10.1871:8. Den Ursprung der Aufteilung auf Kali zurückzuführen, scheint auf eine Tradition in Kanchipuram zurückzugehen, die Graul nicht erwähnt, die aber von M. Srinivasa Aiyangar als eine Version der Erklärung bestätigt wird. SRINIVASA AIYANGAR 1914:99.

378 Gehring schreibt über die Chetti: „Unter der englischen Regierung haben sie ihr Geschick, Wuchergeschäfte zu treiben, sich so gut zunutze zu machen verstanden, daß sie sich ganz enorme Reichtümer erworben haben … Ihr Geld bringt ihnen aber Macht und Ansehen, und sie sind besondere Lieblinge der Brahminen geworden. Sind sie es doch, welche die verfallenden Tempel wieder restaurieren, viele gemeinnützige Stiftungen machen und die Brahminen gern bei festlichen Gelegenheiten speisen. Ihr höchster Gott aber ist die Rupie. Gelegentlich der Heidenpredigt fand ich selten stumpfsinnigere Leute als sie." GEHRING, A. 1905:23.

379 Frühere Zeugnisse finden sich allerdings bei Buchanan und Dubois; siehe dazu BRIMNES 1999:172ff.

kann, sondern dass neben der Varṇa-Hierarchie auch rituelle Abgrenzungen zwischen diesen beiden Gruppen existiert haben. Burton Stein nimmt an, dass Gustav Oppert 1888 der erste war, der die Bedeutung der Implikationen von ritueller Verunreinigung für die Trennung von iṭaṅkai und valaṅkai erkannt hat.[380] Oppert hatte vermutet, dass die Trennung von iṭaṅkai und valaṅkai auf Konflikte zwischen dem sich auf dem Rückzug befindenden Jainismus und dem brahmanischen Hinduismus zurückgeht. Eine andere Interpretation findet sich dagegen bereits 1816 bei F.W. Ellis in einem Kommentar seiner Übersetzung des Tirukkuṟaḷ. Ellis interpretiert die Trennung von Linke- und Rechte-Hand-Kasten als Ergebnis von Konflikten zwischen den „agricultural tribes“, die ihre überkommene Vormachtstellung nicht aufgeben wollen, und den „trading and manifacturing tribes“, die dieses alte Vorrecht aufheben wollen.[381] Dass diese Theorie eines sozialen Wandels zu einfach ist, zeigt die Diskussion von Brenda Becks ethnologischen Untersuchungen über Iṭaṅkai und Valaṅkai im Coimbatore-Distrikt von 1970, in der sie Ellis Argument wieder aufgenommen hat.[382] Burton Stein[383] und Arjun Appadurai[384] haben dagegen eingewandt, dass die Division nicht auf einen Interpretationsbezugspunkt reduziert werden könne, sondern dass die Konflikte zwischen den Gruppen mehrschichtig seien und dass sich iṭaṅkai und valaṅkai als ein Bezugsmuster für ökonomische, rituelle und politische Ansprüche angeboten hätten.

Dass sich die verschiedenen Gruppen auch in ihrem Verhältnis zu politischer Macht unterschieden haben, zeigt, wie unten beschrieben wird, der Versuch der Panchakammalar, bei der Kolonialmacht sozialen und rituellen Status einzufordern. Es finden sich aber auch bei Graul bereits Hinweise dafür, dass er rituelle Privilegien als konstitutive Unterscheidungsmerkmale von iṭaṅkai und valaṅkai ansieht. Die Zugehörigkeit der Paraiyar zu den Valaṅkai-Kasten hat diese Gruppe der Dalits im 19. Jh. anscheinend in einen Status versetzt, der von Anhängern der iṭaṅkai nicht akzeptiert wurde. Sie standen in einem besonderen Verhältnis zu den Vellalar und partizipierten auch an deren rituellen Vorrechten.

> „Die Vorrechte der letztern [der Vellalar] bestehen im Gebrauche von Fahnen u.s.w. bei Hochzeits-Umzügen und Leichenbegängnissen, so wie in der Erlaubniß zu reiten oder sich in Sänften tragen zu lassen. Obschon selbst die Pariah's, als den Rechte-Hand Kasten zugehörig, an diesen Vorrechten Theil haben, so stehen diese doch in den Augen der Hindus so hoch, daß nicht selten blutiger Streit darum entsteht.“[385]

---

380 STEIN 1994:201f, bezieht sich auf Opperts Abhandlung ‚The Dravidians‘, in: Madras Journal of Literature and Science, 1887–1889, Reprint Delhi 1988.

381 ELLIS 1816:44.

382 BECK 1970:779–798.

383 STEIN 1994:480.

384 APPADURAI 1974:216–259.

385 GRAUL, Kaste, in: MOIMH VII, 1855:135. Zu den Insignien und Privilegien der valankai und iṭankai sowie über rechtliche Streitfragen zwischen beiden Gruppen zu Beginn des 19. Jh.s siehe OPPERT 1888:62 Anm. 59.

Graul interpretiert den Kastentitel der Paraiyar pettapiḷḷai (das Kind von Hause) als Hinweis auf das Verhältnis der Paraiyar zu den Vellalar. Er betont zwar, dass dieser Titel beschönigend sei und der wirklichen sozialen Stellung der Paraiyar nicht entspräche,[386] dennoch deute dieser Titel darauf hin, dass die Paraiyar, anders als die Iṭaṅkai-Dalits, zu den Tamilen gerechnet werden und sich dadurch von Kasten, die als Mischkasten gelten, abgrenzen.

3.2.2. Pilley und Muteli – die Kastentitel der Vellalar

Graul bezeichnet die Vellalar als die „ehrenhafteste Klasse" und den „sittlichen Kern des Volkes"[387]; Schanz nennt sie „die Aristokratie unter den Shudras"; laut Handmann gehören sie „zu den edelsten Repräsentanten indischen Volkstums ... Sind seine Gesichtszüge auch nicht so fein geschnitten und markiert, wie die der Brahmanen, so sind sie doch denselben am ähnlichsten."[388] Graul schien aber seiner Theorie der Kastenvermischungen, die er ja für die Linke-Hand-Kasten als konstitutiv angenommen hatte, selbst nicht ganz getraut zu haben, denn er bemerkt:

> „Die ächten Velaler sind gewiß auch nicht ohne arisches Blut; Farbe und Gesichts-Bildung, so wie der Name ‚Ganges-Geschlecht', der ihnen von Alters her zusteht, scheinen dafür zu sprechen."[389]

Graul stößt, wie bereits dargelegt, in seiner ethnologischen Beschreibung der einzelnen jātis immer wieder auf das Problem, dass sich diese nicht in das klassische Varṇa-Schema einordnen lassen und dass Kastennamen und traditionelle Berufsausübung einzelner jātis nicht mit deren sozialer Stellung zusammenpassen.

Grauls Beobachtung, dass es in Tamil Nadu Jāti-Namen und Jāti-Titel gibt, die nebeneinander und manchmal auch in einer dem tatsächlichen Kastenstatus widersprüchlichen Bedeutung gebraucht werden, ist aber für das Verständnis der Kastenverhältnisse von Bedeutung, da an dem Gebrauch der Jāti-Titel deutlich wird, dass neben der durch Endogamie und rituelle Abgrenzung definierten Kastenordnung und Hierarchie auch noch eine Hierarchie bestand, die sich aus politischen und wirtschaftlichen Konstellationen und Machtverhältnissen ergab. Anhand seiner Analyse

---

386 GRAUL, Reise IV, 1855:189. Graul nennt 13 Untergruppen der Paraiyar, WINSLOW 1862 erwähnt 18 Gruppen.

387 GRAUL, Reise IV, 1855:171.207; siehe auch THURSTON VII, 1909:367; KANAKASABHAI 1904:113; Maraimalaiyatikal bezeichnet sie als die „zivilisierte Landwirtschaftsklasse der Tamilen", MARAIMALAIYATIKAL 1923:12.

388 SCHANZ, Indische Wissenschaft 10, 1871:10; HANDMANN, in: ELMB 1883:53.

389 GRAUL, Reise IV, 1855:171. Die historische Analyse von Burton Stein, der die Bedeutung von iṭaṅkai und valaṅkai in der Chola-Periode untersucht hat, bestätigt diese frühen Ansätze Grauls, den Sanskritisierungsprozess in Tamil Nadu und die Division von Śudra-jātis in Rechte-Hand- und Linke-Hand-Kasten zu erklären nur insofern, als Stein in den Inschriften des 13. Jh.s Hinweise auf einen Assimilationsprozess der iṭaṅkai feststellen kann; STEIN 1994:182f. Die Theorie einer Vermischung von Kasten als Ursache der Entstehung der Unterscheidung, die von HUTTON 1946:166ff vertreten wurde, weist er dagegen als historisch nicht nachweisbar zurück; STEIN 1994:208.

der Geschichte der Jāti-Titel bei den Vellalar[390] lässt sich exemplarisch Grauls Interpretation dieser in der Ethnologie meist nur unbefriedigend diskutierten Bedeutung der ‚Ehrennamen' aufzeigen. In Bezug auf die Vellalar stellt Graul fest, dass es drei Hauptgruppen gibt, die je nach ihrem Herkunftsort bzw. ihrer Tätigkeit benannt werden, die „Sorzhier (später Choliyar) Vellalar", „Karaler Vellalar" und „Tondamandalam Vellalar", die aber in weitere Untergruppen aufgeteilt werden können.[391] Die Sorzhier und die Karaler führen den Jāti-Titel „Pilley" (Kind), während die Tondamandalam Vellalar den Titel „Muteli" (Erster) ihrem Namen hinzufügen.[392]

Pandian, der in der ethnologischen Diskussion über die Kasten Tamil Nadus die notwendige Unterscheidung zwischen Kastentiteln und Kastennamen vermisst, hält es für notwendig, die ‚Geschichte der Symbole' von Gruppenidentität und ihrer kontextuellen Bedeutung für diejenigen, die diese Symbole verwenden, zu erheben, da nur so ihre Bedeutung für die Beziehungen in der Kaste und für die Beziehungen der Kasten untereinander deutlich gemacht werden kann.

Der vielfältige Gebrauch von Kastentiteln und der mögliche Wechsel von Kastennamen und Kastentiteln bedeutet nicht nur eine Konfusion in der Terminologie,[393] sondern kann auch zu einer falschen Einschätzung der Position der einzelnen Kasten in der hierarchischen Struktur der indischen Gesellschaft führen. Jāti-Titel werden oft als lokale oder regionale Variationen von gesamtindischen Varṇa-Kategorien interpretiert und mit der Mobilität von jātis im Kastensystem in Verbindung gebracht. Der Titel, den eine Kaste beansprucht, wird in der Tat auch von anderen Kasten verwendet. Pandian erwähnt, dass der Titel ‚Mudaliar' von mehreren Kasten gebraucht wird, weist aber die Vorstellung zurück, darin einen Versuch niedrigerer Kasten zu sehen, in der Hierarchie aufzusteigen. Er unterscheidet daher Kastennamen und Kastentitel in ihrem Gebrauch und in ihrer Bedeutung, die derjenige, der diese Kategorien verwendet, ihnen zumisst. Während Jāti-Namen mit ritueller Reinheit, Unterscheidung der Berufe und Endogamie in Verbindung gebracht werden, sind Jāti-Titel Ausdruck von politischer und wirtschaftlicher Macht und Dorfautorität.[394]

---

390 Die Bedeutung der Titel bei den Kallar soll gesondert dargestellt werden, weil insbesondere diese ‚Diebeskaste' die Phantasie der späteren Missionare angeregt hat.

391 Schanz unterscheidet 7 Vellalar jātis: 1. Tondamandala, 2. Chola, 3. Karakata (Karaler), 4. Kanabli, 5. Velanchettys, 6. Tulluva oder Agamudiers, 7. Djana; SCHANZ, Indische Wissenschaft 10, 1871:10f.

392 GRAUL, Reise IV, 1855:172. Grauls „Muteli" heißt auch Mudaliar.

393 Die Vanikar, die Graul erwähnt, führen den Kastentitel Chettiar (Händler), der aber später auch als Kastenname für diese Gruppe verwendet wurde, siehe GRAFE, 1990:16. Im Census-Bericht von 1891 wird erwähnt, dass Chetti sowohl als Kastenname wie auch als Kastentitel verwendet wurde. „This use of Chetti has caused some confusion in the returns, for the sub-divisions show that many other castes have been included as well as Chetti proper"; zitiert bei THURSTON/RANGACHARI II, 1909:92.

394 PANDIAN 1987:108f.120.

Grauls Überlegungen zu den Kastentiteln der Choliyar- und Tondamandalam-Vellalar bestätigen auf eindrückliche Weise Pandians methodische Forderung. Zwar wird der Titel ‚Mudaliar' nicht ausschließlich von den Vellalar beansprucht, wie Graul meint, sondern Pandian identifiziert mehrere jātis, die diesen Titel ihrem Namen hinzufügen.[395] Aus Grauls Bericht wird jedoch deutlich, dass der Jāti-Titel auf die politische und wirtschaftliche Stellung der Vellalar-Gruppen hinweist, die ihn führen und nicht auf rituelle Reinheit oder Kastenhierarchie.

> „Vor mehreren Jahrhunderten machten sie sich um das Tondamandala-Land, das ohne künstliche Bewässerung noch immer eine halbe Wüste sein würde, durch großartige Wasser- und andre Bauten sehr verdient und stiegen in Folge davon in der Gunst des Königs und in der Liebe des Volkes, und obschon die eifersüchtigen Brahminen ihnen die Bau-Schastra's im Laufe der Zeit wieder entrissen, so erhielt sich doch das einmal errungne Ansehen."[396]

Die Vellalar waren diejenigen, die das Land bebauten. Klassische Tamildichtungen wie das Puṟanāṉūṟu heben die Bedeutung der Bauern für das Wohl der ganzen Bevölkerung hervor.[397] Diese waren als Landbesitzer die führende Schicht (vēḷir). Zur Zeit der Colas haben sich die vēḷir zur Bauernkaste der Vellalar entwickelt. Das Manavadharmaśāstra klassifiziert sie als Śūdras, obwohl sie sich selbst nie so verstanden haben. Da aber die Volkszählungen unter der britischen Kolonialregierung der brahmanischen Kastenordnung folgten, wurden sie auch in den offiziellen ‚Census Reports' als Śūdras geführt.[398]

Die Unterscheidung von Jāti-Namen und Jāti-Titeln war ein zentrales Argument für Grauls Position im Kastenstreit. Für Graul zeigte sich an der politischen und sozialen Stellung der Vellalar, dass man durchaus zwischen bürgerlicher und religiöser Funktion der Kasten trennen konnte.[399] Die Allianz zwischen Brahmanen und

---

395 PANDIAN 1987:109; siehe auch THURSTON/RANGACHERI V, 1909:84.

396 GRAUL, Reise IV, 1855:172.

397 Vgl. RAMANUJAN 1969:157.

398 Dazu HELLMANN-RAJANAYAGAM 1995:123ff.

399 Von S. Samuel Pillay erhielt Graul detaillierte Informationen über die politische Funktion der Choliya-Vellalar, aus denen deutlich wird, dass der Gebrauch der jāti-Titel der Vellalar ein Indiz für politische Macht ist und keine Positionierung innerhalb der varna-Hierarchie bedeutet. Grauls Frage: „To what castes does the pakalviḷaku (Anm. Blaulichtträger) belong?" Antwort: „This prerogative belonged exclusively to kings in the ancient time. The kings extended this privelege to such individuals also who distinguished themselves in public transactions or in doing in general good to the common wealth. In very long period it was not granted to collective bodies as their banner or ensignia. Now there are only two castes who enjoy this distinction of honour, of carrying torches by the day time in their processions. Namly the tēcāti or tēcayi a royal family of that Gentoo caste commonly known by the name kavaiṟakaḷ; and taḷavāy [bei Thurston, Tuluva-Vellalar] another royal family of that caste of Vellalahs who are generally termed cōḻiyar. The branch of taḷavāy family, of the cōḻiyar tribe, who have this honour is characterized by a peculiar title i.e. maṉṉāḷar ‚lords of the earth'. These two castes the tēcāti and the maṉṉāḷar are always the mediators or peace makers or umpires between the Right valaṅkai and the Left iṭaṅkai hand Parties in all their quarrels and claims. It is in the hands of these two castes that the key of civil caste power was, some days ago. In these

Vellalar, die den Vellalar politische Dominanz und den Brahmanen rituelle Vormachtstellung zugestand, war sicherlich die sozial einflussreichste Verbindung zweier Kasten in Tamil Nadu, da sich beide Kasten in ihren Autoritätsansprüchen unterstützten und so ihren Anspruch auf gesellschaftliche Eliteposition manifestierten. Am Beispiel der Einschätzung der Vellalar durch Graul wird deutlich, dass das von Historikern und Indologen oft sehr pauschal gefällte Urteil, die Missionare im 19. Jh. hätten in ihrer Beobachtung der indischen Gesellschaft nur die brahmanische Perspektive übernommen, ohne die wirklichen politischen, wirtschaftlichen und sozialen Verhältnisse zu beachten und in Beziehung zu den von der Indologie erhobenen Texten zu setzen, nicht für alle Missionare zutrifft.[400] Grauls Berichte sind gerade deshalb erhellend für die religiösen und sozialen Verhältnisse in Tamil Nadu in der Mitte des 19. Jh.s, weil in ihnen die tamilischen Texte fruchtbar gemacht werden für die Beurteilung ethnologischer Beobachtungen. Darüber hinaus kann eine kritische Lektüre der Missionarstexte auch verdeutlichen, wie europäische Repräsentationsmuster in Zusammenhang stehen mit einer gesellschaftlichen Dynamik der repräsentierten Kultur. Die europäische Unterscheidung von religiöser und bürgerlicher Ordnung in der Beurteilung des Kastensystems und die Betonung der zivilen Aspekte dieser Ordnung spielte für einzelne Kasten wie die Vellalar eine strategische Rolle für ihre Positionierung innerhalb der von Europäern angenommenen Kastenordnung, indem sich Kasten nach zivilen Aspekten organisierten.

3.2.3. Panchakammalar

Die Organisation der Vellalar als politische Gruppe scheint allerdings zu Grauls Zeiten noch nicht so ausgeprägt gewesen zu sein, dass er sie als eine Interessensgruppe gegenüber der Regierung der East India Company oder anderen Kasten wahrnehmen konnte. Anders war die Situation unter den Panchakammalar, die sich

---

days also this power is exercised to a certain degree. The English Government of the East India Company upholds it a little; and whenever their servants in the Mofussil [eigentlich Provinz, siehe Yule/Burnell 1903:570] are involved in public broils or whenever they have accidentally and unwillingly created discords among the natives, the Government generally quell them through the … [?] of the alone two influential castes – of cause it must be understood, with some military force too. No other caste is allowed to take the privilege of pakalviḷaku except these castes. Both the right hand and the Left hand castes submit to them. These castes are purely civil and they have no connection of any kind with the religion of the brahmins. Brahmins are not officially invited to their meetings. Though they are in some instances called to their councils yet they are treated as equals and cooperators in the management. In the presence of the brahmins themselves the taḷavāy and tēcayi are honoured by the multitudes with all modes of respect and reverence in such meetings.“ LMA, GN, Kapsel 6, Aktenstück: Notizen für Tamul. Literatur etc; Questions on Miscellaneous subjects (Anhang).

400 Z.B. Bernhard Cohn: „Neither group related what they must have known was the structure of the society on the ground to their knowledge of the society derived from textual study and discussions with learned Brahmans. There was little attempt on the part of either to fit the facts of political organization, land tenure, the actual functioning of the legal system or the commercial structure into their picture of the society derived from the texts.“ COHN 1987:146.

relativ früh organisiert[401] und gegen die brahmanische Dominanz aufgelehnt haben. Die Panchakammalar gehören unter den Iṭaṅkai zu den führenden jātis. Die Kaste besteht aus fünf Handwerkergruppen (Goldschmied, Kupferschmied, Eisenschmied, Schreiner und Steinmetz), die mit Ausnahme der Goldschmiede untereinander heiraten. Die Panchakammalar waren als Kaste von den anderen Kasten in dörflichen Strukturen getrennt, da sie umherzogen und durch ihre Arbeit am Tempelbau und als Schöpfer der Götterbilder einen besonderen rituellen Status beanspruchten. Aus den Beobachtungen Grauls geht hervor, dass vor allem zwischen den Vellalar und den Panchakammalar ein Statuskonflikt bestand und dass die Panchakammalar die Schuld für ihre relativ niedrigere Stellung als iṭaṅkai den Brahmanen und der mit diesen kooperierenden Regierung anlasteten.[402] 1840 richteten die Panchakammalar von Salem eine Petition an den ‚Board of Revenue' in Madras, in der sie fordern, den Brahmanen gleichgestellt zu werden. Diese Petition, die von den englischen Behörden abgelehnt wurde, war der Höhepunkt eines Streites, in dem sich die Panchakammalar auf verschiedenen Ebenen an Gerichtsbarkeiten gewandt hatten, um eine Statusänderung herbeizuführen. Graul erfuhr bei seinem Aufenthalt in Salem von dieser Petition und dem andauernden Streit zwischen den Panchakammalar und den Brahmanen und sammelte daraufhin Informationen über die Kammalar, aus denen ihr Selbstverständnis in der Mitte des 19. Jh.s deutlich wurde. In der Petition erklärten sie, dass sie von Viṣvakarma abstammten, dem Baumeister und Schöpfer der Götter, und dass kammālan mit Schöpfung und Regierung der Welt zu übersetzen sei. Sie beanspruchten fünf Vedas als Referenzen für ihren Stand, anstatt der in der Sanskrittradition kanonischen vier Vedas.

> „It is again said in the Vedas, that ironsmiths have Rig veda for their learning, Carpenters have Yesur Veda, Coppersmiths have Sama Veda, Architects have Atharvana Vedam, and the Goldsmiths have Pranava Veda. Again it can be proved from the Shastras that the mother of all Idols is Stone and the father thereof is Science. All scientific works are entrusted to the Kammāl tribe. Temples, gods, in the temple, Bells, Musical instruments, Vessels & utensils of all kinds, the Thali sacred badge of marriage, houses are created daily by our hands. There can no work no motion of any kind go on (?) but by our means."[403]

Den Brahmanen werfen sie vor, dass sie das Studium der Veden nur ihrer Kaste vorbehielten und die Interpretation der Veden durch nicht autoritative hinzugefügte slokas verfälschten. Einige Panchakammalar haben eigene Priester eingesetzt, tragen den Titel ācārya und haben sich so von den Brahmanen gelöst. Ihre Frauen tragen den Sari so wie die Brahmanenfrauen, und sie tragen als Zeichen ihrer rituell heraus-

401 Dazu siehe Thurston III, 1909:108.

402 Aus tamilischen Inschriften aus dem 11. Jh. geht allerdings bereits hervor, dass die Kammālar als verunreinigende Kaste galten; SRINIVASA AIYANGAR 1914:86.

403 Manuskript über die Panchakammalar; LMA, GN, Kapsel 6, Aktenstück: Tamil Literature (Anhang).

ragenden Stellung die Schnur der zweimal geborenen Kasten. Andere Gruppen der Panchakammalar, wahrscheinlich diejenigen, die sich nicht gegen die Dominanz der Brahmanen auflehnten, sind in die Position der Tempeldiener in von Brahmanen verwalteten Tempeln aufgestiegen. Graul bemerkt über die Panchakammalar von Salem, dass sie „mit all ihren großthuerischen Ansprüchen eine höhere bürgerliche Stellung nicht zu erzwingen vermocht"[404] haben und dass selbst die Paraiyar als Valaṅkai zum Teil die Essensgemeinschaft mit ihnen verweigerten. Die Brahmanen, sagen die Panchakammalar, sind nicht reiner Herkunft, sondern es könne aus zahlreichen Quellen nachgewiesen werden, dass sie eine Mischkaste der Paraiyar seien.[405] Dabei sind sie aber in Konflikt mit den Brahmanen und den mit diesen verbundenen valaṅkai geraten und konnten sich gegen die Dominanz der Brahmanen in politischen Positionen auf verschiedenen Ebenen nicht erfolgreich zur Wehr setzen. In ihrer Petition an den ‚Board of Revenue' appellieren sie daher an christliche Gleichheitsgrundsätze der Regierung der East India Company.

> „Die englische Regierung nun, die so mild und gerecht ist, sollte der hergebrachten Partheilichkeit für die Brahminen entsagen, und zwar auch deßhalb, weil dieselbe der christlichen Religion zuwiderläuft, die Regierung aber von den Brahminen wohl betrogen, aber in nichts gefördert wird."[406]

Von den Leipziger Missionaren werden die Panchakammalar mehrfach als ein Beispiel für mögliche Kastenreformen angeführt, aber andererseits auch für das, was die Missionare ‚Kastengeist' nannten, womit sie die kommunalistische Interessensvertretung einer Kaste meinten, die das Gesamte der Gesellschaft nicht im Auge habe.

3.2.4. ‚Räuberkasten'

In den zahlreichen Broschüren, mit denen die Leipziger Mission ihre Arbeit in Indien den Missionsfreunden und Gemeinden in Deutschland bekannt machen wollte, werden die Kasten in Tamil Nadu meistens als Berufsstände vorgestellt. Um die Fremdartigkeit dieser Berufsstände hervorzuheben, werden neben Schmieden, Webern und Wäschern immer auch die Kallar und die Maravar als Diebes- oder Räuberkasten beschrieben.[407] Was muss das für ein Land sein, in dem Räuber und Dieb ein Beruf neben anderen ist?

Das Gebiet der Maravar liegt zwischen Madurai und Tirunelveli, und die Kallar sind in den drei Distrikten Pudukkottai, Tanjore und Madurai die am weitesten verbreitete Kaste. In der tamilischen Fabricius-Bibel werden die ‚Schächer' aus Lk

404 GRAUL, Reise IV, 1855:184f.
405 LMA, GN, Kapsel 6, Aktenstück: Tamil Literatur.
406 GRAUL, Reise V, 1856:354 Anm. 33.
407 Z.B. SCHANZ, Jugendunterricht, o.J., 15.

23,32 mit Kallar übersetzt. Der Begriff kallan bedeutet Räuber oder Dieb,[408] und in der Tat haben große Teile dieser Kaste, die als eine der unabhängigsten Kasten Tamil Nadus immer wieder das Interesse der Missionare und der kolonialen Ethnographen auf sich gezogen hat, im 19. Jh. hauptsächlich durch Überfälle und Einbrüche gelebt. Maravar und Kallar waren zwei Kasten, die nie vollständig brahmanisiert und in eine Kastenordnung eingefügt worden sind. Brahmanische Werte waren mit dem unabhängigen gesellschaftlichen Leben dieser Kasten schwer zu vermitteln.[409]

In dem Gebiet der Kallar zwischen Pudukkottai und Madurai hat die lutherische Mission schon früh Gemeinden gegründet. Die ersten Kallar, die zum Christentum konvertierten, wurden von Christian Friedrich Schwartz, der von 1778 bis 1798 in Tanjore arbeitete, bekehrt. Christliche Kallar wurden unter seinem Einfluss zu Landwirten und Ackerbauern,[410] ein Ziel, das auch von der Regierung der East India Company verfolgt wurde, um das Gebiet um Madurai zu befrieden. 1848 übernahm die Leipziger Mission die Gemeinde Pudukkottai von der American Madura Mission, die aufgrund von Geldmangel ihre Arbeit dort aufgeben musste.[411] Ochs und Wolff verhandelten mit dem Rāja Ramachandra Tondaiman Behauder, dem Kallar Herrscher von Pudukkottai, über die Übernahme dieser Gemeinde, deren Gemeindeglieder fast ausschließlich Kallar waren.[412] Der Rajā war gegenüber westlicher Bildung, der englischen Regierung und auch der Mission sehr aufgeschlossen, und das Ziel der Missionare war, seine Unterstützung für die Missionsarbeit gegen den Einfluss der am Hof mächtigen Maratha-Brahmanen zu gewinnen.[413]

Die politische Unabhängigkeit des Tondaiman von Pudukkottai und der Versuch der Engländer, jede politische Macht, die der eigenen entgegenstand, zu diskreditieren, hat im 19. Jh. entscheidend zur Kriminalisierung der Kallar beigetragen. Eine traditionelle ambivalente Konnotation der Kallar als Räuber und Herrscher und die Verbindung zwischen Schutz des eigenen Volkes und Übergriffen auf andere Kasten und Königereiche wurde von den Briten auf den kriminellen Aspekt reduziert, und im ‚Criminal Tribes Act' von 1870 wurden die Kallar von der britischen Kolonialregierung als kriminell eingestuft. Als umso bedeutender ist Grauls Ansatz zu werten, der entgegen der offiziellen englisch-europäischen Sicht auf die historische Dimension der politischen Entwicklung der Kallar seinen Blick richtet. Graul sah in den Kallar Nachkommen einer militärischen Macht unter den Poligar.[414] Der Anspruch der

408 1817 hat Turnbull ‚Culler' als einen Begriff angesehen, der unabhängig von Land, Kaste und Religion Räuber und Diebe bezeichnet, und hat davon die Kallar als eine besondere Bevölkerungsgruppe abgehoben, TURNBULL 1817.

409 BAYLY 1999:61ff.

410 HANDMANN, Königspriester, 1901:52; ELMB 1858:188f.

411 CHANDLER o.J.:76.

412 LMA, Stationsberichte: Tranquebar 1847–1915; ELMB 1849:177ff.

413 ELMB 1848:179. 1855 wurde der Befehlshaber des Militärs von Rāja Ramachandra Tondaiman Mitglied der Lutherischen Kirche, ELMB 1856:5.

414 Polygar ist ein anglisiertes Wort von Marathi pālegār und Tamil pālaiyakkāran und bedeutet soviel wie feudaler Machthaber. YULE/BURNELL 1903:719. Graul hat diese Informationen wahrscheinlich von DUBOIS 1906:67ff.

Kallar, Kṣatriya zu sein, zeigt sich für Graul in Kastentiteln wie ‚Viramuṭaiyāṉ' (Held) oder ‚Cēnaināṭāṉ" (militärischer Landhalter). Dieser Anspruch steht in einem Widerspruch zu dem relativ niedrigen rituellen Status, den die Kallar unter den Śūdra-jātis haben. Grauls Einschätzung der Kallar entspricht aber ihrem Selbstverständnis.[415] Er nimmt an, dass die Poligar ihren Soldaten in Friedenszeiten Land zugewiesen haben, dass diese aber nie ganz sesshaft wurden. Burton Stein hat diese Beobachtung Grauls bestätigt. Der Wandel des Bildes von einer militärischen Kaste zu Kallar im Sinne von Räubern scheint sich erst im 17. und frühen 18. Jh. vollzogen zu haben[416] und aus Konflikten zwischen einer Militärmacht im Pudukkottai-Distrikt und der zunehmend an Einfluss gewinnenden britischen Kolonialmacht zu resultieren. 1848 berichtet Graul:

> „Sie [die Kallar] waren lange Zeit verrufen wegen ihrer Geschicklichkeit im Stehlen; doch soll jetzt ein Diebstahl nur selten unter ihnen vorkommen, und wirklich scheinen sie ein ehrlicherer Schlag zu sein als ihre Nachbarn. Sie nähren sich meistens vom Feldbau und sind deshalb durchgängig von ziemlich kräftigem Körperbau."[417]

In seinen Reisebeschreibungen geht Graul ausführlicher auf zwei Unter-jātis der Kallar ein, die Nadu-Kallar und die Paramalai-Kallar. Er schildert insbesondere das Ochsenfest der Nadu-Kallar, das auch noch heute jährlich gefeiert wird und das von Ethnographen im 19. Jh. mehrfach beschrieben wurde.[418] Interessant ist an Grauls Beschreibung dieses Festes wiederum, dass er bemüht ist, es zu interpretieren und im Zusammenhang mit der klassischen tamilischen Literatur zu verstehen. Graul vermutet, dass es sich um ein Kriegsfest handelt, das seine Wurzeln im Puṟapporuḷveṇpāmālai hat.[419]

Die Paramalai-Kallar gehören zu den jātis in Tamil Nadu, die bereits mehrfach ethnologisch erforscht worden sind. Graul berichtet von Heirats- und Scheidungszeremonien der Paramalai-Kallar im 19. Jh. die in Dumonts großer Monographie über diese Kaste ähnlich geschildert werden.[420]

Gegen Ende des 19. Jh.s und in den ersten Jahren des 20. Jh.s dienten die Berichte der Missionare über die Kallar vor allem dazu, die moralische Verworfenheit der Kasten zu betonen und sie als ein extremes Beispiel einer allen Hindus unterstellten ethischen Indifferenz zu charakterisieren:

---

415 Siehe den Lebensbericht des Kallar Pfarrers N. Devasagajam, der die Blütezeit der Kallar zur Zeit der Chola- und Pandiakönige hervorhebt und ihren Wandel von Kriegern zu Räubern auf das Eindringen der Naidus um 1000 A.D. ansetzt. DEVASAGAJAM 1919:8. Ähnlich auch KRISHNASWAMI AIYANGAR 1941:479ff.

416 DIRKS 1987:203; auch SHULMAN 1980b:283ff.

417 GRAUL, Ostindien, Puducottah, in: ELMB 1849:178.

418 Siehe DUMONT 1986:423. Ein ausführlicher Bericht über dieses Fest findet sich bei THURSTON V, 1909:43ff.

419 In pādalam 1 des Puṟapporuḷveṇpāmālai wird der Aufruf des Königs zum Viehraub sowie die Durchführung desselben beschrieben. Siehe dazu Popes Interpretation in TA I.6, 1910:1ff.

420 DUMONT 1986:218.237ff; auch DIRKS 1987.

„Da ist die Frage gewiß berechtigt, ob denn in Indien die Diebe so frei und offen herumlaufen dürfen, daß sie sich ihres Diebeshandwerkes auch noch rühmen, als wäre es etwas Schönes und Edles. Ohne Zweifel sehen wir hier den Einfluß des Heidentums, das die sittlichen Begriffe verwirrt und zwischen Sünde und Tugend, Recht und Unrecht nicht mehr unterscheiden kann. So bildet auch der Kallen in Indien einen ganz respektablen Teil der bürgerlichen Gesellschaft."[421]

Auch unter den Maravar sammelten die Dänisch-Halleschen Missionare bereits Konvertiten und gründeten erste Gemeinden. Das Gebiet der Maravar ist der Ramnaddistrikt, südlich des Gebietes der Kallar. Da die Maravar ausdrücklich im Akapporuḷ Viḷakkam I,21 als Bewohner der pālai erwähnt werden und ihr Einkommen dort mit als „durch Spenden Empfangenes; aus fruchtbaren Gebieten Gestohlenes" und ihre Hauptbeschäftigung mit „Plündern am lichten Tage" umschrieben wird,[422] hat Graul sich in seinen ethnologischen Studien dieser Kaste in besonderer Weise zugewandt.[423] Seine Überlegungen entwickelt er in Auseinandersetzung mit W. Taylor's Übersetzung und Einleitung des ‚Marava Jathi Veranam' aus dem Jahr 1836.[424] Graul wundert sich, dass Taylor, der vor ihm als einziger ethnologische Untersuchungen zu den Maravar angestellt hat, in seiner Einleitung die Beobachtung mitteilt, dass die Maravar ein Volk seien, dessen „Gesichtzüge oft mehr an Affen als an Menschen erinnern" und „diejenigen, welche ... die M. gesehen haben, werden ihre gänzliche Verschiedenheit von allen Shudra bereitwilligst zugestehen"[425]. Graul „muß jedenfalls gegen den Aufruf auf das entschiedenste protestieren", da er vermutet, dass sich Taylor bei dieser Charakterisierung von dem Mythos, die Ureinwohner Indien seien Affen gewesen, „mehr als billig" habe leiten lassen.[426] Taylor deutet Vālmīkis Rāmāyaṇa als brahmanische Interpretation der Begegnung der Arier mit der südindischen Urbevölkerung, bestätigt aber die brahmanische Terminologie, die er ausdrücklich als poetisch bezeichnet, mit eigenen anthropometrischen Beobachtungen. Die unglaubliche ethnozentrische Überheblichkeit, die aus Taylors Darstellung der Maravar spricht, scheint aber Graul weniger gestört zu haben als das damit aufgeworfene ethnologische Problem, dass es neben der dravidischen Urbe-

421 GEHRING, A., Manelmödu, 22.

422 Akapporuḷ in der Übersetzung von Graul; siehe auch GRAUL, Reise IV, 1855:181.

423 Siehe zum folgenden LMA, GN, Kapsel 6, Aktenstück: Tamulenland; Anhang zur christlichen Mission unter den Tamulen. Ethnologisches. Die Maravar, 32 Seiten, wahrscheinlich 1856; auch GRAUL, Maravar, 1856:170–175.

424 TAYLOR 1836:350–360. In Grauls Nachlaß findet sich ein Exzerpt des ‚Maravar cāti carittiram' in Tamil, LMA, GN, Kapsel 6, Aktenstück: Notizen zur Tamul. Literatur; siehe dazu auch GRAUL, Reise IV, 1855:338 Anm. 186.

425 In GRAUL, Maravar, 1856:170: „... von allem Hindu-Typus ..."

426 Auch in Grauls Notizen zu Kamber's Rāmāyaṇa wird deutlich, dass er eine Verbindung zwischen Affen, Kriegern und dem Sanskrit-Begriff Vānara = Waldbewohner und Affen als nordindische Terminologie ansieht. LMA, GN, Kapsel 6, Aktenstück: Tamulische Literatur, Ramayana. In vorarischer Zeit wird der Affe als Schutzgott von Siedlungen und Dörfern in Südindien angesehen. Siehe SCHLEHBERGER 1986:181. Die Legende, dass die Maravar Rāma bei seinem Krieg gegen den Dämonen Rāvana unterstützt haben, erwähnt Graul nicht; dazu THURSTON V, 1909:22.

völkerung noch eine davon unabhängige Schicht nichtarischer Urbevölkerung gegeben haben soll.

> „Ich leugne zwar nicht, daß sie der nichtarischen Urbevölkerung zugehören, kann aber durchaus keine solche Abweichung von den übrigen Śudras einräumen, die zu der Annahme, es läge uns in ihnen ein zweites, ganz verschiedenes Element der Urbevölkerung vor, irgendwie berechtigt."[427]

Graul leitet die Verschiedenheit unter den Śūdras aus den unterschiedlichen klimatischen Bedingungen ihrer Wohnorte ab. Vor allem aber lag ihm daran, die Ethnographie der Maravar nicht aus nordindischen Sanskrittexten zu erheben, sondern aus der tamilischen Tradition. Bei seiner Übersetzungsarbeit am Tirukkuṟaḷ und Akapporuḷ Viḷakkam stieß er auf die Maravar. In Kuṟaḷ II,74,735 heißt es:

> „Wo kein Zusammenrotten, keine verwüstende innre Zwietracht und kein den König ängstigendes ‚Mordnest' ist, – das ist ein Land."[428]

Der Begriff ‚Mordnest' ist Grauls Übersetzung von kuṟumpu, womit die Ortschaften bezeichnet werden, in denen die Maravar wohnen.[429] Graul schließt daraus auf Kastenkonflikte zwischen den Bewohnern des fruchtbaren Ackerlandes und denen aus der Steppe. Vellalar und Maravar stritten besonders in den ökologischen Übergangszonen um Dominanz. Graul reflektiert die Beobachtung, dass die Maravar sich besonders in den Gebieten, die den Übergang von Steppe zu Ackerland markieren, als Ackerbauern niederließen und dort einen relativ hohen sozialen Status erhielten.

> „... beiläufig eine Andeutung, wie die gleiche Beschäftigung trotz ursprünglich verschiedener Abstammung im Laufe der Zeit zuletzt zu dem gleichen Kastenrange zu führen wohl im Stande ist."[430]

Allerdings sei es den Maravar nicht gelungen, trotz des Versuches, Brahmanen zu patronisieren, durch Annäherung an die brahmanischen Rituale und Kastenvorschriften den gleichen sozialen Status wie die Vellalar zu erlangen.[431] Der Ruf der

---

427 LMA, GN, Kapsel 6, Aktenstück: Tamulenlande, Maravar, 2f.

428 GRAUL, Kural, 1856:98.

429 Nach dem Akapporuḷ Viḷakkam, I.21 ist kuṟumpu das 6. karu der Steppe. Graul vermutet daher, dass die Maravar mit den Kurumber in den Niligiris-Bergen verwandt sein müssen. GRAUL, Reise III, 1854:347 Anm. 123.

430 GRAUL, Maravar, 1856:172. Als Beleg für seine Beobachtung der Bedeutung der lokalen Gegebenheiten für die Entwicklung des Kastenstatus führt Graul Kapilarkaval (um 800 A.D.) an. „Geht der südliche Pariah nach Norden und legt sich dort auf das Studium der Veda's, so wird er zuletzt zum Brahminen; geht dagegen der nördliche Brahmine nach dem Süden und giebt seinen frühern Lebenswandel auf, so wird er zum Pariah."

431 LMA, GN, Kapsel 6, Aktenstück: Tamulenlande, Maravar, 15f. Zur Bedeutung der ökologischen Zonen für das Verständnis der mittelalterlichen Gesellschaft in Tamil Nadu, und insbesondere zu

Maravar als Räuber, die ursprünglich von der Jagd gelebt haben müssen, gehe zurück auf Konflikte an den Handelsstraßen durch das Land von Ramnad. Hinweise auf die Maravar, die Aufschlüsse über ihre historische Entwicklung zur Zeit der Pandya- und Chola-Herrschaft geben, findet Graul im ‚Madurai sthāla purāṇa' und im ‚Chōladēsa pūrvika carittiram'. Er beschreibt ihre Geschichte und die Geschichte des Herrscherhauses des Sethupati von Ramnad bis in das 19. Jh. und hat damit in Grundzügen die Historiographie einer Kaste erstellt. Aus dem ‚Marava cāti carittiram' wird deutlich, dass die Maravar zur Zeit der muslimischen Herrschaft in sieben jātis unterteilt waren.[432] Graul veranlasste während seiner Reise seinen christlichen Informanten (wahrscheinlich S. Samuel Pillay), für ihn alle erreichbaren Daten über die Unter-jātis der Maravar zu sammeln, und er verglich diese mit den Informationen aus dem ‚Marava cāti carittiram', um den Wandel einer Kaste im 19. Jh. beschreiben zu können.

Die Untersuchung hat bisher gezeigt, dass Grauls Darstellung der „Räuberkasten" unter Berufung auf klassische tamilische Literatur in einem Gegensatz steht zu den aufgrund einseitiger Kenntnis der Sanskritliteratur getroffenen ethnologischen Überlegungen seiner Zeit. Das Vorurteil, die Maravar und Kallar seien schlicht Räuber, die sich dem Varṇa-Schema nur widerwillig anpassen würden, das auch die englische Kolonialregierung immer wieder veranlasste, militärische oder polizeiliche Maßnahmen gegen diese Kasten zu ergreifen, wird von Graul zurückgewiesen, und aufgrund seiner Kenntnis der Geschichte der Maravar hebt er ihren Stolz und ihre gesellschaftliche Bedeutung in seiner Darstellung besonders hervor.[433] Die Entwicklung der Ethnohistorie einer Kaste stand um 1850 darüber hinaus in einem schroffen Gegensatz zu der gängigen Sichtweise der Kasten, als Teil eines Systems, das das Wesen der Kasten hierarchisch determiniert.

3.2.5. Shanar

1969 veröffentlichte Robert Hardgrave eine Untersuchung über die dramatische Veränderung einer Kaste in Tamil Nadu, die besonders unter dem Einfluss christlicher Missionare gestanden hat, die Nadar oder, wie sie vor der Volkszählung von 1921 offiziell genannt wurden, die Shanar.[434] Die protestantische Mission unter den

---

den Konflikten um sozialen Status zwischen Vellalar und Maravar bis ins 19. Jh. siehe LUDDEN 1989:64ff.

432 1. Sempu Nattu Maravar; 2. Uppu katti Maravar; 3.Konteijan kottei Maravar, 4. Appanur Nattu Maravar; 5. Akattu Maravar; 6. Kurissi kattu Maravar; 7. Orur nattu vattakei Maravar. LMA, GN, Kapsel 6, Aktenstück: Tamulenlande, Maravar (Schreibweise bei Graul).

433 Beinahe betrübt über den sozialen Rang der Maravar zur Zeit seiner Reise im Ramnad-Distrikt beschreibt Graul die Begegnung mit einem Mitglied des Königshauses. „Der kriegerische Muth der Maravar ist längst gebrochen; in dem Angesichte des Bruders der Ranni glaubte ich noch einige Funken sprühen zu sehen. Einer so freien Stirn und einem so freien Munde wenigstens war ich unter den allzuzahmen Hindus noch nie begegnet." GRAUL, Reise IV, 1855:254. Über das Königshaus in Ramnad siehe auch APPADURAI-BRECKENRIDGE 1978:75–106.

434 HARDGRAVE 1969.

Shanar im Tinnevelly Distrikt geht auf Dänisch-Hallesche Missionare zurück[435] und wurde im 18. und 19. Jh. von Missionaren der SPG, CMS, LMS und SPCK fortgeführt. In den 40er Jahren des 19. Jh.s hat es in Tinnevelly eine Welle der Massenbekehrungen unter den Shanar gegeben,[436] die Graul 1856 zu der Vermutung Anlass gab, dass „der Übertritt zum Christenthume bald in gewisser Weise zur Kastensache werden“[437] würde. In seinen Beschreibungen der Shanar hebt er immer wieder die Armut dieser Kaste von Palmweinzapfern hervor, die sich vor allem auch in den christlichen Gemeinden findet. In Anlehnung an Caldwell, der seit 1841 unter den Shanar arbeitete und 1849 ein Buch über diese Kaste veröffentlicht hat,[438] geht Graul davon aus, dass die Shanar zu den dravidischen Ureinwohnern Südindiens gehören und von Ceylon nach Tinnevelly eingewandert sind. Er ordnet sie als eine der niedrigen Śūdra-jātis ein. Die Shanar waren noch in der Mitte des 19. Jh.s relativ wenig von brahmanischer Kultur und Religion beeinflusst und hatten eine eigene Religion, die von den Missionaren als ‚Teufelsdienst‘ bezeichnet wurde.[439]

> „… selbst den Brahmanischen Götzen, die hie und da, namentlich von den Vornehmeren, anerkannt werden (z.B. Siva’s zweiter Sohn Subrahmanya), huldigt man nur im Vorbeigehen und das sivaitische Maalzeichen der heiligen Asche an der Stirn einiger ‚Frommen‘ ist die einzige Spur brahmanischer Heiligkeit unter den Schanars. Die Furcht vor ihren Teufeln dagegen beherrscht ihr ganzes Leben, und sie lassen es sich blutsauer werden im Dienste derselben.“[440]

Die Berichte Grauls über die Shanar im ELMB und in seiner Reisebeschreibung sind wenig originell, da ihm für seine Ausführungen zum einen die Abhandlung von Caldwell gedient hat, zum anderen war Graul nur etwa 14 Tage in Tinnevelly, weil die Leipziger Mission dort keine eigenen Missionsstationen unterhielt. Graul hatte daher auch keinen Informanten in Tinnevelly, der ihm genauere Berichte über die Kastenverhältnisse in der Region liefern konnte. Grauls Beobachtungen sind aber für ein Verständnis der Veränderungen des sozialen Status der Shanar im 19. Jh. dann von Bedeutung, wenn man sie im Vergleich mit späteren Berichten der Missionare liest. 1874 schreibt Baierlein:

> „Die Schanaren sind aber ein gering geachteter Sudra-Stamm, welcher sich nicht ganz in das brahmanische Religionssystem einfügte. Sie erkennen wohl die Brahminen an, und laufen zu ihren Götzenfesten mit, aber nebenbei haben sie noch ihren eigenen Götzen-

---

435 Siehe CALDWELL 1881; auch Grauls Abriss der Missionsgeschichte in Tinnevelly in ELMB 1855:123–128.134–141.

436 Siehe dazu FRYKENBERG 1976:194ff.

437 GRAUL, Reise V, 1856:53.

438 CALDWELL 1949.

439 Siehe dazu unten Kapitel V.2, Der Begriff ‚Teufelsdienst‘ wird hier schon nicht mehr verwendet als eine pauschale Verurteilung ‚heidnischer‘ Religion, sondern in Unterscheidung zum ‚Brahmanismus‘.

440 GRAUL, Schanars, in: ELMB 1855:87.

dienst, mit dem die Brahminen nichts zu schaffen haben wollen, ja welchen sie sogar Teufelsdienst nennen."[441]

Zwischen 1840 und 1880 hatten sich die Shanar, auch aufgrund verbesserter Bildungsmöglichkeiten durch die Missionen, wirtschaftlich etabliert, und auch unter den Christen gab es zahlreiche Beispiele von wirtschaftlicher Prosperität.[442] Diese soziale Mobilität hat bei den Shanar, anders als bei den Vellalar und anderen wirtschaftlich führenden jātis in Tamil Nadu, nicht zu einem Erwachen dravidischen Selbstbewusstseins im Gegenüber zu brahmanischer Dominanz geführt, sondern zu einem von ihnen selbst angestrebten Sanskritisierungsprozess. Fritz Schad, der 1889 von Leipzig als Missionar nach Madurai ausgesandt wurde, verfasste 1899 einen Bericht über Kastenkonflikte im Tinnevelly-Distrikt, der detailliert Auskunft gibt über gewalttätige Reaktionen der Maravar auf Versuche der Shanar, sich als Kṣatriya-varṇa zu etablieren.[443] Über das Bemühen der Shanar, ihren gesellschaftlichen Status zu verbessern, schreibt er:

---

441 BAIERLEIN 1874:113.

442 HARDGRAVE 1969:53ff; FRYKENBERG 1976:204ff.

443 Der Konflikt und seine Hintergründe sind von Schad ausführlich beschrieben worden. Auch Hardgrave widmet den Konflikten einen großen Teil seiner Abhandlung, HARDGRAVE 1969:78ff. Ein Überblick über die Hintergründe gibt Schad: Im Mai und Juni 1899 überfielen Maravar etwa 150 Shanar Dörfer, setzten 4000 Häuser in Brand und töteten hunderte von Shanar. In Madurai und Tinnevelly war es den Shanar untersagt, die Śaiva-Tempel zu betreten, sie galten als rituell unrein, und ihr Status war nur wenig über dem der Kastenlosen. Die Vorgeschichte zu diesem Konflikt steht in einem engen Zusammenhang mit der christlichen Mission. 1867 verfasste ein Pfarrer namens H. Martyn Winfred einen Traktat mit dem Titel ‚Shandrar Marapu' (Shandrar Abstammung/Shandar Sitte), in dem er die Shanar als Nachkommen der Pandya Könige und als Kṣatriya varṇa darstellte. Als regierende Kaste seien sie den Brahmanen unmittelbar nachgestellt. Der Traktat fand großen Anklang auch bei nichtchristlichen Shanar. Anlässlich der Volkszählung von 1871 trugen sich zahlreiche Shanar als Kṣatriya ein und legten sich andere Namen zu. Die Regierung berief sich dagegen auf Caldwells Buch über die Tinnevelly Shanars von 1849 und lehnte die Namensänderungen ab. Basierend auf Winfreds Abhandlung verfasste Samuel Sargunar 1880 einen Traktat mit dem Titel ‚Dravida Ksatriyas', in dem er ethymologische Analysen über den Kastennamen anstellte. Shanan leite sich nicht von „shandu" oder „sharu" (Palmensaft) ab, sondern sei eine Korruption von „shandon" (edel, gebildet) [Schreibweise von Schad]. 1883 schrieb er ein englisches Buch ‚Bishop Caldwell and theTinnevelly Shanars', in dem er Caldwell, dessen Buch bis dahin kaum unter den Shanar rezipiert worden ist, angriff, die Shanars in ihrem Status herabgesetzt zu haben. Christen reichten beim Erzbischof von Canterbury eine Petition ein, Caldwell, der sich zu der Zeit gerade in Schottland aufhielt, die Rückkehr nach Indien zu untersagen. Auf Sargunars Schrift reagierte ein Brahmane, Chenthinatha Iyer, mit einer Schrift ‚Shan Ksatriya Pirasanda Marutham', Palayamcottah 1883, in der er Sargunars Thesen als absurd darstellte. Kurz darauf wurde vor der Kirche von Palayamcottah am Sonntag ein Flugblatt verteilt, in dem dieser Brahmane beschimpft wurde. Die Shanars forderten danach freien Zutritt zu allen Tempeln, und 1989 versuchten sie in den Tempel von Sivakasi einzudringen, konnten aber von Maravar davon abgehalten werden, und der Tempel wurde geschlossen. Anfang 1899 drangen mehrere Shanar in den Śiva-Tempel von Kamuthi ein. Daraufhin reichte der Rājā von Ramnad im Namen der Maravar eine Klage beim Gericht in Madurai ein, mit der Forderung, dass den Shanar ein Bußgeld zur Reinigung des Tempels auferlegt und ihnen der Zu-

> „Erst in diesem Jahrhundert, als mit der christlichen Religion auch Bildung und Zivilisation in Tinnewēli ihren Einzug hielten, begannen die Gebildeteren und Wohlhabenderen unter den Shānār, sich ihrer Kaste und des Dämonendienstes zu schämen und wie die höheren Kasten auch Siwa und die anderen indischen Götter als ihre Götter zu verehren. Dabei blieben sie nicht stehen. Mit der Zeit fingen sie an, auch die Sitten und Gebräuche der höheren Kasten nachzuahmen."[444]

Schads Bericht über die Überfälle der Maravar auf Shanar-Dörfer beginnt mit einem entsetzten Staunen. Nachdem man jahrzehntelang in „Frieden unter Englands Fittichen" gelebt hatte und Konflikte zwischen Christen und Hindus sowie zwischen einzelnen Kasten nur selten an die Oberfläche des öffentlichen Bewusstseins gelangt waren, geschah mit diesem Kastenkrieg im Mai 1899 etwas, das der Interpretation bedurfte. Die englische Regierung, für Schad Repräsentantin der Gesellschaft, war nicht in der Lage, den Konflikt zu verhindern, weil ihre Beamten zu wenig mit der Kastenstruktur, vor allem aber mit den identitätsbildenden Spannungen und Veränderungen einzelner Kasten vertraut waren. Schad führte die Gründe für den Konflikt auf einen durch falsche Missionspraxis der Engländer geförderten ‚Kastengeist' zurück, der die Shanar bewogen habe, in „Hochmut" ihre traditionellen Kastengrenzen zu überschreiten. Die strenge Kastenpraxis der englischen Missionare und die daraus resultierenden Konflikte innerhalb der Gemeinden dienten Schad als ein Interpretationsmuster, um eine Krise, die auch ein Indiz für die soziale und wirtschaftliche Mobilität der Shanar im 19. Jh. war, so zu verstehen, dass er sie auf ein Motiv reduzieren konnte, den ‚Kastengeist'.[445]

> „Der Streit, um den es sich handelt, ist nicht politischer, sondern religiös-sozialer Natur. Er hatte es nicht mit Auflehnung und Empörung gegen die Herrschaft der Engländer zu thun – dazu wird es im Süden Indiens nicht so leicht kommen –, sondern betraf lediglich eine religiöse Frage innerhalb des Volkes selbst. Zunächst drehte sich alles um die Kaste, dieses Erzübel im indischen Volksleben. Es war ein Kastenstreit im vollsten Sinn des Wortes."[446]

Es wird aus Schads Bericht deutlich, dass er in erster Linie um die christlichen Gemeinden in Tinnevelly besorgt ist, dass er aber die Ursachen des Konfliktes in Bekehrung und kirchlicher Sozialisation der Christen sieht. Besonders im Süden von Tinnevelly waren Christen auch von den Überfällen der Maravar betroffen, weil Shanar-Christen in Palayamkottah die Hindu-Shanar mit Geld und Waffen unter-

---

gang zum Tempel untersagt würde. Bevor noch das Urteil in diesem Prozess gesprochen war, hatten die Unruhen begonnen. SCHAD 1900.

444 SCHAD 1900:10.

445 Der Begriff Kastengeist beschreibt eine Haltung, die heute wohl am besten mit Kasten-Kommunalismus zu übersetzen wäre. Siehe zu dem Problemfeld AROKIASAMY 1991; ARULSAMY 1988; MURALIDHARAN 1993. Die Auffassung der Leipziger Missionare war, dass Kastengeist eine durch das Evangelium zu überwindende gesetzliche Betonung von Kastenpraktiken sei, die von der soziokulturellen Realität unterschiedlicher Kasten abgelöst und in Kastentoleranz aufgelöst werden kann.

446 SCHAD 1900:7.

stützten und den Kamuthi-Tempel-Prozess der Hindus gegen die Maravar finanzierten. Schad bezeichnet diesen Prozess als spektakulär, weil sich in ihm die christlichen Shanars über Religionsgrenzen hinaus vor einem englischen Gericht für die religiösen Rechte der Hindu-Shanar eingesetzt haben. Obwohl es das erklärte Ziel der Shanar war, in diesem Prozess die Erlaubnis zum Tempelzugang in Kamuthi rechtlich durchzusetzen, waren die Christen maßgeblich an der Durchsetzung dieses Interesses beteiligt. Die Shanar haben sich nicht in erster Linie auf einer Ebene religiöser Zugehörigkeit organisiert, sondern als Kaste. Den Kamuthi-Prozess haben sie verloren. Die Klage wie auch die Urteilsfindung wurde unter Berufung auf die Hindu-śāstras begründet. Der zuständige Richter in Madurai, ein Brahmane, zögerte nach Ansicht von Schad den Urteilsspruch heraus, um die Anweisungen seiner britischen Vorgesetzten abzuwarten.

> „In dem endlosen und auf das Einzelnste genau eingehenden Urteile wurden sie als eine Volksklasse bezeichnet, der sowohl auf Grund der heiligen Bücher, als nach den herkömmlichen Landessitten der Zutritt zu den Tempeln der Hindus und eine Anbetung in denselben nicht zugesprochen werden kann.“[447]

Schad stellt darüber hinaus die Vermutung an, dass die englische Kolonialregierung die Unruhen nicht verhindern konnte, weil die zuständigen Behörden von einheimischen Beamten nicht über die Konflikte unterrichtet worden waren und weil die englischen Vorgesetzten mit den lokalen Gegebenheiten zu wenig vertraut waren. Das Urteil von Kamuthi kann als ein Beispiel genommen werden für eines der zentralen Probleme im Verständnis der Kastenentwicklungen in der Kolonialzeit.

Welchen Einfluss hatte die East India Company und später die Kolonialregierung auf das soziale Gefüge in Südindien? Seit dem Beginn der britischen Herrschaft hat es dazu die unterschiedlichsten Ansichten gegeben. Wie Ronald Inden und andere gezeigt haben, hat sich die britische Regierung selbst als wohltätiges Patronat verstanden, das Frieden und Wohlstand für ein unterentwickeltes Land bringt. Die Kritik des 19. Jh.s, insbesondere von Karl Marx, warf der Kolonialregierung dagegen vor, indisches Gemeinwesen und traditionelle Produktionsmethoden zu zerstören.[448] In beiden Fällen wurde der Einfluss britischer Herrschaft als der wesentliche gesellschaftsverändernde Aspekt im Indien des 19. Jh.s angesehen. Schads Beobachtung spricht dagegen eher für eine differenzierte Beurteilung des Einflusses der Engländer, die Robert Frykenberg seit den 60er Jahren mehrfach formuliert hat. Frykenberg vertritt die Ansicht, die Rolle der britischen Regierung sei weniger direktiv als vielmehr responsiv gewesen, und das British Rāj stelle sich bei genauerer Betrachtung als Hindu Rāj dar.[449] Die britische Politik sei pragmatisch und opportunistisch gewe-

---

447 SCHAD 1900:20.

448 MARX 1972:347.353f (1890).

449 FRYKENBERG 1976:212f; FRYKENBERG 1969:219ff. Frykenbergs Sicht des Einflusses der britischen Kolonialregierung wurde in ähnlicher Weise auch von BURTON STEIN 1983:23–58 und DAVID WASHBROOK 1975 vertreten. – INDEN 1990, LUDDEN 1985 und DIRKS 1987 haben dagegen, geprägt

sen, weil sie, obwohl von der Verfassung her religiös und sozial neutral, politische Entscheidungen im Sinne der dominierenden gesellschaftlichen Gruppen traf und damit einen Bereich schuf, in dem die traditionellen Eliten politischen Einfluss gewinnen konnten. Schad berichtet zwar, dass die englische Regierung alle Zemidare aufforderte, die Maravar nicht zu unterstützen, aber der Sanskritisierungsversuch der Shanar und das Streben nach ritueller und sozialer Anerkennung durch die höheren Kasten scheiterte auch daran, dass die Regierung eine ‚negative Neutralität' bewahrt hat, indem sie zuließ, den Konflikt auf der Ebene lokaler Machtstrukturen zu lösen. Hardgrave hebt hervor, dass sich die Organisation der Shanar nach diesem Ereignis von einer religiösen zu einer säkularen Vereinigung wandelte, die ihren ökonomischen und politischen Einfluss im ‚Nadar Mahajana Sangam' geltend zu machen versuchte.[450] Der ‚bürgerliche Charakter', den Graul und die Leipziger Missionare als einen wesentlichen Aspekt der Kasten hervorgehoben haben, hat sich am Ende des Jahrhunderts durchgesetzt in Form von politischen Kastenorganisationen.[451]

3.3. Lutherische Paraiyar

Die Missionsarbeit der deutschen Lutheraner unter den Paraiyar geht noch auf die Zeit der Dänisch-Halleschen Mission zurück.

1853 war die proportionale Verteilung der Kasten in den Gemeinden der lutherischen Mission regional unterschiedlich. In den alten Gemeinden Tranquebar und Poreiar und Mayaveram (Mayaladutturai) waren 2/3 der Gemeindeglieder Paraiyar[452] und 1/3 Śūdras. Die Gemeinden Tanjore, Tiruchirapalli und Pudukkottai bestanden ausschließlich aus Śūdras, in Madras-Purasawalkam war die Mehrzahl der Gemeindeglieder Śūdras, und andere Gemeinden wie Chitrattiripettei, Sadras, Manikramam und Tukkanapakkam bestanden ausschließlich aus Paraiyar.[453] Grauls

von Neostrukturalismus und der durch Said ausgelösten Orientalismusdebatte, die Position vertreten, dass durch den Einfluss der Briten ein zuvor fließendes und offenes soziales System, in dem die Kasten noch nicht hierarchisch strukturiert waren, in voneinander abgegrenzte kommunale Identitäten festgelegt wurde.

450 HARDGRAVE 1969:129.

451 Dazu insbesondere BAKER/WASHBROOK 1975; auch ROWE 1968:201ff.

452 Die Paraiyar waren diejenige Kaste, unter der die lutherische Mission bereits von Anfang an gearbeitet hatte, allerdings gab es regional bedingt auch lutherische Christen unter den Pallar. Bereits 1782 wurde von Sonnert in seiner Reisebeschreibung der Begriff Paria für alle Kastenlosen verwendet, YULE/BURNELL 1903:679. In den Berichten der Leipziger Missionare ist jedoch meistens nur die spezielle, in Tamil Nadu lebende Kaste gemeint.

453

Trankebar:	250	Śūdras	350	Paraiyar
Poreiar:	275	Śūdras	625	Paraiyar
Mayaveram:	70	Śūdras	110	Paraiyar
Puducottah:	99	Śūdras	—	
Tiruchirapalli:	148	Śūdras	—	
Tanjore	107	Śūdras	—	
Purasawalkam:	455	Śūdras	25	Paraiyar

Überzeugung, dass die Śūdras den „sittlichen Kern" des tamilischen Volkes darstellten, während die Paraiyar sittlich verkommen seien, wirkte sich auch auf die Missionsarbeit aus. Zwar hatten die Leipziger Missionare von Anfang an auch unter den Paraiyar gearbeitet, aber der missionsstrategische Plan der Bildung einer tamilischen Volkskirche richtete sich in erster Linie auf die Arbeit unter den Śūdras. Graul war der Ansicht:

> „Es wäre in der That traurig, wenn die Heranbildung eines eingebornen Lehrstandes auf eine Volksklasse, wie die Pariahs, beschränkt sein müßte."[454]

Angesichts der realen Strukturen der Missionsgemeinden in der Mitte des 19. Jh.s war diese Befürchtung Grauls reichlich überzogen. Erst am 3. Advent 1890 wurde mit Samuel der erste Paraiyar als Pfarrer ordiniert, der in Manikramam eingesetzt wurde, einer Gemeinde, die ausschließlich aus Paraiyar bestand.[455] Graul sah in der Bekehrung der Paraiyar die Gefahr, dass diese, die er für kulturlos hielt, europäische Verhaltensweisen übernehmen und damit kulturell gänzlich entwurzelt würden.

> „Ein geistig und sittlich ganz und gar verkommnes Völklein! Man weiß oft nicht, soll man sich mehr über ihren bodenlosen Stumpfsinn, oder mehr über ihre sittliche Haltlosigkeit wundern und betrüben. Unter ihnen blühet das Laster der Trunkenheit in hohem Grade und heimliche Sünden, für die es in unseren Sprachen an Worten fehlt, gehen unter ihnen im Schwange ... Die allergefährlichsten aber sind diejenigen, die ihre schwarzen Beine in europäische Beinkleider stecken und auf das buschige Haupt einen europäischen Hut setzen, um damit für Halbeuropäer zu passiren. Hunc cave, Romane."[456]

Zwar erkennt Graul die Gründe für diesen Zustand der Paraiyar auch in der Unterdrückung durch Angehörige anderer Kasten. Die Trennung der Kasten voneinander stellt er aber nicht in Frage, da er in ihr einen Schutz der höheren Kasten und ein „knöchernes Absperrungs-System" vor sittlichem Verfall sieht. Die sozialen Bedingungen, unter denen die Paraiyar leiden, werden diesen selbst angelastet. Graul reflektiert in seinen Schriften nicht, warum die Paraiyar sich zum Christentum bekehren.[457] Die Zahl der lutherischen Christen ist in den 50er Jahren des Jh.s im We-

---

Chitrattiripettei:	—	65	Paraiyar
Sadras:	—	35	Paraiyar
Tukkanapakkam:	—	23	Paraiyar

Die Lutherische Missionsgesellschaft, in: MOIMH V, 1853:27ff.

454 Graul, Reise IV, 1855:210.

455 Zur Ordination von Samuel siehe ELMB 1891:161ff. Samuel stieß schon ein Jahr nach seiner Ordination auf Probleme mit Kastenhindus, die seine Position nicht akzeptierten und ihn mehrfach überfielen und mit Stöcken schlugen, ELMB 1892:287f.

456 Graul, Reise IV, 1855:207; MOIHM IV, 1852:70f.

457 Da vor allem unter den Shanar in Tinnevelly erhebliche Missionserfolge erzielt wurden, stellte sich die Frage nach den Motiven der Bekehrung. Graul vermutet neben geistigen auch wirtschaftliche und soziale Interessen. Siehe dazu seine Abhandlung ‚Was viele Schanars zum Christenthum treibet?', in: MOIMH V, 1853:113f.

sentlichen stabil geblieben. Erst in den 70er Jahren setzten sogenannte Massenbewegungen ein, und das Wachstum der christlichen Bevölkerung war in der Madras-Präsidentschaft zwischen 1871 und 1901 viermal höher als das Wachstum der übrigen Bevölkerung.[458] Oddie hat anhand von Tauf- und Beitrittsregistern für den Tanjore- und Tiruchirapally-Distrikt nachgewiesen, dass die große Mehrheit der in den Jahren 1870–1900 getauften Christen aus der Gruppe der Kastenlosen kam. Die Sozialstruktur der Gemeinden der Lutherischen Mission hat sich in diesen Jahren von überwiegend urbanen, gebildeten und hochkastigen Gliedern zu einer vorwiegend von Kastenlosen geprägten Kirche gewandelt. Viele der lutherischen Dorfgemeinden setzten sich aus Christen ausschließlich einer Kaste zusammen.

Da die Kirchen ihre Missionsstrategien in den ersten Jahren dieser Massenbewegungen zunächst nicht wesentlich geändert haben, stellt sich die Frage nach den Gründen für dieses Phänomen. Ein Problem, diese Frage zu beantworten, ist die einseitige Quellenlage. Die kastenlosen Christen haben wie die meisten unterdrückten und der Schriftsprache nicht mächtigen Gesellschaftsschichten kein oder nur wenig schriftliches Material hinterlassen, das ihre Bekehrungsmotive dokumentieren könnte. Alle Spekulationen über diese Motive sind daher im Wesentlichen auf soziologische Analysen und die Berichte von Missionaren angewiesen.[459] Protestantische Missionare standen den Massenbekehrungen zunächst kritisch gegenüber, da die Konvertiten in Kastengruppen kamen und die Entscheidung zur Konversion ganzer Gruppen oder Dörfer von den Kastenführern, dem Kasten-Panchayat, oder den Ältesten eines Dorfes getroffen wurden.[460] Bereits 1879 wurde auf der Missions-Konferenz für Südindien und Ceylon nach den Motiven der Konvertiten gefragt, über das Verhältnis von Spiritualität und materieller Hilfe für die Armen diskutiert und letztere als eine notwendige und dringliche Angelegenheit für die missionarische Arbeit bezeichnet.[461]

Auf der Südindischen Missionskonferenz im Jahr 1900 wurden dann fünf Gründe, die für die Massenbewegungen unmittelbar ausschlaggebend gewesen seien, angeführt: 1. die Überzeugung, dass das Christentum die wahre Religion sei; 2. das Wissen, dass diejenigen, die Christen geworden waren, charakterliche und gesundheitliche Verbesserung erfahren haben; 3. der Schutz vor Unterdrückung und materielle Hilfe durch die Missionare; 4. der Wunsch nach besserer Schulbildung; 5. der Einfluss christlicher Verwandter.[462] Die Argumentationsstruktur dieses Krite-

---

458 ODDIE 1991:153.

459 Zahlreiche Analysen der Massenbewegungen zum Christentum sind bisher erschienen: Waskom Pickett hat als Direktor der Abteilung ‚Mass Movement Study‘ des Nationalen Kirchenrates von Indien 1933 eine erste grundlegende Studie vorgelegt. PICKETT 1969. Siehe auch Studien bei FORRESTER 1980:69ff; WEBSTER 1994:33ff; MANICKAM 1977:80ff; BUGGE 1994:142ff; ODDIE 1991:153ff. Dazu auch ELMB 1899:261f.

460 Kabis berichtet von einer Bekehrung des Cheri im Dorf Tombur durch die Entscheidung des ‚Häuptlings‘; KABIS, Pariabewegung, 1900:10f.

461 The Missionary Conference: South India and Ceylon 1879, Bd. I, Madras 1880:55.

462 Report of the South Indian Missionary Conference held at Madras, January 2.–5.1900, Madras 1900:44f.

rienkataloges impliziert, dass die Bekehrten von der Mission auch das bekamen, was sie von ihr erwarteten. Allerdings wurde diese Erwartungshaltung auch immer wieder kritisch hinterfragt, was sich z.B. in dem in der Missionsgeschichtsschreibung zu einem festen Begriff ausgeprägten Wort ‚Reischristen' niedergeschlagen hat.

Auffällig ist in der Tat, dass die Zahl der Christen in Tamil Nadu während der großen Hungersnöte zunahm und dass oft ganze Familien oder Dörfer konvertiert sind.[463] Dennoch ist zu fragen, ob die Gründe, die die Missionare für die Massenbekehrungen angeführt haben, auch wirklich den Erwartungen der kastenlosen neuen Christen entsprochen haben. Insbesondere das Argument, die Missionskirchen seien deshalb attraktiv, weil sie eine egalitäre gesellschaftliche Ordnung unter den Christen anstrebten und sie von den grausamen Bedrückungen der volksreligiösen Praktiken befreiten, ist aus zwei Gründen fragwürdig: Zum einen waren die Zahlen der Bekehrten bei den Leipziger Missionaren, die anders als die anderen Missionen gegen die Kastenpraxis unter Christen nicht rigoros vorgegangen sind, prozentual vergleichbar, zum anderen gibt es in den Missionsberichten zahlreiche Beispiele von ‚Rückfällen in das Heidentum' sowie von religiöser Doppelzugehörigkeit.

Die Missionsgeschichtsschreibung hat die Arbeit der Missionare unter den Paraiyar bisher wesentlich als einen zentralen Beitrag zu sozialen Reformen in Indien gewertet.[464] Die Arbeit unter den Paraiyar wurde in eine Reihe gestellt mit dem Kampf gegen satī, gegen das Devadasi-System oder die Frage der Wiederverheiratung von Witwen.[465] Sie wurde aber auch in einem engen Zusammenhang mit der ärztlichen Mission und der Schularbeit diskutiert.[466] Das heißt, die Motive der Missionare und ihre Sicht der sozialen Missstände waren für die Historiker ein Ansatz, in der Abschaffung dieser Missstände eine soziale Erneuerung zu sehen. So sehr dies in der Frage der Schularbeit und der ärztlichen Mission zutreffen mag, zumindest die Leipziger Arbeit unter den Paraiyar in der zweiten Hälfte des 19. Jh.s zeigt, dass hier weniger Neuerungen eingeführt als traditionelle Strukturen ausgenutzt und den sich verändernden politischen und wirtschaftlichen Verhältnissen angepasst wurden. Die Kastenpraxis der Leipziger in ihren Gemeinden hatte einen entscheidenden Einfluss auf die Arbeit unter den Paraiyar.

Allerdings ist auch die Behauptung, dass soziale Kastenreformen durch diejenigen Missionare, die rigoroser gegen Kastenunterschiede vorgegangen sind und ein egalitäres Gesellschaftssystem durchsetzen wollten, wesentliche Elemente der Dalit-Bewegung im 20. Jh. bereits angestoßen haben, aus der Sozial- und Religionsgeschichte Tamil Nadus zu relativieren. Es hat in Tamil Nadu immer wieder Bekehrungen zu anderen Religionen in großer Zahl gegeben, um den sozialen und rituellen

---

463 Zwischen 1884 und 1885 wuchs die Gemeinde Mayaveram von 1306 auf 1872 Gemeindeglieder an, und 1900 wurden in der Gemeinde 905 Menschen getauft; FLEISCH 1936:193f.

464 Fleisch widmet dieser Arbeit in seiner Geschichte der Leipziger Mission allerdings nur einen kurzen Abschnitt und wertet den Erfolg der Arbeit unter den Paraiyar vor allem unter dem Aspekt der absoluten Zahlen von Getauften aus. FLEISCH 1936:194–198.

465 GRAFE 1990:183ff.

466 Z.B. RICHTER 1924.

Status aufzubessern. Buddhismus und zahlreiche Bhakti-Bewegungen in Tamil Nadu waren in der Pallava- und Cholazeit auch deshalb erfolgreich, weil sie eine egalitäre Ethik vertreten haben.[467] Wie Susan Bayly argumentiert hat, waren Kastenkonflikte und Versuche, den eigenen Status durch Konversion zu verändern, insbesondere im 18. Jh. Ausdruck wachsender Kastenidentität und nicht Ausdruck des Wunsches nach Befreiung von den unterdrückenden Strukturen des Kastensystems. Konversion war auch in früheren Jahrhunderten Ausdruck der Stabilisierung einer Gruppe in der bestehenden Sozialordnung. Daher ist auch für die Massenbewegungen unter den Paraiyar in der zweiten Hälfte des 19. Jh.s nicht selbstverständlich davon auszugehen, dass durch die Predigt der Missionare eine moderne Sozialordnung in ein traditionelles Gesellschaftssystem verändernd eingegriffen hat.[468] Gleichzeitig gab es Massenbewegungen zum Islam, Sikhismus, aber auch zum Ārya Samāj, einer Reformbewegung des Hinduismus.[469]

Vielmehr ist anzunehmen, dass, wie der Leipziger Missionar Johannes Kabis im August 1897 vor der Madras Missionary Conference argumentiert hat, politische und wirtschaftliche Veränderungen und die zunehmende Auflösung traditioneller Abhängigkeitsverhältnisse wesentlich dazu beigetragen haben, dass die Kastenlosen sich dem Christentum zuwandten. Kabis vertrat die Ansicht, dass die Paraiyar-Frage vor allem ein Problem der Politik geworden sei.[470] Kabis arbeitete im Chingleput (Chengalapattu)-Distrikt, einem Gebiet mit der höchsten Dichte von Paraiyar in Tamil Nadu.

J.H.A. Tremenheere verfasste im März 1891 als Kollektor des Distriktes einen Bericht an die Regierung über die Situation der Paraiyar, die er, ausgehend von einer Analyse des Dorfes Senneri, als „herzerweichend" bezeichnete. Dieser Bericht wurde im Mai des Jahres von der Madraser Missionskonferenz zum Anlass genommen, eine Petition bei dem Gouverneur einzureichen mit Vorschlägen zur Hebung des sozialen Status der Paraiyar. In Reaktion darauf erließ die Regierung 1892 eine Anordnung, dass Brachland, das im Besitz der Regierung war, an Paraiyar und andere Kastenlose ausgegeben werden sollte und dass spezielle Schulen für die Paraiyar eingerichtet werden. Vor allem aber wurden alle Kontrakte zwischen Landbesitzern und Kastenlosen für ungültig erklärt, die die landlosen Arbeiter in einer der Sklaverei ähnlichen Abhängigkeit von den Landbesitzern hielten.[471] Missionare wurden aufgefordert, die Übertretung dieser Anordnungen anzuzeigen. In dem als ‚Pariah Magna Carta' gepriesenen Erlass sah Kabis einen Anstoß für die Paraiyar, sich selbst zu organisieren. 1895 gründete sich die ‚Adi Dravidu Jana Sabha', eine

467 Siehe HIKOSAKA 1989.

468 BAYLY 1989:447.

469 Siehe FORRESTER 1980:73.

470 KABIS 1897:362f.

471 KABIS 1890:69f; auch GRAFE 1990:215; über die englische Arbeit unter den Paraiyar, siehe HOUGHTON 1983:99ff; die politische Situation im Chengalpattu Distrikt ist vor allem von IRSCHICK 1994:153ff dargestellt worden.

Organisation von gesellschaftlich etablierten Paraiyar, die sich für die Belange der Kastenlosen einsetzte. An ihren Sitzungen hat Kabis teilgenommen.

Vor allem der Erlaß, den Paraiyar regierungseigenes Land zu überlassen, hatte weitreichende Folgen. Einerseits wuchs der Widerstand der Landbesitzer, andererseits ging mit der Vergabe von Land auch ein Projekt einher, die Paraiyar als die Ureinwohner und ursprünglichen Besitzer des Landes zu etablieren. Tremenheere hat ein ethnologisches Element wieder aufgenommen, das bereits Graul um 1850 formuliert hat, dass nämlich die Paraiyar ursprünglich zusammen mit den Śūdra den indigenen Kern der indischen Bevölkerung ausgemacht haben. Auch Kabis vertrat die Ansicht, dass die Paraiyar vor der Einwanderung der Arier eine bedeutendere gesellschaftliche Rolle gespielt haben.

> „Die Pariahs bilden den Volksteil der dravidischen Ureinwohner, die sich jener Kultur und Religion hartnäckig widersetzten und darum unterjocht und zu Sklaven der eingewanderten Arier gemacht wurden. Viele interessante Gebräuche bei Dorfgötzenfesten der Sudras, bei denen die Pariahs vielfach eine Rolle spielen, die mit ihrer sonstigen Stellung sich gar nicht reimt, zeigen, daß die Pariahs einst eine ganz andere Rolle gespielt haben müssen.“[472]

Anders als Graul, der in dem Ackerbau der Arier die Grundlage für die Ausbildung einer Kultur in Indien sah,[473] der sich Paraiyar und Adivasi widersetzt haben, wurde Ende des 19. Jh.s von Kabis und anderen den Paraiyar eine kulturtragende Rolle zugeschrieben, da sie die eigentlich Produzierenden der indischen Gesellschaft waren.

> „Da sie fast ausschließlich Feldarbeiter sind und vom Ackerbau leben, so sind sie nicht etwa der Hefe abendländischer Völker, den Proletariern Europas zu vergleichen, sondern sie sind ein Volk, von deren Existenz und Arbeit die Wohlfahrt der ganzen anderen Bevölkerung abhängt.“[474]

Kabis unterschied drei Paraiyar-Gruppen: diejenigen, die in einer Schuldenabhängigkeit von dem Landbesitzer in der Sklaverei ähnlichen Verhältnissen stehen, die paṭiyāḷ,[475] diejenigen, die für täglichen Lohn arbeiten, die kuliyāḷ, und diejenigen, die ein Stück Land mit ihren eigenen Ochsen bearbeiten und an den Besitzer eine Pacht zahlen (kuṭṭakai, Kabis: kuddachei)[476] oder von ihm einen Teil des Ertrages (varam) erhalten, die kuṭṭakai oder varamaḷ.

Kabis kaufte das Dorf Pattareiperumbudur und 190 ha Land von einer Brahmanenwitwe für die Mission. Dieses Land wurde nach dem Varam-System bewirt-

---

472 KABIS 1900a:73.

473 MOIMH VII, 1855:67.

474 KABIS 1900a:74.

475 Zum Problem der Sklaverei in Tamil Nadu siehe MANICKAM 1993.

476 Kathleen Gough berichtet, dass kuṭṭakai Bewirtschaftung im Tanjore Distrikt für Palla und Paraiyar nicht zulässig war, GOUGH 1969:26.

schaftet.[477] Die Paraiyar-Pächter, die zuvor für einen Großpächter gearbeitet hatten, der das Saatgut lieferte und dem sie 6/10 der Ernte als Pacht zahlen mussten, gingen nun alle zur Mission über und ließen sich daraufhin taufen. Sowohl paṭiyāḷ als auch kuṭṭakai waren in dem Mirāsi-System nicht nur Abhängige der Landbesitzer, sondern sie gehörten zum Land. Daher konnten sie zusammen mit dem Land verkauft und in den Dienst neuer Besitzer übergeben werden. Obwohl die Sklaverei in Indien bereits 1833 durch die britische Regierung abgeschafft worden war, haben dennoch Ende des 19. Jh.s bei Landverkäufen solche Transfers von abhängigen Schuldnern der mirāsidar stattgefunden. Kabis setzte sich immer wieder vor Gericht für die Kastenlosen ein, um ihre Rechte durchzusetzen und diese Schuldenübertragung zu unterbinden.[478]

Er war aber dennoch skeptisch gegenüber dem Vorschlag von Tremenheere, den Paraiyar eigenständig Land zu überlassen bzw. sie auf regierungseigenem Land anzusiedeln. Das Konzept, das die Leipziger Mission vertrat, bestand eher darin, traditionelle Abhängigkeitsstrukturen zunächst nicht abzuschaffen, sondern Abhängigkeit zu verlagern. Zwar war es Kabis' Ziel, das gekaufte Land langfristig den Paraiyar als ihr Eigentum zu übertragen, die Befürchtung, dass sich die Besitzer kleiner Landparzellen schnell wieder neu verschulden und in Abhängigkeit von mirāsidars zurückfallen könnten, bewog aber die Leipziger Mission, das erworbene Land zunächst an die Paraiyar nur zu verpachten.[479] Damit praktizierten die Missionare nicht nur ein Zamindar-Recht, sondern sie führten, wie Henriette Bugge auch für die dänische Missionspraxis gezeigt hat,[480] das traditionelle Konzept des rājadharma weiter, das von den mirāsidars im Chengalpattu-Distrikt aufgrund politischer, legaler und wirtschaftlicher Veränderungen und der damit zusammenhängenden rechtlichen Lösung der Abhängigkeitsverhältnisse von Landarbeitern zunehmend weniger wahrgenommen wurde. Rājadharma beinhaltet die Aufgabe des Herrschers, Wohlstand, Frieden, Gerechtigkeit und dharmische Ordnung in seinem Herrschaftsbereich zu sichern.[481] Rājadharma war damit ein Konzept, das spirituelle wie materielle Ordnung garantieren sollte.

Graul vermutete 1855, dass der Kastentitel für die Paraiyar ‚petta piḷḷai' (Kind von Hause) auf eine Ordnung hindeute, in der die Śūdras den Paraiyar gegenüber Verantwortung zu übernehmen hätten.[482] Die Lücke der spirituell-materiellen Versorgung wurde aber in der zweiten Hälfte des 19. Jh.s auch nicht durch die britische Kolonialregierung aufgefangen. Die königliche Erklärung von 1858, die jedem indi-

477 Zu weiteren Landkäufen durch die Lutherische Mission, siehe FLEISCH 1936:195ff.

478 Z.B. ELMB 1888:230f.

479 ELMB 1900:425; KABIS 1900b:8; dazu, dass englische Missionare ähnliche Überlegungen angestellt haben, siehe auch ANDREW 1898:166.

480 BUGGE 1994:161ff; zu rājadharma in Tamil Nadu im 19. Jh. siehe PRICE 1979:207–239.

481 Kane betont, dass in Dorfgemeinschaften das Konzept von rājadharma ebenso Gültigkeit besitzt wie für den gesamten Staat. KANE III, 1993:157.

482 Graul bemerkt jedoch zugleich, dass dieses Konzept die Wirklichkeit der Abhängigkeitsstrukturen verschleiern würde. GRAUL, Reise IV, 1855:189; Schreibweise bei Graul.

schen Bürger das Recht auf freie Religionsausübung zugesprochen hatte und ausdrücklich davon Abstand nahm, die eigene religiöse Überzeugung den Untertanen aufzuerlegen, erklärte gleichzeitig auch die traditionellen Landrechte für gültig.[483] Die Kolonialadministration konnte, basierend auf dieser Politik der Neutralität, Gesetze wie die ‚Pariah Magna Carta' zwar erlassen, sie war aber, so Kabis, nicht in der Lage, selbst die Verantwortung für die in die Freiheit entlassenen Paraiyar zu übernehmen. Allein die Missionare hätten sich bisher in wirklicher „Barmherzigkeit und Liebe" den Paraiyar zugewandt.[484] Die Leipziger Missionare haben auf ihrer Synode in Tranquebar am 8.2.1892 beschlossen, die vakante Rājadharma-Ordnung zu übernehmen.

> „Da das naturgemäße und geschichtlich gewordene Hörigkeitsverhältnis der Parias zu den Grundherrn durch die Annahme des Christentums von seiten der Hörigen vielfach unmöglich und hinfällig geworden ist, weil es nicht nur auf einem Vertrage zwischen Arbeit und Lohn beruht, sondern in gewissem Sinne ein Lebens- und Pietätsverhältnis war, liegt nicht für die Mission die Verpflichtung vor, ihnen ein ähnliches Verhältnis zu bieten? In der That ist es ein solches Verhältnis, das die Parias mehr oder weniger bewußt suchen, wenn sie das Christentum annehmen ... Das Verhältnis der Eingeborenen zu den Europäern müßte auf höherer Stufe dasselbe sein, wie das jetzige Verhältnis der Hörigen zu ihren Grundbesitzern – väterliches und, wo nötig, auch strenges Regiment und kindlicher Gehorsam."[485]

Stosch war der Ansicht, dass die Mission ein Zemindariat mit einem deutschen Landwirt als Verwalter einrichten sollte, um christlichen Paraiyar zu helfen. Die Missionsleitung hatte diesem Plan, der auch auf der Tranquebarer Synode verabschiedet wurde, zunächst zugestimmt, ab 1899 aber weiter Landkäufe durch die Missionare untersagt. Kabis wurde in mehreren Dörfern, die er im Auftrag der Mission als Grundbesitzer verwaltete, als ein geistiger Führer angesehen, dem die bekehrten Paraiyar als Zeichen ihrer Unterwerfung Kultgegenstände und Götterstatuen aushändigten.[486] Von den Irulern, einem nomadisierenden Volk von Waldbewoh-

---

483 Abschrift der Erklärung der Königin bei Graul, in LMA, GN, Kapsel 10, Aktenstück: Kunde von Ostindien, Mutiny. „... We disclaim alike the right and the desire to impose Our own convictions on any of Our subjects ... We know and respect the feelings of attachment with which the natives of India regard the lands inherited by them from their ancestors, and We desire to protect them in all rights connected therewith; subject to the equitable demands of the State; and We will that generally, inframing and adminstering the law, due regard be paid to the ancient rights, usages, and customs of India." Auszüge auch in Neill 1974:216. Siehe auch oben S. 114 Anm. 56.

484 Kabis 1900a:72.

485 Stosch, in: ELMB 1892:152ff.

486 Kabis 1900b:23; Gehring berichtet, dass sie Kabis eine Vishnustatue aus ihrem Dorf als Geschenk überreichten, um, wie er meint, den völligen Bruch mit dem ‚Heidentum' zu dokumentieren. Gehring, A., Johannes Kabis, 51.

nern,[487] das durch Ansiedlung auf von der Regierung überlassenem Gebiet mit Hilfe der Mission sesshaft gemacht werden sollte, wird sogar berichtet, dass sie in einigen Dörfern, die zu der Gemeinde Andimadam gehörten, bis 1903 in einem Paṉṉaiyāḷ-Verhältnis gestanden haben, das heißt in einem sklavenähnlichen Verhältnis. Von den Engländern wurde das Paṉṉaiyāḷ-System bereits Mitte des 19. Jh.s als Sklaverei gebrandmarkt.[488] In Gemeinden der Leipziger Mission, in denen dieses System übernommen worden war, wie in Velichangudi, wurde es jedoch erst 1903 aufgrund von wirtschaftlichen Verlusten im Ackerbau abgeschafft und in ein Pachtverhältnis umgewandelt.[489]

Schomerus hat als Nachfolger von Kabis in Pandur dessen langfristiges Ziel, die christlichen Paraiyar in die Unabhängigkeit von selbstständigen Kleinbauern zu entlassen, so umgesetzt, dass er christliche Paraiyar-Cheris in den zu Pandur gehörigen Gemeinden nach dem Prinzip des panchajatirāj organisierte.[490] Dadurch wurden die Christen so weit in die nichtchristliche Umgebung integriert, dass auch Hindus die christlichen Oberhäupter des Paraiyar-Cheri anerkannten und die Beschlüsse der von Christen besetzten panchajats respektierten.[491]

In der Missionsgeschichtsschreibung werden immer wieder theologische Argumente hervorgehoben, die Kabis dazu bewogen haben, Land für die Mission zu kaufen.[492] Kabis selbst hat die materielle Hilfe, die die Mission den Paraiyar zukommen ließ, als Wegbereitung für das Reich Gottes bezeichnet und betont, dass es nicht die Aufgabe der Mission sei, „nach dem Evangelium der neuen Socialisten die Armut aus der Welt schaffen zu helfen“[493]. In der Situation der Paraiyar sah er eine *gratia praeveniens*, da durch die Notlage die Armen zu Gott geführt würden.[494] In der Katechumenatsordnung der Tranquebarer Synode, auf die sich Kabis in diesem Zusammenhang berief, wurde materielle Not als Grund dafür, die Taufe zu begeh-

487 Die Irular gehörten offiziell zu den Śūdras, durch intensive Rodungen der Wälder sind sie jedoch aus ihrem Lebensraum vertrieben und gezwungen worden, sich als abhängige Landarbeiter ihren Lebensunterhalt zu verdienen. ELMB 1894:263; 1904:411; 1905:545f.

488 ADAM 1840:177.

489 Der Landprediger Joseph schreibt: „Gegenwärtig sind in Wölitschangudi (d.h. Lichthausen) 15 Irulerfamilien und in dem benachbarten Kilneduwai fünf Padeiātschis angesiedelt. Diese Iruler standen bis 1902/03 zur Mission im ‚Pannei-‘ (d.h. Hörigen-) Verhältnis, das der Mission große Verluste eingetragen hat.“ ELMB 1905:546; zu den paṉṉaiyāḷs siehe auch IRSCHICK 1994:33f.

490 „Unsere Gemeindeversammlungen sind im wesentlichen Pantschayats nach dessen bestimmten Regeln, und Ordnungen und Beschlüsse werden nach den Regeln der Kaste gefaßt.“ ELMB 1911:378.

491 ELMB 1911:375ff.

492 ODDIE 1991:159; HOUGHTON 1983:119.

493 KABIS 1900a:85; KABIS 1897:421. „So fern es uns liegen muß und so wenig es auch unsre Aufgabe sein kann, mit neuen sozialpolitischen Plänen den Parias aufhelfen oder für ihre Emanzipation (Befreiung) zu agitieren, so ist es doch unsere christliche Pflicht, denen, die Christen geworden, auch in ihren leiblichen Nöten zu helfen …“ ELMB 1897:376.

494 KABIS 1900a:79.

ren, nicht grundsätzlich abgelehnt, die Predigt vom Reich Gottes jedoch als die Hauptaufgabe der missionarischen Zuwendung zu den Paraiyar bezeichnet.[495]

Es ist unmöglich zu beurteilen, welchen Eindruck die Predigt vom Reich Gottes und die in den Missionsberichten immer wieder erwähnten Bilder von der Hölle in den Predigten der Missionare auf die Hilfe suchenden Paraiyar gemacht hat, da keine Briefe oder Berichte von Paraiyar-Christen vorhanden sind.[496] Man kann nur feststellen, dass es in zahlreichen lutherischen Gemeinden in Zeiten relativen Wohlstandes Abfälle vom Christentum unter den Paraiyar gegeben hat, dass aber in denjenigen Gemeinden, in denen Land nach dem Rājadharma-Prinzip verwaltet wurde, die Rekonversionen geringer waren.[497] Die Rekonvertiten deuten zumindest darauf hin, dass die Predigt von einem jenseitigen Reich Gottes als Modell von Erlösung in vielen Fällen nicht zu einem als sinnvoll erfahrenen Modell für Welt und Selbstauffassung der Paraiyar geworden ist.[498] Missionar Frölich deutet diese Probleme der Mission aus der Beobachtung, dass „die tamilische Volksreligion wesentlich Diesseitsreligion ist“[499].

4. Zusammenfassung

Die bisherige Untersuchung hat gezeigt, dass die Interaktion von lutherischen Missionaren und der tamilischen Gesellschaft im 19. Jh. sehr komplex gewesen ist und sich auch in der Zeit von dem Beginn der Leipziger Arbeit in Tamil Nadu bis zur Jahrhundertwende gewandelt hat. Das Material, das dieser Untersuchung zugrunde liegt, die Berichte und Analysen von deutschen Missionaren über die tamilische Gesellschaft, so vielfältig es auch ist und so sehr es sich im Laufe der Zeit verändert hat, scheint dennoch zu einer kohärenten diskursiven Formation[500] zu gehören, durch die Indien repräsentiert wurde. Es ist auffällig, wie bestimmte Elemente, Interpretationsmuster und Assoziationen in der Repräsentation der indischen Kastengesellschaft in den Quellen immer wieder auftauchen. Die Berichte der Missionare weisen eine auffällige Gleichförmigkeit in der Darstellung auf, trotz aller Differenzen in der Kastenfrage innerhalb der Gemeinden, die innerhalb der Grenzen festgefügter

495 „Findet sich, daß die nächste Veranlassung zum Begehr der Taufe der Wunsch ist, von dem Missionar Hilfe im Irdischen zu empfangen, so sind die Bewerber deshalb nicht ohne weiteres zurückzuweisen. Es soll ihnen aber zugleich ernstlich zu Gemüte geführt werden, daß das Reich Gottes nicht von dieser Welt sei, und daß die Nachfolge Christi keine irdischen Vorteile, sondern Kreuz und Trübsal bringe.“ Zitiert bei KABIS 1900a:79.

496 Z.B. schreibt Kabis: „Ich ermahnte sie auf das Eindringlichste, malte ihr Himmel und Hölle vor die Augen, aber nichts schien auf ihr kaltes, hartes Herz Eindruck zu machen.“ ELMB 1888:229. Dieses Problem sieht auch ODDIE 1991:161.

497 FLEISCH 1936:198; vgl. dazu im Kontrast BHADRA 1989:54ff.

498 Siehe dazu GEERTZ 1987:47.

499 ELMB 1913:506.

500 FOUCAULT 1973:48ff.

Wahrnehmungsmuster von der indischen Gesellschaft ausgetragen werden. Auch in Bezug auf die Repräsentationsmuster innerhalb des weiteren orientalistischen Diskurses über Indien lassen sich in den Missionarsberichten keine strukturellen Abweichungen feststellen. Themen wie das Verhältnis von Rasse zu Sprache oder ‚Zivilisierten' zu ‚Primitiven', Fragen der Hierarchie und des Status werden von den Missionaren innerhalb von im 18. und 19. Jh. entstandenen diskursiven Formationen verhandelt.

Dennoch kann man, gerade wenn man die Beziehung von christlichen Missionaren zur tamilischen Gesellschaft nicht als die Begegnung von Individuen einer Kultur mit Individuen oder Gruppen einer anderen Kultur begreift, durch die ein Austausch der Ideen im Sinne von Bekehrungen oder Übernahme europäischer Vorstellungen von Zivilisation stattfindet, deutlich machen, dass der Diskurs zum einen Brüche aufweist, die durch die sprachliche Struktur der Repräsentationen der indischen Kastengesellschaft hindurchscheinen, und dass er zum anderen von einzelnen Stimmen weitergeführt und auch verändert wurde.

Es war ein Ergebnis der bisherigen Untersuchung, dass es von dem orientalistischen Diskurs, der wesentlich durch die Repräsentation sanskritischer Kultur charakterisiert ist, Abweichungen gab, die Aspekte der indischen Gesellschaft beleuchtet haben, die diese keineswegs als so statisch strukturiert erscheinen lassen, wie es ein Großteil der Bilder von Indien im 19. Jh. suggeriert.

Es wurde in der Untersuchung der Repräsentation der Kasten durch Leipziger Missionare auch deutlich, wie diese Vorstellungen politisch und kulturell gewirkt haben und in eine gesellschaftliche Dynamik in Tamil Nadu im 19. Jh. eingegangen sind. Die diskursiven Bilder von der Kastenordnung, dem Verhältnis von Kaste und Rasse oder von rājadharma u.ä. wurden von Indern wie von Missionaren adaptiert, verändert, weitergeführt und praktisch umgesetzt.

Schließlich kann als ein Ergebnis festgehalten werden, dass die Konstruktion des orientalistischen Wissens von Südindien nicht nur einseitig von den europäischen Missionaren durchgeführt worden ist, sondern dass diese eingebunden waren in einen Dialog, der aus europäischen wie indischen Stimmen bestanden hat, und in dem konkrete Interessen einzelner Gruppen formierend auf das Bild der Gesellschaft eingewirkt haben.

IV. Übersetzen – Zugänge zur Tamil-Literatur

Bereits die ersten lutherischen Missionare haben, um ihre Botschaft in Tamil Nadu einheimisch zu machen, nicht nur die Bibel, Gesangbuchlieder und den Katechismus übersetzt und gedruckt, sondern auch ihrer Meinung nach grundlegende Werke pietistischer Theologie.[1] Die Überwindung der Verschiedenheit der Sprachen war eine zentrale Voraussetzung der interkulturellen Kommunikation. Das bedeutete aber vor allem, Informations- und Bedeutungsgehalte der biblischen und europäisch-theologischen Texte so in die fremde Sprache zu übersetzen, dass die Differenz der Sprachen mit den Mitteln der tamilischen Sprache aufgehoben würde.[2] Neben der Übersetzung christlicher Literatur in die tamilische Sprache[3] haben einige Leipziger Missionare aber vor allem mit Übersetzungen klassischer tamilischer Texte ins Deutsche an einem interkulturellen Kommunikationsprozess mitgewirkt, der in Tamil Nadu im 19. Jh. Auswirkungen auf politische und gesellschaftliche Veränderungen gehabt hat.

Eugene Irschick hat die geistigen Wurzeln der dravidischen Bewegung und des tamilischen Anti-Brahmanismus auf den Einfluss von Missionaren zurückgeführt, die die ersten waren, die als westliche Beobachter tamilische Kultur und tamilische Sprache intensiv studiert haben und durch Übersetzungen klassischer tamilischer Texte hervorgetreten sind. Neben De Nobili und Beschi erwähnt Irschick insbesondere Caldwell und Pope.[4] Graul ist bezeichnenderweise nicht unter den geistigen Vätern der dravidischen Bewegung aufgeführt. Zwar wurde von deutscher Seite, insbesondere von Arno Lehmann, wiederholt vorgetragen, welche Bedeutung die deutschen Missionare und unter ihnen vor allem Ziegenbalg und Graul für die Dravidologie gehabt haben.[5] In Indien sind allerdings sein Werk und auch seine Übersetzungen tamilischer Texte außerhalb der lutherischen Kirche kaum rezipiert wor-

---

1 Dazu JEYARAJ 1996:68ff.

2 Dazu vor allem SANNEH 1990; zur Problematik der Verwendung tamilischer Begriffe, um theologische Sachverhalte auszudrücken, siehe TILIANDER 1974.

3 Im Archiv der Leipziger Mission finden sich in der Tamil Bibliothek noch unbearbeitete Kommentare zu biblischen Schriften, Katechismus und Kirchenvätern.

4 IRSCHICK 1969:276ff.

5 LEHMANN 1952/53:149–156; 1960:307–309; 1964a:605–612; 1964b:1–17. Lehmanns Darstellungen von GRAULs Leistungen in der dravidologischen Forschung sind seitdem mehrfach wiederholt worden, ohne dass wesentliche neue Erkenntnisse zu verzeichnen wären: KLAHRE 1969:58–65; MOHANAVELLU 1993:100ff; KUBERSKI 1993:145ff. Es ist hier nicht nötig, eine Statistik von GRAULs dravidologischen Leistungen erneut vorzustellen, da diese an anderer Stelle nachgelesen werden können.

den.[6] Das mag zum einen daran liegen, dass die meisten seiner Arbeiten Übersetzungen ins Deutsche waren, es hängt aber auch mit der Intention Grauls zusammen, seine dravidologischen Arbeiten vor allem Missionaren als Vorbereitung für ihre Arbeit in Indien zugänglich zu machen und einem deutschen indologisch geschulten Publikum tamilische Texte näher zu bringen. Während Pope seine Übersetzungsarbeit am Tirukkuṟaḷ ausdrücklich als einen Beitrag versteht, der auch einheimischen Lesern das Verständnis des Werkes erleichtern soll,[7] schreibt Graul:

> „Fast alle [Missionare] aber klagen über eine verhältnismäßige Unzugänglichkeit zu den geistigen Erzeugnissen des tamulischen Volkes. Diese Unzugänglichkeit nach Kräften zu mindern, ist eben der Plan der ‚Tamulischen Bibliothek in Uebersetzung mit Erklärungen', mit deren Bearbeitung ich eben beschäftigt bin."[8]

Graul widmet seine Übersetzung des Tirukkuṟaḷ der theologischen Fakultät Erlangen und führt in erster Linie apologetische Argumente an, warum Missionare sich mit der tamilischen Kultur und Literatur beschäftigen sollten. Sowohl Anknüpfungspunkte für die Verkündigung des Evangeliums als auch Argumente zur Widerlegung tamilischer Weltanschauung würde das Studium der klassischen Literatur Tamil Nadus den Missionaren bieten, vor allem aber würden sie in eine Argumentationsposition versetzt, die sie auch gebildeten Tamilen überlegen macht.[9] Dieses erkenntnisleitende Interesse Grauls lässt es fragwürdig erscheinen, ob es wirkliches Verstehen des fremden Denkens überhaupt zulässt.

Die indologische Kritik an missionarischer Wahrnehmung des Hinduismus bzw. der indischen Kultur und die weitgehende Nichtbeachtung missionarischer Arbeiten über Indien in den Kulturwissenschaften findet gerade in dem apologetischen Zugang der Missionare zur fremden Kultur ihren Grund. Wie kann das Fremde wahrgenommen werden, wenn bereits die Voraussetzungen der Wahrnehmung auf ein apologetisches Interesse reduziert worden sind? Die Übersetzungsarbeiten der Missionare sowie ihre Darstellungen des Hinduismus erscheinen dadurch, ohne dass sie inhaltlich noch rezipiert werden müssen, als ein Sonderfall des orientalistischen Diskurses, der neben politischer und kultureller Dominanz des Westens auch noch die christlich-kirchliche Dominanz etablieren will.

Aber noch nicht einmal in der in den letzten zwanzig Jahren geführten ‚Orientalismusdebatte', die die Literatur, die seit dem 18. Jh. aus der Begegnung der Europäer mit dem Orient entstanden ist, unter der Perspektive des Willens zu Macht analysiert, werden die Arbeiten der Missionare diskutiert.[10]

---

6 Graul hebt allerdings hervor, dass Tamil-Gelehrte in Indien und Europa seine Arbeiten positiv rezipiert haben. GRAUL, Kural, 1965:IX.

7 „It is primarily intended to make classical Tamil easier to English students, while to Native students it may afford means for a more comprehensive and fruitful study of their greatest classic author." POPE 1886:III.

8 GRAUL, Zweck und Plan, in: MOIMH VI, 1854:24f.

9 MOIMH VI, 1854:23ff; ELMB 1859:63f.

10 Ausnahmen finden sich bei HALBFASS 1981; BAYLY 1989 und einigen anderen.

So verdienstvoll Lehmanns Bemühen war, die Bedeutung der Leipziger Missionare für die Dravidologie zu unterstreichen, für den Dekonstruktionsdiskurs der orientalistischen Repräsentation Indiens blieben Ziegenbalgs, Grauls und Schomerus' Arbeiten bislang unwesentlich. Um die Relevanz der Arbeiten der Missionare für den indologischen Diskurs aufzuzeigen, kann es daher nicht genügen, ihre Spezialisierung auf einen bestimmten Bereich der Indologie, nämlich die Dravidologie, herauszustellen, sondern die Arbeiten lassen sich im Licht des gegenwärtigen Dekonstruktionsdiskurses als Kritik an Theorie und Praxis der Indologie des 19. Jh.s lesen. Andererseits wird die Bedeutung des Beitrages der Missionare in der interkulturellen Kommunikation zwischen Deutschland und Indien nur so zu verdeutlichen sein, dass man ihre Übersetzungen klassischer tamilischer Texte im Kontext der Übersetzungsmethoden des 18. und 19. Jh.s liest und als einen Aspekt des deutschen indologischen Übersetzungsprojekts der anderen Kultur interpretiert.[11]

Saids Kritik am deutschen Orientalismus trifft insofern, als deutsche Indologen sich als Mitinhaber der klassischen sanskritischen Kultur empfanden.[12] Sie trifft aber auch darin, dass sie eine intellektuelle Dominanz aufbauten, die es allein dem philologisch Geschulten zugestand, zu den Wurzeln der deutsch-indischen Beziehungen vordringen zu können. Sie greift aber zu kurz in der Schlussfolgerung, dass dadurch der Andere ‚objektiviert' wurde, indem er auf seine Ursprünglichkeit festgelegt wurde. Insbesondere in der romantischen Rezeption war das Verhältnis zu Indien ambivalent.[13] Indien war zugleich das Eigene wie auch das Andere. Es gab kein monolithisches Indienbild, sondern Identifikation und Exklusion des Fremden waren nebeneinander bestehende Aspekte des deutschen Indienbildes. Worum es aber neben der philologischen Erfassung klassischer indischer Texte auch ging, war die Produktion eines neuen Selbstbildes, und indische Texte ermöglichten neue Ausdrucksformen für dieses Bild.[14] Die Übersetzungsliteratur war eben in dieser Produktion eines neuen Selbstbildes natürlich wesentlich politisch, weil sie das Verhältnis der Autoren zu ihrer eigenen Gesellschaft umschreibt. Daraus ist aber nicht unmittelbar abzuleiten, dass sie in Bezug auf das metaphorische Phantom oder die ‚verkehrte Welt'[15] Indien, das sie produzierte, einen hegemonialen Anspruch erho-

---

11 Dazu vor allem HALBFASS 1981; GLASENAPP 1960; WINDISCH II, 1920; GANESHAN 1975; WILLSON 1964.

12 Es scheint mir jedoch eine Vereinfachung des Geschichtsbildes zu sein, das orientalistische Interesse an den arischen Wurzeln direkt mit Antisemitismus und der Produktion des nationalsozialistischen Ariermythos in Verbindung zu setzen. Bereits RAIMOND SCHWAB 1984 hat in seiner umfassenden Monographie ‚La Renaissance Orientale' von 1950 eine Linie zwischen deutscher Philologie des 19. Jh.s und Rassismus und Antisemitismus gezogen und LEON POLIAKOV 1971 sieht die Wurzeln des arischen Mythos bereits bei Friedrich Schlegel; dazu auch POLLOCK 1994:80ff.

13 Siehe FIGUEIRA 1994:16.

14 Beispielhaft für diesen Zugang zu indischen Texten ist Schlegels berühmter Satz: „Im Orient müssen wir das höchste Romantische suchen." SCHLEGEL 1800:103.

15 Dazu KRAMER 1977.

ben hätte und dass die Originale der Übersetzung in dieser aufgegangen und als koloniale Objekte absorbiert sind.[16]

1. Romantische Übersetzungsmethoden

Die exponentielle Zunahme an Übersetzungen indischer, vor allem sanskritischer Texte im 19. Jh. in die deutsche Sprache hat auch dazu beigetragen, dass das Problem von Übersetzung überhaupt intensiver reflektiert wurde. Die Erforschung der gemeinsamen Wurzeln des Deutschen und des Sanskrit hat Fragen nach einer gemeinsamen Ursprache wieder aufkommen lassen,[17] und Max Müllers Projekt einer allgemeinen Mythologie ist aus seinen Sanskritübersetzungen hervorgegangen.[18] Von besonderer Bedeutung für die Übersetzungsarbeit der frühen Leipziger Missionare war aber der Ansatz von Wilhelm von Humboldt, der Sprachen nicht mehr als Medium einer schon bekannten Wahrheit verstand, sondern der Sprache die Fähigkeit zuspricht, das zuvor Unbekannte aufzudecken. Humboldt sah diese Möglichkeit der Sprachen gerade in ihrer Pluralität gegeben.[19] Die Formung der Sprache, nicht ihr Inhalt, ist individueller Ausdruck einer Kultur.

Die positive Bewertung der Differenz von Sprachen spiegelt sich wider in Grauls Überlegungen zur Unabhängigkeit des Tamil von Sanskrit und in seiner Übersetzung des Tirukkuṟaḷ und anderen tamilischen Schriften. In der deutschen Indologie hat die Erforschung der tamilischen Sprache nur eine untergeordnete Rolle gespielt, und der Frage der Einheit oder indogermanischen Sprachverwandtschaft galt das leitende Interesse im 19. Jh.[20] Daher war die Frage der Abhängigkeit des Tamil von

16 Problematisch für eine historische Bewertung orientalistischer Lektüre indischer Texte ist allerdings die Frage nach dem impliziten Leser, die in einigen Zweigen der Literaturwissenschaft aufgeworfen wurde. Wolfgang Isers Ansatz, dass der implizite Leser in jedem Text verankert ist, ohne als empirisches Substrat ausgemacht werden zu können, und dass ein Text erst im ‚Gelesenwerden' seine Realität gewinnt, bleibt auf dem Hintergrund kolonialer Lektüre zu abstrakt, da der implizite Leser entweder die ‚Menschheit' darstellt oder illegitime Leser ausgegrenzt werden müssen. ISER 1994:60f; siehe auch Umberto Eco's Unterscheidung zwischen Interpretieren und Benutzen eines Textes unter dem Begriff ‚lector in fabula'. Wie die koloniale Textbearbeitung zeigt, ist dieser Unterschied zwar als methodisches Kriterium anwendbar, lässt sich jedoch nicht zur Analyse von Interpretationsgeschichte umsetzen, ECO 1995:47f.

17 Zur Frage nach der ‚Ursprache' in der Übersetzungsarbeit des 18. und 19. Jh.s siehe STEINER 1994:50ff.

18 Zum Problem von Sprache und Mythologie bei Max Müller vgl. KIPPENBERG 1997:60ff.

19 Siehe HUMBOLDT 1996:64ff; dazu auch: FREY 1997:37ff.

20 GRAUL schreibt über die Sanskritforschung, um davon seine eigene Übersetzungsarbeit abzusetzen: „Das Studium des Sanskrit, obschon spät geboren, ist – Dank dem vereinten Streben deutscher, englischer und französischer Sprachgelehrter – reißend schnell zur vollen Manneskraft gediehen. Die herzinnige Freude des jüngern europäischen Geistes an der erst geahnten, bald aber erkannten Familienähnlichkeit des älteren sanskritischen Geistes war dabei das eigentlich treibende Element." GRAUL, Mittheilungen, in: DAA, 1855:1159.

Sanskrit ein häufig diskutiertes Problem für die Übersetzungsarbeit.[21] Graul war zwar der Auffassung, dass sich die tamilische Kultur erst durch arische Einflüsse zu einer Hochkultur entwickelt hat und dass aus den klassischen Tamiltexten dieser Einfluss noch ersichtlich ist, er betont jedoch, dass die tamilische Sprache in ihrer syntaktischen und semantischen Struktur vom Sanskrit unabhängig ist und allenfalls sanskritische Terminologie aufgenommen hat.

> „Es hat sich den Einflüssen des Sanskrit zwar auch hingegeben, sich aber dabei am selbständigsten gehalten, indem es nicht bloß, wie die übrigen Dravida-Mundarten, seine eigentliche Sprachbiegung und Fügung treu bewahrte, sondern auch die sanskritischen Fremdwörter, die sich mit den neuen Ideen welche sie brachten nicht abweisen ließen, oder sonstwie einschlüpften, weit erfolgreicher dem Dravida-Lautgesetze unterwarf und sie somit naturalisierte."[22]

Graul ging in seiner Übersetzung tamilischer Texte nicht von der semantischen Struktur tamilischer oder vom Sanskrit geprägter Begriffe aus, sondern von der Textstruktur. Der Inhalt der Texte wurde von ihm in Anmerkungen erläutert,[23] die Übersetzungen selbst sind meist geprägt von dem Versuch, die Fremdheit der tamilischen Sprachform im Deutschen anklingen zu lassen. Einige Teile des Tirukkuṟaḷ hat Graul mehrfach übersetzt. Indem das Fremde der tamilischen Sprache und die Differenz zum Deutschen zu einem zentralen Punkt der Übersetzungsarbeit gemacht wurden, hat Graul Humboldts Bruch mit einem einheitlichen universalsprachlichen Übersetzungsdenken auch für die missionarische Wahrnehmung der südindischen Literatur umgesetzt. Für den Missionar als Übersetzer bedeutete dieser methodische Schritt, dass nun auch andere als christliche Kategorien zum Verständnis tamilischer Texte an Bedeutung gewannen. Für die Auffassung, dass in einem literarischen Kunstwerk Form und Inhalt so voneinander durchdrungen sind, dass gerade darin die Eigenständigkeit und damit auch die Differenz des Kunstwerks zum Ausdruck kommt, beruft sich Graul auf Goethe. Klassische Literatur ist daher mit dem Schöpfungsakt zu vergleichen, und an jede Übersetzung ist, um dem Original in seiner Intention zu entsprechen, der Anspruch zu stellen, eigenständige Nachschöpfung zu sein.[24] Zu seiner Übersetzung von Dante schreibt er:

---

21 Siehe z.B. CALDWELL 1913:41ff.

22 GRAUL, Mittheilungen, in: DAA, 1855:1159.

23 „Ich bin auch bemüht gewesen, die fremdartige Färbung ächt indischer Begriffe möglichst beizubehalten und eine nähere Erklärung lieber der Anmerkung vorzubehalten." GRAUL, Kural, 1856:XIX.

24 Graul schreibt bereits 1843 im Vorwort zu seiner Übersetzung von Dantes ‚Hölle': „Die unveränderte Beibehaltung des Originalmetrums ist, wenn es der Geist der Sprache irgendwie erlaubt, unbesehens Pflicht des Uebersetzers, denn je classischer ein Kunstwerk ist, um so inniger hat sich Geist und Form durchdrungen, jener in diese sich hineingebildet, nicht wie in ein Gewand, nein, wie in einen Leib, weil, wie Göthe sagt, Natur weder Kern noch Schale ist, und obgleich dieß Wort zunächst bloß in Bezug auf Gottes Schöpfung gesprochen ist, so kann es doch auch auf die Nachschöpfung von Seiten des menschlichen Dichters bezogen werden." GRAUL, Dante, 1843:XVII.

„Es handelt sich hier ja nicht um Copirung von Actenstücken, wo jedes, auch das kleinste Einzelne von Gewicht ist, sondern um ein Kunstwerk, wo Alles auf den Gesammteindruck hinausgeht."[25]

Graul hat so, wie am Beispiel der Tirukkuṟaḷ-Übersetzung zu zeigen sein wird, tamilische Texte in ihrer kulturell geprägten literarischen Form interpretiert und eine sprachlich-hermeneutische Brücke zum Verstehen einer anderen Kultur gebaut, die für das Indienverständnis seiner Zeit neu gewesen ist. Ziel von Grauls Dante-Übersetzung und der Tirukkuṟaḷ-Übersetzung in der ‚Bibliotheca Tamulica' war es, den Leser an das Original heranzuführen und so zum Verstehen fremden Denkens beizutragen. Graul ging jedoch andere Wege als die Indologen seiner Zeit. Als die zentrale Aufgabe orientalischer Philologie in der Mitte des 19. Jh.s wurde die Herausgabe von philologisch zuverlässigen Textausgaben angesehen. Graul sah es dagegen als seine Aufgabe an, tamilische Literatur zu vermitteln. Philologie verstand er in Anschluss an Friedrich Rückert, dem Orientalisten in Erlangen, als eine Kulturwissenschaft. Verstehen, darin setzte sich Graul bewusst von den tamilischen Zugangsweisen zu kulturellen Texten ab, ist als individuelles ‚Sinnerleben' im Vergleich zum Auswendiglernen und zur Gedächtnisübung der kulturell höher zu bewertende Zugang zu Texten.[26] Für seine Kuṟaḷ-Übersetzung benutzte Graul den klassischen Kommentar von Parimēlaḷakar (Ende 13. Jh.), der in Auszügen in den kommentierten Ausgaben von Vedagiri Mudaliar (1849) und Saravana Perumal Aiyar (1830) aufgenommen war. Graul bezog sich in seiner Übersetzung auch auf diese beiden Kommentatoren, die bedeutende Tamilologen ihrer Zeit gewesen sind,[27] und er ist bemüht, in seiner eigenen Arbeit nur da von den Kommentaren abzuweichen, wo diese seiner Auffassung nach „offensichtlich irren". Er sah den Wert der Kommentare auch darin, dass sie trotz falscher Erklärungen des Textes etwas von dem „indischen Geist" offenbaren und dass sie den europäischen Leser davor bewahren, seine „abendländische Anschauung in die Erklärung der indischen Literatur hineinzutragen"[28]. Der tamilische Umgang mit den Texten lässt jedoch nach Graul wirkliches Verstehen und subjektive Urteilskraft vermissen:

„Keine Geisteskraft wird von den Tamulen (wie mehr oder minder von allen Hindu's) so ausgebildet, wie das Gedächtniß. Diejenigen, die einen guten Schulunterricht genossen haben, wissen in der Regel nicht bloß die verschiednen Bedeutungen jedes einzelnen Wortes, sondern auch die verschiedenen Benennungen jedes einzelnen Gegenstandes in der Poesie an den Fingern und wie im Traume herzuzählen. Dabei kommt freilich das Selbstdenken meist viel zu kurz. Es giebt nicht leicht schlechtere Ausleger, als hier zu Lande; man folgt eben der gangbaren mündlichen Ueberlieferung oder dem Commentar; wo Beides fehlt, beruhigt man sich leicht mit der ersten besten Erklärung, wobei sehr häufig weder Sinn noch Grammatik zurecht kommen."[29]

---

25 GRAUL, Dante, 1843:XXII.
26 Zur Frage des Erinnerns von kulturell fremden Texten siehe KRUSCHE 1993:433ff.
27 ZVELEBIL 1992:164.
28 GRAUL, Kural, 1856:XIX.
29 GRAUL, Reise IV, 1855:200.

Obwohl also die Kommentare dem europäischen Leser einen Einblick in das indische Denken gewähren, sind sie aus europäischer Sicht doch nicht in der Lage, Bedeutung zu kommunizieren. In ihrer Reduktion auf das Gedächtnis fehlt den indischen Auslegern der Bezug zur Gegenwart, und aufgrund des Mangels an subjektiver Urteilskraft kann der indische Kommentator keinen Anspruch auf Allgemeingültigkeit seines Kommentars erheben.[30] Graul ist sich zwar der normativen Bedeutung der klassischen Kommentare für die Auslegung innerhalb der tamilischen Tradition bewusst und folgt in seiner Kuṟaḷ-Übersetzung in vielen Punkten vor allem Parimēlaḷakar, allerdings misst er diesem Kommentar in erster Linie eine historische Bedeutung bei, insofern, als er zwar Aussagen zum Kontext und zur Auslegungsgeschichte macht, den Sinngehalt aber nicht adäquat kommunizieren kann, da er als Anhänger des Sāṃkhya-Systems den Kuṟaḷ einseitig interpretiert. Die Kommunizierbarkeit der individuellen Sinnerlebnisse übernimmt hier als Übersetzungs- und Auslegungskriterium die Funktion, die festgelegte Interaktionsnormen der klassischen rhetorischen Praxis des Auswendiglernens nicht nur in Indien, sondern auch im voraufgeklärten Europa innehatten. Mit Herder teilt Graul die Überzeugung, dass Kommunikation von Texten nicht durch traditionelle determinierte Interaktionsnormen der kontinuierlichen Mitteilung und Variation kultureller, im Text manifestierter Welterfahrung gewährleistet werden kann, sondern ihm galt die Fähigkeit, ein individuelles Sinnerlebnis beim Lesen des Textes kommunizieren zu können, als Nachweis für angemessenes Verständnis. Der Text wird, indem er in eine gewisse Distanz zu seiner Überlieferungs- und Rezeptionsgeschichte gesetzt wird, aus seiner Tradition herausgelöst, und als individuelles und damit historisch relatives Zeugnis eines individuellen Autoren betrachtet. Die Geschichte von Tiruvaḷḷuvar als einem Individuum, das mit dem Caṅkam in Madurai in Konflikt stand und aufgrund seiner überragenden literarischen Fähigkeiten die gelehrten Kritiker überwand, wird von Graul in zahlreichen Variationen nacherzählt.[31] Ob man sich unter Tiruvaḷḷuvar überhaupt einen konkreten Autor vorzustellen hat ist fraglich. Vaḷḷuvar ist der Name einer Priesterklasse der Paraiyar in Tamil Nadu. Grauls Betonung des subjektiven Werturteils in der Auslegung klassischer Texte ist aber, trotz eindeutiger romantischer Anleihen bei Herder, aber auch bei Kant, nicht gleichzusetzen mit einer Entkanonisierung des tamilischen Textes, sondern die allgemeine Kommunizierbarkeit subjektiver Sinnerlebnisse dient ihm als Ansatzpunkt interkultureller Kommunikation.

Grauls Intention für die Übersetzung literarischer Texte hat sich im Laufe seines Lebens und vor allem durch seine Reise nach Indien gewandelt. Bereits 1843, im Vorwort zu seiner Dante-Übersetzung, bezieht er sich auf Friedrich Rückerts Gedicht ‚Weltpoesie'. Rückert hatte bereits 1811 in seiner Dissertation über die Idee

30 Siehe dazu KANT, Kritik der Urteilskraft, §§ 8, 20, 40, auf die sich Graul hier offensichtlich bezieht. Zur diskursiven Bedeutung des Kommentars vgl. FORMANN 1988:244ff.

31 ELMB, MOIMH, BT, DAA.

der Philologie[32] die Überzeugung von der Einheit des menschlichen Geistes ausgesprochen, die sich in der Poesie manifestiere.[33] Das Rückertsche Diktum „Weltpoesie ist Weltversöhnung“ interpretiert Graul hier ausgesprochen kritisch. Dante erscheint bei Graul als ein Bereiter der Reformation, und nur insoweit, als seine Dichtung auf dem biblischen Zeugnis aufbaut, kann sie als Weltliteratur betrachtet werden. Graul vertritt hier die Auffassung, dass die Versöhnung der Welt mit sich selbst nicht möglich ist und allein von dem Buch ausgehen kann, mit dem Gott die Welt versöhnt hat.

In seinem letzten Werk ‚Indische Sinnpflanzen und Blumen zur Kennzeichnung des indischen, vornehmlich tamulischen Geistes‘, das 1865 veröffentlicht wurde, bezeichnet er Rückerts Wort als den

> „Hauptgedanke[n] bei Uebertragung und Veröffentlichung dieser poetischen Proben des Tamulenlandes ...: ich möchte mit der Kenntniß des tamulischen Geistes die Liebe zu dem tamulischen Volke wecken.“[34]

Darin drückt sich zum einen aus, dass Graul die tamilische Literatur für ebenbürtig neben die europäische setzt,[35] zum anderen aber wird jetzt der Übersetzungsakt, den Graul als einen wesentlichen Teil der missionarischen Arbeit ansieht, selbst zum Vorbereitungsakt der Versöhnung, weil durch ihn die Liebe weckende Kenntnis erst ermöglicht wird. Die Übersetzung erhält ihren Wert in der Kulturvermittlung aber gerade darin, dass sie zu einem eigenen Kunstwerk wird. Daher ist Graul aber nicht an einer Paraphrase der in der tamilischen Literatur verarbeiteten Inhalte tamilischer Kultur interessiert, sondern für die Übersetzung tamilischer Texte gilt das, was er auch über die Übersetzung von Dantes ‚Hölle‘ geschrieben hat:

> „Da aber die Uebersetzung eines dichterischen Sprach- und Kunstwerks nur insofern als gelungen betrachtet werden kann, als sie einen selbstständigen Kunstgenuß gewährt, so daß man das Original allenfalls darüber vergißt, so muß eigene Vollendung zu der Treue hinzukommen.“[36]

Graul vertritt aber mit diesem subjektiven Aspekt der Übersetzung zugleich eine philologische Übersetzungskritik, die zum einen die Unabgeschlossenheit jeder Übersetzung offen legt, zum anderen aber darin auch die relative Unvollkommenheit und historische Unabgeschlossenheit des zu übersetzenden Werkes an sich annimmt, das auf diese Weise als ein Fragment einer idealen Vollkommenheit erscheint:

> „Die Deutlichkeit ist ein sehr bezüglicher Begriff; es giebt Dinge, die einmal nicht ganz deutlich gesagt werden können, oder, wenn ja, für gewisse Personen doch dunkel bleiben

---

32 RÜCKERT 1811.

33 Zu Rückert siehe: FISCHER 1988:9ff.

34 GRAUL, Sinnpflanzen, 1865:XIIIf.

35 Siehe dazu auch GRAUL, Göthe, in: MOIMH IX, 1858:131f.

36 GRAUL, Dante, 1843:XV.

> … Man wird daher von einer Uebersetzung dieses in sich selber schwer verständlichen Werks keine unbedingte Deutlichkeit erwarten, wie man das von keinem Werke des menschlichen Geistes kann."[37]

Was Graul über die Dante-Übersetzung geschrieben hat, trifft auf die Übersetzung des Tirukkuṟaḷ in besonderer Weise zu. Gerade in der Kürze der in Centamiḻ geschriebenen Zweizeiler, in ihrem fragmentarischen Charakter, der nach Grauls Auffassung in keiner anderen Sprache wiederzugeben ist,[38] klingt der universale Charakter des Kuṟaḷ an, der aber zugleich auch die Grenze des Kulturtransfers markiert, weil er die Differenz des Originals zur Übersetzung aufrechterhält.

Der kontingente Charakter geschichtlicher Überlieferung, der in der ethischen Poesie ebenso wie in der Kriegspoesie der Tamilen hindurchscheint, wird, indem er in Fußnoten abgespalten und ethnohistorischen Darstellungen tamilischer Kultur gesondert verhandelt wird, aufgehoben, und die tamilische Literatur erhält in ihrer poetischen Übersetzung eine Gleichzeitigkeit mit dem europäischen Leser der Gegenwart, der beim Lesen

> „sicherlich oft genug Gelegenheit haben [wird] zu dem Ausrufe: ‚Fleisch von meinem Fleisch! Bein von meinem Bein!' denn der Mensch bleibt sich unter jedem Himmelsstrich wesentlich gleich, und auch dem Tamulenvolke gegenüber behält das lateinische Sprüchwort: ‚Alles, was menschlich ist, geht auch mich an' seine Geltung."[39]

Grauls Anliegen war es, die tamilische Literatur in das romantische Bild einer ‚progressiven Universalpoesie'[40] einzubeziehen. Die tamilische Literatur, vor allem den Tirukkuṟaḷ stellte er daher gleichwertig neben die griechische Literatur,[41] nicht aber, um eine andere Ursprünglichkeit von Universalpoesie als die der deutschen Orientalisten zu konstituieren, sondern um ihr einen Platz im Kanon klassischer Literatur zu sichern und so bei den deutschen Lesern zum einen das Interesse am Fremden zu wecken, zum anderen, jenseits aller Historisierung der ursprünglichen Referenz-

---

37 GRAUL, Dante, 1843:XXIII.

38 GRAUL, Kural, 1856:XVIIIf.

39 GRAUL, Sinnpflanzen, 1865:XIV.

40 Zu diesem Begriff von Schlegel siehe: WILLSON 1964:85.

41 Bernhard Schmid hat 1829 an einen Verwandten geschrieben: „Tiruwalluwer ist so alt, daß ich nicht weiß, ob ich seine Periode vor oder nach Christi Geburt ansetzen soll. Die Schriftsteller mehrerer andern Secten sind vielleicht eben so alt. Man kann sich leicht denken, daß ein Volk, das seit Jahrtausenden ununterbrochen gute Schriftsteller hatte, eine sehr ausgebildete Sprache besitzen muß. Du wirst es mir kaum glauben, wenn ich Dich versichere, daß die Tamulische Sprache selbst die Griechische an logischer Bestimmtheit und Regelmäßigkeit der Analogie weit übertrifft. Ein Europäisches Wort, eben so treu ins Tamulische übersetzt, als wir Europäer von einer unserer Sprachen in die andere übersetzen können, sieht im Tamulischen erbärmlich unlogisch aus." NHB 83, 1837:1008. Graul schreibt: „… der Kural, ein in sich wunderbar abgerundetes Werk von buddhistischer Färbung, ist noch stets das unübertroffene und zuweilen fast an griechische Vollendung hinanragende, von Allen bewunderte und in Vieler Munde lebende Muster eines keuschen Stils." GRAUL, Reise IV, 1855:193.

strukturen des Textes, eine Rezeption anzuregen, die den partikularen Kontext tamilischer Kultur übersteigt und den Text als universell lesenswerte Literatur begreift. Der Literaturkanon, an dem Graul die tamilische Literatur misst, ist ihm vorgegeben von der Weimarer Klassik. Die nationale Literaturgeschichtsschreibung des 19. Jh.s, die in Schiller und Goethe nicht nur die Vollendung deutscher Literatur, sondern auch einen Abschluss des Literaturkanons gesehen hatte,[42] wird von Graul bemüht, um tamilische Analogien zu ziehen. Jedes Volk, so argumentiert er, hat seinen Goethe und seinen Schiller, und in Tamil Nadu seien dies Tiruvaḷḷuvar und Kamper.[43]

Graul wollte mit seiner Übersetzung der Mission dienen und den Missionaren einen Zugang zur tamilischen Kultur vermitteln. Dass dieses interkulturelle Vermittlungsbemühen, das der christlichen Mission auch einen Anknüpfungspunkt für ihre Predigten liefern sollte, ganz andere kulturelle Entwicklungen als die Bekehrung zum Christentum gezeitigt hat, gehört zu den erstaunlichsten, wenn auch von den Missionaren ungewollt evozierten Folgen der Tirukkuṟaḷ-Übersetzung. Grafe hat sicherlich Recht in der Annahme, dass die intensive Beschäftigung der Missionare im 19. Jh. mit einem zentralen Text der tamilischen Tradition und die Publikation des Kuṟaḷ und anderer klassischer Tamiltexte unter den gebildeten Tamilen zu einer Renaissance ihrer eigenen Kultur und Sprache beigetragen hat.[44] J.M. Nallaswami Pillai, der Herausgeber von Siddhanta Deepika, einer seit 1897 erschienenen Zeitschrift, die sich zur Aufgabe gestellt hat, tamilische Texte und Sanskrittexte im Original und in englischer Übersetzung herauszugeben, schreibt in der ersten Ausgabe:

> „We have considered it a shame that we schould be coached in our Veda and Vedanta by German Professors on the banks of the Rhine and the Ouse, and that an American from a far off country chould be the first translator of the foremost work in Tamil philosophy and that an old Oxford Professor should sit pouring over the Tamil ‚Word,' and render it into English verse. All these facts redound greatly to the glory of the European, who could forget for the time being his narrow bit of native land, and his own selfish wants and go out to distant lands and to remote antiquitites, in search of the diggings of the past and by living laborious days, live to finish the task he had set to himself, in a thoroughly universal and truly Christian spirit. Noble examples these! May we follow!"[45]

Durch die Übersetzung eines tamilischen Textes wie dem Tirukkuṟaḷ wird dem deutschen Leser ein literarisches Kunstwerk präsentiert, das ihm ein individuelles Sinnerlebnis vermitteln, und über den Weg der Bildung ästhetischer Urteile die Bedeutung tamilischer Kultur kommunizieren soll. Es wird zwar durch die Übersetzung

42 Siehe dazu auch LAMBERT 1995:160ff; POLTERMANN 1995:28.
43 GRAUL, Göthe, in: MOIMH IX, 1858:131ff.
44 GRAFE 1990:244f; siehe dazu Kapitel V.3.
45 Siddhanta Deepika I, vom 21.6.1897:14.

der Text auf eine andere Weise kanonisiert, als es das Original je war.[46] Aber gerade durch die Übersetzung wird das Original den Tamilen nicht enteignet, wie es zum Teil in der Orientalismuskritik dem indologischen Diskurs vorgeworfen wird, sondern auf eine neue Weise als ‚kultureller Text' etabliert. Walter Benjamin hat in seinen Überlegungen zur Aufgabe des Übersetzers das zeitliche Verhältnis von der Übersetzung zum Original als ein „Stadium des Fortlebens"[47] bezeichnet. In der Übersetzung erreicht das Leben des Originals, ohne dass es von der Übersetzung abhängig wäre, eine neue Entfaltung. Indem das Original durch die Übersetzung entkanonisiert wird, wird es in Bewegung gesetzt und lässt, wie Paul de Man im Anschluss an Benjamin feststellt, eine Instabilität und Beweglichkeit des Originals erkennen, die vorher nicht sichtbar war.[48]

Die Rezeption europäischer Übersetzungen von tamilischen Texten durch tamilische Leser im 19. Jh. zeigt, dass die Beweglichkeit des Originals, wie sie sich in den Übersetzungen gezeigt hat, entscheidend zur kulturellen Kodierung der dravidischen Reformbewegungen beigetragen hat. Aus der Perspektive der Übersetzung wurde jetzt von den Reformern das Original neu gelesen und aufgrund seiner historischen Bedeutung, als auch seiner von europäischen Missionaren bestätigten ‚Einzigartigkeit' als ein kultureller Text neu etabliert.[49] Den Begriff ‚kultureller Text' hat Aleida Assmann in einer Differenzierung von literarischen und kulturellen Texten in den literaturwissenschaftlichen Diskurs in einer Weise eingebracht, die für eine Erläuterung des Umgangs der Missionare mit der Tamil-Literatur hilfreich ist. Assmann wendet sich angesichts des durch die Globalisierung von Kommunikationsprozessen sich herausstellenden Verlustes der referentiellen Dimension von poetischen Texten[50] gegen Tendenzen in der Literaturwissenschaft, die literarischen Texte entweder historisch zu relativieren oder den referentiellen Gehalt der Texte zu dekonstruieren. Anders als der an einem mehr oder weniger festgeschriebenen kulturellen Kanon orientierte Literaturkritiker George Steiner, auf den sie sich bezieht, unterscheidet Assmann zwischen literarischen Texten und kulturellen Texten, die sich in unterschiedlichen Rezeptionsrahmen bewegen. Die Differenzierung dieser Rezeptionsrahmen entwickelte sich mit der Entkoppelung des moralischen und ästhetischen Diskurses in der Aufklärung, die eine Autonomie der Kunst begründet habe, in der als Quelle der Dichtung nicht mehr die Tradition gelte, sondern das autonome Subjekt.[51] Literarische Texte richten sich an den Leser als Individuum, während die kulturellen Texte den Leser als Repräsentanten eines Kollektivs adressieren. Kulturelle Texte, wozu Assmann religiöse Texte wie die Bibel rechnet, sind kanonisiert. Sie stehen in einem „geschlossenen Horizont der Tradition", indem sie Anspruch auf unerschöpfliche Aktualität erheben, während literarische Texte dem individuellen

46 Siehe dazu DE MAN 1997:195.
47 BENJAMIN 1977:53.
48 DE MAN 1997:195.
49 So z.B. NALLASAMY PILLAI, in: TA II.1, 1913:73ff.
50 Vgl. auch BAUDRILLARD 1982:303ff.
51 ASSMANN 1995:236.

Geschmack und geschichtlichen Wandel unterliegen. Aber auch der Rezeptionsrahmen von kulturellen Texten kann sich verändern, je nachdem, wie Individuen oder eine Gesellschaft den Text als traditionsbildend verorten.[52] Kulturelle Texte stiften durch Schrift vermittelte religiöse, nationale oder persönliche Identitäten.[53] Assmann zeigt auf, dass sich zwischen 1820 und 1840 in der deutschen Literaturwissenschaft eine Ausdifferenzierung von ‚schöner Literatur' aus dem gesamten Kontext kultureller Praxis vollzogen hat. Diese Überlegungen von Assmann sind insofern von Bedeutung für die Übersetzungstätigkeit von Graul, als man sagen kann, dass er mit der Übertragung des Kuṟaḷ in das Deutsche auch zugleich eine Übertragung eines kulturellen Textes in einen literarischen Text vorgenommen hat. In seinen ‚Sinnpflanzen' stellt er Auszüge aus dem Kuṟaḷ und anderen Werken der tamilischen Tradition neben eigene Gedichte, die seine Indienreise zum Inhalt haben und die Verse aus dem Kuṟaḷ in einen anderen Kontext verorten. Die ‚Indischen Sinnpflanzen und Blumen' versteht er als eine „poetische Frucht"[54], die „den Freunden allerorts" gewidmet ist. Als Zueignung setzt Graul ein Gedicht an den Anfang, das die Änderung des Referenzrahmens tamilischer Poesie in der Übersetzung zum Thema hat:

> Mit leichtem Finger faß' ich sie – verstreuen
> Möcht' ich den Blüthenstaub nicht – sie zu weihen
> Den Freunden allerorts, alten wie neuen;
>
> Ob sie in Urwald, ob in Wüste wallen;
> In Banianen- oder Buchenhallen,
> Wo Glutsand steigt oder Eisnebel fallen.
>
> Fremd' ist ihr Duft, fremd' ist ihr Farbenschleier;
> Doch Schönes wird, trotz fremder Art, bald theuer:
> Wer Rosengluth liebt, haßt nicht Lotusfeuer;
>
> Und haucht am feinsten *unberührt*[55] das Veilchen –
> Zart sind auch der Anitscha[56] duft'ge Theilchen,
> Sie welkt, wenn man daran riecht, nach einem Weilchen.[57]

Übersetzung ist als Berührung Gefährdung des Originals. Das kanonisch Gesicherte wird durch die Übertragung der Vergänglichkeit ausgesetzt, weil sich die Rezipien-

52 ASSMANN 1995:241ff.

53 ASSMANN 1995:238.

54 GRAUL, Sinnpflanzen, 1865:IX.

55 Im Original gesperrt gedruckt.

56 Graul hat den Bezug auf diese Pflanze aus Kuṟaḷ I,9.90 übernommen. Das Kapitel handelt von der Gastfreundschaft, und er übersetzt den Vers: „Wenn man dran riecht, welkt die Anitscha-Blume; das Gastmahl welkt, wenn man finster dreinschaut." GRAUL, Kural, 1856:19.

57 GRAUL, Sinnpflanzen, 1865:VI.

ten ändern. Graul hat vom Blütenstaub in diesem Zusammenhang nicht zufällig geredet. Der von ihm geschätzte und in seinen Werken mehrfach erwähnte Dichter Novalis hat 1799 in ‚Athenäum' Fragmente unter dem Titel ‚Blüthenstaub' veröffentlicht, in denen er die Ausdifferenzierung und Autonomisierung von zwei kulturellen Sphären, Dichtung und Religion, als neuzeitliche Entwicklung beklagt und Indien als den Ort bezeichnet, an dem die verlorene Einheit wiedergefunden werden könne.

> „Dichter und Priester waren im Anfang Eins – und nur spätere Zeiten haben sie getrennt. Der ächte Dichter ist aber immer Priester, so wie der ächte Priester immer Dichter geblieben – und sollte die Zukunft nicht den alten Zustand der Dinge wieder herbeyführen?"[58]

Leslie Willson hat aufgezeigt, dass das romantische Bild von Indien nicht nur von einer ‚Nostalgie' für eine idyllische Vergangenheit einer ursprünglichen Hindu-Kultur geprägt war, sondern auch von dem Verlangen, der Ausdifferenzierung von Kunst und Wissenschaft entgegenzuwirken und durch Remythologisierungen kulturelle Texte wieder zu etablieren.[59] Graul, der gut 50 Jahre später als lutherischer Theologe schrieb, konnte diese Hoffnung auf die Wiederkehr einer allgemeinen Mythologie, in der die Trennung von Poetik, Religion, Kultur und Geschichte überwunden wäre, nicht mehr nachvollziehen. Der ästhetische Genuss („Schönes wird theuer") und die wissenschaftlich ausgerichtete Kenntnis tamilischer Kultur bleiben zwei aufeinander bezogene, aber letztlich nicht miteinander zu vermittelnde hermeneutische Zugangsweisen zur tamilischen Literatur.

Dass das Ziel der Einordnung des Kuṟaḷ in den Kanon einer Literaturgeschichte von Graul nur in Ansätzen erreicht wurde, zeigt die Rezeptionsgeschichte seiner Kuṟaḷ-Übersetzung.[60] Schopenhauer hat sich auf Grauls Tirukkuṟaḷ-Ausgabe bezogen,[61] und der Indologe Albrecht Weber schreibt in einer Rezension zu Grauls Kuṟaḷ:

> „In allen drei Abschnitten aber, wenn auch vorzugsweise in den beiden ersten, finden sich ungemein schöne Aussprüche, die sich nicht nur dem Besten, was andere Literaturen bieten, zur Seite stellen, sondern sogar in solcher Zahl und Prägnanz kaum irgendwo sonst gefunden werden."[62]

Während die in der Romantik gerühmte Śākuntala-Dichtung und die Bhagavadgītā in einen Kanon der Weltliteratur übernommen worden sind und in europäischen

58 NOVALIS II, 1978:260.

59 WILLSON 1964:93.

60 Wolfgang Ranke hat aufgezeigt, wie ausländische Klassiker im 19. Jh. in Deutschland aus einem nach Goetheschem Ideal gebildeten Kanon von Weltliteratur je nach nationalkulturellen Selbstdefintionsinteressen integriert oder ausgegrenzt worden sind. RANKE 1995:92–120.

61 SCHOPENHAUER, Wille und Vorstellung, 1977:718.

62 WEBER, A. 1869:99f.

Augen als Grundtexte gesamtindischer Religion und Kultur gelten,[63] ist die Anerkennung und Rezeption von Grauls Tirukkuṟaḷ-Übersetzung im Wesentlichen auf Missionarskreise beschränkt geblieben. Auch seine ‚Sinnpflanzen' wurden, obwohl sie offensichtlich an Herders ‚Blumen, aus der griechischen Mythologie gesammelt' anknüpfen wollten[64] und eine Anthologie tamilischer Poesie darstellten, positiv rezensiert,[65] aber kaum rezipiert.

2. Tamil-Bibliothek

Der Literaturkanon, den Graul in seiner Sammlung tamilischer Werke konstruierte, von denen er 150 für die Missionsbibliothek in Leipzig von seiner Reise mitgebracht hat, orientiert sich einerseits an einem Literaturbegriff, der im 19. Jh. unter dem Ausdruck ‚Nationalliteratur' gefasst wurde,[66] andererseits wird er bestimmt von einem von Herder geprägten und seit William Jones in der Indologie vorherrschenden Literaturbegriff, der darunter alle Texte verstand, die in einer Sprache verfügbar sind. Graul differenziert ausdrücklich zwischen Tamil-Literatur und Sanskrit-Literatur, eine Differenz, die er vor allem aufgrund der Unabhängigkeit der Tamilsprache von Sanskrit meint annehmen zu müssen.[67] Die ‚nationale' Eigenständigkeit der Tamilen kommt in ihrer Literatur zum Ausdruck, ein Gedanke, der die tamilische Literaturgeschichte in der zweiten Hälfte des 19. Jh.s intensiv beschäftigte. Die Bibliothek, die Graul aus Indien mitgebracht hat, enthielt nicht nur genuine Tamil-Literatur, sondern auch tamilische Übersetzungen aus dem Sanskrit. Vor allem der

---

63 So bezieht sich auch Grünschloß in seinem neuen religionstheologischen Werk freilich ausschließlich auf die Bhagavadgītā als hinduistischem Referenztext für seine Thesen. GRÜNSCHLOSS 1999:153ff. Kritisch zur Bhagavadgītā-Rezeption vgl. SHARPE 1985.

64 Kuberskis Vermutung, GRAUL wollte ein tamilisches Pendant zu Rückerts ‚Weisheit des Brahmanen' schaffen, ist schon deshalb von der Hand zu weisen, weil Rückerts Lehrgedicht nicht die Kenntnis und Liebe zu einer anderen konkreten Kultur befördern will, sondern den Brahmanen aus verschiedenen Quellen, wie Talmud, persischer Dichtung, Hitopadesa, und anderen Sanskritwerken sprechen lässt. KUBERSKI 1993:153. Rückert hat allerdings handschriftliche Nachdichtungen zu GRAULS Sinnpflanzen vorgenommen, die in einem Exemplar der Sinnpflanzen, das im Rückertarchiv in Schweinfurt liegt, eingetragen sind. Diesen Hinweis verdanke ich dem Indologen Sascha Ebeling aus Köln.

65 METZGER, in: ZLTK 27, 1866:204–208; POPE 1886:III.Fn.

66 August Koberstein definiert Nationalliteratur: „... sie begreift, streng genommen, nur diejenigen schriftlichen Werke, welche auf künstlerischem Wege hervorgebracht, sowohl ihrer Form, wie ihrem innern Wesen nach ein eigenthümlich deutsches Gepräge an sich tragen, wodurch sie sich von den literarischen Erzeugnissen anderer Nationen schon an sich und ohne Rücksicht auf die Sprache unterscheiden." KOBERSTEIN 1837:1. Ihren traditionsbildenden Ausdruck hat die nationale Literaturgeschichtsschreibung in der fünfbändigen ‚Geschichte der poetischen Nationalliteratur der Deutschen' von GEORG GOTTFRIED GERVINUS von 1835–1842 gefunden. Siehe dazu FOHRMANN 1989; WELLEK 1974:83f.

67 GRAUL, Mittheilungen, in: DAA 28, 1855:1159.

Aufbau der Bibliothek macht aber deutlich, wie er Literatur verstand. Der Katalog enthält 17 grammatische Werke, 11 lexikalische, 7 epische, 19 lyrische, 5 dramatische, weiter 13 theologische, 19 moralische, 18 philosophische Werke, 1 Werk der Jurisprudenz, 2 medizinische Werke, 12 Werke der Volksliteratur, 9 Werke, die Graul keiner Kategorie zuordnen kann und deshalb als ‚Vermischtes' katalogisiert, und 16 Werke der christlichen Literatur.[68] Graul war sich bewusst, dass er nur einen kleinen Teil der tamilischen Literatur sammeln konnte, seine Bibliothek sollte jedoch einen Einblick geben in die gesamte Ordnung der Worte. Auch wenn Graul im Tirukkuṟaḷ und in einigen Grammatiken den klassischen Ausdruck der Tamil-Literatur sah, so betont er in seinem Vorwort zum Katalog doch, dass er bemüht war, Werke in klassischem Hochtamil (Centamiḻ) und Werke in der Volkssprache (Koṭuntamiḻ) zu sammeln.[69] Diese weite Definition von Literatur, die seit Herders grundlegendem Werk ‚Über die neuere deutsche Literatur' (1767) prägend geworden ist für das Bild einer nationalen Literatur,[70] ist auch bei Graul Ausdruck einer Theorie von einem kollektiven Wesen nationaler Kultur und Zivilisation. Die gesammelte Bibliothek eröffnet eine Sicht auf die nationale Identität der Tamilen, die im Sinne einer historisch-retrospektiven Analyse entfaltet werden kann und den europäischen Beobachter in die Lage versetzt, Ursprünge und Entwicklungen dieser nationalen Kultur mit Hilfe der Literaturgeschichte aufzudecken.

Graul teilt die tamilische Literatur in drei Bereiche ein: die Grammatik, die Lyrik und die Gnomik. Die drei wesentlichen Literaturgattungen offenbaren aber bereits eine Geschichte der kulturellen Entwicklung. Vor allem in der Grammatik und der Gnomik, zur letzteren zählt er auch den Kuṟaḷ, waren die Buddhisten und Jainas die prägenden Kräfte, die in ihren Werken wie Tolkāppiyam und Naṉṉūl die Grundlage der tamilischen Kultur gelegt haben, während sich die Hymnologie erst in der śivaitischen und viṣṇuitischen Bhakti-Bewegung als Reaktion auf die kulturelle Dominanz der Buddhisten und Jainas ausgebildet hat.[71]

Graul gibt in einem Vorwort zum Bibliothekskatalog an, dass es das Ziel dieser Sammlung sei, Missionaren eine Orientierung in der tamilischen Literatur und Sprache zu geben. Vor allem aber sei die Bibliothek für Indologen interessant.[72] Von Indologen ist aber diese Bibliothek, die unbearbeitet im Leipziger Missionshaus steht, bisher nicht rezipiert oder benutzt worden. Die Gründe dafür liegen vor allem

68 GRAUL, Bibliothek I, in: ZDMG VII, 1853:558–568.

69 1852 hat Graul an S. Samuel Pillay geschrieben, dass dieser ihm die bedeutendsten Prosawerke in Tamil nennen solle. Siehe LMA, GN, Kapsel 6, Aktenstück: Notizen für Tamul. Literatur etc. (Anhang).

70 HERDER 1767; dazu WELLEK 1974:81, der über das Literaturverständnis im europäischen Diskurs in der zweiten Hälfte des 18. Jh.s schreibt, Literatur sei verstanden als „a particular national possession, as an expression of the national mind, as a means toward the nation's self definition. The Germans were particularly conscious of their nationality and in German the term ‚Nationalliteratur' began to be used widely". WELLEK 1974:83.

71 GRAUL, Mittheilungen, in: DAA 281855:1160.

72 GRAUL, Bibliothek I, in: ZDMG VII, 1853:558.

in einer sich gegen Ende des 19. Jh.s. manifestierenden Verengung des Literaturbegriffes in Bezug auf die indische Literatur.

Vinay Dharwadker hat in einem Aufsatz über Orientalismus und das Studium indischer Literaturen die Frage gestellt, warum sich in der Indologie der Literaturbegriff auf Sanskrit-Literatur reduziert hat. Von einem weiten Begriff von Literatur, der aus einer Theorie über die kollektive Form einer nationalen Kultur abgeleitet war, wurden im 19. Jh. beinahe alle lokalen oder regionalen Literaturen ausgegrenzt. Albrecht Weber unterschied in seiner 1852 erschienenen Literaturgeschichte Indiens nur zwischen vedischer und sankritischer Literatur,[73] eine Unterscheidung, die auch für nachfolgende Literaturgeschichten prägend bleiben sollte.[74] Auch für die Orientalismusdebatte ist diese Frage von Bedeutung. Wenn Orientalismus in der Tradition von Said als der diskursive Ausdruck kolonialer Macht verstanden wird, dann wäre doch gerade eine genauere Kenntnis lokaler und neuerer Literaturen für eine effektivere Beherrschung der kolonialen Subjekte hilfreich gewesen.[75] Die Gründe für diese Ausgrenzung sieht Dharwadker zum einen in einer Reduktion von Indologie auf eine philologische Wissenschaft, die sich wesentlich auf die Rekonstruktion des antiken Indien beschränkte, um indo-europäische Beziehungen durch Sprachvergleiche aufzudecken, und zum anderen darin, dass die Kolonialregierung im 19. Jh. der Sanskrit-Forschung nicht mehr in dem Maße bedurfte wie im 18. Jh., weil politische und wirtschaftliche Machtstrukturen hinreichend ausgebaut waren.[76] Grauls Tamil-Bibliothek sollte der Inkonsistenz des Literaturbegriffes, wie er sich im indologischen Diskurs im 19. Jh. entwickelt hatte, eine Ordnung der Worte entgegensetzen, die eine indologische ‚Archäologie des Wissens‘ (Foucault) hätte beeinflussen können. Trotz struktureller Anpassungen des tamilischen Literaturkanons an indologische Philologie – Graul erwähnt grammatische und lexikalische Werke zuerst – und obwohl Graul bemüht war, vor allem die älteste Literatur und ihre klassischen Kommentare zu sammeln, war der Bibliothek das gleiche Schicksal beschieden wie der schon 1708 von Ziegenbalg zusammengestellten ‚Bibliotheca Malabarica‘. Erst 1880 wurde der Katalog, den Ziegenbalg bereits zwei Jahre nach seiner Ankunft in Tranquebar zusammengestellt hatte, von Wilhelm Germann, einem Schüler Grauls, wiederentdeckt und veröffentlicht. Ein weiteres Exemplar des Katalogs von Ziegenbalg befindet sich im Britischen Museum, wo es erst 1967 von Albertine Gaur entdeckt und veröffentlicht worden ist.[77] Während Ziegenbalg bei seiner Ordnung des

---

73 WEBER, A. 1852.

74 So z.B. FRAZER 1898; GOWEN 1931. Winternitz verhandelt die tamilische Literatur im dritten Band seiner über 1000 Seiten langen Literaturgeschichte im Anhang unter der Überschrift ‚Ein Blick auf die neuindische Literatur‘ auf gut drei Seiten. WINTERNITZ III, 1920:578f.

75 DHARWADKER 1994:168.

76 DHARWADKER 1994:174f.

77 GERMANN, Ziegenbalgs Bibliotheca Malabarica, 1–20.61–94; GAUR 1966.1967.1971; dazu JEYARAJ 1996:81ff; ZVELEBIL 1992:1f ist der Auffassung, dass Ziegenbalg mit diesem Katalog zum ersten Mal eine geschichtliche Ordnung der Tamil-Literatur gegeben habe. Zvelebil bescheinigt, dass Ziegenbalgs Sammlung einen relativ vollständigen Überblick über die Tamil-Literatur gegeben habe. ZVELEBIL 1974:2.

Katalogs neben Büchern „von der heydnischen Religion der Malabaren"[78] einen Schwerpunkt auf die Produktion und Sammlung christlicher Tamil-Literatur gelegt hat, soll die Bibliothek von Graul, bei deren Zusammenstellung ihm vor allem S. Samuel Pillay geholfen hat,[79] vor allem tamilische Sprache und Kultur repräsentieren.

3. Der Tirukkuṟaḷ

Graul ist davon überzeugt, mit der Übersetzung des Tirukkuṟaḷ das wichtigste literarische und ethische Werk der Tamilen in eine europäische Sprache übertragen zu haben, das „die Tamulen selbst als den köstlichsten Stein in der Krone ihrer Literatur ansehen"[80]. Seine Übersetzung war nicht die erste, aber es war die erste vollständige in einer europäischen Sprache. Graul benutzte für seine Übersetzung aber auch die lateinische Übersetzung der ersten zwei Kapitel durch den Jesuitenmissionar Beschi aus der ersten Hälfte des 18. Jh.s, die allerdings nie gedruckt wurde. Graul erhielt während seiner Indienreise eine Abschrift dieser Übersetzung aus dem Archiv der ‚Royal Asiatic Society' in Madras und plante, sie im vierten Band der ‚Bibliotheca Tamulica' zu veröffentlichen. Allerdings erschienen dann nur einige Verse von Beschis Kuṟaḷ-Übersetzung in den Fußnoten zu Grauls eigener lateinischer Übertragung.[81] Graul war der Auffassung, dass Beschi „oft mehr umschreibt als übersetzt und den Gedanken allzu häufig christianisiert". Teile des Kuṟaḷ wurden auch durch den Dänisch-Halleschen Missionar August Friedrich Caemmerer bereits 1800 ins Deutsche übersetzt. Caemmerer, der seine Übersetzung mit Hilfe eines tamilischen Brahmanen anfertigte, war der Ansicht, dass der Kuṟaḷ ursprünglich in Sanskrit verfasst sei und erst später ins Tamil übersetzt wurde, da er zahlreiche Sanskritausdrücke beinhalte.[82] Graul lehnt diese Übertragung allerdings als das Original „bis zur Unkenntlichkeit entstellend"[83] ab. Weitere Übersetzungen einzelner Verse durch Missionare sind in den NHB und MOIMH abgedruckt. 1886 hat G.U. Pope, ein Missionar der SPG, den Kuṟaḷ ins Englische übersetzt.

Die Berichte der Missionare zwischen 1800 und 1860 zeigen immer wieder, dass diese irritiert waren von der Fülle der Mythen in Tamil Nadu und dem Bilderreichtum, in dem sich tamilische Religiosität ausdrückt. Das Bild, das wohl von den Mis-

78 Ziegenbalgs Katalog hat 4 Teile: „I. von der reinen evangelischen Religion, II. von der unreinen Papistischen Religion, III. von der heydnischen Religion der Malabaren, IV. von der Mahometanischen Religion der Mohren." GERMANN 1880:1.

79 Siehe dazu Antwort auf Grauls Fragen zur Tamil Literatur, LMA, GN, Kapsel 6, Aktenstück: Notizen für Tamul. Literatur etc. (Anhang).

80 GRAUL, Mittheilungen, in: DAA 28, 1855:1160.

81 GRAUL, Kural, 1865.

82 CAEMMERER 1803:(4).

83 GRAUL, Kural, 1856:XVIII.

sionaren, aber auch von den britischen Kolonialbeamten am häufigsten für die Beschreibung indischen Denkens und indischer Religion gebraucht wurde, ist das des Jungels.[84] Auch Graul verwendet die romantische Terminologie und spricht von einem „Wunderland“:

> „Wie in ihren Ur-Wäldern jeder Baum umrankt und überwoben ist von der Menge der Schlingpflanzen, so daß nun die Fülle derselben den Baum selbst verdeckt, so sind ihre Gedanken von dem Reichthum der Vorstellungen bekleidet.“[85]

Der Kuṟaḷ war vor allem deshalb bei den Missionaren geschätzt, weil die ethischen Gedanken in den einzelnen Versen zugespitzt sind und die verwirrende Bilderfülle zurücktritt.[86] Der reformatorische Charakter des Kuṟaḷ zeigt sich für Graul daher nicht allein in den ethischen Grundsätzen, die er, wie unten zu zeigen sein wird, in Analogie zu Luthers Drei-Regimente-Lehre interpretiert, sondern auch in der Sprache. Darin, dass mit der Reform sanskritisch-hinduistischer Philosophie, Religiosität und Ethik zugleich auch eine sprachliche Reform einherging, sieht Graul das wesentlich Neue des Kuṟaḷ. Dessen Ethik konnte sich in Tamil Nadu nur deshalb als Ethik des Volkes verbreiten, weil sie in der Volkssprache verfasst war.

> „In deren reformatorischem Interesse lag es, im Gegensatze zur heiligen Sprache der Brahmanen, die Volkssprache zu einem passenden Organ ihrer auf das Volk berechneten Gedanken zu gestalten, und es ist daher kein Wunder, dass gerade die ältesten und klassischsten Schriften der Grammatologie im weitesten Sinne von jenen Gegnern des Brahmanenthums herrühren. Die moralisierende Richtung, welche sie einschlugen, setzte sich offenbar in weiteren Kreisen ausserhalb der buddhistischen Gemeinschaft fort, und erzeugte einen fast allgemeinen Geschmack an der gnomologischen Literatur, deren Hauptwerk, der Kural, wenn nicht geradezu von einem Buddhisten, so doch von einem sehr stark buddhistisch gefärbten Manne geschrieben ist.“[87]

---

84 Siehe auch INDEN 1990:86f.

85 GRAUL, Blicke, in: ELMB 1859:59.

86 Daniel von Schreber, der Herausgeber von Caemmerers Tirukkuṟaḷ-Übersetzung, schreibt: „Unter den Mythen mag wohl zum Theil nach der Behauptung des Herrn Sonnerat Wahrheit und Weisheit verborgen liegen, und manche gottesdienstlichen Ceremonien mögen anfänglich eine gute Absicht bezweckt haben. Allein den Kern kannten nur wenige Eingeweihte; mit dem zur Bessereung des Herzens untauglichen Schalen ward der grosse Haufe geäffet, aber für Beförderung wahrer Sittlichkeit gaben sie keinen Gewinn, sie führten vielmehr zum Laster. Es fehlte indeß in Indien nicht ganz an Weisen, die reinere Sittenlehre theils im dichterischen Schmucke, theils in Sentenzen lehrten. Sie erlaubten sich zum Theil Anspielungen auf die Mythologie, oder aber besondere Geseze, Gewohnheiten und Vorurtheile der Nation; trugen aber gereinigte Begriffe von dem göttlichen Wesen, Lebensphilosophie und Staatskunst, und edle Grundsäze die mit denen der Weisen Judäa und den Abendländern eine Vergleichung gestatten, vor.“ CAEMMERER 1803:(3). Caemmerers Übersetzung versteht sich als eine Fortsetzung von Ziegenbalgs Arbeit am Nidi Vemba und anderen ethischen Texten der tamilischen Tradition. Dazu JEYARAJ 1996:154ff. GRAUL unterscheidet dagegen nicht Form und Schale, sondern sieht das Besondere am Tirukkuṟaḷ in der gegenseitigen Durchdringung von „Phantasie“ und „scharfsinnigem Verstand“. ELMB, 1859:62.

87 GRAUL, Vedanta, BT I, 1854:XIff; siehe auch GRAUL, Reise IV, 1855:193f.

Es ist offensichtlich, dass Graul bemüht ist, die Autorität des Kuṟaḷ für die tamilische Gesellschaft einerseits und für das Verstehen dieser Gesellschaft durch ausländische Beobachter andererseits in Analogie zur lutherischen Reformation zu begründen. Als kultureller Text[88] bietet der Kural ein ‚Modell von' tamilischer Weltanschauung als auch ein ‚Modell für'[89] ein richtiges Verhalten zur Welt. Indem Graul darüber hinaus den Kuṟaḷ zu den ‚klassischen' Schriften der tamilischen Tradition rechnet, kanonisiert er ihn trotz seiner buddhistisch-jainistischen Prägung als einen auch für christliche Missionare unumgänglichen Kulturausdruck. Als ‚Modell für' bietet er daher auch Anknüpfungspunkte für die christliche Predigt. Als jainistischer Text ist „der innere Lebensodem des Kural … durchaus indisch"[90], aber als Reformtext steht er in Form und Inhalt in einer Distanz zu den hinduistisch geprägten poetischen Texten, die für Graul Ausdruck der Phantasie und Ausschweifigkeit des Gedankens sind, und damit zugleich in einer formalen Nähe zur Bibel, deren „keusche einfache Sprache … den Tamulen wie den meisten andern Hindu's erst gar nicht recht munden"[91] will.

Graul übersetzt den Begriff kuṟaḷ mit „Kurzzeiler". Das Versmaß ist der kuṟaḷveṇpā, der in der klassischen tamilischen Literatur als die höchste und schwierigste Form des Versmaßes angesehen wird.[92] Der Kuṟaḷ besteht aus 1330 Distichen, die in 133 Abschnitte von je zehn Doppelversen aufgeteilt sind. Entscheidend für ein Verständnis des Kuṟaḷ ist, dass er in drei Teile unterteilt ist, die verschiedene Gebiete der Ethik behandeln. Graul und Pope gehen mit der tamilischen Tradition davon aus, dass das Werk keine Sammlung von ethischen Sprüchen darstellt, sondern Komposition eines Autors ist.[93] Über den Verfasser des Kuṟaḷ Tiruvaḷḷuvar lassen sich keine genauen historischen Daten erheben.[94] Graul gibt im Anhang seiner Kuṟaḷ-Übersetzung das ‚Tiruvaḷḷuvar varalāṟu' aus dem Kommentar von Saravana Perumal Aiyar und eine Nacherzählung des ‚Tiruvaḷḷuvar carittiram' bei Vedagiri Mudaliar wieder, zwei verschiedene Sagen über Abstammung und Wirken von Tiruvaḷḷuvar. Aus diesen Sagen glaubt er als historisch gesicherte Fakten entnehmen zu können, dass Tiruvaḷḷuvar Sohn eines Brahmanen und einer Paraiyarfrau aus Mayilapore war, also aus einer verachteten Kaste stammte, und dass er sein Werk

88 Zu dem Begriff siehe ASSMANN 1995:232–244.

89 Überlegungen der symbolischen Kulturanthropologie von Clifford Geertz, nach denen symbolische Formen eine Darstellungsfunktion (Modell von) und zugleich eine Applikationsfunktion (Modell für) besitzen, lassen sich in diesem Zusammenhang auch auf die Frage nach interkultureller Übersetzung anwenden. Dazu GEERTZ 1987:92f.

90 GRAUL, Kural, 1856:XIII.

91 GRAUL, Reise IV, 1855:198.

92 Dazu ZVELEBIL 1973:166.

93 GRAUL, Kural, 1856:XI; POPE 1886.

94 BERNHARD SCHMID schreibt 1829, er wisse nicht, ob der Kuṟaḷ vorchristlich oder nachchristlich zu datieren sei, NHB, 83, 1837:1008; Caemmerer nimmt ein Alter von 900 Jahren an, CAEMMERER 1803, Einleitung; GRAUL nimmt zwischen 200 und 800 A.D. an und Pope zwischen 800 und 1000, POPE 1886:IV. Die heutige Datierung durch westliche Tamilologen liegt zwischen 450 und 550 A.D, ZVELEBIL 1973:156.

vor der dritten Caṅkam-Akademie in Madurai[95] verteidigen musste und den Disput gewann. Graul nimmt an, dass der sagenhafte Bericht über Tiruvaḷḷuvars Disputation in Madurai im ‚Tiruvaḷḷuvar carittiram' darauf hindeutet, dass mit dem Kuṟaḷ eine neue Literaturepoche in Tamil Nadu begonnen habe, da das Werk im reinen Tamil und unter Aufnahme nur weniger Sanskritbegriffe verfasst war und so das vom Sanskrit durchsetzte Tamil der Akademie, die in poetischen wie philosophischen Fragen maßgeblich war, abgelöst habe.[96]

Die Rezeptionsgeschichte des Kuṟaḷ zeigt, dass verschiedene Religionen, Śaivas, Vaiṣṇavas, Jains, Buddhisten und auch Christen das Werk für sich in Anspruch genommen haben. Pope geht sogar davon aus, dass Tiruvaḷḷuvar in Mayilapore, dem Ort, an dem der traditionellen Überlieferung nach der Apostel Thomas gewirkt hat, Kontakt mit Christen gehabt haben muss, und sieht in dem Kuṟaḷ einen Reflex der Bergpredigt.[97] Auch das Eingangskapitel, das Pope als Ausdruck südindischer Bhakti-Frömmigkeit interpretiert, deutet seiner Ansicht nach, da er mit Albrecht Weber bhakti auf christlichen Einfluss zurückführt, auf eine christliche Prägung des Kuṟaḷ hin. Diese Einschätzung Popes, die bereits zu seiner Zeit Kritik von tamilischen Kuṟaḷ-Forschern erfahren hat, gilt heute als widerlegt. Zvelebil hat nachgewiesen, dass die Terminologie des Kuṟaḷ auf einen Autor im Umfeld der jainistischen Reformbewegung hindeutet, ohne allerdings zu erwähnen, dass Graul der erste war, der diese Überlegungen angestellt hat. Die Datierung des Kuṟaḷ durch Graul war zwar ungenau, jedoch dem Textverständnis angemessen. Er datierte den Kuṟaḷ als ein Werk, das zur Zeit der Pāṇṭiya-Dynastie entstanden sein muss und einerseits Spuren des śivaitischen Hinduismus enthält, andererseits aber als ein Reformwerk insoweit vorhinduistisch ist, als es vor der Bildung von Sekten und orthodoxen Systemen entstanden ist. Graul schloss Einflüsse des Advaitavedānta und der Bhakti-Bewegung mit dem terminus ad quem aus.[98] Graul hat anhand der Terminologie und des Aufbaus des Kuṟaḷ die Vermutung angestellt, dass das Werk des Tiruvaḷḷuvar aus der Tradition der Jainas oder der Buddhisten stammen müsse.[99] Die Unentschiedenheit in der Zuordnung hängt mit der zu Grauls Zeiten vorherrschenden Forschungsmeinung über das Verhältnis von Jainas und Buddhismus zusam-

95 Die früheste Schicht der Tamil-Literatur wird als Caṅkam-Literatur bezeichnet, weil diese Literatur der Legende nach von einer Gruppe von Poeten produziert wurde, die unter dem Patronat der Pāṇṭiya-Könige in Madurai zusammengekommen sind. Die Legende nimmt an, dass es drei Akademien gegeben hat, den mutal-caṅkam, der 4449 Jahre existiert hat und 549 Dichter beschäftigte, den itai-caṅkam, der 3700 Jahre existierte und 59 Richter und 3700 Dichter beschäftigte, und den katai-caṅkam, der 1850 Jahre bestand und an dem 49 Richter und 499 Dichter arbeiteten. Jacob Pandian nimmt an, dass diese Legende, die das Alter der Tamil-Literatur bestätigen und die Bedeutung der Tamil-Literatur bekräftigen soll, erst im 9. Jh. A.D. an Bedeutung gewann, als der Hinduismus seinen Einfluss in Tamil Nadu gegen Buddhisten und Jains geltend machte. PANDIAN 1995:180.

96 GRAUL, Kural, 1856:XI.

97 POPE 1886:III.

98 GRAUL, Kural, 1856:XIII.

99 1949 hat A. Chakravarthi, ohne Graul zu kennen, eine Abhandlung verfasst mit dem Ziel, nachzuweisen, dass der Kural jainistisch ist; CHAKRAVARTHI 1949.

men. Unter dem Einfluss von Albrecht Weber und Christian Lassen vertrat Graul die Auffassung, dass die Jainas buddhistische Schismatiker waren.[100] Er hat mehrere Gründe dafür angeführt, warum er den Kuṟaḷ als ein jainistisches Werk eingeschätzt hat: 1. Brahmanen werden nicht besonders hervorgehoben und alle Kasten werden gleich behandelt; 2. Von den klassischen vier āśramas brahmacarya, gṛhasta, vānaprasatha, saṃnyāsa (Graul: „Schüler, Hausvater, Waldsiedler und Allentsager") werden nur zwei erwähnt, nämlich der „Hausvater" und der „Büßer"; 3. Die brahmanischen Götter werden nur allegorisch gebraucht, ansonsten treten sie in den Hintergrund; 4. Der Schwerpunkt des Werkes liegt auf der „Busstugend"; 5. Enthaltung von allem Töten wird als Gipfel aller Tugend angesehen (im Vorwort zur tamilisch-lateinischen Textausgabe von 1865 erwähnt Graul ausdrücklich ahiṃsā); 6. Kastenregeln werden durch allgemeine ethische Normen ersetzt.[101]

Der Kuṟaḷ beginnt, wie auch andere tamilische ethische Schriften, mit einer Anrufung der Gottheit. Ziegenbalg hatte 1708 in seiner Übersetzung des ‚Nidi Venba' (Lehre über Gerechtigkeit) und des ‚Kondrai Wendan'[102] die Anrufung an Śiva weggelassen, wohl um in den ethischen Büchern legitime Anknüpfungspunkte für die christliche Predigt in Tamil Nadu zu begründen.[103] Der erste Vers des Kuṟaḷ ist ein Lobpreis an ātipakavan, der in den nachfolgenden Versen vertieft wird. Bereits Beschi hat diese Verse übersetzt, und auch Ellis, Caemmerer, Graul und Pope haben in ihren Übersetzungen das Gotteslob nicht ausgelassen. Ein Vergleich einiger Übersetzungen dieser Verse im 19. Jh. macht deutlich, wie unterschiedlich die Übersetzer den Kuṟaḷ interpretiert haben.

Kuṟaḷ 1,1:	akaramutala veluttellām āti pakavan mutaṟṟē yulaku
Beschi:	Literae omnes principium habent literam A mundus principium habet numen primordiale.
Caemmerer:	Wie unter denen Vokalen das A der erste ist, so ist auch Gott in der Welt der erste.
Ellis:	As ranked in every alphabet the first the self-same vowel stands, so in all worlds, th' eternal God is chief.
Graul (Kural):	A als Erstes haben alle Buchstaben; den Urseligen als Erstes hat die Welt.
Graul (Sinnpflanzen):	A steht an der Spitze aller Laute; Dasteht an der Dinge Anhub Gott.

100 LASSEN II, 1852:1069ff. Colebrooke war der Ansicht, dass der Buddhismus eine Entwicklung des Jainismus gewesen ist, COLEBROOKE II, 1872:191ff. Erst 1879 hat H. JACOBI nachgewiesen, dass Buddhismus und Jainismus zwei unabhängige Religionen sind, die zur gleichen Zeit entstanden sind. Zur Geschichte der Jainismusforschung siehe GLASENAPP 1964:2ff.

101 GRAUL, Kural, 1856:XIV.

102 Schreibweise nach JEYARAJ 1996, der Ziegenbalg übernimmt.

103 JEYARAJ 1996:161ff.

Graul hat es in seiner Übersetzung von 1856 vermieden, ātipakavan mit Gott zu übersetzen. Die Ausdrücke ‚eternal God‘ und *numen primordiale* seien zu sehr geprägt von christlicher Tradition.[104] Der Begriff ‚der Urselige‘ lässt noch offen, ob er selbstbezüglich oder in Bezug auf die Welt gemeint ist. Graul ist der Ansicht, dass der Ausdruck ātipakavan (skt.: ādibhagavan) aus buddhistisch-jainistischer Tradition stammen muss, da pakavan auch eine Bezeichnung des Buddha ist und Lassen gezeigt hat, dass die Vorstellung von einem Adibuddha im südlichen Buddhismus bereits in den ersten Jahrhunderten der christlichen Zeitrechnung aufgekommen ist.[105] In einem Kommentar zum Śivañāṇaciṭṭiyār, das Graul ebenfalls in Auszügen übersetzt hat, kommt die Bezeichnung Adibuddha ausdrücklich vor.[106] Allerdings bleibt es für Graul noch offen, ob sich der Ausdruck auf eine frühere ‚Transmigration‘ des Buddha bezieht oder ob er einen „Urgott als Urwurzel der Welt“[107] meint. Er vermutet aber, dass der Buddhismus dort, wo er mit dem Brahmanismus in engeren Kontakt gekommen ist, auch theistische Aspekte aufgenommen hat.[108] Auch der Ausdruck malarmicaiyēkiṉaṉ in Kuṟaḷ 1,3 deutet auf eine jainistische Bezeichnung Gottes hin. In der jainistischen Tradition Tamil Nadus wird Arugan (skt.: Arhat) als auf einer Lotosblume stehend dargestellt.[109] Graul übersetzt: „… der über die Blume wallte“.

Kuṟaḷ 1,3	malāricaiyēkiṉāṉ māṇaṭicērntār nilamisai nīṭuvāḻvār
Cämmerer:	Wer Gott, dem wir im Tempel Blumen streuen, zum Beystand hat, der kann bis an sein Ende glücklich leben.
Beschi:	Qui adhaerent venerabilibus pedibus illius qui supra flores graditur in loco terrae superiori diu vivet; id est, qui veretur eum qui floribus venustatem tribuit in caelo aeternum beabitur.
Ellis:	They who adore his sacred feet, whose grace gladdens with sudden thrill the fervent heart, high o'er the earth shall soar to endless joy.
Graul:	Die sich halten an den hehren Fuss Dess „der über die Blume wallte“, werden lange leben über der Erde.

104 In der Übersetzung von 1865, die vor allem darum bemüht war, das Versmaß und die Anfangsreime des tamilischen Originals wiederzugeben, und die keinen wissenschaftlichen, sondern einen literarischen Anspruch erhoben hat, verwendet er zwar den Begriff ‚Gott‘, bemerkt jedoch im Kommentar: „Aber noch ist es nicht völlig ausgemacht, ob sie darunter einen wirklichen Gott im Sinne der Brahmanischen Hindus meinen oder nur einen frühern Buddha.“ GRAUL, Sinnpflanzen, 1865:37.

105 LASSEN II, 1852:1084.

106 GRAUL, Widerlegung, in: ZDMG VIII, 1854:721.

107 GRAUL, Kural, 1856:3.

108 GRAUL, Reise IV, 1855:344 Anm. 238. Siehe auch HIKOSAKA 1989:153ff.

109 GRAUL, Kural, 1865:285 Anm. 3; POPE 1886:184 Anm. 3.

Graul (lateinische kommentierte Übersetzung):

> Qui adhaeserint augusto pedi illius, qui super florem (i.e. vel mundum, vel cor humanum afflatu numinis quasi apertum) graditur, supra terram diu vivent (antequam novam suscipiunt migrationem).

In dem brahmanischen Kommentar von Parimēlaḷakar zum Kuṟaḷ wird malarmicaiyēkiṉaṉ metaphorisch gedeutet. Auch er gesteht zu, dass es Ausleger gibt, die den Begriff auf einen „anderen Gott" übertragen haben, den sie ‚Pūmenadańdar' nannten,[110] kommentiert aber, dass die Lotosblume eine Metapher sei für die Herzen der Menschen, die ihn verehren. Caemmerer interpretiert den Vers vom Tempeldienst her und hat so die Qualifizierung Gottes nicht aufgegriffen. Diese hat er bereits in seiner Übersetzung von Vers 2 in christlich-kommentierender Weise mitgeliefert, obwohl in diesem Vers als Qualifizierung Gottes allein vālarivan (einer von reinem Wissen)[111] erwähnt wird. „Wer Gott den Unendlichen, Allweisen, Mächtigen, Allwissenden und Allgegenwärtigen nicht kennt, ihn, der so einen herrlichen Namen führet, ein hohes Alter und ewig dauernde Glückseligkeit besitzt, nicht verehret, den nenne ich einen fühllosen verhärteten Menschen" (Kuṟaḷ 1,2).[112] Beschi interpretiert dagegen in seinem dem Vers angehängten Kommentar Gott als Schöpfergott, und Ellis übersetzt bewusst nicht den Vers, sondern interpretiert ihn im Sinne des Kommentars von Parimēlaḷakar unkritisch und sieht mit ihm darin einen Hinweis, dass die Jainas die Entstehung des Textes aus ihrer Tradition für sich in Anspruch genommen haben.[113] Graul ist dagegen bemüht, den Ausdruck malarmicaiyēkiṉan so zu übersetzen, dass die jainistische Prägung auch im Deutschen erkennbar bleibt, und kritisiert die Auslegung von Parimēlaḷakar in der lateinischen Übersetzung als bewusste Auslassung des orthodoxen Hinduismus.[114] Weitere Bezeichnungen des Arugan in Kuṟaḷ 1,4 vēṇṭutal vēṇṭāmai ilāṉ (Graul: der ohne Begehr und Abscheu ist),[115] Kuṟaḷ 1,6: poṟivāyil ainatavittāṉ (Graul: der die Sinnpfads-Fünf ausgelöscht hat),[116] Kuṟaḷ 1,8: aṟavāḷiyataṇaṉ (Graul: des Urmilden mit dem Rad der Tugenden) und Kuṟaḷ 1,9: eṇkuṇattān (Graul: des mit den acht Tugenden) deuten nach Graul

110 Schreibweise von Graul. Graul, dem andere klassische Kommentare zum Kuṟaḷ nicht zur Verfügung standen, weil sie nicht gedruckt oder anders veröffentlicht waren, sieht hierin ein Zugeständnis Parimēlaḷakars, dass es Hinweise auf buddhistische oder jainistische Einflüsse im Text gibt, und vermutet, dass Parimēlaḷakar den Namen des Gottes bewusst nicht erwähnt habe. GRAUL, Kural, 1856:1.3 Anm. 2.

111 Siehe auch FABRICIUS 1972:868.

112 CAEMMERER 1803:2.

113 ELLIS 1816:5.

114 GRAUL Kural, 1865:285.

115 „Die sich fest an den Fuss fassen Dess, der ohne Begehr und Abscheu ist, trifft Trübsal nimmer." GRAUL, Kural, 1856:4. Pope kommentiert, dass Tiruvaḷḷuvar „das Sitzen zu des Meisters Füssen" in Anlehnung an Lk 10,42 formuliert haben könnte.

116 „Lange leben werden, die fest fussten auf dem truglosen Tugendpfad Dess, der ‚die Sinnpfads-Fünf ausgelöscht hat'." GRAUL, Kural, 1856:5.

ebenfalls auf jainistischen Einfluss hin.[117] Der Sanskrit-Einfluss auf die tamilische Sprache zeigt sich in Begriffen wie eṇkuṇattāṉ. Kuṇam ist die tamilische Form für skt. guṇa. Der Kommentar von Parimēlaḷakar hat eṇkuṇattāṉ als Hinweis auf die acht Eigenschaften Śivas gedeutet, die als „Selbstständigkeit, Reinleibigkeit, unmittelbare Anschauung, Allwissen, natürliche Ungebundenheit, Groß-Huld, unendliches Wirken, unendliche Wonne" von Graul übersetzt werden.[118] Graul ist allerdings unter Bezugnahme auf das Sūṭāmaṇi nikaṇṭu, ein jainistisches Lexikon, das Māndalapuruṣa[119] zum Autor hat, der Ansicht, dass auch Kuṟaḷ 1,9 auf eine jainistische Autorschaft des Kuṟaḷ hinweist, da typische jainistische Eigenschaften, wie Familienlosigkeit, Alterslosigkeit, Hindernislosigkeit, Namenlosigkeit und endlose Weisheit mit diesem Begriff verbunden sind.

Einer der Gründe, warum Grauls Kuṟaḷ-Übersetzung in Tamil Nadu nicht rezipiert wurde, während Pope, der den Kuṟaḷ in einer Affinität zur Bhakti-Literatur sah und darüber hinaus Māṇikkarvācakars Tiruvācakam übersetzte, von gebildeten Tamilen als bedeutender Erforscher und Erneuerer ihrer Tradition gefeiert wurde, liegt in seiner These, den jainistischen Einfluss betreffend.[120] Seit der Mitte des 18. Jh.s herrschte in Tamil Nadu eine deutlich ablehnende Haltung gegenüber dem Studium und der Lektüre der vor-devotionalen Literatur. Vor allem in śivaitischen Kreisen wurde die Beschäftigung mit jainistischer, buddhistischer und Vaiṣṇava-Literatur als überflüssig erachtet und sogar verboten. Dadurch ist im 19. Jh. das Studium der Vor-Bhakti-Literatur unter tamilischen Gelehrten fast vollständig zum Erliegen gekommen.[121] Grauls Nachweis einer vor-śivaitischen jainistischen Prägung des Kuṟaḷ und seine These von grundlegend jainistisch-buddhistischer Prägung der tamilischen Kultur stand konträr zu den Bestrebungen śivaitischer Brahmanen in Tamil Nadu im 19. Jh., sich als kulturprägende Elite zu etablieren. Graul beschäftigte sich, um den Kuṟaḷ in eine Sprach- und Literaturtradition einordnen zu können, neben der Übersetzungsarbeit vor allem mit grammatischen und lexikalischen Werken. Etwa ein Jahrzehnt vor seinem Aufenthalt in Tamil Nadu hat eine Gruppe gelehrter Vellalar begonnen, neben dem Kuṟaḷ, dem Pañcatantra[122] und der Bhagavadgītā auch klassische grammatische Werke zu veröffentlichen. Vedagiri Mudaliar, Tandavaraja Mudaliar und K. Ramasvami Pillai, waren die Herausgeber der grammatischen

117 GRAUL, Kural, 1856:5, Kuṟaḷ 1,6 Anm 2. Siehe dazu auch ZVELEBIL 1973:157.

118 GRAUL, Kural, 1856:6.

119 GRAUL, Kural, 1856:6; ZDMG 1853:560; ELLIS 1816:19.

120 Nallaswami Pillai, einer der Begründer des in Tamil Nadu für die religiöse und regionale Entwicklung ausgesprochen wichtigen Śaiva Siddhānta Samāj, bezieht sich in seiner Interpretation des Kuṟaḷ ausdrücklich auf Pope, um den Kuṟaḷ als ein theistisches Dokument der südindischen Śaiva Tradition zu etablieren. „In fact, his creed is not a godless creed like that of the Jains or Buddhists. In this respect there is disparity between the Nālaḍi and this work. Our author's God is the ‚first cause and Lord' adipagvan." NALLASWAMI PILLAI 1911:147.

121 ZVELEBIL 1992:35.

122 GRAUL veröffentlichte eine Übersetzung des ersten Teils des tamilischen Textes von Tandavaraja Mudaliar. Pantscha-Tantra-Kathei, d.i. die fünf Klugheitsregeln in Erzählungen, in: DAA 2832, 1859:1195–1200.1214–1219.

Werke,[123] die Graul am meisten beschäftigten. 1835 erschienen Cēntan Tivākaram,[124] Naṉṉūl, Akapporuḷ viḷakkam und Puṟapporuḷ veṇpāmālai, klassische Grammatiken, die Graul mit nach Deutschland brachte[125] und bearbeitete.[126] Graul schätzte auch Naṉṉūl und Cēntan Tivākaram als Werke aus der jainistischen Tradition ein und erregte mit dieser Ansicht den Widerspruch brahmanischer Gelehrter in Madras. Wenn auch die Texte dieser Werke bereits in Tamil veröffentlicht waren, so hat erst die Beschäftigung eines Europäers mit ihnen dazu geführt, dass sie auch öffentlich diskutiert wurden. Grauls Informant S. Samuel Pillay wandte sich 1853 auf dessen Frage, ob der Autor des Cēntan Tivākaram Jainist oder Buddhist sei, an Visaga Perumal Aiyar, einen Vīraśaiva-Brahmanen, Professor am Presidency College in Madras,[127] der die Ansicht vertrat, dass Cēntan Tivākaram ein Text aus der śivaitischen Tradition sein müsse, da er eine Anrufung Gaṇeśas enthalte, die von Samuel aber als Interpolation brahmanischer Bearbeiter[128] des Textes angesehen wurde. Samuel selbst führt in seinem Brief an Graul aus, warum er den Text für ein Werk eines jainistischen Autors halte und fügt dann eine Bemerkung an, dass die missionarische Beschäftigung mit der tamilischen Literatur in Tamil Nadu zu einer Renaissance der eigenen Tradition beigetragen hat:

> „The evil is that our men here begin to enquire into these subjects after the question is put to them. They have no previous researches of their own. After such questions of an enquiring European are put to them and reused their intellectual powers they furnish us with crude materials of varied and mixed nature.“[129]

An diesem Beispiel wird deutlich, dass sich um die Mitte des 19. Jh.s in Tamil Nadu unterschiedliche Interpretationslinien im Umgang mit der eigenen Tradition ausbildeten. Noch um 1708 schien die jainistische Autorenschaft des Tivākaram nicht hinterfragt gewesen zu sein. Ziegenbalg beschrieb das Werk in seiner ‚Bibliotheca

---

123 ZVELEBIL 1992:164.

124 Ein lexikalisches Werk aus dem 9. oder 10. Jh. A.D., das in zwölf Teilen die Beinamen der Gottheiten, Bezeichnungen der Völker, Ortschaften und Gegenstände aus der Natur auflistet.

125 GRAUL, Tamulische Bibliothek, in: ZDMG VII, 1853:558–568.

126 LMA, GN, Kapsel 6, Aktenstück: Notizen zur Tamil Literatur, Nannul.

127 Der Bruder von Saravana Perumal Aiyar, ZVELEBIL 1992:162.

128 Zur Frage der Interpolationen siehe ZVELEBIL 1992:36f. In den letzten Jahrzehnten des 19. Jh.s hat sich besonders unter Maraimalai Atikal und Somasundaran Bharati ein historisch-kritischer Umgang mit klassischen tamilischen Texten ausgebildet, der alle Interpolationen, die Spuren brahmanisch-sanskritischer Bearbeitung aufwiesen, entfernt hat.

129 Brief von S. SAMUEL PILLAY vom 3.11.1853; LMA/GN Aktenstück: K. Graul, Briefe an ihn. Answers to the 12 Questions enclosed in the letter dated 6th June 1853 (Anhang). Samuel schreibt weiter: „I have also to remark that your Inquiries lead to new researches. What we wanted once before is brought unasked in answer to an inquiry indirectly … It is now my firm conviction – which is daily more & more growing – that if natives themselves adopt some method of reading & examining their works of every description upon European principles, they will doubtless bring to light almost all doubted points, for in their numberless works there are references and allusions in various ways to one another affording strong grounds and ample means for determination & conclusion.“

Malabarica' und erwähnte, dass der Autor „einer von der Schammaner Nation" gewesen sei.[130] Sowohl unter den Brahmanen wie unter den Vellalar gab es bedeutende Gelehrte, die sich der literarischen Tradition annahmen. Indem aber einige Vellalar Gelehrte die von Graul vertretene Hypothese von einer jainistischen Urheberschaft der bedeutendsten grammatischen Werke der Tamil-Sprache favorisierten, fanden sie in der Kulturgeschichte der Tamilen Elemente, die dem Mythos, die tamilische Sprache sei von dem Brahmanen Agastya erst eingeführt worden, widersprachen.[131]

Da aber der Kuṟaḷ nicht explizit antibrahmanische Verse enthält, war Graul aufgrund der Rezeptionsgeschichte des Kuṟaḷ der Ansicht, dass der Text bewusst so verfasst sei, dass alle tamilischen Religionsgemeinschaften ihn sich aneignen könnten.[132]

Der wesentliche Unterschied zur sanskritisch-hinduistischen Literatur liegt aber, wie oben schon angedeutet, in der Struktur des Kuṟaḷ begründet. Die drei Kapitelüberschriften des Kuṟaḷ, aṟattuppāl, poruṭpāl und kāmattuppāl, übersetzt Graul mit: „Von der Tugend" (de virtute), „Vom Gute" (de bonis) und „Von der Lust" (de amore). Anstatt der vier puruṣārthas des sanskritischen Hinduismus, dharma, artha, kāma und mokṣa, werden im Kuṟaḷ, obwohl auch die tamilische Tradition in Analogie zu den puruṣārthas die vier Werte, aṟam, poruḷ, inpam und viṭu kennt, nur die

---

130 „Diwagaram, ein poetisches Buch, so da copiam verborum in sich fasset, und am allerersten von der Jugend in ihrem 8. oder 9. Jahr gelernt wird. Der Autor dieses Buches heißt Diwagaram und ist einer von der Schammaner Nation [gemeint sind die Jainas] gewesen, die Malabaren halten ihn für einen sehr hoch gelehrten Mann. Er ist vor 5 hundert und etliche 40 Jahren gestorben. Dieses Buch lernen allein diejenigen, so da wollen Gelehrte werden, oder doch solche Leute seyn, die mit Gelehrten umgehen und ihre gelehrte Sprache verstehen wollen. Die gemeinen Malabaren verstehen kein Wort aus selbigen oder doch ganz wenig." GERMANN 1880:62f; siehe auch LEHMANN 1959:903–906. Da Germann erst 1880 diejenigen Abschnitte der ‚Bibliotheca Malabarica' veröffentlichte, die nicht in den Halleschen Berichten erschienen waren, konnte Graul Ziegenbalgs Beschäftigung mit dem Text nicht kennen. Ich verdanke Daniel Jeyaraj den Hinweis auf Ziegenbalgs Beschäftigung mit dem Werk, der vermutet, dass das Tivākaram von grundlegender Bedeutung für Ziegenbalgs ‚Genealogie der Malabarischen Götter' war.

131 Erhellend ist in diesem Zusammenhang eine Bemerkung von Schomerus, der allerdings erst schrieb, als die dravidische Reformbewegung sich schon weitgehend formiert und etabliert hatte: „Wenn auch nicht ausgeschlossen zu sein scheint, daß die arische Kultur nach Südindien vorgedrungen ist, bevor der Jainismus und der Buddhismus sich dort festsetzten, so dürfte es doch sehr zweifelhaft sein, daß sie dort vor dem Hochkommen derselben tiefe Wurzeln geschlagen hat. Die älteste tamulische Literatur verrät nämlich sehr starke jainistische Einflüsse, so daß der Verdacht sehr nahe liegt, daß sie die eigentlichen Bringer der arischen Kultur gewesen sind. Die Legende von Agastya als dem Überbringer derselben beweist nicht das Gegenteil. Sie ist zweifellos eine brahmanische Erfindung. Die Gestalt des Agastya spielt schon in dem Rigveda eine Rolle, so daß er, wenn es sich bei ihm überhaupt um eine historische Persönlichkeit handelt, als Vermittler der arischen Kultur nach dem dravidischen Süden sicherlich nicht in Frage kommen kann. Es handelt sich hier allem Anschein nach um einen tendenziösen Versuch von brahmanischer Seite, den ihnen verhaßten Jainisten den Ruhm streitig zu machen, als seien sie es, denen der Süden die Anfänge einer höheren Kultur verdanke." SCHOMERUS, Hymnen, 1923:XVIIIf.

132 GRAUL, Göthe, in: MOIMH IX, 1858:142.

ersten drei behandelt. Die Frage, warum mokṣa (tamil: viṭu) als höchster Wert der sanskritischen Erlösungslehre (paramapuruṣārtha) im Kuṟaḷ nicht in einem eigenständigen Kapitel verhandelt wird, wurde von den europäischen Übersetzern im 19. Jh. unterschiedlich beantwortet. Graul war wohl der erste Europäer, der die drei Kapitel des Kuṟaḷ als eine Abwandlung der hinduistischen Puruṣārtha-Vorstellung interpretiert hat. Zwar hatte Ellis bereits bemerkt, dass im Kuṟaḷ das traditionelle Āśrama-System nur in sehr abgewandelter Form vorkommt und dass dem Saṃnyāsāśrama-Ideal kein besonderer Status im Erlangen von mokṣa zugeschrieben wird.[133] Über das Verhältnis von puruṣārtha und Āśrama-System[134] in der tamilischen Tradition und insbesondere im Kuṟaḷ hat er sich jedoch nicht geäußert. Pope interpretiert mokṣa eschatologisch und vermutet, dass Tiruvaḷḷuvar die Zukunft der Menschen pessimistisch beurteilt hat und auf „Licht" wartete oder dass er davon ausging, dass die Tamilen für eine „höhere Lehre" noch nicht bereit waren.[135] Graul geht davon aus, dass mokṣa in einer Ausdifferenzierung eines ursprünglich dreigliedrigen Weges (trivarga), später als eigenständiges „Strebeziel" entstanden ist, und er folgt dem Kommentar von Parimēlaḷakar, dass im Kuṟaḷ viṭu (mokṣa) als ein Aspekt von aṟam verhandelt wird. Das erste Kapitel „Von der Tugend" teilt Graul, auch hier Parimēlaḷakar folgend, in illaṟam (von der Haustugend) und tuṟavaṟam (von der Bußtugend) auf. Viṭu stellt sich ein, so sieht es Graul, wenn die „rechte Gesinnung"[136], die im Kuṟaḷ unter den verschiedenen Aspekten des „Hausvaters", des Büßers, des Königs und in der Liebe entfaltet wird, den jeweiligen Lebensprozess bestimmt.[137] Der saṃnyāsin hat im Kuṟaḷ nicht die Position des höchsten brahmanischen Lebensideals inne, indem er in der Abkehr von der Welt viṭu verwirklicht, sondern er wird von Graul als Beispiel dafür interpretiert, wie viṭu in diesem Leben von den anderen Ständen verwirklicht werden kann. Nur im Praktizieren von aṟam, das dem sanskritischen dharma entspricht, und durch das alle Aspekte des politischen wie des Familienlebens bestimmt sind, kann sich Glück einstellen.[138] Graul betont in seinem Kommentar besonders Kuṟaḷ 4.33: „Wie es nur möglich ist, wo es nur angeht, unablässig übe du Tugend-Tat." Er sieht in der Tatsache, dass im Kuṟaḷ viṭu nicht in einem eigenen Kapitel behandelt wird, auch keine Vernachlässigung der spirituellen Dimension menschlichen Lebens, sondern Ausdruck buddhistisch-jainistischer Spiritualität. Die innere Transformation, die sich im Halten von aṟam

133 ELLIS 1816:119–135.

134 Zu dem Verhältnis der beiden zueinander im brahmanischen Hinduismus siehe MICHAELS 1998:108, der sich auf WINTERNITZ 1926 beruft.

135 POPE 1886:VII. Es ist offensichtlich, dass Pope Erlösung im christlichen Glauben als die „höhere Lehre" hier dem seiner Ansicht nach vom Christentum beeinflussten Tiruvaḷḷuvar andienen will.

136 Siehe GRAUL, Sinnpflanzen, 1865:43f.

137 Insbesondere S. Gopalan hat in seinem Kommentar zum Kuṟaḷ aufgezeigt, dass poruḷ und inpam von Tiruvaḷḷuvar als praktische Entfaltungen von aṟam verstanden werden. GOPALAN 1979.

138 GRAUL, Sinnpflanzen, 1865:45.

einstellt, ist bereits Ausdruck von mokṣa, und die Reinheit der Selbstlosigkeit führt zu einem mitfühlenden Verhalten der Welt gegenüber.[139]

Für Graul war es, anders als für seine europäischen Vorgänger, aus diesem Verständnis des Kuṟaḷ heraus auch kein moralisches Problem, den dritten Teil über die Liebe zu übersetzen. In europäischen Aussagen über den Kuṟaḷ im 18. und 19. Jh. finden sich immer wieder abschätzige Bemerkungen über den dritten Teil, der vor allem von Missionaren als Ausdruck der sittlichen Verkommenheit der Tamilen gedeutet wurde. Caemmerer, der ohnehin nur Ausschnitte des Kuṟaḷ übersetzte, hielt den dritten Teil für so verwerflich, dass er glaubte, ihn seinen Lesern nicht vorlegen zu können.[140] Graul, der viele Anregungen für die Übersetzung des dritten Teils aus Nampis Akapporuḷ Viḷakkam erhalten hat, insbesondere über die Unterscheidung von kaḷavu (heimlicher Ehe) und karpu (öffentlicher Ehe), sah besonders in diesem Teil

> „ein[en] Spiegel des indischen, speciell des tamulischen Volksgeistes, und es würde in der That etwas fehlen, wenn man den dritten Theil, der ein so helles Licht auf das häusliche Leben wirft, weglassen wollte, bloss weil ein paar Ausdrücke darin vorkommen, die an die freiere Art des Morgenlandes erinnern“[141].

Der dritte Teil des Kuṟaḷ wurde von Graul nicht in eine Analogie zu dem in Sanskrit verfassten Handbuch Kāmasūtra von Vātsyāyana gesetzt, sondern die Teile 2 und 3 nehmen, obwohl sie sich in der lyrischen Form davon unterscheiden, die klassische Zweiteilung tamilischer Poesie auf. Die Caṅkam-Literatur unterscheidet zwischen akam, einem inneren Teil, der dem privaten Leben gilt und vor allem aus Liebesgedichten besteht, und puṟam, einem äußeren Teil, der dem öffentlichen Leben gilt und den König oder die Kriegskunst besingt.[142]

Die drei Teile des Kuṟaḷ verhalten sich, so argumentiert Graul an mehreren Stellen, zueinander wie Kirche, Staat und Haus.[143] In dieser Gesamteinschätzung wird deutlich, dass Graul den Kuṟaḷ, den er als ein „volksreformatorisches“[144] Werk aus dem Umfeld jainistischer Samaner (Asketen) bezeichnet, in Analogie zur lutherischen Dreihierarchienlehre interpretiert. Nicht der progressive Charakter des Āśra-

139 GRAUL, Sinnpflanzen, 1865:44.

140 „... die übrigen 260 machen einen besonderen Abschnitt aus, über den Ehestand insbesondere, welcher in niedrigen Ausdrücken geschrieben, so schmutzig dargestellt, und voller Zoten ist, daß wenn man das vorhergehende gelesen, zweifeln muß, ob es ein und eben denselben Verfasser hat. Ich befürchtete, den Leser zu beleidigen, wenn ich die Uebersetzung der 260 Verse dem Vorhergehenden beigefügt hätte, da sie nichts anders enthalten als was wahren Abscheu und Ekel erregen muß.“ CAEMMERER 1803:5 (Einleitung).

141 GRAUL, Kural, 1856:XIX. An anderer Stelle vergleicht GRAUL den dritten Teil mit dem ‚Hohelied‘ und betont, dass man in dem Abschnitt über die Liebe auch einen mystischen Aspekt nicht außer Acht lassen dürfe. Die irdische Liebe sei ein Ausdruck der Liebe der „gläubigen Seele zur Gottheit“. GRAUL, Göthe, in: MOIMH IX, 1858:142.

142 Dazu RAMANUJAN 1967:101; HART 1975a:7ff.

143 GRAUL, Göthe, in: MOIMH, IX, 1858:142; Kural, 1856:XV.

144 GRAUL, Mittheilungen, in: DAA, 1855:1160.

ma-Ideals, den der Kuṟaḷ aufzeigt, von den Lebensstadien eines verheirateten Mannes, der durch Tugendhaftigkeit, soziales und politisches Handeln und emotionaler Erfüllung vor und nach der Ehe zu physisch, moralisch, emotional und intellektueller Vollkommenheit geführt wird, war für Graul die Kernaussage des Kuṟaḷ,[145] sondern er interpretierte ihn als ein religiöses Moralbuch für die tamilische Volksgemeinschaft, in dem ein den jeweiligen Ständen angemessenes ethisches Verhalten dargelegt wird. Die aristotelisch-mittelalterliche Gesellschaftsschichtung von *oikos*, *polis* und *ecclesia*, die Luther in seiner Schrift ‚Von weltlicher Obrigkeit', vor allem aber im ‚Großen Katechismus' unter dem vierten Gebot und der vierten Bitte des Vaterunsers entfaltet hat,[146] wurde von Graul nicht nur auf den Kuṟaḷ übertragen, sondern sie hat zugleich auch die Funktion, den von Graul immer wieder betonten „mittleren Bereich" der bürgerlichen Ordnung in der Tamilkultur als legitimen Anknüpfungspunkt für die christliche Botschaft zu begründen. Reformatorisch ist der Kuṟaḷ darin, dass der weltliche Bereich von poruḷ und inpam als Entfaltungen von aṟam gedacht ist. Damit wird der Dualismus von ‚göttlichem Reich' und ‚Weltreich' aufgehoben, und Staat und Haus werden dem, der tugendhaft lebt, Teil der göttlichen Ordnung.[147] Es ist offensichtlich, dass Graul in der geringen Bedeutung, die Tiruvaḷḷuvar den Brahmanen beimisst, und in der Gleichsetzung von Asketentum und „Haushälter" eine Parallele zu Luthers antihierokratischer Funktion der Dreihierarchienlehre gesehen hat.[148]

Trotz des engen Zusammenhangs des Kuṟaḷ mit jainistischer Religiosität, interpretiert Graul das Werk als ein Beispiel der ethisch „moralisierenden Richtung der tamulischen Literatur"[149] und bringt es damit in einen Gegensatz zur religiösen Literatur Tamil Nadus. Die Leipziger Missionare in der Nachfolge Grauls haben sich mehr dieser Richtung der Literatur zugewandt und Texte aus dem tamilischen Śivaismus übersetzt. Graul sah den zentralen Anknüpfungspunkt für die christliche Mission in der Ethik und interpretierte den Kuṟaḷ als ein Werk, das für die christliche Botschaft in Tamil Nadu einen vorbereitenden Charakter hatte. Verse des Kuṟaḷ wie: „Was helfen uns alle äussern Glieder, wenn des Leibes innres Glied, die Liebe, fehlt" (Kuṟaḷ 8,79) übersetzte er in Anklang an die paulinische Ethik.[150] Die Moral sei der Ort, „an dem sich die durch religiöse Tradition verschiedener Art getrennten Menschen immer wieder zusammenfinden"[151]. Die Schwierigkeit einer Anknüpfung

145 So interpretiert Zvelebil die Struktur des Kuṟaḷ; ZVELEBIL 1973:159.

146 Dazu DUCHOW 1983:502.

147 Vgl. dazu Althaus über Luthers Regimentenlehre: „Sobald er vom weltlichen Regiment im erweiterten Sinn sprach, also zum Beispiel auch die Ehe und das Eigentum einbezog, war es nicht mehr möglich, es auch in diesem weiteren Sinne mit der Macht des Bösen in der Menschheit zu begründen. Ehe und Eigentum sind Luther im Paradiese eingesetzt, sie haben mit dem Fall ursprünglich nichts zu tun. Damit löst die Lehre von den beiden Regimenten sich von dem Dualismus von Gottesreich und gottfeindlichem Weltreich." ALTHAUS 1965:58.

148 Dazu KÜPPERS 1959:361ff.

149 GRAUL, Reise IV, 1855:135.

150 GRAUL, Reformation, in: MOIMH, XII, 1860:132.

151 GRAUL, Parameswara, in: MOIMH, XI, 1859:111.

an die buddhistisch-jainistische Tradition liege aber darin, daß keine Gottesvorstellung vorhanden sei; daher seien die Hindus dem Evangelium auch zugänglicher als die Buddhisten.[152]

Grauls Übersetzungstätigkeit war geprägt von übersetzungstheoretischen Ansätzen aus der ersten Hälfte des 19. Jh.s, die methodische Überlegungen mit moralischen Forderungen verknüpft haben.[153] Wilhelm von Humboldt hat vor allem die Treue zum Original, die das Fremde, aber nicht die Fremdheit des Textes in der Übersetzung zum Vorschein bringt, als moralischen Wert hervorgehoben. Die „einfache, anspruchslose Liebe zum Original, und das daraus entspringende Studium" waren für ihn Ausgangspunkt jeder guten Übersetzung.[154] Demgegenüber wird im gegenwärtigen Diskurs über Orientalismus und Macht diese ‚Anspruchslosigkeit' im Übersetzen indischer Texte als Mythos entlarvt. Auch bei Graul wird deutlich, dass er den Kuṟaḷ in eine reformatorische Tradition einordnen wollte, um ihn so für die Missionstätigkeit in Tamil Nadu fruchtbar zu machen. Bezeichnend ist, dass Graul dabei aber nicht nach theologischen oder religiösen Anknüpfungspunkten zwischen christlicher Tradition und dem Kuṟaḷ sucht, sondern dass er dem Kuṟaḷ als kulturellem Text eine reformatorische Struktur zuschreibt, die es ihm erlaubt, den „bürgerlichen Bereich" in der tamilischen Kultur als Anknüpfungspunkt für sein Projekt einer „Nationalkirche im Vollwuchs" bereits in diesem von Schülern auswendig gelernten und in Tamil Nadu weit rezipierten Text zu legitimieren.

152 GRAUL, Christenthum in Ceylon, 1854:4.

153 Zu ethischen Überlegungen in Übersetzungsfragen siehe HIRSCH 1997:396ff.

154 HUMBOLDT, Agamamnon, 1981:140.

V. Religionsdiskurse

1. Die Konstruktion des Hinduismus

Eines der zähesten und zugleich einflussreichsten Bilder, die sich der Westen vom Orient gemacht hat, war die Vorstellung von einer uralten, von Priestern organisierten und verwalteten Religion in Indien, die in den ältesten Texten kodifiziert worden ist. Erst in jüngerer Zeit ist die europäische Repräsentation des ‚Hinduismus' als einer einheitlichen Religion Indiens einer kritischen Analyse unterzogen worden.[1] Hinduismus ist nicht eine Religion, die dem europäischen Beobachter als Objekt seiner Beobachtung vorlag, sondern wurde in einem Repräsentationsprozess in einem Zeitraum von etwa zweihundert Jahren Stück für Stück konstruiert.[2] Die orientalistische Perspektive im Studium des Hinduismus produzierte darüber hinaus ein Bild der indischen Gesellschaft als statisch und zeitlos, die von Brahmanen als Hüter der religiösen Ordnung dominiert war. In dem folgenden Kapitel soll die ambivalente Rolle der Leipziger Missionare am Konstruktionsprozess dieses Bildes untersucht werden. Dabei kristallisieren sich vor allem drei Themenbereiche heraus: die Frage nach der Einheit des Hinduismus; das Verhältnis von Hinduismus und Volksreligion; die besondere Stellung des südindischen Śivaismus. Eines der Motive, die sich durch den Untersuchungszeitraum und die verschiedenen Aspekte der Hinduismus-Bilder hindurchziehen, ist die Frage nach den Ursprüngen von Kultur bzw. dem Ursprung und der Entwicklung von Religion.

Ausdrücklich gegen die Aussagen des Alten Testaments hatte Voltaire den Ursprung der Menschheit und der Religion im Osten angenommen[3] und sich dabei auf ein, wie sich später herausstellte, gefälschtes Manuskript aus Indien, den ‚Ezour Vedam', von jesuitischen Missionaren berufen.[4] In Deutschland war das romantische Indienbild unter Einfluss von Johann Gottfried Herder ebenfalls festgelegt auf das Motiv der Ursprünglichkeit. Während aber in der Aufklärung die Offenbarung Gottes in der Bibel mit diesem Ursprungsnachweis selbst angegriffen wurde, war in der deutschen Romantik der Entwicklungsgedanke vorherrschend, ohne dass die biblische Offenbarungswahrheit bezweifelt worden wäre. Der Konflikt verlegte sich zunehmend auf die Frage nach der Bedeutung der griechischen Kultur, die nicht

---

1 THAPAR 1985:14ff; SONTHEIMER/KULKE 1991; INDEN 1990:85ff; DALMIA/STIETENCRON 1995; KING 1999:96ff.

2 FRYKENBERG 1992:523ff.

3 Siehe dazu HALBFASS 1981:73f.

4 Vgl. ROCHER, L. 1984.

mehr als absolut, sondern als Teil der Menschheitsgeschichte betrachtet wurde.[5] Der Zugang zur Natur wurde jetzt nicht mehr allein als durch die griechische Kultur vermittelt angesehen, sondern die indische trat als gleichwertige geschichtliche Größe neben diese. Parallel zu dieser kulturwissenschaftlichen Einschätzung Indiens differenzierten sich auch christlich-theologische Urteile über die Religionen Indiens und ihre Ursprünge aus. Wie stark diese Urteile von Missionaren nicht nur von ihrer unmittelbaren Begegnung mit den Menschen des Landes, sondern auch vom Diskurs des eigenen Landes geprägt waren, zeigt im 18. Jh. die Auseinandersetzung der englischen Missionare mit dem Deismus.

Als die Leipziger Missionare in der Mitte des 19. Jh.s nach Südindien kamen, war die Überzeugung von der Ursprünglichkeit der indischen Kultur auch durch indologische Arbeiten befestigt. Übersetzungen und indologische Studien von William Jones, Charles Wilkins und Henry Thomas Colebrooke im englischsprachigen Raum und Friedrich Schlegel, August Wilhelm Schlegel, Franz Bopp und Christian Lassen in Deutschland haben auch Missionarskreise mit den ältesten Texten der indischen Religion bekannt gemacht.[6] Um ihrer missionarischen Aufgabe gerecht werden zu können, sahen sich die Missionare gezwungen, diese Ergebnisse indologischer Forschung zu rezipieren[7] und sie zugleich in Auseinandersetzung mit dem geistigen Erbe der Aufklärung und der Romantik theologisch zu interpretieren.[8] Dabei sind es vor allem drei theologische Grundfragen, die immer wieder bei der Beurteilung der indischen Religion von der Mitte des 19. Jh.s bis in das 20. Jh. von zentraler Bedeutung waren: die Gotteslehre, die Frage nach der Erbsünde und das Verhältnis von Offenbarung, Vernunft und Gotteserkenntnis. Neben diesen theologischen Themenstellungen, die sich, wie unten zu zeigen ist, auch auf das Hinduismusbild der Leip-

---

5 Dazu DALMIA-LÜDERITZ 1987:434ff.

6 Siehe z.B. Grauls Anmerkungen zu Śākuntala-Übersetzungen; LMA, GN, Kapsel 10, Aktenstück: Ph. A.D., St. und U 2 Sakuntala (Notizen zu Übersetzungen). Graul war vor allem beeinflusst von Lassen und Brockhaus.

7 Bereits Ziegenbalg hat es als seine ‚Amtspflicht' angesehen, die Religion der Tamilen zu studieren, CALAND 1926:11, und auch Graul und Schomerus äußern sich mehrfach dahingehend, dass es die Aufgabe der Missionare sei, die ihnen begegnende Religion „von ihrer besten Seite" zu studieren.

8 Graul schreibt über seine Ankunft in Bombay: „Im Mondschein machten wir die erste Bekanntschaft mit dem Lande, von dem zu Anfang dieses Jahrhunderts unsre romantischen Dichter und Philosophen zu schwärmen liebten. Wie hochbeglückt würden sie sich geschätzt haben, wäre es ihnen vergönnt gewesen, so wie wir dazustehen und dem träumenden Indien in das mondschein-umdämmerte Angesicht zu sehen! … Novalis hat in jener Zeit, wo die Kunde von Indiens Wunderland in Deutschland das erste Aufsehen machte, wie ein Verzückter gesungen: Fern im Osten wird es helle,/ Alte Zeiten werden jung;/ Aus der lichten Farbenquelle/ Einen langen, tiefen Trunk!/ Aller Wünsche endliche Erhörung,/ Aller Sehnsucht göttliche Gewährung! Ich kann in diesen hohen Ton traumhafter Entzückung natürlich nicht einstimmen; doch das will ich nicht läugnen, daß wenigstens die gewaltige indische Natur, die mir in Bombay entgegentrat, mich anfangs fast berauschte, und ich begreife nun besser als je, wie leicht der Mensch, der dem Leben aus Gott entfremdet ist, unter der Pracht und Fülle einer solchen Natur dazu kommen mag, das Geschöpf über den Schöpfer zu erheben und von der Anbetung Gottes im Geist und in der Wahrheit in schnöden Naturdienst hinabzusinken." GRAUL, Reise III, 1854:21f.

ziger Missionare ausgewirkt haben, stellte sich für die Missionare aber auch die Frage, wie sie die Forschungsergebnisse der Indologie auf ihre Situation in Tamil Nadu übertragen sollten.

1.1. Hinduismus – eine Religion

Die differenten Gottesvorstellungen, die unterschiedlichen Erlösungswege und vor allem eine Diskrepanz zwischen Volksfrömmigkeit und Philosophie stellten sich bei der Beurteilung der den Missionaren begegnenden Religiosität insofern als ein Problem der Interpretation dar, als diese, geprägt von der christlichen Vorstellung des Absolutheitsanspruches einer Wahrheit, die sich in einer religiösen, die Gesellschaft dominierenden Struktur wie der Kirche manifestiert, versucht haben, die disparate Religiosität der Hindus in ein kohärentes religiöses System zu fassen. Die Terminologie, die in den Schriften der Leipziger Missionare verwendet wurde, um diese indische Religionsform zu charakterisieren, entspricht dem allgemeinen Wandel des Sprachgebrauchs um die Mitte des 19. Jh.s, allerdings wurden Ausdrücke wie ‚Heidentum', ‚Hinduismus', ‚Brahmanismus', ‚Teufelsdienst' zum Teil anders verwendet, als in der englischsprachigen Missionarstradition.

1.1.1. ‚Heidentum'

Die in Missionarskreisen gängigste Bezeichnung der einheimischen Religion war ‚Heidentum'. Dieser Ausdruck wurde sowohl deskriptiv als auch pejorativ verwendet. Ein Vergleich zwischen der Verwendung des Begriffs zur Bezeichnung der indischen Religion bei Ziegenbalg um 1711 und bei Graul um 1853 zeigt sowohl Aspekte von Kontinuität als auch von Bedeutungswandel auf. Ziegenbalg verfasste 1711 eine Schrift mit dem Titel ‚Malabarisches Heidenthum', die allerdings erst 1926 von Wilhelm Caland herausgegeben wurde.[9] Darin teilt er die Welt in vier Religionsbereiche ein: Juden, Christen, Mohammedaner und Heiden. Ziegenbalg bemerkt, dass die Heiden das größte „Volck" ausmachen würden und „dasz meiste Theil des Erdkreises" bewohnen.[10] In allen vier Religionen ist der Teufel am Werk. Die Heiden unterscheiden sich nur dadurch von den anderen Religionen, dass sie den Teufel zum Vater haben. Gita Dharampal-Frick hat überzeugend dargelegt, dass der Ausdruck ‚Heiden' bei Ziegenbalg mehrere Wahrnehmungs- und Interpretationsebenen impliziert.[11] Indem die Heiden als eine Religion neben anderen aufgefasst werden, sind sie dem Christentum kommensurabel und zugleich von ihm unterschieden. Das ‚malabarische Heidentum' erscheint bei Ziegenbalg noch nicht als eigenständige Religion, sondern er fasst es als eine Sekte des Heidentums neben

9 CALAND 1926; zum Umgang mit dem Originalmanuskript und zur Publikationsgeschichte siehe JEYARAJ 1996:110f.

10 CALAND 1926:9.

11 DHARAMPAL-FRICK 1994:308ff.

dem amerikanischen und dem afrikanischen Heidentum auf.[12] Der Teufel wird von ihm als der Vater des Heidentums bezeichnet, der aber auch seinen Einfluss auf die anderen Religionen, inklusive Christentum, ausübt. Obwohl bei Ziegenbalg die Beziehung von den Heiden zum Teufel substanziell gedacht ist, während sie den drei Schriftreligionen nur akzidentiell zukommt, vertritt er doch die Auffassung, dass man aus ihren Schriften einerseits den Einfluss des Teufels ersehen könne, andererseits aber auch:

> „... wie weit sie es in Erkäntnis Gottes und der natürlichen dinge bey ihren Vernunftes Lichte gebracht haben, und wie sie annoch bei ihren natürlichen Kräften offtmahls an tugentsamen Leben vielen Christen beschämen, auch vor diesen oft ein weit gröszere bestrebung nach dem zukünftigen Leben von sich verspühren laszen."[13]

Die schon bei Ziegenbalg deutliche Ambivalenz in der Beurteilung des ‚Heidentums' durchzieht auch die Aussagen der Leipziger Missionare von Anfang an bis in das 20. Jh. hinein. Während allerdings die mehrschichtigen Beurteilungsmuster bei Ziegenbalg auf eine Spannung zwischen pietistischem und frühaufklärerischem Gedankengut hinweisen, die die verurteilenden Aussagen über das Heidentum in eigentümlicher Selbstständigkeit neben den detaillierten Beschreibungen südindischer Religionsformen stehen lässt und die Besonderheiten des Heidentums als einer eigenen Religion neben anderen Religionen mit der Unkenntnis der Heiden von der göttlichen Offenbarung begründet, interpretiert Graul die Geschichte des Heidentums als eine Geschichte der Völker in ihrem Verhältnis zur göttlichen Offenbarung an Israel.[14] Auch die Heiden haben Anteil am göttlichen Segen, der in der noachitischen Weissagung Gen 9,26.27 den Völkern zugesprochen ist. Sie haben sich aber von dem ursprünglichen Segen entfernt, und ihre Geschichte deutet Graul als eine Geschichte des Abfalls und geistigen Verfalls. Aus Gen 9,27: „Gott breite Japhet aus und lasse ihn wohnen in den Zelten Sems", leitet Graul ab, dass die Segensverheißung an Japhet und damit an die europäischen und asiatischen Völker ‚leiblicher' und ‚geistlicher' Art sei. Unter ‚leiblich' versteht er politisch, wirtschaftlich und kulturell. Die Geschichte habe gezeigt, dass sowohl in Europa als auch in Asien mit der Ausbreitung Japhets Hochkulturen entstanden seien, dass aber nur in Europa die Japhiten ‚geistlich' zu dem ‚Hause Sems' zurückgekehrt seien. Daher sei es die Missionsaufgabe dieser Europäer, auch die anderen japhetischen Stämme an ihren geistlichen Ursprung zurückzuführen.[15] Die monogenetische Theorie und ihre Ver-

---

12 CALAND 1926:10.

13 CALAND 1926:11f.

14 Die folgende Darstellung bezieht sich vor allem auf eine im ELMB 1856 erschienene Artikelserie ‚Umschau im Tamulenlande', die – ohne dass der Autor genannt ist, was Krügel und Kuberski dazu veranlasst hat, diese Artikel nicht in Grauls Literaturliste aufzunehmen – nur von Graul verfasst sein kann. Dass Graul sich selbst unter Namensnennung zitiert, erklärt sich aus dem Abfassungszweck der Artikelserie, die eine Einführung in die Religion der Tamilen geben will, basierend auf Grauls Reisebericht für diejenigen Leser, die den Bericht nicht kennen.

15 DMN 1844:79f; GRAUL, Umschau, Religion, in: ELMB 1856:87ff.

bindung zu einer göttlichen Verheißung impliziert aber bei Graul auch, dass die ‚Heiden' nicht eine grundsätzlich andere Religion haben als die Christen, sondern dass sie sich von der ursprünglichen Beziehung zu dem „einigen lebendigen Gott"[16] im Laufe der Geschichte entfernt haben.

> „Im Tamulenlande nämlich finden sich in den Brahminen noch solche Kinder Japhets, deren Urväter auch die unsrigen sind. Aber während wir den Gott Sems haben kennen lernen und sind verjüngt worden zu ewigem Reichthum als Genossen Seines Hauses, haben unsre Brüder in Indien verloren was sie hatten, weil sie ein Leben ihrer Hand suchten."[17]

Graul interpretiert die Entwicklung der indischen Religion nach der Einwanderung der Arier und der Sesshaftwerdung im Industal als eine Geschichte des ‚Verlorenen Sohnes' und als Dekadenzgeschichte von der Offenbarungsreligion zur Naturreligion und dreht damit eine von Herder der von ihm beeinflussten Romantik vertretenen Dekadenzthese,[18] die eine ursprünglich reine Naturreligion annahm,[19] die durch Ritualisierung verdeckt worden ist, um.

> „Wir wissen aus der Schrift nicht bloß, daß Gott die Heiden hat ihre Wege gehen lassen; wir wissen auch, daß das Licht von Anfang an in der Finsterniß geschienen hat. Das Heidenthum ist, im Lichte der Schrift betrachtet, nicht bloß ein natürliches Product. Gott hat auch beim Heidenthum seine Hand im Spiele, und während er die Heiden ihre Wege gehen läßt, reizt er sie fortwährend, ob sie ihn fühlen und finden möchten."[20]

Entgegen einer Tendenz in der Romantik, Indien als verlorene Heimat anzusehen, und entgegen einer arischen Ursprungsidee in Indien, durch die ‚Semiten' und ‚Arier' als voneinander zu unterscheidende Rassen repräsentiert werden,[21] interpretiert Graul das Verhältnis der Arier zu ‚Sem' heilsgeschichtlich. Er ist der Ansicht, dass im Ṛgveda noch Anklänge an die „Offenbarung, die Japhet aus Noahs Hause mitgebracht"[22] hat, zu finden sind. In den Hymnen, die die Adityas besingen, wird

---

16 GRAUL, Umschau, Religion, in: ELMB 1856:89.

17 GRAUL, Umschau, Religion, in: ELMB 1856:88.

18 Dazu STIETENCRON 1988:144.

19 Wie isoliert Grauls Ansichten im 19. Jh. waren, zeigt MONIER-WILLIAMS 1877 zuerst erschienene Einführung in den Hinduismus. Monier Williams war ebenfalls der Auffassung, dass die Religion der Veden aus dem gleichen Ursprung entstanden ist wie die Religion der europäischen Arier. „They worshipped those physical forces before all nations, if guided solely by the light of nature, have in the early period of their life instinctively bowed down, and before which even more civilized and enlightened have always been compelled to bend in awe and reverence, if not in adoration." MONIER-WILLIAMS 1894:14f. In der Indologie war vor allem das aus der Aufklärung überlieferte Bild einer Verfinsterung des ‚natürlichen Lichtes' durch Ritualismus und Polytheismus bestimmend; so schon bei Kant; dazu GLASENAPP 1954:32ff; siehe auch HALBFASS 1981:76f.

20 GRAUL, Heidenthum, in: MOIMH V, 1853:126.

21 Der Ausdruck ‚semitisch' für die Sprachfamilie stammt von Herder. Zur Verwendung dieser Unterscheidung im 19. Jh., die ursprünglich noch nicht mit Superioritätsansprüchen der Arier verbunden war, siehe OLENDER 1995:22ff.

22 GRAUL, Umschau, Religion, in: ELMB 1856:88.

deutlich, dass die Arier eine Ahnung von der Einheit eines persönlichen Gottes gehabt haben müssen.

> „Alle diese sieben Adityas haben geistige und zwar segenkündende Namen, nach einzelnen Strahlen der Liebessonne haschend, welche Jehovah heißt.“[23]

Graul leitet aber das Verhältnis der vedischen Götter zur biblischen Offenbarung nicht nur aus theologischen Gesichtspunkten ab, sondern er vergleicht Varuṇa mit griechischer und germanischer Mythologie. Varuṇa wird von den Griechen als Uranos verehrt und von den Germanen als Wodan. Diese Analogie europäischer und indischer Götter hat seit William Jones' grundlegendem Werk ‚On the Gods of Greece, Italy and India‘ von 1797[24] immer wieder Aufnahme in die indologischen Diskurse des 18. und 19. Jh.s gefunden; aber erst durch Max Müllers weithin rezipierten Aufsatz ‚Comparative Mythology‘ von 1856,[25] in dem er vergleichende Mythologie aus der Analyse der Verwandtschaft der Sprachen ableitet, hat die Theorie einer Gleichursprünglichkeit europäischer und indischer Mythologie in Deutschland an Popularität gewonnen.[26] Graul, dessen Aufsatz über ‚Die Religion der Tamulen‘ zeitgleich mit Müllers ‚Comparative Mythology‘ erschien,[27] hat Ergebnisse von Müllers vergleichender Mythenforschung übernommen, dessen These von einer Ursprünglichkeit indisch-arischer Begriffsbildung jedoch nicht geteilt.

Der zweite Aspekt, den Graul in der vedischen Religion neben den Anklängen an einen persönlichen Gott als Ausdruck der Nähe zur göttlichen Offenbarung hervorhebt, ist ein besonders in der Verehrung Varuṇas sich ausdrückendes Sündenbewusstsein, verbunden mit einer ausgeprägten „Erlösungssehnsucht“.

> „Es findet sich kein Lied an Varuna, in welchem nicht das Flehen um Lossprechung von Schuld sich hervorthäte.“[28]

Darin zeigt sich die Differenz der ältesten vedischen Religion zum später sich entwickelnden ‚Brahmanenthum‘, das von Graul und späteren Missionaren als Naturreligion und als Versuch des Menschen, Macht über die Götter zu gewinnen, bezeichnet wird. Eine westlich-christlich geprägte Dichotomie von ‚heilig‘ und ‚profan‘ und von ‚Natur‘ und ‚Offenbarung‘ wird somit zum Kriterium der Beurteilung der indischen Religionsgeschichte. Im ‚Sündenbewusstsein‘ der alten Arier ist die Differenz von Gott und Mensch noch aufrecht erhalten, und die Entwicklung der Religionsgeschichte wird von Graul und anderen Leipziger Missionaren an dem Verhältnis zu dieser Differenz gemessen. Im Polytheismus sehen sie diese Differenz

---

23 GRAUL, Umschau, Religion, in: ELMB 1856:90.

24 Siehe in: MARSHALL 1970:196ff; dazu auch TELTSCHER 1995:207.

25 MÜLLER, Chips I, 1868:1–146.

26 Dazu KIPPENBERG 1997:65ff; SHARPE 1975:27ff.

27 Graul stand in den Jahren nach seiner Rückkehr aus Indien in regelmäßigem Briefkontakt mit Max Müller. Siehe: LMA, Aktenstück: K. GRAUL, Briefe an ihn.

28 GRAUL, Umschau, Religion, in: ELMB 1856:90.

aufgehoben, und ihre Kritik wendet sich vornehmlich gegen den ‚Götzendienst',[29] da sie aufgrund ihres protestantischen Gottesbegriffes, den sie der Beurteilung der in Tamil Nadu verehrten Götter zugrunde legen, nicht in der Lage sind, nachzuvollziehen, dass die von ihnen angelegte Dichotomie von Gott und Mensch für die Beschreibung indischer Religiosität kein angemessenes Modell ist. Das Modell, das sich in Missionsberichten immer wieder findet, ist die Beschreibung der indischen Religion als ‚Stufenreligion', die zum einen in der Unterscheidung von ‚philosophischem Hinduismus' und ‚populärem Hinduismus' ihren Ausdruck findet, zum anderen den Hinduismus als synkretistische Religion klassifiziert.

1.1.2. ‚Brahmanenthum'

Graul war kein systematischer Erforscher der vedischen Religion, er hat vielmehr auf diejenigen Forschungsergebnisse seiner Zeit zurückgegriffen, die ihm für die missionarische Kenntnis der tamilischen Religiosität notwendig erschienen.[30] In der vedischen Religion, die er in Anlehnung an eine im 19. Jh. übliche Differenzierung[31] vom späteren Brahmanismus unterscheidet, sieht er Anknüpfungspunkte für christliche Mission.

> „Der Brahmanismus der Gegenwart [dagegen] bietet in der That wenig Ideen, an die der christliche Missionar mit entschiedenem Vortheil anknüpfen kann."[32]

Bezeichnend ist, dass Graul in seiner Darstellung der Religion der Tamilen den Begriff Hinduismus nicht verwendet.[33] Er unterscheidet zum einen die vedische Religion vom ‚Brahmanenthum', zum anderen trifft er eine Unterscheidung von Moslems, Christen und Hindus. Es ist auffällig, dass ‚Hindu' bei Graul ambivalent gebraucht wird. Neben der Bezeichnung von Angehörigen einer anderen Religion als der christlichen hat ‚Hindu' bei ihm noch die Konnotation von Einwohnern Indiens, die sich in Hautfarbe und Lebensart von anderen Völkern unterscheiden.[34] In seinem Reisebericht kann Graul bei der Beschreibung der Bevölkerung von Bombay einen ‚Hindu-Briten' und einen ‚Hindu-Portugisen' aufgrund ihrer Hautfarbe identi-

---

29 Zum Problem des Begriffs ‚Götzendienst' siehe unten S. 259ff.

30 Max Müller hatte zwar den Ṛgveda um 1856 noch nicht vollständig übersetzt, Graul hatte jedoch genaue Kenntnisse von Müllers Arbeit; siehe LMA, Kapsel 10, Aktenstück: Kunde von Ostindien, Indologie.
Lehmann hat aufgeführt, welche Literatur Graul wohl gelesen hat, und welche Kenntnisse er vom Hinduismus gehabt haben muss, so dass das hier nicht wiederholt zu werden braucht. LEHMANN 1965:17–40; siehe auch KUBERSKI 1993:142ff.

31 Vgl. STIETENCRON 1991:13.

32 GRAUL, Reise IV, 1855:143.

33 An einer Stelle findet sich bei Graul der Begriff als Bezeichnung der indischen Religion, allerdings in einer Rezension von SEPP 1853, von dem er den Begriff übernommen hat; GRAUL, Heidenthum, in: MOIMH V, 1853:126.

34 Vgl. FRYKENBERG 1992:533, der ebenfalls die ambivalenten Konnotationen des Begriffes ‚Hindu' herausstreicht.

fizieren, und die „auffallend weiße Gesichtsfarbe, sowie die einen gewissen Charakter verrathenden Gesichtszüge" zeigen ihm, dass er es bei einem Parsee, dem er begegnet, nicht mit einem Hindu zu tun hat.[35] Auch die Singhalesen Ceylons rechnet Graul als Buddhisten zu den Hindus.[36] Bei der Beschreibung der Religion der Tamilen kann sich Graul nicht auf einen Begriff festlegen, und er versucht, die disparaten religiösen Strömungen als Relationsbegriffe zu einem ‚Brahmanenthum' zu definieren, weil er der Auffassung ist, dass der Ausdruck ‚Brahmanenthum' nicht ausreichend ist, den „allgemeinen Charakter aller Hindu-Religion und somit auch der tamulischen" zu bezeichnen.[37] Er unterscheidet zwischen einem ‚Nichtbrahmanenthum', wozu er vor allem die Religion der Shanar rechnet, die er als ‚Teufelsdienst'[38] bezeichnet und die von brahmanischen Sanskritisierungsprozessen weitgehend unbeeinflusst geblieben ist, einem ‚Halbbrahmanenthum', das sich in der Verehrung von grāma devatā, Dorf- und Schutzgottheiten wie Māriyamma<u>n</u>, Aiya<u>n</u>ār u.a. ausdrückt, und von Graul als ein Beleg für eine „Art Union von brahmanischer Bevölkerung mit der Urbevölkerung" gesehen wird, dem ‚Unbrahmanenthum' des tantrischen Śakti-Kultes linker Hand, in dem der Kastenunterschied aufgehoben, verbotene Speisen genossen und sexuelle Freizügigkeit praktiziert wurde, und dem ‚Antibrahmanenthum' der buddhistischen und jainistischen Reformbewegungen.[39] Die endozentrische Fokussierung der unterschiedlichen Strömungen der indischen Religion auf das ‚Brahmanenthum' hängt mit Grauls Überzeugung zusammen, dass die arischen Brahmanen die Kulturträger im Zivilisierungsprozess Tamil Nadus waren.

Das ‚Nichtbrahmanenthum' erscheint dagegen als ein von der noachitischen Verheißung unbeeinflusster Entwicklungsstrang einer Religion der Urbevölkerung, die sich aus dem ‚Dämonenthum' bzw. ‚Teufelsdienst' herleitet und als ‚survival', d.h., ohne wesentliche geschichtliche Veränderungen durchgemacht zu haben, auch gegenwärtig in seiner ursprünglichen Form zu beobachten ist.[40] Diese Gewichtung lässt vermuten, dass Grauls Darstellung der Religion der Tamilen der indologischen Tendenz seiner Zeit folgt, die Religion vor allem aus einer dogmatischen Perspektive zu analysieren. Da aber Graul, anders als die ihm nachfolgenden Interpreten des Hinduismus in der Leipziger Mission, in seiner Aufteilung der tamilischen Religion kein streng hierarchisches Schema verfolgt, sondern neben einer evolutionistisch-hierarchischen Abfolge von ‚Nichtbrahmanenthum', ‚Halbbrahmanenthum' und ‚Brahmanenthum' auch das ‚Unbrahmanenthum' einer Religionsform zuordnet, die aus dem, von ihm nicht genauer spezifizierten Wertekanon des ‚Brahmanenthums' herausfällt, und den Jainismus und Buddhismus als Reformbewegungen des ‚Antibrahmanenthums' charakterisiert, legt er für die Einheit der tamilischen Religion

---

35 GRAUL, Reise III, 1854:26ff.
36 GRAUL, Vorwort in DENKER, 1854:III.
37 GRAUL, Mitteilungen, in: MOIMH III, 1851:63–68.
38 Siehe dazu unten Kapitel V.2d.
39 GRAUL, Reise IV, 1855:125ff.
40 GRAUL, Mitteilungen, in: MOIMH III, 1851:68.

andere Kriterien zugrunde als rein dogmatische oder evolutionistische. Anders als bei den Indologen seiner Zeit hat sich sein Bild vom ‚Brahmanenthum' im Verhältnis zu anderen Religionsformen nicht in erster Linie aus dem Studium sanskritischer Texte entwickelt, sondern aus Beobachtungen während seiner Reise in Verbindung mit dem Studium der Tamil-Literatur. Darin liegt, wie unten zu zeigen ist, die besondere Ausprägung des Hinduismusbildes von Graul. Weder der gemeinsame Bezug auf die Veden noch die in der Indologie oft vertretene These einer den indischen Religionen gemeinsamen Karma-Saṃsāra-Lehre, und auch nicht die in der brahmanischen Smṛti-Tradition vertretene Varṇāśrama-Hierarchie, die die indische Gesellschaft ordnet und brahmanische intellektuelle und kultische Dominanz sichert,[41] werden von Graul als Kriterien der Gemeinsamkeit aufgeführt.

Heinrich von Stietencron[42] hat an mehreren Stellen darauf hingewiesen, dass der Begriff ‚Hinduismus' als eine arabisch-europäische Bezeichnung der indischen Religionen problematisch ist, weil er den westlichen Interpreten dazu verleitet, nach Daten und Faktoren innerhalb der indischen Religionen zu suchen, die den Hinduismus als ein kohärentes religiöses System erscheinen lassen, und weil der Begriff eine Einheit impliziert, die weder auf der Ebene der Rituale noch auf der Ebene der Lehren gegeben ist.

Grauls Versuch, die Religion der Hindus einerseits als eine Einheit von Christentum, Islam und anderen, nicht auf indischem Boden entstandenen Religionen abzugrenzen, andererseits als Relationsbegriffe zu einem dogmatisch unspezifisch bleibenden ‚Brahmanenthum' zu unterscheiden, nimmt, da er Hindus als geographisch begrenzte ethnische Größe auffasst,[43] seiner Höherbewertung des ‚Brahmanenthums', einige Aspekte auf, die in der neueren indologischen Forschungsdiskussion um eine differenzierte Bewertung des Hinduismus zur Sprache kommen. Seine Darstellung bietet einen Einblick in diejenige Phase der Debatte um die Einheit des Hinduismus, als der Begriff noch nicht eindeutig zur Bezeichnung der indischen Religion gebraucht wurde. Stietencron weist zwar auf die Problematik hin, ‚Hinduismus' unter den Definitionskriterien eines von der westlichen Religionswis-

---

41 Graul schreibt in seinem Vorwort zu Denkers Übersetzung von Tennents ‚Das Christenthum in Ceylon', der die Brahmanen als die einzigen darstellt, die Zugang zum Studium der Texte und zu wissenschaftlicher Tätigkeit haben: „Es ist eine bekannte Thatsache, daß zwischen den Gesetzesbestimmungen Manu's und dem wirklichen Leben der Hindu's oft eine große Kluft befestigt ist. So ist es namentlich auch in diesem Punkte. Im Tamulenlande giebt es vielleicht weit mehr Gelehrte unter den Sudras, als unter den Brahminen." GRAUL, Vorwort in DENKER, 1845:III.

42 STIETENCRON 1988:151; 1991:13. STIETENCRON erwähnt die oben genannten drei Kriterien als ‚essentials of Hinduism' in der indologischen Repräsentation des Hinduismus, 1991:15.

43 „Natürlich findet sich auch bei den brahmanisirten Tamulen das Gesammtgepräge aller Bewohner dieses durch die Natur selbst gleichenlos in sich selbst abgeschlossenen Landes. Denn obschon ursprünglich aus verschiedenen Nationalitäten gesammelt, in verschiedentlich geartete Länder vertheilt und von dem Brahmanismus in verschiedenem Grade beeinflußt, bilden die Hindus doch in gewisser Hinsicht Ein Ganzes, und zwar in Folge der allenthalben im Ganzen gleichen Natur, der allenthalben im Ganzen gleichen Verfassung, der allenthalben im Ganzen gleichen geschichtlichen Verhältnisse." GRAUL, Reise IV, 1855:196.

senschaft in Analogie zum Christentum und Islam gebildeten Religionsbegriffes als eine Religion zu bezeichnen, will aber den Begriff ‚Hinduismus' dennoch nicht aufgeben.[44]

In seiner Darstellung des ‚Brahmanenthums' differenziert Graul zwischen Śivaismus, Viṣṇuismus und den Smārtas.[45] Er unterscheidet Dvaitavedānta, Viśiṣṭādvaita und Advaitavedānta als die „drei philosophischen Schulen"[46] des Vedānta und erwähnt karma-, bhakti- und jñāna-mārga als Heilswege.[47] Die saṃpradāya Viṣṇuismus und Śivaismus werden von ihm als ‚Sekten' bezeichnet, die in Tamil Nadu um die Vorherrschaft streiten. Graul ist darüber hinaus der Überzeugung, dass der Śivaismus in Tamil Nadu älter ist als der Viṣṇuismus, der erst durch Reformen Rāmānujas an Einfluss gewonnen habe. Auffällig ist bei dieser Aufzählung, dass Graul, obwohl er die unterschiedlichen saṃpradāyas und philosophischen Schulen unter dem Begriff ‚Brahmanenthum' zusammenfasst, keine Kriterien aufstellt, die einen vereinheitlichenden Begriff rechtfertigen. Wie viele Autoren seiner Zeit vergleicht er den Brahmanismus mit einem Banianbaum, der seine Luftwurzeln an zahlreichen Stellen in der Erde verankert und so eher einen Wald als einen einstämmigen Baum bildet.[48] Der Mangel an Ordnung bedeutet jedoch nicht, dass es für die Repräsentation kein ‚Wesen' des ‚Brahmanenthums' gäbe. Das ‚Wesen' der Religion liegt aber für Graul nicht in einer an der Vedānta-Philosophie orientierten letzten Einheit über aller Vielheit,[49] auch nicht in einem hinter allem Polytheismus stehenden Monotheismus,[50] sondern in der Gleichzeitigkeit und Flexibilität in der Befriedigung religiöser Bedürfnisse.

> „Die hauptsächlichste Stütze [der brahmanischen Religion] aber ist offenbar ihr eignes innerstes Wesen, das allen, ja selbst den minder oder ganz und gar nicht berechtigten Bedürfnissen der Menschen-Natur entgegenkommt, ohne dafür ein namhaftes Opfer zu fordern. Der Sinnlichkeit bietet sie ihre eben so glänzenden als rauschenden Feste sammt ihren heiligen Freudenhäusern, dem Kunstgeschmack ihre Fülle an Tempeln, Pagoden und sonstigen religiösen Bauten, dem Gemüthe ihre empfindungsreichen Götter-Hymnen, der Phantasie ihre bunten Göttergeschichten, dem romantischen Geschmacke ihre Heldensa-

---

44 „Es handelt sich um durchaus verschiedene Religionen, die jedoch miteinander verbunden sind durch den *gemeinsamen geographischen Raum* mit einer Geschichte und den in ihm sich entwickelnden sozio-ökonomischen Bedingungen und kulturellen Bezügen; Religionen, in denen sich Elemente gemeinsamer Traditionen finden, die sich im Lauf der Geschichte immer wieder gegenseitig beeinflußten und die gemeinsam zur Ausprägung der indischen Kultur beigetragen haben." STIETENCRON 1987:30; in englisch 1991:20.

45 GRAUL, Reise IV, 1855:132ff.

46 GRAUL, Reise IV, 1855:142ff.

47 „Es ist bekannt, daß die Hindu's in Bezug auf den Heilsweg im Allgemeinen drei Partheien bilden. Die große Masse sucht das Heil in der Verrichtung religiösen Werks, die kleinere Minderzahl in philosophischem Wissen, und die größere in gläubiger Hingabe." GRAUL, Reise III, 1854:77.

48 GRAUL, Reise IV, 1855:131.

49 Das stellen vor allem INDEN 1990:101ff und KING 1999:118ff als eine zentrale Perspektive der europäischen Hinduismusrepräsentation heraus.

50 Zur Diskussion dieser Interpretationsansätze siehe EICHINGER FERRO-LUZZI 1991:188f.

gen und Legenden, der Neugier ihre Volksgeschichten, dem Verstande ihr(e) spitzfindigen Philosopheme, der mystischen Neigung ihre geheimnißvollen Theosopheme, und dem sittlichen Geschmacke ihre runden, kernigen Sittensprüche. Dabei aber weiß sie in ihrer Casuistik dem unruhigen Gewissen das Kissen so weich zu legen, als irgend Jemand aus der Schule des Ignatius Loyola."[51]

Diese Beurteilung ist trotz der deutlichen Polemik interessant, weil sie zwischen dem von Missionaren sonst angeprangerten ‚Götzendienst' in Tempeln und einer vermeintlich reineren Philosophie keine Wertigkeit vornimmt. Grauls Vorliebe liegt zwar bei den ‚Sittensprüchen', die er als höchste kulturelle Leistung der tamilischen Literatur einstuft, für das Verständnis der Religion der Tamilen sind sie jedoch nur ein Aspekt neben anderen. Indem die Beurteilungsperspektive christlich-apologetisch bleibt und alle Aspekte der indischen Religion gleichermaßen kritisch beurteilt und relativiert werden, erhält Grauls Darstellung eine Offenheit gegenüber der Reflexivität der verschiedenen Elemente tamilischer Religiosität. Es sind nicht allein die brahmanischen Texte, aus denen sich ein monolithisches Hinduismusbild ableiten lässt, sondern unterschiedliche Aspekte von Kultur, wie Rituale, Religionsgemeinschaften, Philosophie, Kastenstrukturen, Mythen u.ä., reflektieren sich gegenseitig, und erst in der Bezugnahme oder auch Kontrastierung dieser Elemente entsteht Grauls Bild der indischen Religion.[52] Andererseits dient Grauls psychologisierende Auffächerung der verschiedenen Aspekte des Brahmanismus auch dazu, diesem eine Beliebigkeit zu unterstellen, die von den Anhängern „kein namhaftes Opfer" fordert. Indem Kultus, Ästhetik und Rationalität auseinandergerissen und pūjā und Bilderverehrung in einer unkritischen Übernahme der Sicht Hegels als Ausdruck der Phantasie gedeutet werden, kann die Religion des Brahmanismus als eine dem ‚vernünftigen Gottesdienst' und einer theologisch reflektierten Liturgie des Christentums nicht ebenbürtige Religion dargestellt werden.

Eine polemische Bemerkung Hoekendijks zu den religionswissenschaftlichen Ausführungen Grauls, die später als „katastrophale Fehldeutung" bezeichnet wurde,[53] bietet einen wertvollen Hinweis für theologische Voraussetzungen von Grauls Sicht der indischen Religion:

„Im Luthertum … werden beide Reiche [Gottes und Satans] so voneinander geschieden und so weit auseinandergeschoben, daß dazwischen für ‚ein mittleres natürliches Gebiet' Platz wird. In diesem natürlichen Mittelgebiet vollzieht sich das Leben der Völker … Man kann sich hier frei und ohne Urteil: folkloristisch bewegen, sich ergötzend an der Fülle ‚natürlich-interessanter' (!) Dinge, der Vielfalt der ‚Eigenthümlichkeiten', der mannigfachen Offenbarung des ‚Volksgeistes' (namentlich in der Literatur), dem Strom der histo-

51 GRAUL, Vorwort in DENKER, 1854:III.

52 Das Konzept der Reflexivität der verschiedenen Elemente in der indischen Kultur ist von A.K. Ramanujan eingeführt worden; siehe dazu SONTHEIMER 1991:200.

53 KRÜGEL 1967:143.

rischen Entwicklung. Graul selbst tat dies mit leidenschaftlicher Hingabe und tiefem Entzücken und tadelte die (englischen) Missionare, daß sie dafür so wenig Blick hatten."[54]

Graul sah in der Tat auch die Religion als ein ‚mittleres Gebiet' zwischen Satanischem und Göttlichem, und diese Sicht drückt sich auch in seinen ambivalenten theologischen Urteilen über die indischen Religionen aus.[55] Während aber die christliche Kirche, indem sie als göttliche und weltliche Ordnung an diesem ‚mittleren Gebiet' anknüpft, es darin heiligt, dass sie ‚das mittlere Gebiet' in Richtung auf das Göttliche transformiert, bleibt der Brahmanismus gerade in seiner Vielfältigkeit und Disparität von Kultischem, Sozialem und Rationalem dem mittleren Bereich verhaftet.

In seiner Habilitationsrede von 1864 hat Graul dargelegt, welche Perspektiven in der Darstellung fremder Religionen für die Missionswissenschaft relevant sind. Aufgabe der Missionsgeschichte sei es, eine Darstellung zu geben von der

> „Geschichte des Heidenthums vom christlich-theologischen Standpunkt d.h. von dem biblischen Gedanken aus, daß Gott die Heiden zwar ihre selbst erwählten Wege gehen läßt, aber sie dabei doch mit Augen der Liebe leitet und mit Händen der Barmherzigkeit seinem Ziele entgegenführt"[56].

Daneben ist es eine der Aufgaben der Missionswissenschaft, eine ‚Statistik des Heidenthums' zu erstellen, da die Missionare es nicht mit der Religion der Vergangenheit zu tun hätten, sondern mit gegenwärtigen religiösen Erscheinungen. Und schließlich sei es Aufgabe der Missionswissenschaft, eine ‚Allgemeine Mythologik' zu erarbeiten, die nach dem Ursprung des Mythos fragt, die verschiedenen Mythologien religionsvergleichend bearbeitet und aufgrund der christlichen Offenbarung bewertet.[57] Graul konnte diese programmatischen Perspektiven von Missionswissenschaft nicht mehr inhaltlich entfalten; in seinen wenigen und nur verstreut vorhandenen Aussagen zur indischen Religion sind jedoch die Ansätze seines missionstheologischen Programms erkennbar.

Für unseren Zusammenhang um die Frage nach der Einheit des Hinduismus ist es jedoch von größerer Bedeutung, dass Graul Hinduismus nicht aus autoritativen sanskritischen Schriften ableitet, sondern im Sinne einer ‚Statistik des Heidenthums' die verschiedenen ‚Sekten' in ihrer gegenwärtigen Erscheinungsform darstellt.

Dabei zeigt seine Darstellung, dass es vor allem die Randzonen bzw. die historischen Schnittpunkte der religiösen Traditionen sind, auf die er sein Augenmerk richtet. Die Konflikte zwischen Vaiṣṇavas und Śaivas,[58] der Versuch der Smārtas,

---

54 HOEKENDIJK 1967:68f.

55 Vgl. dazu LEHMANN 1965:17–40, der negative wie positive Urteile Grauls über die Religionen aufführt. In ähnlicher Weise wiederholt bei KUBERSKI 1993:208ff.

56 GRAUL, Stellung, 1864:11.

57 GRAUL, Stellung, 1864:11ff.

58 GRAUL, Reise IV, 1855:133.

aus den beiden anderen Richtungen Proselyten zu machen,[59] die Beziehungen zwischen Jainas und Vaiṣṇavas,[60] die Widerlegung der buddhistischen Lehren durch den Śivaismus[61] und die Beziehungen zwischen ‚Halbbrahmanenthum' und ‚Brahmanenthum', wie sie sich z.B. im Aiyaṉār-Kult und in der Māriyammaṉ-Verehrung niederschlagen, sind die Schwerpunkte von Grauls Beobachtung der tamilischen Religion. Graul sah die tamilische Gesellschaft und mit ihr die Religion in einem Wandel begriffen, den er vor allem auf den Einfluss europäischer Bildung zurückführte und der, wie er meinte, von christlichen Missionaren genutzt und gesteuert werden könnte.[62]

1.1.3. Kultureller Wandel

Von der Mitte des 19. Jh.s, als Leipziger Missionare zuerst mit der Religiosität Südindiens konfrontiert waren, bis zum Ende des Untersuchungszeitraums in den ersten Jahrzehnten des 20. Jh.s, hat sich nicht nur die tamilische Gesellschaft in einem grundlegenden Wandel befunden, sondern auch die Religionen waren in diese kulturellen, sozialen und politischen Veränderungen einbezogen. Von Historikern wurde dieser Wandel mit Begriffen wie ‚Konflikt', ‚Konversion', ‚Regionalisierung', ‚Revitalisierung', ‚Reformbewegung', ‚Tamil-Renaissance' u.ä. belegt.[63] Zu den Faktoren, die diesen kulturellen Wandel entscheidend beeinflusst haben, gehört nach Auffassung der meisten Autoren zum einen die koloniale Religionspolitik, die in der ersten Hälfte des 18. Jh.s die Verwaltung der Tempel und des Tempelvermögens sowie die Durchführung der Tempelrituale und Feste unter koloniale Aufsicht gestellt[64] und so Strukturen geschaffen hat, die das Entstehen eines organisierten modernen Hinduismus erst möglich gemacht haben.[65]

Andererseits lässt sich der kulturelle Wandel beschreiben als Auseinandersetzung mit christlicher Missionstätigkeit. Frykenberg hat argumentiert, dass sich das Entstehen religiöser Organisationen in Madras, die für einen, alle Strömungen umfassenden ‚Hinduismus' eintraten, erst um die Mitte des 19. Jh.s beobachten lässt und dass diese Entwicklung in einem direkten Zusammenhang steht mit christlicher

59 GRAUL, Reise IV, 1855:140.

60 GRAUL, Reise III, 1854:77ff.

61 GRAUL, Widerlegung, in: ZDMG VIII, 1854:720–738; GRAUL, BT I, 1855:XII.

62 „Obgleich der Brahminenstand mehr als alle andern Stände mit heiligen Bräuchen auf allen Seiten umschanzt ist, so darf man doch ja nicht glauben, daß die Brahminen durchgängig in strengem Festhalten am alten Herkommen es allen andern Klassen zuvorthun. Mit nichten … Es wirkt dazu ohne Zweifel der Umstand bedeutend mit, daß die Brahminen hauptsächlich die höhere Region derjenigen Beamtenstellen, die man mit Eingebornen zu besetzen pflegt, füllen und auf diese Weise mit europäischem Brauch und Wissen mehr als alle andern Stände in Berührung kommen. Eine solche Berührung wirkt natürlicher Weise zunächst zersetzend." GRAUL, Reise IV, 1855:161f.

63 IRSHICK 1969.1986; WASHBROOK 1976; APPADURAI 1981; RYERSON 1988; FRYKENBERG 1979; ODDIE 1997.

64 Dazu IRSHICK 1994; DIRKS 1987.

65 FRYKENBERG 1991:35.

Missionstätigkeit.[66] Dabei waren aber die Missionare nicht nur Initiatoren dieses Wandels, indem sie ein bestimmtes Bild von ‚Hinduismus' produzierten, von dem dann die christliche Botschaft abgehoben werden konnte, sondern ihr Bild von der südindischen Religiosität war wesentlich geprägt von dem sich bereits vollziehenden religiösen und kulturellen Wandel in Tamil Nadu. Wenn man die Berichte von Missionaren nicht in erster Linie als Dokumente einer christlich-apologetischen Haltung gegenüber der indischen Religion liest, die sie sicherlich auch in entscheidendem Maße sind, sondern als Dokumente der Begegnung mit religiösen Strömungen einer sich mit den Einflüssen des Westens auseinandersetzenden Kultur, dann kann an diesen Berichten nicht nur gezeigt werden, wie die Missionare den kulturellen Wandel interpretiert haben, sondern auch wie dieser Prozess dazu beigetragen hat, Religion zu verändern und neue kulturelle Symbolsysteme zu schaffen.[67]

Die Kritik an missionarischer Apologetik, so berechtigt sie sicherlich aus theologischer Perspektive heute sein mag, impliziert auch zugleich die Unterstellung eines falschen Hinduismusbildes, als ob es eine ‚richtige' Repräsentation gegeben habe. Es waren aber gerade Missionare und weniger die mit klassischen Texten befassten Indologen, die den kulturellen Wandel wahrgenommen und ihn entweder als missionarische Chance oder als Gefahr für das Christentum interpretiert haben. Aus beruflichen Gründen waren sie für Fragen des kulturellen Wandels bzw. des Wandels des religiösen Symbolsystems und seinen sozialen, politischen und wirtschaftlichen Implikationen besonders sensibilisiert. Bekehrung, davon waren die Missionare überzeugt, verändert nicht nur die Sicht auf die Wirklichkeit, sondern die Wirklichkeit selbst. Eine Reduktion ihrer Texte allein auf die apologetische Situation liest diese Texte synchron als strategische Dokumente der Falschwahrnehmung. Eine diachrone Sichtweise, die die Texte der Missionare als Teil eines historisch beschreibbaren Diskurses über kulturellen Wandel interpretiert und die Wahrnehmungsmuster als Teil eines interkulturellen Interaktionsprozesses deutet, kann neben der Frage, welche Funktion das Bild von indischer Religion für die Missionsapologetik hatte, auch herausarbeiten, welche Funktion Religion als dynamischer Faktor für eine sich wandelnde indische Gesellschaft einnahm.[68]

---

66 FRYKENBERG 1991:39.

67 1965 hat Clifford Geerts während einer Tagung über Religion und Fortschritt in einer Diskussion gesagt: „The first thing that we know obviously very little about … would be the changes in the religions now going on. We know very little about really what is happening to Hinduism, to Buddhism, to Islam, or to the Christianity in the Philippines, exactly what changes are occurring … The mere use of such terms as ‚Islam,' ‚Buddhism,' ‚Christianity,' and so on, tends to make us think of a religion as a kind of block, an eternal object that is always the same – somehow outside of the historical process. But of course religion is not just a barrier to the changes that are going on in the modern world but is very much caught up in them, and these changes are going on now." GEERTS 1965:153.

68 Clifford Geerts hat allerdings zu Recht darauf aufmerksam gemacht, dass gerade die funktionalistische Sicht von Religion dem kulturellen und sozialen Wandel nur unzureichend Rechnung tragen kann, da Religion hier eher als ein die Gesellschaft stabilisierendes Element angesehen wird denn als kultureller Aspekt des Wandels. GEERTS 1987:96f.

Es ist schon mehrfach darauf hingewiesen worden, dass die Leipziger Missionare, bedingt durch ihre besondere Arbeitssituation in Südindien, immer wieder empfanden, dass der indologische Diskurs in Europa und Nordindien die religiöse Situation in Tamil Nadu nicht angemessen wiedergab, und dass sie sich in eigenständiger Weise ihrer Umgebung zuwandten. Schomerus berichtet z.B. um 1912, dass er, nachdem er sich intensiv mit der Vedānta-Philosophie beschäftigt und bei Deussen studiert hatte, in Tamil Nadu feststellen musste, „daß die spezifisch vedāntische Ideenwelt einem großen Teile des Volkes ferner liegt“[69] als die śivaitische Frömmigkeit. Sieht aber keinen Grund, anzunehmen, dass es sich bei dem Śaiva Siddhānta um eine andere Religion handeln könnte als bei dem Vedānta.[70]

Da die Leipziger Missionare zwar oftmals Sanskrit beherrschten, in ihrem Zugang zur südindischen Religiosität vor allem die tamilischen Texte des südindischen Śivaismus als autoritativ für ein Verständnis der Religion der Tamilen ansahen, war ihre Sicht des Hinduismus nicht so sehr geprägt von klassischen Sanskrittexten aus der Śruti- und Smṛti-Tradition, sondern von südindischen purāṇischen Traditionen, der śivaitischen Bhakti-Religiosität und den Religionsformen, die ihnen in ihrer Arbeit in den Dörfern Tamil Nadus begegneten.[71] Arno Lehmann hat in seiner Dissertation über ‚Die Sivaitische Frömmigkeit der Tamulischen Erbauungsliteratur‘ von 1947 beklagt, dass die tamilische Literatur in Darstellungen der Religion Indiens zu wenig Beachtung gefunden habe, und dass die Sanskrit-Philologie ein Bild von Indien entworfen habe, das die Religion auf klassische philosophische und rituelle Texte festgelegt hat.

> „Es scheint fast ein Axiom zu sein, daß die in den Volkssprachen vorliegende Literatur, die weithin, wenn auch nicht ausschließlich, Erbauungsliteratur ist, inhaltlich minderwertig und bestenfalls als eine durchaus entbehrliche, weil nichts Neues bietende Art von Aufguß der Sanskritliteratur zu werten sei.“[72]

Darin drückt sich nicht nur ein regionales Interesse aus, sondern vor allem die Kritik an einem statischen Bild einer traditionellen Gesellschaft mit einem festgelegten

---

69 SCHOMERUS, Çaiva Siddhānta, 1912:V.

70 Das Verhältnis von Śaiva Siddhānta zu Vedānta war innerhalb der Śaiva Siddhānta-Bewegung umstritten; siehe dazu unten V.3.

71 Graul schreibt in einer Rezension zu MONIER WILLIAMS, A Study of Sanskrit in relation to Missionary Work in India, London 1861: „Der Verfasser hat übrigens den Norden Ostindiens mehr als den Süden im Auge gehabt. Der Süden ist bei weitem minder arisch als der Norden. Zwar haben auch die südlichen Sprachen den Einfluß des Sanscrit erfahren, fast alle Kunstausdrücke der Wissenschaft, der Religion, der Philosophie, des Gesetzes, überhaupt der Cultur sind sanscritisch, – aber das Sprachgefüge selbst ist turanisch geblieben; zwar hat auch der Brahmanismus im Süden ein weites Gebiet erobert, – die Sudras sind in der Tat arisirt – aber daneben wuchert noch immer das alte Dämonenthum der Urbevölkerung her, am ungebrochensten unter den Pariahs und andern niedern Kasten, wie z.B. selbst unter den Shanars in Tinnevelly. Es hat daher die Kenntnis des Sanscrit für die Mission z.B. im Tamulenlande nicht genau dieselbe Bedeutung, wie für den Norden.“ GRAUL, Monier Williams, in: MOIMH XIV, 1862:35.

72 LEHMANN 1947a:28.

Kanon religiöser Texte, die zeitlose Gültigkeit besitzen. Die Kritik am orientalistischen Diskurs des 19. Jh.s hat in den letzten Jahren überzeugend dargelegt, dass das Bild von Indien als einer traditionellen Gesellschaft mit einer sehr alten Religion viel mehr das Produkt des Kolonialismus und seiner Wissensproduktion ist, als, wie immer wieder argumentiert wurde, eine bereits vorkoloniale Voraussetzung und damit innere Legitimierung für die Unterwerfung Indiens unter eine europäische Macht. Diese Kritik in ihrer diskursiven Stringenz der Verbindung von Wissen und Macht wirft allerdings die Frage auf, ob der soziale und religiöse Wandel in Südindien im 19. Jh. allein als exogener Prozess europäischer Fremdeinwirkung gedeutet werden kann. J. van Baal hat dafür plädiert, in der Analyse kulturellen Wandels die Differenz zwischen endogenen und exogenen Aspekten des Wandels nicht überzubewerten, da auch der von außen induzierte Wandel nur dann von Bedeutung für eine Kultur sei, wenn er von den Trägern dieser Kultur internalisiert worden ist, so dass im Ergebnis endogene und exogene Elemente eines Kulturwandels sich nicht substanziell unterschiedlich auswirken.[73]

In den Missionsberichten und in einzelnen Abhandlungen der Missionare, in denen sie die ihnen gegenwärtige religiöse Lage in Indien zu schildern versuchten, wird dieser Kulturwandel reflektiert, und die Berichte bieten einen Einblick in Reformen in Madras um die Mitte des 19. Jh.s. Während die Reformbewegungen in Nordindien, insbesondere in Calcutta, sehr gut dokumentiert sind, ist über die Anfänge der Reformen in Tamil Nadu bis jetzt nur wenig bekannt. Auch in den Leipziger Berichten werden immer wieder die im 19. Jh. in Nordindien entstandenen Reformbewegungen Brahmo Samāj (1828 als Brahmā Sabha), Ārya Samāj (1875) und Dharma Samāj erwähnt. Die Leipziger Missionare sahen in ihnen entweder synkretistische Bewegungen, die christliche Elemente in illegitimer Weise aufnehmen oder antichristliche Agitation, oder aber den Versuch, den Hinduismus als eine Religion für ganz Indien neu zu beleben.[74] Der durch westliche Schulbildung und christlichen Einfluss induzierte kulturelle Wandel wird daher von den Missionaren ambivalent beurteilt. Zum einen sehen sie darin eine Chance für eine effektivere Ausbreitung des Christentums, zum anderen aber auch die Gefahr, dass ihre Botschaft für die Reform eines sich konsolidierenden Hinduismus instrumentalisiert wird. Ein wesentlicher Aspekt der Reform des Hinduismus war aber die Definition von Hinduismus als einer dem Islam und dem Christentum vergleichbaren Religion.[75] Es ist nicht möglich, den Reformhinduismus des 19. Jh.s als eine einheitliche Bewegung zu beschreiben. Die Intentionen, Ausgangspunkte und Umsetzungsstrategien der einzelnen Reformbewegungen waren durchaus unterschiedlich, und es gab zunächst keine einheitliche Organisation, die für sich in Anspruch nehmen konnte, die disparaten Reformansätze zu vereinigen. Allerdings war die Autorität der Veden für den Hinduismus bei allen Reformbewegungen zentraler Fokus der Identifikation. Gerade

73 BAAL 1979:614.

74 Exemplarisch sei erwähnt HANDMANN 1889.

75 Siehe dazu NEUFELD 1989:37.

hierin entstand aber für die Missionare, die sich mit Reformen konfrontiert sahen, ein Interpretationsproblem. Indem die Reformbewegungen sich die These von westlichen Indologen angeeignet haben, dass die wahre Geschichte der indischen Religion in Veda und Upaniṣads zu finden sei und dass Ritualismus, Sektenbildungen und von Europäern kritisierte religiöse Praktiken nur Korruptionen einer ursprünglich reinen Religion sind, haben sie ein Schriftprinzip internalisiert, das den Veda als śruti (geoffenbarte Schriften) der Bibel an Bedeutung gleichrangig erscheinen ließ, ja aufgrund ihres Alters diese sogar an Bedeutung noch übertraf.

Da Reform im Hinduismus von den Missionaren nicht im Sinne der lutherischen Reformation gedeutet werden konnte, da sie damit die Reformbewegungen als zumindest strukturell legitime Reformationsbestrebung hätten anerkennen müssen,[76] erklärten sie den Wandel zum Strukturprinzip des Hinduismus. Im Festhalten am ‚Alten' und in der gleichzeitigen Aufnahme des ‚Neuen', in der Flexibilität des Hinduismus, alles in sich aufzunehmen, ohne sich dabei wesentlich zu ändern, sahen lutherische Missionare die Einheit des Hinduismus. Schomerus, auf dessen Beurteilung des Hinduismus als Synkretismus unten noch genauer einzugehen sein wird, hat diese Sicht der Lutheraner zusammengefasst:

> „Der Grundzug der indischen Psyche ist nämlich ein zähes Festhalten am Alten, womit sich eine ziemlich weitgehende Aufgeschlossenheit gegen Neues verbindet."[77]

1.1.4. Sadur Veda Siddhanta Sabha

Für die Ansicht Grauls von der Einheit des Hinduismus war seine Begegnung mit Reformbewegungen in Madras von Bedeutung. Um die Mitte des 19. Jh.s kann man den oben erwähnten Internalisierungsprozess exogener Impulse des Kulturwandels in seinen Anfängen in Tamil Nadu beobachten, und die Berichte in den Missionsblättern sowie die Reisebeschreibungen von Graul spiegeln ihn eindrucksvoll wider. Graul hatte während seines Aufenthaltes in Madras erfahren, dass sich einige Jahre zuvor mehrere Organisationen formiert hatten, die zu einer alle Kasten und Religionsgemeinschaften überfassenden Einheit der Hindus aufriefen und sich als Widerstand gegen die christliche Mission formierten. In diesen Organisationen sah Graul einen genuinen Ausdruck des modernen ‚Brahmanismus', und in seiner Darstellung der Religion der Hindus berief er sich vor allem auf die 1844 zuerst erschienene Zeitschrift ‚Rajatani'[78], die von der Anfang der 40er Jahre gegründeten Sadur Veda Siddhanta Sabha[79] herausgegeben wurde. An die größere Öffentlichkeit ist die Sadur Veda Siddhanta Sabha im September 1846 mit einem ‚Mahānāṭu' getreten, einem Aufruf zu passivem Widerstand mit der Forderung, die Kompanie-

76 Einige englische Missionare sind besonders dem Brahmo Samāj gegenüber aufgeschlossen gewesen. Siehe dazu NEUFELD 1989:32; SHARPE 1977.

77 SCHOMERUS, IuC I, 1931:47.

78 Das erste Exemplar der Zeitschrift, aus dem Graul vor allem zitiert in: LMA, GN, Kapsel 6, Aktenstück: Tamulische Literatur.

79 Graul übersetzt: „Vier Veda Gesellschaft"; GRAUL, Reise IV,1855:201.

Regierung solle allen Hindus Schutz vor den Ungerechtigkeiten der christlichen Missionare gewähren.[80] Graul sah in diesem Aufruf erste Ansätze einer die Kasten und Religionsgemeinschaften umspannenden nationalen Bewegung und verglich die Sadur Veda Siddhanta Sabha mit dem Brahmo Samāj in Calcutta. Der Name der Gesellschaft bezieht sich nach Aussage der Zeitschrift ‚Rajatani' auf die vier Veden bzw. auf die vier Religionsgemeinschaften Smātras, Śaivas, Vaiṣṇavas und Mādhavas.[81] Modern war diese Gesellschaft darin, dass sie verschiedene Religionsgemeinschaften in sich zu vereinen suchte und sie auf eine gemeinsame Schrifttradition zurückführte. Vor allem aber war sie modern in ihrer Organisationsstruktur und ihren Kommunikationsmethoden. Die Organisation wurde geleitet von Umapati Mudaliyar, der einen Katecheten namens Kadervalu Kavirajar eingestellt hatte,[82] der regelmäßig jeden Montag über die eigene Religion und freitags gegen Christen predigte[83] und der mehrere Traktate über Hinduismus verfasste. Die Organisation unterhielt eine Tamil- und eine Teluguschule, eine eigene Presse, in der Traktate gegen die Missionen gedruckt wurden, neben ‚Rajatani' auch noch zwei weitere Zeitschriften, und sie veröffentlichte klassische Werke der Tamil-Literatur und tamilische Übersetzungen von Sanskrittexten.[84] Graul berichtet zwar, dass die Sadur Veda Siddhanta Sabha zur Zeit seines Aufenthaltes in Madras bereits an Einfluss verloren habe und kaum noch in der Öffentlichkeit aufgetreten sei, er maß ihr aber insofern eine bedeutende Rolle für die Formierung eines modernen Hinduismus zu, als ihre Methoden und ihre gegen das Christentum gerichteten Grundgedanken zugunsten eines einheitlichen Hinduismus für das öffentliche Bewusstsein in Madras von großer Bedeutung waren.

---

80 In: LMA, GN, Kapsel 6, Aktenstück: Tamulische Literatur. Auslöser für das Mahānāṭu war ein Gerichtsurteil des Obersten Gerichtshofes in Madras durch Richter Burton, das der Forderung eines Brahmanen widersprach, seinen Sohn, der zum Christentum konvertieren wollte, aus der christlichen Schule abzuziehen und den Eltern zurückzugeben. Der Richter argumentierte mit der Gewissens- und Entscheidungsfreiheit des Sohnes. Damit war zum ersten Mal die Entscheidung über Religionszugehörigkeit vor einem englischen Gericht zugunsten der Christen entschieden, was den massiven Widerstand von Hindus hervorgerufen hat. Dazu ELMB 1847:123ff; GRAUL, Reise IV, 1855:201. Handmann führt den Gedanken weiter und sieht in dem seit 1854 eingeführten säkularen Schul- und Universitätssystem den Hauptgrund für ein Aufleben von Reformbewegungen in Madras; HANDMANN 1889:7ff. Frykenberg hat den Aufruf zum Mahānāṭu und die Unterschriftenlisten untersucht und darin ebenfalls eine Reaktion auf englische Schulbildung gesehen. FRYKENBERG 1986:61f; siehe auch GRAFE 1990:156.

81 GRAUL, Reise V, 1856:358 Anm. 65.

82 LMA, GN, Kapsel 6, Aktenstück: Notizen für Tamul. Literatur etc. So auch S. SAMUEL PILLAY in einem Brief an Graul Question on Miscelaneous Subjects, 15 (Anhang).

83 GRAUL, Reise V, 1856:153.

84 Graul hat den Originaltext, des ‚Kaivaljanavanīta', einem tamilischen Kommentar zur Vedānta-Philosophie, das er im ersten Band der BT übersetzt und im zweiten Band noch einmal in Tamil mit englischer Übersetzung und Glossar herausgegeben hat, zuerst in Rajatani gelesen und diese Veröffentlichung so gedeutet, dass sich die ‚Sadur Veda Siddhanta Sabha' damit als ‚rechtgläubige' Organisation etablieren wollte; GRAUL, Reise V, 1856:155.

Einer der Hauptkritikpunkte von Ronald Inden am Orientalismus ist, dass dieser die indische Religion ‚essentialisiert', dem Hinduismus also ein Wesen unterlegt habe, das dieser ursprünglich gar nicht besaß. Bereits Paul Hacker hat betont, dass von einem ‚Wesen' des Hinduismus nur im Zusammenhang mit dem Neo-Hinduismus gesprochen werden könne und dass die Frage nach der Einheit des Hinduismus untrennbar mit der nationalen Bewegung im 19. Jh. verbunden sei.[85] Grauls Darstellung des ‚Brahmanenthums' aus seiner Begegnung mit den Schriften der Sadur Veda Siddhanta Sabha erhellt noch einen weiteren Aspekt des modernen Hinduismus, der für die spätere Reflexion Leipziger Missionare über das ‚Wesen des Hinduismus' von Bedeutung werden sollte. Kavirajar hatte um 1844 ein Buch mit dem Titel ‚Meyyana Potham' (Graul übersetzt: „Der wahren Erkenntnis Aufgang") veröffentlicht, das von einem englischen Missionar übersetzt und mit einem Kommentar versehen wurde, in dem er die śivaitische Liṅgam-Verehrung als Götzen- und Bilderdienst kritisiert. Graul berichtet, dass diese Kritik europäischer Missionare vor allem an dem Bilderkult, als dem von den Missionaren angenommenen eigentlichen Wesen der Hindu-Religion erbitterten Widerstand hervorgerufen habe. Die Frage der Bilderverehrung wurde in Madraser Zeitungen diskutiert und verteidigt. In Rajatani wurde als Reaktion auf die Kritik der Missionare eine Darstellung von religiöser Praxis veröffentlicht, die von Graul als eine Hierarchisierung von Erlösungswegen gedeutet wurde. Kavirajar wird von Graul folgendermaßen zitiert:

> „Die heiligen Schriften, die unsrer Religion zur Grundlage dienen, behaupten, daß der Gottheit Allherrschaft, Allgegenwart, Allwissenheit u.s.w. zukomme. Wenn man nun über diese herrlichsten Eigenschaften nachsinnt, so strahlt jenes höchste Wesen, als durch sich selbst selbstgeworden, dem Geiste entgegen, und man erkennt sich selbst als einen in gleicher Weise daherstrahlenden Geist. Allein wo dieser wahrhaft philosophische Standpunkt nicht gelingt, nun da soll man, über die Gestalt des Allerhöchsten im innersten Herzen nachdenkend, die heilige Silbe Om aussprechen. Wenn auch dabei der Geist nicht Stand hält, so versuche man es mit den heiligen Fünf Buchstaben u.s.w. Faßt auch hierin der Geist nicht festen Fuß, so ist es am gerathensten, durch Anhalten des Athems u.s.w. die Vorschriften des Yoga und der sonstigen Bußübungen zu vollziehen. Gesetzt auch das gelingt nicht, wohlan so ist noch Eins übrig. Nämlich: Da Gott, als das Spiegelbild der Weltseele, das dreifache Geschäft derselben, Schöpfung, Erhaltung und Zerstörung, innerhalb der drei ihm innewohnenden Eigenschaften (ruhende Wesenheit, leidenschaftliche Thätigkeit und finstres Hinbrüten) fort und fort verrichtet, so mag man entweder aus der (jenen drei Thätigkeiten und Eigenschaften entsprechenden) heiligen Dreigestalt (Brahma, Vischnu, Siva) oder aber aus den Götterschaaren, die deren himmlischen Hof umgeben, diese oder jene Form beliebig auswählen und auf sie den Namen des höchsten Gottes dreist übertragend ihr ‚Geist, Mund und Leib' zum Opfer darstellen. So sagen unsre religiösen Bücher."[86]

85 HACKER 1978:790.

86 Kavirajar in Rajatani 1844, zitiert bei GRAUL, Reise IV, 1855:136f.

Grauls Art der Paraphrasierung des Aufsatzes von Kavirajar in Rajatani vermittelt den Eindruck, als sei es eine Entscheidung des Individuums, den Zugang zu religiösen Erfahrungen nach dem eigenen Vermögen auszuwählen, und als könne der philosophische Standpunkt von dem rituellen getrennt werden. Er schreibt dazu:

> „So also legen sich die gebildeten Tamulen heut zu Tage das Brahmanenthum zurecht. In dem Mitgeteilten treten wesentlich drei verschiedene Standpunkte hervor: der Standpunkt des ceremoniellen Bilderdienstes als der niedrigste, der Standpunkt der selbstquälerischen Askese als der mittlere, und der Standpunkt reiner Beschauung als der höchste."[87]

Indem Graul den verschiedenen sādhanas oder Möglichkeiten der Realisierung[88] eine Wertigkeit unterlegt, die die philosophische Erkenntnis höher stellt als das Aussprechen des Mantras,[89] als asketische Praktiken und Tempelrituale, und indem er diese Wertigkeit auf den Brahmanismus allgemein bezieht, obwohl Kavirajar als die heiligen Schriften, auf die er sich bezieht, ausdrücklich nur Schriften der śivaitischen Bhakti-Tradition, nämlich Tiruvācakam, Tēvāram und Tājumānavar erwähnt, erscheint bei ihm der Hinduismus als eine Stufenreligion, deren Wesen sich erst in der letzten Stufe der philosophischen Erkenntnis offenbart. Dieses Wesen des Hinduismus findet Graul in der Vedānta-Philosophie, als „die höchste Höhe, die in Indien sich erhebet wider das Erkenntniß Gottes"[90].

1.1.5. Vedānta

Offensichtlich hat Graul in den Smārta-Brahmanen, die die sanskritische Śivāgama-Tradition mit Śaṅkaras Advaita Vedānta verbunden und in dem Versuch, Vaiṣṇavas und Śaivas zu vereinen, eine pan-indische Integration der tamilischen Hindus angestrebt haben, die höchste Form und die „rechtgläubige Schule" des Brahmanismus in Tamil Nadu gesehen, vor allem weil ihr Einfluss um die Mitte des 19. Jh.s in Tamil Nadu zugenommen hatte.[91] Die Sadur Veda Siddhanta Sabha folgte dagegen dem Zweig der Śaiva Siddhānta, die die Tamil Āgamas als autoritative Textgrundlage anerkannte, und lehnte sich in ihrem Bemühen, als theistische Religionsgemeinschaft zu erscheinen, an den Viśiṣṭādvaita an. Graul war in seiner Sicht des Vedānta sicherlich beeinflusst von Max Müller und anderen Indologen, die unter dem Einfluss des Idealismus in Śaṅkaras Advaita Vedānta den klassischen Ausdruck der Brahman-Ātman-Spekulation auf der Basis der Upaniṣads gesehen haben. Er kannte die südindische Śaivāgama-Literatur nicht, da sie geheim gehalten und nur innerhalb

---

87 GRAUL, Reise IV, 1855:138.

88 Siehe dazu KLOSTERMAIER 1994:55f.

89 Das Mantra der fünf Silben pañcākṣāra: Nama Śivāya (Ehre sei dem Śiva) gilt für alle Śaivas als höchster Ausdruck der Verehrung Śivas und wird als bedeutender angesehen als 70 Millionen anderer Mantras; dazu ARUNACHALAM 1978:74f.

90 GRAUL, Die Vedantisten, in: MOIMH VI, 1854:54–58.

91 GRAUL, Reise IV, 1855:134. Zu den Smārtas siehe RAGHAVAN 1966.

der Familien tradiert wurde und die Texte noch nicht veröffentlicht waren.[92] Bei Graul findet sich kein Hinweis darauf, dass er sich bewusst war, dass die Tamil Śaiva Siddhānta die Āgamas anders interpretierten als die Śaiva Siddhānta-Schule, die sich allein auf Sanskrittexte bezog.

Carl Ochs hat 1863 einen ‚Volkskatechismus' der tamilischen Religion verfasst, der ausdrücklich nicht auf den Sanskrittexten basiert, sondern Tamil-Purāṇas zur Grundlage hat, in dem er ‚saritei' (caryāpāda), ‚kirigei' (kriyāpāda), ‚jogam' (yogapāda) und ‚gnanam' (jñānapāda) als aufeinander folgende Stufen des Heilsweges darstellt.[93] Als orthodox gelten in der Śaiva Siddhānta 28 Āgamas.[94] Jedes Āgama besteht im Wesentlichen aus vier Teilen, pādas oder kāndas: einem Teil über Rituale (kriyāpāda), einem Teil über die Pflichten und Verhaltensweisen der Anhänger (caryāpāda), einem Abschnitt über das Wissen und die Lehren (jñānapāda) und einem Abschnitt über Yoga (yogapāda). Während in der sanskritischen Tradition alle Teile so aufeinander bezogen interpretiert wurden, dass sie sich gegenseitig bedingten, Wissen nicht ohne Praxis gedacht wurde und beide auf den Ritus bezogen waren, interpretierte die Tamil Śaiva Siddhānta die Struktur der Āgamas als Entwicklung und als Darstellung eines spirituellen progressiven Weges von caryāpāda über kriyāpāda und yogapāda zu jñānapāda.[95] Daher ist es möglich, dass sich diese Differenzen zwischen den verschiedenen Richtungen der südindischen Śaiva Siddhānta auch in unterschiedlicher Weise auf Reformen in Tamil Nadu ausgewirkt haben. In Rajatani wird der Konflikt zwischen Smārtas und Tamil Śaiva Siddhānta[96] offen angesprochen:

> „Der Sivaismus folgt der Visischtadwaitaschule. Das wissen Viele leider nicht. Sie denken, die Adwaitalehre und das Saivathum gehören zusammen, und die Smarta-Brahminen seien eben nichts anders als Saiva-Brahminen. Daher kommt es denn, daß die Velaler und andere Kasten ihre Saiva-Visischtadwaita-Bücher bei Seite legen und Adwaitaschriften studiren, – in dem Wahne, daß in den letztern die Wahrheit enthalten sei. Dazu aber helfen die Smarta's tüchtig mit. Sie machen hier im Südlande wacker Proselyten unter den Saiva's, indem sie dieselben von den in den Saivabüchern vorgeschriebnen Religionsgebräuchen unvermerkt abziehen, sie an ihre eignen Gebräuche gewöhnen, und die vormaligen Guru's derselben um ihren ganzen Verdienst bringen."[97]

Von ihrer dogmatischen Prägung her waren die Smārtas besonders offen für die Reformen des 19. Jh.s, insbesondere für den Gedanken eines einheitlichen gesamtindischen Hinduismus.

---

92 Erst nach 1956 wurde ein großer Teil der Āgamas durch JEAN FILLIOZAT und das französische indologische Institut in Pondicherry bekannt gemacht.

93 OCHS, in: NOI, 1863:51ff. Schreibweise der Tamil-Begriffe von Ochs.

94 Siehe dazu: SCHOMERUS, Caiva Siddhānta, 1912:14.

95 Dazu: SCHOMERUS, Caiva Siddhānta, 1912:15ff; BRUNNER 1992a:260–78; 1992b:1–59.

96 Zum Verhältnis zwischen Advaita Vedānta und Śaiva Śiddhānta siehe: SIVARAMAN 1973:33f.

97 GRAUL, Reise IV, 1855:155.

„Denn wenn auch das Vedanta-System nur von einer verhältnismäßig sehr kleinen Zahl Hindu's ordentlich verstanden und von noch Wenigern in Saft und Blut verwandelt wird, so durchwehet doch derselbe Geist, aus dem es erwachsen ist, mehr oder minder alle Hindu-Gedanken und Anschaungen, -Sitten und -Bestrebungen.“[98]

Eben diese Interpretation von Vedānta als Ausdruck einer geistigen Einheit, die der gesamten indischen Kultur zugrunde liegt, war ein zentrales Thema der hinduistischen Reform im 19. Jh. Gegen Ende des Jahrhunderts wurde dieser Gedanke von Swāmi Vivekananda dahingehend ausgedehnt, dass Vedānta als die Basis des Hinduismus und als Fokus der Identität Indiens gedeutet wurde.[99] Darüber hinaus vertrat Vivekananda die Ansicht, dass der Vedānta auch als Heilslehre für die ganze Welt von zentraler Bedeutung sei.[100] Philosophischen Ausdruck fand die Lehre von der Universalität des Vedānta im Denken Sevarapalli Radhakrishnans.[101] Um die Mitte des 19. Jh.s war allerdings die Bedeutung der Vedānta-Philosophie für die Auslegung des Veda umstritten. Während Raja Ram Mohan Roy und der Brahmo Samāj die Vedānta-Texte Bhagavadgītā, Upaniṣads und Brahma-Sūtra als autoritativ ansahen, besaß für Dayananda Sarasvati, den Gründer des Ārya Samāj, allein der Veda Autorität.

Reform oder Modernität war auch zu Grauls Zeiten nicht immer verbunden mit Bezugnahme auf die Vedānta-Philosophie, und die Frage der ‚Rechtgläubigkeit‘ war keineswegs zugunsten des Vedānta entschieden. Vedānta heißt ‚Ende des Veda‘ und bezeichnet eigentlich einen Kanon, der den Veda abschließt. Die Upaniṣads gelten nach den Hymnen und den Brāhmaṇas als Abschluss des Veda und setzen die ritualistischen Texte voraus. Im Muṇḍaka Upaniṣad findet sich allerdings bereits die Vorstellung, dass ritualistische Texte geringer einzuschätzen sind als das Wissen des Unwandelbaren und dass Ritualismus eine niedrigere Stufe ist als die Erkenntnis des Brahman.[102] Während aber in der klassischen Vedānta-Philosophie, insbesondere im Advaita Vedānta des Śaṅkara, das höhere Wissen (paravidyā) und die Erlösung allein dem saṃnyāsin vorbehalten war, der des Vollzuges der vedischen Rituale nicht mehr bedarf, sah Graul doch in dem durch christliche Kritik angestoßenen Antiritualismus der Reformbewegungen und der Attraktion der Vedānta-Philosophie unter gebildeten Tamilen eine Schwierigkeit für die christliche Mission. Indem die

98 GRAUL, Zweck und Plan, in: MOIMH VI, 1854:29.

99 VIVEKANANDA I, 1989:383ff; dazu auch KING 1999:93ff.
In einer 1940 verfassten Analyse der historischen Wurzeln der Konflikte zwischen Brahmanen und Nicht-Brahmanen in Tamil Nadu führt Venkatrama Sastri die Reduktion des Hinduismus auf Vedānta auf den Einfluss christlicher Missionen zurück: „As a result of Christian contact, we have Brahmoism aspiring to purify Hinduism by shedding all mediæval books and the complicated system of ceremonials and retaining the Upanishads only … Christianity and Islam may therefore be taken as the first disturbers of our sense of unity unaffected by the diversity of races or beliefs or modes of life.“ VENKATRAMA SASTRI 1940:7f.

100 VIVEKANANDA I, 1989:19f.

101 RADHAKRISHNAN I, o.J., 16.

102 MU I,1, 4–5.

Reformbewegungen die Kritik der Missionare an traditionellen religiösen Praktiken, am Ritualismus und an der Idolatrie aufgenommen und auch die höchste Erkenntnis der Erlösung potentiell als jedem Hindu zugänglich interpretiert haben, und indem sie diese Erkenntnis mit modernen missionarischen Methoden verbreiteten, sahen sich Graul und andere Missionare[103] gezwungen, in ihrer Kritik vor allem auf diese Richtung einzugehen. Atheistischer Monismus und Weltflucht erschienen nun als das Band, das eine Einheit des ganzen Brahmanismus ausmacht.

„Jahrtausende schon, ehe sich unsere idealistischen Denkkünstler ‚aus dem Nichts durch das Nichts in das Nichts' verstiegen, schwangen sich die indischen Denkkünstler, die Vedantisten, über den Aether hinaus in das Urbrahma. Hinter ihnen löste sich die Welt in Nichts auf, und vor ihnen stand das große, geheimnisvolle Etwas, das Brahma, das, weil ohne alle Eigenschaft, bei näherm Hin- und Zusehen ebenfalls in Nichts verdunstet. Sie suchten in der weltlichen Vielheit die göttliche Einheit und verloren darüber Welt und Gott zugleich; denn sie wußten jene Einheit nicht anders zu erringen, als indem sie die Vielheit zertrümmerten, wußten nicht anders zur Wirklichkeit Gottes zu gelangen, als indem sie die ganze Welt für Schein erklärten. Da mußte denn auch ihr Gott zu einem Schatten an der Wand werden, denn beides ist gleich unsinnig: eine Welt ohne Gott – und ein Gott ohne eine Welt."[104]

Der Zusammenhang zwischen der ‚Naturreligion' der Veden und dem Monismus des Vedānta erschien Graul als konstruiert durch philosophische Spekulation,[105] da er die Entwicklung der Opfertheorie der Brāhmaṇas[106] nicht im Zusammenhang mit den Upaniṣads gebracht hat und diese als Auflösung von Religion begriff.[107]

---

103 Z.B. BAIERLEIN 1889.

104 GRAUL, Vedantisten, in: MOIMH VI, 1854:54

105 „Nun das ist in der That eine handgreifliche Welt, die da in den Vedahymnen waltet. Wie doch stimmen die blassen Tinten der Vedanta-Philosophie, die sich allen Ernstes zu den Vedas bekennt, zu diesen hellen Farben der Veda-Hymnen, – wie die Scheinweltlichkeit der erstern zu dem Weltgenügen der letztern? Die Vedantisten wissen sich zu helfen." Graul, Vedantisten, in: MOIMH VI, 1854:55.

106 Siehe zu diesem wichtigen Verbindungsglied zwischen Veda und Upaniṣads, HEESTERMANN 1997:289ff.

107 Graul orientierte sich vor allem an zwei Aufsätzen von COLEBROOKE, die 1837 in den ‚Miscellaneous Essays' wieder veröffentlicht worden waren: ‚On the Vedas or Sacred Writings of the Hindus', ME I, 187:9–113, und ‚On the Philosophy of the Hindus', ME I, 1871:227–419. Colebrookes Essay über die Bráhmanas, ‚On the religious Ceremonies of the Hindus', ME I, 123–226, wird von Graul nicht zitiert oder erwähnt. Das Verhältnis von Veda und Vedānta war für christliche Apologeten ein zentraler Punkt der Kritik, da an dieser Schnittstelle die zuvor postulierte Einheit des Hinduismus hinterfragt und aufgebrochen werden konnte. 1857 wurde von JOHN MUIR ein Preis von 300 Pfund ausgesetzt für die beste christliche Widerlegung der Vedānta-, Nyāya- und Sāṃkhya-Philosophie. Siehe dazu Grauls Rezension in: AZA, Beilage zu Nr. 52 vom 21.2.1857:827; auch GRAUL, Literarische Tätigkeit, in: MOIMH X, 1858:38ff. Es ist wahrscheinlich, dass in diesem Zusammenhang, obwohl sie nicht für den Preis konkurrierten, zwei nordindische Theologen ihre Kritik des Vedānta formulierten. 1861 veröffentlichte KRISHNA MOHAN BANERJEA sein apologetisches Hauptwerk ‚Dialoques on Hindu Philosophy' in Calcutta und 1862 veröffentlichte NEREMIAH GOREH ‚A Rational Refutation of the Hindu Philosophical Systems'. Zum letzteren siehe YOUNG 1981. Vor allem

Grauls verstreute Aussagen über den Hinduismus lassen trotz der Behauptung dieses „alle Hindu-Gedanken durchwehenden Geistes“ kein zusammenhängendes Bild der indischen Religion erkennen. Das hängt zum einen damit zusammen, dass Graul Religion von ihrer organisierten Struktur her definierte und diese Struktur während seiner Reise nur in Ansätzen in reformhinduistischen Bewegungen wie der Sadur Veda Siddhanta Sabha entdecken konnte, zum anderen erschienen ihm daher die unterschiedlichen mārgas, sādhanas und saṃpradāyas nicht als Aspekte einer Religion, sondern als konkurrierende Religionsformen eines Brahmanismus, der von Graul einerseits soziokulturell als arische Gesellschaftsschicht, andererseits aber nur in seinen philosophischen Grundgedanken wahrgenommen wurde. Da die Religionsformen in Tamil Nadu aber nicht unter dem Begriff einer vollständigen Sanskritisierung zu fassen waren[108] und neben der Volksreligiosität und der Dämonenverehrung vor allem śivaitische Religionsformen existierten, die allein die Autorität der tamilischen Āgamas anerkannten, blieb die Sicht von ‚Hinduismus‘ bei Graul diffus.

Indem Graul darüber hinaus die Entwicklung des Brahmanismus nicht allein aus den Veden ableitet, sondern für die Religionsgeschichte Tamil Nadus die Jainas und Buddhisten als wesentliche Faktoren einbezieht, grenzt er mit dieser ‚ethischen Literatur‘, wie sie sich vor allem im Tirukkuṟaḷ zeigt, die Ethik aus der Religion aus und mit dem Vedānta als Philosophie die Reflexion über Gott und Welt, und die Beurteilung von brahmanischer ‚Religiosität‘ reduziert sich bei ihm auf Begriffe wie ‚Gefühlsspielerei‘, ‚Phantasie‘ und ‚Sinnlichkeit‘.[109] Graul war nicht der erste, der diese Trennung von Religion, Ethik und Philosophie in Bezug auf den Hinduismus vollzogen hat, aber seine Geringschätzung hinduistischer Religiosität und die Trennung von Ethik und Religion kann als symptomatisch gelten für die Sicht der Missionare im 19. Jh.

Zusammenfassend kann man für Grauls Sicht des Hinduismus feststellen, dass er, ausgehend von der Prämisse, dass die Arier die in Tamil Nadu die Kultur prägende Gesellschaftsschicht gewesen sind, im Brahmanismus eine normative Größe zur Darstellung und Beurteilung des Hinduismus in Tamil Nadu gesehen hat. Anders als die Indologie, die die Tendenz hat, ein monolithisches Hinduismusbild aus den sanskritischen klassischen Texten abzuleiten, hat Graul sein Hinduismusbild aus einer Arier-Draviden-Dichotomie entworfen, die sich in dem evolutionistischen Konzept von ‚Nichtbrahmanenthum‘, ‚Halbbrahmanenthum‘ und ‚Brahmanenthum‘ niederschlägt. Bei aller Präferenz Grauls für das ‚Brahmanenthum‘ und trotz seines monolinearen Geschichtsbildes, das Sanskritisierung als Kultivierung ‚kleiner Tra-

Banerjea sah den Veda in Opposition zu Vedānta, den er als eine post-vedische Lehre bezeichnete. Auch er unterschied zwischen Ritualismus und Naturreligion im Veda und davon unabhängiger Spekulation. Indem aber der Neo-Vedānta die Veden als seine Grundlage behaupte, würde er die Idolatrie und den Ritualismus der Veden tolerieren; dazu: KILLINGLY 1976:135. Zu Banerjea siehe: PHILIP 1982.

108 Siehe zu diesem Punkt HARDY 1995:35ff.

109 GRAUL, Reise IV, 1855:141. Hier bezogen auf die Vaiṣṇavas, während er den Śaivas aufgrund einiger ethischer Texte und der Betonung der Askese einen höheren moralischen Wert einräumt.

ditionen‘ durch die ‚große Tradition‘ begreift, hat diese Differenzierung Auswirkungen gehabt auf die Wahrnehmung von ‚Volksreligiosität‘ durch spätere Leipziger Missionare. Traditionen der Purāṇas und tamilische Lokaltraditionen (little traditions), die in der indologischen Repräsentation Indiens praktisch nicht vorkamen, wurden erst durch Missionare in Europa bekannt gemacht. Graul hat aber von den klassischen tamilischen Texten vor allem Texte aus buddhistisch-jainistischer Tradition gekannt, während er der viṣṇuitischen und śivaitischen Bhakti-Tradition Tamil Nadus nur auf seiner Reise begegnet ist. Die Dichotomie ‚Brahmanenthum – Antibrahmanenthum‘ tendiert daher dahin, das ‚Brahmanenthum‘ als eine mehr oder weniger geschlossene Größe aufzufassen, die zwar von sektarischen Differenzen geprägt ist, in der Philosophie des Vedānta aber doch ihre ideologische Einheit findet. Aufgrund der Feststellung, dass Jainismus und Buddhismus im 19. Jh. in Tamil Nadu keine Bedeutung mehr als mit dem ‚Brahmanenthum‘ konkurrierende Religionen hatten, sah sich Graul davon suspendiert, das ‚Antibrahmanenthum‘ eigens darzustellen.[110] Anti-strukturelle Bewegungen innerhalb des von Graul so bezeichneten ‚Brahmanenthums‘ wie die Bhakti-Bewegung[111] oder die de-sanskritisierende Richtung des Tamil Śaiva Siddhānta hat Graul nur als modernen Ausdruck des ‚Brahmanenthums‘ wahrgenommen, weil er Bhakti-Texte und Śivāgamas kaum kannte.

1.2. Hinduismus und Christentum

Wenn auch die Leipziger Missionare in der Nachfolge Grauls immer wieder bemüht waren, positive Anknüpfungspunkte zu finden, so begründeten sie die Überlegenheit des Christentums gegenüber dem Hinduismus gerade mit dessen Uneinheitlichkeit in Lehre, Ethik und Frömmigkeit.[112] Während in der Folgezeit die meisten Missionare nur unwesentlich von Graul abwichen, in ihrer Sicht des Hinduismus kaum über ihn hinausgingen und man sagen kann, dass die Leipziger Mission bis etwa 1900 von den Darstellungen Grauls über die indischen Religionen gezehrt hat, hat Hilko Wiardo Schomerus zu Beginn des 20. Jh.s die Frage nach der Einheit des Hinduismus eigenständig behandelt. Neben Schomerus’ Untersuchungen zu Śaiva Siddhānta und der südindischen Bhakti-Frömmigkeit, die unten darzustellen sein werden, sind vor allem seine Aufsätze und Abhandlungen über die Begegnung von Hinduismus und Christentum von Bedeutung.

1.2.1. Apologetik und Religionsvergleich

Schomerus hat einen apologetischen Religionsvergleich zur missionswissenschaftlichen Methode erhoben, und einen Großteil seiner Aufsätze durchzieht das Bestre-

110 GRAUL, Reise IV, 1855:135.

111 RAMANUJAN 1973:34.

112 So z.B. GEHRING, H. 1899:90ff; GEHRING, A., Tamulenland, o.J.:38ff; FRÖLICH, Volksreligion, 1915(?):7ff. Wesentliche Punkte lutherischer Apologetik wurden bereits 1863 von Hugo Schanz vorgetragen: SCHANZ 1863:25f.

ben, den christlichen Glauben gegenüber dem Hinduismus als höherstehend zu begründen. Bei Schomerus erscheint die Begegnung zwischen Hinduismus und Christentum als ein ‚Kampf'.[113] Insbesondere im Reformhinduismus und in den Missionsbemühungen, den Hinduismus im Westen bekannt zu machen, sieht er einen ‚Gegenschlag' des Hinduismus gegen die ‚Angriffe' des Christentums. Der Hinduismus sei in den christlichen ‚Herrschaftsbereich' eingedrungen und habe aufgrund der geistigen Situation in Europa, die gekennzeichnet ist von Materialismus,[114] beste Chancen, den Einfluss des Christentums zurückzudrängen. Der Hinduismus bedient sich in diesem Kampf des ‚Bollwerkes' der Kaste, der ‚Schutzwaffen' der ‚Karmatheorie' und der ‚Seelenwanderung'. Angesichts dieses Szenarios, das er in seinen Aufsatzbänden ‚Indien und das Christentum' (1931–1933) sowie in anderen Abhandlungen über ‚Indien und das Abendland' (1925) und ‚Das Geistesleben der nichtchristlichen Völker und das Christentum' (1914) aufmarschieren lässt, ist es nicht verwunderlich, dass die Schriften von Schomerus nicht mehr rezipiert werden und praktisch in Vergessenheit geraten sind. Der hermeneutischen Regel, in der Begegnung mit dem Anderen diesen möglichst so zu verstehen, wie er sich selbst versteht, kann in dieser Kriegssituation kaum Rechnung getragen werden,[115] bestenfalls kann sie als strategisches Mittel zur Überwindung des Feindes eingesetzt werden. Darüber hinaus kann man diesem apologetischen Ansatz unterstellen, und man hat es ihm unterstellt,[116] dass er es in der Darstellung der anderen Religion an Objektivität vermissen lässt, da er im Religionsvergleich gerade diejenigen Elemente der anderen Religion hervorhebt, die sich für einen Vergleich mit dem Christentum eignen bzw. dazu dienen, das letztere als die überlegene Religion erscheinen zu lassen. Schomerus' Werk weist eine Fülle solcher Vergleiche auf, die deutlich machen, dass er sich einem ‚methodischen Atheismus', wie er seit Ende des 19. Jh.s in der vergleichenden Religionswissenschaft gefordert wurde,[117] nicht verpflichtet gefühlt hat.

Die Kritik am Historismus wie auch die gegenwärtige, vor allem in der Ethnologie geführte Diskussion über die Autorität des Ethnologen und die Fragwürdigkeit einer objektiven Repräsentation des Anderen in der religionswissenschaftlichen und ethnographischen Darstellung[118] überholt den apologetischen Religionsvergleich insofern, als sie als eine Kritik an objektiver Darstellung überhaupt formuliert wird und die Frage nach den impliziten subjektiven Vorentscheidungen eines Autors

113 SCHOMERUS, Geistesleben, 1914:31 u.a.

114 SCHOMERUS, IuC III, 1933:2ff.

115 W.C. Smith hat das 1959 in einem von ihm selbst als „revolutionär" bezeichneten Aufsatz gefordert, in dem er für eine Personalisierung der Religionswissenschaft eintritt. SMITH 1959:42; deutsch 1963:87; siehe dazu oben Kapitel I.2.

116 Dazu Schmidt-Leukel, der Schomerus' Vergleich zwischen Buddha und Christus als Beispiel eines apologetischen Religionsvergleiches heranzieht, der inzwischen überholt sei, SCHMIDT-LEUKEL 1992:43.

117 Siehe dazu RUDOLPH 1992:81ff.

118 Dazu GEERTS 1988; CLIFFORD 1993:109ff, aber auch KIPPENBERG 1997:259ff.

stellt, während der apologetische Religionsvergleich diese Vorentscheidungen zum methodischen Prinzip erhebt. Es soll daher bei der Analyse von Schomerus' Texten nicht darum gehen, einen durch den apologetischen Grundzug hindurchscheinenden objektiven Gehalt dessen, was Hinduismus ist, herauszuarbeiten, sondern es soll versucht werden, die apologetische Dimension in Schomerus' Denken als Ausdruck einer besonderen hermeneutischen Situation der Leipziger Missionare in Südindien für deren spezifische Wahrnehmung der tamilischen Religion insofern fruchtbar zu machen, als dargelegt wird, wie das Hinduismusbild von interreligiöser Positionierung bestimmt ist. Neben Schomerus' Sicht der Einheit des Hinduismus betrifft dies vor allem die Darstellung von bhakti, Śaiva Siddhānta und den ‚Volksreligionen'.

Schomerus selbst war sich der Problematik seines Ansatzes durchaus bewusst, und er verteidigte ihn in einem seiner letzten Werke ‚Indische und christliche Enderwartung und Erlösungshoffnung' von 1941. Er vertrat die Ansicht, dass eine rein typologische Gegenüberstellung von Ideenkomplexen zweier Religionen für ein Verstehen der Religionen nicht ausreicht. Verstehen impliziert den bewertenden Vergleich. Schomerus teilte die Auffassung seines Lehrers Nathan Söderblom,[119] dass der Religionsvergleich hilft, die eigene wie die andere Religion besser zu verstehen, und verwahrte sich gegen Tendenzen innerhalb der dialektischen Theologie, die Überlegenheit des Christentums allein aus der Offenbarung Gottes in Jesus Christus ohne religionsgeschichtliche Vergleiche zu begründen.[120] Gerade seine Überzeugung von der Einzigartigkeit und Überlegenheit des Christentums gegenüber allen anderen Religionen[121] ließ ihn aber zu einer anderen Sicht der Religionsgeschichte kommen als Söderblom und Rudolf Otto. An der Religionsphänomenologie, wie sie sich unter dem Einfluss von Otto und Söderblom entwickelt hatte, hat er kritisiert, dass die Konvergenzen in den Religionen mit einer zwar geschichtlich geprägten, letzten Endes jedoch alle geschichtlichen Religionsformen transzendierenden Erfahrung des Heiligen begründet werden.

> „Man wird den Grund, und zwar nicht einen nebensächlichen, sondern den letzten und tiefsten Grund für die Gestaltung, die die Religion bei den verschiedenen Völkern in ähnlicher und doch auch wieder anderer Weise genommen hat, außer in dem nur Psychischen auch noch in einem Transpsychischen suchen müssen, indem man nämlich der Religion eine gewisse Eigengesetzlichkeit in der Art und Weise ihrer Entfaltung, ihrer Hypostasierung zugesteht."[122]

---

119 Zu Söderblom siehe SHARPE 1997:157ff. Schomerus war 1912 Assistent bei Söderblom in Leipzig und wurde auf dessen Betreiben hin Privatdozent in Kiel. Dazu GENSICHEN 1981:XIII.

120 SCHOMERUS, Parallelen, 1932:20. In ähnlicher Weise argumentiert Hendrik Kraemer; siehe dazu BAIRD 1991:39ff.

121 Schomerus' Religionstheologie kann in diesem Zusammenhang nicht ausführlich dargestellt werden. Am deutlichsten hat er sie in seinem Aufsatz ‚Parallelen' entfaltet, in dem er hervorhebt, dass Christus nicht wie bei Brunner und Althaus nur das „Nein" bzw. das „Gericht" der Religionen ist, sondern „Reinigung" und „Korrektur", SCHOMERUS, Parallelen, 1932:50f.

122 SCHOMERUS, Parallelen, 1932:19.

Gerade in dem Anerkennen der ‚Eigengesetzlichkeit' wollte Schomerus über eine ‚nur religionsgeschichtliche Betrachtungsweise' hinaus zu einer theologischen Sicht der Religionen vordringen. Dazu entwarf er eine Typologie von Gesetzesreligionen, magisch-sakramentalen Religionen, Erkenntnisreligionen und Frömmigkeitsreligionen.[123] Das Christentum hat Elemente von allen vier Typen in sich, geht aber in diesen nicht auf, und sie berühren nicht den Kern des Christentums: Christus als Mittler.[124] Schomerus war der Ansicht, dass das theologische Urteil nicht in einem Anerkennen der Erfahrung des Heiligen in allen Religionen aufgehen kann und dass es, indem es sich allein auf die Offenbarung in Jesus Christus beruft, die Religionsgeschichte davor bewahrt, religiöse Phänomene aus ihrem geschichtlichen Kontext zu reißen.

> „Weil die christliche Theologie in ihrem Dienste an der Gemeinde an die Wahrheit gebunden ist, muß sie es bei ihrer Beschäftigung mit den nichtchristlichen Religionen für ihre erste und vornehmste Aufgabe ansehen, zu einem möglichst objektiven Verständnis derselben zu gelangen. Erst wenn sie wirklich gründlich versteht, wird sie das innere Recht haben, zur Vergleichung fortzuschreiten, und hat man die Garantie, daß diese nicht zum Nachteil für die Gemeinde ausschlagen wird. D.h. bevor die christliche Theologie vergleichende Religionswissenschaft treiben darf, muß sie erst beschreibende Religionswissenschaft treiben."[125]

Schomerus war der Auffassung, dass sowohl das wissenschaftliche Ethos als auch das Bewusstsein der Überlegenheit und Einzigartigkeit des Christentums es gebietet, die andere Religion von ihren „schönen und edlen Seiten" darzustellen, weil nur dann die Religionswissenschaft auch der Missionsarbeit dienen könne.[126] Dazu müsse sie aber die andere Religion in ihrem Kontext kennen lernen.

> „Ich bin tief davon durchdrungen, daß jede religiöse Erscheinungsform nur als Bestandteil der ganzen jeweils in Frage stehenden Religion richtig verstanden und beurteilt werden kann."[127]

Der Religionsvergleich dient daher bei Schomerus nicht dazu, das Wesen von Religion zu bestimmen, und seine, wenn auch aus christlichem Überlegenheitsbewusstsein geborene, methodische Unterscheidung von religionsgeschichtlicher Darstellung und theologischer Beurteilung bewahrt gegenüber der zu seiner Zeit dominierenden

123 SCHOMERUS, Parallelen, 1932:22.
124 SCHOMERUS, Parallelen, 1932:42.
125 SCHOMERUS, Erlösungslehren, 1919:3. In seinen vergleichenden Werken wird deutlich, dass sich „objektive" Darstellung der anderen Religion unter diesen Voraussetzungen nicht verwirklichen lässt. Seine Ausführungen über andere Religionen sind durchsetzt mit Wertungen, polemischen Beurteilungen und Termini aus der christlichen Tradition, mit denen fremdreligiöse Phänomene umschrieben werden.
126 SCHOMERUS, Erlösungslehren, 1919:4; SCHOMERUS, Buddha, 1931:IIIf.
127 SCHOMERUS, Enderwartung, 1941:9.

Religionsphänomenologie zumindest in Ansätzen eine ‚Integrität der Methoden', die Kurt Rudolph dem religionsphänomenologischen Ansatz gerade abspricht.[128] Bei Schomerus findet sich daher auch nicht die von Friedrich Heiler vertretene Auffassung, alle Religionswissenschaft sei letztlich Theologie, da sie es mit dem Erleben jenseitiger Realitäten zu tun hat,[129] sondern er vertritt die Auffassung, dass sich ‚Religiosität' nur in Verbindung mit ‚Religion' zeigt.

> „Die Wirklichkeit zeigt uns Religiosität und Religion auf das engste miteinander verknüpft; die eine lebt von der anderen. Die Religion steht im Dienste der Religiosität, indem sie Religiosität erweckt, erhält und vertieft, und die Religiosität steht im Dienste der Religion, indem sie diese lebendig erhält und vor dem Verfall bewahrt. Eine Religiosität, die auf Anschluß an irgendeine Religion verzichtet, trägt den Todeskeim in sich, erlischt früher oder später aus Mangel an Nahrung, wie ein Feuer erlischt, wenn ihm nicht neuer Brennstoff zugeführt wird. Und eine Religion, die auf die Religiosität keinen Einfluß mehr ausübt, hört auf, lebendig zu sein, gehört nur noch der Vergangenheit an."[130]

In Bezug auf den Hinduismus bedeutete der hermeneutische Grundsatz, Religiosität nicht zum methodischen Schlüssel zum Verständnis der Religion zu machen, sondern sie als Ausdruck der Vitalität einer Religion auf konkrete Phänomene zurückzubeziehen. Er bedeutete ferner, dass eine Vielfalt der indischen Traditionen zur Sprache gebracht werden musste und dass zum anderen diese Vielfalt wiederum als Teil eines religiösen Typus erscheinen musste, der gerade diese Religiosität hervorgebracht hat. Schomerus ordnet die indische Religion dem magisch-sakramentalen Typus zu, die sich vor allem als Mystik manifestiert.[131] Als religiöser Typus bzw. als eine Religion stellt sich der Hinduismus aber allein dem Religionsgeschichtler dar. Neben der Abgrenzung zur Religionsphänomenologie seiner Zeit knüpft Schomerus mit dieser Auffassung von Religion auch an das Erbe Grauls an. Religiosität ist immer auch Teil der Kultur,[132] auf die sie bezogen ist und steht dadurch in enger Verbindung zum ‚mittleren Bereich', ohne den sie nicht verstanden werden kann.

---

128 RUDOLPH 1973:105–131. Ohne den apologetischen Ansatz von Schomerus verteidigen zu wollen und trotz aller Vorbehalte, die ich gegenüber diesem Ansatz für irgendeine Möglichkeit des interreligiösen Dialogs habe, scheint es mir nur aus der Perspektive einer pluralistischen Religionstheologie angebracht zu sein, Schomerus' Methode als eine Vorstufe zu den religionsphänomenologischen Vergleichen zu bezeichnen. Siehe dazu Schmid-Leukel, der in seiner Arbeit über die Hermeneutik des christlichen Verständnisses der Buddhistischen Heilsbotschaft sowohl den apologetischen als auch den phänomenologischen Religionsvergleich ausführlich und innerhalb einer Rangordnung als Vorstufen des Dialogs behandelt. SCHMIDT-LEUKEL 1992:36–116.

129 HEILER 1961:17.

130 SCHOMERUS, IuC I, 1931:46. In ähnlicher Weise in den 70er Jahren Ratschow: „Religion ist wirklich nur in den Religionen." Ratschow 1973:347.

131 Siehe dazu unten V.3a.

132 Zum Verhältnis von Religionsphänomenologie und Religionsgeschichte siehe: Sabbatucci 1988:43f.

In mehreren Aufsätzen, die unter dem Titel ‚Indien und das Christentum' (IuC) zwischen 1931 und 1933 erschienen sind,[133] hat Schomerus seine Sicht der Entwicklung der indischen Religionsgeschichte und der Einheit des Hinduismus entwickelt. Dass diese Einheit ein religionswissenschaftliches Konstrukt ist, wird bei Schomerus zwar nicht reflektiert, jedoch ausgesprochen. In dem oben erwähnten Aufsatz über indische Religiosität versucht Schomerus, die Schwierigkeiten zu benennen, die sich aus seiner Prämisse der Reflexivität von Religion und Religiosität in Bezug auf die indische Religion ergeben. Dem oberflächlichen Beobachter, so meint er, stellt sich die Religiosität Indiens als eine „bunte Mannigfaltigkeit religiöser Handlungen, Vorstellungen und Gefühle" dar, die „auch bei der Anwendung des größten Scharfsinns nicht in ein logisch wenigstens einigermaßen einheitliches System" gebracht werden können.[134] Diese Beobachtung impliziert mehrere Voraussetzungen. Zum einen wird angenommen, dass auch in einer komplexen Gesellschaft wie der indischen die Funktionen, die Religionen haben können, von einer Religion wahrgenommen werden muss und dass, wenn dies nicht geschieht, sich hierin die Schwäche dieser Religion zeigt.[135] Zum anderen wird zwischen einer Zeichenebene und einer Systemebene unterschieden, und das Verhältnis der beiden Ebenen muss, so wird implizit gefordert, dem externen Beobachter als logisch erscheinen. Und schließlich: Allein eine religionsgeschichtliche Betrachtung, die die Entwicklung der indischen Religion von ihren Anfängen bis in die Gegenwart bedenkt, kann herausarbeiten, dass die Religiosität Indiens ein „naturgetreues Spiegelbild einer jahrtausendelangen Religionsentwicklung ist". Schomerus ist der Auffassung, dass es unmöglich sei, in einer synchronen phänomenologischen Betrachtung innerhalb der indischen Religion logische Gesetzmäßigkeiten auszumachen, und dass allein eine diachrone Analyse geschichtliche Gesetzmäßigkeiten feststellen könne, die Rückschlüsse auf das ‚Wesen' des indischen Geistes zulassen. Indem Schomerus das nun doch wieder hervortretende Interesse an einer phänomenologischen Wesensbestimmung der indischen Religion in ein religionsgeschichtliches Gesamtbild der indischen Religion einbaut, kann von ihm das Wesen der indischen Religion als Entwicklung bestimmt werden, genauer, als ein Festhalten an der Tradition bei gleichzeitiger Aufnahme neuer Elemente.

> „Die indische Religion in ihrer jetzigen Form, in der Form des Hinduismus, steht prinzipiell auf dem Standpunkt der Entwicklung."[136]

Schomerus unterscheidet die Phasen der indischen Religionsgeschichte in der Tradition der Indologie des 19. Jh.s in Vedismus, Brahmanismus und Hinduismus.[137]

---

133 Ein Großteil dieser Aufsätze ist bereits in den 20er Jahren in verschiedenen Zeitschriften veröffentlicht worden.

134 SCHOMERUS, IuC I, 1931:47.

135 SCHOMERUS, IuC I, 1931:47.

136 SCHOMERUS, IuC I, 1931:29.

Als Hinduismus bezeichnet er die Religion der Gegenwart, die sich, wie auch Vedismus und Brahmanismus, aus denen sie erwachsen ist, als eine Religion darstellt, aber nicht als eine einheitliche Religionsform.

> „Nun darf man ja wohl sagen, daß die indische Religion der Jetztzeit anderen Religionen gegenüber, wie z.B. dem Christentum und dem Islam und auch dem eigentlichen Buddhismus gegenüber, sich als eine Religion abhebt. Was sie aber diesen Religionen gegenüber als eine einheitliche Religion erscheinen läßt, ist weniger ein ganz bestimmter Komplex von Vorstellungen usw., als vielmehr der vollständige Mangel an Einheitlichkeit. Dieser Mangel an Einheitlichkeit zeigt sich nun nicht nur darin, daß er in viele Sekten gespalten ist, sondern vor allem darin, daß innerhalb der Sekten wieder so ziemlich alles geduldet wird, was nur Duldung begehrt. Es ist der Hinduismus, wie man wohl sagen darf, eine Schöpfung des am Alten hängenden, aber Neuem trotzdem nicht abholden indischen Geistes auf dem Gebiete der Religion, wie man sie vollkommener sich nicht denken kann."[138]

Der interpretatorischen Schwierigkeiten, in die er mit der Gleichsetzung von „indischer Religion der Jetztzeit" und Hinduismus gerät, ist sich Schomerus bewusst, allerdings bleibt seine Terminologie uneinheitlich. Während er einerseits von der indischen Religion als Ausdruck des indischen Geistes spricht, sieht er sich andererseits gezwungen, zwischen verschiedenen indischen Religionen zu unterscheiden, die sich in das Entwicklungskonzept Vedismus, Brahmanismus, Hinduismus trotz aller ‚Uneinheitlichkeit' des Hinduismus nicht einordnen lassen. Schomerus erwähnt Buddhismus, Jainismus und Sikhismus als Religionen, die in Indien entstanden sind, aber ihren Einfluss verloren haben oder in Gefahr sind, ‚hinduisiert' zu werden, und daher von ihm nicht als prägende Kräfte angesehen werden.[139] Darüber hinaus unterscheidet er zwischen dem ‚höheren Hinduismus' als der ‚offiziellen' Religion Indiens, der

> „primitive[n] Religion der unkultivierten vorarischen, vielleicht sogar vordravidischen Bergstämme" und einem „niederen oder vulgären Hinduismus, die geduldete Religion der breiten Massen des Volkes, die sicherlich viele alte Bestandteile der alten dravidischen Religion enthält, aber auch von der Religion der eingewanderten Arier viele Elemente übernommen hat, also vielleicht eine dravidisch-arische Mischreligion genannt zu werden verdient"[140].

Während andere Leipziger Missionare wie Richard Frölich in den sogenannten ‚Volksreligionen' eine Herausforderung an die christliche Mission sahen, weil ein Großteil der lutherischen Christen in Tamil Nadu aus diesen religiösen Traditionen

---

137 MONIER-WILLIAMS 1891 bietet die klassische Dreiteilung; SCHOMERUS, IuC I, 1931:48. Siehe zu dieser Unterscheidung STIETENCRON 1991:13.

138 SCHOMERUS, IuC I, 1931:49.

139 SCHOMERUS, IuC I, 1931:4.

140 SCHOMERUS, IuC I, 1931:128.

stammte, vertrat Schomerus die Ansicht, dass die Christen sich mit dem ‚wahren' Hinduismus beschäftigen sollten, weil nur an ihm die Überlegenheit der christlichen Religion gemessen werden könne.[141]

Schomerus' paradoxes Bild von der Uneinheitlichkeit des Hinduismus als einer Religion war, obwohl er diese Vorstellung mit zahlreichen Indologen und Historikern des 19. und 20. Jh.s teilte, nicht nur ein weiterer Versuch, sich dem fremden Phänomen zu nähern, sondern verfolgte eine apologetische Absicht. Sowohl die Stärke als auch die Schwäche des Hinduismus liegen in seiner Uneinheitlichkeit. Schomerus fasst diese Ambivalenz als Religionsgeschichtler und apologetischer Theologe unter dem Begriff ‚Synkretismus' zusammen. Gerade die Verwendung dieses vor allem in der religionsgeschichtlichen Schule ausgesprochen umstrittenen Begriffs zur Charakterisierung der indischen Religion macht jedoch deutlich, dass der Anspruch von Schomerus, in der Beschreibung anderer Religionen eine theologische epoché zu üben und einen theologischen Vergleich den religionsgeschichtlich ‚objektiven' Aussagen über eine andere Religion methodisch nachzustellen, so nicht einholbar ist. Dennoch bieten seine Ausführungen über Synkretismus ein frühes Beispiel für die Problematik interreligiöser Fremdwahrnehmung, wie sie gegenwärtig in der Debatte um die pluralistische Religionstheologie diskutiert wird.[142]

1.2.2. Hinduismus – eine synkretistische Religion

Es sind im Wesentlichen zwei Fragestellungen, die Schomerus mit dem Synkretismusbegriff klären will. Zum einen verwendet er ihn, um religionsgeschichtliche Prozesse innerhalb ‚der indischen Religion' zu beschreiben und diese als synkretistische Religion zu charakterisieren, zum anderen will er die Frage beantworten, wie und ob sich die christliche Mission auf diesen Synkretismus beziehen soll. Wie weit darf die christliche Mission anknüpfen, und wo sind die Grenzen zwischen Akkulturation und Synkretismus?[143] Diese Fragestellungen im Rahmen von Schomerus' religionsgeschichtlichem Ansatz suggerieren, dass es bei der Analyse von Synkretismus zwei zu unterscheidende Perspektiven der Wahrnehmung gibt, eine distanzierte Beobachterperspektive und eine teilnehmerorientierte Perspektive.[144] Während aus der einen Perspektive der Begriff neutral deskriptiv verwendet wird, hat er aus der teilnehmerorientierten Sicht normativen Charakter. Bei Schomerus finden sich zahlreiche Stellen, die eine solche Unterscheidung zunächst nahe legen. Er selbst trifft sie, indem er in einem Aufsatz über den ‚Synkretismus in der indischen Religion'[145] zwischen einem religionsgeschichtlichen Abschnitt, in dem er anhand der Phasen der indischen Religionsgeschichte aufzeigt, wie sich der Hinduismus als synkretisti-

141 SCHOMERUS, IuC I, 1931:29.

142 Der folgende Abschnitt versteht sich nicht als eine wesentliche Weiterführung dieser Debatte, sondern verdankt ihr, bei der Beschreibung der religiösen Fremdwahrnehmung Indiens durch Missionare wie Schomerus gewisse Strukturierungen vornehmen zu können.

143 SCHOMERUS, Gestalt, EMM (NF) 75, 1931:366ff.

144 Diese Unterscheidung findet sich in neuerer Zeit wieder bei SILLER 1991:3f.

145 SCHOMERUS, IuC I, 1931:203–230.

sche Religion entwickelt hat, und einem missionstheologischen Teil, der die Probleme missionarischer Anknüpfung diskutiert, unterscheidet. Synkretismus wird bei Schomerus nie definiert. Er verwendet den Begriff in seinen religionsgeschichtlichen Abschnitten keineswegs neutral und kann von „religionsmengerischer Toleranz“ in Indien sprechen[146] oder von „Lauheit und synkretistischer Kompromissmacherei“[147]. Seine Intention ist es, Indien als das ‚klassische Land des Synkretismus‘ darzustellen und so die Differenz zum Christentum deutlich zu machen. Schomerus gesteht ein, dass es Synkretismus in allen Religionen gibt, seine religionsgeschichtlichen Untersuchungen zum Hinduismus sollen aber dazu dienen, nachzuweisen, dass es vor allem der Synkretismus in der indischen Religion ist, der diese in Opposition zum Christentum stellt.

> „… der Synkretismus [ist] nicht bloß etwas allgemein Verbreitetes, sondern darüber hinaus auch etwas Natürliches, eine mit einer gewissen inneren Naturnotwendigkeit aus einem psychologischen Muß herauskommende Erscheinung.“[148]

Für diese These findet er Belege in den chinesischen Religionen, in Japan, im Islam und auch im Christentum. Gerade sein kurzer Abschnitt über Synkretismus im Christentum zeigt aber, wie stark religionsgeschichtliche Darstellung und theologisches Selbstverständnis miteinander verflochten sind. „Die Geschichte des Christentums in den ersten Jahrhunderten weiß von allerlei Kämpfen gegen synkretistische Bestrebungen zu erzählen.“ Dabei ist, wie Schomerus bezeichnenderweise formuliert, das „Christentum den synkretistischen Einflüssen nicht auf ganzer Linie Sieger geblieben“. Schomerus nennt die Gnosis und die katholische Tradition als Belege dafür, dass Synkretismus auch im Christentum zu finden sei.

> „Die Bedeutung der Reformation besteht darin, das Christentum wieder von dem eingeschlichenen Unter- und Außerchristlichen gesäubert zu haben.“[149]

Diese Ausführungen über das Christentum sind nicht sonderlich originell. Adolf von Harnack war es, der eben diese Auffassung bereits 1902 vorgetragen hat,[150] und sowohl bei Harnack als auch bei Schomerus wird deutlich, dass Synkretismus nicht nur als ein deskriptiver Begriff der ‚religionsgeschichtlichen Schule‘ dazu verwendet wird, interreligiöse Prozesse in der Geschichte des Christentums (und anderer Religionen) zu klären, sondern der Selbstdefinition des Protestantismus in Abgrenzung zu anderen Konfessionen und Religionen dient. Mit diesem Nachweis einer unsauberen Trennung von Religionsgeschichte und Missionstheologie bei Schomerus könnte man seine Ausführungen über Synkretismus als von der Wissenschafts-

146 SCHOMERUS, IuC II, 1932:183.
147 SCHOMERUS, IuC II, 1932:188.
148 SCHOMERUS, IuC II, 1932:188.
149 SCHOMERUS, IuC II, 1932:184.
150 HARNACK 1924:331; dagegen Gunkel, der das NT als synkretistisch bezeichnete, Gunkel 1903:35ff.

geschichte überholt beiseite legen, wenn sich nicht die gegenwärtige religionswissenschaftliche Debatte über diesen Begriff gerade an der ‚Selbstreferentialität' seiner Verwendung entzündet hätte.[151] Charles Steward und Rosalind Shaw haben in jüngster Zeit dafür plädiert, den Synkretismusbegriff methodisch neu zu überdenken, ihn aber beizubehalten, da seine Verwendung auch zugleich zu einer Kritik an der im 19. Jh. entwickelten pejorativen Konnotation des Begriffs führen könne.[152]

Bereits 1971 hat Robert Baird, ausgehend von einer Analyse des Begriffs bei Hendrik Kraemer, der in seinem Buch ‚Religion und christlicher Glaube' im Grunde die Ansätze von Schomerus theoretisch weitergeführt hat,[153] dafür plädiert, den Begriff Synkretismus aufgrund seiner pejorativen Bedeutung für religionsgeschichtliche Analysen nicht mehr zu verwenden.[154] 1979 hat Kurt Rudolph gemeint, einen gewissen Reinigungsprozess des Begriffs vom ‚theologischen Scheltwort zum religionswissenschaftlichen Begriff' konstatieren zu können.[155] Es waren aber vor allem die Ansätze von Carsten Colpe und Ulrich Berner, die entscheidend zur Begriffsklärung beigetragen haben. Colpe unterscheidet zwischen Synkretismus als *explanandum* und als *explanans* und hat damit die Möglichkeit eröffnet, die Verwendung des Begriffs als Beschreibungs- oder Beurteilungskategorie neben den als Synkretismus bezeichneten religionsgeschichtlichen Phänomenen zu bedenken.[156] Mit der Einführung von Synkretismus als *explanans*-Kategorie ist aber die Perspektivität der terminologischen Verwendung direkt angesprochen. Ausgehend von der von Luhmann entworfenen Theorie der Selbstreferenz sozialer Systeme, hat Andreas Feldtkeller Colpes Ansatz insoweit konsequent weitergeführt bzw. radikalisiert, als er von einer grundsätzlichen Perspektivität[157] bei der Verwendung des Synkretismus-Begriffs ausgeht und vorschlägt, ihn nur dort zu verwenden, wo der Religionsgeschichtler sein Selbstverständnis exponieren will.[158] Wenn ich auch die grundsätzlichen Bedenken Feldtkellers an einer wertneutralen Verwendung der Synkretismus-Terminolo-

---

151 Diese Debatte ist von FELDTKELLER 1994 und GRÜNSCHLOSS 1999 ausführlich diskutiert bzw. weitergeführt worden und kann im Rahmen dieser Arbeit nicht angemessen wiedergegeben werden. Im Folgenden werden daher nur diejenigen Aspekte hervorgehoben, die für eine Analyse von Schomerus' Hinduismusbild als einer synkretistischen Religion von Bedeutung sind.

152 STEWARD/SHAW 1994:2. Zu einer weiterführenden Diskussion des Begriffs innerhalb der Theologie siehe auch SCHREITER 1997:97ff.

153 KRAEMER 1959:380 bezieht sich ausdrücklich auf Schomerus.

154 BAIRD 1971:142–152.

155 RUDOLPH 1979:194–212; zur Geschichte der Verwendung des Begriffs siehe vor allem BERNER 1982; FELDTKELLER 1994:20ff.

156 COLPE 1975:33.

157 Feldkeller unterscheidet vier Perspektiven der Verhältnisbestimmungen von Religionen, siehe FELDTKELLER 1992:230ff; 1994:29ff. Synkretismus kann nicht aus einer Perspektive betrachtet werden, da er gerade „eine Differenz zwischen zwei zueinander gegenläufigen Verhältnisbestimmungen" markiert (1992:228).

158 Feldtkeller versteht auch Religionswissenschaft als selbstreferenzielles System und konstatiert, dass keine religionswissenschaftliche Aussage von der Subjektivität und Perspektivität des Betrachterstandpunktes abstrahieren kann (1992:227). Damit wird die Verwendung des Synkretismusbegriffs zu einem Sonderfall jeglicher religionswissenschaftlicher Begriffsbildung.

gie teile, so entledigt sich der Nachweis der Perspektivität des eigenen religionswissenschaftlichen Ansatzes doch nicht des Problems, mit Modellen arbeiten zu müssen, die den Verhältnisbestimmungen zwischen Religionen, wie sie von einem religiösen Subjekt oder von einer Religionsgemeinschaft getroffen werden, nicht unmittelbar kompatibel sind oder ihnen sogar widersprechen.[159] Eben dieses hat Ulrich Berner hervorgehoben, der Synkretismus als Prozess beschreiben will und dazu ein heuristisches Modell entworfen hat, das zwischen einem Synkretismus auf ‚Systemebene' und einem Synkretismus auf ‚Elementebene' unterscheidet.[160]

> „Die Begriffe des Modells sind deskriptiv konzipiert, und sie dürfen eben nicht nur das Selbstverständnis, die Intentionen der Systeme bzw. der Autoren oder Interpreten beschreiben, sondern auch und gerade Prozesse, die nicht im Selbstverständnis reflektiert sind und deshalb Ausdruck anders gerichteter, latenter Intentionen sein können."[161]

Den Ansatz von Berner hat in jüngster Zeit Andreas Grünschloss wieder aufgenommen und für die religionstheologische Debatte um ‚Inklusivismus', ‚Exklusivismus' und ‚Pluralismus' fruchtbar gemacht. Das inzwischen auch im deutschen Sprachraum geläufige Dreierschema pluralistischer Religionstheologie hat er, um interreligiöse Fremdwahrnehmungsmuster und Austauschprozesse differenzierter beschreiben und dem von Berner hervorgehobenen Prozesscharakter interreligiöser Verhältnisbestimmungen Rechnung tragen zu können, in ein Schema abgewandelt, das zwischen Superiorität, Parität und Inferiorität unterscheidet. Dadurch gelingt es ihm, die Perspektivität interreligiöser Verhältnisbestimmung für die religionswissenschaftliche Analyse deutlich zu machen. So können sowohl Inklusivismus als auch Exklusivismus Ausdruck eines Superioritätsanspruches sein, wie auch Ausdruck der eigenen Inferiorität. Grünschloss will mit diesem Modell deutlich machen:

> „Das Urteil über eine andere Tradition im Lichte der eigenen ist nicht nur als ein einfaches, abstraktes Werturteil über das Fremde aufzufassen, sondern impliziert formal eigentlich eine *Verhältnisbestimmung zwischen zwei Werten:* dem im Rahmen einer bestimmten religiösen Perspektive jeweils zugeschriebenen *Eigenwert* und dem ebenfalls perspektivisch attribuierten *Fremdwert.*"[162]

---

159 Feldtkeller ist in seinen Bedenken insoweit zuzustimmen, als sich in der Regel keine Religion selbst als synkretistisch bezeichnet. Feldkeller erwähnt als eine seltene Ausnahme M.M. Thomas Konzept des „Christ-centred Syncretism".

160 Berner stellt dem Synkretismus-Modell das Modell der Relationierung gegenüber. Während beim Synkretismus die Grenze zwischen zwei Systemen aufgehoben wird und heterogene Elemente zu Elementen eines neuen umfassenden Systems erklärt werden, bedeutet Relationierung, dass in der Formulierung der Beziehung des einen Systems gegenüber einem anderen die Grenzziehung erhalten bleibt. BERNER 1982:85.

161 BERNER 1979:84f; in ähnlicher Weise auch HARRIS 1989:27ff, der zwischen emischen und etischen Analysen in der Kulturanthropologie unterscheidet.

162 GRÜNSCHLOSS 1999:32. Grünschloß' Modell ist allerdings sehr viel differenzierter, als das hier dargestellt werden kann.

Bei Schomerus – jeglicher systemtheoretischer Reflexion unverdächtig – bleibt die Anwendung des Synkretismusbegriffes uneinheitlich, und er verwendet in eben dieser Uneinheitlichkeit Synkretismus einerseits implizit als Terminus zur Beschreibung interreligiöser Prozesse auf Systemebene und andererseits im Sinne von Verschmelzung von religionsimmanenten Phänomenen auf Elementebene. Hierarchische Relationierungen exklusiver und inklusiver Art werden unter dem einen Begriff zusammengefasst, der das Ganze der indischen Religion als ihr Charakteristikum kennzeichnen soll. Dass diese Verwendung des Begriffes der Bernerschen heuristischen Methode und Terminologie, mit Hilfe derer er historisches Material phänomenologisch ordnen will,[163] freilich nicht genügen kann, wird unmittelbar deutlich. Es kann aber nicht Aufgabe sein, terminologische Unterscheidungen nachträglich in die Texte von Missionaren wie Schomerus hineinzutragen, um den religionsgeschichtlichen Ertrag seiner Synkretismus-These differenzierter zu erheben, sondern das von Berner entworfene und von Grünschloss ausgearbeitete heuristische Modell soll auf Schomerus' Verwendung des Begriffes als eines Erklärungsmodells interreligiöser Entwicklungen in der indischen Religion angesichts interreligiöser Positionierungsbemühungen der christlichen Mission in Indien angewendet werden. Schomerus entwickelt seine Synkretismus-Theorie im Rahmen des oben erwähnten ‚Kampfes', der zwischen den Religionen ausgebrochen ist. Insbesondere im Reformhinduismus, den er als Revitalisierungsprozess des Hinduismus in Reaktion auf die christliche Mission interpretiert, glaubt er religionsvermischende Tendenzen feststellen zu können, die dem Christentum gefährlich werden könnten. Es sind zwei Aspekte, die Schomerus in seiner Interpretation des Hinduismus als synkretistischer Religion miteinander verbindet. Zum einen stellt sich der Reformhinduismus als ‚Welteinheitsreligion' dar, das heißt interreligiöse Beziehungen zwischen Hinduismus und Christentum werden insofern in einer Einheit aufgehoben, als der Hinduismus Elemente christlicher Religiosität und Ethik in sich aufgenommen hat.

> „Man … träumt bereits davon, daß die um das Christentum bereicherte indische Religion dazu berufen sei, die jetzt noch so sehr zerrissene Menschheit zu einer Einheit zusammenzuschweißen, die allgemeine Weltreligion zu werden."[164]

Zum anderen wird Synkretismus als eine der indischen Religion immanente Dynamik verstanden, durch die disparate Anschauungen und sogar Häresien in der Geschichte immer wieder integriert wurden und die Einheit des Hinduismus gewahrt blieb.

> „Der fast unbegrenzten Geduld, mit der man von seiten der brahmanischen Vertreter der indisch-arischen Religion immer wieder Konzessionen machte, ist es schließlich stets ge-

163 Berner 1984:84.
164 Schomerus, IuC II, 1932:223.

lungen, Häresien in den Schoß derselben zurückzuführen und eine völlige Absplitterung zu verhindern.“[165]

Beide Aspekte des indischen Synkretismus deutet Schomerus nicht im Sinn der Verschmelzung von zwei religiösen Systemen und der Bildung einer neuen Religion, sondern er versteht sie im Sinn der von Paul Hacker 1977 vertretenen Inklusivismus-These.[166]

Schomerus verwendet den Begriff ‚Inklusivismus‘ nicht, er umschreibt den indischen Synkretismus allerdings als ‚Akkommodationsfähigkeit‘ oder als Fähigkeit, „sich neue Elemente anzugliedern und dabei doch ihre Einheit zu bewahren“[167]. Die indische Religion steht in einem diametralen Gegensatz zum Christentum bezüglich ihrer interreligiösen Relationierungen. Dem Anspruch auf ‚Absolutheit‘ und ‚Einzigartigkeit‘[168] des Christentums und der Bekehrungspraxis der Missionare gegenüber stellt sich die indische Religion als „duldsam in religiösen Dingen“[169] dar. Schomerus interpretiert aber die ‚fast sprichwörtliche‘ Toleranz in Indien ebenfalls ähnlich wie Hacker als hierarchisierenden inklusiven Synkretismus. Das Anerkennen einer Pluralität von Religionen durch den Hinduismus ist weniger als Toleranz zu verstehen, sondern vielmehr als Relativierung religiöser Positionen zugunsten einer sie in sich vereinigenden höchsten Position. Schomerus führt dann aus, dass sich die Karma-Vorstellung, wie sie in den Upaniṣads eingeführt wurde, zum eigentlichen Legitimationsinstrument der inklusivistisch-synkretistischen ‚Stufenreligion‘ entwickelt hat. Aufgrund seines karma steht jeder Mensch auf einer anderen Entwicklungsstufe, und die unterschiedlichen Religionen tragen der Pluralität menschlicher Erfahrungen auf den verschiedenen Stufen Rechnung. Verschiedene Religionstypen entsprechen den unterschiedlichen Stufen von tattvas oder Sinnesorganen, die einen Menschen bestimmen und die Beziehung der Seele zur Außenwelt regeln.[170]

Schomerus zeigt in einem Aufsatz über ‚Die konfessionelle Toleranz in Indien‘[171] dieses hierarchische Relationsmodell an drei Beispielen auf, um deutlich zu machen, dass die Relationierungen nicht einfach mit Toleranz gleichzusetzen sind, sondern dass sie sowohl Ausdruck eines Überlegenheitsbewusstseins wie eines Unterlegenheitsbewusstseins sein können. Zuerst führt Schomerus am Sarvadarśanasamgraha,

---

165 SCHOMERUS, IuC II, 1932:213.

166 Posthum veröffentlicht in OBERHAMMER 1983:11–28. Der Indologe Hacker hat den Inklusivismus als die typische indische Denkform bezeichnet und wollte diese gar auf den indischen Raum beschränkt wissen. Sowohl diese räumliche Beschränkung als auch die auch bei Hacker deutlichen apologetischen Interessen in der Verwendung dieses Begriffs sind nicht unwidersprochen geblieben. Zur Kritik siehe HALBFASS 1981:429ff; 1983:29–60; WEZLER 1983:61ff; GRÜNSCHLOSS 1999:136ff.

167 SCHOMERUS, IuC II, 1932:204.

168 SCHOMERUS, IuC II, 1932:227.

169 SCHOMERUS, IuC II, 1932:221.

170 SCHOMERUS, IuC II, 1932:217.

171 SCHOMERUS, Toleranz, 1931:313–323.

das er als eine Konfessionskunde des Advaita Vedānta bezeichnet, die Überlegenheitsposition der Vedānta-Philosophie vor, die anderen Systemen relative Erkenntnis zugesteht. Im parapakṣa von Aruṇantis Śivajñānasiṭṭiyār,[172] einem Lehrtext aus der Śaiva Siddhānta-Tradition, in dem die anderen Lehrmeinungen besprochen und widerlegt werden, findet Schomerus eine ähnliche Abstufung von Religionstypen,[173] wobei es sich jedoch dabei um die Relationierung des Śaiva Siddhānta handelt, die die eigene Lehre als die höchste bezeichnet.

> „Wir sehen, wir haben hier eine ganz bestimmte Abstufung der verschiedenen Religionen, die jeder eine ganz bestimmte Stelle und eine ganz bestimmte Rolle für die durch viele Geburten hin langsam sich emporarbeitende Seele zuweist. Nun erkennen natürlich nicht alle die Reihenfolge an, die die Theologen des Śaiva-Siddhānta aufgestellt haben. Die Vedāntisten und die anderen stellen Reihenfolgen auf, in denen natürlich die von ihnen vertretenen Anschauungen den Schlußstein bilden. Aber darin stimmen alle überein, daß alle Religionen ihren großen positiven Wert für gewisse Stufen der Entwicklung haben, die die einzelnen Seelen durchzulaufen haben, und daß ein Aufstieg nicht möglich ist, wenn die religiösen Pflichten derjenigen Religion, die der Entwicklungsstufe des einzelnen entspricht nicht peinlichst erfüllt werden.“[174]

Eine inklusive Toleranz, die Schomerus dem Synkretismus gleichsetzt, wird in beiden Fällen verstanden als Interpretationsmodell religiöser Selbstbehauptung und hierarchisierender Fremdbestimmung. Allerdings bemerkt Schomerus, dass die Position des Sarvadarśanasamgraha die der Überlegenheit sei, während Aruṇantis Śivajñānasiṭṭiyār den Konflikt des Śivaismus mit dem Viṣṇuismus im 13. Jh. widerspiegle.[175]

> „Madhvas Zurückweisung der anderen Richtungen in ihre Schranken geschieht gewissermaßen von einer hohen Warte aus, aus einem Überlegenheitsgefühl heraus, das keine Konkurrenz fürchtet, oder sie wenigstens nicht ernst nimmt. Bei Arulnandi dagegen hat man den Eindruck, als wenn er sich Gegnern gegenüber sieht, die er, ob er will oder nicht will, als gefährlich ansehen muß, die mit demselben Anspruch auf Absolutheit für ihre eigene Position antreten, wie er für die seine.“[176]

Bei Tulsidas, einem rāmaitischen Vertreter der Viṣṇu-bhakti aus dem 16. Jh., den Schomerus als drittes Beispiel anführt, wird Toleranz anderen Richtungen, vor allem dem Śivaismus gegenüber, als Selbstbehauptungsstrategie gedeutet. Die Anerken-

---

172 Übersetzt in SCHOMERUS 1981.

173 SCHOMERUS, IuC II, 1932:217ff; SCHOMERUS, Toleranz, 1931:217f.

174 SCHOMERUS, IuC II, 1932:218f.

175 „Im Tamillande setzte die theologische Besinnung der sivaitischen Bhakti-Bewegung erst im Laufe des 13. Jahrhunderts ein. Theologisch befand sich also der Śivaismus dem Vischnuismus gegenüber damals, als Arulnandi wirkte, im Hintertreffen und sah in diesem den gefährlichen Rivalen.“ SCHOMERUS, Toleranz, 1931:320.

176 SCHOMERUS, Toleranz, 1931:320f.

nung des anderen nimmt „einer etwaigen Opposition von vornherein die Stoßkraft“[177].

Das Problem bei Schomerus' Synkretismusbegriff ist, dass er ihn für zwei verschiedene, voneinander zu unterscheidende Vorgänge verwendet. Die identifizierende und dabei zugleich hierarchisierende Verhältnisbestimmung der unterschiedlichen Schulen, die sich durchaus voneinander abgrenzen, wird bei ihm als Modell einer synkretistischen Grundhaltung im indischen Denken gedeutet. Davon zu unterscheiden sind aber tatsächliche Übernahmen von oder Verschmelzungen mit fremden religiösen Vorstellungen, Mythologemen oder Ritualen.[178] Nur indem beide Vorgänge von Schomerus identifiziert werden, kann er ein einheitliches Bild des Hinduismus entwerfen. Schomerus' Anspruch, religionsgeschichtlich eine Einheit des Hinduismus zu rekonstruieren bzw. das ihm von der westlichen indologischen Tradition vorgegebene Bild vom Hinduismus als einer Religion als einen synkretistischen Prozess zu beschreiben, stößt immer wieder auf das Problem der Uneinheitlichkeit intrareligiöser Relationierungen in der indischen Religionsgeschichte. Dies wird vor allem deutlich an seiner Interpretation von bhakti, die er einerseits anti-strukturell als Gegenbewegung zu Polytheismus, Ritualismus und Monismus deutet, andererseits aber als einen in das Trimārga-Schema eingeordneten Heilsweg unter anderen darstellt.[179] Bereits im Ṛgveda meint Schomerus die Akkommodationsfähigkeit der indischen Religion nachweisen zu können.

> „Vielleicht dürfen wir auch in Ṛgveda I, 161 nicht einen Beweis für den Zusammenschluß verschiedener arischer Kulte, sondern vielmehr für die Verschmelzung eines nicht-arischen mit dem arisch-indischen Kult oder wenigstens für die Aufnahme nicht-arischer Gottheiten in den indischen Pantheon erblicken.“[180]

Hier dient ein Nachweis des Synkretismus auf Elementebene als Substitut für mangelnde terminologische Grundlage für eine Bestimmung des Synkretismus auf Systemebene. Schomerus behauptet zwar zum Eingang seiner Darlegung des Synkretismus in der indischen Religion, dass dieser mit der Einwanderung oder Invasion der Arier in Indien und dem Zusammentreffen mit der dravidischen Urbevölkerung eingesetzt habe und dass neben einer Volkseinheit auch eine religiöse Einheit gewachsen sei, ist aber aufgrund der Analyse von Synkretismen auf Elementebene im Ṛgveda genötigt, gerade „Spuren einer früher vorhanden gewesenen Mannigfaltigkeit“ zu konstatieren, die sich bis in die Gegenwart verfolgen lässt.[181]

---

177 SCHOMERUS, Toleranz, 1931:322.

178 Die gleiche Kritik hat Oberhammer am Inklusivismusbegriff von Hacker geäußert. OBERHAMMER 1983:96.

179 Zu Schomerus' Bhakti-Forschung siehe unten V.3b.

180 SCHOMERUS, IuC II, 1932:205f.

181 SCHOMERUS, IuC II, 1932:205f.

> „Daß es aber auch unter den eingewanderten Ariern kultische Gegensätze gegeben hat, beweist einmal die Tatsache, daß es verhältnismäßig noch sehr lange parallel nebeneinander herlaufende verschiedene Traditionen gegeben hat. Die Anhänger dieser verschiedenen Traditionen verehrten nicht nur verschiedene Ṛṣis als Begründer derselben und als höchste Autorität, sondern bedienten sich in ihrem Kult auch verschiedener Zyklen von Hymnen und vollzogen ihre Opfer nach einem verschiedenen Ritus. Die Rivalität dieser verschiedenen Traditionsschulen, denen wohl ursprüngliche Kultverschiedenheit zugrunde liegt, hat sich noch bis in nachṛgvedische Zeit, ja bis heute erhalten.“[182]

Es sind also weniger die Synkretismen auf Elementebene, anhand derer sich eine Kontinuität der indischen Religionsgeschichte rekonstruieren lässt, sondern Denkstrukturen, die sich schon in vedischen Zeiten in der Begegnung von Ariern und Draviden ausgebildet haben. Interessant ist nun, dass Schomerus diese Denkstrukturen psychologisch deutet. Synkretismus mache sich überall da bemerkbar, wo eine Situation religiöser Unsicherheit eingetreten sei, und wo die eigene Position verteidigt werden müsse. Synkretismus war bereits für die Arier eine notwendige Überlebensstrategie, da sie gegenüber den Draviden in der Minderheit waren. Schomerus ist bemüht, den Synkretismus aber auch in späteren Stadien der Religionsgeschichte Indiens als Ausdruck von Unsicherheit gegenüber Fremdem und Neuem zu deuten und als Strategie, sich Neues anzueignen und am Alten festzuhalten. Allerdings fügt er an, dass Synkretismus nicht nur Ausdruck der Kompensation religiöser Unsicherheit sein muss, sondern er kann ebenso

> „Ausfluß eines gewissen Kraftbewußtseins einer konkurrierenden Religion gegenüber sein, die man auf diesem Wege gewissermaßen verschlucken zu können glaubt“[183].

Ob der von Schomerus gewählte Begriff für das Spannungsverhältnis von Tradition und Wandel angemessen ist, wie es sich im Hinduismus vor allem in der Bezugnahme der jeweiligen Schulen auf die Autorität der Veden ausdrückt, mag bezweifelt werden.[184] Deutlich ist, dass er mit dieser Unsicherheits- und Aneignungsthese den Hinduismus in einen Gegensatz zum protestantischen Christentum stellen will. Der Synkretismusbegriff gerät so von einer Beschreibung der dem Christentum differenten Denkform zur Warnung für indische Christen vor Anpassung an und Vereinnahmung durch den Hinduismus.[185]

---

182 SCHOMERUS, IuC II, 1932:206.

183 SCHOMERUS, IuC II, 1932:71. Zum Verständnis dazu siehe: GRÜNSCHLOSS 1999:51, der Berners Modell der hierarchischen Relationierung um die Kategorien superioristisch und inferioristisch erweitern will.

184 Dazu die Kritik von Wezler an Hacker, WEZLER 1983:83f.

185 In zwei Aufsätzen ‚Zur Frage der Anknüpfung in der missionarischen Evangeliumsverkündigung‘, SCHOMERUS, IuC II, 1932:231–240, und ‚Das Problem der Missionspredigt in Indien‘, SCHOMERUS, IuC II, 1931:241–265, sowie in seiner Missionswissenschaft, 1935:129ff, hat Schomerus die Frage nach der Akkommodation diskutiert.

2. Hinduismus und Volksreligion

Wenn auch Schomerus mit dem Modell eines inklusivistischen Synkretismus den Hinduismus als eine Religion beschreiben wollte, die unterschiedliche religiöse Strömungen und eine Hierarchie von Heilswegen in sich vereinigt, so erweist sich doch dieses Modell als unzureichend für die Beschreibung der Religiosität eines großen Teils der tamilischen Bevölkerung. Schomerus unterscheidet daher zwischen vier Religionen, die als mehr oder weniger unabhängig voneinander in Indien existieren: die ‚Religion der Bergstämme‘, die ‚Religion der Kastenlosen‘, die ‚Religion der breiten Volksmassen‘ oder den ‚vulgären Hinduismus‘ und die ‚eigentliche indische Religion‘, die als ‚indisch-arische Religion‘ die ‚offizielle Religion‘[186] Indiens darstellt.[187] Dieser Unterscheidung unterliegt eine Wertung, die die Religionen beurteilt nach dem jeweiligen Beitrag zur ‚Kultur‘ und zugleich auch wachsende Distanz zum europäischen Beobachter impliziert. Der ‚offizielle Hinduismus‘ ist bei Schomerus nicht nur die Religion, die einer näheren Beschäftigung würdig ist, weil sie eine in Texten festgelegte systematische Struktur aufweist, sondern weil sie in einer Gleichzeitigkeit zur christlichen Mission in Indien steht.[188] Während die Distanz des Christentums zum ‚offiziellen Hinduismus‘ bei Schomerus vor allem dogmatisch-ethisch definiert wird, ist die Distanzierungsstrategie gegenüber dem sogenannten ‚Volkshinduismus‘ die der zeitlichen Differenzierung. Der Religion der ‚Kastenlosen und Bergstämme‘ wird Zeitgenossenschaft und Gleichzeitigkeit mit dem europäischen Religionswissenschaftler abgesprochen.[189] Sie erscheint als ein Stadium in der Religionsgeschichte, das zeitlich bereits überholt ist. Als eine wirkliche Alternative zum europäisch-christlichen Kulturbegriff fällt diese Religionsform damit von vornherein aus. Weder ein Dialog noch eine apologetische Widerlegung werden bei Schomerus in Bezug auf diese Religionsform überhaupt in Erwägung gezogen. Er hat sich daher mit der ‚Religion des Volkes‘ nicht intensiver beschäftigt. Anders als Graul hatte er kein religionsethnologisches Interesse an religiösen Praktiken und Vorstellungen, die das religiöse Leben großer Teile der tamilischen Bevölkerung bestimmten.[190] Für eine apologetische Auseinandersetzung des Hinduismus erschien es ihm notwendig, sich auf diejenigen Texte der tamilischen Tradition zu beziehen, denen er kulturtragende Bedeutung beimaß.[191]

Diese Sicht der Volksreligion ist freilich nicht auf die Missionare beschränkt gewesen. Im Gegenteil, im Verhältnis zu den indologischen Zugängen zur Religiosität Südindiens, die Volksreligiosität in der Regel überhaupt nicht wahrgenommen

186 Vgl. die Diskussion um ‚offizielle‘ und ‚populare‘ Religion in: VRIJHOFF/WAARDENBURG 1979:2ff.

187 SCHOMERUS, IuC I, 1931:2ff.

188 Siehe dazu unten die Diskussion von Schomerus’ Repräsentation des Śaiva Siddhānta (V.3).

189 Vgl. dazu FABIAN 1983:153ff.

190 Grauls Interesse an der Volksreligion war sicherlich auch beeinflusst von seinem, von Herder abgeleiteten Volksbegriff. Dazu HOEKENDIJK 1967:65ff. Siehe auch: HUBER 1979:166; SCHREITER 1992:188ff; FIGUEIRA 1994.

191 Zur Rezeption des Hinduismus als Textreligion durch Orientalisten siehe KING 1999:62.

haben, sahen sich viele Missionare aufgrund ihrer kirchlichen Situation genötigt, die Religiosität der Dorfbevölkerung, der ihre Gemeinden hauptsächlich entstammen, kennenzulernen.

Bezeichnend ist, dass bei Schomerus und anderen Leipziger Missionaren kulturelle Bedeutung und sozialer Status analog gesetzt werden. Die arischen Brahmanen und diejenigen tamilischen Schichten, in denen die klassischen tamilischen Texte entstanden sind, gelten bei ihm, ähnlich wie schon bei Graul, als Kulturträger, während die anderen Gesellschaftsschichten als auf einer niedrigeren Zivilisationsstufe stehend angesehen werden.

Diese Unterscheidung von ‚primitiver Volksreligion‘ und Hinduismus bei Schomerus ist für eine Analyse des missionarisch-orientalistischen Diskurses über Religion von Bedeutung, weil sie ein grundlegendes Problem in der Interpretation indischer Religion offen legt. Verschiedene Ebenen indischer Religiosität und Zivilisation haben nicht nur Missionare im 19. Jh. wahrgenommen, sondern das Verhältnis dieser Ebenen ist ein bis heute diskutiertes und nicht gelöstes Problem der Indologie und Ethnologie. Schomerus' Unterscheidung nimmt bereits vorweg, was Robert Redfield als die ‚great tradition of the reflective few‘ und die ‚little traditions of the largely unreflective many‘ bezeichnet hat.[192] Das Verhältnis dieser beiden Traditionen zueinander in einer Gesellschaft bleibt dabei ein Interpretationsproblem. Bei Schomerus und Graul scheint einerseits zwischen beiden Traditionen eine strikte Trennungslinie zu laufen, indem nur die ‚great tradition‘ als die Kultur prägende angesehen wird, andererseits hat der arisch-brahmanische Hinduismus sowohl Elemente aus den Volksreligionen inkludiert als auch diese, soweit sie als unabhängig betrachtet werden, beeinflusst.

> „Als die Religion der breiten Volksmassen können wir den sog. niederen oder vulgären Hinduismus bezeichnen, dessen am meisten in die Augen fallenden Züge Polytheismus, Idololatrie, Dämonenfurcht und Magie sind. Wir dürfen in ihm wohl ein Mischgebilde sehen, das Elemente alter primitiver dravidischer Religion und altvedischer Religion in sich birgt.“[193]

Schomerus bemerkt zwar, dass man eine klare Trennungslinie zwischen der Volksreligion und dem Hinduismus nicht ziehen könne, dass aber dennoch beide voneinander zu unterscheiden seien. Er stellt dann fest, dass es für die Zukunft der religiösen Verhältnisse in Indien von Bedeutung sei, ob sich der Volkshinduismus verändere und sich „zu dem sog. höheren Hinduismus emporschwingen werde“. Volksreligiosität ist somit verstanden als ein Übergangsstadium, das in einem Prozess der

---

192 REDFIELD 1960:41.

193 SCHOMERUS, IuC I, 1931:2f. Redfields Klassifikation wurde vor allem von Milton Singer auf Indien übertragen, der zwischen der ‚great tradition‘ eines sanskritischen Hinduismus und der ‚little traditions‘ eines nicht-sanskritischen Hinduismus unterschied. SINGER 1972. Siehe auch Srinivas, der zwischen ‚All India Hinduism‘, ‚Penninsular Hinduism‘, ‚Regional Hinduism‘ und ‚Local Hinduisms‘ differenziert hat, SRINIVAS 1952:213; auch SRINIVAS 1976.

kulturellen Transformation aufgehoben werden kann. Einen ähnlichen, in der Soziologie Indiens ausgesprochen einflussreichen Ansatz vertritt M.N. Srinivas, der zwischen sanskritischen und nicht-sanskritischen Ebenen im Hinduismus unterscheidet und den kulturellen Wandel als ‚Sanskritisierungsprozess' beschreibt.[194] Für die Leipziger Missionare ist diese Dichotomie von sanskritisch und nicht-sanskritisch aufgrund der Bedeutung, die sie der Tamil-Literatur beimessen, nicht nachvollziehbar, aber ihre Taxonomien haben ähnliche Implikationen für eine homologische Sicht von Religion und Gesellschaft, die darin bestehen, dass sie soziale Hierarchien mit religiösen Hierarchien verbunden haben. Brahmanen, Nichtbrahmanen und Kastenlose stellen eine kulturelle Hierarchie dar, und die Götter Śiva und Viṣṇu werden von Graul und Schomerus als Götter des ‚Brahmanenthums' dargestellt, Dorfgötter wie Māriyammaṉ, Aiyaṉār u.a. als Götter des ‚Halbbrahmanenthums', und Dämonen und Geister erscheinen als die Götter der Kastenlosen und der Shanar.[195] Dieselben Prinzipien ordnen beide Hierarchien: Dominanz und Unterwerfung bzw. Reinheit und Unreinheit.[196]

Implizit in dieser Taxonomie ist die Annahme, dass Brahmanen und andere Angehörige höherer Kasten nur die pan-indischen Hoch-Götter verehren, während die unteren Kasten sich den regional wirksamen mittleren Göttern zuwenden und die Kastenlosen und Angehörigen der untersten Kasten blutrünstige Dämonen anbeten. Diese Sicht findet sich vor allem bei denjenigen Missionaren, die die Kaste als eine religiöse Ordnung ansehen, aber auch bei Graul, der die kulturelle Bedeutung der Brahmanen gegenüber den Ureinwohnern betont.[197] Richard Frölich schreibt in seinem Buch über ‚Tamulische Volksreligion', dass die Kaste Trägerin der Religion sei, was man daran erkennen könne, dass jede Kaste ihren ‚Sippengott' (kula dēvam)[198] habe.[199]

Allerdings ist zwischen dem Modell, das die Leipziger Missionare zur Verhältnisbestimmung von Volksreligion und Hinduismus angelegt haben, und ihren tatsächlichen Beobachtungen eine Diskrepanz festzustellen. Bereits Graul sieht sich in seiner Darstellung der Religion der Shanar genötigt, festzustellen, dass der ‚Teufelsdienst' zwar nur von Angehörigen der untersten Kasten praktiziert wird und dass keine Brahmanen als Priester dienen, dass aber auch Brahmanen und andere dvija in bestimmten Situationen bhūtas und pēy, Teufel und Geister anbeten,[200] und Frölich schreibt:

---

194 SRINIVAS 1952. Siehe dazu oben S. 106ff.

195 GRAUL, Reise IV, 1855:125ff.

196 Ähnlich in neuerer Zeit Dumont, der den theistischen Volkshinduismus als ein Epiphänomen der Kastenhierarchie deutet, DUMONT 1959:33ff; vgl. auch BECK 1969; SINGER 1972.

197 So Graul: „Ich komme nun zu dem Brahmanenthum, dessen Tempel und Klöster die öffentlichen Bhuta-Capellen, die fast immer unter Baumgruppen geborgen liegen, so tief in den Schatten stellen, als die höhern Kasten, die dem Brahmanenthum anhängen, sich über die niedren erheben." GRAUL, Reise III, 1854:186f.

198 Dazu MOFFATT 1979:221.

199 FRÖLICH, Volksreligion, 1915(?):22.

200 GRAUL, Reise IV, 1855:125f.

„Dabei ist zu beachten, daß auch hohe Sudrakasten als Sippengott vielfach eine von den Gottheiten haben, die ‚mehr geneigt sind, den Menschen Böses zu tun als Gutes'. Durch Gelübde in Notzeiten und durch jährliche rituelle Leistungen sucht man diesen Gott günstig gestimmt zu erhalten oder besondere Gunst von ihm zu erlangen."[201]

In den Berichten der Leipziger Missionare über Feste und rituelle Praktiken wie das ‚Feuergehen' und das ‚Hakenschwingen' wird immer wieder auch die Teilnahme von Brahmanen erwähnt. Aufgrund ihrer in Analogie zur Kastenhierarchie entwickelten Sicht von Religion erscheint den Missionaren diese Partizipation der Brahmanen an Ritualen für Dorfgottheiten (grāma dēvata) als etwas Ungewöhnliches. Die rituelle Verbindung zwischen Brahmanen und niederen Kasten in der Verehrung der grāma dēvata konnte daher nur als Ausdruck einer Notsituation der jeweils höheren Kaste interpretiert werden. Graul schreibt dazu:

„Es kommt freilich vor, daß zur Zeit großer Noth, oder überhaupt wenn die altväterlichen Götter trotz Opfer und Gebet Ohr und Herz zu verschließen scheinen, auch der ‚Zweigeborne' zu den Teufelsaltären seine Zuflucht nimmt; aber dahin treibt ihn eben nur die leidige Verzweiflung, und dazu wird es so geheim als möglich gehalten. Es ist und bleibt eine Schande für den Brahminen, sich an dem Teufelsdienst der niedern Kasten zu betheiligen, und wenn du ihn solcher Gemeinheit für fähig hieltest, er würde es als die größte Beleidigung betrachten."[202]

Frölich vertritt sogar die Ansicht, dass der Begriff grāma dēvata von Brahmanen pejorativ gebraucht wurde, um Tempel-Pūjā und Verehrung von Dorfgöttern voneinander abzugrenzen.[203] Kastenlose und Angehörige niederer Kasten waren im 19. Jh. von den Tempelritualen in der Mehrzahl der Tempel ausgeschlossen. Da diese aber den Missionaren als der signifikante Ausdruck religiösen Lebens in Tamil Nadu erschienen und mit ihnen die priesterliche Funktion der Brahmanen verbunden war,[204] während in den Tempeln der grāma dēvata vor allem Nicht-Brahmanen als pūcaris tätig waren, haben die Missionare angenommen, dass eine Beteiligung der Brahmanen an Ritualen der grāma dēvata einen Statusverlust bedeuten müsste. Die Beteiligung von Brahmanen an volksreligiösen Ritualen war sicherlich nicht ohne Einschränkungen. Blutige Opfer vor Dorftempeln, ‚Hakenschwingen' und ‚Feuerlaufen' wurden von ihnen nicht verrichtet. Die Gefahr ritueller Verunreinigung und Kasten-Tabus haben sie in Distanz zu diesen Ritualen bleiben lassen.[205] Das bedeutet jedoch nicht notwendig, wie Graul annimmt, dass ihre Teilnahme an volksreligiösen Ritualen auch einen negativen Einfluss auf brahmanische soziale Dominanz ausgeübt hat. Der Historiker Geoffrey Oddie, der Ausdrucksformen des populären Hin-

201 Frölich, Volksreligion, 1915(?):22f.

202 Graul, Reise IV, 1855:125f.

203 Frölich 1915(?):8.

204 Obwohl es auch Tempel gegeben hat, in denen Śūdras als pūjāris angestellt waren. LMA, GN, Aktenstück: K. Graul, Briefe an ihn, 4 (Anhang). Zu Śūdra-pūjāris auch Oddie 1991:31.

205 Z.B. Frölich 1915(?):50.

duismus im 19. Jh. im Tanjore-Distrikt untersucht hat, vertritt die Auffassung, dass es weniger die Teilnahme der Angehörigen niederer Kasten an brahmanischen Tempelritualen war, die zur Produktion einer allgemeinen religiösen Kultur in Tamil Nadu beigetragen hat, als vielmehr die Partizipation der Brahmanen an volksreligiösen Praktiken.[206]

Anhand von einigen Bereichen tamilischer Volksreligiosität, die in der Leipziger Missionsliteratur mehrfach als interpretatorische Probleme kastenübergreifender Rituale diskutiert sind, kann die Frage von religiöser Autorität und die Rolle der Brahmanen in volksreligiösen Ritualen aus der Sicht der Missionare verdeutlicht werden. Es sind dies das ‚Hakenschwingen', ein auf Betreiben der Missionare von der Kolonialregierung verbotenes Ritual; die Verehrung weiblicher Dorfgottheiten wie Māriyammaṉ, Nādiyammaṉ, Pidari u.a.; die Frage, ob Aiyaṉār eine dravidische oder eine brahmanisch-arische Gottheit ist; und schließlich die Beurteilung der Dämonenvorstellung als Ausdruck angeblich ‚primitiver Religiosität'. Eine Analyse der missionarischen Repräsentationen dieser Formen tamilischer Religiosität kann deutlich machen, dass ihr eigenes hierarchisches Modell der indischen Religionsgeschichte mit den von ihnen beobachteten und beschriebenen kulturellen Prozessen nicht in Einklang gebracht werden kann, sie lässt es aber auch als fragwürdig erscheinen, ob neuere soziologische Theorien, wie Srinivas' ethnozentrisches Konzept der ‚Sanskritisierung'[207] oder Dumonts Analogie von Kastenhierarchie, ritueller Reinheit und der Hierarchie der Götter, diese im 19. Jh. beobachteten kulturellen Prozesse angemessen beschreiben und die Frage nach religiöser Autorität ‚erfahrungsnah' diskutieren, oder ob nicht im orientalistischen Diskurs des 19. Jh.s entwickelte Interpretationsmuster bis in die Gegenwart wirken.

2.1. Hakenschwingen und religiöse Autorität

Eines der Rituale, bei dem Angehörige unterschiedlicher Kasten inklusive der Brahmanen involviert waren und das den Missionaren als besonders abstoßende Form des ‚Götzendienstes' erschien, war das Hakenschwingen. Während eines Festes werden Menschen an metallenen Haken, die durch die Rückenhaut oder die Muskulatur gezogen werden, an einem Schwingbalken aufgehängt und in die Höhe gezogen. Die Berichte der Missionare darüber sind von unterschiedlicher Qualität und sehr stark davon abhängig, wie weit der Missionar mit den kulturellen Gegebenheiten vertraut gewesen ist. Einige Berichte der Missionare schildern dieses Ritual detailliert, und aus den verschiedenen Berichten können trotz der lokalen

206 ODDIE 1991:120.

207 Shrinivas versteht unter Sanskritisierung: „... a process by which a low Hindu caste or tribal or other group changes its customs, ritual, ideology and way of life in the direction of a high, frequently twice born caste. Generally such changes are followed by a claim to a higher position in the caste hierarchy than that traditionally conceded to the claimant caste by the local community." SRINIVAS 1962b:6; zur Kritik siehe SELVAM 1999:166ff.

Differenzen wesentliche Grundzüge des Rituals in Tamil Nadu im 19. Jh. rekonstruiert werden.[208] Das Hakenschwingen gehörte zu den Ritualen, die neben sāti, der Witwenverbrennung, in besonderer Weise anstößig auf die Missionare gewirkt haben. Daher gibt es, um die ‚Grausamkeiten' hervorzuheben, in einigen Berichten auch genaue Schilderungen, die den Vorgang des Aufhängens wiedergeben.

> „Nachmittags gegen 2 Uhr führten die Priester das ‚Schlachtopfer' aus dem Inneren des Tempels heraus, bekleidet mit phantastischer Kleidung und einem purpurroten Überwurf. Hierauf warf sich der Kallen auf den Erdboden, entblößte seinen Rücken, den nun ein Priester mit den Händen kräftig bearbeitete, indem er die Muskeln bald drückte, bald in die Höhe zog. Dann durchstach er mit 2 scharfen eisernen Haken die Muskeln unter den Schulterblättern und führte den so Verwundeten hin zu dem Götzenwagen vor der Pagode. Hier wurden die beiden Haken mit einem starken Strick an einem 50 Fuß langen Balken befestigt, der dem Balken eines Ziehbrunnens vergleichbar etwa 20 Fuß hoch auf einem Vorsprung des Götzenwagens in Zapfen so befestigt war, daß er sich auf und nieder bewegen ließ. Kaum war der Büßende auf diese Weise am vordern Ende des Balkens festgebunden, so daß er nur an den Haken hing, so wurde das hintere Ende des Balkens niedergezogen. Während nun der Büßende 40 Fuß hoch in der Luft schwebte, wurde der Götzenwagen durch mehrere Straßen gezogen – fast eine englische Meile weit … Während dieser Prozession warf der Büßende Blumen und Limonen herab, welche von der untenstehenden Menge als Heiligtümer mit größtem Eifer aufgefangen wurden. Nachdem er diese Qual etwas über eine Stunde ausgehalten hatte, erklärten die Priester, die Göttin sei nun zufrieden gestellt, der Balken wurde herabgelassen und das Schlachtopfer losgebunden. Der Kallen scheint sich bald von dieser blutigen Tortur wieder erholt zu haben."[209]

Diese Beschreibung liefert gerade in ihrer Detailgenauigkeit ein Beispiel für die Herrschaftsfunktion kultureller Muster im orientalistischen Diskurs. Indien wird in diesem Ritual als das Gegenteil zum christlichen Westen repräsentiert, und die Beschreibung dieses Rituals wird von dem Verfasser als Argument seiner Kritik an der Religionspolitik der Regierung verwendet.[210]

---

208 Einen ausführlichen Vergleich des Hakenschwingens in Bengalen und Tamil Nadu aufgrund von Berichten aus dem 18. und 19. Jh. hat Geoffrey Oddie vorgelegt. ODDIE 1995.

209 ELMB 1892:30. Andere Berichte erwähnen, dass der Schwingbalken noch gedreht wurde, ELMB 1895:297. In der Missionsliteratur finden sich mehrere solcher Beschreibungen; siehe z.B. Thurston der Rev. Elijah Hoole zitiert, THURSTON 1906:491.

210 Anders dagegen Ochs, der in dem Verbot des Hakenschwingens und des ‚Feuergehens' eine ungleiche Behandlung der verschiedenen Kasten und Bevorzugung durch die Regierung sieht. „Seit einem Jahr ist diese Ceremonie [über Feuer gehen] von der Regierung verboten, wie seit 4 Jahren das Schwingfest, das auch von ihnen begangen worden war. Seit der Zeit hätten sie aber kein Glück und keinen Segen mehr, und sie klagten, daß man sie in ihrem Gottesdienst von Seiten der Regierung also hindere. – Dies möchte gegen früher Gesagtes auffallen, wo man die Regierung beschuldigte, daß sie den Götzendienst unterstütze; aber Feuerlaufen oder Schwingfest wird ausschließlich nur von der Fischer- und anderen niedern Kasten getrieben, um deren Gunst oder Ungunst man sich nicht zu kümmern braucht. Mit den Brahminen fährt man ein wenig mehr säuberlich." NOI 8, 1959:119.

„Es ist dies wieder ein Beispiel der oft zu weit gehenden Toleranz der indischen Regierung, die von den Heiden als eine Begünstigung ihres Aberglaubens ausgedeutet wird."[211]

Im Hakenschwingen zeigt sich die ‚Barbarei' und die ‚Finsternis des Heidentums'.[212] Die Beurteilung des Hakenschwingens als Abnormität von europäisch-christlich definierter Norm wird freilich von den Missionaren nicht als ein Problem eurozentrischer Fremdwahrnehmung reflektiert. Ihre Berichte sind Teil eines Machtdiskurses, der für die missionarische Arbeit zur Überwindung des ‚Heidentums' eingesetzt wird,[213] in ihrer Detailtreue geben sie aber dennoch oftmals Einblicke in die kollektive Bedeutung eines volksreligiösen Rituals und stellen so wertvolles Material für eine kritische Reflexion einer an der hierarchischen Kastenordnung orientierten Sicht von indischer Religion dar.

Das Hakenschwingen wurde normalerweise während der jährlichen Feste für die weiblichen Göttinnen, insbesondere die Göttin Māriyammaṉ, praktiziert – offensichtlich mit dem Ziel, die Göttin zu besänftigen und so ihren Schutz bei Krankheiten oder Dürreperioden zu sichern.[214]

1877 schildert Missionar Päßler aus Pudukkottai ein ‚Hakenschwingfest', das er zusammen mit seinen Evangelisten besucht hat. Die Prozession (jatrā)[215] der Göttin Māriyammaṉ wurde von den Missionaren als eine Gelegenheit angesehen, gegen den ‚Götzendienst' zu predigen. Päßler erwähnt, dass das Hakenschwingen selbst nur von Angehörigen der niederen Kasten, Paraiyar und Pallar, praktiziert wurde, dass aber Brahmanen die Prozession auf dem Tempelwagen der Māriyammaṉ anführten und das Hakenschwingen koordiniert haben.[216] Päßler berichtet dann, dass am Morgen vor dem Schwingfest einer der beiden Kastenlosen, die von dem Dorf für das Ritual ausgewählt worden waren, zu ihm kam, um ihm die Haken zu zeigen, an denen er aufgehängt werden sollte.

„Er erklärte, daß er keineswegs aus Frömmigkeit sich zu solcher Marter hergäbe, sondern daß er es lediglich um des Bauches willen thäte, da ihm und seinem Genossen dafür ein Stück Land von der Regierung zur Nutznießung überlassen sei, welches er sofort verlieren würde, wollte er sich dessen weigern."[217]

In einigen Fällen werden von den Missionaren Brahmanen als am Ritual wesentlich beteiligte religiöse Funktionäre geschildert, obwohl ihre Teilnahme, wie Päßlers Bericht zeigt, eingeschränkt war. Die Brahmanen waren es, die auf die Durchfüh-

211 ELMB 1892:31.

212 ELMB 1877:28.

213 Eine besonders drastische Schilderung, die offenbar dazu dienen soll, innereuropäische Kritik an der Mission zu widerlegen, liefert GEHRING, A., Tamulenland, 49f.

214 ELMB 1911:193; ELMB 1877:28; ELMB 1892:30; ELMB 1895:296.

215 Zum Begriff jatrā in der Volksreligiosität und seine Abgrenzung zu einem pan-indischen yātrā siehe SONTHEIMER 1995:390f.

216 ELMB 1877:27f.

217 ELMB 1877:28.

rung des Rituals achteten,[218] der Kastenlose rechtfertigte seine Teilnahme am Hakenschwingfest mit der wirtschaftlichen und sozialen Autorität der Brahmanen und Regierung des rājā von Pudukkottai.

Das Hakenschwingfest (Dachselt: sedhil kūtel) war in den britisch regierten Teilen Tamil Nadus seit den 50er Jahren des 19. Jh.s auf Betreiben der Missionare verboten,[219] es wurde aber nicht nur im von der britischen Kolonialregierung unabhängigen Pudukkottai, sondern auch in anderen Distrikten unter englischer Herrschaft regelmäßig zu Jahresfesten der Māriyammaṉ begangen.[220] Besonders nach 1891, in einer Dürreperiode, hat die Anzahl der Schwingrituale zugenommen, und es wurden von den Dörfern einzelne Männer aus der Kallar-Kaste, aber auch aus anderen Śūdra-Kasten und unter den Kastenlosen, durch Los ausgewählt, um für die Gemeinschaft das Hakenschwingen zu praktizieren, damit der Regen einsetzte.[221] Brahmanen und Angehörige höherer Kasten waren maßgeblich an der Fortsetzung der Rituale trotz Verbot beteiligt, und es war keine Ausnahme, dass Paraiyar gekauft wurden, um das Hakenschwingen zu praktizieren.[222] Erlöse aus Opfern in den Tempeln der Māriyammaṉ waren oftmals nicht für diese Tempel bestimmt, sondern wurden nach Śrīraṅgam und an andere große Vaiṣṇava- oder Śaiva-Tempel abgeführt.[223] Die Fortführung volksreligiöser Praktiken war somit auch im wirtschaftlichen Interesse der höheren Kasten, die ihre soziale Dominanz durch die Organisation von Ritualen, an denen sie selbst nicht teilnahmen, ausgebaut haben. Andererseits haben sich, wie Oddie nachweist, Brahmanen und indische Eliten, die europäisch erzogen worden waren, zunehmend von dem Hakenschwingen distanziert und in dieser Distanz zu ‚barbarischen Riten' der unteren Kasten die europäische Sichtweise übernommen und so die eigene rituelle und soziale Position gegenüber der christlich-westlichen Regierung befestigt.[224] Das Verbot des Hakenschwingens in Tamil Nadu hat an einigen Orten zu einer Veränderung des Rituals geführt. Missionar Dachselt berichtet 1911 von einem Ritual, das als Ersatzhandlung für das Hakenschwingen in Samajapuram, nördlich von Tiruchirappalli, eingeführt worden ist. Dieses Ritual fand während eines zweitägigen Festes der Māriyammaṉ im April statt, und mehrere zehntausend Pilger nahmen zum Teil drei bis vier Tagesreisen auf sich, um bei dem Fest teilnehmen zu können.

---

218 Siehe auch ELMB 1914:405f.

219 Oddie 1995:92ff.

220 Zu Verboten durch die englische Regierung und Prozessen wegen des Hakenschwingens siehe ODDIE 1995; 1996 hatte ich Gelegenheit, ein Schwingfest in Chingleput-Distrikt zu beobachten.

221 ELMB 1892:30; ELMB 1895:296f; auch ELMB 1911:193ff.

222 ODDIE 1991:127f.

223 ELMB 1911:196. Für ähnliche Finanzierungspraktiken im Pudukkottai Distrikt siehe DIRKS 1987:293–296.

224 ODDIE 1995:108ff.

„Bei solchen Festlichkeiten fand früher das sogenannte Hakenschwingen (sedhil kūtel) statt. Doch weil das in neuerer Zeit wieder von der Regierung verboten ist, begnügte man sich mit dem salāchei kūtel, welches bei diesem Feste die Hauptsache ist.“[225]

Māriyammaṉ wurde in diesem Ritual zusammen mit dem kayiru kuttu cāmi (Dachselt nennt ihn den „kajiru kutti swami“ = „Strickstech Gott“ – der Gott, dem zu Ehren man sich die Haut durchbohren und durch die Wunden Stricke ziehen lässt), einem älteren Bruder der Ammaṉ, verehrt. Bei diesem Ritual wurden die Freiwilligen nicht an einer Hakenschwingvorrichtung aufgehängt, sondern es wurden ihnen Drähte durch das Fleisch unter den Armen gezogen, und danach wurden sie in den Tempel der Māriyammaṉ gebracht, wo die Drähte wieder entfernt, der Göttin dargebracht und im Tempel aufbewahrt wurden.

Entscheidend für die Beurteilung des Hakenschwingens im 19. Jh. ist, dass es in allen Missionarsberichten als ein Ritual geschildert wird, das dem Wohl der ganzen Dorfgemeinschaft und ihrer Beziehung zur Gottheit gilt.[226] Derjenige, der schwingt, soll „gewissermaßen als Stellvertreter für sein Dorf oder Stadt eintreten und die zürnende Göttin besänftigen“[227]. Die Missionare schildern zwar in drastischen Worten die schmerzverzerrten Gesichter derjenigen, die geschwungen sind, aber der wesentliche Aspekt des Schwingens ist nicht das asketische Ideal selbst zugefügten Schmerzes oder seine Überwindung, sondern die Verbindung des kollektiven Rituals mit Blut, das die Göttin fordert. Das Hakenschwingen steht somit in einem engen Zusammenhang mit blutigen Opfern von Ziegen oder Hühnern, die ebenfalls der Māriyammaṉ während der Feste dargebracht werden. Damit ist aber die Frage nach ritueller Reinheit und der Hierarchie aufgeworfen. Madeleine Biardeau hat in mehreren ihrer Arbeiten die komplementäre Beziehung des blutigen Opfers zur brahmanischen vegetarischen pūjā hervorgehoben. Pūjā in den Tempeln von Viṣṇu oder Śiva werde von Hindus nie als Opfer bezeichnet, und Opfer (bali) sei nur gerichtet an niedere Gottheiten.[228] Daher sei die Beziehung zwischen brahmanischer pūjā und blutigen Ritualen hierarchisch.

Wenn auch nur Angehörige der unteren Kasten selbst schwingen und es keinen Nachweis einer aktiven Beteiligung von Brahmanen am Hakenschwingen gibt,[229] so wäre es doch falsch, dieses Ritual als ein ‚low-caste‘-Ritual zu bezeichnen. Die Ursprünge des Hakenschwingens sind sicherlich nicht-brahmanisch,[230] aber erstaunlicherweise hat keiner der Leipziger Missionare nach den Ursprüngen dieses Rituals gefragt. Die Exotik und Abstößigkeit des Rituals hat sie vor allem dazu bewogen,

225 ELMB 1911:194.

226 Obwohl es, wie Oddie nachweist, auch Hakenschwingrituale von Individuen, insbesondere in Bengalen, gegeben hat, ODDIE 1995:32.

227 ELMB 1895:298.

228 BIARDEAU 1976.1989:136.

229 ODDIE 1995:77f.

230 Zur Wiederbelebung des Hakenschwingens seit dem 12. Jh. in Bengalen siehe BHATTACHARYA 1996:234ff.

seine performativen Aspekte hervorzuheben. Aus ihren Berichten ist nicht zu entnehmen, warum die Beteiligten das Ritual praktiziert haben, abgesehen davon, dass die Göttin Māriyammaṉ besänftigt werden muss oder weil sie sich materielle Vorteile erhofften, sehr wohl aber, wer daran beteiligt war, in welchem Kontext das Ritual durchgeführt und wie es durchgeführt wurde.[231] Und die Berichte legen nahe, dass Angehörige höherer Kasten und auch Brahmanen die Notwendigkeit des Rituals für das Verhältnis der Gemeinschaft zur Gottheit keineswegs geleugnet oder als Ausdruck der Religiosität der unteren Kasten angesehen haben. Das Problem an der Gleichung – hohe Kasten verehren hohe vegetarische Götter und niedere Kasten verehren niedere fleischessende Götter –, die in Dumonts Komplementäranalyse des Kastensystems und seiner Beziehung zum Hindu Pantheon angelegt ist, liegt darin, dass sie auch Autorität hierarchisch auffasst und daher auch die Autorität der grāma dēvata für die ganze Dorfgemeinschaft nicht anerkennen kann.

Die Hervorhebung der performativen Elemente des Hakenschwing-Rituals durch die Missionare macht deutlich, dass dieses Ritual nicht einfach Aspekte von niedrigkastiger Kultur und Religiosität abbildet, sondern dass im Ritual die Gemeinschaft des Dorfes mit der Göttin erneut bestärkt wird. Gerade die Hakenschwingfeste wurden von den Missionaren deshalb als Gelegenheiten für ihre Predigten genutzt, wahrscheinlich weil sie ahnten, dass hier nicht nur Volksreligiosität symbolisch zum Ausdruck gebracht wurde, sondern dass das Ritual aus sich Aspekte freisetzt, die soziale Struktur und Kultur in besonderer Weise beeinflussen.[232]

Im Rahmen dieser Untersuchung über die Repräsentationsstrukturen missionarischer Berichte von Südindien kann nicht angestrebt werden, eine ethnohistorische Darstellung des Hakenschwingens zu vermitteln, das man vielleicht mit Clifford Geertz als ‚deep play'[233] beschreiben könnte. Allerdings legen die von religionssoziologischer Theoriebildung unbelasteten Berichte der Missionare nahe, dass ein funktionalistischer Reduktionismus, der die Verehrung der Götter als sublimierte Form von Anerkennung der Kastenhierarchie annimmt,[234] zum Verstehen solcher Rituale wie das Hakenschwingen nur wenig beiträgt. Geertz hat für eine effektivere Analyse historischen Materials vorgeschlagen, zwischen kulturellen und sozialen Aspekten des Lebens zu unterscheiden, weil, wie er argumentiert, Kultur und soziales System durch unterschiedliche Arten der Integration charakterisiert werden. Geertz ist daher der Ansicht, dass die Unterscheidung von ‚logisch-sinnstiftenden' kulturellen Aspekten eines Rituals und den ‚kasual-funktionalen' soziostrukturellen Aspekten dazu beiträgt, ein Ritual angemessener beschreiben zu können.[235] Hier soll nur ein Gesichtspunkt der kulturellen Dimension herausgegriffen werden: die Auto-

231 Zu performativen Dimensionen von Ritual siehe CLAUS 1999:202, der sich auf Geertz und Turner bezieht.

232 Für einen Überblick über neuere Ritualtheorien siehe ALEXANDER 1999:139; auch BELL 1997; GRIMNES 1990.

233 GEERTZ 1987:231ff.

234 So muss man wohl DUMONT/POCOCK 1959:34ff verstehen.

235 GEERTZ 1987:98ff.

rität der Göttin. Wie oben angedeutet, sahen viele Missionare in der Beteiligung der Brahmanen am Kult der Amman̲ eine Einschränkung ihrer rituellen Reinheit. Graul spricht von der „Schmach, die auf den Brahminen fällt, der sich etwa mit dem Ammendienste befaßt"[236]. Gerade die Amman̲ ist aber in Tamil Nadu in den meisten Fällen eine inklusive Gottheit, die gemeinsam von allen Kasten verehrt wird, auch von Brahmanen.[237] In vielen Orten wird sie an zwei Tempeln als vegetarische und als fleischessende Gottheit verehrt.[238]

Bereits Ziegenbalg hat in seiner ‚Genealogie der Malabarischen Götter' von 1713, die 1867 von Grauls Schüler Wilhelm Germann herausgegeben wurde, von der Teilnahme von Brahmanen an dem blutigen Kult der Göttin Bhadra-Kāli, einer Schutzgöttin der Śiva-Śakti-Tradition, berichtet.[239] Der Bhadra-Kāli werden in ihrem Tempel von brahmanischen purohitas in analoger Weise zu den Tempel-Pūjās für Śiva und Viṣṇu nicht verunreinigende vegetarische Speisen dargebracht, während außerhalb des Tempels nicht-brahmanische pūcaris blutige Opfer verrichten.

> „Bhadra-Kāli wird in ihren Pagoden, so sie gutes Einkommen haben, täglich einmal mit Opfern verehrt. Die Opfer, welche im Inwendigen der Pagode vor ihrem steinernen Bildnisse verrichtet werden, sind Trank- Speis- und Rauchopfer, welche nur mit andern Gebetsformeln verrichtet, eben so beschaffen sind wie Vischnu's und Isvara's. Solche Opfer kann noch ein Brahmane verrichten, aber die andern Opfer, die ihr vor der Pagode auf dem Opferaltar an Schweinen, Böcken, Hähnen, starken Getränken und andern Waaren gebracht werden, rühren die Brahmanen nicht an und haben nichts damit zu schaffen, weil Blut lebendiger Thiere dabei vergossen wird, welches ihnen ein Gräul ist. Jedoch sagen sie, dass solche Schutzgöttinnen und Königinnen der Teufel nebst ihrer Gesellschaft mit nichts anderm könnten versöhnt und gesättigt werden, als durch Blutvergiessen. Hierzu werden einige Pariahs und Soldaten gemiethet, dass sie den lebendigen Opferthieren die Köpfe abhacken."[240]

Ziegenbalgs Bericht ist ebenso wie Grauls Votum von der Schmach der Brahmanen aus einer Perspektive geschrieben, die den Brahmanen eine gesonderte Stellung im Ritual zumisst, indem das Ritual mit Fragen der Reinheit und Hierarchie in Verbindung gebracht wird. Ziegenbalgs Bemerkung aber, dass die Brahmanen selbst darauf hinweisen, die Göttin könne nur mit Blut versöhnt werden, legt nahe, das analytische Interesse von einer priester-orientierten Sicht des Opfers auf eine Ebene zu verlegen, die die Autorität der Göttin thematisiert, an der diejenigen partizipieren,

---

236 GRAUL, Reise IV, 1855:131.

237 MOFFATT 1979:246ff.

238 Zur Mythologie der Māriyamman̲ und zur Aufteilung ritueller Aufgaben siehe das nächste Kapitel.

239 Bhadra-Kāli ist eine Göttin, die vor allem unter der Coorg in Karnataka verehrt wird. Dazu SRINIVAS 1952:187ff; FULLER 1992:132ff.

240 Siehe ZIEGENBALG 1867:171f; eine ähnliche Beschreibung bei SRINIVAS 1952:185.

die diese Autorität vermitteln.[241] Arjun Appadurai hat folgende Überlegungen zu der Frage, was Autorität in einem indischen Tempel konstituiert, angestellt:

> „Authority is the capacity to mobilize collective ritual deference to a sovereign deity in such a way that the mobilizing actor partakes of divine authority in relation to those human beings who are either the instruments or the beneficiaries of such worship.“[242]

Appadurais Definition von Autorität hebt vor allem zwei Aspekte hervor, die Souveränität der Gottheit und den dynamischen Aspekt von Autorität, die nicht durch Status begründet wird und daher auch nicht als das Monopol nur einer Priester-Kaste betrachtet werden kann. Autorität im Ritual kommt vor allem auch denjenigen zu, die das Ritual veranlassen bzw. finanzieren. Auch rituelle Autorität kann daher auf verschiedene Weise wahrgenommen werden. Die wenigen Hinweise in den Missionarsberichten auf eine Beteiligung von Brahmanen an blutigen Ritualen der Amman̲ im 19. Jh. und die gleichzeitige Betonung der ‚Schmach' der Brahmanen machen deutlich, dass die Missionare in der Deutung ihrer Beobachtungen von einer rituellen Reinheit der Brahmanen ausgingen, die ihren Status und ihre Autorität begründet und die sie verlieren, wenn sie am Hakenschwingen partizipieren, während einige der Beschreibungen vom Vollzug des Hakenschwingens dagegen eher den dynamischen Aspekt der Autorität zum Ausdruck bringen, die z.B. dadurch betont wird, dass die Brahmanen den Tempelwagen für das Ritual „antreiben“[243] oder Paraiyar für das Schwingen bezahlen.

2.2. Die Feste der Amman̲ – Partizipation am Ritual

Die im vorhergehenden Kapitel angedeutete Frage nach dem Verhältnis der Kasten im Ritual nicht nur zueinander, sondern zur Göttin, wird auch in den missionarischen Darstellungen der Feste von weiblichen Gottheiten diskutiert. Aus den Kreisen der Missionare gibt es eine Reihe von Abhandlungen über Volksreligiosität und ‚Dorfgötter'[244] in denen auch Māriyamman̲, ihre Schwestern und andere lokale Formen

---

241 Hilfreich sind hier die Ausführungen von Arjun Appadurai, der diesen Perspektivenwechsel von einer Priester-orientierten Sicht der Hindu Tempel-pūjā zu einer Perspektive, die der Autorität der Gottheit versucht gerecht zu werden, am Beispiel einer ethnohistorischen Analyse eines viṣṇuitischen Tempels diskutiert hat. APPADURAI 1981:225ff.

242 APPADURAI 1981:226.

243 Ein schönes Beispiel für eine Anwendung von Appadurais Definition liefert Missionar Heydenreich: „Der englische Polizeichef war an schweren Blattern erkrankt ... Zwei bedeutende Ärzte aus Madrás und von den Bergen waren gekommen, aber konnten nicht helfen. Da riet ihm, so erzählten uns die Leute, sein Sekretär, ein Brahmine, es doch mal mit der Pockengöttin Ammei zu versuchen und ihre Priester kommen zu lassen, die kräftige Zaubermittel besäßen. Er tat es. Und nun rühmen die Heiden, daß er durch die Macht der Ammei gesund geworden und ihrem Tempel 1000 Rupien geschenkt habe.“ ELMB 1910:456f.

244 FRÖLICH, Volksreligion, 1915(?); ELMORE 1915; WHITEHEAD 1921; ZIEGENBALG (1713) 1867.

von Ammaṉ-Gottheiten beschrieben und die Mythen, die mit den Göttinnen in Verbindung gebracht werden, nacherzählt werden. Diese Berichte geben mit ihrer Fülle von Informationen einen Eindruck von der Vielfalt des ‚Dorfpantheons' und der Riten und ikonographischen Aspekte, die mit den Gottheiten in Zusammenhang stehen. Im Vergleich mit neueren ethnologischen Untersuchungen[245] kann man auch feststellen, dass viele der im 18. und 19. Jh. beschriebenen Aspekte der Volksreligiosität anscheinend im 20. Jh. kaum noch eine Rolle spielen und dass der Kult der Göttinnen einem Wandel unterlegen ist. Inden hat Recht in seiner Kritik an der Repräsentation der Volksreligion Indiens durch westliche Beobachter, dass diese oftmals nur als Opposition zu brahmanischer Spekulation und theistischer Bhakti-Frömmigkeit interpretiert wurde.[246] Er bleibt jedoch in der Kritik pauschal, indem er die Darstellungen der Volksreligion auf ihre orientalistischen Intentionen innerhalb eines ‚arischen' Machtdiskurses untersucht, ohne die zum Teil detaillierten Beschreibungen der Volksreligiosität, insbesondere durch Missionare, genügend wahrzunehmen. Diese waren es im Wesentlichen, die Informationen über Volksreligionen in Tamil Nadu zusammengetragen haben. In den Kulten der grāma devata und der kula devata sahen sie die genuine Religion der Dorfbevölkerung, und bereits seit Mitte des 19. Jh.s wurde diese Sicht auch, zunehmend beeinflusst von Anfängen der englischen evolutionistischen Ethnologie, auf das Verhältnis von Ariern und Draviden und die Frage nach der ursprünglichen Religion in Indien übertragen. Die dravidische Volksreligiosität und die Verehrung lokaler, insbesondere weiblicher Gottheiten erschien als ein ‚survival' aus vor-arischer Zeit, das sich trotz arischer Sanskritisierungsversuche und der Einführung universaler Götter wie Śiva oder Viṣṇu vor allem in den Dörfern gehalten hatte. Das Interesse der Missionare an den Darstellungen der Māriyammaṉ gilt daher überwiegend dem Ziel, in ihrem Kult eine Verbindung zwischen Ariern und Draviden zu finden. Ein Mythos von der Entstehung der Göttin wird in den missionarischen Darstellungen häufig wiedergegeben.[247] Die Version von Frölich lautet folgendermaßen:

> „Nach einer anderen Legende war sie ursprünglich die Ehefrau des weisen Janaka … Sie war so heilig, daß sie keinen Topf mitzunehmen brauchte, wenn sie zum Fluß ging, Wasser zu schöpfen. Sie brauchte nur mit den Händen in den Flußsand zu greifen, dann formte der sich von selbst zum Topf. Als sie eines Tages wieder zum Fluß gegangen war und sich über das Wasser beugte, sah sie im Wasser das Spiegelbild von himmlischen Wesen (Ghandarven), die über ihr in der Luft hinflogen. ‚Wie schön sind sie!' dachte sie, und dieser Gedanke war für die Heilige schon Sünde. Darum rann der Flußsand ihr nun durch die Hand und bildete keinen Topf. Sie mußte ohne Wasser nach Hause kommen. Dadurch erfuhr ihr gestrenger Eheherr das Geschehene und verdammte sie zum Feuertode. Schon war ihr Kopf vom Feuer verzehrt, als der Gestrenge durch seinen Sohn bewogen wurde, sie zu

245 Z.B. BECK 1972; BABB 1975; MOFFATT 1979; DIEHL 1956; SASTRI 1974; MEYER 1986.
246 INDEN 1990:116.
247 ZIEGENBALG 1867:157 erzählt diesen Mythos in abgewandelter Form von Ellammaṉ; WHITEHEAD 1921:116; ELLMORE 1913.

retten. Er setzte auf den kopflosen Rumpf das Haupt eines Ungeheuers, und als er die Brandnarben an ihrem Körper sah, bestimmte er, daß sie fortan Göttin der Pocken sein solle."[248]

Eine andere Version der Geschichte erzählt, dass der Vater einem der Söhne befahl, den Kopf der Mutter abzuhauen. Da sich diese aber zu einer Paraiyar-Familie geflüchtet hatte, die sie in Schutz nahm, köpfte der Sohn seine Mutter und zugleich die Paraiyar-Frau. Auf die Bitte des Sohnes, die Mutter zu retten, setzte der Vater den Kopf der Paraiyar-Frau auf den Leib der Mutter.[249] Germann, der diese Legende mit einer ähnlichen Legende aus Wilsons Übersetzung der Viṣṇupurāṇa verglichen hat, sah in den vertauschten Köpfen einen deutlichen Hinweis darauf, dass dies ein Versuch sei, „Lokalgottheiten mit brahmanischen Persönlichkeiten zu identifizieren"[250].

In der Verehrung von weiblichen Gottheiten, insbesondere der Māriyammaṉ, hat auch Graul bereits einen Ausdruck des ‚Halbbrahmanenthums' gesehen, worunter er eine Verbindung von ‚Brahmanismus' und ‚Dämonenthum' verstand, das in dem Sanskritisierungsprozess der Urbevölkerung nicht völlig überwunden werden konnte. Die Masse der Bevölkerung diene eher den ‚finsteren' als den ‚lichten' Göttern.[251] Dieses Resümee tamilischer Volksreligion durch Graul ist in seiner Einseitigkeit, die im Folgenden analysiert werden soll, auch ein Argument für die kulturelle Notwendigkeit der christlichen Mission, da der Brahmanismus anscheinend nicht in der Lage war, die ‚finsteren' Götter zu überwinden. Die Sprache, mit der hier scheinbar objektive Aussagen über südindische Volksreligiosität gemacht werden, verrät in solchen Ausdrücken in besonders deutlicher Weise die implizierte Dichotomie von Zivilisierten und Wilden und die in diesen Dichotomien inhärenten diskursiven Machtstrukturen. Allerdings finden sich in vielen Berichten der Missionare Beobachtungen kultureller Prozesse, die die Fragilität dieses Diskurses aufdecken.[252]

Māriyammaṉ wird in weiten Teilen Tamil Nadus verehrt. Daneben gibt es aber noch andere weibliche Gottheiten, deren Verehrung lokal begrenzt ist. 1938 hat Paul Gäbler, der als Missionar in Pattukkottai tätig war, eine Beschreibung der Nādiyammaṉ, ihrer Tempel und ihres Festes in Pattukkottai veröffentlicht. Das ethnographische Material über die Göttin, das er mit Hilfe zweier einheimischer Informanten gesammelt hat, ist von besonderer Bedeutung für die von Dumont aufgeworfene Frage nach dem Verhältnis der Reinheit der Kasten zur Hierarchie der Götter und soll daher an dieser Stelle zusammengefasst wiedergegeben werden. Gäbler inter-

---

248 FRÖLICH, Volksreligion, 1915(?):23.

249 So ZIEGENBALG 1867:158 und MOFFATT 1979:248ff. Das Motiv der vertauschten Köpfe ist in der indischen Mythologie häufig zu finden.

250 Germanns Anmerkungen in ZIEGENBALG 1867:158; in ähnlicher Weise WHITEHEAD 1921:117; siehe auch Clarke, der diesen Mythos aus der Perspektive der Paraiyar interpretiert. CLARKE 1999:106f.

251 GRAUL, Reise IV, 1855:130f.

252 Zur Ambivalenz des Diskurses vgl. BHABHA 1994:123ff; 2002:125ff.

pretiert seine Beobachtungen nur an wenigen Stellen. Er will mit seiner Beschreibung der Göttin einen Beitrag dazu leisten, die synkretistischen Tendenzen im Hinduismus aufzudecken:

> „Was immer an religiösem Erbgut lebendig ist, hat sich in dem breiten Bett dieses Götzendienstes vereinigt ... Animistische Anschauungen und abergläubische Vorstellungen haben sich mit althinduistischem Religionsgut zu einem fast unentwirrbaren Ganzen vereinigt. Arische wie dravidische Ideen stehen dabei Pate. Was gegenwärtig geübt wird, ist freilich im allgemeinen nicht viel mehr als eine Fülle halbtoter Zeremonien, deren Sinn und innerer Wesensgehalt selbst dem Frommen kaum mehr erkennbar ist."[253]

Dieses lutherische Urteil von ‚halbtoten Zeremonien' am Ende seines Aufsatzes steht, abgesehen davon, dass es als ein lutherisches Pauschalurteil für die Beurteilung der unterschiedlichsten rituellen Situationen immer wieder eingesetzt wird, allerdings in einem diametralen Gegensatz zu der vorangehenden Schilderung eines Festes der Nādiyammaṉ, die gerade die Lebendigkeit des Festes und die Dynamik der Partizipation der verschiedenen Kasten am Fest anklingen lässt. Die Verwirrung, die Gäbler konstatiert, rührt wesentlich aus der Voraussetzung, dass sich arische und dravidische Elemente der Verehrung von Göttern sauber trennen lassen müssen, und dass eine ‚ursprüngliche Reinheit' der jeweiligen Traditionen existiert hat, die im Laufe der Zeit durch ‚Synkretismus' von arischen und dravidischen Elementen in ein grau schmuddeliges ‚Halbbrahmanenthum' versunken ist. Die Beobachtung, dass der Göttin sowohl vegetarische pūjā als auch blutige Tieropfer gebracht werden und dass der gleichen Göttin an verschiedenen Orten von Priestern unterschiedlicher Kasten gedient wird, lässt für den lutherischen Missionar nur den Schluss zu, dass hier keine reine Lehre vertreten werden kann und dass daher auch die Zeremonie nur oberflächlich bleiben muss.

Graul war der Ansicht, dass „in den Tempeln der Ammen bloß Sudras dienen"[254], und dass sich die Verehrung der weiblichen Gottheiten gerade darin von der Verehrung von Aiyaṉār unterscheide, der der eigentliche Knotenpunkt zwischen ‚Brahmanenthum' und ‚Nichtbrahmanenthum' sei,[255] und auch Whitehead bemerkt, dass die Priester der Māriyammaṉ bis auf wenige Ausnahmen keine Brahmanen sind.[256]

Die Nādiyammaṉ wird in Pattukkottai in zwei Tempeln verehrt, wie es ähnlich auch in anderen Orten für die Māriyammaṉ der Fall ist.[257] Der eine Tempel liegt außerhalb der Stadt, jenseits der Bahnstation. In ihm wird Nādiyammaṉ in einem Steinbildnis verehrt, das nicht vom Ort bewegt werden kann. Der Priester dieses Haupttheiligtums der Göttin ist Nicht-Brahmane (Gäbler bezeichnet ihn nur als

253 GÄBLER 1938:47f.

254 Diese Ansicht hat er von S. Samuel Pillay übernommen; vgl. LMA, GN, Aktenstück: K. Graul, Briefe an ihn, 4 (Anhang).

255 GRAUL, Reise IV, 1855:131; siehe dazu unten V.2c.

256 WHITEHEAD 1921:19.

257 Siehe MOFFATT 1979:246ff.

Śūdra), der nach eigenen Aussagen dieses Amt in der zehnten Generation innehat. Der andere Tempel der Göttin befindet sich ebenfalls am Stadtrand innerhalb eines Śiva-Tempels. Dort wird Nādiyammaṉ in einem beweglichen Bildnis verehrt, das aus einer Legierung von fünf Metallen gefertigt ist. Der Priester in diesem Tempel ist ein Brahmane, der während Festzeiten seinen Dienst aber auch in dem Haupttempel versieht. Beide Priester werden von einer Tempelverwaltung der Stadt bezahlt, die die Einkünfte der Tempel verwaltet, die aus den in den Grundbüchern auf den Namen der Göttin eingetragenen Ländern gezogen werden. Diese Einkünfte werden auch für das jährlich stattfindende Fest der Göttin verwendet.[258] Während dieses Festes, das zehn Tage dauert, wird das bewegliche Bildnis der Nādiyammaṉ aus Metall in die Mitte des Ortes getragen, wo es für die Dauer des Festes bleibt. Täglich wird das Bildnis angekleidet und in einer Prozession durch den Ort getragen. Vor dem metallenen Bildnis (!) werden vom vetti, dem Tempeldiener, Ziegen als Opfer geköpft. Die Kosten des Festes und damit die Verantwortung für den Ablauf werden an jedem Tag von einer anderen Kaste bzw. einer anderen Berufsgruppe getragen.[259] Am achten Tag des Festes wird das Bildnis zum Haupttempel getragen und es werden verschiedene vegetarische und blutige Rituale vollzogen. Am zehnten Tag wird das Bildnis zum Śiva-Tempel zurückgebracht und einer Reinigungszeremonie unterzogen.[260]

Es sind mehrere Aspekte an der Beschreibung der Nādiyammaṉ von Gäbler, die einen Hinweis darauf geben, dass die Frage nach der Autorität der Göttin mit der Problematik ritueller Reinheit nicht unmittelbar zusammenhängt, sondern dass in der Aufteilung ritueller Aufgaben während des Festes sowohl die Einheit des ganzen Ortes als auch die Autorität der Göttin über den ganzen Ort bestätigt und erneuert wird. Fuller, der Dumonts strukturalistische Sicht, die die Opposition von rein – unrein als Prinzip der hierarchischen Gesellschaft wie des Pantheons begreift, letztlich trotz aller Kritik verteidigt, ist der Ansicht, dass die blutigen Opfer eine Aufteilung der Māriyammaṉ in eine hohe und eine niedrige Form fordern, und dass sich so die Verehrung der Göttin in verschiedenen Tempeln, in denen der Tempeldienst einmal von hochkastigen Priestern und zum anderen von niedrigkastigen Priestern verrichtet wird, erklären lasse.[261] Die höhere Form der Ammaṉ, der hochkastige Priester dienen, empfange vegetarische Speisen im Kontext der pūjā, während der niederen Form die blutigen Opfer dargebracht würden. Der Bericht von Gäbler lässt

258 Zu Festen in Südindien vgl. WELBON/YOCUM 1982.

259 Diese Aufteilung der Kosten eines Festes ist in Tamil Nadu häufig anzutreffen; vgl. Fuller 1992:135. Sie wird aber in den Leipziger Missionsberichten sehr selten geschildert. Offensichtlich hat man der integrativen Funktion der Feste für die Ortsgemeinschaft nur wenig Bedeutung beigemessen. Eine Ausnahme bietet aber GEHRING 1905:22, der darüber hinaus schildert, welche Teile des Opfertieres welcher Kaste zustanden.

260 Zusammenfassung von GÄBLER 1938:35–48.

261 FULLER 1992:91.

diese Sicht als fragwürdig erscheinen.[262] Während des Festes wurden auch vor dem metallenen Bildnis der Ammaṉ Ziegen geopfert. Die rituellen Aufgaben wurden zwar so aufgeteilt, dass der Brahmane am Opfer nicht beteiligt war, aber von einer rituellen Hierarchie der beiden Formen der Göttin erwähnt Gäblers Bericht nichts. Auch scheinen die beiden Tempel zwar von Angehörigen unterschiedlicher Kasten besucht zu werden, aber die soziale Organisation des Tempelrituals funktioniert anders als die soziale Organisation der Kasten.

Von großer Bedeutung, denke ich, sind Gäblers Beobachtungen, dass die Göttin an jedem Tag des Festes gekleidet und für die Prozession hergerichtet wird, im Zusammenhang mit der Bemerkung, dass das Land im Grundbuch auf die Göttin selbst eingetragen ist. Die Beobachtung, dass die Götter in den Tempeln und vor allem während der Prozessionen wie Menschen gekleidet, gefüttert und versorgt werden, hat Missionare immer wieder dazu veranlasst, den ‚Götzendienst' als eine primitivere Form des Hinduismus gegenüber dem philosophischen Hinduismus zu kritisieren. Der indische Götzendienst bestehe im Anbeten toter Steine bzw. der Aberglauben der Inder manifestiere sich in der Vorstellung, Gott sei in einem Bild lebendig:

> „So geht's durch alle Volksschichten der Hindus. Die Götzenbilder sind ihnen leibhaftige (Leib habende) Götter."[263]

Gäblers Bericht macht deutlich, dass die Göttin Nādiyammaṉ eine juristische Person ist, auf die Land im Grundbuch eingetragen werden kann. Bereits diese Beobachtung legt nahe, dass die rigide kulturelle Trennung von göttlich und menschlich bzw. von natürlich und transzendent, die die Missionare als Kriterium an eine Beurteilung des ‚Götzendienstes' anlegen, eine eurozentrische Annahme ist. Susan Wadley, die Volksreligiosität im Norden Indiens untersucht hat, stellt dagegen fest, dass es in indischen religiösen Konzeptionen von Wirklichkeit die Vorstellung eines ‚übernatürlichen', abgetrennten Bereiches der Götter nicht gibt und dass Menschen und Götter in einem hierarchisch strukturierten Bereich gemeinsam agieren.[264] Diese Beobachtung wird man auch für Südindien annehmen können. Grāma dēvata haben mit den Gottheiten der viṣṇuitischen oder śivaitischen Tradition gemeinsam, dass sie als das Zentrum des Tempels nicht nur ein Abbild der Gottheit in diesem Tempel sind, sondern in verschiedenerlei Hinsicht als eine Person verstanden werden. Das Problem, wie eine Stein- oder Metallfigur eine Person sein kann, hat nicht nur Missionare beschäftigt, sondern wurde seit mehreren Jahrhunderten in rechtlichen und philosophischen Diskursen verhandelt.[265] Mit der Einführung des englischen Rechts-

---

262 Siehe auch MOFFATT 1979:250, der ausdrücklich betont, dass Māriammaṉ in Endavur (dem Ort seiner Feldforschungen) die Göttin aller Kasten in zwei verschiedenen Erscheinungen sei, und dass sie in beiden Erscheinungsformen als hohe wie als niedere Gottheit, als rein wie als unrein, als vegetarisch wie als blutgierig gegenwärtig sein kann.

263 ELMB 1910:457.

264 WADLEY 1975:53ff.

265 Zum Folgenden siehe SONTHEIMER 1964:45ff.

systems in Indien wurde das Thema besonders virulent.[266] Die Gaben, die im Tempel gegeben werden, gelten als persönlicher Besitz der Gottheit (tēvatāṉam), und der Geber erwartet von der Gottheit bestimmte Gnadenerweise.[267] Insbesondere in Südindien wird die Gottheit in den Tempeln nicht als ein Abbild aufgefasst. Sontheimer, der die Vorstellung von Gott als einer juristischen Person untersucht hat, sieht in dieser Form der Verehrung eine post-vedische Entwicklung, die von Brahmanen, die ihre Rolle als Empfänger der Gaben in der pūjā gefährdet sahen, bekämpft worden ist.[268] Es waren vor allem Brahmanen, die die puranischen und agamischen Textkorpora, in denen die zeremoniellen Texte, die die Gottheiten als lebendige Personen verehren, aufbewahrt sind, und die in der Volksfrömmigkeit eine große Rolle gespielt haben, als nicht-kanonisch abgelehnt haben. Die Verehrung von Gottheiten als Personen wurde von ihnen als eine allegorische oder metaphorische Variante des vedischen Rituals gedeutet.[269]

Gäblers Hinweis auf Nādiyammaṉ als juristische Person und seine Beschreibung der Aufteilung ritueller Aufgaben und Unkosten beim Fest der Göttin, legt daher nahe, die volksreligiöse Verehrung der Göttin nicht von der priesterzentrierten Perspektive der Reinheit her zu interpretieren, sondern von der souveränen Autorität der Göttin, an der verschiedene Gruppen im Ort auf unterschiedliche Weise partizipieren.

2.3. Aiyaṉār, der Herr der Dämonen

Graul hatte das ‚Halbbrahmanenthum' als einen Bereich bezeichnet, „wo die brahmanischen Götter im Kampfe mit dem dumpfen Religionswesen der Urbevölkerung nicht den vollständigen Sieg davontrugen"[270]. Es ergaben sich aus dieser Theorie der Überschneidung von Religionstypen für die Missionare im 19. Jh. zwei Fragen, die im vorhergehenden Abschnitt bereits angesprochen wurden, die aber im 19. Jh. insbesondere an der in Tamil Nadu weithin verehrten Gottheit Aiyaṉār diskutiert worden sind: 1. Sind die Götter des ‚Halbbrahmanenthums' dravidisch oder arisch? 2. Sind sie überhaupt Götter oder sind sie Dämonen? Wie oben schon angedeutet, hatte Graul gemeint, den eigentlichen Schnittpunkt von brahmanischer und ursprünglich dravidischer Religiosität in der Verehrung von Aiyaṉār zu finden, weil an

266 Zum Wandel der Tempel als kulturelle Modelle und zur Verlagerung von Autorität durch die Kolonialzeit siehe die Untersuchungen von APPADURAI 1981; auch APPADURAI/BRECKENRIDGE 1976; STEIN 1978.

267 Gäbler berichtet von mehreren solcher Formen der Anbetung, in denen Gaben an die Gottheit überreicht werden, und bezeichnet diese Form der Religiosität als primitive *do ut des* Einstellung.

268 SONTHEIMER 1964:60ff.

269 SONTHEIMER 1964:45ff.

270 GRAUL, Reise IV, 1855:130.

dessen Tempeln sowohl Brahmanen als auch Śūdras als Priester dienen.[271] Aiyaṉār ist einer der bedeutenden ‚Dorfgötter', d.h., seine Tempel stehen immer in Dörfern, nicht in Städten. Er wird in der Regel als Wächter des Wassertanks angesehen, als Gott des Regens und als Beschützer des Dorfes. In der Nacht reitet er auf einem Pferd mit einer Armee von Dämonen oder Geistern (pēy) und Heroen (viraṉ), die ihm unterstehen, um das Dorf. Er gilt als ein Hüter der sozialen Ordnung eines begrenzten Bereiches (Grauls Informant S. Samuel Pillay nennt 4 bis 5 Meilen). Seine Bedeutung für den Regen bringt ihn zugleich auch in Verbindung mit Māriyammaṉ.[272] Er ist eine wichtige Gottheit im tamilischen Pantheon, weil er zwischen unterschiedlichen Ebenen des Hinduismus vermitteln kann. Er hat Verbindungen zu den pēy (Geistern) und zu den Göttern Śiva und Viṣṇu, sowie zu den Ammen, allerdings sind diese Beziehungen lokal verschieden.[273] Darin liegt auch eine Schwierigkeit, Aiyaṉār als eine Gottheit zu identifizieren, da er in Tamil Nadu mit einer Vielfalt von religiösen Traditionen in Verbindung gebracht wird. Samuel Pillay, den Graul um Informationen zu Aiyaṉār gebeten hat, hat ihm berichtet, dass Aiyaṉār in Palamcottah im Tirunelveli-Distrikt als ein Sohn von Śiva neben Subramaniam (Murukaṉ) betrachtet wird, und dass er dort in zwei zu unterscheidenden Formen verehrt wird, als ukkiramūrttam (Samuel Pillay übersetzt: fierce manifestation) und als cāntamūrttam (gentle manifestation).[274] Diese Unterscheidung der Manifestationen hängt von dem Status und der religiösen Prägung des ursprünglichen Stifters des Tempels ab. Samuel Pillay betont aber ausdrücklich, dass an keinem der Tempel des Aiyaṉār Opfer gebracht werden.

> „But it is necessary to mention that in both there are no sacrifices of any kind made. Poojahs of Siva kind are only offered. If people wish to offer sacrifices of sheep and fowls ets. they do them in the pagodas of Aiyanar where Soodras are priests; but not to the Aiyanar. They are offered to his headservants e.e. to demons under his control – known by the general name of muṉṉaṭiyāṉ the forerunner."[275]

Bezeichnenderweise nimmt Graul diese Information von Samuel nicht in seine Darstellung des ‚Halbbrahmanenthums' auf, weil sie eine einfache Analogie von ‚Arier-Brahmanen-Vegetarismus-reine Form von Gott' einerseits und ‚Draviden-Sudras-Opfer-niedere Form von Gott' bzw. Dämon andererseits nicht zulässt. Die Rolle von Aiyaṉār als ein Verbindungsglied von arisch und dravidisch zu bestimmen, ist auch deshalb schwierig, weil die Informationen über ihn im 18. und 19. Jh. durchaus unterschiedlich sind. Im Gegensatz zu Samuel, dessen Aussagen von Whitehead

---

271 Siehe Anm. 63. Die Annahme, dass Aiyaṉār mehr mit dem Brahmanismus zu tun habe als die weiblichen Göttinnen, ist aufgrund des oben Dargelegten als falsch zu bezeichnen.

272 In Kerala wird er unter dem Namen Aiyappaṉ verehrt. Von großer Bedeutung ist die jährliche Pilgerreise zum Berg Sabari Malai in Kerala; siehe dazu DANIEL 1984:245ff; KJAERHOLM 1986:121ff.

273 Dazu KJAERHOLM 1986:125f.

274 Vgl. LMA, GN, Aktenstück: K. Graul, Briefe an ihn (Anhang). Siehe auch die Verwertung dieser Information bei GRAUL, Reise IV, 1855:131; GERMANN, Genealogie, 154.

275 Vgl. LMA, GN, Aktenstück: K. Graul, Briefe an ihn (Anhang).

bestätigt werden,[276] berichtet Ziegenbalg von Tieropfern für Aiyaṉār.[277] Germann diskutiert in seinem Kommentar zu Ziegenbalg die Frage, ob Aiyaṉār ein dravidischer oder ein arischer Gott sei. Er hält die, aus dem Entstehungsmythos abgeleitete These, wonach Aiyaṉār aus Śiva und einer weiblichen Form von Viṣṇu geboren und mit Hari-Hara identisch ist, für falsch, da Aiyaṉār ikonographisch und mythologisch nicht mit dem nordindischen Viṣṇu-Śiva (Hari-Hara) in Einklang gebracht werden könne. Aiyaṉār sei, so Germann, „nicht eine brahmanische Schöpfung und Zuthat, sondern vielmehr ein schon der Urreligion angehöriger Gott", der in der Vijayanagar-Periode (ca. 1550–1750) dem Brahmanismus adaptiert wurde.[278] Der Soziologe Louis Dumont hat Aiyaṉār aufgrund der vegetarischen pūja, die ihm in seinen Tempeln durch brahmanische wie durch Śūdra-Priester dargebracht wird, und aufgrund des Mythos seiner Geburt als brahmanischen Gott klassifiziert, der die Vaiṣṇava- und Śaiva-Tradition in sich vereint,[279] und dem Kaṟuppaṉ als sein Gehilfe, dem blutige Opfer gebracht werden, gegenübersteht,[280] und er hat das Herr-Diener-Verhältnis von Aiyaṉār zu Kaṟuppaṉ analog zur brahmanischen Dominanz gegenüber den niedrigen Kasten gedeutet. Aiyaṉār ist aber bei Dumont als vegetarischer Gott von seinen Dienern, weil diesen blutige Opfer gebracht werden, qualitativ unterschieden.

> „Aiyanar is the Master, the chief per excellence. As such, in his capacitiy as god, he can be only Brahmanic and vegetarian."[281]

Auch Samuel Pillays Bericht beschreibt Aiyaṉār als Herrn von Dämonen und als Feldherrn über „Suthira Devadhas", mit deren Hilfe er ein Dorf oder einen begrenzten Bezirk beschützt. Aiyaṉār sei daher auch als Kaiyaṉār bekannt. Er lässt jedoch die Frage offen, ob Aiyaṉār ein dravidischer oder ein arischer Gott sei. Es scheint, als ob die Vielfältigkeit der Beziehungen von Aiyaṉār zu niederen Göttern, zu gleichwertigen, wie seinem Bruder Subramaniam, oder zu Śiva eine einseitige Bestimmung von ‚little traditions' versus ‚great tradition' ebenso wie eine evolutionistische Bestimmung von dravidisch versus arischer Sanskritisierung nicht zulässt.[282] Die unterschiedliche, ja, oftmals gegensätzliche Einschätzung von Aiyaṉār durch die Missionare zeigt, wie bestimmte Perspektiven eingesetzt wurden, um Theorien über die Entwicklung des Hinduismus in Tamil Nadu zu entwerfen. Schomerus und Graul

---

276 WHITEHEAD 1921:18.

277 GERMANN, Genealogie, 151.153.

278 GERMANN, Genealogie, 156.

279 DUMONT 1992:47

280 Siehe ähnlich auch in einem Bericht von Schomerus, der beschreibt, dass der Tempel des vegetarischen Natarājan geschlossen wurde, damit dieser die blutigen Opfer für Muniappaṉ, seinen Diener, nicht sehen müsse. ELMB 1909:16.

281 DUMONT 1986:448.

282 Vgl. dazu die wichtige Untersuchung von Marie-Luise Reiniche, die die unterschiedlichen Beziehungen zwischen den verschiedenen Ebenen des Dorfpantheons und der Menschen in dem Tirunelvelly Distrikt aufgezeigt hat. REINICHE 1979.

sahen in Aiyaṉār ein Beispiel für eine vom ‚reineren' Brahmanismus noch nicht vollständig überwundene primitive Religiosität, Germann dagegen hat insofern eine Substrat-Theorie vertreten, als er in Aiyaṉār als dem Sohn eines ebenfalls nicht-vedischen Śiva ein ursprüngliches Element eines sich erst entwickelnden Hinduismus zu entdecken meinte. Es war vor allem die Substrat-These, die zu Beginn des 20. Jh.s unter Nicht-Brahmanen favorisiert wurde, die in Murukaṉ und Aiyaṉār als vegetarischen Göttern den genuinen Ausdruck regionaler tamilischer Religiosität gesehen haben.[283]

2.4. Pēy und Bhūtas – Teufelsdienst und Heroenverehrung

Es lässt sich festhalten, dass es vor allem zwei Aspekte sind, die die Problematik der Interpretation der Volksreligion durch die Leipziger Missionare ausmachen: zum einen die evolutionistische Sicht der indischen Religionsgeschichte, die das ‚Halbbrahmanenthum' bzw. den ‚populären Hinduismus' als ein Übergangsstadium von nichtbrahmanischer Volksreligion zu Brahmanismus kennzeichnet, zum anderen die Übertragung von sozialem Status, Macht und Reinheitsvorstellungen einer hierarchischen Kastenordnung auf religiöse Vorstellungen und Rituale. Am deutlichsten wird diese Problematik in der Identifikation der Dämonenverehrung mit den niederen Kasten bzw. den kastenlosen Dalits.

Zweifellos gibt es in der indischen Kosmologie einen hierarchisch strukturierten Pantheon,[284] der sich aber nicht analog auf die Kastenstrukturen übertragen lässt. Michael Moffatt hat in einer Ethnographie des Dorfes Endavur nachgewiesen, dass es auch innerhalb der ‚Harijan Religion' verschiedene Ebenen des Pantheons gibt, die diese mit der brahmanischen Religion strukturell vergleichbar machen.[285] Auch die Dalits von Endavur verehren einen Kaṭuval oder Iraivan, der im Pantheon noch über Śiva und Viṣṇu als unpersönlicher Gott steht. Bei dem Leipziger Missionar Frölich wird diese Vorstellung von „Kadawul" zu einem Relikt einer ursprünglich reineren Gottesvorstellung.[286]

Es kann nicht das Anliegen dieser Arbeit sein, Differenzen zwischen der religiösen Vorstellungswelt der dominierenden Kasten und der Religiosität der Kastenlosen zu verwischen, vielmehr bin ich mit Ramanujan und Blackburn der Ansicht,

---

283 RYERSON 1988:195.

284 Dazu MICHAELS 1998:222ff, der auch die Homologisierung der hierarchischen Strukturierung des Kastensystems und eines religiösen hierarchischen Pantheons durch Louis Dumont und Jan Heestermann kritisch hinterfragt (207ff). Auch Edward Harper hat ähnlich wie Dumont argumentiert, dass die dem Kastensystem inhärente Hierarchie von Reinheit und Unreinheit in Analogie zu einer Hierarchie ritueller Aufgaben der einzelnen Kasten zu betrachten sei. HARPER 1964:151ff.

285 MOFFATT 1979:231ff, unterscheidet sechs Ebenen im Pantheon der ‚Harijan Religion'.

286 FRÖLICH, Volksreligion, 1915(?):20 scheint damit eine Dekadenztheorie zu vertreten, die in einem Gegensatz zu den Aussagen der anderen Missionare über das Verhältnis von Ariern und Draviden steht. Inwieweit er von Andrew Langs Theorie des ‚Hochgottes' beeinflusst war, lässt sich bisher nicht nachweisen.

dass Volksreligiosität als ein eigenständiger Bereich der Analyse indischer Religiosität betrachtet werden muss.[287] Gerade diejenigen religionssoziologischen Ansätze, die die subalterne Perspektive als eine Perspektive der Gegenkultur zur dominierenden brahmanisch orientierten Kultur hervorheben wollen, betonen Differenz. Sathianathan Clarke unterscheidet ausdrücklich in Abgrenzung zu Redfields und Singers dualem Interpretationsmuster zwischen drei kulturellen Ebenen, die der Brahmanen, der anderen Kasten-Hindus und der Dalits, um die Religion der Dalits als ‚semiautonomen sozialen, religiösen und kulturellen Bereich' wahrnehmen zu können.[288]

Der subalterne Zugang zu der Religion der Dalits will die Geschichte der Marginalisierung der Dalits in der indischen Gesellschaft aufdecken, indem er diejenigen Elemente hervorhebt, die die religiöse Identität der Dalits und ihre kulturelle und soziale Eigenständigkeit gegenüber brahmanischer Dominanz bestätigen.[289] Demgegenüber diente den meisten Leipziger Missionaren, zumindest aber Graul, das evolutionistische Religionsmodell dazu, die hierarchische Kastenordnung nicht nur zu erklären, sondern die hochkastige kulturelle Dominanz gegenüber den niederen Kasten und den Kastenlosen zu rechtfertigen, indem sie aus der Überlegenheit der geistig höherstehenden vegetarischen brahmanischen Götter gegenüber den blutrünstigen Geistern der Kastenlosen abgeleitet wurde. Damit erklärte Graul auch die Notwendigkeit, um der reinen Religion willen die Kasten zu unterscheiden. Ebenso wie die Brahmanen durch die Berührung mit Kastenlosen verunreinigt werden, so werden brahmanische Götter durch die Begegnung mit südindischen Dämonen in ihrer Bedeutung herabgesetzt. Graul erwähnt als ein Beispiel für die Lebendigkeit und für die arische Religion gefährliche Kraft der Volksreligiosität die Dämonisierung von Rāma unter den Shanar:

> „... so kann Einem das wohl eine Vorstellung geben von der Tiefe und Festigkeit, mit der sich der Teufelsdienst in das dortige Volksbewußtsein eingelebt hat. Haben sie doch den ächt brahmanischen Rama selbst, den glorreichen Besieger der Dämonen, an Einem Orte Tinnevellys in einen Teufel umgestaltet."[290]

Graul hat diese Beobachtung, die die Sanskritisierungstheorie einer einseitigen Adaption an brahmanische Kultur durch die dravidische Urbevölkerung in Frage stellt, ebenso wie andere Aspekte der Religion der Shanar, von dem Missionar Caldwell übernommen, der unter den Shanar gearbeitet hat.[291]

Die evolutionistische und hierarchisch-exklusive Sicht der Verehrung von Dämonen und der Reduktionismus, der einen strukturierten Pantheon auf die tamilische

287 Siehe RAMANUJAN/BLACKBURN 1986:1ff, auch SONTHEIMER 1995:389.

288 CLARKE 1999:29 Anm. 29.

289 WEBSTER 1994; GUHA 1994; CHATTERJEE 1994; DAS 1994.

290 GRAUL, Reise IV, 1855:127; siehe dazu HARDGRAVE 1969:38; zu den verschiedenen Rezeptionen des Rāmāyaṇa siehe RICHMANN 1994.

291 1849 erschien Caldwells Buch über die ‚Tinnevelly Shanars', auf das sich Graul in seinem Reisebericht bezieht. Der Abschnitt über die Religion der Shanars wurde 1869 in der englischen Übersetzung von Ziegenbalgs ‚Genealogie der malabarischen Götter' von G.J. Metzger wieder abgedruckt.

Gesellschaftsordnung überträgt, wird aber bei Graul, der diese Theorie ausführlich diskutiert, auch dazu eingesetzt, um die ‚Primitivität' der südindischen Volksreligiosität gegenüber dem Christentum hervorzuheben. Die vorarische Dämonenverehrung dient bei Graul, der sie als ‚survival' betrachtet,[292] als ein Interpretament für die Errungenschaften des Christentums in Deutschland:

> „Was würde aus dem deutschen Volke geworden sein, wenn Jesus Christus es nicht angenommen hätte? Dies zu bedenken, legt die Betrachtung des Teufelsdienstes der Schanars uns recht nahe."[293]

Graul betont, dass er die Begriffe ‚Teufel' und ‚Dämonen' nicht im christlich-pejorativen Sinn versteht, sondern er meint, damit die Begriffe, die die Tamilen selbst verwenden, angemessen zu übersetzen. Graul differenziert zwischen bhūtas und pēy. Bhūta (Sanskrit) sei der Begriff für Dämonen, wie er an der Westküste, vor allem in Kerala, gebraucht werde, wohingegen pēy der tamilische Begriff für Dämonen sei.[294] Es ist aber nur der Begriff pēy, den Graul meinte, mit Dämon angemessen übersetzt zu haben. Seine Interpretation dieser pēy und picacu[295] als Götter der niedrigkastigen Shanar zeigt die Problematik der evolutionistischen Sicht dravidischer Religiosität im Rahmen einer Sanskritisierungstheorie.

Ein Religionsbegriff, der dualistisch strukturiert ist, indem durch ihn eine fundamentale Unterscheidung zwischen transzendent und immanent getroffen wurde, der eine rituelle Unterscheidung von rein und unrein sowie eine ethische Unterscheidung von gut und böse korrespondiert, wurde von den Leipziger Missionaren auf eine religiöse Kultur übertragen, die zwar auch zwischen guten Göttern und bösen Dämonen unterschied, diese aber nicht zwei fundamental gegensätzlichen Ebenen zuordnete, sondern, wie Wendy O'Flaherty es genannt hat, die Opposition strukturell verstanden hat.[296]

Bereits Caldwell hatte die Ansicht vertreten, dass im Gegensatz zu der Verehrung von Māriyammaṉ und Aiyaṉār die pēy tamilischen Ursprungs sind,[297] und auch er

---

292 Graul verwendet freilich diesen Begriff nicht, er vertritt aber, ähnlich wie es wenige Jahre später E.B. Tylor mit dem Begriff der ‚survivals' formuliert hat, die Auffassung, dass in der Religion der Shanar Überreste der ursprünglichen dravidischen Religion zu finden seien. Zu einer positiven Deutung der zeitgeschichtlichen Relevanz von Tylor siehe KIPPENBERG 1997:82ff.

293 GRAUL, Shanar, in: ELMB 1855:92. Gleichzeitig glaubt Graul, aufgrund der blutigen Opfer eine größere Offenheit unter den Shanar gegenüber dem Christentum feststellen zu können, als unter anderen Hindus. „Dennoch haben diese blutigen Teufelsopfer die Schanars für das Evangelium vom Lamme Gottes in demselben Maße zugänglich gemacht, als die brahmanische Weisheit, die von keinem Blutvergießen weiß, ihre Anhänger dafür unempfänglich macht" (90).

294 GRAUL, Reise IV, 1855:333 Anm. 123. Ähnlich auch Caldwell, siehe METZGER 1869:162f. Graul ließ sich von Samuel Pillay eine Liste mit pēy schicken (Anhang).

295 FRÖLICH, Volksreligion, 1915(?):9.

296 „The opposition between gods and demons is purely structural: they are alike in all ways except that, by definition, they are opposed." O'FLAHERTY 1980:64; siehe auch HERTEL 1998:15ff.

297 METZGER 1869:163.

hat die Verehrung der pēy als eigenständige Religiosität der Shanar gekennzeichnet, die sich vor allem in blutigen Opfern und Besessenheitsritualen äußere.[298]

Abschließend soll die Problematik von Grauls Interpretation des Glaubens an pēy als einer eigenständigen Religion erörtert werden. Die in den letzten Jahren entstandenen neueren Studien zur Folklore[299] aus Südindien können dabei helfen zu verdeutlichen, dass Grauls Interpretation der Entwicklung der pēy, in der es ihm um eine Klärung der Ursprünge der dravidischen Religiosität geht und nicht um ein Verstehen beobachteter Rituale, dazu beigetragen hat, diese Form von Volksreligion aus der Kultur auszugrenzen und zu marginalisieren. Der Heroenkult der Shanar und Besessenheit durch die Dämonen sind diejenigen Bereiche, an denen diese Ausgrenzung am deutlichsten wird.

Graul vertritt die Ansicht, dass die Verehrung der pēy ursprünglich auf einen Heroenkult zurückgeht. Die pēy waren Menschen, die eines gewaltsamen Todes gestorben sind und dann deifiziert wurden.[300] Die Deifizierung von Menschen ist nicht nur als ein Anfangsstadium der Religionsgeschichte zu verstehen, sondern sie ist ein fortlaufender Prozess, den die Missionare auch im 19. und 20. Jh. in ihren Arbeitsbereichen beobachtet haben.[301] Es gibt auch Fälle, in denen Ausländer, eine Missionarsfrau[302] oder ein englischer Offizier, Captain Pole, der 1809 im Krieg gestorben ist, deifiziert wurden. Das Grab des Offiziers wurde zu einen bedeutenden Pilgerort, und ebenso wie bei anderen Göttern und pēy war es notwendig, ihm diejenigen Opfer zu bringen, die seinem Geschmack und seinen Wünschen entsprachen, daher hat man ihm Zigarren und Brandy als Gaben gebracht.[303] David Mosse hat gezeigt, dass diese Vorstellungen tatsächlich auch gegenwärtig im Ramnad-Distrikt in ähnlicher Weise von Bedeutung sind.[304] Graul hatte Samuel Pillay gebeten, Informationen über den Ursprung dieser Wandlung von Heroen zu pēy zu sammeln. Sein Misserfolg scheint mir signifikant dafür zu sein, dass Grauls Versuch, die Heroenverehrung als Anfang der nichtarischen Religionsgeschichte Indiens zu etablieren, mit der Vorstellung von pēy in der südindischen Volksreligiosität nicht viel gemein hat. Samuel Pillay schreibt an Graul:

> „I tried to make enqiries into the Hindu account of the origin of Devils, but have not yet come to any satisfactory and definite knowledge … I happened to meet a Tamil man (A moonshee) with whom I conversed much on the subject in question, and I found him to be well acquainted in the Occult Science. But however as all moonshees are, he is deficient in explaining the first principles, and in furnishing us with any thing in the shape of historical

298 METZGER 1869:167ff.

299 Dazu vor allem BLACKBURN/RAMANUJAN 1986; BLACKBURN 1989.

300 GRAUL, Reise III, 1854:184f; Reise IV, 1855:127. Vgl. LMA, GN, Aktenstück: K. Graul, Briefe an ihn, 6 (Anhang).

301 Siehe ELMB 1860:363ff; 1870:360ff; 1875:131; 1876:272f; 1886:261f; 1906:114f.

302 ELMB 1853:230f; zur Einbindung der Missionare in die Volksreligiosität siehe vor allem MOSSE 1986:403ff.

303 METZGER 1869:175; GRAUL, Reise IV, 1855:127; auch BAYLY, S. 1989:34.

304 MOSSE 1986:414f.

facts. Therefore he promised me he will procure all the written accounts in prose and poetic productions available from various individuals and who possess them. He told me that I can make out of them what I want. I thought that this was the best plan and left this branch (the subject of the origin) for a while."[305]

In der Beurteilung des Dämonenglaubens als ursprüngliche Religion Südindiens zeigt sich in besonderer Weise die Problematik der Repräsentation einer anderen Kultur, die mit dem Nachweis der Ursprünge auch das Wesen dieser Kultur zu repräsentieren meint. Samuel informiert Graul darüber, dass die „Moonshees", die er befragt hat, der Ansicht sind, dass die Herkunft der pēy auf Śiva zurückzuführen ist.

„Siva himself is said to be the author of Devil worship. He is Devil himself, not in a Christian sense but in the Heathen acceptation."[306]

Graul übernimmt diese Information von Samuel Pillay nicht, sondern glaubt, dass zwischen Śivaismus und „dem vorgefundenen Dämonenwesen der Urbevölkerung" ein Verhältnis der gegenseitigen Beeinflussung besteht, das analog zum kulturellen Einfluss der arischen Brahmanen auf die dravidische Bevölkerung erklärbar ist.[307] Mit der Absonderung der pēy als den Dämonen der Kastenlosen und untersten Kasten und der Auffassung, dass sich in ihnen das ‚Wesen' der vorarischen Religion widerspiegelt, wird zugleich auch eine Ausgrenzung der pēy aus der Hindu-Kosmologie vorgenommen. Geschichten, die Tod und Deifikation eines Helden zum Inhalt haben, finden sich in der Folklore in ganz Indien.[308] Ein wesentliches Merkmal ist, dass die pēy Deifizierungen derjenigen Menschen sind, die gewalttätig oder irgendwie vorzeitig gestorben sind,[309] und dass der Einfluss der pēy ausschließlich bösartig und unheilbringend ist.[310]

„Kurz, die Dämonen thun viel Uebels, aber nichts Gutes, sie ängstigen und schrecken die Menschen, aber nie erweisen sie ihnen Wohlthat oder lassen irgend eine freundliche Zuneigung zu ihren Ergebenen merken."[311]

Ein Charakteristikum der pēy ist, dass sie Menschen besessen machen. Besessenheit durch pēy wird als einer der wesentlichen Gründe für Unglück, Konflikte oder Krankheiten angesehen. Die Missionarsberichte bieten eine Fülle von Beispielen

305 LMA, GN, Aktenstück: K. Graul, Briefe an ihn, 6 (Anhang).

306 LMA, GN, Aktenstück: K. Graul, Briefe an ihn, 6 (Anhang).

307 GRAUL, Reise IV, 1855:130.

308 Blackburn nennt dieses Schema einen ‚Performance Marker' der indischen Folklore. BLACKBURN 1986:167ff. Hinweise auf diese Folklore-Tradition bei ELLMORE 1915:59–68; WHITEHEAD 1921:124; SHULMAN 1986:105ff; MOFFATT 1979; FILIPSKÝ 1998; GOUGH 1959:240ff; KOTHARI 1989:102ff; AYROOKUZHIEL 1985:145ff.

309 Z.B. ELMB 1913:15; auch BAYLY 1989:33; MOSSE 1986:414; FULLER 1992:231ff.

310 MOFFATT 1979:241; CAPLAN 1989:55.

311 GRAUL, Shana, in: ELMB 1855:88.

solcher Besessenheitserfahrungen.[312] Fuller interpretiert diese Besessenheit aber auch als katalytische Funktion, in der soziale Konflikte ausagiert werden können.[313] Die pēy gehören nicht einem ganz anderen religiösen Bereich an als die Götter oder die Menschen, sondern sind Teil eines hierarchisch geordneten Kosmos, in dem sie eine kritische Funktion des Widerstandes und des sozialen Protests haben,[314] aber auch von höheren Göttern und besonders befähigten Menschen beherrscht werden und in ihrer Macht begrenzt werden können.[315] Wer von pēy bedroht wird, kann sich an ein Medium einer höheren Gottheit, einen cāmiyāṭi, wenden, das rituell von der Gottheit besessen wird, meistens von Māriyamman̲, und in der Lage ist, einen Exorzismus der pēy durchzuführen.[316] Graul bezeichnet die Besessenheit bei den Shanar als ‚Schamanismus' und differenziert nicht zwischen der Besessenheit durch die pēy und der rituellen Besessenheit durch die Amman̲ zur Vertreibung der pēy. Beide sind aber voneinander zu trennen, da sie Machtbereiche bezeichnen, in denen verschiedene Ebenen des Pantheons zusammenwirken. Eine Religion der pēy ist aus diesen rituellen Machtkonstellationen nicht herauszudestillieren. Zum Abschluss sei Grauls Interpretation von Schamanismus hier wiedergegeben, eine frühe, wohl von Hegel beeinflusste[317] Reflexion über das Selbstbewusstsein der Schamanen, die bei Graul aber vor allem dazu dient, seiner Theorie von der Beziehung der Draviden zu afrikanischen Völkern[318] neben der sprachlichen Analyse ein weiteres Argument anzufügen.

> „Die drei wesentlichsten Züge in dem Teufelsdienste sind Besitzung, wilder Tanz, blutiges Opfer. Alle drei Züge können sowohl an das Schamanenthum tartarischer Stämme, als an den Fetismus afrikanischer Völkerschaften erinnern. Doch scheint mir in dem vorliegenden Falle mehr das afrikanische, als das tartarische Teufelswesen in Betracht zu kommen. In dem letztern tritt eine große Freiheit des Menschengeistes hervor: der Schamane beschwört die Geister mit ruhiger Besonnenheit, wählt sich aus den herzunahenden Schaaren seinen Mann heraus, ringt mit ihm in krankhaften Zuckungen und ertheilt dem Besiegten seine Aufträge. Nicht also in dem südindischen Teufelswesen. Der südindische Teufelstänzer überwindet den Dämon nicht, sondern wird von ihm besessen,[319] und obgleich die Vorbereitungen darauf hin, – tolle, betäubende Musik, stark aufregendes Getränk, grause Selbstzerfleischung, gieriges Hinunterschlürfen des eigenen, so wie des Opferblutes, – in

312 Z.B. ELMB 1885:143f; 1887:68; 1881:889; 1909:413; 1871:283;1880:6; 1890:322; 1923:56ff; 1900:82.

313 FULLER 1992:227ff.

314 Siehe FILIPSKÝ 1998:127f.

315 DIEHL 1956:267ff; dazu besonders MOFFATT 1979:234 Anm. 4.

316 Dazu MOFFATT 1979:235ff; auch FULLER 1992:232f.

317 Hegel vergleicht aufgrund von Missionarsberichten Zauberei in Afrika mit Schamanismus in der Mongolei. HEGEL 1969:283ff.

318 Insbesondere dargelegt anhand seiner Überlegungen zu den Toda; GRAUL, Reise III, 1854:315.

319 Dazu Fuchs: „In contrast to the Siberian shaman, the Indian (tribal or low-caste) shaman usually does not maintain that his soul leaves the body and seeks contact with superhuman beings in places beyond the earth; his body is simply possessed by a superhuman deity or spirit who then speaks through him, while he is usually unconscious." FUCHS 1992:26.

ihrem Anfange von der menschlichen Freiheit ausgehen, so geht doch dieselbe im Verlaufe der sinneverwirrenden Ceremonie stufenmäßig zu Grunde, und endet, – zwar nicht mit Verlust der Sprache und Bewegung schlechthin, – aber wohl mit Verlust des Selbstbewußtseins und der Selbstbestimmung, wie man meint, an den besitzenden Dämon; zu allerletzt bleibt auch nicht ein Fünkchen Erinnerung an die in diesem Zustande dem befragenden Zuschauer mitgetheilten Orakel. Dieses unfreie Wesen des südindischen Teufelsdienstes ist wesentlich afrikanisch."[320]

Die Religion der Shanar und der Paraiyar kennt in ähnlicher Weise eine hierarchisch geordnete Kosmologie wie der brahmanische Hinduismus. Ob sie allerdings deshalb wesentlich als Replik eines brahmanischen Hinduismus aufzufassen ist,[321] erscheint mir fraglich. Dalit-Theoretiker, Aktivisten und auch christliche Dalit-Theologen tendieren heute dahin, das Eigenständige der Dalit-Religion und die Unabhängigkeit ihrer ursprünglichen Religion gegenüber dem brahmanischen Hinduismus zu betonen.[322] Damit nehmen sie scheinbar Überlegungen auf, die auch schon im 19. Jh. von den Missionaren über die Eigenständigkeit der Dalit-Religion angestellt worden sind. Grauls Analyse der Besessenheit durch pēy bei den Shanar macht jedoch deutlich, dass die Dalit-Theologie an diese Tradition nicht anknüpfen kann. Die Unfreiheit im Ritual und der Verlust des Selbstbewusstseins im Zustand der Besessenheit korrespondieren nach Grauls Sicht mit der unfreien Rolle der Dalits im Kastensystem.

3. Die Repräsentation von Śaiva Siddhānta im Orientalistischen Diskurs

Die Einführung des Begriffes ‚Hinduismus' in den indologischen Diskurs war nicht nur die Anwendung eines westlich-christlichen Konstrukts als heuristisches Mittel zur Beschreibung der anderen Religion, sondern die Überlagerung der vielfältigen indischen religiösen Traditionen durch ein monolithisches Konzept hat auch dazu beigetragen, indische Religiosität in Richtung auf westliche Vorstellungen von Religion zu transformieren. Diesen Prozess beschreibt David Kopf als die wesentliche Leistung der Orientalisten, ohne allerdings die eurozentrischen Implikationen dieses für die indische Religionsgeschichte bedeutenden und zugleich tragischen[323] Vorgangs zu erwähnen.

---

320 GRAUL, Reise IV, 1855:127f.

321 So erscheint es bei MOFFATT 1979:289ff.

322 CLARKE 1999:98; MASSEY 1991.1994.1995.

323 Der Hindu-Nationalismus der Gegenwart steht in einem engen Zusammenhang zu Konzepten von ‚Hinduismus' im 19. Jh.; siehe dazu VEER 1996.

„The work of integrating a vast collection of myths, beliefs, rituals, and laws into a coherent religion, and of shaping an amorphous heritage into a rational faith known now as ‚Hinduism' were endeavors initiated by Orientalists."[324]

Die Leipziger Missionare haben an der Konstruktion dieses ‚rational faith' ebenso Anteil gehabt wie andere Orientalisten. Allerdings haben sie vor allem in ihrer Konzentration auf die südindische Bhakti-Frömmigkeit nicht nur eine Inkongruenz im indologischen Diskurs aufgezeigt, sondern eine anti-strukturelle[325] Religiosität zu ‚great tradition' und ‚little traditions' zum eigentlichen Anknüpfungspunkt ihrer interreligiösen Begegnung mit Indien gemacht. In der südindischen Śiva-Bhakti-Literatur sahen vor allem Schomerus und Arno Lehmann den authentischen Ausdruck tamilischer Religiosität. Ausgangspunkt der Fragestellung von Schomerus war daher nicht die Überlegung, ob diese Bhakti-Literatur authentischer Hinduismus sei, sondern die Beobachtung, dass die Religiosität der Menschen, denen er als Missionar täglich begegnete, von anderen Einflüssen geprägt war als denen, die im orientalistischen Diskurs als konstitutiv für das ‚Wesen' des Hinduismus repräsentiert wurden. Die individuelle Frömmigkeit und der ausdrückliche Theismus, der in den tamilischen Bhakti-Texten zum Ausdruck kommt, stellten eine Herausforderung für lutherische Missionare dar, Analogien und Differenzen zu ihrer eigenen theologischen Tradition herauszuarbeiten.

Diese Texte wurden von Schomerus darüber hinaus aber auch instrumentalisiert, um einem Indienbild in Deutschland entgegenzuwirken, das in seiner Fokussierung auf Advaita Vedānta die Attraktivität des Hinduismus als religiöse und weltanschauliche Option gegenüber dem Christentum gefördert hatte. Schomerus' Ausführungen über südindische Bhakti-Frömmigkeit sind daher auch als Kritik an Autoren wie Hermann Graf Keyserling, Leopold Ziegler, Eduard von Hartmann, Paul Deussen, Schopenhauer und Rudolf Steiner zu lesen, mit denen er sich in dem dritten Teil seines Buches ‚Indien und das Christentum', das den Untertitel: ‚Das Eindringen Indiens in das Herrschaftsgebiet des Christentums' trägt, auseinander setzte. Schomerus brachte in diesem Buch neben anderen vor allem drei Kritikpunkte an der deutschen Indienrezeption vor, die Auflösung des Wirklichkeitsbegriffs durch die Einflüsse von Vedānta-Lehren, die Auflösung der Gottesvorstellung durch Pantheismus und der Pessimismus der Seelenwanderungslehre.[326]

In dieser Untersuchung kann nicht näher auf die Reaktion der Leipziger Missionare auf die deutsche Indienrezeption im 19. und frühen 20. Jh. eingegangen werden. Hervorzuheben ist nur, dass die Konzentration der indologischen Arbeit von Schomerus auf den südindischen Śaiva Siddhānta aus zwei Perspektiven motiviert ist: von der Beobachtung, dass diese Richtung in Tamil Nadu für ein Verstehen der Religiosität des Volkes von größerer Bedeutung ist als Śaṅkara's Advaita Vedānta

324 KOPF 1980:502.

325 Zu Victor Turners Begriff der Anti-Struktur als Bezeichnung der Bhakti-Religionen siehe RAMANUJAN 1973:34.

326 SCHOMERUS, IuC III, 1933.

und von der Sorge darum, dass in Deutschland der Neo-Vedānta an Einfluß gewinnt. Theologische und indologische Debatten in Deutschland, die Indienrezeption betreffend, haben somit einen entscheidenden Einfluss darauf gehabt, wie der südindische Śivaismus von Schomerus repräsentiert wurde.

In diesem letzten Kapitel soll diese Doppelstruktur der Rezeption an drei zentralen Themen aufgezeigt werden: die Auseinandersetzung mit Rudolf Otto über Mystik, Schomerus' Kritik an einer einseitigen Bhakti-Rezeption und seine Beziehungen zum Śaiva Siddhānta Samājan, in dem er einen Bündnispartner für die christliche Mission gegen den „Atheismus und de[n] wedantischen Monismus"[327] sah.

3.1. Śivabhakti und Mystik

3.1.1. Śaiva Siddhānta

In dem Studium des südindischen Śivaismus hat Schomerus einen Schwerpunkt seiner religionswissenschaftlichen Arbeit gesehen.[328] Dabei haben ihn vor allem Fragen der vergleichenden Mystik interessiert. Bereits im Jahr 1912 veröffentlichte Schomerus unter dem Titel ‚Der Çaiva-Siddhānta. Eine Mystik Indiens'[329] eine umfangreiche Studie zum Śaiva Siddhānta, einer Richtung des Śivaismus, die sich in Südindien im 13. Jh. zu einer philosophischen Schule und selbstständigen Religionsgemeinschaft entwickelt hat. Damit legte er zum ersten Mal nicht nur für den deutschen, sondern den europäischen Sprachraum die zentralen Lehranschauungen dieser von der Indologie bisher vernachlässigten Richtung des Hinduismus vor.[330] Es würde über den Rahmen dieser Studie hinausgehen, Schomerus' Interpretation des Śaiva Siddhānta eingehend zu untersuchen. Hinzuweisen ist aber auf die methodische Struktur dieser Untersuchung, die in wesentlichen Zügen in der Tradition einer christlichen Dogmatik aufgebaut ist.[331] Vielmehr soll in dem folgenden Abschnitt der Beitrag von Schomerus zum indologischen Diskurs über den Hinduismus als mystische Religion untersucht werden. Dazu wird es aber notwendig sein, zunächst einen kurzen Überblick über die zentralen Texte und Lehrmeinungen des Śaiva

---

327 SCHOMERUS, Konferenz, in: ELMB 1910:411.

328 Zu Schomerus' Werdegang als Religionswissenschaftler siehe GENSICHEN 1981:XIf.

329 Leipzig 1912.

330 Einen ersten Überblick über die Grundanschauungen der Śaiva Siddhānta hat allerdings schon 1897 der Leipziger Missionar JUST veröffentlicht.

331 Die Überschriften der einzelnen Kapitel lauten: 1. Der metaphysische Ausgangspunkt des Çaiva-Siddhānta: die Existenz mehrerer Substanzen; 2. Die Lehre von dem Wesen der ersten Substanz oder die Theologie; 3. Die Lehre von dem Wesen der dritten Substanz oder die Lehre von der Materie; 4. Die Lehre vom Wesen der zweiten Substanz oder die Lehre von der Seele; 5. Die Lehre von dem Geschick der Seele unter der Herrschaft der Materie oder die Lehre von der Seelenwanderung; 6. Die Lehre von der Befreiung der Seele von der Herkunft der Materie oder die Soteriologie; 7. Die Lehre von dem Zustand der Seele unter der ausschließlichen Herrschaft Gottes oder die Lehre von der Vollendung.

Siddhānta sowie einen Überblick auf die Rezeption dieser Schule vor Schomerus zu geben.

Siddhānta wird übersetzt mit Begriffen wie ‚Vollendung', ‚Ergebnis', ‚Schlussfolgerung des Wissens'. Der Śaiva Siddhānta versteht sich damit als das Ergebnis, zu dem der Śivaismus gekommen ist. Der Begriff bezieht sich auf einen Kanon von Texten, die in Sanskrit und Tamil verfasst sind. Der Śaiva Siddhānta akzeptiert die Autorität der vedischen Saṃhitās, der Upaniṣads und der 28 sanskritischen Śaivāgamas. Schomerus ist sogar der Ansicht, dass die Autorität der Āgamas im Śaiva Siddhānta über die der Veden gestellt wird.[332] Darin stimmt der Śaiva Siddhānta auch mit nordindischen Schulen des Śivaismus überein, entscheidend ist aber, dass sich der Śaiva Siddhānta, abgesehen von Lehrdifferenzen, insofern von anderen Schulen unterscheidet, als er neben dem Sanskritkanon auch tamilische Texte als kanonisch anerkennt. Diese Texte gliedern sich in zwei Gruppen, die zwölf Tirumuṟai und die 14 Meyakaṇṭaśātras. Tirumuṟai (Heilige Schrift), in der śivaitischen Schule auch Tamiḷvēdam genannt, ist eine Sammlung von religiösen Hymnen von Śaiva-Mystikern, die im 10. Jh. von Nampi Āṇṭār Nampi zusammengestellt worden ist.[333] Die ersten sieben Bücher dieser Sammlung tragen den Namen Tēvāram, und das achte Buch enthält Māṇikkavācakars Tiruvācakam, das Schomerus 1923 ins Deutsche übertragen hat.[334] Von den 14 Meyakaṇṭaśātras, die als dogmatische Werke aus dem 13. und 14. Jh. die philosophische Grundlage des Śaiva Siddhānta darstellen, sind besonders das Śivañāṇapōtam von Mekaṇṭa Tēvar und das Śivañāṇacittiyār von Aruṇanti zu erwähnen. Das Śivañāṇapōtam besteht aus der Übersetzung von zwölf sūtras aus dem Rauravāgama ins Tamil mit Kommentaren und wird im tamilischen Śaiva Siddhānta als dogmatische Grundlage angesehen. Die Meyakaṇṭaśātras lehren die Existenz von drei ewigen Substanzen, pati (Herr), paśu (Seele) und pāśa (Fessel). Śiva (pati) wird zugleich als transzendent und als allen Dingen immanent vorgestellt.[335] Er ist reines Sein, reines Bewusstsein und reine Glückseligkeit. Er ist auch die Entstehungsursache aller Dinge. Durch seine śakti, die aus Wissen, Handeln und Wunsch besteht und mit der er untrennbar verbunden ist,[336] bewirkt er die Entstehung der Welt und der Seele. Sein Verhältnis zum Universum wird als analog zum Verhältnis der Seele zum Körper beschrieben.[337] Dieses Verhältnis wirkt sich auch auf die Erkenntnistheorie aus. So wie die fünf Sinne nur durch die Hilfe der Seele erkennen können,[338] so kann auch die Seele nur durch die Hilfe Gottes erkennen.[339] Gott und Seele werden insofern als eins gedacht, dass sie

332 SCHOMERUS, Çaiva-Siddhānta, 1912:7; Āgama bedeutet das Überlieferte.
333 Siehe ZVELEBIL 1973:185f.
334 Bereits 1900 hat G.U. POPE eine englische Übersetzung des Tiruvācakam herausgegeben, London 1900.
335 Śivañāṇapōtam II.1.
336 Śivañāṇapōtam II.4.
337 Śivañāṇapōtam III.
338 Śivañāṇapōtam V.1
339 Śivañāṇapōtam V.2; XI.

nicht voneinander getrennt werden können. Sie existieren und wirken gemeinsam, sie sind aber voneinander zu unterscheiden. Advaita, Nichtzweiheit, wird daher verstanden als Untrennbarkeit, nicht aber als Identität. Die Seelen können erkennen, sie sind aber durch pāśa gebunden. Pāśa wirkt auf dreifache Weise: als Unwissenheit (āṇava), als Auswirkungen des Tuns (karman) und als Wandel der Wirklichkeit (māyā). Das Erkenntnisvermögen der Seelen ist selbst Auswirkung der aruḷ Śivas, auch das Erkenntnisvermögen im Status von āṇava. Die empirische Erkenntnis führt zu guten wie zu schlechten Taten und dadurch zur Wiedergeburt der Seele in verschiedenen Stadien. Gott kann die Seele aus sich nicht erkennen. Sutra VI. des Śivañāṇapōtam sagt über die Erkenntnis Śivas:

> „Wenn du sagst, daß der Höchste ein Erkenntnisobjekt ist, so wird er zu einem asat. Wenn du sagst, daß er unerkennbar ist, so wird er zu einem Nichts. Er ist keines von beiden. Die Weisen sagen in zweierlei Beziehung, daß er śiva-sat ist.“[340]

Śiva selbst befähigt die Seele zum Sehen. „Darum erlangt die Seele durch unauslöschliche Liebe den Fuß des Höchsten.“[341] Die aruḷ Gottes beseitigt iruḷ (Unwissenheit). In einem mystischen Wissen erfährt die Seele so durch die aruḷ Gottes ihre Einheit mit Gott. Bei Māṇikkavācakar, der der aruḷ Śivas gegenüber besonders bhakti als liebevolle Haltung der Seele betont, wird diese mystische Erfahrung als Reinigungsprozess der Seele beschrieben.

Die erste Übersetzung des Śivañāṇapōtam wurde 1850 von dem amerikanischen Missionar H.R. Hoisington verfasst, und 1895 wurde das Buch von J.M. Nallaswami Pillai, einem der Begründer des Śaiva Siddhānta Samāj, erneut übersetzt, der damit eine Grundlage für diese Reformbewegung geschaffen hat.

3.1.2. Kritik an Vedāntarezeption

Schomerus ist sich durchaus bewusst, dass er in seiner Übersetzungstätigkeit diese Reformbewegung gegen die einseitige Rezeption des Advaita Vedānta durch die westliche Indologie unterstützt. In seiner Einleitung zu ‚Çaiva Siddhānta. Eine Mystik Indiens‘ schreibt er über die Bedeutung der Āgama-Literatur:

> „Forscher, die von der indischen Literatur nur die von den Veden zu den Upanishads führende Linie kennen oder wenigstens diese Linie allein als Quelle zum Verständnis des spekulativen Hinduismus benutzen, halten den Idealismus, der Gott in der Seele sucht, für das Wesen des Hinduismus und den Vedānta eines Çaṃkara für den klassischsten Ausdruck desselben und können auch kaum anders. Das spekulative Indien ist aber nicht in dem Umfange, wie man es manchmal dargestellt findet und wie gemeinhin angenommen wird, eine Beute des den Menschen vergötternden Idealismus geworden. Besonders die Geschichte der letzten 1000 Jahre berichtet von einer großen Anzahl von Sektenbildungen, die bei aller Verschiedenheit das eine gemeinsam haben, daß sie den krassen Idealismus ablehnen

340 Zitiert nach der Übersetzung von SCHOMERUS I, 1981:28.

341 Śivañāṇapōtam XI (SCHOMERUS I, 1981:35).

und ihren Ausgangspunkt vom Makrokosmos nehmen. Forscher, die gewohnt sind, die Gedankengänge und Ansätze der Upanishads für die alleinige Wurzel des spekulativen Hinduismus zu halten, stehen diesen vielen Sektenbildungen gegenüber ratlos da. Sie können sie als Sprößlinge der Upanishads nicht unterbringen und helfen sich damit, in ihnen eine Revolte gegen den eigentlichen Hinduismus zu sehen, sie also als Abtrünnige zu brandmarken, oder sie auf nichtindische Einflüsse, häufig christliche Einflüsse, zurückzuführen ... Daß die Gegner des den Idealismus auf die denkbar höchste Spitze getriebenen Çaṃkara ihre Waffen gegen ihn vor allem aus den Āgama holen, können wir noch heutigen Tages beobachten. Durch die Forschungen und Arbeiten europäischer Gelehrter, vor allem Max Müllers und Paul Deussens, ist der Idealismus in der Çaṃkara'schen Ausprägung wieder zu neuer Blüte gelangt. An Widerspruch gegen ihn fehlt es aber jetzt ebensowenig wie in den früheren Jahrhunderten, und zwar nimmt dieser Widerspruch jetzt wieder ebenso wie früher seinen Ausgangspunkt von der Gedankenwelt der Āgama. Um den namentlich die englisch gebildeten Kreise in seinen Bannkreis ziehenden extremen Vedānta Çaṃkara'scher Färbung zu bekämpfen, fing man an, die nichtvedāntischen Schulen und die nicht Çaṃkara'schen vedāntischen Schulen, die einen milderen Idealismus lehren, zu studieren, die Schriften dieser Schulen durch den Druck weiteren Kreisen zugänglich zu machen und durch Wort und Schrift für sie Propaganda zu machen, und zwar in der englischen Sprache sowohl als in den Landessprachen. Wie sehr der Gegensatz zu dem Çaṃkara'schen Idealismus diese Bestrebungen leitet, geht z.B. schon daraus hervor, daß ein an der Belebung des Çaiva-Siddhānta in hervorragender Weise beteiligter und tätiger Führer dem Verfasser schreiben konnte: ‚Ich sähe lieber, Indien würde christlich, als daß es dem Vedānta des Çaṃkara zur Beute fiele.‘
Darin liegt also meines Erachtens die Bedeutung der Āgama-Literatur für die indische Spekulation; sie hat verhindert, daß Indien dem den Menschen vergötternden Idealismus verfiel, und verhindert es noch.“[342]

Diese Beobachtung von Schomerus ist für eine Analyse seiner Śaiva Siddhānta-Studien insofern relevant, als sie deutlich macht, dass er sich bewusst war, wie der indologische Diskurs auch die religionsgeschichtlichen Entwicklungen in Indien beeinflusst. Schomerus' eigene dravidologische Forschungen verstehen sich als Kritik am orientalistischen Diskurs, der den Hinduismus dahingehend ‚essenzialisiert‘ hat, dass er, ausgehend von einer einseitigen Rezeption der Upaniṣads, im Advaita Vedānta die orthodoxe Interpretation der Veden und der Upaniṣads gesehen hat.

Diese einseitige Rezeption der Upaniṣads hat bereits mit der Herausgabe und Interpretation des Oupnek'hat durch Anquetil-Duperron Anfang des 19. Jh.s begonnen. Das Oupnek'hat ist eine lateinische Übersetzung einer persischen Übertragung von Teilen der Upaniṣads aus den Jahren 1801–1802. Die Übersetzung wurde zwar kritisiert, weil sie nicht auf Sanskritquellen fußte,[343] sie wurde aber eines der wich-

342 SCHOMERUS, Çaiva-Siddhānta, 1912:19f.

343 Friedrich Schlegel hat das Werk im Vergleich zu Colebrookes Übersetzungen aus dem Sanskrit als „stümperhaft“ bezeichnet, SCHLEGEL, Werke VI, 131f. So z.B. aber auch WEBER, A. 1850:247f.

tigsten Quellenbücher für die europäische Interpretation indischer Philosophie.[344] Wilhelm Halbfass hat besonders die Intention von Anquetil hervorgehoben, europäische Philosophen mit seiner Übersetzung anzusprechen und Bezüge zur Philosophie seiner Zeit herzustellen. Dabei wird insbesondere Immanuel Kant erwähnt, dessen Philosophie von der der Brahmanen kaum abweiche, die in ihrem Denken „den Menschen zu sich selbst zurückführen und in sich selbst zusammenfassen"[345]. Mit diesem Vergleich der Upaniṣads mit westlicher Philosophie hat Anquetil eine Grundlage geschaffen, auf der die Vedānta-Philosophie als der kongeniale Gegenpart zur europäischen Philosophie rezipiert werden konnte. Schomerus erwähnt insbesondere Paul Deussen, der, geprägt von Schopenhauer, die Einheitslehre der Upaniṣads als die Grundlage der Philosophie überhaupt verstanden hat.

> „Alle Religion und Philosophie wurzelt in dem Gedanken, dass (mit Kants Worten zu reden) die Welt nur Erscheinung und nicht Ding an sich ist."[346]

Deussen will in seiner mehrbändigen Philosophiegeschichte nachweisen, dass der Beginn philosophischen Denkens in Indien zu finden ist und dass dieses Denken von Platon und Kant zur Blüte gebracht wurde.[347]

> „Hier haben wir es mit den Upanishad's zu tun, und wir glauben die welthistorische Bedeutung dieser Urkunden nicht in ein helleres Licht setzen zu können, als indem wir zeigen, wie der eigentliche, tiefste Grundgedanke des Platonismus und des Kantianismus auch schon der Grundgedanke der Upanishadlehre ist."[348]

Eine von Schopenhauer geprägte Lesart Platons und Kants wird zum Beurteilungskriterium für die Upaniṣads. Deussen bleibt damit, wie Inden betont hat, dem Hegelschen Schema der Einschätzung indischer Philosophie verhaftet, indem er die Bedeutung der Einheitslehre der Upaniṣads in den Ursprung der Philosophie verlegt.[349] Die weitere Entwicklung der indischen Philosophie, insbesondere die dualistische Ausprägung der Sāṃkhya-Lehre beurteilt Deussen dagegen kritisch. In ihr sieht er ebenso wie im Viṣṇuismus und Śivaismus eine ‚Kontamination' der ursprünglichen Ātman-Lehre.[350] Erst Śaṅkara habe, wie Luther, die ursprüngliche Lehre der

344 Schopenhauer schreibt über die Lektüre des Oupnek'hat: „Und aus jeder Seite treten uns tiefe, ursprüngliche, erhabene Gedanken entgegen, während ein hoher und heiliger Ernst über dem Ganzen schwebt. Alles athmet hier Indische Luft und ursprüngliches, naturverwandtes Daseyn. Und o, wie wird hier der Geist rein gewaschen von allem ihm früh eingeimpften jüdischen Aberglauben und aller diesem fröhnenden Philosophie." SCHOPENHAUER, Parerga II/§184.

345 HALBFASS 1981:83.

346 DEUSSEN, I/2, 1920:38.

347 Siehe dazu die scharfe Kritik des Śaiva-Siddhāntin NALLASWAMI PILLAI 1911:78.

348 DEUSSEN I/2, 1920:39.

349 INDEN 1990:103.

350 DEUSSEN I/3, 1920:581; Schopenhauer: „Inzwischen sehen wir diese ganze Philosophie verdorben durch einen falschen Grundgedanken, den absoluten Dualismus zwischen Prakriti und Puruscha."

Upaniṣads reformiert. Schomerus' Kritik an der einseitigen Rezeption von Śaṅkara's Advaita Vedānta hatte neben seiner Beobachtung über die Verbreitung dieser Lehre in Südindien vor allem theologische Gründe. Deussen, bei dem Schomerus in Kiel studiert hatte, hat die in den Upaniṣads angelegte und von Śaṅkara ausgeführte *philosophia perennis* der Weltverneinung nicht nur auf seinen Lehrer Schopenhauer bezogen, sondern dessen Lehre auch mit der Theologie des Paulus verglichen.[351]

Als lutherischer Theologe hat sich Schomerus dieser Gleichsetzung widersetzt. Er hat Schopenhauers und Deussens Argumentation allerdings insoweit übernommen, als er der These der Weltverneinung im Hinduismus zugestimmt hat, deren Grund er in der mystischen Grundhaltung der Upaniṣads gesehen hat, um davon ein wahres Christentum des Neuen Testaments abzugrenzen.[352] In der südindischen Bhakti-Frömmigkeit sah er ein geeignetes Gegengewicht gegen die in Deutschland an Einfluss gewinnende Einheitslehre. Der tamilische Bhakti-Poet Maṇikkavācakar erschien ihm als geeignet, den „für Indiens Weisheit schwärmenden Kreisen" in Deutschland, die sich allein auf einen monistischen Idealismus beriefen,[353] der letztlich in einem ‚akosmischen Atheismus' enden würde, eine andere Religiosität aus Indien entgegenzusetzen.

> „... das Eindringen des indischen Geisteslebens in das unsrige [ist] wie im Interesse des Idealismus so auch im Interesse der Religion im allgemeinen und des Christentums im besonderen nicht zu wünschen. Gewiß, Indien ist religiös. Aber wo es religiös ist, ist es so nicht wegen der Elemente seines Geisteslebens, die bei uns besonders Bewunderung erregen und die man bei uns einzubürgern sich lebhaft bemüht, d.h. wegen seiner philosophischen Errungenschaften, sondern vielmehr trotz derselben wegen der Elemente, die sich dank seines konservativen Charakters aus seiner vorphilosophischen Vorzeit bewahrt hat."[354]

In Maṇikkavācakar, als einem hervorragenden Vertreter der Bhakti-Frömmigkeit, sieht Schomerus diese ursprünglichen Elemente indischer Religiosität bewahrt. Maṇikkavācakar wird von Schomerus als das andere Indien präsentiert, als ein anderer Vermittler indischer Weisheit, die einerseits dem Christentum nicht gefährlich wird, andererseits aber für das Christentum als eine Hilfe gegen Einflüsse des Advaita Vedānta im Westen instrumentalisiert werden kann. Maṇikkavācakars Fröm-

---

SCHOPENHAUER, Parerga II/§187. Vergleiche dazu unten die rassistische Adaption dieser Auffassung durch Rosenberg.

351 „Der Apostel Paulus und, in schöner Übereinstimmung mit ihm, Schopenhauer lehren, dass es für die ewigen Zwecke des Menschen nicht genügt, an unserer Vervollkommnung zu arbeiten, indem wir dieses tun und jenes lassen, dass vielmehr zur Erreichung unserer höchsten Bestimmung eine völlige Umwandlung, eine καινὴ κτίσις, eine Wiedergeburt, wie das Neue Testament, eine Wendung des Willens zur Verneinung, wie Schopenhauer lehrt, erforderlich ist." DEUSSEN II/3, 1920:576.

352 SCHOMERUS, Mystik, 1936:187f.

353 SCHOMERUS, IuC III, 1933:58.

354 SCHOMERUS, IuC III, 1933:57.

migkeit erscheint einerseits als der der Christen sehr nahestehend, und sie wird von Schomerus als sympathisch gekennzeichnet,[355] andererseits ist sein Theismus kein wahrer Theismus, weil er es als indischer gar nicht sein kann und darf. Maṇikkavācakar steht in der indischen Tradition des Theopanismus, wenn dieser auch durch die śivaitische Bhakti-Religion theistisch qualifiziert worden ist.

> „Māṇikkavāšagar ist Theist. Sein Theismus hat aber den Theopanismus, der seit den Tagen der Upaniṣaden dem Denken, Fühlen und Wollen des indischen Volkes den Stempel aufgedrückt hat, wenn auch wohl etwas gemildert, so aber doch keineswegs abgeschüttelt."[356]

In seinen Hymnen sieht Schomerus den tiefsten und reifsten Vertreter der Śiva-Bhakti in der tamilischen Literatur, die aber doch nicht zu der ethischen Tiefe durchdringen konnte wie das Christentum.

> „Dieser sich mit innerer Naturnotwendigkeit aus dem theopanistischen Einschlag bei Māṇikkavāšagar ergebende Akosmismus hat nun zwar einerseits sehr dazu beigetragen, seine Frömmigkeit so intensiv zu gestalten, daß sie uns kaum noch übertroffen werden zu können scheint, hat aber andererseits auch qualitativ wenig günstig gewirkt, d.h. ist wohl vor allem dafür verantwortlich zu machen, daß sie so gut wie gar nicht sittlich orientiert ist."[357]

Schomerus hat 1923 die Hymnen des Maṇikkavācakar, das Tiruvācakam, übersetzt,[358] den Text mehrfach kommentiert, mit der Mystik Meister Eckharts verglichen[359] und damit seine indologische Arbeit auf einen Text gerichtet, der für die Kultur Tamil Nadus von eminenter Bedeutung war. Das Tiruvācakam kann als die Kulmination der hymnischen Śiva-Bhakti-Literatur angesehen werden und ist zugleich Ausgangspunkt der Śaiva Siddhānta-Philosophie.[360] Maṇikkavācakars Tiruvācakam ist das achte von elf Büchern des Tirumuṟaikaḷ, einer kanonischen Sammlung des Śivaismus in tamilischer Sprache, die etwa um 1000 n.Chr. zusammengestellt worden sein muss. Schomerus nimmt an, dass die ersten Bücher des Tirumuṟai im 7. oder 8. Jh. verfasst worden sind und vermutet, dass Maṇikkavācakar, da seine Hymnen eine Kritik an der Māyāvāda-Schule erkennen lassen, Śaṅkaras Lehre gekannt haben müsste und daher in das 9. Jh. zu datieren sei.[361] Die Auseinandersetzung mit Nicht-Hindu-Traditionen, insbesondere mit dem Jainismus und dem Buddhismus ist in den ersten sieben Büchern des Tirumuṟai, dem Tēvāram, oftmals sehr scharf. Zvelebil vermutet daher, dass der Beginn der Tamil-Bhakti auch

355 SCHOMERUS, Hymnen, 1923:XLIf.
356 SCHOMERUS, Hymnen, 1923:XLIII.
357 SCHOMERUS, Hymnen, 1923:XLIV.
358 SCHOMERUS, Hymnen, 1923.
359 SCHOMERUS, Mystik, 1936.
360 Siehe ZVELEBIL 1973:206.
361 YOCUM 1982:46ff nimmt ebenfalls die Mitte des 9. Jh.s als Entstehungsdatum an; siehe auch ZVELEBIL 1995:405.

mit einem politischen Widerstand und einer nationalen Reformbewegung einherging.

> „The anti-Buddhist and anti-Jain bhakti movement coincides in Tamilnad in time and content with the establishment and spread of a strong Tamil national feeling and with the political expression of this fact ... In the second half of the first millennium, Buddhism and Jainism are regarded as something alien, something which is inimical to this national self-identification of the Tamils.“[362]

Die Renaissance des südindischen Hinduismus, die durch die tamilische Bhakti-Bewegung initiiert wurde und die sich dann auch weiter in Indien ausbreitete, lässt sich daher mit Maṇikkavācakars Kritik an Māyāvāda auch als eine Gegenbewegung zu der durch Śaṅkara initiierten Advaita-Philosophie verstehen.

Datierungsfragen von Maṇikkavācakar waren auch für die dravidische Reformbewegung von großer Bedeutung, da sie je nach Perspektive den Bhakti-Poeten entweder als Vorläufer oder als Kritiker Śaṅkaras positionieren konnten.[363]

Glenn Yocum hat in seiner Analyse von Maṇikkavācakar Schomerus Zweifaches vorgeworfen: erstens, dass er Maṇikkavācakar, der noch vor der Ausformulierung der Śaiva Siddhānta-Lehre geschrieben habe, zu sehr von dieser Lehre her interpretiere, und zweitens, dass dieser vergleichende Religionswissenschaft nur treibe, um Urteile über den relativen Wert der anderen Religion zu fällen.[364] Diese vernichtende Einschätzung in Bezug auf Schomerus' Vergleich zwischen Maṇikkavācakar und Meister Eckhart bedarf allerdings der Interpretation.

3.1.3. Indische und christliche Mystik

Religionsvergleiche zwischen Christentum und Hinduismus von westlichen Theologen und Orientalisten dienten nicht nur dazu, die Überlegenheit des Christentums zu erweisen, sondern sie waren oftmals Ausdruck eines affirmativen Indienbildes. Indens Kritik an der positiven Rezeption des Hinduismus ist interessant, weil sie aus den sonstigen Argumentationsstrukturen, die Orientalismus als Instrument hegemonialer westlicher Dominanz identifizieren, herausfällt. Inden verhandelt die positive Rezeption Indiens unter dem Label ‚Romantic India‘, weil sie ihre Wurzeln in der europäischen, insbesondere der deutschen Romantik hat. Die Bewunderung indischer Religiosität und die Überzeugung von einer Überlegenheit indischer Kultur hat dazu beigetragen, Indien zu idealisieren, die indische Kultur als spirituell und die Religion als Mystik zu klassifizieren. Inden argumentiert, dass auch in dieser affirmativen Sicht Indien das ‚Gegenüber‘ zum Westen bleibt; auch in der positiven Rezeption Indiens wird Indien essenzialisiert, indem es auf seine ‚Spiritualität‘ redu-

---

362 ZVELEBIL 1973:197; siehe dazu auch das Kapitel ‚Die Zurückdrängung des Buddhismus und Jainismus aus Indien‘, in: SCHOMERUS, Hymnen, 1923:XX–XXVIII.

363 Einen Überblick über die verschiedenen Datierungen um 1910 bietet SESHA AIYAR 1909:9–35.

364 YOCUM 1982:8.

ziert wird.[365] Peter Marshall sieht in dieser Spiritualisierung des Hinduismus als Mystik ebenfalls einen Reflex auf ein europäisches Selbstverständnis.

> „As Europeans have always tended to do, they created Hinduism in their own image ... Their study of Hinduism confirmed their beliefs, and Hindus emerged from their work as adhering something akin to undogmatic Protestantism. Later generations of Europeans, interested themselves in mysticism, were able to portray the Hindus as mystics."[366]

Es sind vor allem die Repräsentation der Upaniṣads als mystische Grundtexte des Hinduismus,[367] die einseitige Rezeption der Philosophie Śaṅkaras und das durch Schopenhauers *philosophia perennis* geprägte Interesse an der Suche nach vergleichbaren philosophischen Aussagen zwischen Ost und West, die dazu beigetragen haben, dass vor allem Śaṅkara mit zentralen Gestalten westlicher Mystik verglichen wird.[368] Das wohl bedeutendste Beispiel eines solchen Vergleichs von Vedānta und christlicher Mystik ist Rudolf Ottos ‚West-östliche Mystik' von 1926. Otto vergleicht in diesem Buch Meister Eckhart mit Śaṅkara mit dem erklärten Ziel, ‚Übereinstimmungen' und ‚Besonderungen'[369] der beiden Denker herauszustellen. Schomerus verfasste seinen oben erwähnten Vergleich von Meister Eckhart und Maṇikkavācakar in ausdrücklicher Reaktion auf Ottos Buch und hält diesem vor, den falschen Vergleichspartner zu Eckhart gewählt zu haben. Mystik habe mit „persönlicher inniger Frömmigkeit" zu tun, Śaṅkara sei aber eher „ein Mann des Kopfes als des Herzens" gewesen, und Eckharts Mystik komme in erster Linie in seinen deutschen Schriften zum Ausdruck, die ihn nicht als Dogmatiker, sondern als Mensch praktischen Glaubens erweisen. Auch Maṇikkavācakar war „in erster Linie ein Mann der religiösen Praxis"[370]. In dieser Abgrenzung geht es nicht um Vorlieben, wie sie z.B. von Annette Wilke in ihrer 1995 erschienenen Dissertation über Śaṅkara und Eckhart als Grund für einen Vergleich angegeben werden,[371] sondern diese beiden Bücher offenbaren zwei zentrale Aspekte der orientalistischen Rezeption des Vedānta: zum einen werden wesentliche Streitfragen der christlichen Theologie, das Wesen der Mystik[372] betreffend, auf indischem Boden ausgetragen[373], zum anderen trägt der innereuropäische Diskurs über Mystik nicht nur dazu bei, die

365 INDEN 1990:66ff.

366 MARSHALL 1970:43f; zitiert bei INDEN 1990:67.

367 Dazu INDEN 1990:101ff; KING 1999:118ff.

368 Dass Śaṅkara auch in neuerer Zeit gern mit christlicher Theologie verglichen wird, zeigen VON BRÜCK 1986; auch 1985:135ff und WILKE 1995; kritisch STOEBER 1994.

369 OTTO 1971:7.

370 SCHOMERUS, Mystik, 1936:Vf.

371 WILKE 1995:13 erwähnt biographische Gründe, die ihr den Advaita Vedānta Śaṅkaras besonders nahegebracht haben.

372 Grundsätzlich zur Problematik einer Definition von Mystik siehe KATZ 1978.1983; STAAL 1975; FORMAN 1990; HAAS 1996; KING 1999:7ff; ALMOND 1982.

373 Bei Otto impliziert die Hinwendung zur Mystik und die Betonung des Numinosen auch eine Kritik an der Historisierung und Rationalisierung von Theologie; siehe dazu FLASCHE 1991:243.

Überlegenheit des christlichen Westens gegenüber Indien zu erheben, sondern neben dem Vedānta auch andere Formen von indischer Mystik als kanonische Formen indischer Spiritualität zu positionieren.

Um die Differenz zwischen Otto und Schomerus in der Repräsentation indischer Mystik aufzuzeigen, sollen wesentliche Grundzüge der beiden Ansätze im Folgenden dargestellt werden.

Ottos Werk besteht aus zwei großen Teilen, in denen er zunächst die Gemeinsamkeiten und dann die Unterschiede zwischen Eckhart und Śaṅkara darlegt. Die ‚innerliche Verwandtschaft' zwischen den zwei Denkern ist bei ihm vor allem darin begründet, dass

> „in der Mystik sich in der Tat gewaltige Urmotive der menschlichen Seele regen, die als solche ganz gleichgültig sind gegen die Unterschiede des Klimas, der Weltgegend und der Rasse"[374].

Otto selbst erwähnt, dass er seine ‚West-Östliche Mystik' als eine Explikation seines früheren Werkes ‚Das Heilige' verstanden wissen will. Mystik versteht er als ein subjektives Urgefühl, als eine Erfahrung des Numinosen, die das Moment der Irrationalität und der Ergriffenheit in sich trägt.[375] Er erachtet es als einen Vorteil seiner Definition von Mystik, dass sie ohne ein Konzept von Gott auskommt und daher auch da angewandt werden kann, wo dieses Konzept fehlt. Gemeinsamkeiten zwischen Śaṅkara und Eckhart werden aufgrund dieser Urerfahrung dann von Otto in Bezug auf die Seinsspekulation entfaltet.[376] Annette Wilke hat herausgestellt, dass die Rezeption von Ottos Buch sich interessanterweise bis auf wenige Ausnahmen vor allem auf die Gemeinsamkeiten zwischen den beiden Denkern bezogen hat, die nur den ersten Teil des Werkes ausmachen. Wilke vermutet, dass das Interesse an einer Metareligion in vielen Fällen ausschlaggebend war für die positive Rezeption des hinduistisch-christlichen Vergleichs.[377] Otto selbst vermeidet solche Anklänge an eine Einheitslehre.

> „Mystik ist eben nicht einfach = Mystik. Sie ist verschieden nach seiten vieler Momente. Besonders zunächst nach seiten des Untergrundes, über dem sie sich jeweils wölbt. Denn

---

374 OTTO 1971:2.

375 OTTO 1936:8.78. „Mystik – so sagen wir – tritt in dem Maße ein, als das Beziehungsobjekt des religiösen Gefühls ‚irrational' wird, das heißt, wie ich anderswo gesagt habe, in dem Maße, als seine irrational-numinosen Momente überwiegend hervortreten und das Gefühlsleben bestimmen. Und hierin werden wir eben das eigentliche ‚Wesen' der Mystik zu sehen haben und dann damit zugleich begreifen, daß dieses ‚Wesen' seine Mannigfaltigkeit der Besonderungen haben kann und muß." OTTO 1971:164.

376 Vgl. dazu die Kritik von HACKER 1974:40f.

377 Siehe WILKE 1995:300, die die Rezeption von Ottos Buch ausführlich referiert. Vgl. allerdings KRAEMER 1959:43.

> nirgends schwebt ‚Mystik' frei im Äther. Überall setzt sie auf auf einem gewachsenen Boden gegebener Religion, wölbt sich über diesem oder über dieser."[378]

Das bedeutet für die vergleichende Religionswissenschaft, dass sich ihre Aufgabe mit dem Nachweis von Ähnlichkeiten nicht erschöpft, sondern dass sie, auch wenn ‚Strukturgleichheiten' vorliegen, „das Innere der Sache" differenziert bestimmen muss.[379] Bei Otto bezweckt aber diese Differenzierung nicht die Darstellung zweier gleichwertiger Denksysteme, sondern sie wird apologetisch instrumentalisiert.[380] Während Eckarts Mystik dynamisch sei und sich auf den lebendigen Gott beziehe, bleibe Śaṅkaras Mystik abstrakt, weil seine Auffassung von Brahman statisch sei. Śaṅkaras Mystik sei daher nicht unmoralisch, aber moral-los.[381]

> „So wird Eckhart endlich notwendig zu dem, was Śankara niemals sein könnte: zum tiefen Erschauer und Kenner des reichen inwendigen Lebens der Seele und des Gemütes, zum Seelenarzte und Führer. Auf Indiens Boden konnte sich niemals diese innige Problematik des Seelenlebens als Gemüts- und Gewissenslebens, und damit die ‚Seelsorge' im eigentlichen Sinne entwickeln."[382]

Ottos Repräsentation des Advaita Vedānta durch Śaṅkara wird unter der Hand zur Folie für die Darstellung Eckharts als idealtypischer Verkörperung seines Verständnisses der Religion als ‚Erfahrung des Numinosen'. Der Vergleich der beiden Mystiker dient dazu, die spirituelle Überlegenheit des christlichen Westens gegenüber dem hinduistischen Osten nachzuweisen.[383]

Auf den ersten Blick ist Schomerus Methode von der Ottos kaum zu unterscheiden. Auch er vergleicht einen indischen Mystiker, Maṇikkavācakar, mit Eckhart, und er geht in seinem Vergleich von dem ‚mystischen Zentralerlebnis' aus, der „Geburt Gottes in der Seele" bei Eckhart und der „Besitzergreifung der Seele durch die Śakti" bei Maṇikkavācakar. In fünf Kapiteln führt er diesen Vergleich durch, wobei er jeweils zunächst Eckhart und dann Maṇikkavācakar darstellt und jedes Kapitel mit einer Gegenüberstellung der beiden abschließt. Schomerus sieht im Wesentlichen Übereinstimmungen zwischen den beiden Mystikern, trotz aller terminologischer Differenzen. Der Vergleich dient bei ihm, anders als bei Otto, nicht dazu, christliche Mystik gegenüber hinduistischer Mystik als eine tiefere Erfahrung des Numinosen nachzuweisen, sondern Mystik als einen in jeder Religion vorhandenen Typus von

378 Otto 1971:194.
379 Otto 1971:191.
380 Wilke 1995:305; auch Carman 1983:198.
381 Otto 1971:241.
382 Otto 1971:248.
383 Wilke lässt dagegen die Frage offen, ob Śaṅkara und Eckhart überhaupt zu vergleichen sind, hält aber den interreligiösen Vergleich sinnvoll für die Klärung des Eigenen und des Fremden. Wilke 1995:448. Zum Verhältnis von bhakti und Mystik bei Otto siehe Röhr 1990:133ff.

Religiosität[384] im Gegensatz zum lutherischen Verständnis des Evangeliums zu definieren. Bereits in der Einleitung zu seinem Vergleich von Eckhart und Maṇikkavāsakar macht Schomerus seinen theologischen Standpunkt deutlich. Der Vergleich diene nicht dazu, die Überlegenheit der christlichen Mystik gegenüber Maṇikkavācakar zu begründen. Dieses wäre nur dann sinnvoll, wenn Eckhart als Mystiker ein Vertreter des Christentums „in seiner echten wahren Gestalt, wie es sich uns in der Person Jesu Christi und in dem Neuen Testament darstellt", wäre.[385] Mystik aber sei „dem eigentlichen echten Christentum wesensfremd". Der Religionsvergleich instrumentalisiert Maṇikkavācakar für einen innerchristlichen und innerdeutschen Diskurs über Mystik. Schomerus setzt allerdings diesen Vergleich so ein, dass er zweierlei bewirkt: die Abgrenzung des Christentums gegenüber christlicher, vornehmlich katholischer, und hinduistischer Mystik und die Positionierung eines dravidischen Mystikers in einem arisch-rassistischen Mystikdiskurs.

Schomerus beruft sich auf Albrecht Ritschl, der in seiner ‚Geschichte des Pietismus' Mystik als „die prononzierte Stufe der katholischen Frömmigkeit"[386] bezeichnet hat, sowie auf Harnack[387] und Herrmann[388] und bemüht sich dann nachzuweisen, dass das Neue Testament mit der Mystik Eckharts nicht vereinbar ist.[389]

Vor größerer Bedeutung für unseren Zusammenhang ist aber das von Schomerus in der Einleitung seines Buches über Eckhart und Maṇikkavācakar diskutierte Verhältnis von Rasse und Mystik. Er wirft die Frage auf, ob Aufkommen und Ausgestaltung der Mystik bedingt ist durch Rasse. Diese Frage stellt sich ihm angesichts der Aufgabe, deutsche Mystik und indische Mystik zu vergleichen. Diese Fragestellung in einem 1936 erschienenen Buch macht deutlich, dass in Deutschland Orientalismus als diskursiver Wissens- und Machtkomplex nicht in erster Linie auf den Orient selbst gerichtet war, sondern innereuropäisch eingesetzt wurde, um die Identität und die Rolle Deutschlands gegenüber anderen Mächten zu begründen. Das seit der Romantik kumulierte Wissen über Indien wurde in den 20er und 30er Jahren

---

384 Schomerus unterscheidet vier Grundtypen von Religion: „1. Im Dinglichen stecken bleibende, magisch-naturalistische, 2. akosmisch-mystische und gnostische Erlösungs-, 3. nomisitsche und 4. auf Gnade gestellte, monotheistische Persönlichkeitsreligion." SCHOMERUS, Missionswissenschaft, 1935:46; SCHOMERUS, Parallelen, 1932:22ff; SCHOMERUS, Mystik, 1936:171. Diese Typen lassen sich aber nicht analog auf empirische Religionen übertragen, sondern in allen Religionen finden sich diese Grundtypen, allerdings in unterschiedlicher Zusammensetzung. Interessant ist eine ähnliche Typologie bei Smart, der zwischen ‚Prophetism', ‚Devotionalism', ‚Sacramentalism' und ‚Mysticism' unterscheidet, und unter Mystik eine monistische Erfahrung versteht, die in einer Aufhebung der Trennung von Subjekt – Objekt besteht. SMART 1980:78; dazu neuerdings kritisch PYE 1994:58f.

385 SCHOMERUS, Mystik, 1936:3.

386 Zum Folgenden SCHOMERUS, Mystik, 1936:180; RITSCHL I, 1880:28.

387 HARNACK III, 1910:375.

388 HERRMANN 1920:17.

389 Zur protestantischen Diskussion um Mystik siehe BRUNNER 1928, den Schomerus zwar nicht zitiert, dem aber sein Ansatz verpflichtet ist. Aus Leipziger Missionskreisen siehe Oepke, der sich kritisch mit Ottos West-Östlicher Mystik auseinandergesetzt hat und mit dem Schomerus über Ottos Śaṅkara-Interpretation diskutiert hat; vgl. OEPKE 1928:26 Anm. 1.

des 20. Jh.s Teil eines Weltbildes eines neuen, ‚eingebildeten' Reiches, das die Weltherrschaft Englands ablösen sollte. Sheldon Pollock hat argumentiert, dass dieser introspektive Aspekt deutscher Indologie zwar seit der Romantik dominant war und vor allem im Mythos vom arischen Ursprung Ausdruck gefunden hat, dass aber erst in der Zeit des Nationalsozialismus die Indologie als Wissenschaft instrumentalisiert wurde und sich gerade aufgrund ihrer Wissenschaftlichkeit hat instrumentalisieren lassen, um den Antisemitismus mit dem Rekurs auf die reinen arischen Ursprünge im Ṛgveda und den Upaniṣads zu begründen. Pollock erwähnt z.B. den Indologen Walter Wüst, der einen Vortrag ‚Deutsche Frühzeit und arische Geistesgeschichte' zunächst vor indologischem Publikum gehalten hat. Einige Jahre später hat er ihn als SS-Hauptsturmführer und Professor des Sanskrit im Münchener Hackerkeller vor SS-Kommandanten wiederholt und dabei den Ṛgveda als einen Text frei von allen Spuren eines semitischen Kontaktes bezeichnet und die indologische Arbeit, die die Erinnerung an den ursprünglich reinen Text bewahrt hat, mit ‚Erberinnerung' verglichen, die sich auch in Hitlers ‚Mein Kampf' wiederfinde.[390]

Schomerus geht in seinen Überlegungen zu Mystik und Rasse auf diese Verbindungen von Ariern und Germanentum nur indirekt ein, er setzt sich aber mit der Frage auseinander, „ob die arische Rasse wirklich eine auf Mystik angelegte Rasse genannt zu werden verdient". Diese These wurde von Alfred Rosenberg in dessen im Nationalsozialismus weithin rezipierten Buch ‚Der Mythos des 20. Jahrhunderts' vertreten, auf das sich Schomerus, ohne es zu zitieren, zweifellos bezieht.[391] Meister Eckhart erscheint bei Rosenberg als der Inbegriff des deutschen Mystikers. Eckharts Predigt über Mt 10,28 und insbesondere der Satz „Das Edelste, was am Menschen ist, ist das Blut – wenn es recht will; wiederum das Ärgste, was am Menschen ist, das ist das Blut, wenn es übel will"[392] ist bei Rosenberg Nachweis für die Verbindung der ‚ewigen freien Seele' mit der ‚Religion des Blutes'.[393] Rosenberg bezieht sich auf Deussen und sieht in den Upaniṣads ein „Neuerwachen des arischen Geistes" im „Versumpfungsprozess der Rassenvermischungen" von Ariern und Ureinwohnern Indiens. Eckharts Mystik erscheint ihm gegenüber der Mystik der Upaniṣads und Śaṅkaras als die reinere Form der Mystik, weil sie „sich an Träger des gleichen oder verwandten Blutes" richtet, „nicht an seelisch Fremde und blutsmäßig Feindliche".[394] In Indien konnte dagegen Śaṅkara das ursprünglich reine Denken nicht mehr grundlegend erneuern, weil aufgrund einer „Rassenschande" die Arier auch Blut und Rasse als nicht wirklich betrachtet haben und in dem Monismus der Ātman-Brahman-Spekulation ein Rassenverfall eingesetzt habe. Rosenberg schreibt:

390 Dazu POLLOCK 1994:86.

391 Hinweise auf Rosenberg verdanke ich Prof. Wolfgang Sommer und PD Michael Bergunder.

392 ECKHART, Predigt 26, 1963:271.

393 ROSENBERG 1930:243.

394 ROSENBERG 1930:243.

„Es ist umsonst; durch ein zu weites Atemholen sind die Blutadern des Rassenkörpers gesprengt, arisch-indisches Blut fließt aus, versickert und düngt nur noch stellenweis das dunkle es aufsaugende Erdreich Altindiens.“[395]

Eckhart, der „Apostel deutscher Glaubenswerte“ „erhebt sich dann zur bewußten Ablehnung aller indischen All-Eins Weisheiten“[396].

Schomerus' Vergleich von Eckhart und Maṇikkavācakar und besonders sein Anliegen, Gemeinsamkeiten zwischen den beiden Mystikern herauszuarbeiten, muss vor diesem Hintergrund 1936 als ein politischer Schritt gewertet werden. Eckharts Mystik sei das „Produkt fremder, vor allem neu-platonischer Einflüsse“, die dazu noch durch Vermittlung arabischer (Avicenna und Averroes) und jüdischer (Avencebron alias Ihn Gebīrōl und Moses Maimonides) Philosophen auf ihn eingewirkt haben. Maṇikkavācakar sei zwar ein Brahmane gewesen, aber ein südindischer, der nicht in einer arischen Sprache, sondern in Tamil geschrieben habe und dessen Religion der südindische dravidische Śivaismus gewesen sei.

Glenn Yokum hat Schomerus' Vergleich von Eckhart und Maṇikkavācakar als misslungen bezeichnet, weil Ottos Vergleich von Śaṅkara und Eckhart der Sache angemessener sei.[397] Das mag wohl sein. Worum es mir in diesen Überlegungen geht, ist, dass der Vergleich von Otto und Schomerus zeigt, dass religionswissenschaftliches Arbeiten und religionstheologisches Vergleichen nicht außerhalb eines Machtdiskurses geschieht. Letztendlich, und das zeigt insbesondere die religionstheologische Arbeit zur Zeit des Nationalsozialismus, handelt es sich in der Kulturbegegnung mit Indien (und das gilt auch für andere Kontexte) nicht um die Objektivität der Repräsentation des Anderen oder um die ‚Wahrheit‘ des Religionsvergleiches, sondern von zentraler Bedeutung ist das Verhältnis religionswissenschaftlicher Arbeit zu Macht, ob das religionswissenschaftliche Wissen illegitime Formen von Macht unterstützt oder ihnen entgegenwirkt. Interreligiöse Beziehungen sind immer auch interkulturelle Beziehungen und als solche von sozialen Beziehungen der Hierarchie, der Kaste, der Klasse, der Geschlechter nicht zu trennen, daher wird auch in interreligiösen Begegnungen, die als Formen eines kulturellen Prozesses bezeichnet werden können, die Frage nach der Macht immer eine zentrale Rolle spielen. Richard King hat vorgeschlagen, auch das Studium der Mystik als religiöse Erfahrungs- und Interpretationskategorie nicht von der Frage nach Macht und Autorität abzukoppeln.[398] Schomerus hat diese Verbindung von Mystik und Macht bereits in einer Analyse der Brahman-Ātman-Spekulation der Chāndogya Upaniṣad aufgedeckt.

„Der Schluß dieser Upanischadstelle verrät übrigens deutlich die Verknüpfung der upanischadischen Atman-Brahman-Spekulation mit dem Machtideal der Brahmanas.“[399]

---

395 ROSENBERG 1930:36f.

396 ROSENBERG 1930:217.

397 YOCUM 1982:9.

398 KING 1999:9ff.

399 SCHOMERUS, Eigenart, 1928:39.

Maṇikkavācakar wird von Schomerus als ein dravidischer Mystiker bezeichnet. „Eine andere Religiosität als die der Mystik kennt Indien nicht."[400] Sein Theismus ist Theopanismus, darin sieht Schomerus trotz der Unterschiede zwischen südindischer bhakti und Vedānta eine Einheitlichkeit des Hinduismus gegenüber dem Christentum.

3.2. Einseitige Rezeption der Bhakti-Religionen

Schomerus Sicht der Frömmigkeit Maṇikkavācakars spiegelt nicht die Meinung aller Missionare seiner Zeit wider. 1915 veröffentlichte der englische Missionar Nicol MacNicol ein in christlichen Kreisen Indiens einflussreiches Buch über Theismus in Indien, in dem er unter Bezugnahme auf Popes Übersetzung feststellte, Maṇikkavācakars Tiruvācakam sei „the essential note of a deeply devout and truly ethical Theism"[401]. Insbesondere dieser Theismus war es, der den Hinduismus für europäische und indische Theologen für einen Dialog attraktiv gemacht hat.[402] Schomerus' lutherische Orientierung und seine Affinität zur Dialektischen Theologie haben es dagegen verhindert, christliche Anknüpfungspunkte zur Bhakti-Frömmigkeit zu suchen. Seine theologische Überzeugung, dass der im Neuen Testament wurzelnde christliche Glaube grundsätzlich von aller Mystik ebenso weit entfernt sei wie von der Bhakti-Frömmigkeit, hat im Zusammenspiel mit seiner indologischen Präferenz für den südindischen Śaiva Siddhānta allerdings auch verhindert, dass er einer, seit den Anfängen der Indologie, einseitigen Bhakti-Rezeption gefolgt ist.

3.2.1. Pantheismus

Von zentraler Bedeutung für die Geschichte der westlichen Repräsentation von bhakti ist das seit Beginn des romantischen Indiendiskurses gegen Ende des 18. Jh.s immer wieder aufgenommene Thema des Pantheismus. Wilhelm Halbfass hat diese Epoche der europäischen Indienbegegnung eindrücklich analysiert. Wie Halbfass zeigt, war Schlegels Schrift ‚Über die Sprache und Weisheit der Inder' ein zentraler Text für die Pantheismus-Diskussion in Deutschland. Schlegel sah diesen Pantheismus insbesondere im Buddhismus und im Vedānta verwirklicht. Pantheismus ist für ihn

> „ein abstrakter, ein negativer, ein inhaltsleerer Begriff des Unendlichen, ein Scheinbegriff, der zur Indifferenz führt, der der lebendigen Individualität und den moralischen Unterscheidungen keinen Raum läßt, der somit einen ‚zerstörerischen Einfluß auf das Leben' nimmt, der das absolute Gegenstück des wahren Begriffs göttlicher Allmacht ist"[403].

400 SCHOMERUS, Eigenart, 1928:40.
401 MACNICOL 1915:173.
402 Zur Bhakti-Rezeption christlicher Theologen siehe THOMPSON 1989:176ff.
403 HALBFASS 1981:96.

Halbfass hebt hervor, dass dieses negative Verständnis des Pantheismus bei Schlegel erst nach seiner Konversion zum Katholizismus zum Ausdruck kam, dass sein ursprüngliches Interesse an Indien aber gerade durch den vermeintlichen Pantheismus der indischen Religion geweckt wurde. Schlegels Kritik am Pantheismus wurde dann von Schelling und Hegel aufgenommen und gegen ihn gewendet.[404]

Die auf deutschem Boden geführte Diskussion über den im Vedānta zur Blüte gelangten indischen Pantheismus ist nicht unwidersprochen geblieben. Die Darstellung des Wesens des Hinduismus als Pantheismus, die im Übrigen auch bei Schomerus, wenn auch in wesentlich abgewandelter Form, noch zentral bleibt,[405] konnte zwar die Überlegenheit des christlichen Glaubens gegenüber dem Hinduismus betonen, da aber die christliche Vorstellung von einem persönlichen Gott unendlich verschieden war von der hinduistischen Auffassung des Göttlichen, konnte es auch keine Anknüpfungspunkte mehr geben. Indologen wie Monier Williams, die ihre Aufgabe darin sahen, „to enable his countrymen to proceed in the conversion of the natives of India to the Christian Religion“,[406] suchten nach theistischen Elementen innerhalb des Hinduismus, und Monier-Williams oben erwähnte Unterscheidung zwischen Brahmanismus und Hinduismus machte es möglich, den letzteren jetzt eigenständig untersuchen zu können. Monotheismus konnte jetzt in den ‚Sekten‘ des Viṣṇuismus und des Śivaismus gefunden werden. George Grierson glaubte 1908, im Viṣṇuismus eine monotheistische Religion gefunden zu haben, „which as a religion was as monotheistic as Christianity“[407]. Diese Aussage Griersons ist bezeichnend, da sie für einen großen Teil der europäischen Repräsentationen des indischen Theismus wie der Bhakti-Religion steht. Schomerus kritisiert daran vor allem zwei Aspekte: die Reduktion von Monotheismus und bhakti auf den Viṣṇuismus[408] und die Gleichsetzung von christlichem und indischem Theismus. Grierson, auf den sich Schomerus ausdrücklich in seiner Kritik bezieht, war allerdings nicht der erste, der Monotheismus, Viṣṇuismus und bhakti zusammen gesehen hatte.

3.2.2. Reduktion von Bhakti auf den Viṣṇuismus

In der Indologie des 19. Jh.s ist eine Reduktion von bhakti und Theismus auf den Viṣṇuismus festzustellen, die mit Charles Wilkins Übersetzung der Bhagavadgītā

404 HALBFASS 1981:97.

405 Schomerus grenzt sich allerdings von dem Begriff Pantheismus ab und führt dafür ‚Theopanismus‘ ein. „Für den Pantheismus ist das Universum das Gegebene, wobei es gleichgültig ist, wie man dieses Universum denkt, was man als das Wesentliche an ihm ansieht ... Das Göttliche ist dem Universum gegenüber etwas Problematisches. Wo man es überhaupt nicht einfach übergeht, sucht man es in irgendeiner Form im Universum und glaubt, sich seiner zugleich mit dem Universum bemächtigen zu können ... Für den Theopanismus dagegen ist das Göttliche, freilich nur als Substanz, das Gegebene. In ihm ist alles andere beschlossen.“ SCHOMERUS, IuC III, 1933:78.

406 So MONIER-WILLIAMS 1899 über seine Aufgabe als Übersetzer und Verfasser des Sanscrit-English Dictionary, 1899:IX (reprint 1990).

407 GRIERSON 1908:12.

408 SCHOMERUS, IuC I, 1931:145; IuC II, 1932:23.

von 1784 begonnen hat.[409] Die Resonanz, die diese Übersetzung der Gita in Europa gefunden hat, trug dazu bei, in der Lehre des Kṛṣṇa den Kern des Hinduismus enthalten zu sehen. H.H. Wilson war der erste, der in Bezug auf den Kṛṣṇa-Kult des Gauḍīya Viṣṇuismus den Begriff bhakti verwendete.[410] Von Monier Williams[411] und Alfred Weber wurde Bhakti-Religion dann mit Viṣṇuismus gleichgesetzt, wobei Webers Intention war, einen christlichen Einfluss auf die viṣṇuitische Bhakti-Frömmigkeit nachzuweisen.[412] Webers These vom Einfluss des Christentums auf die Entwicklung der viṣṇuitischen Bhakti-Frömmigkeit ist schon zu seiner Zeit kritisiert und widerlegt worden.[413] Die Identifikation von bhakti und Viṣṇuismus wurde dagegen nicht mehr hinterfragt.[414] Für Monier-Williams war damit der Weg geöffnet, die Bhakti-Frömmigkeit in Beziehung zum Ganzen des Hinduismus zu setzen. Viṣṇu-Bhakti konnte nun als Monotheismus in Opposition zu dem Pantheismus der Upaniṣads und Advaita Vedānta interpretiert werden.[415]

Die Identifikation von bhakti mit Viṣṇuismus hat dann in der weiteren indologischen Forschung dazu geführt, nach den Anfängen der Bhakti-Religion in der viṣṇuitischen Tradition zu suchen. Schomerus setzt sich in einem Aufsatz über ‚Bhakti und die indisch-arische Religion' mit diesen Ansätzen auseinander, vor allem mit Richard Garbe, R.G. Bhandarkar und George A. Grierson, die alle drei den Ursprung der Bhakti-Religion in der Bhāgavata-Religion gesehen haben. Diese Religion geht ihrer Meinung nach auf einen Stifter zurück, Kṛṣṇa Vāsudeva, der später mit Kṛṣṇa und dann mit Narāyana (Viṣṇu) identifiziert worden ist.[416] Schome-

409 WILKINS schreibt in dem Vorwort zu seiner Übersetzung über den Autor: „... his design was to bring about the downfall of polytheism; or, at least, to induce men to believe *God* present in every image before which they bent, and the object of all their ceremonies and sacrifices. The most learned *Brăhmăns* of the present times are Unitarians according to the doctrines of *Krēēshnă;* but, at the same time that they believe but in one God, an universal spirit, they ...", zitiert in: MARSHALL 1970:194.

410 WILLSON 1846. Der Gauḍīya Viṣṇuismus, der auf den bengalischen Mystiker Caitanya (1486–1533) zurückgeht, war sicherlich eine Form von Kṛṣṇa-Bhakti. Siehe dazu MICHAELS 1998:353f. Problematisch war nur die Übertragung dieser in der Geschichte der Indologie bedeutenden Beobachtung auf den ganzen Hinduismus.

411 MONIER-WILLIAMS 1981.

412 WEBER 1867.

413 Diese These wurde vor ihm bereits von F. Lorinser vertreten, siehe dazu: SCHOMERUS, IuC II, 1932:22; KLOSTERMAIER 1994:100.

414 Zur Kritik siehe SHARMA 1987:39ff.

415 MONIER-WILLIAMS 1891:XI.

416 SCHOMERUS, IuC I, 1931:145ff. Interessant ist hier besonders die Ansicht von Garbe, der seine Auffassung von dem Entstehungsdatum der Bhagavadgītā gegen Deussen verteidigt. Deussen hatte die Bhagavadgītā im Sinn von Śaṅkaras Bhagavadgītābhāṣya als eine Weiterführung der pantheistischen Lehren der Upaniṣads gesehen, und der Gita so Autorität für seine eigene Anschauung des Monismus verliehen. Die dualistischen Sāṃkhya-Lehren seien erst nach der Entstehung der Gita entwickelt worden, während die originale Gita in ihrem Charakter vedāntisch sei. Garbe dagegen nimmt ein dualistisches Sāṃkhya als Grundlage für die Gita an, aus dem sich erst später ein episches, monistisches Sāṃkhya entwickelt habe. Das dualistische Sāṃkhya aber habe die Bhakti-Religiosität der Bhagavadgītā erst ermöglicht, und nur spätere Schichten der Gita, die Garbe glaubt,

rus hält diese Rekonstruktion der Stifterreligion nicht für „Geschichtsschreibung, sondern für eine geistreiche Geschichtskonstruktion“[417], da es

> „nicht leicht zu erklären [ist], wie der Stifter einer Religion, die von Anfang an ausgesprochen monotheistisch gewesen sein soll, zu dem Gott dieser selben Religion avancieren konnte“[418].

Schomerus' Kritik an der Stiftertheorie intendiert vor allem, aufzeigen zu können, dass es neben der viṣṇuitischen Bhāgavata-Religion noch andere śivaitische Religionsformen gegeben hat, wie etwa die Pāsupata-Religion, in denen Bhakti-Religiosität von zentraler Bedeutung war.[419] Zwar hatte auch Bhandarkar, der als erster Inder die europäische Bhakti-Interpretation rezipiert hat, Ansätze von bhakti im Śivaismus gesehen, die Entwicklung der Bhakti-Religion aber allein in der Bhāgavata-Tradition verfolgt.[420]

3.2.3. Ursprünge von Bhakti in Südindien

Da bhakti sowohl in der Bhāgavata-Religion als auch in der Pāsupata-Religion von Bedeutung ist, ist sie nach Schomerus nicht als eine Religionsform zu interpretieren, die sich mit der Entwicklung des sektrarischen Hinduismus ausgebildet hat, sondern er sieht in bhakti eine Abwehrbewegung höherer Kasten wie der Kṣatriyas gegen brahmanischen Ritualismus und die Spekulationen der Upaniṣads. Anders als die Protestbewegungen Buddhismus und Jainismus sieht er in bhakti aber einen innerhinduistischen Protest, sowohl gegen die brahmanische ‚great tradition‘ als auch gegen die volksreligiöse ‚little traditions‘.

> „Abseits von den offiziellen Vertretern der Religion, besonders in den von dem sog. Madhyadeša, dem Hauptzentrum des brahmanischen Ritualismus und der brahmanischen Spekulation, und unbeachtet von den gelehrten Philosophen und Theologen, aber auch abseits von den untersten, religiös auf der Stufe primitiver Religion stehenden Schichten der Be-

extrapolieren zu können, sind durch den Einfluss des Brahmanismus dem Vedānta angepasst worden. Siehe dazu GARBE 1921:3–76.

417 SCHOMERUS, IuC I, 1931:145.

418 SCHOMERUS, IuC I, 1931:147.

419 SCHOMERUS, Heiligenlegenden, 1925:XXII.

420 BHANDARKAR 1913:157. Im indologischen Diskurs wurde diese Frage nach der Bedeutung von Bhakti im frühen Śivaismus an der Problematik des Alters der Śvetāśvatara Upaniṣad (SU) diskutiert, in der ein Monotheismus in Bezug auf Rudra-Śiva vertreten wird. Die Śvetāśvatara Upaniṣad hat für den Śivaismus eine ähnliche Bedeutung wie die Bhagavadgītā für den Viṣṇuismus. Schomerus hält die SU für einen Grundtext, aus dem sich der spätere Śivaismus entwickelt habe. SCHOMERUS, IuC I, 1931:39. Er unterstützt damit den von Nallaswami Pillai gegen Garbe vorgebrachten Einwand, die SU sei eine spätere Zusammenstellung eines bereits ausgeprägten Śivaismus. NALLASWAMI PILLAI 1984:109ff. Zur Bedeutung der SU für den Śivaismus vgl. KLOSTERMAIER 1994:266, der eine Vernachlässigung des Śivaismus im westlichen indologischen Diskurs beklagt (275). Auch Michaels interpretiert SU als einen frühen Bhakti-Text, sieht aber ähnlich wie Bhandarkar die Entwicklung von bhakti vor allem in der viṣṇuitischen Tradition. MICHAELS 1998:240.

völkerung sind gewisse intellektuell hochstehende Kreise, aller Wahrscheinlichkeit nach vornehmlich unter den Kṣattriyas, religiös ihre eigenen Wege gegangen.“[421]

Schomerus vertritt, ähnlich wie A.K Ramanujan[422], die Ansicht, dass die zunächst ‚anti-strukturelle‘ Bhakti-Bewegung im Laufe der Zeit sanskritisiert und der ‚great tradition‘ angepasst worden ist und so dazu beigetragen hat, den Hinduismus gegen andere Reformbewegungen zu verteidigen. Diese Bedeutung konnte bhakti nur erlangen, weil „jede Religion, auch die primitivste, soll sie eine lebendige sein, etwas von dem haben muss, was die Inder Bhakti nennen“[423]. Einerseits setzt Schomerus hier einen phänomenologischen Religionsbegriff voraus, den er von seinem Lehrer Nathan Söderblom[424] übernommen hat, andererseits belegt er diese Auffassung einer reformatorischen Ursprünglichkeit von bhakti innerhalb des Hinduismus mit einer Erzählung aus dem Padma Purāṇa.[425] Diese Erzählung, die sich in abgewandelter Form auch im Bhāgavata Purāṇa und im Skanda Purāṇa findet, wurde vor allem von indischen Kommentatoren als Beleg für den Ursprung von bhakti in Südindien herangezogen.[426] Schomerus gibt die Version aus dem Padma Purāṇa folgendermaßen wieder:

„Auf seinen Reisen begegnete der weise Narada einst in der Nähe von Gokala in einer Einöde einem jungen Weibe, das sich augenscheinlich in großer Not befand. Zu ihren Füßen lagen zwei ältere Männer wie tot. Die Frau erzählte nun dem Narada, daß sie im Lande der Draviden geboren, im Karṇāṭaka aufgewachsen und ihre besten Jahre in Mahārāṣtra zugebracht habe. Sie sei dann mit ihren zwei Söhnen nach Gūrjara gegangen, wo das Leben für sie sich immer schwerer gestaltet habe. Als sie auf ihrer Wanderung hierher gekommen sei, habe sie sich plötzlich in eine junge Frau verwandelt, während ihre zwei Söhne alt geworden und schließlich wie tot niedergefallen seien. Der weise Narada erklärt ihr darauf, daß sie keine Ursache habe, betrübt zu sein. Sie sei die Bhakti, und ihre Söhne seien Jñāna, das Wissen, und Vairāgya, die Askese, als Vertreterin der Werkreligion. In alter Zeit habe die Bhakti die Unterstützung der beiden anderen nötig gehabt, jetzt aber seien sie überflüssig für sie. Sie könne jetzt ohne sie fertig werden. Daher ihre Verjüngung.“[427]

Schomerus lässt offen, ob bhakti tatsächlich im Süden Indiens entstanden ist, da die Purāṇa-Texte bereits der viṣṇuitischen Tradition entstammen, er bringt aber die reformatorische Verjüngung von Bhakti mit tamilischen Texten wie dem śivaitischen Tirumuṟai und der viṣṇuitischen Sammlung der Ālvars Nālāyirap-prabandha

421 SCHOMERUS, IuC I, 1931:148.

422 RAMANUJAN 1973:36 sieht vor allem in der Viraśaiva-Religion eine anti-strukturelle Bhakti-Bewegung, was sicher nicht für alle Bhakti-Bewegungen gesagt werden kann.

423 SCHOMERUS, IuC I, 1931:153.

424 Siehe SÖDERBLOM 1941:102ff.

425 Padma Purāṇa, Uttarakhaṇda 189,51.

426 Dazu SHARMA 1987:297.

427 SCHOMERUS, IuC I, 1931:152.

in Verbindung, in denen sich bhakti als das „Herz des Hinduismus" in seiner reinsten Form finde.[428]

Schomerus war eingebunden in den indologischen Diskurs seiner Zeit. Seine Darstellung von bhakti zeigt jedoch, dass er den indologischen Bemühungen, die Wurzeln von bhakti auf die ältesten theistischen Traditionen wie die Verehrung von Rudra-Śiva im Śvetāśvatara Upaniṣad zurückzuführen, nur wenig Bedeutung beimisst und stattdessen bemüht ist, Verbindungen zwischen Vaiṣṇava- und Śaiva-Bhakti und den autochthonen tamilischen literarischen Entwicklungen aufzuzeigen, da auf diese Weise sowohl die Entwicklung als auch die spirituelle Bedeutung von bhakti eher plausibel gemacht werden kann.[429] Schomerus sieht im tamilischen Periya Purāṇa Hinweise dafür, dass große Teile der tamilischen Bevölkerung der Sanskritisierung der Bhakti-Religion nicht gefolgt sind, indem sie eine „eigene Theologie" entworfen haben.[430] Sein Bemühen ist es, diese und andere Texte des südindischen Śivaismus im Westen bekannt zu machen, um das westliche einseitige Bild eines brahmanischen Hinduismus und vor allem das negative Bild vom Śivaismus zu korrigieren.[431]

Arno Lehmann ist Schomerus in dieser Auffassung gefolgt, geht aber noch weiter mit der These, dass der Śivaismus nicht-arischen Ursprungs sei und dass es einen nicht-arischen und noch nicht brahmanisierten Śivaismus gegeben habe.[432]

Schomerus und Lehmann repräsentieren damit in ihren Arbeiten über ‚śivaitische Frömmigkeit' einen anderen Hinduismus als den, der im orientalistischen Diskurs als das Gegenüber zur westlichen Rationalität gesehen wurde. Ihre Kritik an einseitigen indologischen Darstellungen verdient in der post-kolonialen Debatte über den Orientalismus insofern wahrgenommen zu werden, als sie nicht nur ein anderes Indien gegenüber dem Westen repräsentieren will, sondern die Heterogenität der indischen religiösen Phänomene aufzeigt. Schomerus' Reflexionen über bhakti stel-

---

428 Siehe auch RAMANUJAN/CUTTLER 1983:177ff.

429 SCHOMERUS, Heiligenlegenden, 1925:XXIII; ähnlich SOLOMON 1971:36ff.

430 SCHOMERUS, Heiligenlegenden, 1925:XXVIII.

431 „Wenn es wahr ist, daß die Heiligenlegenden eine Art Volkstheologie sind und das widerspiegeln, was dem Volke im Unterschiede von der doch nur dünnen Schicht der Theologen und Philosophen und derer, die ihnen in ihrer Gedankenwelt folgen, an der Religion wertvoll erscheint, was es und wie es dies versteht, und wie es glaubt, daß dieses in die Praxis umgesetzt werden muß, so legt der Charakter des neueren Heiligentypus den Gedanken doch wohl nahe, ob das Bild, das man gemeinhin von der indischen Religion entwirft, wenigstens nicht nach gewisser Seite hin, nämlich soweit die Gestalt, in der sie als eine lebendige Größe im Volke lebt, in Betracht kommt, einer Korrektur bedarf. Die Heiligenlegenden, die der Šivaismus hervorgebracht hat, legen insbesondere noch die Frage nahe, ob das, was man in den meisten Büchern über ihn lesen muß, ihn so zeigt, wie er wirklich ist, oder ob es nicht vielmehr einem Zerrbild gleicht. Mich dünkt, der Šivaismus verdient eine günstigere Beurteilung, als ihm durchweg zu teil wird. Gewiß, er stellt auch in der Gestalt, wie er uns in den Heiligenlegenden entgegentritt, nicht eine Idealreligion dar, birgt manches in und an sich, was besonders vor dem Forum eines christlichen Kritikers nicht bestehen kann, weist aber doch auch nicht wenige freundliche und sympathische Züge auf." SCHOMERUS, Heiligenlegenden, 1925:XXXf.

432 LEHMANN 1947:32.

len somit einen Aspekt des Orientalismusdiskurses dar, der bisher in der post-kolonialen Dekonstruktion orientalistischer Repräsentationen Indiens weitgehend vernachlässigt worden ist. Einerseits bleibt Indien das ‚Andere' zum christlichen Westen, das „vor dem Forum eines christlichen Kritikers nicht bestehen kann", andererseits nimmt Schomerus eindeutig Partei für dravidische Formen des Hinduismus, die im Orientalismusdiskurs marginalisiert worden sind. Seine Darstellung des Śivaismus ist stark beeinflusst von tamilischen Bestrebungen, Śaiva Siddhānta als genuin tamilische Religion zu begründen, um sich dadurch von brahmanischer Dominanz abzusetzen. Lehmann und Schomerus haben mit ihren Übersetzungen klassischer tamilischer Texte aus der śivaitischen Tradition und ihren erläuternden Kommentaren eine Bewegung unterstützt, die vor allem von nicht-brahmanischen Tamilen seit den letzten Jahrzehnten des 19. Jh.s vorangetrieben worden war. P. Sundaram Pillai hat 1896 in einem Brief an Nallaswami Pillai seine Sicht von der Ursprünglichkeit und Unabhängigkeit des Śaiva Siddhānta von arischen Einflüssen dargelegt:

> „I believe the Śaiva system of thought and worship *peculiarly* our own … Most of what is ignorantly called Aryan Philosophy, Aryan civilization is litterally Dravidian or Tamilian at bottom … and most of the great thinkers and philosophers and even poets who pass for Aryan are our men as Europeans are now beginning to find out."[433]

Said hat als eine Auswirkung des Orientalismus gesehen, dass der Orient erst durch Repräsentation zum Orient gemacht wird.

> „… to formulate the Orient, to give it shape, identity, definition with full recognition of its place in memory, its importance to imperial strategy, and its ‚natural' role as an appendage to Europe … these are the features of Orientalist projection."[434]

Daraus kann man schließen, wie auch in der Einleitung dargelegt wurde, dass ‚Identität' oder Wirklichkeit des Orients bei Said nicht etwas ist, was in einer externen Beziehung zu dem orientalistischen Diskurs steht, anhand dessen man die Wahrheit oder Wirklichkeitsbezogenheit einer Repräsentation messen kann, weil sowohl die Kategorie ‚Orient' als auch ihr Ausschluss aus dem vom Westen dominierten Diskurs erst durch diesen Diskurs produziert werden.

Das Beispiel von Schomerus zeigt, dass dieser Diskurs nicht ein rein westliches Produkt war, in dem die indischen Teilnehmer nur als Informanten gedient haben,

---

433 P. Sundaram Pillai an J.M. Nallaswami Pillai, Brief vom 31.3.1896, in: SD II.5, Oktober 1896:112 (The Light of Truth or Siddhanta Deepika). 1929 schrieb der Historiker M.S. Purnalingam Pillai in seiner in Tamil Nadu weithin verbreiteten Geschichte der ‚Tamil Literature': „The *Saiva Siddhanta System* is the indigenous philosophy of South India and the choicest product of the tamilian intellect. The system does not recognise the Aryan limitation of Siva as the destroyer, but considers Him (rather *It*) as the author of the five functions, to wit, creation, protection, destruction, grace and release. The Tamil sages have always sung of Him as one far above the *Triad* which includes Rudra, who is not identical with Siva." Purnalingam Pillai 1929:254.

434 Said 1978:86.

sondern dass europäische Orientalisten nur Teil eines Diskurses waren, der innerindisch geführt wurde und der gerade nicht westliche oder arische Dominanz begründet hat, sondern eigene regionale Interessen gegen einen gesamthinduistischen nationalen Diskurs verteidigt hat.

Ronald Inden hat gerade in der Repräsentation des dravidischen Hinduismus durch die Indologie die extremste Form dieses Ausschlussverfahrens gesehen. Durch die Unterscheidung von Ariern und Draviden und von advaita und bhakti konnte der fundamentale Gegensatz zwischen christlichem Westen und hinduistischem Indien etabliert werden. Indien erschien dadurch nicht mehr nur als das graduell Unterschiedene zur eigenen arischen Vergangenheit, sondern als das grundsätzlich Andere. Inden sieht in der Repräsentation der dravidischen Formen des Hinduismus im 19. Jh. eine Begründung arischer, männlicher, rationaler Macht gegenüber dravidischer, weiblicher, emotionaler und religiöser Unterwürfigkeit. Die Darstellungen der Draviden im indologischen Diskurs würden dazu dienen, aufzuzeigen, welche Auswirkungen der Hinduismus hätte ohne christlich-westliche Hegemonialmacht.[435] Die Verbindung, die Inden zwischen orientalistischem Diskurs und der ‚Gender'-Problematik hergestellt hat, ist von Bedeutung und wird im nächsten Abschnitt besprochen werden müssen. Seine Darstellung der Repräsentation des dravidischen Hinduismus ist dagegen so tendenziös, dass sie sich zwar in Indens Gesamtkonzept einer Kritik am indologischen Diskurs einfügt, den historischen Entwicklungen der westlichen Repräsentationsmuster von Südindien aber nicht gerecht wird.

3.2.4. Männliche Arier und weibliche Draviden

Im ersten Band von ‚Indien und das Christentum' veröffentlichte Schomerus im Anschluss an seine Abhandlung über bhakti einen Aufsatz mit dem Titel ‚Die Frau und die Religion in Südindien'. Bhakti bezeichnet er als das „Herz der indisch-arischen Religion" und stellt es in ein dialektisches Verhältnis von Identität und Differenz zu jñāna-mārga und karma-mārga, die er als Kopf bzw. Hand der indischen Religion bezeichnet. Die Zusammenstellung von bhakti und der Rolle der Frau im Hinduismus ist nicht zufällig. Bhakti bezeichnet das weibliche Prinzip, während jñāna und karma mit männlichen Attributen belegt werden. Die Erzählung aus dem Padma Purāṇa von der Verjüngung der Frau Bhakti aus dem Land der Draviden wird von Schomerus zum Anlass genommen, sexuelle Differenz mit arisch-dravidischer Differenz und der Differenz der Kasten zu verbinden. Ronald Inden hat für den orientalistischen Diskurs in Indien aufgezeigt, dass diese Differenzierung eine strategische Komponente in sich trägt, indem sie die Dominanz der mental und phy-

---

435 INDEN 1990:120ff nennt dieses Kapitel ‚Medieval Decline, The Dravidian Triumphant'; „The lesson to be learned in its Dravidian recension is what happens when the mind or culture of a lower race or lower layer of the human mind, or the lesser of the two sexes, gains the upper hand over the higher" (122).

sisch stärkeren Arier, sowohl der westlichen Kolonialmacht als auch der brahmanischen Arier, gegenüber den Draviden begründet.[436]

Indens Kritik an der orientalistischen Identifizierung des Dravidischen mit dem Femininen und des Arischen mit dem Maskulinen wird allerdings bei Schomerus bereits umgedreht. Bei ihm erscheint der Brahmanismus als ein starres System, das nicht nur die Frau, sondern die Draviden insgesamt unterdrückt hat. Die dravidische Religiosität, so argumentiert er, sei wesentlich von Frauen geprägt, Priesterinnen seien keine Seltenheit und die Verehrung von Göttinnen sei ein wesentliches Element. Schomerus hebt hervor, dass die Draviden in erster Linie weibliche Gottheiten verehrt haben wie die Kriegsgöttin Kottṛavai (ko<u>rr</u>avai),[437] deren Kult ausschließlich von Priesterinnen ausgeübt wurde.[438] Entscheidend ist aber, dass die südindische Bhakti-Frömmigkeit wesentlich von Frauen getragen worden ist, und dass einige der bedeutenden Hymnendichterinnen in Tamil Nadu großes Ansehen genießen.[439] Schomerus schließt sein Buch über ‚Indische Frömmigkeit‘ mit Nachdichtungen von Auvaiyār, Kāraikkālammaiyār und Āṇṭaḷ ab.[440] In der śivaitischen Bhakti-Frömmigkeit sieht er den deutlichsten Ausdruck eines feminin-dravidischen Widerstands gegen die Dominanz der arischen Brahmanen.

> „Wir sahen, daß die brahmanische Priesterreligion die Frauen immer mehr an die Wand drängte. Es ist nicht anzunehmen, daß die dravidische Frauenwelt Südindiens, die in der alten Zeit die Priesterinnen gestellt hatte, sich ohne weiteres mit der religiösen Kaltstellung der Frau in der indisch-arischen Religion abgefunden haben wird. Gewiß, damit, daß die brahmanische Priesterreligion die Frauen nicht als Priesterinnen zuließ, hat sie sich wohl oder übel abfinden müssen. Aber in ihrer Beziehung zu den Göttern als Wesen niedrigeren Grades und als ihrer Gnade unwürdig angesehen und behandelt zu werden, scheint sich die Frauenwelt Südindiens doch nicht gefallen gelassen zu haben. Und in ihren Männern haben sie darin anscheinend Bundesgenossen gefunden. Denn als reine brahmanische Pries-

---

436 „On the first sight, the shift of essences, from a masculine Aryan mentality that had been tropicalized, to a feminine Dravidian or aboriginal mind that has been Aryanized, does not seem to have entailed a change in the assumptions about what constituted the essence of the Hindu mind itself. On the second glance, however, there is a major change involved here … Here was a perennially post-tribal people who would always be dominated by or dependent upon mentally and physically superior foreigners or on their national heirs.“ INDEN 1990:121.

437 Siehe Tolkāppiyam-Pu<u>r</u>attiṇaiiyal 59; Pu<u>r</u>apporuḷ Veṇpāmālai-Paṭalam I.20.

438 Ähnlich neuerdings TYLER 1973:100. „Associated with fertility and disease, the cult of the mother godess represents one of the most ancient and persistent expressions of Indian religion. Since mother godesses are practically nonexistent in the earlier Aryan religious works, it is certainly a cult of non-Aryan origin.“

439 „Wenn wir bedenken, daß die Frau in dem alten vorarischen Südindien in religiösen Dingen dem Manne zum mindesten gleichberechtigt war und daß sie sich diese Gleichberechtigung auch später nach dem Eindringen der arischen brahmanischen Kultur und Religion in weitgehendem Maße bewahrt hat, kann es nicht überraschen, wenn wir in der Literatur Südindiens auf besonders viele weibliche Autoren stoßen.“ SCHOMERUS, IuC I, 1931:166.

440 „Kāraikkālammaiyār und Āṇḍāḷ aber sind Predigerinnen der Bhakti. Die beiden Letzteren sollen als Repräsentantinnen südindischer weiblicher Frömmigkeit mit je einer ihrer Hymnen zu Worte kommen.“ SCHOMERUS, IuC I, 1931:170.

terreligion haben sich die Draviden Südindiens die indisch-arische Religion nicht aufdrängen lassen.“[441]

Schomerus verteidigt auch in dieser Relationierung von Sexualität und religiöser Dominanz die Partikularität der dravidischen Kultur gegen brahmanisch-sanskritische Superioritätsansprüche. Das ist insofern bemerkenswert, als er zwar den dravidischen Süden als schwach gegenüber den arischen Einflüssen darstellt, vor allem aber die widerständigen Aspekte dravidischer Weiblichkeit hervorhebt.[442] Damit dreht er die europäisch-arische Perspektive, die im post-kolonialen Diskurs in der Nachfolge von Said kritisiert wird, um. Seine Sicht von den weiblichen Draviden steht aber bereits in einer engen Beziehung zu der, in den letzten Jahren vor allem von feministischen TheoretikerInnen in die Kolonialismusdebatte eingebrachten Frage nach dem diskursiven Verhältnis von Sexualität und Macht.[443] In neueren Entwürfen post-kolonialer Theorie wird oft eine Komplizenschaft zwischen Patriarchat und Orientalismus hervorgehoben. Ebenso wie im orientalistischen Diskurs Indien als ‚das Andere‘, als ‚Nicht-Westen‘ konstruiert wurde, und damit dazu beigetragen hat, ein Selbstbild des Westens zu befestigen, so werden durch das patriarchale Paradigma Frauen als ‚nicht-männlich‘ definiert. Ebenso wie Frauen im männlichen Diskurs repräsentiert wurden und ihnen in der Geschichte Subjektivität und Handlungsfähigkeit versagt wurde, so wurden die Inder aus dem kolonialen Diskurs ausgeschlossen. Die Konstruktion von Bildern vom ‚Anderen‘ ist daher sowohl in der feministischen Analyse des Patriarchats als auch in der post-kolonialen Analyse des Orientalismus zunehmend Gegenstand der Kritik geworden. Bereits Said hat Orientalismus und männliche Dominanz in Verbindung gebracht.

„... latent Orientalism also encouraged a peculiarly (not to say invidiously) male conception of the world.“[444]

Indien wird im 18. und 19. Jh. in vielen Darstellungen als unterwürfig, unselbstständig, unfähig, sich selbst zu regieren, geschildert. Die Sanftheit der Inder erscheint in der Repräsentation als ‚das Andere‘ zum Edelmut der englischen Kolonialherren.[445] Rosalind O'Hanlon hat die Ansicht vertreten, dass Sexualität im orientalistischen

---

441 SCHOMERUS, IuC I, 1931:163f.

442 Diese Widerständigkeit tamilischer Weiblichkeit bringt er in Zusammenhang mit einer soziologischen Analyse der Heiligen in Peryapirāṇa. Von den 63 dort erwähnten Heiligen seien nur 13 Brahmanen, während die anderen 50 Nicht-Brahmanen gewesen sind. SCHOMERUS, IuC I, 1931:164f. Zur Problematik einer soziologischen Analyse der Śaiva-bhaktas siehe ZVELEBIEL 1973:191ff.

443 Siehe dazu insbesondere YEĞENOĞLU 1998.

444 SAID 1978:207.

445 Siehe dazu MILLER 1990:118ff; LEWIS 1996; TEJASAWINI NIRANJANA, 1990:774, die über William Jones Indienbild schreibt; KALPANA RAM 1992:589f; MRINALINI SINHA 1995:11, die insbesondere Gender-Kategorien als analytische Kategorien nicht auf feministische Studien beschränkt wissen will, sondern in ihnen eine Möglichkeit sieht, Machtstrukturen in interkulturellen Beziehungen aufzudecken; siehe auch BHABHA 1986:150ff.

Diskurs dazu eingesetzt wurde, um kulturelle Unterschiede zu begründen und die Unterlegenheit des Orients gegenüber dem Westen nachzuweisen.[446]

Die Übertragung von Gender-Kategorien auf das Verhältnis von Ariern und Draviden durch Schomerus und ihre Interpretation als weiblich-dravidischen Widerstand gegen brahmanische Dominanz ist aber nicht nur ein Beispiel dafür, dass es im orientalistischen Diskurs auch heterogene Stimmen gegeben hat. Schomerus hinterfragt die Überlegenheit des christlichen Europa nicht,[447] und seine Repräsentation südindischer Bhakti-Frömmigkeit dient der christlichen Mission, aber in der Diskussion über sexuelle und kulturelle Differenz vertritt er die Sicht der ‚weiblichen' Draviden. Diese Doppelstruktur der Repräsentation Indiens durch Missionare wie Schomerus enthebt diese nicht des Orientalismusvorwurfes. Als Europäer, die über Indien schreiben, bleiben auch die Missionare Teil einer Diskursstruktur, die nicht frei ist von ideologischen Voraussetzungen und die in ihrem Anspruch auf wissenschaftliche Objektivität in der Repräsentation Indiens immer auch eine normative Perspektive einnimmt, indem sie diejenigen Aspekte der anderen Kultur zu Stereotypen macht, die diese Perspektive bestätigen. Bei Schomerus ist es das Protestantische, was er an der dravidischen Kultur im Gegensatz zum arischen Brahmanismus hervorhebt. Südindische Bhakti-Frömmigkeit hat die ‚brahmanische Priesterreligion' zurückgedrängt. Die Reformationen des Buddhismus und Jainismus erscheinen als Ausdruck der

> „Abneigung der alten Draviden Südindiens gegen eine solche, das Laienelement nicht hochkommen lassende Priesterreligion, wie es die brahmanische geworden war"[448].

Die Gleichberechtigung der Frauen am Kult steht bei Schomerus sinnbildlich für die Gleichberechtigung der Laien. Trotz dieser protestantischen Interpretation dravidischer Religiosität ist aber dennoch zu fragen, ob nicht gerade die Verbindung von Weiblichkeit und Dravidischem einen zentralen Aspekt des Selbstverständnisses der Tamilen zur Zeit der dravidischen Reformbewegung zu Beginn des 20. Jh.s beleuchtet hat, so dass man Schomerus' Beobachtungen mit Clifford Geertz als ‚erfahrungsnah'[449] bezeichnen kann. Ein wesentliches Element der dravidischen Reformbewegung war die Bewahrung der Reinheit der Tamil-Sprache (Centamiḻ) und der Tamil-Kultur. Wie der tamilische Ethnologe Jacob Pandian aufgezeigt hat, galt neben der reinen Sprache schon in der Caṅkam-Literatur vor allem die Reinheit der Frau als Symbol für kulturelle Identität. Kaṟpu,[450] Reinheit, ist aus tamilischer Sicht der

446 „Implied in this femininity of weakness is also its opposite: an open dynamism and self-mastered rationality in colonial culture." O'HANLON 1989:106.

447 Siehe seine Ausführungen in SCHOMERUS, Geistesleben, 1914:10f.

448 SCHOMERUS, IUC I, 1931:164.

449 GEERTZ 1987:291; dazu auch MARCUS/FISCHER 1986:30f.

450 FABRICIUS übersetzt: „Chastity, female virtue, conjugal fidelity", 1972:220.

ideale Zustand, in dem übernatürliche Kräfte verwirklicht werden, die das beschützen, was die Tamilen als wichtig erachten.[451] Pandian schreibt:

> „In this conceptualization, the purity/chastity of Tamil women protects the Tamil country and the Tamil language. The loss of purity/chastity of the language is analogous to the loss of purity/chastity of Tamil womanhood, and such a loss would result in the loss of sacredness or spirituality of the household, and ultimately the Tamil country. Karppu has been, in this sense, an important sacred symbol of boundary maintenance."[452]

Hart hat anhand von Analysen klassischer Tamilliteratur dargelegt, dass in den ältesten Texten der Mann mit Natur korrespondiert, die Frau dagegen mit Kultur.[453] Schomerus' Differenzierung zwischen männlich-arisch und weiblich-dravidisch ist aber auch auf dem Hintergrund einer ethnologischen Analyse von M. Egnor interessant. Egnor legt aufgrund von Interviews mit Tamilen dar, dass in Tamil Nadu das ‚Selbst' als weiblich verstanden wird, und dass gerade darin der fundamentale Unterschied zur sanskritischen Kultur besteht. Egnor beschreibt diesen Unterschied:

> „Sanscrit culture is male-dominated: the male is the locus of purity and the center of ritual. Tamil culture ... is female-dominated: *the female is the locus of purity and the center of ritual.* In Sanskrit the self purusa is male and the body prakrit is female. In Tamil the self *uyir* is female and the body *āl* is male. In Sanskrit power is hard (so semen is called a ‚hard' substance and the teacher is *guru* ‚heavy'); in Tamil power is soft."[454]

Schomerus' Repräsentationen von bhakti, obwohl sie erst relativ spät im Verhältnis zu der frühen Phase der Geschichte der dravidischen Bewegung publiziert worden sind, haben dennoch dazu beigetragen, der tamilischen Reinheitsbewegung und vor allem der Śaiva Siddhānta-Bewegung eine Rhetorik anzubieten, die dazu eingesetzt wurde, tamilische Sprache, Kultur und Religiosität zu revitalisieren. In der Śaiva Siddhānta-Bewegung genoss Schomerus daher ein großes Ansehen.

3.3. Missionare und der Śaiva Siddhānta Samāj

1909 nahmen die Leipziger Missionare Schomerus und Handmann, Göttsching und Sandegren an einer Konferenz des ‚Śaiva Siddhānta Samāj' in Tiruchirappally teil.

---

451 PANDIAN 1987:50. „The Tamil word *karppu* means female chastity, fidelity and faithfulness, but it evokes a number of associations that include supernatural power, sacrifice, suffering, penance, virute, morality, justice, ethics, austerity and asceticism. From the earliest times, karppu has been an important sacred symbol that has been used to conceptualize female spirituality and a variety of cultural experiences."

452 PANDIAN 1995:183; siehe auch HART 1973:230ff.

453 HART 1975a:111; siehe auch YOCUM 1982:97, der ein Kapitel über Maṇikkavācakar mit ‚Nature and Woman: Mediators between the Sacred and the Profane' überschreibt.

454 EGNOR 1978:174f; zum letzteren Aspekt siehe besonders die Ethnographie von DANIEL 1984:163ff.

Schomerus war von J.M. Nallaswami Pillai persönlich zu dieser Konferenz eingeladen worden. Während seiner Zeit als Missionar in Erode hat Schomerus eine enge Beziehung zu Nallaswami Pillai gehabt, die ein Biograph Pillais sogar als Freundschaft beschreibt.[455] Nallaswami Pillai (1864–1920), ein Tamil Vellalan, gilt als einer der geistigen Führer der Śaiva Siddhānta-Bewegung, und sein Sohn J.N. Ramanathan war einer der hervorragendsten Vertreter des Śivaismus und ein Förderer der Tamil-Kultur in der ‚Justice Party'. In dem ‚Śaiva Siddhānta Samāj' wird Nallaswamis Bedeutung für Siddhānta mit der von Vivekananda für Vedānta verglichen.[456] 1897 begann er, die monatlich erscheinende Zeitschrift ‚Siddhanta Deepika or the Light of Truth' herauszugeben mit dem Ziel:

> „... to transplant in the Indian soil some of those activities in the field of Indian Religion and literature and history which are carried on in far off countries by Western Savants, and to stimulate indigenous talent to work and achieve a moderate share of success in these departments."[457]

In Siddhanta Deepika publizierte Nallaswami klassische tamilische Texte in englischer Sprache, Berichte von den Konferenzen des Samāj und Aufsätze von Europäern und Tamilien über tamilische Literatur und den Śivaismus.[458] Er selbst schrieb und lehrte über Siddhānta[459] und hoffte, durch seine Öffentlichkeitsarbeit die Nicht-Brahmanen unter dem Śaiva Siddhānta zu vereinigen.[460] Dazu begann er von 1905 ab jährliche Konferenzen einzuberufen. Im Dezember 1906 wurde auf der Konferenz in Chidambaram der Samāj gegründet, und 1911 wurde Siddhanta Deepika das offizielle Organ des Samāj. Pillai sieht in Siddanta Deepika einen entscheidenden Beitrag zur Revitalisierung der Āgamānta-Bewegung im 19. Jh.[461] Die Konferenz, an der Schomerus teilnahm, war die vierte, die in mehrfacher Hinsicht für die dravidische Bewegung von Bedeutung gewesen ist. Wesentliche Aspekte missionarischer Arbeit des Samāj wurden auf dieser Konferenz festgelegt und 1910 auf der Konferenz in Ramnad für die einzelnen lokalen sabhas als Strategie empfohlen: 1. Die Veröffentlichung von Siddhānta-Werken und klassischen Schriften in Tamil; 2. Kurse und Vorträge über Śaiva Siddhānta während des Jahres; 3. soziales Engagement für die unterdrückten Kasten; 4. Verbesserungen in der Tempel-Administration, insbesondere Öffnung der Tempel für Angehörige der unteren Kasten.[462] R.S. Subramanyam hatte einen Vortrag mit dem Titel ‚The work before us' gehalten, in

---

455 BALASUBRAMANIAM 1965:51.
456 BALASUBRAMANIAM 1965:27.
457 Siddhanta Deepika I.1, Juni 1897:14.
458 Dazu BALASUBRAMANIAM 1965:98.
459 Einige seiner Aufsätze wurden 1911 unter dem Titel ‚Studies in Saiva Siddhanta' veröffentlicht.
460 Dazu IRSCHICK 1969:292.
461 Siddhanta Deepika X.12, Juni 1910:511.
462 Siddhanta Deepika XI.6, Dezember 1910:270ff; BALASUBRAMANIAM 1965:101.

dem er diese Punkte vorgetragen hat.[463] Dabei empfahl er der Konferenz, in der missionarischen Arbeit dem Beispiel der Bibel-Gesellschaften zu folgen.[464]

Ein anderes wichtiges Ereignis war die Rede von Swami Vedāchalam Pillai vor der Konferenz. Vedāchalam war einer der Mitbegründer des Samāj gewesen, hat sich aber 1910 aus politischen Gründen von der Konferenz getrennt. In einer Rede über ‚Social aspects of Śaiva Siddhānta' brachte er vor allem ähnliche Vorwürfe gegen die ethischen Implikationen eines Hindu-Idealismus, insbesondere des Advaita Vedānta vor, wie sie auch von westlichen Orientalisten, inklusive der Missionare, immer wieder erhoben worden sind. Śivaismus wurde dagegen als die Religion dargestellt, in der Gleichheit aller Kasten und soziale Gerechtigkeit verwirklicht werden. Ähnlich wie die lutherischen Missionare argumentierte der Präsident der Konferenz daraufhin gegen den ‚Kastengeist' und plädierte nicht für eine radikale Abschaffung der Kastenunterschiede, sondern für eine soziale Reform im Geist des Śivaismus.[465] Swami Vedāchalam, der sich ab 1911 Maṟaimalai Aṭikaḷ nannte, gilt als einer der bedeutenden tamilischen anti-brahmanischen Reformer, der für die Reinheit der Tamilsprache und Kultur eintrat[466] und eine Theorie von den Vellalar als den ursprünglichen Repräsentanten von Tamil iṉam vertreten hat.[467]

Schomerus hat für das ELMB einen Bericht über die Konferenz verfasst,[468] der 1910 auch in Siddhanta Deepika mit Anmerkungen von Nallaswami Pillai veröffentlicht wurde. Dieser Bericht ist von besonderer Bedeutung, weil er deutlich macht, dass die Repräsentationen einer Religion, sobald sie eine Öffentlichkeit erhalten haben, auf verschiedene Weise rezipiert werden können. Der Diskurs bleibt polyvalent, d.h. er ist Gegenstand der Interpretation, die entweder gegen ihn gerich-

---

463 Siddhanta Deepika X.8, Februar 1910:300ff.

464 Siddhanta Deepika X.11, Mai 1910:452. „I had occasion to inquire into the working of the Bible Societies, and have found that much good work is being done in spreading the Gospel of Christ without burdening the resources of any particular person or people of the Christian faith. They not only publish popular editions of the Gospels, but employ Bible-women to carry the truths of the Gospel to the hearts of the people. We shall also surely succeed in our own way, if we can enlist the co-operation of the temple-managers and the leading citizens of our faith in the various districts. The preaching-halls in the temples may be used for influencing the character and spiritual life of the people, by delivering sermons during the festivals and special days of worship."

465 „... so far as the principles were concerned, there was everything in Šaivism to inculcate and uphold the social equality of all men, but in practice it was not possible to abolish all caste-distinctions at one stroke. But reform in the direction of equalization of castes was exceedingly desirable and necessary, and as a first step it behoved on the Śaivaites to elevate the depressed classes by adopting towards them a more sympathetic and compassionate treatment, and by rendering them worthy of greater humanity and consideration. And thus reform could beginn in small and easy things, and proceed step by step to greater and radical changes." Aus einem Bericht von der Konferenz, Siddhanta Deepika X.7, Januar 1910:258f.

466 Siehe dazu den Artikel über Vedāchalam bei ZVELEBIL 1992:213ff; vgl. auch oben Kapitel III.2c.

467 HELLMAN-RAJANYAGAM 1995:126ff.

468 ELMB 1910: 405–411; eine Übersetzung des Berichts erschien 1910 auch in ‚The Gospel Witness'.

tet sein kann, wie es zum Beispiel in der radikalen Swarāj-Bewegung[469] zum Ausdruck gekommen ist, oder er wird zum Ansatzpunkt kreativer Neuinterpretation. Schomerus' Begegnung mit dem Śaiva Siddhānta Samāj gibt ein eindrückliches Beispiel dieser Neuinterpretation und davon, dass der orientalistische Diskurs keineswegs so eindimensional zu verstehen ist, wie Said ihn schildert. Seine Interpretation von Śaiva Siddhānta als Angriff gegen Vedānta wird von Nallaswami Pillai und anderen Vertretern des Samāj aufgenommen, um die dominierenden kulturellen Normen des Christentums einerseits und der sich auf den Vedānta beziehenden Swarāj-Bewegung andererseits zu bestreiten. Schomerus berichtet, dass R.S. Subramanyam in seinem Vortrag die englische Regierung in Indien als ein Geschenk Gottes bezeichnete, und dafür lauten Beifall erhalten habe.[470]

Der Samāj betrachtete die Swarāj-Bewegung mit Vorbehalten, weil sie im Wesentlichen von nordindischen Brahmanen dominiert war. Die dravidische Bewegung war zwar um 1910 noch nicht als politische Größe konsolidiert, aber auch Personen wie Vedāchalam standen der Swarāj-Bewegung, da sie sanskritisch dominiert war, von Anfang an kritisch gegenüber.[471] Erst 1916 formierte sich die ‚Justice Party', die in ihrem Manifest die Loyalität der Nicht-Brahmanen gegenüber der Krone betont hat und die ‚Home-Rule' Politik von Annie Beasant, der Präsidentin der neo-vedāntischen Theosophischen Gesellschaft, ablehnte.[472]

Die oben angedeutete Differenz im orientalistischen Diskurs wird aber besonders deutlich in der Christentumsrezeption durch den Śaiva Siddhānta Samāj. Balasubramaniam schreibt in seiner Biographie von Nallaswami Pillai, dass Schomerus' Buch über den Śaiva Siddhānta das „most valuable and systematic treatise on Saiva Philosophy" sei und „Rev. Schomerus deserves our eternal gratitude"[473]. Ähnlich hatte sich schon auf der Konferenz in Tiruchirappalli Nallaswami Pillai geäußert, als sich die Missionare für die Einladung bedankten:

> „Die Missionare sind Leute, die die Wahrheit nach ihrem Gewissen lehren und auch bereit sind, sie anzunehmen, wo sie ihnen entgegentritt ... Wir sind Ihnen viel mehr zu Dank verpflichtet, denn Sie sind es ja, die diese Neubelebung des Siddhānta veranlaßt haben. Wenn Sie nicht wären, würden wir schwerlich zusammen gekommen sein."[474]

Schomerus widerspricht in seinem Bericht dieser Einschätzung Nallaswami Pillais nicht. Auch er sieht in dem Śaiva Siddhānta einen Verbündeten der christlichen Mission. Sein Resümee der Konferenz mit den Anmerkungen des Herausgebers von Siddhanta Deepika veranschaulicht nicht nur die gegenseitige Interpretation von

469 Die sog. ‚Home-Rule League' wurde im September 1916 gegründet. Bereits 1915 hatte Annie Beasant auf dem Nationalkongress die Gründung dieser ‚league' beantragt.

470 ELMB 1910:410; Siddhanta Deepika XI.3, September 1910:118.

471 RYERSON 1899:64f.

472 Das Manifest ist abgedruckt bei RAJARAMAN 1988:280–290; siehe auch IRSCHICK 1969:47ff; KRUSE 1975:43ff. Zu ‚Homerule' bereits Schomerus, Homerulekampf, 1919:569–601.

473 BALASUBRAMANIAM 1965:51f.

474 ELMB, 1910:411; auch Siddhanta Deepika XI.7, Juli 1910:28.

Missionar und Siddhānta, sondern zeigt im Licht der post-kolonialen Diskursanalyse auch, wie die diskursiven Bedingungen orientalistischer Macht sich ebenso in der Umkehrung von Dominanzstrukturen repräsentativer Autorität auswirken können.

„... several speakers quoted passages from the Bible which were almost every time received with applause, especially the beautiful verses from Hebrews XII about chastisement. So much are the Indians impressed by the sublimity of the Bible that they use it as a Pramāṇam, an observation I have often made. They endeavour to revive their religion in opposition to Christianity, but one sees they try to do it with the aid of thoughts and ideas derived from Christianity, which, of course, they will disclaim, but which is nevertheless a fact, and with a high esteem towards Christianity. Particularly the leaders are strongly influenced by Christian Mysticism, as I had occasion to learn from talks with them, and from their writings.

(Anm. Our missionary friend is misstating the entire position. The Hindus have, as orientals, the greatest esteem for the Christian Holy Bible, because it is an oriental book in matter and manner, in spirit and in truth. They use the Holy Bible as an accessory in the interpretation of their own scriptures, solely to guide the present-day missionaries of the Christian faith in understanding the sense of the Holy Bible aright. The contention of the Hindus is that the Holy Bible is an exceedingly weighty document, but that it is being grossly misinterpreted by the Westerns. Consequently, what the Hindus do, is calculated more to open the eyes of the Christian missionaries, brought up in the schools of European materialism and commercialism, to the real truths enshrined in th[i]s Holy Bible, than to help themselves. The greatest problem now is, how best to teach the Holy Bible to the West. The only phase of Christianity wherein some vestige of spirituality still lingers, is the Romish faith, more commonly known as Roman Catholicism – Ed. L.T.)

From the missionary point of view, I believe, we can only be glad of this movement of revival, although it will set many a new task before us, because this movement strives to stir up religious interest which is most needed in spite of the almost proverbial religiosity of the Indians; because this movement combats the ever-spreading atheism and the Vedāntic monism *(Anm.: It will be more apt to say ‚pseudo-Vedāntic monism' – Ed. L.T.)* and strives to remove many an abuse; because this movement is a proof for the power of Christianity in the Tamil country (*Anm.: This is putting the cart before the horse. The fact is the Hindus are better enabling the Christian missionaries to understand their own scriptures, now that the Hindus have begun to openly interpret their scriptures in the interests of exotic nations and themselves. – Ed. L.T.)*; and chiefly because it will end in showing that Hinduism, also, in its best branches, is not able to satisfy the, according to the Śaiva Siddhānta, eternal faculties of the soul, Jñānam, Kriyā, Ichchhā, *i.e.*, we may say, the longing after truth, action and the supreme good, and will direct the eyes of the Indians towards the one Saviour, our Lord Jesus, who claims to statisfy the threefold longing of the soul as can be seen from his word: ‚I am the way, the truth and the life' (John XIV,6), and really satisfies. It is true, this movement sets its face against Christianity, but not less against the harmful monistic *(Anm.: We would say, ‚pseudo-Vedāntism' – Ed. L.T.)* Vedāntism. We can, therefore, look at the Śaiva Siddhānta not only as an enemy, but also, in a certain sense, as an ally.

(Anm.: This paragraph, we regret, does not state the truth as it persists. Every Āgamāntin knows that the Christ, the Messiah, the Anointed One, is the soul that is rid of corruption. The soul attains to its true status as the ‚Son of God', only when the corruption that blinded its vision is wiped off its eyes. The meaning of John xiv,6 is that Christhood is the only real condition of the soul, and the legitimate door-way to ‚beholding God' (Śiva-darśanam) and eventually to the supreme ‚Fellowship of God' – Ed. L.T.).[475]

I conclude with the statement that we can trust to the Divine Providence that this movement, although started to check the spreading of Christianity in India, will yet help to bring the Christian faith nearer to the Indian people. His Kingdom comes also to India! May it come soon!"[476]

Schomerus sollte sich irren.[477] Der Diskurs, in dem das Evangelium den Indern nähergebracht werden sollte, hat indigene Stimmen weder zum Schweigen gebracht, noch eine Welle von Konversionen ausgelöst. Der Anspruch von Nallaswami Pillai auf ein Evangelium aus dem Osten und die östliche Interpretation von Christus als Tor zu Śiva-darśanam bringt das missionarische Projekt der Konversion unter Anknüpfung an bhakti in eine aussichtslose Position. Mit Homi Bhabha kann man diesen Anspruch, der auf den ersten Blick die Interkulturalität des Evangeliums offenlegt, als ‚Hybridität' bezeichnen, als ‚subversive mimesis', die die Ambivalenzen und Grenzen des orientalistischen Diskurses freilegt.[478] Die Bibel als Grundlage des missionarischen Anspruchs auf diskursive Dominanz wird den Europäern entzogen und zu einem Buch aus dem Osten gemacht, der damit auch seine hermeneutische Legitimation gegen den Westen begründet. Missionarische Anknüpfungsstrategie, die den Siddhānta für die Missionsarbeit in Tamil Nadu instrumentalisieren will, wird nicht pauschal zurückgewiesen, sondern in ihren Intentionen ernst genommen und gegen die Missionsarbeit selbst gewendet. Schomerus reagiert auf diese subversive mimetische Adaption des missionarischen Diskurses mit einem neuen Bild, das den Orient auf religionswissenschaftlicher Ebene einholen solle, dem des ‚synkretistischen Hinduismus'. Schomerus hat damit die theologische Chance, die er zunächst in der Reformbewegung des Śaiva Siddhānta sah, zurückgewiesen und dem destabilisierenden Moment interkultureller Begegnung, wie er sie in Tiruchirappalli erfahren hat, eine neue Grenze gesetzt, indem er Indien und den Hinduismus als adaptiven Synkretismus ‚essenzialisiert' hat. Erst von indischen Theologen im 20 Jh., insbesondere von M.M. Thomas, wurde diese Destabilisierung des Diskurses

---

475 Schomerus bezieht sich in seinen Schriften immer wieder auf P. Ramanathan, einen Śaiva- Siddhāntin aus Ceylon, der Kommentare zu neutestamentlichen Schriften verfasst hat, so z.B. SCHOMERUS IuC II, 1932:156.159; SCHOMERUS, Enderwartung, 1941:263; ausführlich SCHOMERUS, Erlösungslehren, 1919:125ff. Hier wird Bezug genommen auf RAMANATHAN, ‚An Eastern Exposition of the Gospel of Jesus according to St. John, being an Interpretation thereof by the light of Jnāna Yoga', London 1902. Siehe auch RAMANATHAN 1906.

476 Siddhanta Deepika XI.5 November, 1910:228ff.

477 Der Śaiva Siddhānta hat inzwischen weltweit Strukturen aufgebaut, die denen der Kirche ähneln.

478 BHABHA 1994:119.

durch den Reformhinduismus als Chance wahrgenommen,[479] weil die indischen Christen in den inzwischen von der westlichen Mission weitgehend unabhängigen Kirchen darin die einzige Möglichkeit sahen, auf ihre Umwelt zu reagieren. Mit einem programmatischen Titel ‚Risking Christ for Christs Sake'[480] hat M.M. Thomas die Brüche im orientalistischen Diskurs, die die Missionsgeschichte in Indien von Anfang an geprägt haben, auch theologisch formuliert und die ‚Verwundbarkeit'[481] und Offenheit der Grenzen zum Ausgangspunkt einer ‚Ecumenical Theology of Pluralism' gemacht.

479 Grundlegend ist THOMAS 1989; vgl. auch ROBINSON 1978.

480 THOMAS 1987; vgl. auch ROBINSON 1990.

481 Der Begriff wurde von Margull in die interreligiöse Dialogdebatte eingeführt; MARGULL 1974:410ff.

Ausblick

Die Überzeugung, dass die christliche Mission zu einem Problem geworden ist, ist nicht neu.[1] Im Zusammenhang mit christlichen Verortungsversuchen innerhalb pluralistischer Gesellschaften hat sich insbesondere die Geschichte der Mission für die westlichen Kirchen zu einer Last entwickelt, von der man sich gern befreien möchte.[2] Verwicklungen mit kolonialen Strukturen, eurozentrische Beurteilung anderer Völker, theologischer Exklusivismus, kulturelle Arroganz und ähnliche Chiffren sind zu Synonymen für die christliche Mission geworden. Davon loszukommen scheint sich für die Kirchen als vielversprechend zu erweisen, um sich als Partner im Dialog in Gemeinschaft mit anderen religiösen Gemeinschaften in einer pluralen Welt wissen zu können.[3] In den letzten Jahren häufen sich daher auch die Plädoyers für interreligiösen Dialog und für eine pluralistische Theologie der Religionen. Missionsgeschichte erscheint als eine Epoche in der Begegnung mit fremden Kulturen und Angehörigen anderer Religionen, die inzwischen überwunden ist. Statt einseitiger Mission strukturiert die Begegnung von Kulturen jetzt ein herrschaftsfreier Dialog.

Die vorliegende Untersuchung, die einen kleinen Ausschnitt der Missionsgeschichte des 19. Jh.s beleuchtet, ist insofern in besonderer Weise dem interreligiösen und der interkulturellen Begegnung Dialog verpflichtet, als sie der sich ausbreitenden Euphorie, die mit dem Übergang von der Mission zum Dialog in ökumenischen Kreisen Einzug gehalten hat, skeptisch gegenübersteht, vor allem wenn man glaubt, mit diesem Übergang auch die europäischen Dominanzstrukturen und Repräsentationsmuster des religiös Fremden abgelegt zu haben. Allein das Verabschieden exklusiver Heilsansprüche sichert keinen herrschaftsfreien Dialog, da die europäische Konstruktion der Wirklichkeit des kulturell Fremden eine Geschichte hat, die nicht auf einen Ursprung, den des christlichen Absolutheitsanspruches, allein zurückgeführt werden kann, von dem man sich lossagen könnte, sondern die diskursiv gebildet ist und die auch weiterhin das Verhältnis von Europäern und dem „Orient" prägt. Die Geschichte des Orientalismus ist nicht eine Geschichte, die nur den Orient betrifft, sondern Bilder vom Orient haben der Konstitution eines europäischen Selbstverständnisses gedient.

Die von Foucault angeregte, von Edward Said für seine grundlegende Analyse des „Orientalismus" aufgenommene und von anderen post-kolonialen Kritikern

---

1 Dazu neuerdings FELDKELLER/SUNDERMEIER 1999.

2 Dazu LIENEMANN-PERRIN 1999:9f.

3 MILDENBERGER 1978.

fortgeführte Diskursanalyse hat sich daher in dreifacher Weise auch für die Missionswissenschaft als fruchtbar erwiesen.

Zum einen konnte in dieser Untersuchung über die Indienbilder der Leipziger Missionare dargestellt werden, dass europäische, und eben insbesondere auch missionarische Bilder von der Gesellschaftsordnung, der Religion und der Tamil Kultur diskursiv produziert worden sind, das aber der orientalistische Diskurs nicht monolithisch formiert war, sondern in vielfältiger Weise Brüche aufzeigt, die Differenzen im Diskurs deutlich werden lassen.

Durchgehend in dieser Untersuchung habe ich hervorgehoben,[4] dass die Konstruktion des Wissens von Indien im 18. und 19. Jh. kein Projekt war, das allein von Europäern durchgeführt wurde, sondern in einem Dialog entstanden ist, der aus einer Vielfalt von europäischen und indischen Stimmen bestand. Insbesondere durch die dravidische Perspektive, die in großen Teilen auch von lutherischen Missionaren übernommen worden ist, werden in dieser Untersuchung die Brüche im orientalistischen Diskurs von Südindien markiert.

Die Begegnung von den deutschen lutherischen Missionaren und der tamilischen Gesellschaft zwischen 1840 und 1940 war komplex und hat sich während des Untersuchungszeitraums mehrfach verändert. In den einzelnen Kapiteln dieser Untersuchung habe ich versucht, Kontinuitäten und Veränderungen dieser Begegnung aufzuzeigen und anhand von drei zentralen, miteinander aber eng verbundenen Themenkomplexen zu analysieren: der Kastenproblematik, der Übersetzung klassischer tamilischer Texte und der Religion. Dabei konnte gezeigt werden, dass die bisher für die Rekonstruktion der europäischen Begegnung mit Indien noch kaum ausgewerteten Archivalien der Missionswerke durchaus ethnographisches und religionsgeschichtliches Material beinhalten, das eine differenzierte Sicht der Missionare von der tamilischen Gesellschaft, der Religiosität und tamilischer Kultur deutlich werden lässt.

So wurde im dritten Kapitel dieser Untersuchung gezeigt, dass die Leipziger Missionare, beeinflusst durch den sogenannten Kastenstreit innerhalb der Kirchen und in Abgrenzung zu den englischen Missionaren, eine Gesellschaftsstruktur in Tamil Nadu beschrieben, die von der brahmanisch-hierarchischen Kastenstruktur, die auch von englischen Orientalisten als die kulturelle Norm festgelegt worden ist, deutlich abwich. Die Lektüre der Missionarsberichte ergab darüber hinaus, dass diese Gesellschaftsstruktur im 19. Jh. keineswegs so statisch gewesen ist, wie andere westliche Berichte vermuten lassen, sondern sich in einem Wandel befand, und dass hierarchische Relationierungen regional unterschiedlich waren und sich von politischen, ökonomischen und sozialen Bedingungen beeinflusst, verändern konnten. In ihrer Beschreibung der tamilischen Gesellschaftsstruktur sind die Missionare auch in eine sich in Tamil Nadu formierende dravidische Bewegung einbezogen worden, die europäische Texte, Sprachforschungen und Rassenkonzepte für sich instrumentalisiert hat.

4 In Anlehnung an IRSCHICK 1994.

Die Leipziger Missionare haben durchaus bewusst tamilische Literatur übersetzt, um einerseits eine Grundlage für ihre Missionsarbeit zu legen, andererseits um deutlich zu machen, dass der tamilischen Literatur neben der von westlichen Indologen in erster Linie repräsentierten Sanskrit-Literatur eine eigenständige kulturelle Bedeutung zukommt. Insbesondere durch ihre Übersetzungsarbeit haben die Missionare zum Teil bewusst dazu beigetragen, die im 19. Jh. an Bedeutung zunehmende dravidische Bewegung gegen Sanskritisierungsprozesse zu unterstützen.

Das Bild der Leipziger Missionare von Südindien differiert auch in Bezug auf die einheimische Religiosität von der gängigen orientalistischen Sicht des Hinduismus. Neben Untersuchungen zum Verhältnis von Volksreligion und brahmanischer Religion haben insbesondere die Śaiva-Siddhānta-Forschungen von Schomerus und seine Kritik an der einseitigen Repräsentation von Vedānta durch die westliche Indologie einen nicht zu unterschätzenden Einfluss auf die Entwicklung des Śaiva Siddhānta Samāj in Tamil Nadu gehabt.

Die Sicht der Missionare von Südindien und ihre Missionsintentionen waren aber auch geprägt von kulturellen und politischen Voraussetzungen in Europa, von theologischen Überzeugungen und von Erwartungen der Missionsbehörde bzw. den die Mission unterstützenden Kreisen in Deutschland. Wenn auch eine Kontinuität im theologischen Urteil über den ganzen Untersuchungszeitraum festzustellen ist, so hat sich doch bei vielen der Leipziger Missionare ihre Sicht von Indien geändert, nachdem sie ihre Arbeit in Tamil Nadu aufgenommen haben. Die Missionare, so wurde in dieser Untersuchung argumentiert, waren ebenfalls geprägt von einer orientalistischen und indologischen Sicht von Indien und sie waren Teil eines Diskurses, in dem Wissen von Indien produziert und Dominanzstrukturen des Westens gegenüber dem Land aufgebaut wurden.

In der Beschränkung in der Auswertung des historischen Materials auf die Archive der Leipziger Mission steht allerdings nach wie vor die Diskursanalyse der europäischen Stimmen im Vordergrund. Eine genaue Untersuchung christlicher tamilischer Quellen zu dem Untersuchungsfeld steht damit noch aus.

Zum anderen konnte implizit in dieser Untersuchung gezeigt werden, dass eine Missionsgeschichtsschreibung, die sich auf die Konversion von Individuen, Massenbewegungen zum Christentum und die Gründung einer einheimischen Kirche konzentriert hat und religiöse und kulturelle Veränderungen von indischen Christen als reine Adaption einer, durch Missionare aus Europa importierten, christlichen Lehre interpretiert hat, ein Bild von Christentumsgeschichte zeichnet, das selbst diskursive Produktion eines ‚selbstreferenziellen Systems', nämlich des ‚europäischen Christentums' ist. Indische Christen haben sich keineswegs der christlichen Botschaft aus dem Westen gegenüber nur rezeptiv verhalten, sondern haben, wie der sogenannte ‚Kastenstreit' zeigt, aktiv an der Transformation theologischer Positionen zur indischen Gesellschaftsstruktur teilgehabt.

Und schließlich erweist sich die Diskursanalyse und insbesondere die Analyse des Orientalismus als Diskurs als ein kritisches Instrument für gegenwärtige Überlegungen zu einer Theologie der Religionen. Die Untersuchung hat gezeigt, dass allein die theologische Überzeugung ein Verstehen weder garantiert noch notwendig verhindert, sondern dass eine Analyse des interkulturellen Verstehens sich immer auf die diskursiven Formationen in der Repräsentation des kulturell und religiös Anderen richten muss. Auch und insbesondere die sogenannten pluralistischen religionstheologischen Ansätze, die sich kulturübergreifender Transzendentalien bedienen, um Gemeinsamkeiten zwischen den Religionen herauszustellen und zu produzieren, bewegen sich innerhalb kulturell geprägter Repräsentationsmuster, um sich dem religiösen Fremden anzunähern.

Bereits 1957 hat Roland Barthes in seinen Mythologies[5] auf diese Problematik aufmerksam gemacht. In einem kurzen Essay über eine Photoausstellung in Paris mit dem Titel „The Family of Man", deckt er den doppeldeutigen Mythos von der „Gemeinschaft" der menschlichen Familie als einen, dem europäischen Humanismus impliziten Universalismus auf, der dazu dient, Differenzen und Unrecht zu überspielen. Die Doppeldeutigkeit besteht darin, dass zum einen Differenzen betont werden, eine Vielfalt von exotischen Formen des menschlichen Lebens, von Arbeitsweisen, Riten, Geburts-, Lebens-, und Todesvorstellungen, um hinter all diesen Differenzen doch wieder das gemeinsame Humanum, das menschliche Wesen unter der Herrschaft Gottes zu entdecken.[6]

In den letzten zehn Jahren hat sich in Referenz auf Edward Saids „Orientalism" ein eigenes Forschungsfeld der post-kolonialen Studien etabliert. In Anlehnung an postmoderne Theoriebildung geht es in diesen Studien um die Dekonstruktion kolonialer Macht und der Geschichte der europäischen Repräsentation der kulturell Fremden. Totalitäten und „Wesensaussagen", wie „Westen" und „Osten", „Rasse", „Kolonialherr" und „Kolonisierter" wurden in diesen Studien der Kritik unterzogen, aber auch die Frage, ob es eine postkoloniale Theorie überhaupt gibt. In der postkolonialen Theoriebildung werden zunehmend Stimmen hörbar, die in dem Begriff „postkolonial" eine erneute Bestätigung der Argumentationsstrukturen des kolonialen Diskurses sehen, weil mit der postkolonialen Sicht des Kolonialismus als transhistorischem und globalem Diskurs ähnliche Identitätsstrukturen perpetuiert werden, wie die, mit denen der Orientalismus den Orient belegt hat.[7]

Orientalismus und Kolonialismus, so argumentieren einige der postkolonialen Kritiker, sind Ergebnis dieses europäischen Identitätsdenkens und eines eurozentrischen Humanismus, und eine postkoloniale Kritik, die sich als Kritik an Wesensbestimmungen des kulturell Anderen begreift, muss vor allem eine Kritik am Humanismus beinhalten.[8]

Gayatri Spivak hat diese strukturalistische Kritik am Humanismus als Kritik am Subjekt kolonialer Macht formuliert:

---

5 Deutsch: BARTHES 1964.

6 BARTHES 1964:17f.

7 So z.B BENITA PARRY 1994:176.

8 dazu vor allem YOUNG 1990: 119ff.

„These structuralists question humanism by exposing its hero – the sovereign subject as author, the subject of authority, legitimacy, and power. There is an affinity between the imperialist subject and the subject of humanism."[9]

Benita Parry kritisiert an Said und der postkolonialen Theorie, dass sie vor allem impliziert, dass dem kolonialen Apparat und dem westlichen Orientalismus allein Handlungsmacht zugestanden wird, während die Kolonisierten auf eine fixierte Rolle der Unterdrückten und Missrepräsentierten festgelegt werden. Dadurch wird nach Parry jede Möglichkeit zu einer theoretischen Reflektion des Widerstands, der die koloniale Macht untergräbt, ausgeschlossen. Parry und in ähnlicher Weise Nicholas Thomas[10] plädieren dafür, die Souveränität und Autonomie der kolonialen Subjekte, die die post-strukturale Diskurstheorie zu sehr in den Hintergrund gedrängt hat, verstärkt zum Thema postkolonialer Untersuchungen zu machen, um an lokalen und historisch spezifischen Beispielen zu zeigen, wie die Geschichte von verschiedenen Subjekten geprägt worden ist.

Diesem Ansatz von Parry und Thomas ist diese Untersuchung insofern verpflichtet, als sie sich als eine „area-study" versteht, die zugleich deutlich machen will, dass der orientalistische Diskurs nicht als eine monolithische Repräsentationsstruktur verstanden werden kann, sondern eine Vielzahl von Stimmen aufweist. Andererseits bin ich zögerlich darin, die von Foucault in die postkoloniale Diskussion übernommene Diskurstheorie allzu schnell für einen liberalen Humanismus aufzugeben, der sich anschickt, den Subalternen vom Kolonialismus Befreiten ihre Geschichte „zurückzugeben". Ein solches restauratives Projekt kommt nicht umhin, gegen das vom Westen repräsentierte „wahre Wesen" des kolonisierten Orients ein anderes „wahres Wesen" zu setzen in dem man sich in ähnlicher Art auf Ursprungsmythen und Abhängigkeitstheorien beruft.[11]

Am Beispiel der Repräsentation Indiens durch Leipziger Missionare ist die Problematik von ‚Wesensbestimmungen' der anderen Kultur diskutiert worden und wie essenzielle Aussagen über ‚die Kaste', ‚die Arier', ‚den Hinduismus' Stereotypen produziert haben, die zugleich dazu dienten westlich-christlichen Dominanzanspruch nicht nur zu begründen, sondern auch mit Hilfe kolonialer Machtstrukturen umzusetzen.

In Bezug auf die Repräsentation des Orients stellt die Diskurstheorie allerdings das Problem auf, ob und wie es eine Möglichkeit gibt, dem kulturellen Solipsismus zu entkommen und eine Ethik zu entwickeln, die die Begegnung mit dem Fremden

---

9 SPIVAK 1988:202.

10 THOMAS 1994: 59ff.

11 Eine große Zahl der Dalittheologen in Indien war in den letzten Jahren bemüht, das Wesen des „Dalitseins" zu bestimmen und die Bestrebungen gingen dahin, die ursprüngliche Dalitkultur gegen die sanskritische Kultur wieder in das Bewusstsein zu heben: Dalitreligion gegen sanskritischen Hinduismus, Gleichheit aller Menschen gegen die Kastenordnung, Dalitrituale gegen Textkultur. Dabei wurden orientalistische Theorien, wie die arische Einwanderungstheorie oder die Sicht von der Einheit des Hinduismus, oftmals unkritisch übernommen und für die eigene Position eingesetzt.

auf eine neue Weise ermöglicht.[12] Dieses Problem stellt sich nicht nur für die Leipziger Missionare, deren Theologie nur unwesentlich durch ihre Begegnung mit Indien verändert worden ist, sondern auch in besonderer Weise für diejenigen theologischen Entwürfe, die sich explizit dem Dialog der Religionen verpflichtet wissen. Es ist hier nicht der Ort, solche Überlegungen zu entfalten. Die vorliegende Untersuchung will aber dazu beitragen, deutlich zu machen, dass es gerade die Brüche und Ambivalenzen eines Diskurses sind, die subversives Potential freisetzen können, um den Boden, auf dem Identitäten errichtet worden sind zu verschieben.[13]

In den gut fünfzig Jahren nach der Unabhängigkeit Indiens von kolonialer Macht ist der orientalistische Diskurs zwar auf vielfältige Weise dekonstruiert worden und postkoloniale Theoriebildung hat sich als außerordentlich kreativ erwiesen, die politischen Entwicklungen in Indien, vor allem in den letzten Jahren sprechen aber eine andere Sprache. Hindu-Nationalismus, die Hindūtva-Bewegung, Regionalismus und Kommunalismus, die Verfolgung von religiösen und ethnischen Minderheiten, die Marginalisierung der Adivasi und der Dalits sind Auswirkungen eines Diskurses, dessen Wurzeln im 18. und 19. Jh. liegen und dessen ‚Archäologie' erst in Anfängen aufgedeckt worden ist. Die Analyse der Archive dieses Diskurses wird daher für die Dekonstruktion kolonialer wie postkolonialer Macht auch in Zukunft für eine Missionswissenschaft von Bedeutung sein, die ihre Solidarität mit den Marginalisierten theoretisch reflektiert.

12 Siehe dazu Porter, der diese Frage diskutiert hat. PORTER 1991:4f. Edward Said hat sich an diesem Punkt, wie oben erläutert worden ist, nicht dem konsequenten Post-Strukturalismus der Diskurstheorie Foucaults angeschlossen.

13 Dieses Ziel verfolgt m.E. Homi K. Bhabha in seinen theoretisch anspruchsvollen Analysen des kolonialen Diskurses. Dazu in Übersetzung BHABHA 2000, insb. 151ff.

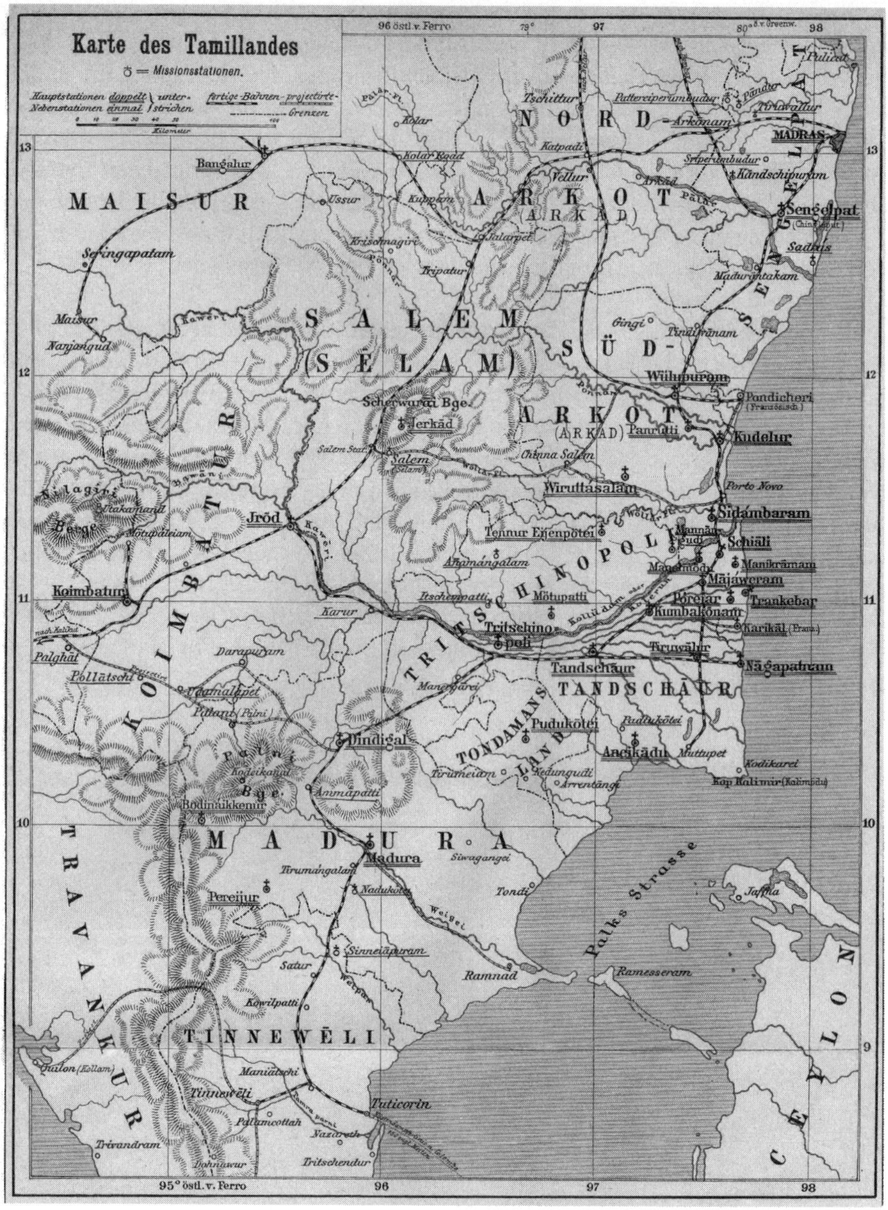

Aus: Hans Gehring, Süd-Indien. Land und Volk der Tamulen, Gütersloh 1899

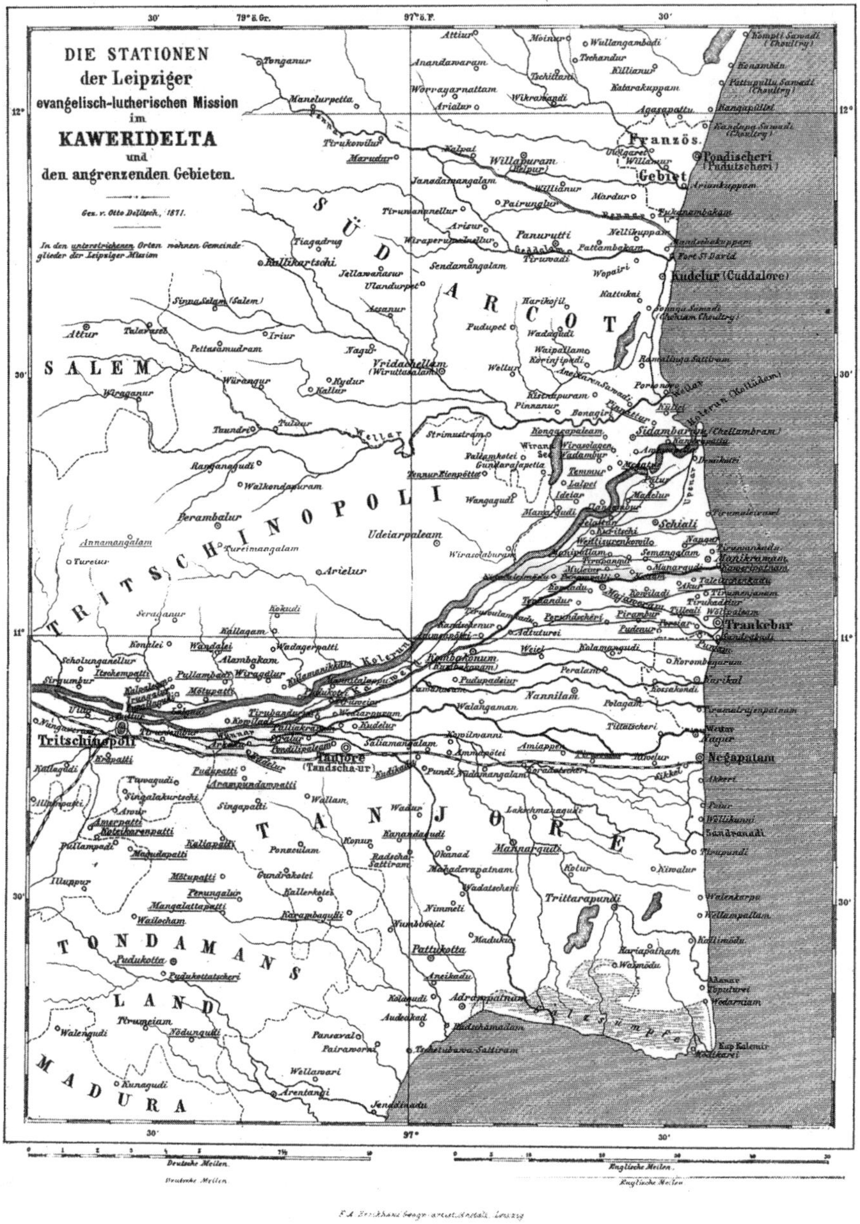

Aus: ELMB 1872

Glossar

ācārya	Lehrer, spiritueller Führer in einer Schule oder Sekte
advaita	Nicht-Zweiheit. Bezeichnet die Nicht-Zweiheit von individuellem (ātman) und universalem (brahman) Selbst
Āgamas	Mythologische Texte einer Schule oder Religionsrichtung, oftmals als Alternative oder Ergänzung zu den kanonischen Schriften angesehen, auch als 5. Veda bezeichnet. Begriff wird hauptsächlich von Śaivas verwendet
Agambadiyar	Ehemalige Räuberkaste
Agamudaiyar	Kaste von Bauern, die danach gestrebt haben, als Vellalar anerkannt zu werden. Im 19. Jh. wurde der Name von Kallar und Maravar in Anspruch genommen
Agastya	Mythologische Figur, die nach brahmanischer Tradition die Tamil-Sprache nach Südindien gebracht haben soll
ahiṃsā	Gewaltlosigkeit, Nicht-Verletzen von Lebewesen
Aiyaṉār	Weithin verehrte Gottheit in Tamil Nadu
Aiyangar,	Titel der Vaiṣṇava-Brahmanen
Aiyar	Titel der Vaiṣṇava-Brahmanen
akam	Poetische Gattung in der tamilischen Caṅkam-Literatur, bezeichnet den inneren Teil, der dem privaten Leben gilt und vor allem aus Liebesgedichten besteht
Akapporuḷ	Gattung der Tamil-Literatur, die inneren Dinge betreffend (akam poruḷ = Bedeutung der inneren Dinge)
Āḻvār	Tamil: ‚verloren in Gott', bezeichnet die Vaiṣṇava Dichter und Heilige. Oftmals Sänger, in Opposition zu dem orthodoxen brahmanischen Monopol der Rituale standen
Āṇṭāḷ	Tamilische Bhakti-Dichterin der Caṅkam-Zeit
ammaṉ	Göttin, Mutter, Herrin
āṇava	Unwissenheit
aṟam	Tamil, siehe: dharma
aṟttupāl	1. Kapitel des Kuṟaḷ, Graul: ‚Von der Tugend'
artha, Tamil: poruḷ	Zweck, Ziel, Grund; bedeutet: Wohlstand, Erfolg, Ruhm; ein Ziel der vier puruṣārthas.
Arugan; skt.: Arahat	Jainistische Gottheit, Ehrentitel für Asketen, von Jainas und Buddhisten für diejenigen verwendet, die Erleuchtung erlangt haben
aruḷ	Gnade Śivas
āśramas	Lebensstadien
ātipakavān	Der erste Herr, Bezeichnung für Gott
ātman	Selbst, Seele, Wesenskern
Auvaiyār	Tamilische Bhakti-Dichterin
bali	Opfer
Bhadra-Kali	Südindische Göttin

bhakta	Anhänger der Gottheit, der Bhakti übt
bhakti	Devotionale Religionsform, bezeichnet Hingabe, Liebe, Teilhabe
Bhūta (skt.)	Dämon, Geist
brahmacarya	Lebensphase, Schülerschaft, Studium
Brahmanas	Liturgische Texte der Priester, Sammlung schließt an die Saṃhitās (Sammlung der Veden) an, enthalten Vorschriften für das Opfer.
cāmiyāṭi	Ein rituell, von der Gottheit besessener Heiler, der als Medium in Kontakt mit den pēy treten kann
Caṅkam	Akademie in Madurai; bezeichnet die klassische tamilische Literatur
caryāpāda	Weg der Pflichten und des richtigen Verhaltens
centamiḻ	Reines Tamil, Hochtamil
Coorg	Volk in Südindien, v.a. Karnataka
Dalit	Selbstbezeichnung der Kastenlosen; skt., Unterdrückte, Marginalisierte, Zerbrochene
Dāsa	Sklave, Bezeichnung der Urbevölkerung in nachvedischen Sanskrittexten
Desayi	Führer der Rechte-Hand-Abteilung
devadasi	Dienerinnen der Götter
dharma	Tamil: aṟam: Recht, Norm, göttliche Ordnung, Ordnung für eine Gruppe von Lebewesen oder eine Kaste
Dharmaśāstra	Brahmanischer Rechtskodex
dvaita	Zweiheit, bezeichnet die Differenz von Ātman und Brahman
gṛhastha	Lebensphase, Hausvater, Berufsleben, Familiengründung
grāma dēvata	Dorfgottheiten
grandam; skt.: grantha	Schriftart der Tamil-Brahmanen für Sanskrit
Hari-Hara	Viṣṇu-Śiva
hindūtva	Hindu-Sein, Schlagwort einer pan-indischen Hindu-Bewegung
Idaiyar	Kaste von Schafhirten
Iṭankai	Tamil für Linke-Hand-Abteilung
illaṟam	Unterabschnitt des ersten Kapitels des Kuṟaḷ. Graul: von der Haustugend
inam	Gabe eines höher gestellten an einen Untergebenen, bezeichnet vor allem pachtfreies Land oder steuerfreies Land
iṉam	Art, Gattung, Gruppe, seit dem 19. Jh. auch Rasse
inpam	Siehe: kāma
iruḷ	Unwissenheit
Irula (Iruler)	Volksstamm in den Niligiris-Bergen
Iyer	Titel der Śiva-Brahmanen
jāti	Wörtlich: Art oder Typus, wird verwendet zur Bezeichnung endogamer Statusgruppen, die gewöhnlich mit ‚Kaste' übersetzt werden
Jainas	Anhänger von Mahāvīra, dem Begründer einer asketischen Reformbewegung, dem Jainismus
jajmani	Beziehung des Austausches; bezeichnet die Dorfökonomie in Indien, die auf dem Austausch von Waren beruht und unabhängig von Geld und Markt funktioniert

jatrā	Prozession (lokal)
jñāna	Wissen, Erkenntnis
jñānapāda	Weg des Wissens
kaccā	Unrein
kaḷavu	Heimliche Ehe, heimliche Liebe
Kallar (Kallan)	Kaste in Südindien, oft mit Räubern identifiziert
kāma, Tamil: inpam	Lust, Liebe, Sehnsucht; ein Ziel der vier puruṣārthas.
kāmattuppāl	3. Kapitel des Kural, Graul: ‚Von der Lust'
Kammalar	Kaste von fünf Handwerkern: Goldschmied, Kupferschmied, Schmied, Zimmermann, Steinmetz; haben sich gegen brahmanische Vorherrschaft aufgelehnt; auch Panchakammalar genannt
kānda (pāda)	Teil eines Āgamas, Weg
Kāraikkālammaiyār	Tamilische Bhakti-Dichterin
karanam (kanaken)	Dorf-Schatzmeister
karman	Tat
kaṟpu	Öffentliche Ehe, weibliche Reinheit, Treue
karu	Qualitäten der tiṇai; Graul: ‚Erzeugnis – im weitesten Sinn'
Kaṟuppaṉ	Gottheit, Diener von Aiyaṉār
Kaṭuval (Kadawul)	Höchste Vorstellung von Gott (ohne Körper)
Kayiru kuttu cāmi	Tamilische Gottheit; Dachselt: ‚Stick-Stech-Gott'
Kottṟavai (Koṟṟavai)	Tamilische Kriegsgöttin
Koṭuntamiḷ	Umgangssprachliches Tamil
kriyāpāda	Weg des Rituals
Kśatriya	Eine der varṇas, Kriegerstand
kuṇam; skt.: guṇa.	Wörtlich: Band, Strick; auch: Qualität, Attribut; bezeichnet in der Sāṃkhya-Lehre die Kräfte der Natur (sattva, rajas, tamas)
kula dēvata	Sippengottheiten
kulam	Sippe, Clan
kuliyal (Kuli)	Tagelöhner
kuṟiñci	Eines der tiṇai, Graul: ‚Hügelboden'
Kurumba (Kurumber)	Bewohner der Niligiris-Berge
kuṭṭakai	Pächter eines Landstückes, die entweder Pacht zahlen oder vom Besitzer einen Teil des Ertrages erhalten
liṅgam	Phallusähnliches Symbol für Śiva
Liṅgāyata	Kaste in Karnataka, Śiva-Anhänger; als religiöse Gemeinschaft lehnen sie Kastenunterschiede ab, auch Viraśaivas genannt
Mahānāṭu	Aufruf zum passiven Widerstand
Mānavadharmaśāstra	Brahmanischer Rechtskodes, der auf Manu zurückgeführt wird, und in dem das Alltagsleben und das Verhältnis der Kasten zueinander bestimmt wird
manikaren	Steuereintreiber
manmakkaḷ	Kinder des Bodens, Bezeichnung für Tamil jātis
marutam	Eines der tiṇai; Graul: ‚Fruchtboden'
māyā	Schöpferische Kraft, die die Erscheinung der Wirklichkeit erzeugt
māyāvāda	Weg der Illusion
Maravar	Kaste in Süd-Tamil Nadu, häufig mit Kriegern oder Räubern identifiziert

mārga	Weg
Māriyammaṉ	In Tamil Nadu weithin verehrte Göttin
mirāsidar	Person, die im Verbund mit anderen Landrechte im fruchtbaren Reisanbau-Gebiet in Tamil Nadu besitzt
mokṣa; tamil: viṭu	Befreiung, Erlösung
mullai	Eines der tiṇai; Graul: ‚Waldboden‘
munsif	Lokaler Richter und Steuereintreiber, ein Eingeborener, der unter der Kolonialregierung kleinere Fälle behandeln konnte, oftmals auch Vorstand des Dorfes
Murukaṉ	Sohn des Śiva, Gottheit in Südindien
Muteli, Mudaliar	Tamil: der erste Mann, Titel der Vellalar, aber auch anderer Kasten
Nādiammaṉ	Göttin in Tamil Nadu, hier: von Pattukkottai
nadu	Ort, Provinz, Land; im vorkolonialen Süd-Indien die grundlegende geographische Einheit
nattar	Führer der Rechte-Hand-Abteilung, oftmals Vellalar oder andere dominierende Bauernkasten
nawab	Vizekönig oder Gouverneur einer Provinz unter den Mogulen
neytal	Eines der tiṇai; Graul: ‚Strandboden‘
Niligiris	Gebirge im Westen Tamil Nadus
pāda	Weg
pakka	Rein, sauber
pālai	Eines der tiṇai; Graul: ‚Haideboden‘
Pallar	Niedere Kaste von Feldarbeitern, vor allem im Süden Tamil Nadus
panchayat	Kasten- oder Dorfrat, meistens aus fünf Mitgliedern bestehend
paṇṇaiyāl	Zum Land gehörige Arbeiter, die beim Verkauf des Landes mit verkauft werden
parapakṣa	Teil in einem Werk in dem die anderen Lehrmeinungen widerlegt werden
paravidyā	Höchstes Wissen
Paraiyar	Niedere Kaste in Tamil Nadu, meistens als Kastenlose bezeichnet, besaßen aber innerhalb der Rechte-Hand-Abteilung einige Rechte, die von ihnen verteidigt wurden und durch die sie sich selbst höher einstuften als Mitglieder der Linke-Hand-Abteilung. Von Europäern wurde ‚Paria‘ oder ‚Pariah‘ als Sammelbegriff für alle Kastenlosen verwendet
pāśa	Fessel
paśu	Seele
pati	Herr, Bezeichnung für Śiva
paṭiyāl	Abhängige, in der Sklaverei ähnlichen Verhältnissen lebende Arbeiter
Petta-Pillai	Kastentitel der Paraiyar, ‚Kind von Hause‘, setzte sie in eine Beziehung zu den Vellalar
pēy	Dämonen, Geister
picacu	Böse Geister
Pidari	Weibliche Gottheit in Tamil Nadu

Pillai, Pilley	Titel der Vellalar
poligar	Kleiner König, lokaler Herrscher, Heeresführer
poruḷ	Siehe: artha,
poruṭpāl	2. Kapitel des Kuṟaḷ, Graul: ‚Von dem Gute‘
Prabhu	Hohe Kaste in Bombay
pracatam	Gabe, die von der Gottheit durch den Priester an den Opfernden wieder ausgeteilt wird
prajāpati	Vedische Figur, Schöpfergottheit, Vorvater aller Wesen
pramāṇam	Logisches Argument, rationaler Beweis
pūjā	Rituelle Verehrung, Ritus für eine Gottheit
Pulshay-Brahmanen	Brahmanen Kaste in Maharashtra
pundit	Lehrer, meist Brahmane, der an Anglo-Indischen Gerichten angestellt war, um Hindu-Recht auszulegen
punniyam	Opfer, religiöses Verdienst
puṟam	Literaturgattung in der Caṅkam-Literatur, äußerer Teil, der dem öffentlichen Leben gilt und dem König oder der Kriegskunst
Purāṇa	‚Alte Geschichten‘, Textgattung mit vorwiegend mythologischem Inhalt
puṟapporuḷ	Textgattung der Tamil-Literatur, die äußeren Dinge betreffend
purohita	Brahmanischer Priester, der auch dem Hausritual vorsteht
puruṣa	Mensch, im Ṛgveda, der Urriese, aus dem die Welt entstanden ist
puruṣārthas	Die vier Wege des Menschen zur Erlösung
pūcari	Nicht-brahmanischer Priester
rājadharma	Aufgabe eines Herrschers, für Wohlstand und Ordnung zu sorgen
Ṛgveda	Älteste Sammlung von Anrufungen an die Götter in 1008 Hymnen, erster Teil der Sāmhitas
Rudra	Vedischer Sturmgott, in nachvedischen Zeiten mit Śiva identifiziert
ryot	Bauer, der Land bearbeitet und Steuern direkt an den König oder die Kolonialregierung zahlt
ryotwari	System der Landbebauung und -verwaltung, von den Engländern 1803 in Madras eingeführt, nach dem der Bauer nach seinen Feldern besteuert wurde
sabai; skt.: sabha	Gemeinschaft, Kirche, Organisation
sādhana	Lehre; Heilsmittel; Mittel zur Erlösung
Śaiva	Anhänger von Śiva
śakti	Kraft der Göttin, weiblicher Aspekt Śivas
Śakuntalā	Titelfigur eines Sanskrit-Dramas von Kālidāsa
samāj	Vereinigung
Samaner	Bezeichnung für buddhistische und jainistische Asketen
saṃhitā	Sammlung von Hymnen oder Abhandlungen
sāṃkhya	Philosophisches System. Betont die Notwendigkeit der Erkenntnis der Verschiedenheit von Wesenskern und individuellem Bewusstsein
saṃnyāsa	Lebensphase, Weltentsager, führt zur Befreiung (mokṣa)
saṃpradāya	Richtung, Sekte, Religionsgemeinschaft, Heilsweg
saṃsāra	Weltenkreislauf

śastra	Gesetzesbuch
sāti	Witwenverbrennung
seṭil kūtel	Hakenschwingen
Shanar	Palmweinzapferkaste im Tinnevely-Distrikt, zahlreiche Christen, später umbenannt in Nadar
siddhānta	Ende des Wissens, Name einer philosophischen Richtung innerhalb des Śivaismus
siddhar	Asket, Seher
Śiva	Gottheit im Hinduismus
Smārtas	Brahmanen. Anhänger des advaitavedānta
smṛti	Das Erinnerte, das Überlieferte, einen Teil des Veda
śruti	Das Gehörte, das Offenbarte, bezeichnet den ersten Teil des Veda
Sthālapurāṇa	Ätiologie eines Tempels, erzählt über Gründung und zentralen Kult
Śūdra	Mitglied eines der vier varṇas, gewöhnlich klassifiziert als Dienerstand
swarāj	Selbstregierung, politische Unabhängigkeit, ‚Home-rule‘
Tamilvēdam	Name der Tirumuṟai bei den Śaivas in Tamil Nadu
talaivan	Vorstand eines Ortes, Häuptling, Sprecher
talaiyari	Häuptling des Ortes
tamiḻaṉ	Tamil-Wesen, Tamil-Sein
Tenkalai	Südzweig der Vaiṣṇavas
Tēvāram	Die ersten sieben Bücher des Tirumuṟai
tēvatāṉam	Besitz einer Gottheit, aus den Gaben der Gläubigen
tiṇai	Ort, Art, Unterscheidungsmerkmal
Tirukkuṟaḷ	Klassischer tamilischer Text mit ethischen Versen
Tirumuṟai	Sammlung Heiliger Schriften des Śivaismus
Todas	Volk in den Niligiris lebend
Tolkāppiyam	Älteste tamilische Grammatik
tondaiman	Herrscher, Fürst
tuṟavaṟam	Unterabschnitt des ersten Kapitels des Kuṟaḷ; Graul: von der Bußtugend
Upaniṣad	Textgattung mit philosophischem Gehalt
vānaprasatha,	Lebensphase, Waldsiedler, Verlassen von Beruf und Familie
varamaḷ	Pächter, die einen Teil des Ertrages des Landes erhalten
varṇāśrama	Lebensordnung gemäß der Kasten
Vaṭṭakalai	Nordzweig der Vaiṣṇavas
Vaiṣṇava	Anhänger von Viṣṇu, einer hinduistischen Gottheit
Vaiṣya	Eine der vier varṇas; fasst gewöhnlich Händler und Bauern zusammen
Valankai	Rechte-Hand-Abteilung der Tamilischen Kasten
Vaḷḷuvar	Priesterklasse der Paraiyar
Vanikar	Auch Chetti, Händlerkaste; normalerweise Teil der Linke-Hand-Abteilung.
varṇa	Farbe, Stand; brahmanisches Konzept, nach dem die indische Gesellschaft in vier hierarchisch geordnete Gruppen aufgeteilt wird; oft übersetzt als ‚Kaste‘

Veda	Wissen, bezeichnet die heiligen Texte, im engeren Verständnis die vier Saṃhitās
vedānta	Ende des Veda, philosophische Richtung
Vellalar	Dominierende Bauernkaste in Tamil Nadu; oftmals Führer innerhalb der Rechte-Hand-Abteilung, wurden als Mittler in Kastenkonflikten eingesetzt
Vettian	Dorfdiener aus den Kastenlosen; Tempeldiener, der die Opfer vollzieht
viraṉ	Held
Viṣṇu	Hinduistische Gottheit
viṭu	Siehe: mokṣa
viśiṣṭādvaita	Qualifizierte Nicht-Zweiheit, philosophisches System, das Ātman und Brahman voneinander unterscheidet, aber aufeinander bezieht
yāgam	Opfer
yātrā	Prozession (pan-indisch)
yogapāda	Weg der Übung
yuga	Weltzeitalter
zamindar (zemindar)	Landbesitzer mit speziellen Rechten

Zeitschriftenverzeichnis

Allgemeine Missions-Zeitschrift. Gütersloh, ab 1896 Berlin (AMZ)
Allgemeine Zeitung. Augsburg (AZA)
Anzeigenblatt für die evangelisch-lutherische Missionsgesellschaft zu Dresden, Beilage zu, Pilger aus Sachsen, Dresden 1838–1840
Das Ausland, Augsburg (DAA)
Christian Work, London (CWL)
The Church Missionary Intelligencer, London 1849–1907 (CMI)
The Circulator, Madras
Evangelische Missions-Zeitschrift, Stuttgart (EMZ)
Evangelisches Missions-Magazin Basel, ab 1857 (EMM)
Evangelisch-Lutherisches Missionsblatt, Dresden 1846–1847; Leipzig 1848–1941 (ELMB)
The Harvest Field, Bangalore 1862–1923 (HF)
The Indian Economic and Social History Review, Delhi, ab 1963 (IESHR)
The Indian Evangelical Review, Bombay 1874–1898 (IER)
Die Königl. Dänischen Missionarien aus Ost-Indien eingesandter ausführlicher Berichte, Halle 1705–1775 (Hallesche Berichte = HB)
The Madras Advertiser, Madras
The Madras Christian Herald, Madras (MCH)
The Madras Native Harald, Madras (MNH)
Magazin für die neueste Geschichte der evangelischen Missions- und Bibelgesellschaften, Basel 1818–1856 (MNGEMB)
Missions-Nachrichten der Ev.-Luth. Missionsgesellschaft zu Dresden, Dresden 1841–1845 (DMN)
Missionsnachrichten der Ostindischen Missionsanstalt zu Halle, Halle ab 1849 (MOIMH)
Nachrichten aus und über Ostindien für Freunde der Mission. Nach Mitteilungen des Missionars Ochs, hg. Ernst Genzken, Schwarzenbeck 1857–1866 (NOI)
Neue Allgemeine Missionszeitschrift, Gütersloh (NAMZ)
Neuere Geschichte der Missions-Anstalten zur Bekehrung der Heiden in Ostindien, Halle 1776–1848 (Neue Hallesche Berichte = NHB)
The Oriental Christian Spectator, Bombay (OCS)
The Siddhanta Deepika and Agamic Review or The Light of Truth, 1889–1914 (SD)
The Tamilian Antiquary (TA)
Wissenschaftliche Zeitschrift der Martin-Luther-Universität Halle-Wittenberg, Gesellschafts- und sprachwissenschaftliche Reihe, Halle (WZ[H]GS)
Zeitschrift der Deutschen Morgenländischen Gesellschaft, Leipzig (ZDMG)
Zeitschrift für die gesamte lutherische Theologie und Kirche, Leipzig (ZLTK)
Zeitschrift für die historische Theologie, Gotha (ZHT)

Literaturverzeichnis

I. Teil: Primärquellen

1. Handschriftliche Quellen

a) Stationsberichte

1. Poreiar 1857–1916
2. Tandschaur 1896–1916
3. Tranquebar / Lehrerseminar 1847–1915
4. Chingleput
5. Chidambaram
6. Cuddalore
7. Kumbakonam 1857–1913
8. Aneikadu u. Patukotah
9. Pattukkottai oder Pudukotei 1885–1908
10. Negapatan 1868–1913
11. Madras 1900–1916
12. Madras Pursawakam
    – Madras Rayapuram 1894–1916
    – Landbezirke von Madras
13. Mayaveram und dazugehörige Landgemeinden
14. Madras 1850–1865
15. Madras 1883–1888
16. Madras 1894–1899
17. Madura (alte Akte Nr. II u. III), darin: Schad, F., Die Maravar Aufstände (korrigiertes Manuskript)

b) Kollegialprotokolle

1848–1856

1. Acta des Kollegiums der Evang. Luth. Mission zu Leipzig. Protokolle des Collegiums vom Jahre 1848 bis 1851, Vol. I, gehalten vom Director K. Graul.
2. Acta des Kollegiums der Evang. Luth. Mission zu Leipzig. Protokolle des Collegiums vom Jahre 1852 bis 1856, Vol. II, gehalten vom Director K. Graul

1857–1859

1.2. Acta des Kollegiums der Evang. Luth. Mission zu Leipzig. Protokolle des Collegiums vom Jahre 1857 bis 1859 (25. Febr. 1860), Vol. III, gehalten vom Director K. Graul.

c) Personalakten

Beythan (darin: Praktische Grammatik, Umbruchdruck am 20.3.43 mit einem Begleitschreiben in Furcht vor seinem Tod oder Vernichtung des Originals nach Leipzig geschickt)
Baierlein
Gehring, A.
Schad
Frölich
Schomerus, H.W.
Gräfe
Germann
Just
Kabis
Schanz
Lehmann

d) Copiebücher

1. Indien No. 1, Copiebuch, angefangen 12. Januar 1912–1919, enthält alle offiziellen Kollegialschreiben von dem Direktor an den Missionskirchenrat in Indien
2. Indien No. 2, 1905–1912, enthält alle offiziellen Kollegialschreiben von dem Direktor an den Missionskirchenrat in Indien
3. 1849–1853, enthält Briefe des Collegiums an die Missionare und andere Briefe während der Abwesenheit Grauls in Indien
4. Juli 1891–9.5.1905, enthält alle offiziellen Kollegialschreiben von dem Direktor an den Missionskirchenrat in Indien

e) Verschiedene Aktenstücke

I. Verschiedene Schriftstücke, die Kaste betreffend (VSK I)
1. C. Ochs, Wie verhält sich die Kaste in Indien zum Christentum und Insonderheit zum christlichen Lehrstande? Dem hochwürdigen Missionskollegium zur gütigen Beurtheilung mitgetheilt, 1856 (Manuskript, 69 Seiten)
2. Briefe von Missionar Ochs über die Kaste in Indien; Abschrift von G. Schütze, Dresden 17. August 1860 (35 Seiten)
3. W. Stählin, Bemerkungen zu der Denkschrift des Br. Ochs, 1857
4. E. Baierlein, Zur Denkschrift des Missionar Ochs, die Kaste betreffend, Cudalore, 16. März 57
5. Brief von Baierlein an Graul (über die Denkschrift von Ochs), Cudalore, 24. Februar 1857
6. Carl Alexander Ochterlony, Anmerkungen zur Denkschrift von Br. Ochs, 23. Februar 1857
7. E. Appelt, Votum zu der Denkschrift des Br. Ochs, Tranquebar, im Januar 1857
8. A.F. Wolff, Votum zu der Denkschrift des B. Ochs die Kaste betreffend, Poreiar, 18. Januar 1856 (70 Seiten)
9. Unbekannt, Kaste (16 Seiten mit Anmerkungen von Graul)
10. Anmerkungen von Schwarz, zur Denkschrift von Ochs, Trichinopoly im Dezember 1856 (106 Seiten, ohne Überschrift)
11. Carl Ochs, Stellung zur Kastenfrage (7 Seiten)

12. Brief von Ochs an Professor Kahnis, Mayaveram, 6. März 1857
13. Brief von Cordes an Graul, 16. Mai 1856
14. F. Kremmer, Zu den Promemoria von C. Ochs, Vepery, 3. April 1857
15. Protokoll der Sitzung des Seniors des Missionsrates in Tranquebar mit Ochs u.a, vom 26. März 1857 (unterschrieben von Cordes, Ochs, Appelt und Wolff)
16. Karl Graul, Über die Wirkung von Ochs' Denkschrift unter indischen Pastoren „Es tut mir im tiefsten Herzen leid …" (8 Seiten)
17. J.T. Meischel, Zu der Denkschrift des Bruder Ochs, Mayaveram, 26. Januar 1857 (6 Seiten)
18. Brief von Mögling (Basel) an Graul, Mangalore 13. Juli 1850
19. J.M. Lechler, Correspondence. Heathen Persecution in Salem. To the Editor of the Madras Christian Herald, Salem, 30. Jan. 1857

II. Verschiedene Schriftstücke die Kaste betreffend (VSK II)

1. Vertrauliche Mittheilung für die stimmberechtigten Vereine der Evangelisch-Lutherischen Mission in Leipzig, Leipzig, 22. November 1958 (enthält: 1. und 2. Schreiben an den Missionskirchenrat in Tranquebar, 3. Schreiben an unser sämmtlichen Missionare in Ostindien, 4. An den Missionar Ochs in Mayaveram, 5. An Missionar Wendlandt in Poreiar)
2. Zur Kastenfrage, Briefe und Berichte der Missionare Ochs, Wendlandt, Kremmer, Mylius etc. aus den Jahren des Kastenstreites 1857–1860 (U 8)
3. Verhandlungen mit Wendlandt und Ochs. Briefe des Missionskirchenrates an Ochs (U 9)

III. Indische Pressestimmen zum Kastenstreit – Korrespondenz u. Verhandlungen D. Grauls mit engl. Missionsmännern während seines indischen Aufenthaltes betr. Kastenfrage

Manuskripte:

1. Brief von L. Jenett an Graul, Nellore 31. Mai 1852 (U 5)
2. Brief von Kremmer, Wolff und Glassel an Mr. Guest. Mayaveram, 29. April 1850 (Über Proselytismus-Vorwürfe der Engländer an die Dresdener Mission); Antwort von Guest, 6. Mai 1850 (U 7)
3. Brief von Mayers an Graul, Madura, 14. Dezember 1851
4. Brief von Mögling an Graul, Mangalore, 9. März 1850 (U 5)
5. Brief von Phoeion an Graul, Mofussil, Juli 1850
6. Brief von Braidwood an Graul, 25. September 1850 (U 5)
7. Brief von Braidwood [?] an Graul, 23. Dezember 1850 (U 5)
8. Report of the Deputation of the Madras Missionary Conference appointed to meet with Dr. Graul and converse with him on the Caste Question [Anhang] (U 5)
9. Entwurf der ‚Principles' der Leipziger Mission die Kastenfrage betreffend, von Graul
10. Abschriften der Briefe von Ochs, Wendland und Wolff durch Gottlob Schütze, Dresden, vom 16. Sept. 1860.

Gedruckte Artikel:

1. Ausriß: Bishop Heber's Letter to the Rev. M. Schreyvogel, Chillumbrum, 21st March, 1826; Bishop Heber's Articles of Inquiry on the Question of Caste; Statements relative to the Articles of Inquiry on the Question of Caste, by the Tanjore Missionaries; aus: P. Percival, Land of the Veda, London 1854, Appendix, 485–496.
2. Aus: The Circulator, 9. August 1852 über die Kastenpraxis der Lutherischen Missionare

3. Aus: Oriental Christian Spectator, Bombay, July 1851, Toleration at Madras, 257–268
4. J. Scudder, On the Retention of ‚Caste‘ in the native Churches, in: Correspondence [?] (Zeitschrift nicht vollständig), Madras, 24. Dezember 1851
5. திருச்சபை The Curch (Artikel in Tamil mit englischen Anmerkungen von Gaul)
6. In Sachen des Kastenstreits. Briefe von den Missionaren Ochs, Baierlein und Wolff mit Anmerkungen und Nachwort versehen und herausgegeben von Gottlob Schütze, Lehrer an der evang. Freischule in Dresden
7. Caste: – The Published Minute of the Madras Missionary Conferernce, in: The Madras Native Herald, 9. März 1850, 33–37

f) Nachlass Karl Graul

Kapsel I:

Aktenstück: *Aboriginal Religion. The antibrahmanical Religion of the Hindus*

1. A List of the Names of Evil Deities in Tamil (123 deities)
2. Descriptions of Bhoodas (34 bhoodas von S. Samuel Pillay, 5.8.1853) [siehe Anhang]
3. Ghosts and sorceresses of India (ein Blatt)
4. Notizen zu Devil Worship (einzelne Schnipsel)

Aktenstück: *Vedische Zeit*

Notizen über Indra, Agni, Dksa, Danavar, Gaudarva, Rudra, Savitri, Hryaman

Aktenstück: *Djainismus*

1. Die Jainas
2. Die djainistischen Götter des Kural (Notizen auch zu Dubois)

Kapsel II:

Aktenstück: *Länderkunde*

Madras

Kapsel III:

Aktenstück: *Linguisti*

Über den Gegensatz von nomadischen Sprachen zu afrikanischen Sprachen (aus: Das Ausland 1859, No. 14, 324)

Kapsel IV:

Aktenstücke: *Notizen zur Missionsliteratur*

Dänisch-Hallesche Berichte 1768; 1776; 1782: III, VI, VIII, IX; 1790; 1796; 1805; 1826; 1839 u.a.

Kapsel VI:

Aktenstück: *Religion im Tamulenland*

1. A preliminary introduction to letter-writing among the Mallu Brahmins, a class of Kshatrias
2. Liste mit 15 verschiedenen Sorten Talis (in Tamil mit Anmerkungen von Graul)
3. Beschreibung der Dörfer Autoukarai, Devipatnam, Arnutmangalam, Crudi und Pagalur
4. Historical Sketch of the Kingdom of Pandy, by H.H. Wilson (16-seitiges Manuskript in englisch von Graul)

5. Anhang zur Christlichen Mission unter den Tamulen, Ethnologisches, Die Maravar (17 Blatt)
6. Unterstützung für die evang.-luth. Mission im Tamulenlande
7. Agastya (englisch)
8. Der Süden Indiens (20 Seiten, 5 Blatt)
9. Beschreibung von Tanjore von Carl Ochs (ausführlich: siehe ELMB 1847, 165)
10. Griechen über Ostindien / Die Straßen mit dem Westen
11. Strabo über Ostindien (griechisches Manuskript mit Grauls Anmerkungen)
12. Klaudiou Proemaiou. Täs enetis Haggeou Indikis Theous (griechische Liste der indischen Götter
13. Arriani Historia Indica (Griechisch mit Anmerkungen Grauls)

Aktenstück: *K. Graul, btr. Dän.-Hall. Mission*

1. Erste ausführl. Berichte (Exzerpte aus den ersten 9 Continuationen der Dänisch-Halleschen Berichte zu Ziegenbalgs Missionsmethode, Puranas, malabarischen Göttern u.a.)
2. Plüthschaus Reise nach Europa, „Plütschau reist 13. September 1711 von Madras ab …" (Bleistift)
3. Zusammenfassung von Taylor, Memoir of the first Centenary of the earliest protestant Mission at Madras, Madras 1847
4. Exzerpte zu Ziegenbalg, Fabricius, Hüttemann und Gericke, Brethaupt und Schwarz „Ziegenbalgs Religious System of the Natives sei mangelhaft …"
5. Hallesche M. Nachrichten 1770–1786 (Exzerpte und Ausrisse mit Anmerkungen Grauls)

Aktenstück: *Indische Mission*

6. Notizen zu Dravida Grammatik
7. Über die Beziehung der Dänisch-Halleschen Missionare nach Tinnevelly
10. Schulwesen (40-seitiges Manuskript: „Es herrschen in Indien zwei Systeme des Unterrichts: In Bengalen ist vorzugsweise die englische Sprache die Lehrende, in der Präsidentschaft Bombay die der Eingeborenen …")

Aktenstück: *Buddhismus*

1. „Mr Taylor takes it for granted that the brahmins of this country have some very close connection with the lost tribes of the Jews …"

Aktenstück: *Notizen für Tamul. Literatur etc.*

1. Questions on Miscellaneous subjects [siehe Anhang]
2. 7 Beweise über die Kasten aus den Vedas (in englisch mit Anmerkungen Grauls)
3. Über Rituale der Smarta Brahmanen (Tamil und Deutsch)
4. Nannul (Kommentar des tamilischen Textes, 80 Seiten)
5. „The great Textbook of the Vaishnavas is the Bhagavat and of the Sivas the Kari Khanda …"
6. Notizen zu Terminologie im Kural
7. Ilakkanam (grammatische Notizen, 14 Seiten, Tamil und Deutsch)
8. Ilakkiyam (Notizen zur Grammatik)
9. Attichudi. Om ! Gnanapadi saitenaide 108 Sprichwörter (französisch)
10. Tanatiyanankaram (Kommentar, 34 Seiten)
11. Die Kasten in Mayuram (Verschiedenes über die Kasten. I. Brahminen, 1. Matthuvan, 2. die Vadamar, 3. nepe … kari [?], 4. Ayyangar, 5. Wattimal u.a., 6. Kschatrier, Vanihar, Vellala (64 Seiten)

12. Literatur-Sammlung zur Reise
13. Aus Ilyakkana Kotthu (17 Seiten)
14. Irusamaiya Vilakkam (grammatische Notizen, 8 Seiten)

Aktenstück: *Tamulische Literatur*

1. Kural, Notizen Kapitel II.1
3. Ramayanam, Kommentar zu Kamber Ramayana (45 Seiten)
4. Summary of the Irusamaiya Vilakkam (von S. Samuel Pillay in 91 Punkten)
5. Brama Giethei (Notizen, in Tamil)
6. Memorandum, „To what Deities are the different pagodas ...“ (Fragen von Graul mit Antworten von S. Samuel Pillay) [siehe Anhang]
7. Rajatani, Notizheft, Aufzeichnungen über Tamilbücher und Missionsliteratur
8. Periya Puranam (Notizen in Tamil und Kommentar, 8 Seiten)
9. Die Sv...[?] der 108 heiligen Vishnu Orte
10. Vrihat Araniga (12 Seiten)
13. Panchakammaler „According to the Dictionary ...“ (englisches Manuskript über die Abstammung der Panchakammaler in 23 Punkten) [siehe Anhang]
16. Die Viruttastala-Purana (19 Seiten in Fadenheftung mit Beiblättern)

Kapsel IX:

Aktenstück: *Religionsgeschichte* (Din A4)

1. Die Brahmanas
2. Chandogy Upanishad

Aktenstück: *Zend-Literatur*

Zend

Kapsel X:

Aktenstück: Ostindien: Allgemeines

1. Literarische Notizen
2. Informationen über Hinterindien – Assam, Chittagong, Aarakam, Birma, Tenasserim, Siam, Malacca
   Informationen über Indien – Bengalen, Bahr, Allahabad, Oude, Agra, Delhi, Nepal, Gorwal, Bombay, Ahmedabad, Mangalore, Cottayam, Allepy, Quilon, Nagercoil, Dekkan (mit Mysore, Coromandel nebst Carnatik, Circars, Orissa), Madura, Nagapatanam, Tranquebar, Cumbacconum und Cittore, Mayavaram, Madras, Cuddapah, Circars (in gebundenem Notizheft)

Aktenstück: *Sankhya Philosophie* (Entwurf 37 Seiten)

Aktenstück: *Kunde von Indien*

1. Indologie, „Wie soll der Miss. mit dem Land vertraut werden“ (Vorlesungsmanuskript für Missionsseminar, 80 Seiten, enthält auch Anmerkungen über Ceylon)

Aktenstück: *Kunde von Indien II*

1. Kunde von Indien (Vorlesungsmanuskript, 62 Seiten in 77 §§ nebst Anmerkungen)
2. Die Ausbreitung der christlichen Kirche unter den Tamulen
3. Die einzelnen Theile Indiens

Aktenstück: *Indische Philosophie*

1. Philosophie
2. Systeme Vedanta
3. Njaja von Gautama

4. Prameja
5. Grammatikalische Anmerkungen zu den Yogasutren des Patanjali (62 Seiten, Sanskrit in Umschrift)

Aktenstück: *Indien*

1. Manuskript über dravidische und arische Sprachen (4 Seiten)
2. Notizen über Madurah, Tanjore Srirangam, Chidambaram, Mavalipuram (Maha bali puram)
4. Tamulische Literatur
5. Ausriß über Hoisington (mit Anmerkung: für Bibliotheca Tamulica)
6. Mutiny
9. Zur indischen Prozeßgeschichte
10. Drei Systeme
11. Die Handelskammer zu Bombay (Notizen zu: Das Ausland 1854, No. 47, 6 Seiten)
13. Population of South India 1851 (22 britische Provinzen; Tabelle: Hindus – Others – Total)
14. Die Badagas in den Nilgiris (7 Seiten, rote Unterstreichungen)

Aktenstück: *Ostindien, Literatur und Wissenschaft*

1. Panchatantra
2. Indisches Wissen

Aktenstück: *Kunde von Indien III*

1. Hindu Bekenntniß u. Abbitte, derselben unter den Badagas gebräuchlich (so bei einem speciellen Feste gebraucht), (4 Seiten Übersetzung des Badaga Textes)

Aktenstück: *Ph. A. D., S. und U.*

1. Ph. A.D. 1 D 1860 (Manuskript über indische und Tamilische Kultur) Ph = Philadelphia (27 Seiten)
2. Sakuntala (Notizen zu Übersetzungen)
3. Ramayana

Kapsel XII:

Aktenstück: *Kerygma*

Aus der Schrift Sivavakkiam

Aktenstück: *Missionsw. IV*

1. Erfordernisse zum Missionar (3 Seiten Notizen)
2. Charakter eines Missionars (Manuskript 9 Seiten)
3. Die kirchlichen Meetings in London 1858 (3 Seiten)
4. Die Missions-Berichte

Aktenstück: *Basler Gesellschaft*

Die Kastenfrage u. die Mission in Ostindien, Basler Position

Kapsel XIII:

Aktenstück: *K. Graul, 2. Kahnis, Symbol. Apol.*

Brief von Graul an das Preiskommitee vom 17.5.1856

Separate Akte zum Nachlaß:

Aktenstück: *K. Graul, Briefe an ihn, 1853–55. Aus Indien u. Europa*

1. Hermann Gundert: 64 Anachramas oder Mißbräuche in Kerala
2. Hermann Gundert: Liste mit ausführlichen Beschreibungen einzelner Kasten in Kerala

3. Population of the District of Salem (nach Kasten und Zahlen geordnet. 191 verschiedene Kasten werden aufgeführt)
4. S. Samuel Pillay: Answers to the 12 Questions enclosed in the letter dated 6th June 1853 [Anhang]
5. Das Versbuch Iniya Naarapatu (Tamil)
6. S. Samuel Pillay: „Out of the 28 questions which you asked me …“ [Anhang]
7. S. Samuel Pillay: Brief vom April 1855, Beantwortung von 3 Fragen [Anhang]
8. S. Samuel Pillay: Brief vom 10ten April 1855 mit Anmerkung von C.F. Kemmerer vom 26.4.55 [Anhang]
9. The Names of ஆழ்வார்கள் (ā̱lvārkaḷ), April 1855.
10. Notiz über die Thomaschristen an Graul geschickt von C. Ritter, 1.5.1855
11. List of Villages of the Madura u. Dindigul District (1031 Dörfer sind aufgelistet, Tamil und Englisch), (Ayen Pooroppoo, Enam Shratriem villages)

g) Nachlaß Carl Ochs

1. Memorandum. A Journal kept for the Mission in Mayaveram, September 1854
2. Tagebuch für die Mission in Mayaveram von den Missionaren, September 1854 – Oktober 1865
3. Briefe an ihn und von ihm, August 1863 – Februar 1974
4. Briefe und Abhandlungen (z.B. über Bhakti und Kastenfragen)
5. Missionschronik der Dänisch Ev. Luth. Mission in Südindien. Angefangen auf der Station Bethanien bei dem Dorfe பட்டமபாக்கம [Puṭṭampakam], A.D. 1865
6. Extract from the Peport of the South India Missionary Conference, 1858
7. Aus einem Schreiben an den Missionar, Herrn Bruder Ochs von dem Dresdener Commitee, dat.: 23. August 1849

h) Sonstige Aktenstücke

1. Briefe von Missionar Just. Schreiben des Comité bzw. des Collegiums an die Missionare in Tranquebar 1845–1848
2. Ostindische Angelegenheit, Appelt 1845/1846
3. Aktenstück: Verhandlungen d. Comité über die Geldangelegenheit von Cordes, Ochs und Schwarz, 1840–1843, auch einiges von 1846, Votum v. Graul

i) Tamilbibliothek der Leipziger Mission

Signatur D 558, enthält folgende handschriftliche Manuskripte von H. Schanz:

1. Indische Wissenschaft. 3 Hefte, enthält 3 Kapitel: Theologie, Sr. Hochwürden Herrn Missionsdirector Hardeland in Leipzig, mit herzlichen und ergebendem Gruße, Poreiar 13, August, 1870, H. Schanz, Missionar, geschrieben am 21. Juli 1870 (16 Seiten)
2. Indische Wissenschaft. 4. Heft, enthält 4 Kapitel: Anthropologie, A. Physiologie und Anatomie, B. Psychologie und Moral, geschrieben am 25. Feb. 1871 (29 Seiten)
3. Indische Wissenschaft. 5. Heft, enthält 5 Kapitel: Philosophie (Metaphysik und Logik), geschrieben am 19.3.1871 (50 Seiten)
4. Indische Wissenschaft. 6. Heft. enthält 6 Kapitel: Religion der Hindus (A. Mythologie, B. Religionssysteme, C. Kultus, D. Askese); geschrieben am 19. Juli 1871 (24 Seiten)
5. Indische Wissenschaft. 7. Heft, enthält 7 Kapitel: Geographie und Geschichte, geschrieben am 24. Juli 1871 (22 Seiten)

6. Indische Wissenschaft. 8. Heft, enthält 8 Kapitel: Politik und Militärisches, geschrieben am 4. August 1871 (10 Seiten)
7. Indische Wissenschaft. 9. Heft, enthält 9 Kapitel: Poesie, Musik und Architektur, geschrieben am 6. Sept. 1871 (67 Seiten)
8. Indische Wissenschaft. 10. Heft, enthält 10 Kapitel: Kaste, Beschäftigungen und Unterricht, geschrieben am 5. Oktober 1871 (30 Seiten)
9. Indische Wissenschaft. 11. Heft, enthält 11 Kapitel: Medizin und Naturwissenschaft, geschrieben am 22. September 1871 (26 Seiten)

Signatur E 146, E 146a:
Moralia Tiruvalluveni, 2 Bde., von R. Clarke. Cural with Latin Translation, handschriftliche Kopie mit der Übersetzung von Beschi

Signatur E 145:
The Cural of Tiruvalluvar, First Part with the Commentary of Parimelaragar and Amplification of that Commentary by Ramanuja Cavi-Rayar and an Englisch Translation of the Text by the Rev. W.H. Drew, Missionary, Madras 1840

k) Sonstiges (gedruckt)

1893. Katalog der Bibliothek der Ostindischen Missionsanstalt in den Frankeschen Stiftungen zu Halle a.S., Halle

1893. Katalog der Missionsbibliothek des Ev.-lutherischen Missionshauses zu Leipzig, Leipzig

2. Gedruckte Quellen

BAIERLEIN, ERNST R.
1870. Das Land der Tamulen und die Mission in demselben, in: ELMB, 3–368.
1873. Nach und aus Indien. Reise und Kulturbilder, Leipzig.
1874. Die Ev.-Luth. Mission in Ostindien. Missionsstunden, Leipzig.
1875. The Land of the Tamulians and its Missions, Madras.
1888. Von den Heiden. Vier Missionsstunden, Leipzig.
1889. Die Lehre der Vedanta von Gott, von der Welt, von dem Menschen und von der Erlösung des Menschen. Aus den Quellen dargestellt, Dresden.

BEYTHAN, HERMANN
1936. Who is Adolf Hitler?, Madras.
1942. Was ist Indien?, Heidelberg – Berlin – Magdeburg.
1943a. Die soziale Frage in Indien, Heidelberg.
1943b. Praktische Grammatik der Tamilsprache, Leipzig.
1944. Rassen, Klassen, Kasten, Völker, Nation in Indien, in: Atlantis 16, Freiburg, 95–127.

CAEMMERER, AUGUST FRIEDRICH
1803. Des Tiruvalluver Gedichte und Denksprüche, Nürnberg.

CORDES, AUGUST
o.J. Heinrich Cordes, der Vater der neueren lutherischen Tamulenmission, Leipzig.
o.J. Ohne Mission keine Kirche, Leipzig.

DANELL, N.
1922. Wie ich das südindische Missionsfeld nach dem Kriege fand, Leipzig.

DEWASAGAJAM, N.
1909. Wie ich Tamulenpastor wurde. Nach Pastor Nj. Devasagajams, Baccalaureus Artium, mündlichen Erzählungen deutsch niedergeschrieben, Leipzig
1919. Aus meinem Leben. Erinnerungen des Tamulenpastors Nj. Dewasagajam, Leipzig.

DWORKOWICZ, K.
Einige Züge aus der früheren Geschichte der ev.-lutherischen Missionsstation Madrás, in: Palmzweige vom Ostindischen Missionsfelde, größere Serie 14, Leipzig.

FRENKEL, HEINRICH
1902. Indiens Frauen im Spiegel der indischen Literatur, in: Indische Lotosblumen 3–4, Leipzig.

FRENKEL, HELENE
1922. Die indische Frau in Dichtung und Leben, Leipzig.

FREY, ELSE
o.J. Tilaks Weg zu Christus, Leipzig.

FRÖLICH, RICHARD
1907. Tamulisch-heidnische Gedanken über Sünde und Gnade, in: JSMK 9, 35–44.
1913. Conscience and Truth. A Help to Bible Study for Evangelists and Enquirers, Madras.
1918. Das Zeugnis der Apostelgeschichte von Christus und das religiöse Denken in Indien, Leipzig.
1921. Aus der Mappe eines indischen Missionars. Bilder und Gedanken für besinnliche Leute, Leipzig.
1934. Propaganda des Hinduismus, in: LMJB 47, 35–40.
1936a. Gurukul Notes, Madras.
1936b. Gurukul Notes. Tamil Edition, Madras.
1938. Von der religiösen Lage in Indien, in: LMJB 51, 165–173.
o.J. Tamulische Volksreligion. Ein Beitrag zu ihrer Darstellung und Kritik, Leipzig (1915?).

GÄBLER, ELSE
o.J. Als Botschafter auf der indischen Landstraße, Leipzig.

GÄBLER, PAUL
1938. Nadiamman, die Göttin von Pattukkottai. Ein Beitrag zum Verständnis der Volksreligion in Indien, in: W. Gerber (Hg.), Vom Missionsdienst der Lutherischen Kirche, Leipzig, 35–48.
o.J. Unsere indische Missionsarbeit im Jahr 1938, in: LELM (Hg.), Unsere Missionsfelder in Indien und Afrika, Leipzig.

GEHRING, ALWIN
1891. Kurzer Bericht über Land und Volk der Tamulen und über die Missionsarbeit unter demselben, Leipzig.

1905. Drei Jahre in Tritschinopoli. Erinnerungen aus dem Leben eines Tamulenmissionars 5, in: Palmzweige vom Ostindischen Missionsfelde, größere Serie 23, Leipzig.

1905. Zwei Jahre im Tondimanlande. Erinnerungen aus dem Leben eines Tamulenmissionars, viertes Heft, in: Palmzweige vom Ostindischen Missionsfelde, größere Serie 22, Leipzig.

1906. Jahre stiller Arbeit am Seminar, Erinnerungen aus dem Leben eines Tamulenmissionars 5, in: Palmzweige vom Ostindischen Missionsfelde, größere Serie 24, Leipzig.

1914. Unser indisches Schulwesen, in: Paul, D. (Hg.), Die Leipziger Mission daheim und draußen, Leipzig, 156–173.

1919. Braune Christen im Hause des Herrn. Gottesdienst feiern in der Tamulenmission, Leipzig.

o.J. Christliche Kirchen in der Ev. Lutherischen Tamulenmission in Indien, in: Palmzweige vom Ostindischen Missionsfelde, größere Serie 28, Leipzig.

o.J. Das Tamulenland seine Bewohner und die Mission, Leipzig.

o.J. Johannes Kabis. Ein Vater der Paria, Leipzig.

o.J. Manelmödu, eine tamulische Landpfarre, in: Palmenzweige vom indischen Missionsfelde, größere Serie 26, Leipzig.

o.J. Pandur, eine aufblühende Missionsstation im Landbezirke Madras, in: Palmenzweige vom Ostindischen Missionsfelde, größere Serie 29, Leipzig.

GEHRING, H.

1899. Süd-Indien. Land und Volk der Tamulen, Gütersloh.

1901. Tamulische Studenten der Theologie. Eine Darlegung ihres Bildungsganges mit besonderer Berücksichtigung des Predigerseminars in Tranquebar, Leipzig.

1902. Das Seminar zu Trankebar, in: Palmzweige vom Ostindischen Missionsfelde, größere Serie 18, Leipzig.

1913. Südindien und die Tamulen, Geschichten und Bilder aus der Mission, Leipzig.

GERMANN, WILHELM

1865a. Die wissenschaftliche Arbeit unserer alten Tamulen-Missionare mit Berücksichtigung neuerer Leistungen, in: MOIMH XVII, 1–26. 53–81. 85–119.

1865b. Johann Philipp Fabricius. Seine fünfzigjährige Wirksamkeit im Tamulenlande und das Missionsleben des achtzehnten Jahrhunderts daheim und draußen nach handschriftlichen Quellen geschildert, Erlangen.

1867. Genealogie der Malabarischen Götter. Aus eigenen Schriften und Briefen der Heiden zusammengestellt von Bartholomaeus Ziegenbalg. Erster, ungeänderter, nothdürftig erweiterter Abdruck besorgt durch Wilhelm Germann, Madras – Erlangen.

1880. Ziegenbalgs Bibliotheca Malabarica, in: MOIMH XXXII, 1–20. 61–94.

1886. Der Ausgang der Dänisch-hallischen Mission in Indien, in: AMZ 13, 345–353.

1901 Chr.Fr.Schwartz, der „Königspriester“ von Tandschaur, Leipzig.

GRAEFE, WILHELM

o.J. Legends as Mile-Stones in the History of Tamil Literature, Mysore.

GRAUL, KARL

1843. Dante Alighieri's göttliche Komödie in's Deutsche übertragen und historisch, ästhetisch und vornehmlich theologisch erläutert. Erster Theil: Die Hölle, Leipzig.

(noch GRAUL, KARL)
1844. Die Noachische Weissagung 1. Buch Mosis 9,24–27 in Bezug auf die Mission, in: DMN, 28–30. 38–39. 53–55. 79–80; 1845:6–8.
1844. Furcht und Hoffnungsblick auf Indien. Röm. 3,4, in: DMN, 35–37.
1844. Über die Missionswirksamkeit in unserer Zeit, in: ZLTK V.3, 27–74. 115–121.
1845. Das neue Missionsblatt, in: DMN, 91–92.
1845. Die Evangelisch-Lutheriche Kirche aller Lande. Offene Erklärung und dringende Mahnung. Vorwärts oder Rückwärts?, Leipzig.
1846. Chinas Stellung zu den protestantischen Missions-Bestrebungen, in: ELMB, 334–335.
1846. Der Kirche Grund (Ps. 87,1), in: ELMB, 173–176.
1846. Der Kirche Werk (Ps. 87,3), in: ELMB, 270–272.
1846. Die Hindugötter, in: ELMB, 90–96.
1846. Die Negersclaven, in: ELMB, 7–12. 27–32.
1846. Die Thugs in Ostindien, in: ELMB, 158–160.
1846. Die Unterscheidungslehren der verschiedenen christlichen Bekenntnisse im Lichte der heiligen Schrift. Nebst Nachweis der Bedeutsamkeit reiner Lehre für's christliche Leben und einem Abriß der hauptsächlichsten ungesunden religiösen Richtungen, Leipzig. – 1891. 12. Aufl., hg. von R. Seeberg, Leipzig.
1846. Ein Wort an alle diejenigen Christen, die sich ihres Christennamens nicht schämen, sondern rühmen, Dresden.
1846. Gedanken über eine gemeinsame Wirksamkeit der deutschen Missionsgesellschaften in China, in: ELMB, 297–304.
1846. I. Der Himmel der Hindu II. Beispiel einer Predigt nach Hinduweise, in: ELMB, 330–333.
1846. I. Kirche und Mission (Ps. 87). II. Ein Mißverständniß in Bezug auf kirchliches Missionieren, in: ELMB, 143–144.
1846. Stimmen aus der indischen Heidenwelt, in: ELMB, 252–256.
1846. Vorschlag zu persönlicher Unterhaltung der Missionare, in: ELMB, 62–64.
1846. Vorstellungen der Hindus vom Ursprunge der Welt, in: ELMB, 13–16.
1846. Was sagt Luther vom Laufe des Evangeliums?, in: ELMB, 48.
1846. Worauf die Mision stehet, in: ELMB, 16.
1847. Daß die confessionsvermengende Union auch in der Mission vom Übel ist, in: ELMB, 222–224.
1847. Der Kirche Schatz (Ps. 87,2), in: ELMB, 237–240.
1847. Der Kirche Segen. Der Kirche Umfang (Ps. 87, 4–6), in: ELMB, 45–48.
1847. Der Kirche Stimmung (Ps. 87,7), in: ELMB, 316–319.
1847. Die christlichen Missionsplätze auf der ganzen Erde. Übersicht der Arbeitskräfte und Erfolge, so wie Darstellung der eigenthümlichen Verhältnisse an den betreffenden Orten, Leipzig.
1847. Die Weltweisen in Benares, in: ELMB, 12–16.
1847. Eine Vertheidigung, in: ELMB, 292–299.
1847. Rückblicke auf die ältere Mission der ev.-luth. Kirche, in: ELMB, 186–192. 195–199. 217–222. 233–237. 283–288; 1849:117–128. 134–140.
1847. Was für Missions-Arbeiter hauptsächlich sind einer luth. Mission von Nöthen?, in: ELMB, 173–176.
1848. Der indische Archipel und seine Bevölkerung, in: ELMB, 105–111.

(noch GRAUL, KARL)

1848. Die christlichen Missionplätze, in: ELMB, 15–16. 20–26. 78–80. 215–221. 266–288. 343–346.

1848. Die Mission steht nicht auf unserer Herzensfreudigkeit dazu (1.Kor. 9,16), in: ELMB, 111–112.

1848. Die Missions-Praxis des American Board of Commissioners for foreign Missions, in: ELMB, 234–239. 245–251.

1848. Die Wesleyanischen Methodisten und ihre Missionsthätigkeit, in: ELMB, 10–15. 37–48.

1848. Indische Sprüchwörter, in: ELMB, 64.

1848. Lehre, Trost und Warnung zum Feste der Heiden-Bekehrung (Mt. 2,1–12), in: ELMB, 26–32.

1848. Scenen aus der öffentlichen Prediger-Thätigkeit der ostindischen Missionare, in: ELMB, 221–224.

1849. Abschiedswort, in: ELMB, 241–242.

1849. Berichtigung einiger Irrthümer in Bezug auf die evangelisch-lutherische Mission zu Leipzig, in: ELMB, 58–64.

1849. Die Ehe in Indien, in: ELMB, 190–192.

1849. Die protestantischen Missionen Deutschland, in: ELMB, 52–58. 69–73. 106–112.

1849. Dr. William Carey, in: ELMB, 166–172. 185–188. 217–224. 231–235. 242–256.

1849. Woher kommt es, daß die Missions-Erfolge in der Gegenwart im Ganzen ungleich geringer sind, als in der ersten Zeit der christlichen Kirche?, in: ELMB, 27–32.

1849. Ostindien. Das Land, seine Bewohner und Sitten. 1. Übernahme von Puducottah, in: ELMB, 77–85

1849–1853. Des Herrn Missions-Directors Karl Graul vierteljährliche Mittheilungen aus einer Missionsreise nach Ostindien, in: MOIMH.

1849. Erste Mittheilung: Einleitung, in: MOIMH I, 67–80.

1850. Zweite Mittheilung: Die nordamerikanische Mission im Libanon, in: MOIMH II, 1–35.

1850. Dritte Mittheilung: Die protestantischen Missionen in Bombay, in: MOIMH II, 73–100.

1850. Vierte Mittheilung: 1. Brief an den Herausgeber. 2. Bericht über die Basler Missionen an der Westküste Indiens, in: MOIMH II, 101–127.

1851. Fünfte und sechste Mittheilung: An den Herausgeber. Die Basler Mission in Malayalam, in: MOIMH III, 1–35.

1851. Siebente Mittheilung: An den Herausgeber. Das Tamulen-Volk und die protestantischen Missionen, in: MOIMH III, 39–54.

1851. Achte Mittheilung: Das Tamulenland und die protestantischen Missionen. II. Die Religion des Tamulen-Volkes, in: MOIMH III, 63–83.

1851. Neunte Mittheilung: An den Herausgeber. Das Tamulen-Volk und die protestantischen Missionen. III. Das Tamulen-Volk in seinen verschiedenen Abtheilungen, in: MOIMH III, 111–132.

1852. Zehnte Mittheilung: III. Das Tamulen-Volk in seinen verschiedenen Abtheilungen (Schluß), in: MOIMH IV, 1–22.

1852. Elfte Mittheilung: Geistiger Zustand des Tamulen-Volkes, in: MOIMH IV, 55–74.

1852. Zwölfte Mittheilung: Die protestantischen Missionen im Tamulenlande, in: MOIMH IV, 91–116.

(noch GRAUL, KARL)

1852. Dreizehnte Mittheilung: Die protestantischen Missionen im Tamulenlande (Fortsetzung), in: MOIMH IV, 119–139.

1853. Vierzehnte Mittheilung: Die nordamerikanische Missions-Gesellschaft. Die Wesleyaner. Die schottischen Missionen. Die Lutherische Missions-Gesellschaft, in: MOIMH V, 1–42.

1853. Fünfzehnte Mittheilung: Allgemeine Würdigung der protestantischen Missionen im Tamulenlande, in: MOIMH V, 45–66.

1850. Aus und über Bombay, in: ELMB, 225–230. 249–250. 259–265. 275–283.

1850–1852. Briefe an das Kollegium der Ev.-Luth. Mission zu Leipzig, in: ELMB, 1850, 196–200. 209–215. 242–249; 1851, 113–118. 129–135. 149–153. 161–170. 225–234. 241–248. 273–282. 297–304. 308–317; 1852, 8–12. 49–52. 89–94. 145–153. 166–173. 241–244. 353–355. 369–373.

1851. Die Badager auf den Blauen Bergen, in: ELMB, 7–16.

1851. Die Toda's, in: ELMB, 25–32.

1851. Explanations concerning the principles of the Leipzig Missionary Society, with regard to the caste question, Madras.

1851. Fehlgeschlagener Versuch einer Reise nach Ceylon, in: ELMB, 37–44. 53–56.

1851. Reise nach Tritschinopoly, in: ELMB, 70–78. 83–90.

1852. Die Grundsätze der Ev.-Luth. Mission zu Leipzig in Bezug auf die Kastenfrage. Aus dem Englischen, in: ELMB, 65–72.

1853. Das individual-System in den Missions-Kostschulen, in: MOIMH V, 82–85.

1853. Das literaturlose Heidenthum und die Mission, in: MOIMH V, 96–98.

1853. Die amerikanische Mission zu Madura im Jahre 1852, in: MOIMH V, 99–100.

1853. Die Kaste, in: ELMB, 180–184.

1853. Die Mission der „Letzten-Tages-Heiligen" in Madras, in: ELMB, 371–372.

1853. Eigenthümlicher Fortschritt in Madras, in: MOIMH V, 114–117.

1853. Ein Correspondent im Madras Quarterly Missionary Journal über die Kastenfrage, in: MOIMH V, 85–96.

1853. Für die Leser des Missionsblattes, in: ELMB, 371–372.

1853. Missionar Robinson über die Wesleyanische Mission in Nord- und Ostceylon, in: MOIMH V, 67–80.

1853. Missionsbetrachtungen über die Missionsstimmen der heiligen Propheten des Alten Bunde, in: ELMB, 142–152. 188–200. 209–214. 338–344. 364–370; 1854:27–32. 45–47. 59–63. 92–95. 103–110.

1853. Statistik der ostindischen und ceylonesischen Missionen zu Anfang des Jahres 1852, in: MOIMH V, 80–82.

1853. Statistische Übersicht über sämmtliche protestantische Missionen unter den Tamulen, in: MOIMH V, 101–112.

1853. Was viele Schanars zum Christenthum treibt, in: MOIMH V, 113–114.

1853. Rezension: Das Heidenthum und dessen Bedeutung für das Christenthum. Von Dr. J.R. Sepp, Regensburg 1853, in: MOIMH V, 123–136.

1853. Die tamulische Bibliothek der ev.-luth. Missionsanstalt zu Leipzig. I. Der Catalog, in: ZDMG VII, 558–568.

(noch GRAUL, KARL)

1854. Die tamulische Bibliothek der ev.-luth. Missionsanstalt zu Leipzig. II. Widerlegung des Buddhistischen Systems vom Standpunkte des Sivaismus, in: ZDMG VIII, 720–738.

1857. Die tamulische Bibliothek der ev.-luth. Missionsanstalt zu Leipzig. III. Übersetzung von Nampi's Akkaporul Vilakkam, in: ZDMG XI, 369–395.

1854. Brahminen-Trug, in: ELMB, 142–144.

1854. Der tiefste Grund, warum man in der Missionssache nicht gern nüchtern werden möchte, in: MOIMH VI, 1–3.

1854. Die Vedantisten und die Vedas, in: MOIMH VI, 54–58.

1854. Ein anglikanischer Bischof über die deutschen und amerikanischen Missionen im Tamulenlande, in: MOIMH VI, 97–102.

1854. Einleitung zu: Tennent, J.E., Das Christenthum in Ceylon; dessen Einführung und Fortschritt unter den Portugiesen, Holländern, den britischen und amerikanischen Missionaren, übers. von J.C. Denker, Leipzig.

1854. Statistik sämmtlicher protestantischer Missionen unter den Tamulen, in: MOIMH VI, 137–147.

1854. Stimmen über die Erziehung eines eingebornen Lehrstandes, in: MOIMH VI, 31–36.

1854. Was für Leute braucht der Missionsdienst?, in: MOIMH VI, 63–67.

1854. Wie soll man sich diese „Überraschung" erklären?, in: MOIMH VI, 58–62.

1854. Worin die muselmännische Regierung in Ostindien der britischen vorzuziehen wäre, in: MOIMH VI, 103–104.

1854. Zweck und Plan einer Tamulischen Bibliothek in Übersetzung mit Erklärungen, in: MOIMH VI, 22–30.

1854–1856. Reise nach Ostindien über Palästina und Egypten.

1854. Erster Theil: Palästina, Leipzig.

1854. Zweiter Theil: Egypten und der Sinai, Leipzig.

1854. Dritter Theil: Die Westküste Ostindien, Leipzig.

1855. Vierter Theil: Der Süden Ostindiens und Ceylon. Erste Abtheilung, Leipzig.

1856. Fünfter Theil: Der Süden Ostindiens und Ceylon. Zweite Abtheilung, Leipzig.

1854–1865. Bibliotheca Tamulica, Tomus I–IV.

1854. Bd. 1, Tamulische Schriften zur Erläuterung des Vedanta-Systems oder der rechtgläubigen Philosophie der Hindus. Übersetzung und Erklärung, Leipzig.

1855. Bd. 2.1, Kaivaljanavanīta. A Vedanta Poem. The Tamil Text with a Translation, a Glossary and Grammatical Notes, to which is added an Outline of Tamil Grammar. Leipzig – London.

1855. Bd. 2.2, Outline of Tamil Grammar, Leipzig.

1856. Bd. 3, Der Kural des Tiruvalluver. Ein gnomisches Gedicht über die drei Strebeziele des Menschen. Übersetzung und Erklärung, Leipzig und London.

1865. Bd. 4, Kural of Tiruvalluver. High-Tamil text with translation into common Tamil and Latin, notes and glossary. Published after the Author's death by William Germann, Leipzig.

1855. Bestand der protestantischen Missionen unter den Tamulen, in: MOIMH VII, 147–155.

(noch GRAUL, KARL)

1855. Der neue Schul-Plan der britischen Regierung für Ostindien, in: MOIMH VII, 119–131.

1855. Die historisch-politischen Blätter und das Evangelisch-Lutherische Missionsblatt, in: MOIMH VII, 1–10.

1855. Die Karenen, in: ELMB, 56–63. 68–77.

1855. Die Muselmänner in Ostindien, in: ELMB, 141–144.

1855. Die Schanars, in: ELMB, 84–92.123–128.134–141.

1855. Tamulische Adventsfabel, in: ELMB, 31–32.

1855–1858. Die Kaste und die Mission, in: MOIMH VII, 1855:65–69. 110–118. 132–146; in: MOIMH VIII, 1856:25–33. 37–60; in: MOIMH IX, 1858: 52–104.

1855. Mittheilungen in Bezug auf die tamulische Literatur. 1. Allgemeines, in: DAA, 1159–1161.

1855. Mittheilungen in Bezug auf die tamulische Literatur. 2. Tiruvalluver, der tamulische Dichterfürst, in: DAA, 1213–1216.

1856. Mittheilungen in Bezug auf die tamulische Literatur. 3. Proben aus dem Kural. Theil I, in: DAA, 125–127.

1856. Mittheilungen in Bezug auf die tamulische Literatur. 4. [irrtümlich statt 3., Anm. A.N.] Proben aus dem Kural. Theil II (Vom Gute). Abtheilung I (Von des Königs Persönlichkeit), in: DAA, 325–328.

1856. Mittheilungen in Bezug auf die tamulische Literatur. 3. Proben aus dem Kural. Theil II (Vom Gute). Abtheilung II (Erfordernisse des Königthums) und III (Vermischtes), in: DAA, 656–659.

1856. Mittheilungen in Bezug auf die tamulische Literatur. Proben aus dem Kural. Theil III (Von der Lust), in: DAA, 750–753.

1856. Ausbreitung und Entwicklung der christlichen Kirche unter den Tamulen nach ihren Hauptmomenten, in: ZHT, 451–485.

1856. Bevölkerung von Südindien, in: MOIMH VIII, 66–68.

1856. Das neuerrichtete Directorium des öffentlichen Unterrichts in Madras, in: MOIMH VIII, 61–65.

1856. Der indische Weberstand, in: ELMB, 335–336.

1856. Die christlichen Missionen unter den Tamulen nach den neuesten Berichten, in: MOIMH VIII, 101–131; in: MOIMH IX, 1858:105–131.

1856. Die Maravar, in: A. Petermann (Hg.), Mittheilungen aus Justus Perthes' Geographischer Anstalt über wichtige Veröffentlichungen auf dem Gesammtgebiete der Geographie, Gotha, 170–175.

1856. Die Pulney-Berge und ihre Bewohner. Ein Beitrag zur Länder- und Völkerkunde Indien's, in: A. Petermann (Hg.), Mittheilungen aus Justus Perthes' Geographischer Anstalt über wichtige Veröffentlichungen auf dem Gesammtgebiete der Geographie, Gotha, 16–19.

1856. Eine englische Preisaufgabe zur Widerlegung indischer Philosopheme vom christlichen Standpunkt, in: AZA, Beilage zu Nr. 129 vom 8.5.1856:2057–2058.

1856. Ostindien, in: AZA, Beilage zu Nr. 82 vom 22.3.1856:1308.

1856. Umschau im Tamulenlande, in: ELMB,
1. Unsere Missionsstationen, 22–32.

(noch GRAUL, KARL)
2. Die Religion der Tamulen, 87–94.95–112.
3. Die Volksklassen der Tamulen, 116–121.137–144.
4. Der Volksgeist der Tamulen, 152–160.186–191.

1857. Caldwell als Forscher auf dem Gebiet der südindischen Sprachen, in: AZA, Beilage zu Nr. 327 vom 23.11.1857:5226.
1857. Das Missionsbuch der Bibel, in: ELMB, 152–156.
1857. Der Banianenbaum in Ostindien, in: ELMB, 235.
1857. Die freisinnigen Schriftsteller, in: DAA, 458–461.
1857. Eine Preisaufgabe über das Vedanta-System, in: AZA, Beilage zu Nr. 52 vom 21.2.1857:827.
1857. Tamulische Sprüche, in: ELMB, 139.
1858. Der Tamulische „Göthe", in: MOIMH IX, 131–146.
1858. Die Bekämpfung des indischen Heidenthums vom christlichen Standpunkte, in: MOIMH IX, 12–37.
1858. Die literarische Thätigkeit der Gebrüder Muir in ihrer Bedeutung für die christliche Mission in Ostindien, in: MOIMH X, 37–46.
1858. Die tamulische Bibelübersetzung, in: MOIMH X, 46–53.
1858. Ein religiöser Lyriker der Tamulen, in: MOIMH X, 92–100.
1858. Ein Urtheil über ostindische Missionen beurtheilt, in: MOIMH X, 46–53.
1858. Statistik der römischen Missionen in Ostindien, in: MOIMH X, 56–64. 80–92.
1858. Tajumanaver, in: DAA, 924–926.
1858. Zum ostindischen Erziehungswesen, in: AZA, Beilage zu Nr. 274 vom 1.10.1858: 4436.
1859. Blicke nach Indien, in: ELMB, 58–64. 108–112. 122–128. 138–144.
1859. Das Missions-Seminar zu Leipzig, in: ELMB, 161–169.
1859. Dr. Ballantyne und die Christliche Mission in Ostindien, in: MOIMH XI, 129–148; in: MOIMH XII, 1860:41–55.
1859. Dr. Graul über das Missionswesen, in: A. Petermann (Hg.), Mittheilungen aus Justus Perthes' Geographischer Anstalt über wichtige Veröffentlichungen auf dem Gesammtgebiete der Geographie, Gotha, 304–305.
1859. Neuestes aus dem Gesammt-Gebiet der christlichen Mission unter den Tamulen, in: MOIMH XI, 1–39; in: MOIMH XII, 1860:5–35.
1859. Pantscha-Tantra-Kathei, d. i. die fünf Klugheitsregeln in Erzählungen, in: DAA, 1195–1200. 1214–1219.
1859. Paraméswara-jnyána-goshtí. Ein Gespräch von der Erkenntnis des Höchsten, in: MOIMH XI, 101–112. 118–128.
1860. Die christliche Kirche an der Schwelle des Irenäischen Zeitalters. Als Grundlage zu einer Kirchen- und Dogmengeschichtlichen Darstellung des Lebens und Wirkens des H. Irenäus, Leipzig.
1860. Missionsliterarischer Bericht: Mullens, The religious aspects of Hindu philosophy stated and discussed, London 1859, in: MOIMH XII, 141–143.
1860. Zur Kunde des Heidenthums unter dem Mission-Gesichtspunkt. Eine Reformation auf dem Gebiete des ostindischen Heidenthums, in: MOIMH XII, 124–135.
1860. Zur Missions-Praxis. Zwei Grundrichtungen in Bezug auf die Art des Missionsbetriebs, in: MOIMH XII, 136–140.

(noch GRAUL, KARL)
1861. Missionsliterarischer Bericht: J.R. Ballantyne, The Bible for the Pandit, London 1860, in: MOIMH XIII, 126–134.
1862. Missionsliterarischer Bericht: Monier Williams, The study of Sanscrit in relation to Missionary work in India, Oxford 1861, in: MOIMH XIV, 31–37.
1863. Sprüche des alten tamulischen Dichters Tiruvalluver, in: MOIMH XV, 25–26. 51–53. 116–118.
1864. Missionsliterarischer Bericht: M. Müller, Vorlesungen über die Wissenschaft der Sprache, für das deutsche Publicum bearb. v. K. Böttger, Leipzig 1863, in: MOIMH XVI, 23–28.
1864. Über Stellung und Bedeutung der christlichen Mission im Ganzen der Universitätswissenschaften. Erlangen.
1865. Indische Sinnpflanzen und Blumen zur Kennzeichnung des indischen, vornehmlich tamulischen Geistes, Erlangen.

HAMMITZSCH, GEORG
o.J. Die Stadt der Merkwürdigkeiten, Leipzig.

HANDMANN, RICHARD
1867. Welches waren die Ursachen des Verfalls der alten lutherischen Mission in Indien und was haben wir daraus zu lernen? Vortrag auf der Trankebarer Missionssynode 1867, Leipzig.
1888. Umschau auf dem Gebiete der evang.-luther. Mission in Ostindien, Leipzig.
1889. Der Kampf der Geister in Indien. Eine missionsgeschichtliche Studie zur Beleuchtung der religiösen Entwicklung Indiens in der neuesten Zeit, Heilbronn.
1891. Spuren Immanuels in der Geschichte der Evang.-Lutherischen Mission unter den Tamulen, Leipzig.
1892. Carl Friedrich Kremmer, ein Missionar bis zum Tode, in: Palmzweige vom Ostindischen Missionsfelde, größere Serie 3, Leipzig.
1895. Verijanájachan, ein tamulischer Pastor, Leipzig.
1898. Pākianāda Püllei's Selbstbiographie. Ein Lebensbild aus der Tamulischen Mission, übersetzt und bevorwortet, in: Palmzweige vom Ostindischen Missionsfeld, kl. Serie 8, Leipzig.
1901. Christian Friedrich Schwartz, der ‚Königspriester' von Tandschaur. Lebensbild des Gesegnetsten unter den alten halleschen Missionaren, Leipzig.
1903. Die Evangelisch-Lutherische Tamulen-Mission in der Zeit ihrer Neubegründung. Ein Beitrag zur Geschichte der Evangelischen Mission im 19. Jahrhundert, Leipzig.
1910. Examensresultate an indischen Hochschulen, in: AMZ 37, 137–140.
o.J. Das Missionsziel der Erbauung einer ev.-lutherischen Volkskirche im Tamulenlande. Missionsstudie, Leipzig.
o.J. Was ist die Aufgabe eines Missionars? Darlegung der einzelnen Zweige der Missionsarbeit mit besonderer Berücksichtigung der Ev.-lutherischen Tamulenmission, Leipzig.

HÄNSCH, JOHANNES
1901. Aneikādu, eine Missionsstation des Landbezirkes Padtukōtei in der Provinz Tanschāur, in: Palmzweige vom Ostindischen Missionsfelde, kl. Serie 10, Leipzig, 2. Aufl.

HOFSTÄTTER, P.
1901. Aufgabe und Ziel des Missionsseminars, Leipzig.

IHMELS, CARL
1915. Dein Reich komme. Missionspredigten und Reden, Leipzig.
1934. Wie gelangen wir zu einer gerechten Beurteilung indischen Menschentums?, in: LMJB 47, 10–25.
o.J. Um unsere Aufgabe in Indien. Gedanken zum Wiederbeginn deutscher Missionsarbeit im Tamulenlande, Leipzig.

JOHN, CHRISTOPH SAMUEL
1791. Etwas aus einigen Malabarischen Sittenbüchern, von welchen Aweiar die Verfasserin ist, in: NHB 39, 263–269.
1792. Wie der Nellu oder Reis im Tanschaurischen gebauet wird, und dessen verschiedene Arten, in: NHB 40, 349ff.
1794. Beschreibung der vornehmsten Tamulischen oder Malabarischen Feste, in: NHB 45, 794–807.
1798. Sapientia vera in epistola ad Tamulos, Tranquebar.
1814. Remarks on Indian Civilization, London.

JUST, ERNST
1897. Die Siddhānta oder die Geheimlehre des modernen Siwaismus. Nach tamulischen Quellen dargestellt, Leipzig.

KABIS, JOHANNES
1897. Tamulisches Dorfleben im Landbezirk von Madrás, in: Palmzweige vom Ostindischen Missionsfelde, größere Serie 12.
1897. Should Legal and Financial Help be given to Pariahs?, in: HF 3. Reihe, Oktober, 361–422.
1898. Dorfmission im Landbezirk von Madrás, in: Palmzweige vom Ostindischen Missionsfelde, größere Serie 13.
1900a. Bewegung unter den Pariahs im Landbezirke von Madras, in: JSMK XIII, 69–92.
1900b. Sechs neue Gemeinden im Landbezirk von Madrás. Bilder aus der Pariabewegung, in: Palmzweige vom Ostindischen Missionsfelde, größere Serie 15, Leipzig.
1910. Unter dem Zepter des Radscha. Bilder aus Maisur dem Lande der Kanaresen, Leipzig.

KANNEGIESSER, GEORG
o.J. Wieder in Indien. Erlebnisse während der Indienreise im Winter 1925/26, Leipzig.

KARSTEN, HERMANN
1893/4. Die Geschichte der Evangelisch-Lutherischen Mission in Leipzig, von ihrer Entstehung bis auf die Gegenwart dargestellt, 2 Bde., Güstrow.

KOLLEGIUM DER EV.-LUTH. MISSION ZU LEIPZIG
1848ff. Jahresberichte der Evangelisch-Lutherischen Mission zu Leipzig, Leipzig.
1857. Brief aus dem Missionshause zu Leipzig.
1857. Grundbestimmungen der Evangelisch-Lutherischen Mission zu Leipzig, Leipzig.
1861. Die Stellung der Evangelisch-Lutherischen Mission in Leipzig zur Ostindischen Kastenfrage, Leipzig.

1903. Aktenstücke zur Krisis des indischen Theiles der Leipziger Mission im Jahre 1903, Leipzig.

LEHMANN, ARNO

1935a. Die indische Frauenfrage, in: ELMB,153–157.

1935b. Die Hymnen des Tayumanavar. Texte zur Gottesmystik des Hinduismus, Gütersloh.

1936. Indische Jugend, Leipzig 1933. Indischer Wunderglaube und seine Bedeutung für die Heidenpredigt, in: ELMB, 43–48.110–116.133–137.

1938. Falsche Vokabeln, in: AMZ, 239–245.

1947a. Die Sivaitische Frömmigkeit der Tamulischen Erbauungsliteratur. Nach eigenen Quellenübersetzungen des Tāyumānavar und aus dem Dēvāram, Berlin.

1947b. Das Wunder des Unscheinbaren (Ecclesia Aeterna 1), Berlin.

1952/53. Halle und die südindische Sprach- und Religionswissenschaft, in: WZ(H)GS II, 3, 149–156.

1955. Es begann in Tranquebar, Berlin.

1956. Wie die Lutherische Kirche nach Indien kam, Erlangen.

1959. Bibliotheca Malabarica. Eine wieder entdeckte Handschrift, in: WZ(H)GS VIII, 4/5, 903–906.

1960. Der deutsche Anteil an der Dravidologie, in: Forschungen und Fortschritte 34.10, Berlin, 307–309.

1961. Die Welt des Hinduismus (Christus für die Welt 8), Bad Salzuflen.

1964a. Ein deutscher Dravidologe des 19. Jahrhunderts, in: WZ (H) VIII.9, 605–612.

1964b. Karl Graul, the Nineteenth Century Dravidologist, in: Tamil Culture XI.3, 1–17.

1965. Karl Graul und die Religionen, in: LMJB, 17–40.

LELM

1848. Im Namen Jesu, Brief des Missionswerks an Missionsfreunde, Leipzig.

1853. The Evangelical Lutheran Missionaries' Defence of their Position, their Proceedings and their Doctrine, Madras.

1873. Brief aus dem Missionshause zu Leipzig. Zum zweitenmal ausgegeben, Leipzig.

1888. Christian Wilhelm Gericke, evangelisch-lutherischer Missionar in Kudelur und Madras, Leipzig.

1889. Zusammenstellung der Bestimmungen, welche in den Kirchen-Rats-Circularen vom Jahre 1867 bis 1888 enthalten sind, Tranquebar.

1900. Indische Büßer. Ein Beitrag zur Beurteilung der indischen Religion, Leipzig.

1904. Kudelur, die Mutterstation von vier Tochterstationen an der Koromandelküste. Beschrieben auf Grund von Berichten und Aufzeichnungen evang.-lutherischer Missionare in Kudelur, in: Palmzweige vom Ostindischen Missionsfelde, kl. Serie 3 (4. Aufl.).

1912. Berichte der evang.-lutherischen Mission zu Leipzig, die bisher nicht veröffentlicht wurden, zur schnellen Orientierung für Redner bei Missionsfesten, Leipzig.

1913. Bisher noch nicht gedruckte Berichte über die Arbeit der Evangelisch-lutherischen Mission zu Leipzig, Leipzig.

1936. Die Leipziger Mission im hundertsten Jahre ihres Bestehens. 117. Jahresbericht und Bericht über die Hundertjahrfeier mit Bildbeilage, Leipzig.

o.J. Bilder aus der Leipziger Ev.-Luth. Mission in Indien, Leipzig.

LÜTGERT, WILHELM
1915. Mission und Nation, in: EMM (NF) 59, 513–525.

LUTHARDT, CHR. ERNST
1897. Missionspredigten und -Vorträge, Leipzig.

MANIKAM, RAJAH B.
1929. Missionary Collegiate Education in the Presidency of Madras, India. A Study of the Historical Development, the Contributions and the Religious Educational Program of Mission Colleges in the Presidency, Lancaster.

MANIKAM, R.B. und LEHMANN, ARNO
1958. Auf der Schwelle der Tambaram Konferenz, in: W. Gerber (Hg.), Vom Missionsdienst der Lutherischen Kirche, Leipzig, 26–34.

MEYNER, THOMAS
1909. Die gegenwärtigen Unruhen in Indien und ihre Bedeutung für die Mission. Vortrag gehalten auf dem Missions-Lehrkursus in Greiz, Leipzig.

MORAHT, A.
1859. Die Lutherische Mission und die Kaste in Ostindien. In Übereinstimmung mit mehreren seiner Amtsbrüder, Rostock.

N.N.
1928. Wie ich Gott versuchte. Lebensgeschichte eines indischen Lehrers, Leipzig.

OCHS, CARL
1860a. Die Kaste in Ostindien und die Geschichte derselben in der alten lutherischen Mission, Rostock.
1860b. Nothgedrungene Entgegnung auf die gegen mich erneuerten Anklagen, Rendsburg.
1862. Zeugnisse zur Ostindischen Kastenfrage für jeden evangelischen Missionsfreund, Dresden.

OEPKE, A.
1918. Ahmednagar und Golconda. Ein Beitrag zur Erörterung der Missionsprobleme des Weltkrieges, Leipzig.
1917. D.K. Grauls Bedeutung für die deutsche Missionswissenschaft und das deutsche Missionsleben, AMZ 43, 314–365.

PAUL, D.
1914a. (Hg.) Die Leipziger Mission daheim und draußen, Leipzig.
1914b. D. Karl Grauls Bedeutung für die Leipziger Mission und die lutherische Kirche, in: Ders., C. Ihmels und H. Cordes, D. Karl Graul. Reden bei der Gedächtnis-Feier in Leipzig am 1. Februar 1914.
1914c. Wie ich unsere Tamulenmission fand, in: Ders. (Hg.), Die Leipziger Mission daheim und draußen, Leipzig, 136–155.

PLITT, GUSTAV
1894/95. Geschichte der lutherischen Mission. Neu herausgegeben und bis an die Gegenwart fortgeführt von Diakonus D. Hardeland, 2 Bde., Leipzig.

PORZELL, HILDEGARD
1901. Einige Bilder aus der Frauenmissionsarbeit in Madura, in: Indische Lotosblumen 2, Leipzig.

RUNGE, C.L.
1928. Indische Büßer, Leipzig.
o.J. Christus und die Zauberer, Leipzig.

SANDEGREN, HERMANN
1924. Aus der Tamulen-Mission, in: EMM (NF) 68, 147–150.

SANDEGREN, C.J.
1901. Vor dreißig Jahren. Erinnerungen aus der ersten Zeit meines Missionarslebens, Leipzig.

SCHAD, FRITZ
1900. Die Maravar-Aufstände in Mádura und Tinnewēli. Ein Beitrag zur Kenntnis südindischer Zustände, Leipzig.

SCHANZ, HUGO
1863. Beitrag zur Christlichen Apologetik gegenüber dem Indischen Heidenthum, Tranquebar.
1885. Kleine Sammlung von Vorträgen die äußere Mission betreffend, samt Anhang, Gotha.
o.J. Die Leipziger Mission im Jugendunterricht, Leipzig.

SCHMIDT, BERNHARD
1849. Bemerkungen über den Ursprung und die Sprache der Urbewohner des Blaugebirgs, in: Journal of the Bombay Branch of the Royal Asiatic Society XII, Bombay.

SCHOMERUS, HILKO WIARDO
1905. Indischer Götzendienst und Brahmanismus in ihrem gegenseitigen Verhältnis, in: ELMB, 566–574. 599–601.
1910. Die Konferenz der Anhänger der Saiva Siddhānta Lehre in Tritschinopoli, ELMB, 405–411.
1912. Der Çaiva-Siddhanta, eine Mystik Indiens. Nach den tamulischen Quellen bearbeitet und dargestellt, Leipzig.
1914. Das Geistesleben der nichtchristlichen Völker und das Christentum. Eine Aufforderung zur Auseinandersetzung der beiden Größen miteinander, Leipzig.
1914. Mittel und Wege zur Erlösung im indischen Heidentum nach Theorie und Praxis, in: D. Paul (Hg.), Die Leipziger Mission daheim und draußen, Leipzig, 113–135.
1916. Indische Religiosität, in: JSMK 29, 35–44.
1917. Wie predigt man in Indien von dem Erlöser und von der Erlösung?, in: AMZ 43, 441–457.
1917. Wie predigt man in Indien von der christlichen Endhoffnung?, AMZ 43, 385–399.
1917. Wie predigt man in Indien von der Sünde?, in: AMZ 43, 309–314.
1919. Der Homerulekampf in Indien, in: Weltwirtschaftliches Archiv 14.4, Mai, 569–601.
1919. Die indische theologische Spekulation und die christliche Trinitätslehre, Berlin.
1919. Indische Erlösungslehren. Ihre Bedeutung für das Verständnis des Christentums und für die Missionspredigt, Leipzig.

(noch SCHOMERUS, HILKO WIARDO)
1921. Christlich-europäischer und indischer Geist, in: AMZ 48, 287–304.
1921. Graf Hermann Keyserling über Indien, in: EMM 65, 292–304.
1922. Aus Britisch Indien, in: EMM 66, 116–120.
1922. Rabindranath Tagore. Seine Weltanschauung und ihre geschichtliche Bedeutung, in: EMM 66, 77–88.
1922. Die Anthroposophie Steiners und Indien, Leipzig.
1922. Sadhu Sundar Singh, in: AMZ 49, 97–105.
1923. Die Hymnen des Manikka-Vasaga (Tiruvasaga), aus dem Tamil übersetzt (Texte zur Gottesmystik des Hinduismus, Bd. I), Jena.
1923. Indien in Deutschland, in: EMM 67, 49–58. 82–89. 102–111. 131–141. 174–182. 199–207.
1924. Welche Aussichten hat das Christentum in Indien?, Sonderdruck aus EMM 11/12.
1925. Die Wurzeln der Theosophie im indischen Denken, in: AMZ, 81–120.
1925. Sivaitische Heiligenlegenden (Periyapurana und Tiruvatavurar-Purana), aus dem Tamil übersetzt (Texte zur Gottesmystik des Hinduismus III), Jena.
1927. Die Gottesauffassung in Indien und bei Jesus, in: Christentum und Wissenschaft 9.
1928. Der Synkretismus in der indischen Religion, in: EMM (NF) 72, 164–173. 197–204. 226–231.
1928. Die Eigenart des indischen Geisteslebens gegenüber dem europäischen und christlichen, in: P. Althaus u.a. (Hg.), Die Weltreligionen und das Christentum vom gegenwärtigen Standpunkte ihrer Auseinandersetzung, München, 21–57.
1928. Politik und Religion in Indien, Leipzig.
1931. Buddha und Christus. Ein Vergleich zweier großer Weltreligionen, Halle.
1931. Der Synkretismus auf den Missionsfeldern unter besonderer Berücksichtigung Indiens, in: AMZ (NF), 5–18. 46–56.
1931. In welcher Gestalt hat die Mission den nichtchristlichen Völkern das Christentum zu bringen?, in: EMM (NF) 75, 366–376.
1931. Indien und das Christentum, I. Teil, Indische Frömmigkeit, Halle.
1931. Die konfessionelle Toleranz in Indien, in: TSK 103, Gotha, 312–323.
1932. Indien und das Christentum, II. Teil, Das Ringen des Christentums um das indische Volk, Halle.
1932. Ist die Bibel von Indien abhängig?, München.
1932. Parallelen zum Christentum als religionsgeschichtliches und theologisches Problem (Studien des apologetischen Seminars 34), Gütersloh.
1933. Indien und das Christentum, III. Teil, Das Eindringen Indiens in das Herrschaftsgebiet des Christentums, Halle – Berlin.
1934. Krischna, in: LMJB 47, 25–35.
1935. Missionswissenschaft, Leipzig.
1936. (Hg.) Mission – heute. Predigt und Vorträge gehalten auf der 58. Jahres-Tagung der Missions-Konferenz in der Provinz Sachsen und Anhalt, Halle.
1936. Meister Eckehart und Manikka-Vasagar. Mystik auf deutschem und indischem Boden, Gütersloh.
1936. Die Bedeutung der dänisch-halleschen Mission, in: Luthertum (Neue Folge von ‚Neue kirchliche Zeischrift') XLVII.11, 321–338.
1938. Die Pyrenäen-Halbinsel als Ausfalltor für die Ausbreitung des Christentums, Leipzig.
1941. Indische und christliche Enderwartung und Erlösungshoffnung, Gütersloh.

(noch SCHOMERUS, HILKO WIARDO)
1961. Die Dravidischen Literaturen, in: H. v. Glasenapp, Die Literaturen Indiens, Stuttgart, 370–445.
1981. Arunantis Sivajñānasiddhiyār. Die Erlangung des Wissens um Siva oder um die Erlösung, hg. v. H. Berger, A. Dharmotharan und D.B. Kapp, Wiesbaden.
o.J. Altdravidische Heiratsgebräuche, in: Der Erdball, 391–396.

SCHÜTZE, GOTTLOB
1861a. Mein letztes Wort in Sachen des traurigen Kastenstreites, Dresden.
1861b. Vertheidigung des Missionar Ochs und seiner Sache im Kastenstreite wider das Missionscollegium zu Leipzig, das Comitè des sächs. Haupt-Missionsvereins, einige Pastoren und Missionare, Dresden.
1862. Zeugnisse zur Ostindischen Kastenfrage für jeden evangl. lutherischen Missionsfreund gesammelt von C. Ochs und zum Druck befördert von Gottlob Schütze, Dresden.
1870. (Hg.) Blicke in die Geschichte und Zustände der Mission mit und ohne Kaste. Ein Aufruf zum Kampfe für die Wahrheit in Sachen der Mission und zur Theilnahme an Ausbreitung eines wahren Christenthums. Dem Königlich Sächsischen Ministerio des Cultus und öffentlichen Unterrichts, den Kirchenvorständen des Königreichs Sachsen und der gesamten Landeskirche ehrfurchtsvoll und vertrauensvoll überreicht von dem Comité des ev. luth. Vereins für Mission ohne Kaste in Dresden, Dresden.
o.J. (Hg.) Die Mission mit Kaste und ihre Verteidiger. Ein zweites Schattenbild. Dem königl. Sächs. Ministerio des Cultus und öffentlichen Unterrichts, und den ehrwürdigen Kirchenvorständen des Königreichs Sachsen überreicht von dem Comité für ev.-luth. Mission ohne Kaste in Dresden.

SCHWARTZ, K. VON
1903. Die Entwicklung der Leipziger Mission, Leipzig.
1901. Die Mission und die Hebung der niederen Volksschichten. Vortrag, gehalten auf dem Lausiker Missionslehrkurs, Leipzig.
1907. Sieben Missionsstunden zur Einführung in die Arbeit der Leipziger Mission in Indien, Leipzig.

SODEN, EMMA VON
1905. Eine tamulische Hochzeit, in: Indische Lotosblumen 7, Leipzig.

STOSCH, GEORG
1896. Im fernen Indien. Eindrücke und Erfahrungen im Dienst der lutherischen Mission unter den Tamulen, Berlin.

STRASSER, E.
1931. Der eine Gott im Bewußtsein der Völker, Leipzig.

WEIDAUER, JOHANNES
o.J. Die älteste Lutherische Missionsarbeit, Leipzig.
o.J. Werden und Wachsen der Leipziger Mission, Leipzig.

ZEHME, SIEGFRIED
1928. Die Lehre von der Seelenwanderung in ihrer Bedeutung für das religiös-sittliche Leben des Inders, Leipzig.

1903a. Die tamulische Singpredigt. Nebst einem Anhang: Legenden des Grossen Purana, die in heidnischen Singpredigten zum Vortrage kommen. Eine Missionsstudie, Leipzig.

1903b. Gespräch mit einem Heiden über eine Legende aus dem großen Purana, in: JBMK 5, 5–17.

1904. Der Katechumenat im Erfahrungsbereich eines evang.-lutherischen Missionars. Nebst einem Anhang: Gespräch mit einem Heiden über die der Taufe vorgehende Erleuchtung durch den Heiligen Geist, Leipzig.

II. Teil: Sekundärliteratur

AARGAARD, JOHANNES

1967. Mission Konfession Kirche. Die Problematik ihrer Integration im 19. Jahrhundert in Deutschland, 2 Bde., Lund.

ABDEL-MALEK, ANSWAR

1963. Orientalism in Crisis, in: Diogenes 44, 103–140.

ACHARAYA, B.K.

1914. Codification in British India, Calcutta.

ADAM, W.

1840. The Law and the Custom of Slavery in British India, Boston.

AFZAL-KAIIN, FAWZIA und SESHADRI-CROOKS, KALPANA

2000. (Hg.), The Preocupation of Postcolonial Studies, Durham – London

AHMAD, AIJAZ

1994. Orientalism and After: Ambivalence and Metropolitan Location in the Work of Edward Said, in: Ders., In Theory. Classes, Nations, Literatures, Delhi, 159–220.

AIYANGAR, S.K.

1920. A History of Early Vaisnavism in South India, Madras.

ALEXANDER, BOBBY C.

1999. Ritual and Current Studies of Ritual: Overview, in: S.D. Glazier (Hg.), Anthropology of Religion. A Handbook, Westport, 2. Aufl., 139–160.

ALEXANDER, ELISABETH SUSAN

1994. The Attitudes of British Protestant Missionaries Towards Nationalism in India. With Special Reference to Madras Presidency 1919–1927, Delhi.

ALLEN, DOUGLAS

1993. (Hg.) Religion and Political Conflict in South Asia. India, Pakistan, and Sri Lanka, Delhi.

ALLEN, J.L.

1976. Land of Myth, Waters of Wonder: The Place of the Immagination in the History of Geographical Exploration, in: D. Loewenthal und M.J. Bowden (Hg.), Geographies of the Mind. Essays in Historical Geosophy. In Honor of John Kirtland Wright, New York, 41–61.

ALMOND, PHILIP C.

1982. Mystical Experience and Religious Doctrine. An Investigation of the Study of Mysticism in World Religions, Berlin – New York – Amsterdam.

ALTHAUS, PAUL

1965. Die Ethik Martin Luthers, Gütersloh.

AMBEDKAR, BABAHASAHEB R.

1990. The Untouchables. Who were they and why they became Untouchables?, in: Dr. Babasaheb Ambedkar, Writings and Speeches VII, Bombay, 249–379.

ANDRESEN, WILHELM

1984. (Hg.) Handbuch der Dogmen- und Theologiegeschichte III, Göttingen.

ANDREW, A.

1898. The practical working of Panchama Settlements, in: HF, Mai, 166–175.

APPADURAI, ARJUN

1974. Right and Left Hand Castes in South India, in: Indian Economic and Social History Review 11, 216–259.

1978. Kings, Sects and Temples in South India, in: B. Stein (Hg.), South Indian Temples: An Analytical Reconsideration, New Delhi, 47–74.

1981. Worship and Conflict under Colonial Rule. A South Indian Case, Cambridge.

1987. The Past as a Scarce Resource, in: G.W. Spencer (Hg.), Temples, Kings and Peasants. Perceptions of South India's Past, Madras, 195–222.

1994. Number in the Colonial Imagination, in: C.A. Breckenridge und P.v.d. Veer (Hg.), Orientalism and the Postcolonial Predicament, Delhi, 315–339.

APPADURAI, ARJUN und BRECKENRIDGE, CAROL A.

1976. The South Indian Temple: Authority, Honor and Redistribution, in: Contributions to Indian Sociology 10.2, 187–211.

ARCHER, M.

1979. India and British Portraiture 1770–1825, London.

ARIARAJAH, S.W.

1991. Hindus and Christians: A Century of Protestant Ecumenical Thought, Amsterdam – Atlanta.

ARNOLD, DAVID

1985. Bureaucratic Recruitment and Subordination in Colonial India: The Madras Constabulary, 1859–1947, in: R. Guha, Subaltern Studies IV, Delhi, 1–53.

1986. Police, Power and Colonial Rule: Madras 1859–1947, Delhi.

AROKIASAMY, S.

1991. (Hg.) Responding to Communalism. The Task of Religions and Theology, Delhi.

AROORAN, K. NAMBI

1980. Tamil Renaissance and Dravidian Nationalism 1905–1944, Madurai.

ARULSAMY, S.

1988. (Hg.) Communalism in India. A Challenge to Theologizing, Bangalore.

ARUNACHALAM, M.
1978. Outlines of Saivism, Mayuram.

ASAD, TALAL
1973. (Hg.) Anthropology and the Colonial Encounter, London.
1983. Anthropological Conceptions of Religion: Reflections on Geertz, in: Man (NS) 18, 201–219.

ASHCROFT, BILL und PAL AHLUWALIA
1999. Edward Said, London – New York.

ASHCROFT, BILL, GRIFFITHS, GARETH und TIFFIN, HELEN
1995. (Hg.) The Post-Colonial Studies Reader, London – New York.

ASIATIC SOCIETY OF BENGAL
1788–1794. Asiatick Researches. Comprising History and Antiquities, the Arts, Sciences, and Literature of Asia, 4 Bde., Calcutta (Reprint: Delhi 1979).

ASSMANN, ALEIDA
1995. Was sind kulturelle Texte?, in: A. Poltermann (Hg.), Literaturkanon – Medienereignis – Kultureller Text. Formen interkultureller Kommunikation und Übersetzung, Berlin, 232–244.

AUGUSTINE, J.S.
1993. (Hg.) Religious Fundamentalism. An Asian Perspective, Bangalore.

AYROOKUZHIEL, A.M. ABRAHAM
1985. The Sacred in Popular Hinduism. An Empirical Study in Chirakkal, North Malabar, Bangalore – Madras.

BAAL, JAN VAN
1979. The Role of Truth and Meaning in Changing Religious Systems, in: P.H. Vrijhof und J. Waardenburg (Hg.), Official and Popular Religion. Analysis of a Theme for Religious Studies, The Hague – Paris – New York, 607–628.

BABB, LAURENCE A.
1975. The Divine Hierarchy. Popular Hinduism in Central India, New York.

ELMORE, W.T.
1913. Dravidian Gods in Modern Hinduism (Reprint: New Delhi 1984).

BACHMANN-MEDICK, DAGMAR
1994. Multikultur oder kulturelle Differenzen? Neue Konzepte von Weltliteratur und Übersetzung in postkolonialer Perspektive, in: Deutsche Vierteljahresschrift für Literaturwissenschaft und Geistesgeschichte 68.4, 585–612.

BACHTIN, MICHAIL M.
1979. Die Ästhetik des Wortes, hg. von Rainer Grübel, Frankfurt a.M.
1981. The Dialogic Imagination: Four Essays, hg. von Michael Holquist, Austin.

BADEN-POWELL, B.H.
1892. The Land Systems of British India, 3 Bde., Oxford.

BAIRD, ROBERT D.

1989. Hindu-Christian Dialogue and the Academic Study of Religion, in: H. Coward (Hg.), Hindu-Christian Dialogue. Perspectives and Encounters, Maryknoll, 217–229.

1991. Category Formation and the History of Religions, Berlin – New York.

BAKER, CHRISTOPHER JOHN

1975. Figures and Facts: Madras Government Statistics 1880–1940, in: Ders. und D. Washbrook (Hg.), South India. Political Institutions and Political Change, 1880–1940, Delhi, 204–232.

1976. The Politics of South India, 1920–1937, New Delhi.

1984. An Indian Rural Economy 1880–1955: The Tamilnad Countryside, Oxford.

BAKER, CHRISTOPHER J. und WASHBROOK, DAVID A.

1975. (Hg.) South India. Political Institutions and Political Change, 1880–1940, Delhi.

BALAGANGADHARA, S.N.

1994. ‚The Heathen in His Blindness'. Asia, the West and the Dynamic of Religion, Leiden – New York – Köln.

BALASUBRAMANIAM, K.M.

1965. The Centenary Memorial to A Champion of Saiva Siddhanta – The Life of J.M. Nallaswami Pillai, with a foreword by Kaviyogi, Mahrishi Suddhananda Bharatiar, Madras.

BALASUBRAMANIAN, R.

1985. (Hg.) Mystics and Society, in: Indian Philosophical Annual 17, Madras.

BALASUNDARAM, FRANKLYN

1995. The Dalits and the Christian Mission in the Tamil Country (unveröffentlicht).

BALIBAR, E.

1990. Paradoxes of Universality, in: D. Goldberg (Hg.), Anatomy of Racism, Minneapolis, 283–294.

BALLAHATCHET, KENNETH A.

1961. Some Aspects of Historical Writing on India by Protestant Christian Missionaries during the Nineteenth and Twentieth Centuries, in: C.H. Philips (Hg.), Historians of India, Pakistan and Ceylon, London, 344–353.

1998. Caste, Class and Catholicism in India 1789–1914, Richmond Surrey.

BANERJEA, KRISHNA MOHAN

1861. Dialoques on Hindu Philosophy, Calcutta.

BARGATZKY, THOMAS

1992. Die Ethnologie und das Problem der kulturellen Fremdheit, in: T. Sundermeier (Hg.), Den Fremden wahrnehmen. Bausteine für eine Xenologie, Gütersloh, 13–29.

BARNETT, STEPHEN A.

1970. The Structural Position of a South Indian Caste: The Kondaikatti Vellalas in Tamil Nadu (unveröffentlichte Diss.), University of Chicago.

1975. Approaches to Changes of Caste Ideology in South India, in: B. Stein (Hg.), Essays on South India, Honolulu, 149–180.

BARRIER, N. GERALD
1974. Banned: Controversial Literature and Political Control in British India 1907–1947, Columbia.
1981. (Hg.) The Census in British India. New Perspectives, New Delhi.

BARTHES, ROLAND
1964. Mythen des Alltags, Frankfurt a.M.
1980. Leçon/Lektion. Französisch und Deutsch. Antrittsvorlesung im Collège de France. Übersetzung Helmut Scheffel, Frankfurt a.M.
1988. Das semiologische Abenteuer, Frankfurt a.M.

BATEMAN, JOSIAH
1860. The Life of the Rt. Rev. Daniel Wilson, D.D., Late Lord Bishop of Calcutta and Metropolitan of India, 2 Bde., London.

BAUDRILLARD, JEAN
1982. Der symbolische Tausch und der Tod, München.

BAUER, FRIEDRICH
1953. Die Arbeit der Leipziger Mission in Indien bis zum Ersten Weltkrieg, in: W. Ruf (Hg.), Die bayerische Missionsarbeit einst und jetzt, Erlangen, 76–95.

BAYLY, CHRISTOPHER A.
1985. The Pre-History of Communalism? Religious Conflict in India, 1700–1860, in: Modern Asian Studies 19.2, 177–203.
1988. Indian Society and the Making of the British Empire (The New Cambridge History of India II.1), Cambridge.
1996. Empire and Information: Intelligence gathering and social communication in India, 1780–1870, Cambridge.
1997. Modern Indian Historiography, in: M. Bentley (Hg.), Companion to Historiography, London, 677–691.

BAYLY, SUSAN
1989. Saints, Goddesses and Kings. Muslims and Christians in South Indian Society 1700–1900, Cambridge u.a.
1993. Hindu Modernizers and the ‚Public‘ Arena: Indigenous Critiques of Caste in Colonial India, in: SOAS.
1995. Caste and ‚race‘ in the colonial ethnography of India, in: P. Robb (Hg.), The Concept of Race in South Asia, Delhi, 165–218.
1999. Caste, Society and Politics in India from Eighteenth Century to the Modern Age (The New Cambridge History of India IV.3), Cambridge.

BECHERT, HEINZ und SIMSON, GEORG VON
1979. (Hg.) Einführung in die Indologie. Stand – Aufgaben – Methoden, Darmstadt.

BECK, BRENDA
1972. Peasant Society in Konku. A Study of Right and Left Subcastes in South India, Vancouver.
1970. The Right-Left Division of South Indian Society, in: Journal of Asian Studies 29, 779–798.

BECKER, C.
1921. Indisches Kastenwesen und christliche Mission, Aachen.

BEEK, W.E.A. VAN
1979. Traditional Religion as a Locus of Change, in: P.H. Vrijhoff und J. Waardenburg (Hg.), Official and Popular Religion, Den Haag, 514–543.

BELL, CATHERINE
1997. Ritual. Perspectives and Dimensions. New York – Oxford.

BELLAH, ROBERT N.
1965. (Hg.) Religion and Progress in Modern Asia, New York – London.
1970. Beyond Belief, New York.
1978. Religious studies as ‚New Religion', in: J. Needleman und G. Baker (Hg.), Understanding the New Religions, New York, 106–112.

BENFEY, THEODOR
1869. Geschichte der Sprachwissenschaft und orientalischen Philologie in Deutschland seit dem Anfange des 19. Jahrhunderts mit einem Rückblick auf die früheren Zeiten, München (Reprint: New York 1965).

BENHABIB, SEYLA
1986. Critique, Norm and Utopia. A Study of the Foundations of Critical Theory, New York.

BENJAMIN, WALTER
1977. Die Aufgabe des Übersetzers, in: Ders., Illuminationen, Frankfurt a.M.

BERG, EBERHARD und FUCHS, MARTIN
1993. (Hg.) Kultur, Soziale Praxis, Text. Die Krise der ethnographischen Repräsentation, Frankfurt a.M.; darin: Dies., Phänomenologie der Differenz. Reflexionsstufen ethnographischer Repräsentation, 11–109.

BERGUNDER, MICHAEL
1997. Wenn die Geister bleiben … – Volksreligiosität und Weltbild, in: D. Becker und A. Feldtkeller (Hg.), ‚Es begann in Halle …' Missionswissenschaft von Gustav Warneck bis heute, Erlangen, 153–166.
2002 Umkämpfte Vergangenheit. Anti-brahmanische und hindu-nationalistische Rekonstruktionen der frühen indischen Religionsgeschichte, in: Ders. und Rahul Peter Das (Hg.), „Arier" und „Draviden". Konstruktionen der Vergangenheit als Grundlage für Selbst- und Fremdwahrnehmung Südasiens, Halle, 135–180.

BERGUNDER, MICHAEL und DAS, R. PETER
2002. (Hg.) Arier und Draviden - Genese und Wechselwirkungen zweier interkultureller Deutungsmuster und ihre Relevanz für die Selbst- und Fremdwahrnehmung Südasiens, Halle.

BERNAL, M.
1987. Black Athena: The Afro-Asiatic Origins of Classical Civilizations I. The Fabrication of Ancient Greece, 1785–1985, New Brunswick.

BERNER, ULRICH
1979. Der Begriff „Synkretismus" – Ein Instrument historischer Erkenntnis?, in: Saeculum 30, 68–85.
1982. Untersuchungen zur Verwendung des Synkretismus-Begriffes, Wiesbaden.
1991. Synkretismus und Inkulturation, in: H.P. Siller (Hg.), Suchbewegungen. Synkretismus – Kulturelle Identität und kirchliches Bekenntnis, Darmstadt, 30–144.

BERNHARDT, REINHOLD
1991. (Hg.) Horizontüberschreitung. Die Pluralistische Theologie der Religionen, Gütersloh.
1993. Der Absolutheitsanspruch des Christentums. Von der Aufklärung bis zur Pluralistischen Religionstheologie, Gütersloh.

BÉTEILLE, ANDRÉ
1965. Caste, Class and Power: Changing Patterns of Stratification in a Tanjore Village, Berkeley – Los Angeles.
1969. Castes: Old and New. Essays in Social Structure and Social Stratification, London.
1986. Individualism and Equality, in: Current Anthropology 27.2, 121–128.

BHABHA, HOMI K.
1985. Signs taken for Wonders: Questions of Ambivalence and Authority under a Tree Outside Delhi, May 1817, in: Critical Inquiry 12, 144–165.
1986. The Other Question: Difference, Discrimination and the Discourse of Colonialism, in: F. Barker, P. Hulme, M. Iversen und D. Loxley (Hg.), Literature Politics and Theory. Papers from the Essex Conference 1976–84, London – New York, 148–172.
1990. (Hg.) Nation and Narration, London – New York.
1994. The Location of Culture, London – New York.
2000. Die Verortung der Kultur, Tübingen.

BHADRA, GAUTAM
1989. The Mentality of Subalternity: Kantanama or Rajadharma, in: R. Guha (Hg.), Subaltern Studies VI, Delhi, 54–91.

BHANDARKAR, RAMAKRISHNA GOPAL
1913. Vaiṣṇavism, Śaivism and Minor Religious Systems, Poona.

BHASKARAN, S.T.
1981. The Message Bearers: Nationalist Politics and Entertainment Media in South India, 1880–1945, Madras.

BHATNAGAR, RASHMI
1986. Uses and limits of Foucault: a study of the theme of origins in Edward Said's Orientalism, in: Social Scientist 158, 3–22.

BHATTACHARYYA, NARENDRA NATH
1977. The Indian Mother Godess, New Delhi.
1996. Ancient Indian Rituals and Their Social Contents, New Delhi.

BHATTI, ANIL
1992. Zum Verhältnis von Sprache Übersetzung und Kolonialismus am Beispiel Indiens,

in: Ders. und H. Turk (Hg.), Kulturelle Identität. Deutsch-indische Kulturkontakte in Literatur, Religion und Politik, Göttingen, 3–19.

1997. August Wilhelm Schlegels Indienrezeption und der Kolonialismus, in: J. Lehmann u.a. (Hg.), Konflikt – Grenze – Dialog. Kulturkontrastive und interdisziplinäre Textzugänge. Festschrift für Horst Turk zum 60. Geburtstag, Frankfurt a.M. – Berlin – Bern, 185–206.

BHEDAD, ALI

1994. Belated Travelers. Orientalism in the Age of Colonial Dissolution, Durham – London.

BIARDEAU, MADLEINE

1976. Le Sacrifice dans l'Hindouisme, in: Dies. und C. Malamoud (Hg.), Le Sacrifice dans l'Inde Ancienne, Paris.

1989. Brahmans and Meat-eating Gods, in: A. Hiltebeitel (Hg.), Criminal Gods and Demon Devotees: Essays on the Guardians of Popular Hinduism, Albany.

BITTERLI, URS

1991. Die ‚Wilden' und die ‚Zivilisierten'. Gründzüge einer Geistes- und Kulturgeschichte der europäisch-überseeischen Begegnung, München.

BLACKBURN, STEWARD UND RAMANUJAN, A.K.

1986. (Hg.) Another Harmony. New Essays on the Folklore of India, Berkeley – Los Angeles – London.

BLACKBURN, S., CLAUS, P., FLUECKIGER, J. und WADLEY, S.

1989. (Hg.) Oral Epics in India, Berkeley – Los Angeles – London.

BLACKBURN, STEWARD

1981. Oral Performance. Narrative and Ritual in a Tamil Tradition, in: Journal of American Folklore 94.372, 207–227.

1989. Patterns of Development for Indian Oral Epics, in: Ders. u.a. (Hg.), Oral Epics in India, Berkeley – Los Angeles – London, 15–32.

BLANKE, HORST WALTER

1997. Politische Herrschaft und soziale Ungleichheit im Spiegel des Anderen. Untersuchungen zu den deutschsprachigen Reisebeschreibungen vornehmlich im Zeitalter der Aufklärung, 2 Bde., Waltrop.

BLOME, H.

1943. Der Rassengedanke in der deutschen Romantik und seine Grundlagen im 18. Jahrhundert, München – Berlin.

BLUMENBERG, HANS

1996. Die Lesbarkeit der Welt (1981), Frankfurt a.M.

BOBZIN, HARTMUT

1988. (Hg.) Friedrich Rückert an der Universität Erlangen 1826–1841. Eine Ausstellung des Lehrstuhls für orientalistische Philologie, Erlangen.

BÖHTLINGK, OTTO VON

1883–86. Sanskrit-Wörterbuch in kürzerer Fassung, 7 Bde., St. Petersburg (Reprint: in 3 Bdn., Delhi 1991).

BOON, JAMES
1982. Other Tribes, Other Scribes. Symbolic Anthropology in the Comparative Study of Cultures, Histories Religions and Texts, Cambridge.

BOPP, FRANZ
1816. Über das Conjugationssystem der Sanskritsprache in Vergleichung mit jener der Griechischen, Lateinischen, Persischen und Germanischen Sprache, Frankfurt a.M.

BORMBAUM, R.
1852. Christoph Samuel John, evangelischer Missionar in Tranquebar, in: Ders., Evangelische Missionsgeschichte in Biographien III.5, Düsseldorf, 51–123.

BOSCH, DAVID J.
1991. Transforming Mission. Paradigm Shifts in Theology of Mission, Maryknoll – New York.

BOURDIEU, PIERRE
1993. Sozialer Sinn. Kritik der theoretischen Vernunft, Frankfurt a.M.

BOUYER, LOUIS
1980. Mysticism: an Essay on the History of the Word, in: R. Woods (Hg.), Understanding Mysticism, London, 42–55.

BRAISTED, PAUL JUDSON
1935. Indian Nationalism and The Christian Colleges, New York.

BRECKENRIDGE, CAROL
1978. From Protector to Litigant – Changing Relations between Hindu Temples and the Rājā of Ramnad, in: B. Stein (Hg.), South India Temples, New Delhi, 75–106.

BRECKENRIDGE, CAROL A. und VEER, PETER VAN DER
1994. (Hg.) Orientalism and the Postcolonial Predicament. Perspectives on South Asia, Delhi.

BRENNAN, TIM
1992. Places of Mind, Occupied Lands: Edward Said and Philology, in: M. Sprinker (Hg.), Edward Said: A Critical Reader, Oxford, 74–95.

BRENNER, PETER
1989. Die Erfahrung der Fremde. Zur Entwicklung einer Wahrnehmungsform in der Geschichte des Reiseberichts, in: Ders. (Hg.), Der Reisebericht. Entwicklung einer Gattung in der deutschen Literatur, Frankfurt a.M., 14–48.
1990. Der Reisebericht in der deutschen Literatur. Ein Forschungsüberblick als Vorstudie zu einer Gattungsgeschichte, in: Internationales Archiv für Sozialgeschichte der deutschen Literatur, 2. Sonderheft, Tübingen.

BRIMNES, NIELS
1999. Constructing the Colonial Encounter. Right and Left Hand Castes in Early Colonial South India, Richmond Surrey.

BRONFEN, ELISABETH, MARIUS, BENJAMIN und STEFFEN, THERESE
1997. (Hg.), Hybride Kulturen. Beiträge zur anglo-amerikanischen Multikulturalismusdebatte, Tübingen.

BROWN, J.
1985. Modern India: The Origins of an Asian Democracy, Delhi.

BRÜCK, MICHAEL VON
1985. The Advaitic Experience and Meditation, in: R. Balasubramanian (Hg.), Mystics and Society (Indian Philosophical Annual 17), Madras, 135–152.
1986. Einheit der Wirklichkeit. Gott, Gotteserfahrung und Meditation im hinduistisch-christlichen Dialog, München.

BRUNNER, EMIL
1928. Die Mystik und das Wort, Tübingen.

BRUNNER, HELENE
1992a. The four pādas of Śaivāgamas, in: Journal of Oriental Research, Madras, 260–278.
1992b. Jñāna and Kriyā: Relation between Theory and Practice in the Śaivāgamas, in: J. Gourdiaan (Hg.), Ritual and Speculation in Early Tantrism: Studies in Honor of André Padoux, Albany, 1–59.
1997. Mysticism in the Śaivāgamas, in: KR Sundarajan und B. Mukerji (Hg.), Hindu Spirituality. Postclassical and Modern, London, 186–207.

BUCHANAN, IAN
1992. Writing the Wrongs of History: De Certeau and Post-Colonialism, in: SPAN (Journal of the South Pacific Association for Commonwealth Literature and Language Studies) 33, Mai, 39–46.

BUGGE, HENRIETTE
1994. Mission and Tamil Society. Social and Religious Change in South India (1840–1900), Richmond Surrey.

BUGGE, HENRIETTE und RUBIES, JOAN PAU
1995. (Hg.) Shifting Cultures. Interaction and Discourse in the Expansion of Europe, Münster.

BURGESS, JAMES
1912. The Chronology of Indian History. Medieval & Modern, Edinburgh.

BURGHART, RICHARD
1978. Hierarchical Models of the Hindu Social System, in: Man (NS) 13, 519–536.
1990. Ethnographers and Their Local Counterparts in India, in: R. Fardon (Hg.), Localizing Strategies. Regional Traditions of Ethnographic Writing, Edinburgh, 260–279.
1991. Something lost, something gained: Translations of Hinduism, in: G.D. Sontheimer und H. Kulke (Hg.), Hinduism Reconsidered, New Delhi, 213–225.

BURGHART, RICHARD und CANTLIE, AUDRIE
1985. (Hg.) Indian Religion, London – New York.

BURKHARD, FRANZ-PETER
1998. Malinowskis unartige Kinder. Hermeneutische Probleme in der Ethnologie, in: D. Lüddekens (Hg.), Begegnung von Religionen und Kulturen. Festschrift für Norbert Klaes, Dettelbach, 35–58.

BÜRKLE, HORST
1979. Missionstheologie, Stuttgart u.a.

BUTLER, JUDITH
1997. Körper von Gewicht. Die diskursiven Grenzen des Geschlechts, Frankfurt a.M.

CALAND, WILHELM
1926. (Hg.) Ziegenbalg's Malabarisches Heidenthum, Amsterdam.

CALDWELL, ROBERT
1849. The Tinnevelly Shanars. A Scetch of their Religion and their Moral Condition and Characteristics as a Caste; with special reference to the facilities and hinderances to the progress of Christianity amongst them, Madras.
1881. Records of the Early History of the Tinnevelly Mission of the Society for Promoting Christian Knowledge and the Society for the Propagation of the Gospel in Foreign Parts, Madras.
1913. A Comparative Grammar of the Dravidian or South Indian Family of Languages, 3. Aufl. (Reprint: New Delhi 1987).

CAEMMERER, AUGUST FRIEDRICH
1803. Des Tiruvalluver Gedichte und Denksprüche. Aus der Tamulischen Sprache übersetzt von A.F. Cämmerer, der Weltweisheit Doctor und Königl. Dän. Mißionar in Trankenbar, Nürnberg.

CANNON, GARLAND
1970. (Hg.) The Letters of Sir Williams Jones, Oxford.
1990. The Life and Mind of Oriental Jones: Sir William Jones, the Father of Modern Linguistics, Cambridge.

CANNON, GARLAND und BRINE, KEVIN R.
1995. (Hg.) Objects of Enquiry: The Life, Contributions and Influences of Sir William Jones (1746–1794), New York – London.

CAPPS, WALTER H.
1978. The Interpenetration of New Religion and Religious Studies, in: J. Needleman und G. Baker (Hg.), Understanding the New Religions, New York, 10–50.

CARMAN, JOHN B.
1971. Inter-Faith Dialogue and Academic Study of Religion, in: S. Samartha (Hg.), Dialogue between men of living faiths. Papers presented at a Consultation held at Ajaltoun, Lebanon March 1970, Genf, 81–86.
1983. Conceiving Hindu ‚Bhakti' as Theistic Mysticism, in: S. Katz (Hg.), Mysticism and Religious Traditions, Oxford – New York, 191–225.

CARRETTE, JEREMY R.
2000. Foucault and Religion, London.

CENKNER, WILLIAM
1983. A Tradition of Teachers: Śankara and the Jagadgurus Today, Delhi.

CHAKRABARTY, DIPESH
1992. Postcoloniality and the Artifice of History: Who speaks for ‚Indian pasts'?, in: Representations 37, 1–26.
2002. Habitations of Modernity, Essays in the Wake of Subaltern Studies, Chicago – London.

CHAKRAVARTHI, A.
1949. Tirukkural by Thevar, Madras.

CHANDLER, JOHN S.
o.J. Seventy-Five Years in the Madura Mission. A History of the Mission in South India under the American Board of Commissioners for Foreign Mission, Boston, Massachusetts, USA (American Madura Mission).

CHANDRA, BIPIN
1984. Communalism in Modern India, New Delhi.

CHANDRA, SUDHIR
1992. The Oppressive Present. Literature and Social Consciousness in Colonial India, Delhi.

CHATTERJEE, M.S. und SHARMA, U.
1994. (Hg.) Contextualizing Caste: Post-Dumontian Approaches, Oxford.

CHATTERJEE, PARTHA
1983. Peasants, Politics and Historiography: a Response, in: Social Scientist 120, 58–65.
1986. Nationalist Thought and the Colonial World. A Derivative Discourse?, London.
1989a. Colonialism, Nationalism and Colonialized Women: The Context in India, in: American Ethnologist 16, 622–633.
1989b. Caste and Subaltern Consciousness, in: R. Guha (Hg.), Subaltern Studies VI, Delhi, 169–219.
1992a. History and the Nationalization of Hinduism, in: Social Research 59.1, 114–149.
1992b. Their Own Words? An Essay for Edward Said, in: M. Sprinker (Hg.), Edward Said: A Critical Reader, Oxford, 194–220.
1995. (Hg.) Texts of Power. Emerging Disciplines in Colonial Bengal, Minneapolis.

CHATURVEDI, VINAYAK
2000. (Hg.), Mapping Subaltern Studies and the Postcolonial, London – New York.

CHAUDHURI, SASHI BHUSAN
1965. Theories of the Indian Mutiny (1857–1859). A Study of the Views of an Eminent Historian on the Subject, Calcutta.

CHENTHINATHA, IYER
1883. Shan Ksatriya Pirasanda Marutham, Palayamcottah.

CHILDS, PETER und WILLIAMS, PATRICK
1997, An Introduction to Post-Colonial Theory, London u.a.

CHITTY, SIMON CHASIE
1859. The Tamil Plutarch. A Summary Account of the Lives of the Poets and Poetesses of Southern Indian and Ceylon (Reprint: New Delhi 1982).

CHRISTENSEN, T. und HUTCHINSON, W.R.
1982. (Hg.) Missionary Ideologies in the Imperialist Era: 1880–1920, Kopenhagen.

CHRISTIAN, BARBARA
1987. The Race for Theory, in: Cultural Critique 6, 51–63.

CLARKE, J.J.
1997. Oriental Enlightenment. The encounter between Asian and Western thought, London – New York.

CLARKE, SATHIANATHAN
1999. Dalits and Christianity. Subaltern Religion and Liberation Theology in India, New Delhi.

CLAUS, PETER J.
1999. Ritual Performance in India, in: S.D. Glazier (Hg.), Anthropology of Religion. A Handbook, Westport, 2. Aufl., 191–209.

CLIFFORD, JAMES und MARCUS, GEORGE E.
1986. (Hg.) Writing Culture. The Poetics and Politics of Ethnography, Berkeley – Los Angeles – London.

CLIFFORD, JAMES
1988. On Orientalism, in: Ders., The Predicament of Culture. Twentieth-Century Ethnography, Literature, and Art, Cambridge, 255–276.
1993. Über ethnographische Autorität, in: E. Berg und M. Fuchs (Hg.), Kultur, soziale Praxis, Text. Die Krise der ethnographischen Repräsentation, Frankfurt a.M., 109–157.

CLOONEY, FRANCIS X.
1996. Seeing through Texts. Doing Theology among the Śrīvaiṣṇavas of South India, Albany.

CODELL, JULIE F.
1998. Resistance and Performance: Native Informant Discourse in the Biographies of Maharaja Sayaji Rao III (1863–1939), in: Dies. und D.S. Macleod (Hg.), Orientalism Transposed. The Impact of the Colonies on British Culture, Aldershot – Brookfield, 13–37.

CODELL, JULIE F. und MACLEOD, DIANNE SACHKO
1998. (Hg.) Orientalism Transposed. The Impact of the Colonies on British Culture, Aldershot – Brookfield.

COHN, BERNHARD S.
1968. Notes on the History of the Study of Indian Society and Culture, in: Ders. und M. Singer (Hg.), Structure and Change in Indian Society, Chicago, 3–28.
1983. Representing Authority in Victorian India, in: E. Hobsbawm und T. Ranger (Hg.), The Invention of Tradition, Cambridge, 165–210.
1987. An Anthropologist Among the Historians and Other Essays, Delhi.
1989. Cloth, Clothes, and Colonialism, in: A.B. Weiner und J. Schneider (Hg.), Cloth and Human Experience, Washington, 303–353.
1994. The Command of Language and the Language of Command, in: R. Guha (Hg.), Subaltern Sudies IV. Writings on South Asian History and Society (1985), Delhi, 276–329.
1996. Colonialism and its Forms of Knowledge. The British in India, Princeton.

COLEBROOKE, HENRY T.
1871a. On the Philosophy of the Hindus, in: Ders., ME I, 227–419.
1871b. On the Religious Ceremonies of the Hindus. And of the Bráhmans especially, in: Ders., ME I, 123–226.
1871c. On the Vedas or Sacred Writings of the Hindus, in: Ders., ME I, 9–113.
1872. (1801) On Sanscrit and Pracrit Languages, abgedruckt in: Ders., Miscellaneous Essays (ME) II, Madras, 1–34.

COLPE, CARSTEN
1975. Die Vereinbarkeit historischer und struktureller Bestimmungen des Synkretismus, in: A. Dietrich (Hg.), Synkretismus im syrisch-persischen Kulturgebiet, Göttingen, 15–37; wieder abgedruckt in: Colpe, C., 1980. Theologie, Ideologie, Religionswissenschaft. Demonstrationen ihrer Unterscheidung, München, 162–185.
1987. Art. Syncretism, in: EncRel(E) 14, 218–227.

CONLON, FRANK F.
1981. The Census of India as a Source for the Historical Study of Religion and Caste, in: N.G. Barrier (Hg.), The Census in British India. New Perspectives, New Delhi, 103–117.

CORBEY, RAYMOND und LEERSSEN, JOEP
1991. (Hg.) Alterity, Identity, Image. Selves and others in Society and Scholarship, Amsterdam – Atlanta.

COSGROVE, D.
1984. Social Formation and Symbolic Landscape, London.

COWARD, HAROLD
1989. (Hg.) Hindu – Christian Dialogue. Perspectives and Encounters, Maryknoll.

CRACKNELL, KENNETH
1995. Justice, Courtesy and Love. Theologians and Missionaries Encountering World Religions, 1846–1914, London.

CRAPANZANO, VINCENT
1986. Hermes' Dilemma: The Masking of Subversion in Ethnographic Description, in: J. Clifford und G. Marcus (Hg.), Writing Culture. The Poetics and Politics of Ethnography, Berkeley, 51–76.
1990. On Dialogue, in: T. Mranhão (Hg.), The Interpretation of Dialogue, Chicago, 269–291.

CROLE, CHARLES S.
1879. The Cingleput, late Madras, District. A Manual. Madras.

CROSBY, DONALD A.
1981. Interpretive Theories of Religion, The Hague – Paris – New York.

DALLMAYR, FRED
1996. Beyond Orientalism. Essays on Cross-Cultural Encounter, Albany.

DALMIA, VASUDHA und STIETENCRON, HEINRICH VON
1995. (Hg.) Representing Hinduism. The Construction of Religious Traditions and National Identity, New Delhi.

DALMIA, VASUDHA
1987. Die Aneignung der vedischen Vergangenheit: Aspekte der frühen deutschen Indien-Forschung, in: ZfK 37, 434–443.
1993. Reconsidering the Orientalist View, in: G. Sen (Hg.), Perceiving India, New Delhi, 93–114.
1995. The Only real Religion of the Hindus: Vaiṣṇava Selfrepresentation in the Late Nineteenth Century, in: Dies. und H. v. Stietencron (Hg.), Representing Hinduism. The Construction of Religious Traditions and National Identity, New Delhi, 176–210.

DANDEKAR, D.
1938. Der vedische Mensch, Heidelberg.

DANIEL, E. VALENTINE
1984. Fluid Signs. Being a Person the Tamil Way, Berkeley – Los Angeles – London.

DAS, VEENA
1986. Gender studies, cross-cultural comparison and the colonial organisation of knowledge, in: Berkshire Review 21, 58–76.
1990a. Structure and Cognition. Aspects of Hindu Caste and Ritual, (1977) Delhi.
1990b. (Hg.) Mirrors of Violence. Communities, Riots and Survivors in South Asia, Delhi.
1993. Der anthropologische Diskurs über Indien. Die Vernunft und ihr Anderes, in: E. Berg und M. Fuchs (Hg.), Kultur, soziale Praxis, Text. Die Krise der ethnographischen Repräsentation, Frankfurt a.M., 402–425.
1995. Critical Events: An Anthropological Perspective on Contemporary India, Delhi.

DAYAL, SAMIR
1996. Postcolonialism's possibilities: subcontinental diasporic intervention, in: Cultural Critique 33, Frühjahr, 113–149.

DAYANANDAN FRANCIS, T.
1987. Aspects of Christian and Hindu Bhakti, Madras.
1989. Aspects of Tamil Saivism, in: Ders., The Relevance of Hindu Ethos for Christian Presence. A Tamil Perspective, Madras, 23–64.

DELIÈGE, ROBRERT
1994. Caste without a system: A study of South Indian Harijans, in: M.S. Chatterjee und U. Sharma (Hg.), Contextualizing Caste: Post-Dumontian Approaches, Oxford, 122–146.

DE MAN, PAUL
1997. Schlußfolgerungen: Walter Benjamins' ‚Die Aufgabe des Übersetzers', in: A. Hirsch (Hg.), Übersetzung und Dekonstruktion, Frankfurt a.M., 182–228.

DERRET, J.D.M.
1968. Religion, Law and the State in India, London.

DERRIDA, JACQUES
1983. Grammatologie, Frankfurt a.M.
1976. Die Schrift und die Differenz, Frankfurt a.M.
1988. Die weiße Mythologie. Die Metapher im philosophischen Text, in: Ders., Randgänge der Philosophie, Wien, 205–258.

DESHPANDE, M.
1979. Sociolinguistic Attitudes in India, Ann Arbor.

DEUSSEN, PAUL
1920. Allgemeine Geschichte der Philosophie mit besonderer Berücksichtigung der Religionen; Bde. I/1: Allgemeine Einleitung und Philosophie des Veda bis auf die Upanishad's; I/2: Die Philosophie der Upanishad's; I/3: Die Nachvedische Philosophie der Inder; II/3: Die Neuere Philosophie von Descartes bis Schopenhauer, Leipzig.
1921. Die Upanishad's des Atharvaveda, Leipzig.

DEVERAUX, GEORGE
1984. Angst und Methode in den Verhaltenswissenschaften, Frankfurt a.M.

DHAR, NIRANJAN
1977. Vedānta and the Bengal Renaissance, Calcutta.

DHARAMPAL-FRICK, GITA
1994. Indien im Spiegel deutscher Quellen der Frühen Neuzeit (1500–1750). Studien zu einer interkulturellen Konstellation, Tübingen.
1995. Shifting Categories in the Discourse on Caste: Some Historical Observation, in: V. Dalmia und H. v. Stietencron (Hg.), Representing Hinduism. The Construction of Religious Traditions and National Identity, New Delhi, 82–102.

DHARMARAJ, JACOB S.
1993. Colonialism and Christian Mission: Postcolonial Reflections, Delhi.

DHARMOTHARAN, A.
1972. A Grammar of Tirukkural, Delhi.

DHARWADKER, VINAY
1994. Orientalism and the Study of Indian Literatures, in: C.A. Breckenridge und P. v. d. Veer (Hg.), Orientalism and the Postcolonial Predicament, Delhi, 158–185.

DIEHL, CARL GUSTAV
1956. Instrument an Purpose. Studies on Rites and Rituals in South India, Lund.
1969. Replacement or Substitution in the Meeting of Religions, in: S. Hartmann (Hg.), Syncretism, Stockholm, 137–161.
1965. Church and Shirne. Intermingling Patterns of Culture in the Life of some Christian Groups in South India, Uppsala.

DILGER, WILHELM
1913. Bhaktimarga und der Erlösungsgedanke des theistischen Brahmanismus, in: AMZ 40, 10–58. 116–122. 154–167.

DIRKS, NICHOLAS B.
1987. The Hollow Crown. Ethnohistory of an Indian Kingdom, Cambridge u.a.
1989a. The Invention of Caste: Civil Society in Colonial India, in: Social Analysis 25, 42–52.
1989b. The Policing of Tradition in Colonial South India, unveröffentlichtes Manuskript, University of Pennsylvania.
1990. The original Caste, in: M. Marriott (Hg.), India Through Hindu Categories, London.
1992. From Little King to Landlord: Colonial Discourse and Colonial Rule, in: Ders. (Hg.), Colonialism and Culture, Ann Arbor, 175–208.

1994. Colonial Histories and Native Informants: Biography of an Archive, in: C.A. Breckenridge und P. v. d. Veer (Hg.), Orientalism and the Postcolonial Predicament, Delhi, 279–313.
1996. Recasting Tamil Society: the Politics of Caste and Race in Contemporary Southern India, in: C.J. Fuller (Hg.), Caste Today, Delhi, 263–295.
2001. Castes of Mind. Colonialism and the Making of Modern India, Princeton – Oxford.

DONIGER, WENDY
1993. (Hg.) Purāṇa Perennis. Reciprocity and Transformation in Hindu and Jaina Texts, Albany.

DOUGLAS, MARY
1982. (Hg.) Essays in the Sociology of Perception, London – Boston – Henley.

DREHSEN, VOLKER und SPARN, WALTER
1996. (Hg.) Im Schmelztiegel der Religionen. Konturen des modernen Synkretismus, Gütersloh.

DREW, JOHN
1987. India and the Romantic Imagination, Delhi.

DREYFUS, HUBERT L. und RABINOW, PAUL (Hg.)
1983. Foucault Michel: Beyond Structuralism and Hermeneutics, Chicago.

DUBOIS, ABBE J.A.
1879. A Description of the Character, Manners, and Customs of the People of India and their Institutions, Religious and Civil. With Notes, Corrections and Additions by Rev. G.U. Pope, 3. Aufl., Madras.
1906. Hindu Manners, Customs, and Ceremonies. Translated from the Author's later French Ms. and edited with Notes, Corrections, and Biography by Henry K. Beauchamp, Oxford.

DUCHOW, ULRICH
1983. Christenheit und Weltverantwortung. Traditionsgeschichte und systematische Struktur der Zweireichelehre, 2. Aufl., Stuttgart.

DUERR, HANS-PETER
1978. Traumzeit. Über die Grenze zwischen Wildnis und Zivilisation, Frankfurt a.M.
1985. (Hg.) Der Wissenschaftler und das Irrationale. Beiträge aus Ethnologie und Anthropologie II, Frankfurt a.M.

DUMONT, LOUIS
1957. For a Sociology of India, in: Contributions to Indian Sociology I, 7–22.
1961. Caste, Racism and Stratification: Reflections of a Social Anthropologist, in: Contributions to Indian Sociology 5, 20–43.
1970. Religion, Politics and History in India: Collected Papers in Indian Sociology, The Hague.
1976. Gesellschaft in Indien. Die Soziologie des Kastenwesens (1966), Wien (englisch: 1988. Homo Hierarchicus. The Caste System and Its Implications, Delhi).
1986. A South Indian Subkaste. Social Organization and Religion of the Paramalai Kallar, Delhi.

1992. A Folk Deity of Tamil Nad: Aiyanar, The Lord, in: T.N. Madan (Hg.), Religion in India, Delhi, 38–49.

DUMONT, LOUIS und POCOCK, DAVID
1959. Pure and Impure. On the Different Aspects or Levels in Hinduism; Possession and Priesthood, in: Contributions to Indian Sociology 3, 9–74.

ECO, UMBERTO
1995. Die Grenzen der Interpretation, München.

EDNEY, MATTHEW H.
1997. Mapping an Empire. The Geographical Construction of British India, 1765–1843, Chicago – London.

EGNOR, M.
1978. The Sacred Spell and Other Conceptions of Life in Tamil Culture (unveröffentlichte Diss.), University of Chicago.

EICHINGER FERRO-LUZZI, GABRIELLA
1989. The polythetic-prototype approach to Hinduism, in: G.D. Sontheimer und H. Kulke (Hg.), Hinduism Reconsidered, New Delhi, 187–196.

ELIAS, NORBERT
1976. Über den Prozeß der Zivilisation. Soziogenetische und psychogenetische Untersuchungen I. Wandlungen des Verhaltens in den weltlichen Oberschichten des Abendlandes, Frankfurt a.M.

ELLIS, FRANCIS WHITE
1818. Replies to seventeen questions proposed by the Government of Fort St. George relative to Mirasi Right with two appendices elucidatory of the subject (Government Gazette Office), Madras.
1816. Tiruvalluvar's Sacred Kural, Madras (1822[?]).

ELPHINSTONE, MOUNTSTUARD
1941. The History of India, 2 Bde., London.

ESQUER, A.
1870. Essai sur les castes dans l'Inde, Pondicherry.

ESTBORN, SIEGFRIED
1959. Our Village Christians. A Study of the Life and Faith of Village Christians in Tamilnad, Madras u.a.

EVANS, RICHARD J.
1999. Fakten und Fiktionen. Über die Grundlagen historischer Erkenntnis, Frankfurt a.M. – New York.

FABIAN, JOHANNES
1983. Time and the Other. How Anthropology Makes its Object, New York.

FABRICIUS, JOHANN PHILIP
1809. Malabar-English Dictionary (1779), Tranquebar.
1972. J.P. Fabricius's Tamil and English Dictionary, 4. Aufl., Tranquebar.

FAQUAR, J.N.
1913. The Crown of Hinduism, London.

FARDON, RICHARD
1990. (Hg.) Localizing Strategies. Regional Traditions of Ethnographic Writing, Edinburgh – Washington.

FELDTKELLER, ANDREAS
1994. Im Reich der Syrischen Göttin. Eine religiös plurale Kultur als Umwelt des frühen Christentums (Studien zum Verstehen fremder Kulturen 8), Gütersloh.
1992. Der Synkretismus-Begriff im Rahmen einer Theorie von Verhältnisbestimmungen zwischen Religionen, in: EvTheol 52.3, 224–244.

FELDTKELLER, ANDREAS und SUNDERMEIER, THEO
1999. (Hg.), Mission in pluralistischer Gesellschaft, Frankfurt a.M.

FELEPPA, ROBERT
1986. Emics, Etics and Social Objectivity, in: Current Anthropology 27.3, 243–255.

FENGER, J. FERDINAND
1906. History of the Tranquebar Mission. Worked out from the Original Papers (1843), Madras.

FIESEL, E.
1927. Die Sprachphilosophie der deutschen Romantik, Tübingen.

FIGUEIRA, DOROTHY MATILDA
1991. Translating the Orient. The Reception of Śākuntala in Nineteenth-Century Europe, Albany.
1994. The Exotic: A Decadent Quest, Albany.

FILIPSKÝ, JAN
1998. The Village Hero in Tamil Folk Literature, in: G. Eichinger Ferro-Luzzi (Hg.), Glimpses of the Indian Village in Anthropology and Literature, Napoli, 125–132.

FISCHER, E. und HEYDEMANN, K.
1989. (Hg.) Zwischen Aufklärung und Restauration, Tübingen.

FISCHER, WOLFDIETRICH
1988. Friedrich Rückert-Meister im Reich der Sprache, in: H. Bobzin (Hg.), Friedrich Rückert an der Universität Erlangen 1826–1841, Erlangen, 9–24.

FISHMANN, A.V.
1941. Culture Change and the Underpriviledged: A Study of Madigas in South India under Christian Guidence, Madras.

FITZGERALD, TIMOTHY
1995. Religious studies as cultural studies: a philosophical and anthropological critique of the concept of religion, in: Diskus (www) 3.1, 101–118.

FLASCHE, RAINER
1991. Der Irrationalismus in der Religionswissenschaft und dessen Begründung in der Zeit zwischen den Weltkriegen, in: H.G. Kippenberg und B. Luchesi (Hg.), Religions-

wissenschaft und Kulturkritik. Beiträge zur Konferenz: The History of Religions and Critique of Culture in the Days of Geradus van der Leeuw (1890–1950), Marburg, 243–258.

FLEISCH, PAUL
1936. Hundert Jahre Lutherischer Mission, Leipzig.
1936a. Hundert Jahre deutscher lutherischer Kirchengeschichte im Spiegel der Geschichte der Leipziger Mission, in: LMJB, 11ff.

FOHRMANN, JÜRGEN
1989. Das Projekt der deutschen Literaturgeschichte. Entstehung und Scheitern einer nationalen Poesiegeschichtsschreibung zwischen Humanismus und Deutschem Kaiserreich, Stuttgart.
1988. Der Kommentar als diskursive Einheit der Wissenschaft, in: Ders. und H. Müller (Hg.), Diskurstheorien und Literaturwissenschaft, Frankfurt a.M., 244–257.

FORMAN, ROBERT K.C.
1990. (Hg.) The Problem of Pure Consciousness: Mysticism and Philosophy, New York – Oxford.

FORRESTER, DUNCAN B.
1980. Caste and Christianity. Attitudes and Politics on Caste of Anglo-Saxon Protestant Missions in India, London.

FORSSMAN, BERNHARD
1988. Friedrich Rückert als Indologe, in: H. Bobzin (Hg.), Friedrich Rückert an der Universität Erlangen 1826–1841. Eine Ausstellung des Lehrstuhls für orientalistische Philologie, Erlangen, 167–195.

FOUCAULT, MICHEL
1971. Die Ordnung der Dinge. Eine Archäologie der Humanwissenschaften, Frankfurt a.M.
1973. Archäologie des Wissens, Frankfurt a.M.
1974. Nietzsche, die Genealogie, die Historie, in: Ders., Von der Subversion des Wissens, hg. von W. Seitter, München, 83–109.
1977a. Die Ordnung des Diskurses. Inauguralvorlesung am Collège de France – 2. Dezember 1970, München.
1977b. Sexualität und Wahrheit I. Der Wille zum Wissen, Frankfurt a.M.

FOX, RICHARD G.
1969. Varna Schemes and Ideological Integration in Indian Society, in: Comparative Studies in Society and History XI, 27–45.
1992. East of Said, in: M. Sprinker (Hg.), Edward Said: A Critical Reader, Oxford, 144–156.

FRANCO, ELI und PREISENDANZ, KARIN
1997. (Hg.) Beyond Orientalism. The Work of Wilhelm Halbfass and Its Impact on Indian and Cross-Cultural Studies (Studies in the Philosophy of the Sciences and the Humanities 59), Amsterdam – Atlanta.

FRANK, MANFRED
1988. Zum Diskursbegriff bei Foucault, in: J. Fohrmann und H. Müller (Hg.), Diskurstheorien und Literaturwissenschaft, Frankfurt a.M., 25–43.

FRAZER, ROBERT
1898. A Literary History of India, New York.

FREEMAN, KATHRYN S.
1998. ‚Beyond the Stretch of Labouring Thought Sublime': Romanticism, Post-Colonial Theory and the Transmission of Sanscrit texts, in: J.F. Codell und D.S. Macleod (Hg.), Orientalism Transposed. The Impact of the Colonies on British Culture, Aldershot – Brookfield, 140–157.

FREY, HANS-JOST
1997. Übersetzung und Sprachtheorie bei Humboldt, in: A. Hirsch (Hg.), Übersetzung und Dekonstruktion, Frankfurt a.M., 37–63.

FROW, JOHN
1991. Michel de Certeau and the Practice of Representation, in: Cultural Studies 5.1, 52–60.

FRÜHWALD, WOLFGANG
1989. Fremde und Vertrautheit. Zum Naturverständnis in der deutschsprachigen Literatur seit dem 18. Jahrhundert, in: Ders. u.a. (Hg.), Zwischen Aufklärung und Restauration. Sozialer Wandel in der deutschen Literatur (1700–1948), Tübingen, 451–463.

FRYKENBERG, ROBERT E.
1963. Traditional Processes of Power in South India: A Historical Analysis of Local Influence, in: Indian Economic and Social History Review I.2, 122–142.
1976. The Impact of Conversion and Social Reform upon Society in South India during the late Company Period: Questions concerning Hindu-Christian Encounters, with special reference to Tinnevelly, in: C.H. Philips und M.D. Wainwright (Hg.), Indian Society and the Beginnings of Modernisation 1830–1850, London, 187–243.
1983. Land Control and Social Structure in Indian History, Madison.
1986. Modern Education in South India, 1784–1854: Its Roots and its Role as a Vehicle of Integration under Company Raj, in: AHR 91, 37–65.
1991. The Emergence of modern ‚Hinduism' as a concept and an institution: a reappraisal with special reference to South India, in: G.D. Sontheimer und H. Kulke (Hg.), Hinduism Reconsidered, New Delhi, 29–60.
1993. Construction of Hinduism at the Nexus of History and Religion, in: Journal of Interdisciplinary History 23.3, 523–550.
1999. The Halle Legacy in Modern India: Information and the Spread of Education, Enlightenment, and Evangelization, in: M. Bergunder (Hg.), Missionsberichte aus Indien im 18. Jahrhundert. Ihre Bedeutung für die europäische Geistesgeschichte und ihr wissenschaftlicher Wert für die Indienkunde, Halle, 6–29.

FRYKENBERG, ROBERT E. und KOLENDA, PAULINE
1990. (Hg.) Studies of South India: An Anthology of Recent Research and Scholarship, Madras – New Delhi.

FUCHS, STEPHEN
1992. The Religion of the Indian Tribals, in: B. Chaudhuri (Hg.), Tribal Transformation in India V, Religion, Rituals and Festivals, New Delhi, 23–51.

FULLER, CHRISTOPHER J.
1985. Initiation and Consecration: Priestly Rituals in a South Indian Temple, in: R. Burghart und A. Cantlie (Hg.), Indian Religion, London – New York, 105–133.
1987. Sacrifice (Bali) in the South Indian Temple, in: V. Sudaresen, G. Prakash Reddy und M. Suryanarayana (Hg.), Religion and Society in South India (A Volume in Honour of Prof. N. Subba Reddy), Delhi, 21–36.
1991. Servants of the Godess. The Priests of a South Indian Temple, Delhi.
1992. The Camphor Flame. Popular Hinduism and Society in India, Princeton.
1996. (Hg.) Caste Today, Delhi.

GAFFKE, P.
1990. A Rock in the Tides of Time: Oriental Studies Then and Now, in: Academic Questions 3.2, 67–74.

GALANTER, MARC
1968. Changing Legal Conceptions of Caste, in: M. Singer und B. Cohn (Hg.), Structure and Change in Indian Society, Chicago, 299–336.

GANESHAN, VIDHAGIRI
1975. Das Indienbild deutscher Dichter um 1900, Bonn.

GARBE, RICHARD
1921. Die Bhagavadgītā. Aus dem Sanskrit übersetzt und mit einer Einleitung über ihre ursprüngliche Gestalt, ihre Lehren und ihr Alter versehen, 2. Aufl., Leipzig.

GAUR, ALBERTINE
1966. A Catalogue of B. Ziegenbalg's Tamil Library, in: BMQ XXX, 99–105.
1967. Batholomäus Ziegenbalg's Verzeichnis der malabarischen Bücher, in: JRAS, 63–95.
1971. Early Missionaries as Manuscript Collectors, in: Professor K.A. Nilakanta Sastri Felicitation Volume, Madras, 385–391.

GEBHARDT, HARTWIG
1988. Kollektive Erlebnisse. Zum Anteil der illustrierten Zeitschriften im 19. Jahrhundert an der Erfahrung des Fremden, in: I.A. Greverus u.a. (Hg.), Kulturkontakt, Kulturkonflikt. Zur Erfahrung des Fremden II, Frankfurt a.M., 517–544.

GEERTZ, CLIFFORD
1965. The Discussion, in: R. Bellah (Hg.), Religion and Progress in Modern Asia, New York – London, 150–167.
1973. The Interpretation of Cultures, New York.
1983. Local Knowledge. Further Essays in Interpretive Anthropology, New York.
1985. Waddling In, in: Times Literary Supplement 7, 623–624.
1987. Dichte Beschreibung. Beiträge zum Verstehen kultureller Systeme, Frankfurt a.M.
1993. Die künstlichen Wilden. Der Anthropologe als Schriftsteller, Frankfurt a.M.

GEISSEN, I.
1988. Geschichte des Rassismus, Frankfurt a.M.

GENSICHEN, HANS-WERNER
1975. ‚Dienst der Seelen' und ‚Dienst des Leibes' in der frühen pietistischen Mission, in: H. Bornkamm (Hg.), Der Pietismus in Gestalten und Wirkungen – Martin Schmid zum 65. Geburtstag (Arbeiten zur Geschichte des Pietismus 14), Bielefeld, 155–178.
1981. Hilko Wiardo Schomerus (1879–1945) – Missionar und Indologe. Eine Würdigung, in: H. Berger, A. Dhrarmotharan und D. Kapp (Hg.), Aruṇantis Śivajñānasiddhiyār. Die Erlangung des Wissens um Śiva oder um die Erlösung. Unter Beifügung einer Einleitung und Meyakaṇṭadevas Śivajñānabodha aus dem Tamil übersetzt und kommentiert von Hilko Wiardo Schomerus I, Wiesbaden, XI-XVI.
1985a. Art. Heidentum I. Biblisch/Kirchen-missionsgeschichtlich, in: TRE XIV, 591–601.
1985b. Last und Lehren der Geschichte, in: K. Müller (Hg.), Missionstheologie. Eine Einführung, Berlin, 145–159.
1988. Der Beitrag christlicher Missionare zur Erforschung des Hinduismus, in: J. Triebel (Hg.), Der Missionar als Forscher. Beiträge christlicher Missionare zur Erforschung fremder Kulturen und Religionen, Gütersloh, 70–86.
1993. Invitatio ad Fraternitatem. 75 Jahre Deutsche Gesellschaft für Missionswissenschaft (1918–1993), Münster – Hamburg.

GEWECKE, FRAUKE
1986. Wie die neue Welt in die alte kam, Stuttgart.

GHURYE, G.S.
1969. Caste and Race in India (1932), 5. Aufl., Bombay.

GLADIGOW, BURKHART
1988. Gegenstände und wissenschaftlicher Kontext von Religionswissenschaft, in: H. Cancik, B. Gladigow und M. Laubscher (Hg.), Handbuch religionswissenschaftlicher Grundbegriffe I, Stuttgart u.a., 26–40.

GLASENAPP, HELMUTH VON
1925. Der Jainismus, eine indische Erlösungsreligion. Nach den Quellen dargestellt, Berlin.
1954. Kant und die Religionen des Ostens, 2. Aufl., Würzburg.
1960. Das Indienbild deutscher Denker, Stuttgart.
1961. Die Literaturen Indiens. Von ihren Anfängen bis zur Gegenwart, mit Beiträgen von Heinz Bechert und Hilko Wiardo Schomerus, Stuttgart.

GOETHE, JOHANN WOLFGANG VON
1994. West-östlicher Divan. Goethe und seine Zeitgenossen über den ‚West-östlichen Divan', in: Ders., Hamburger Ausgabe II, 15. Aufl., München, 539–704.

GOLD, DANIEL
1991. Organized Hinduism: from Vedic Truth to Hindu Nation, in: M.E. Marty und R.S. Appleby (Hg.), Fundamentalisms Observed, Chicago, 531–93.

GONDA, JAN
1960. Die Religionen Indiens I, Veda und älterer Hinduismus, Stuttgart.
1963. Die Religionen Indiens II, Der jüngere Hinduismus, Stuttgart.

GOODY, JACK
1968. (Hg.) Literacy in Traditional Societies, Cambridge.
1977. The Domestification of the Savage Mind, Cambridge.
1986. The logic of Writing and Organization of Society, Cambridge.

GOPALAN, S.
1979. The Social Philosophy of Tirukkural, Madras – New Delhi.
1997. The Personal and Social Dimensions of Tirukkuṟaḷ Spirituality, in: K.R. Sundarajan und Bithika Mukerji (Hg.), Hindu Spirituality. Postclassical and Modern, London, 112–126.

GOREH, NEREMIAH
1862. A Rational refutation of the Hindu Philosophical Systems, Calcutta.

GOUDIE, WILLIAM
1894. The Pariahs and the Land, in: HF, July, 490–500.

GOUGH, KATHLEEN
1955. The Social Structure of a Tanjore Village, in: M. Marriott (Hg.), Village India. Studies in the Little Community, Chicago, 36–52.
1956. Brahmin Kinship in a Tamil Village, in: American Anthropologist 58, 826–853.
1968. The Implications of Literacy in Traditional China and India, in: J. Goody (Hg.), Literacy in Traditional Societies, Cambridge.
1969. Caste in a Tanjore Village, in: E.R. Leach (Hg.), Aspects of Caste in South India, Ceylon and North-West Pakistan, Cambridge, 11–60.

GOVERNMENT OF INDIA
1908. (Hg.) Imperial Gazeteer of India. Provincial Series. Madras Bde. 1+2, Calcutta.

GOVERNMENT OF INDIA, DEPARTMENT OF EDUCATION
1992. Kriyāviṉ Taṟkālat Tamiḻ Akarāti (Tamiḻ-Tamiḻ Āṉkilam), Dictionary of Contemporary Tamil (Tamil-Tamil-English), Madras.

GOWEN, HERBERT
1931. A History of Indian Literature. From Vedic Times to the Present Day, New York.

GRAFE, HUGALD
1972. Hindu Apologetics at the Beginning of the Protestant Mission Era in India, in: ICHR 6, 43–69.
1990. The History of Christianity in Tamilnadu from 1800 to 1975 (History of Christianity in India 4.2), Bangalore – Erlangen.

GREENBLATT, STEPHEN
1994. Wunderbare Besitztümer. Die Erfindung des Fremden: Reisende und Entdecker, Berlin.

GREVERUS, INA-MARIA, KÖSTLIN, KONRAD und SCHILLING, HEINZ
1988. (Hg.) Kulturkontakt, Kulturkonflikt. Zur Erfahrung des Fremden. 26. Deutscher Volkskundekongreß in Frankfurt vom 28. September bis 2. Oktober 1987, 2 Bde., Frankfurt a.M.

GREWAL, J.S.

1996. Religious Nationalism in Colonial India, in: D.N. Jha (Hg.), Society and Ideology in India. Essays in Honour of Professor R.S. Sharma, New Delhi, 391–398.

GRIERSON, GEORGE A.

1908. The Monotheistic Religion of Ancient India and Its Descendant: The Modern Doctrine of Faith, Oxford.

GROVE, RICHARD H.

1995. Green Imperialism. Colonial Expansion, Tropical Island Edens and the Origins of Environmentalism, 1600–1860, Cambridge.

GRÜNDER, HORST

1992. Welteroberung und Christentum: ein Handbuch zur Geschichte der Neuzeit, Gütersloh.

GRÜNSCHLOSS, ANDREAS

1994. Religionswissenschaft als Welttheologie – Wilfred Cantwell Smiths interreligiöse Hermeneutik, Göttingen.

1999. Der eigene und der fremde Glaube. Studien zur interreligiösen Fremdwahrnehmung in Islam, Hinduismus, Buddhismus und Christentum, Tübingen.

GUHA, RANAJIT

1984. On some Aspects of the Historiography of Colonial India, in: Ders. (Hg.), Subaltern Studies I. Writings on South Asian History and Society, Delhi, 1–26.

1986. Idioms of Dominance and Subordination in Colonial India, in: Ders. (Hg.), Subaltern Studies V. Writings on South Asian History and Society, Delhi, 232–251.

1989. Dominance Without Hegemony and Its Historiography, in: Ders. (Hg.), Subaltern Studies VI. Writings on South Asian History and Society, Delhi, 210–309.

GÜNTHER, WOLFGANG

1970. Von Edinburgh nach Mexico City. Die ekklesiologischen Bemühungen der Weltmissionskonferenzen (1910–1963), Stuttgart.

GUNDERT, HERMANN

1868. Arbeiter in der Tamil-Mission 9. Dr. Karl Graul und die Kaste in der Tamil-Mission, in: EMM (NF) 12, 353–396.

GUNKEL, HERMANN

1903. Zum Religionsgeschichtlichen Verständnis des Neuen Testaments, Göttingen.

GUPTA, AKHIL und FERGUSON, JAMES

1992. Beyond ‚Culture': space, identity and the politics of difference, in: Cultural Anthropology 7.1, 6–23.

GUPTA, DIPANKAR

1985. On altering the ego in peasant history: Paradoxes of the etnic option, in: Peasant Studies 13.1, Herbst, 5–24.

HAAS, ALOIS M.

1996. Mystik als Aussage. Erfahrungs-, Denk- und Redeformen christlicher Mystik, Frankfurt a.M.

HABERMAS, JÜRGEN
1988. Der philosophische Diskurs der Moderne. Zwölf Vorlesungen, Frankfurt a.M.

HACKER, PAUL
1974. West-östliche Mystik, in: ZMRW 58, 40–43.
1978. Kleine Schriften, hg. von L. Schmithausen, Wiesbaden.
1983. Inklusivismus, in: G. Oberhammer (Hg.), Inklusivismus. Eine Indische Denkform, Wien, 11–28.

HALBFASS, WILHELM
1981. Indien und Europa. Perspektiven ihrer geistigen Begegnung, Basel – Stuttgart.
1983. ‚Inklusivismus' und ‚Toleranz' im Kontext der Indisch-Europäischen Begegnung, in: G. Oberhammer (Hg.), Inklusivismus. Eine Indische Denkform, Wien, 29–60.
1990. India and Europe. An Essay in Philosophical Understanding, Delhi.
1991. The Veda and the Identity of Hinduism, in: Ders., Tradition and Reflection: Explorations in Indian Thought, Albany, 1–22.

HAMMER, KARL
1981. Weltmission und Kolonialismus. Sendungsideen des 19. Jahrhunderts im Konflikt, München.

HARDGRAVE, ROBERT L.
1969. The Nadars of Tamilnad. The Political Culture of a Community in Change, Berkeley – Los Angeles.

HARDY, FRIEDHELM
1995. A Radical Reassessment of the Vedic Heritage – The Ācāryahṛdayam and Its Wider Implications, in: V. Dalmia und H. v. Stietencron (Hg.), Representing Hinduism. The Construction of Religious Traditions and National Identity, New Delhi, 35–50.
1983. Viraha Bhakti: The Early History of Kṛṣṇa Devotion in South India, New Delhi – New York.

HARLOW, BARBARA und CARTER, MIA
1999. (Hg.) Imperialism & Orientalism. A Documentary Sourcebook, Oxford.

HARNACK, ADOLF VON
1910. Lehrbuch der Dogmengeschichte III. Die Entwicklung des Kirchlichen Dogmas II/III, Tübingen.
1924. Die Mission und Ausbreitung des Christentums in den Ersten Drei Jahrhunderten, Leipzig.

HARPER, E.
1964. Ritual Pollution and an Integrator of Caste and Religion, in: Journal of Asian Studies 23, 151–197.

HARRIS, MARVIN
1969. The Rise of Anthropological Theory: A History of Theories of Culture, London.

HARRISON, PETER
1990. Religion and the religions in the English Enlightenment, Cambridge.

HART III, GEORGE L.
1975a. The Poems of Ancient Tamil. Their Milieu and their Sanskrit Counterparts, Berkeley – Los Angeles – London.

1975b. Ancient Tamil Literature: Its Scholarly Past and Future, in: B. Stein (Hg.), Essays on South India, Hawaii, 41–63.

1973. Women and the Sacred in Ancient Tamilnad, in: Journal of Asian Studies 32, 230–250; wieder abgedruckt in: G.W. Spencer (Hg.), Temples, Kings and Peasants. Perceptions of South India's Past, Madras, 1–28.

HART, KEVIN

1989. The Trespass of the Sign: Deconstruction, Theology and Philosophy, Cambridge.

HARTMAN, S.

1969. (Hg.) Syncretism, Stockholm.

HARTMANN, ANDREAS

1988. Reisen und Aufschreiben 1795. Die Rolle der Aufschreibsysteme in der Darstellung des Fremden, in: I.M. Greverus u.a. (Hg.), Kulturkontakt, Kulturkonflikt. Zur Erfahrung des Fremden II, Frankfurt a.M., 499–506.

HAYNES, DOUGLAS und PRAKASH, GYAN

1991. (Hg.) Contesting Power – Resistance and Everyday Social Relations in South Asia, Berkeley.

HEBER, REGINALD

1828. Journal and Correspondence, 3 Bde., 3. Aufl., London.

HEESTERMANN, JAN C.

1997. Die Interiorisierung des Opfers und der Aufstieg des Selbst (ātman), in: A. Bsteh (Hg.), Der Hinduismus als Anfrage an christliche Theologie und Philosophie, Mödling, 289–327.

HEGEL, GEORG W.F.

1969. Vorlesungen über die Philosophie der Religion I, in: Ders., Werke in zwanzig Bänden 16, hg. von K.M. Michel, Frankfurt a.M.

1970. Vorlesung über die Philosophie der Geschichte, in: Ders., Werke in zwanzig Bänden 12, hg. von K.M. Michel, Frankfurt a.M.

HEIDBERG, K.

1952. History of the Danish Missionary Society, in: C.H. Swavely (Hg.), The Lutheran Enterprise in India, Madras, 81–96.

HEILER, FRIEDRICH

1931. Die Mission des Christentums in Indien (Marburger Theologische Studien 5), Gotha.

1961. Erscheinungsformen und Wesen der Religion, Stuttgart u.a.

HEIN, BERND

1979. Antonio Gramsci und die Volksreligion, in: K. Rahner, C. Modehn und M. Göpfert (Hg.), Volksreligion – Religion des Volkes, Stuttgart, 156–164.

HELLMANN-RAJANAYAGAM, DAGMAR

1984. Tamil. Sprache als Politisches Symbol. Politische Literatur in der Tamilsprache in den Jahren 1945 bis 1967, Wiesbaden.

1995. Is There a Tamil Race?, in: P. Robb (Hg.), The Concept of Race in South Asia, Delhi, 109–145.

HERMANN, G.
1867. Dr. Karl Graul und seine Bedeutung für die lutherische Mission, Halle.

HERRMANN, JOHANN WILHELM
1920. Der Verkehr des Christen mit Gott (1886), 6. Aufl., Stuttgart u.a.

HERTEL, BRADLEY R.
1998. Complementariness of the Positive and Negative Sacred in Hindu Cosmology and Ritual Practice, in: G. Eichinger Ferro-Luzzi (Hg.), Glimpses of the Indian Village in Anthropology and Literature, Neapel, 15–38

HICK, JOHN
1983. On Conflicting Religious Truth Claims, in: Religious Studies 19, 485–492.

HIKOSAKA, SHU
1989. Buddhism in Tamil Nadu. A New Perspective, Madras.

HIRSCH, ALFRED
1997. Die geschuldete Übersetzung. Von der ethischen Grundlosigkeit des Übersetzens, in: Ders. (Hg.), Übersetzung und Dekonstruktion, Frankfurt a.M., 396–428.

HIRSCH, EMANUEL
1984. Geschichte der neuern evangelischen Theologie II, 3. Aufl., Gütersloh.

HJEJLE, B.
1967. Slavery and agricultural bondage in South India in the nineteenth century, in: The Scandinavian Economic History Review 15.1–2, 71–126.

HOBSBAWN, ERIC und RANGER, TERENCE
1983. (Hg.) The Invention of Tradition, Cambridge.

HOCART, A.M.
1938. Kings and Councillors, Chicago.
1950. Caste. A Comparative Study, London.

HOCK, HANS HEINRICH
1999. Who Owns the Past: Prehistory and early history and the self identification of the Hindutva (‚Arya‘) and Dravida movements (unveröffentlichtes Manuskript).

HOCK, KLAUS
1986. Der Islam im Spiegel westlicher Theologie. Aspekte christlich-theologischer Beurteilung des Islams im 20. Jahrhundert, Köln – Wien.

HOEKENDIJK, JOHANNES CHRISTIAN
1967. Kirche und Volk in der deutschen Missionswissenschaft, München.

HOLLEN, C. VAN
1991. The Role of Civil Society in Orientalist and Anti-Colonial Discourses: Women as Model Citizens, Berkeley.

HOOLE, CHARLES R.A.
1995. Modern Sannyasins. Protestant Missionary Contribution to Ceylon Tamil Culture, Bern u.a.

HORSTMANN, AXEL
1993. Das Fremde und das Eigene – ‚Assimilation' als hermeneutischer Begriff, in: A. Wierlacher (Hg.), Kulturthema Fremdheit, München, 371–409.

HOUGHTON, GRAHAM
1983. The Impoverishment of Dependency. The History of the Protestant Church in Madras 1870–1920, Madras.

HUBER, WOLFGANG
1979. Ökumenische Perspektiven zum Thema ‚Religion des Volkes', in: K. Rahner u.a. (Hg.), Volksreligion – Religion des Volkes, Stuttgart, 165–173.

HUDSON, DENNIS
2000 Protestant Origins in India. Tamil Evangelical Christians, 1706–1835, Grand Rapids – Cambridge.

HUMBOLDT, WILHELM VON
1996. Über den Nationalcharakter der Sprachen, in: Ders., Werke in fünf Bänden III, 8. Aufl., Darmstadt, 64–81.
1981. Einleitung zum ‚Agamamnon' (1816), in: Ders., Werke in fünf Bänden V, Darmstadt, 137–145.

HUME, ROBERT ERNEST
1931. The Thirteen Principal Upanishads, Translated from the Sanskrit, 2. Aufl. (1877, Reprint: Delhi 1995).

HUTCHINS, F.G.
1967 The Illusion of Permanence: British Imperialism in India, Princeton, NJ.

HUTTON, J.H.
1946. Caste in India, its Nature Function, and Origins, Cambridge.

INDEN, RONALD
1986. Orientalist constructions of India, in: Modern Asian Studies 20.3, 401–446.
1990. Imagining India, Oxford – Cambridge;

INGHAM, KENNETH
1956. Reformers in India 1793–1833. An Account of the Work of Christian Missionaries on behalf of Social Reform, Cambridge.

INGRAM, EDWARD
1970. (Hg.) Two Views of British India: The Private Correspondence of Mr. Dundas and Lord Wellesley: 1798–1801, Bath.

IRSCHICK, EUGENE F.
1969. Politics and social Conflict in South India. The Non-Brahman Movement and Tamil Separatism. 1916–1929, Berkeley – Los Angeles.
1986. Tamil Revivalism in the 1930s, Madras.
1994. Dialogue and History. Constructing South India 1795–1895, Delhi.

IRVING, B.A.
1853. The Theory and Practice of Caste; being an Inquiry into the Effects of Caste on the Institutions and Probable Destinies of the Anglo-Indian Empire, London.

ISER, WOLFGANG
1994. Der Akt des Lesens, 4. Aufl., München.

JAGADISA AYYAR
1919. South Indian Shrines (Reprint: New Delhi 1993).
1925. South Indian Customs, Madras.

JANMOHAMED, ABDUL R.
1995. The economy of Manichean allegory: the function of racial difference in colonialist literature, in: B. Ashcroft, G. Griffiths und H. Tiffin (Hg.), The Post-colonial Studies Reader, London, 18–23.

JAPP, UWE
1988. Der Ort des Autors in der Ordnung des Diskurses, in: J. Fohrmann und H. Müller (Hg.), Diskurstheorien und Literaturwissenschaft, Frankfurt a.M., 223–234.

JEYARAJ, DANIEL
1996. Inkulturation in Tranquebar. Der Beitrag der frühen dänisch-halleschen Mission zum Werden einer indisch-einheimischen Kirche (1706–1730), Erlangen.

JONES, WILLIAM
1807. The Works of Sir William Jones, 13 Bde. (Reprint: Delhi 1976–80).
1796. Institutes of Hindu law: or, the Ordinaces of Menu, according to the gloss of Cullúca, Calcutta.

JOSHI, BARBARA R.
1986. (Hg.) Untouchable! Voices of the Dalit Liberation Movement, London.

KABBANI, RANA
1986. Europe's Myths of Orient, Bloomington.

KANAKASABHAI, V.
1904. The Tamils Eighteen Hundred Years Ago, Madras.

KANE, PANDURANG VAMAN
1993. History of Dharmasastra III, 3. Aufl., Poona.

KANTZENBACH, FRIEDRICH WILHELM
1960. Die Erlanger Theologie. Grundlinien ihrer Entwicklung im Rahmen der Geschichte der Theologischen Fakultät 1743–1877, München.
1968. Gestalten und Typen des Neuluthertums. Beiträge zur Erforschung des Neokonfessionalismus im 19. Jahrhundert, Gütersloh.

KAPP, DIETER B.
1982. Ãlu-Ku_rumba Nãyan: die Sprache der Ãlu-Ku_rumbas; Grammatik, Texte, Wörterbuch, Wiesbaden.

KARMARKAR, M.
1959 Friedrich Rückert und die indische Dichtung (unveröffentlichte Diss.), Göttingen.

KATZ, STEVEN
1978. (Hg.) Mysticism and Philosophical Analysis, New York.
1983. (Hg.) Mysticism and Religious Traditions, New York.

KAYE, J.W.
1859. Christianity in India. An Historical Narrative, London.

KEJARIWAL, O.P.
1988. The Asiatic Society of Bengal and the Discovery of India's Past 1784–1838, Delhi.

KETHKAR, S.V.
1979. History of Caste in India. Evidence of the Laws of Manu on the Social Conditions in India during the Third Century A.D. Interpreted and Examined, with an Appendix on Radical Defects of Ethnology, Jaipur.

KHARE, R.S.
1990. Indian Sociology and the Cultural Other, in: Contributions to Indian Sociology 24.2, 186–196.

KILLINGLEY, D.H.
1976. Vedānta and Modernity, in: C.H. Philips und M.D. Wainwright (Hg.), Indian Society and the Beginnings of Modernisation C. 1830–1850, London, 127–140.

KING, B.
1991. Rezension von Gauri Viswanathan, Masks of Conquest, Literary Study and British Rule in India, in: Comparative Literature Studies 28, 322–326.

KING, RICHARD
1999. Orientalism and Religion. Postcolonial Theory, India and ‚The Mystic East', London – New York.

KIPPENBERG, HANS GEORG
1997. Die Entdeckung der Religionsgeschichte. Religionswissenschaft und Moderne, München.

KIPPENBERG, HANS-GEORG und LUCHESI, BRIGITTE
1991. (Hg.) Religionswissenschaft und Kulturkritik. Beiträge zur Konferenz: The History of Religions and Critique of Culture in the Days of Geradus van der Leeuw (1890–1950), Marburg.

KJAERHOLM, LARS
1986. Myth, Pilgrimage and Fascination in the Aiyappa Cult: A View from Fieldwork in Tamilnadu, in: A. Parpola und B. Smidt-Hansen (Hg.), South Asian Religion and Society, London, 121–161.

KLAHRE, VEIT
1969. Karl Graul (1814–1864) – Dravidologe und Missionar, in: Asien, Afrika, Lateinamerika 17, Berlin, 58–65.

KLASS, MORTON
1980. Caste. The Emergence of the South Asian Social System, New Delhi.

KLIMKEIT, HANS-JOACHIM
1971. Anti-religiöse Bewegungen im modernen Südindien. Eine religionssoziologische Untersuchung zur Säkularisierungsfrage, Bonn.

KLOSTERMAIER, KLAUS

1971. Hindu-Christian Dialogue, in: S. Samartha (Hg.), Dialogue between men of living faiths. Papers presented at a consultation held at Ajaltoun, Lebanon March 1970, Genf, 11–20.

1969. Hindu and Christian in Vrindaban, London.

1994. A Survey of Hinduism, 2. Aufl., New York.

KOBERSTEIN, AUGUST

1837. Grundriß der Geschichte der deutschen National-Literatur. Zum Gebrauch auf Gymnasien entworfen, Leipzig.

KOEPPING, KLAUS-PETER

1987. Authentizität als Selbstfindung durch den Anderen: Ethnologie zwischen Engagement und Reflexion, zwischen Leben und Wissenschaft, in: H.P. Duerr (Hg.), Authentizität und Betrug in der Ethnologie, Frankfurt a.M., 7–37.

KOOIMAN, DICK

1989. Conversion and Social Equality in India. The London Missionary Society in South Travancore in the 19th Century, New Delhi.

KOPF, DAVID

1969. British Orientalism and the Bengal Renaissance: The Dynamics of Indian Modernization 1773–1835, Berkeley – Los Angeles.

1980. Hermeneutics versus History, in: Journal of Asian Studies 39.3, 495–506.

1995. The Historiography of British Orientalism, 1772–1992, in: G. Cannon und K.R. Brine (Hg.), Objects of Enquiry: The Life, Contributions and Influences of Sir William Jones (1746–1794), New York – London, 141–160.

KOSCHORKE, KLAUS

1998. (Hg.) ‚Christen und Gewürze'. Konfrontation und Interaktion kolonialer und indigener Christentumsvarianten, Göttingen.

KRADER, L.

1975. The Asiatic Mode of Production: The Sources, Development and Critique in the Writings of Karl Marx, Assen.

KRAEMER, HENDRIK

1959. Religion und Christlicher Glaube, Göttingen.

KRAMER, FRITZ

1977. Verkehrte Welten. Zur imaginären Ethnographie des 19. Jahrhunderts, Frankfurt a.M.

KRIEGER, DAVID

1986. Das interreligiöse Gespräch. Methodologische Grundlagen der Theologie der Religionen, Zürich.

KRISHNASWAMI AIYANGAR, S.

1923. Some Contributions of South India to Indian Culture, Calcutta.

1941. Ancient India and South Indian History and Culture I, Poona.

KRITZMAN, LAWRENCE
1988. (Hg.) Michel Foucault: Politics, Philosophy, Culture, New York.

KRÜGEL, SIEGFRIED
1961. 125 Jahre Leipziger Mission. Eine Besinnung auf Entstehung und Gehalt ihrer Grundsätze, Erlangen.
1965. Hundert Jahre Graul – Interpretation, Berlin – Hamburg.

KRUSCHE, DIETRICH
1993. Erinnern, Verstehen und die Rezeption kulturell distanter Texte, in: A. Wierlacher (Hg.), Kulturthema Fremdheit. Leitbegriffe und Problemfelder kulturwissenschaftlicher Fremdheitsforschung, München, 433–450.

KRUSE, HANS-STEFAN
1975. Regionalismus in Südindien. Die Dravidische Bewegung, Hamburg.

KUBERSKI, JÜRGEN
1993. Mission und Wissenschaft. Karl Graul und seine Missionstheologie (unveröffentlichte Diss.) Leeuven.

KUMAR, DHARMA
1965. Land and Caste in South India: Agricultural Labour in the Madras Presidency During the Nineteenth Century, Cambridge.

KUPER, ADAM
1988. The Invention of Primitive Society. Transformations of an Illusion, London – New York.

KÜPPERS, J.
1959. Luthers Dreihierarchienlehre als Kritik an der mittelalterlichen Gesellschaftsauffassung, in: EvTheol 19, 361–374.

LAMBERT, JOSÉ
1995. Translation, or the Canonization of Otherness, in: A. Poltermann (Hg.), Literaturkanon – Medienereignis – Kultureller Text. Formen interkultureller Kommunikation und Übersetzung, Berlin, 160–178.

LANDRY, DONNA und MACLEAN, GERALD
1996. (Hg.) The Spivak Reader, London.

LANEILD-BASU, S.
1984. The Dubashes of Madras, in: Modern Asian Studies 18.1, 1–31.

LANGEWIESCHE, DIETER
1988. Spätaufklärung und Frühliberalismus in Deutschland, in: E. Müller (Hg.), „... aus der anmuthigen Gelehrsamkeit.“ Tübinger Studien zum 18. Jahrhundert. Dieter Geyer zum 60. Geburtstag, Tübingen, 67–80.

LARSON, GERALD
1993. Discourse about ‚Religion‘ in Colonial and Postcolonial India, in: N. Smart und S. Thakur (Hg.), Ethical and Political Dilemmas of Modern India, London – Basingstoke, 181–193.

LASSEN, CHRISTIAN
1847–1861. Indische Altertumskunde, 4 Bde., Bonn.

LEE-WARNER, WILLIAM
1910. The Native States of India, London.

LEHMANN, ARNO
1947. Es begann in Tranquebar. Die Geschichte der ersten evangelischen Kirche in Indien, Berlin.

LEIFER, WALTER
1969. Indien und die Deutschen. 500 Jahre Begegnung und Partnerschaft, Tübingen – Basel.

LEIRIS, MICHEL
1985. Die eigene und die fremde Kultur. Ethnologische Schriften I, Frankfurt a.M.

LELE, JAYANT
1994. Orientalism and the Social Sciences, in: C.A. Breckenridge und P. v. d. Veer (Hg.), Orientalism and the Postcolonial Predicament, Delhi, 45–75.
1995. Hindutva. The Emergence of the Right, Madras.

LELYVELD, DAVID
1994. The fate of Hindustani: Colonial Knowledge and the Project of a National Language, in: C.A. Breckenridge und P. v. d. Veer (Hg.), Orientalism and the Postcolonial Predicament, Delhi, 189–214.

LENK, HANS
1993. Philosophie und Interpretation. Vorlesungen zur Entwicklung konstruktionistischer Interpretationsansätze, Frankfurt a.M.

LEOPOLD, J.
1974. British Applications of the Aryan Theory of Race to India, 1850–1870, in: English Historical Review 89, 578–603.

LÉVI-STRAUSS, CLAUDE
1981. Traurige Tropen, Frankfurt a.M.

LÉVINAS, EMMANUEL
1988. Eigennamen. Meditationen über Sprache und Literatur, München.

LEWIS, REINA
1996. Gendering Orientalism: Race, Femininity and Representation, New York – London.

LIEBAU, KURT
1998. (Hg.) Die Malabarische Korrespondenz. Tamilische Briefe an deutsche Missionare. Eine Auswahl, Siegmaringen.

LIENEMANN-PERRIN, CHRISTINE
1999. Mission und interreligiöser Dialog (Ökumenische Studienhefte 11), Göttingen.

LIFCO
1966. Lipkō Tamil̲-Tamil̲-Āṉkila Akarāti, Madras.

LINSE, ULRICH

1991. Asien als Alternative? Die Alternativkulturen der Weimarer Zeit: Reform des Lebens durch Rückwendung zu asiatischer Religiosität, in: H.G. Kippenberg und B. Luchesi (Hg.), Religionswissenschaft und Kulturkritik. Beiträge zur Konferenz: The History of Religions and Critique of Culture in the Days of Geradus van der Leeuw (1890–1950), Marburg, 325–365.

LORENZ, KURT

1989. Das Eigene und das Fremde im Dialog, in: P. Matusche (Hg.), Wie verstehen wir Fremdes? Aspekte zur Klärung von Verstehensprozessen, München, 122–128.

LORIMER, D.A.

1978. Colour, Class and the Victorians. English Attitudes to the Negro in the Mid-Nineteenth Century, Leicester.

LOWE, LISA

1991. Critical Terrains: French and English Orientalisms, Ithaca – London.

LOY, DAVID

1988. Non-Duality: A Study in Comparative Philosophy, New Haven – London.

LÜBBE, HERMANN

1986. Religion nach der Aufklärung, Darmstadt.

LUDDEN, DAVID

1985. Peasant History in South India, Delhi.

1992. India's Development Regime, in: N.B. Dirks (Hg.), Colonialism and Culture, Ann Arbor.

1994. Orientalist Empiricism: Transformations of Colonial Knowledge, in: C.A. Breckenridge und P. v. d. Veer (Hg.), Orientalism and the Postcolonial Predicament, Delhi, 250–278.

LUHMANN, NIKLAS

1987. Soziale Systeme. Grundriß einer allgemeinen Theorie, Frankfurt a.M.

LÜTGERT, WILHELM

1915. Mission und Nation, in: EMM 59, 513–525.

MACKENZIE, JOHN M.

1995. Orientalism. History, Theory and the Arts, Manchester – New York.

MACNICOL, NICOL

1915. Indian Theism. From the Vedic to the Muhammadan Period, London u.a.

MADAN, T.N.

1992. (Hg.) Religion in India, Delhi.

1994. Louis Dumont and the Study of Society in India, in: Ders., Pathways. Approaches to the Study of Society in India, Delhi, 52–84.

MADHIVANAN, R.

1981. Quotations on Tamil and Tamil Culture, Madras.

MAINE, HENRY SUMMER

1871. Village-Comunities in the East and West, London.

MAJUMDAR, R.C.
1951–1969. (Hg.) The History and Culture of the Indian People, 11 Bde., Bombay.

MAGILL, DANIELA
1989. Literarische Reisen in die exotische Ferne. Topoi der Darstellung von Eigen- und Fremdkultur, Frankfurt a.M. – Berlin – New York.

MAGULL, HANS JOACHIM
1974. Verwundbarkeit. Bemerkungen zum Dialog, in: EvTheol 34, 410–420.

MAJEED, JAVED
1992. Ungoverned Imaginings. James Mill's The History of British India and Orientalism, Oxford.

MANI, VETTAM
1975. Purāṇic Encyclopaedia. A comprehensive Work with Special Reference to the Epic and Purāṇic Literature, Delhi.

MANICKAM, SUNDARARAJ
1977. The Social Setting of Christian Conversion in South India. The Impact of the Wesleyan Methodist Missionaries on the Trichy – Tanjore Diocese with Special Reference to the Harijan Communities of the Mass Movement Area, 1820–1947, Wiesbaden.
1988. Missionary Attitudes Towards Casteism in the Churches in Tamilnadu, in: Ders., Studies in Missionary History: Reflections on a Culture-Contact, Madras, 32–61.
1993. Slavery in the Tamil Country: A Historical Overview, 2. Aufl., Madras.

MARAIMALAI ATIKAL
1923. Vēḷāḷar Nākarikam (Vellala Zivilization), Madras.

MARCUS, GEORGE E. und FISCHER, M.J.
1986. Anthropology as Cultural Critique. An Experimental Moment in the Human Sciences, Chicago – London.

MARRIOTT, MCKIM und INDEN, RONALD
1977. Toward an Ethnosociology of South Asian Caste Systems, in: K. David (Hg.), The New Wind: Changing Identities in South Asia, The Hague, 227–238.

MARRIOTT, MCKIM
1968. Caste Ranking and Food Transactions. A Matrix Analysis, in: M. Singer und B. Cohn (Hg.), Structure and Change in Indian Society, Chicago, 133–172.
1976. Hindu Transactions: Diversity Without Dualism, in: B. Kapferer (Hg.), Transaction and Meaning: Questions in the Anthropology of Exchange and Symbolic Behaviour, Philadelphia, 109–142.
1955. Little Communities in an Indigenous Civilization, in: Ders. (Hg.), Village India. Studies in the Little Community, Chicago, 171–222.
1989. Constructing an Indian ethnosociology, in: Contributions to Indian Sociology 23.1, 1–39.

MARSHALL, PETER
1970. (Hg.) The British Discovery of Hinduism in the Eighteenth Century, Cambridge.

MARX, KARL
1972. Das Kapital. Kritik der politischen Ökonomie I (1890), in: Karl Marx – Friedrich Engels, Werke 23, Berlin.

MASSEY, JAMES
1991. Roots. A Concise History of the Dalits, Bangalore – Delhi.
1994. (Hg.) Indigenous People: Dalits. Dalit Issues in Today's Theological Debate, Delhi.
1995. Dalits in India. Religion as a Source of Bondage or Liberation with Special Reference to Christians, New Delhi.

MATILAL, BIMAL KRISHNA und SPIVAK, GAYATRI
2000. Epic and Ethic, London – New York.

MATTHEWS, GORDON
1948. Śiva-Ñāna-Bōdham. A Manual of Śaiva Religious Doctrine, translated from Tamil with Synopsis, Exposition etc., Oxford.

MATUSCHE, PETRA
1989. (Hg.) Wie verstehen wir Fremdes? Aspekte zur Klärung von Verstehensprozessen, München.

MAW, MARTIN
1990. Visions of India. Fulfilment Theology, the Aryan Race Theory and the Work of British Protestant Missionaries in Victorian India, Frankfurt a.M. u.a.

MAYHEW, ARTHUR
1929. Christianity and the Government of India, London.

MCCUTCHEON, RUSSELL
1997. Manufacturing Religion: The Discourse on Sui Generis Religion and the Polities of Nostalgia, New York – Oxford.

MCGRANE, BERNARD
1989. Beyond Anthropology: Society and the Other, New York.

M'CRINDLE, J.W.
1901. Ancient India as described in Classical Literature. Being a Collection of Greek and Latin Texts relating to India, extracted from Herodotus, Strabo, Diodorus Siculus, Pliny, Alian, Philostratus, Dion Crysostom, Porphyry, Stobaeus, the Itinery of Alexander the Great, the Periēgēsis of Dionysius, the Dionysiaka of Nonnus, the Romance History of Alexander and other Works, Westminster.

MEENAKSHI SUNDARAM, P.
1965. History of Tamil Literature, Hyderabad.

METCALF, THOMAS R.
1995. Ideologies of the Raj (The new Cambridge History of India III.4), Cambridge.

METTE, ADELHEID
1997. Gottesliebe im Hinduismus – ihre Ausprägung und ihr Vollzug, in: A. Bsteh (Hg.), Der Hinduismus als Anfrage an Christliche Theologie und Philosophie, Mödling, 429–438.

METZGER, FRIEDRICH
1866. Rezension von Karl Graul, Sinnpflanzen 1865, in: ZLTK 27, 204–208.

METZGER, G.J.
1869. Bartholomaeus Ziegenbalg, Genealogy of the South-Indian Gods. A Manual of the Mythology and Religion of the People of Southern India, Including a Description of Popular Hinduism. With Notes and Additions by W. Germann, Ph.D. Translated into English with New Additions and an Index by G.J. Metzger (Reprint: Delhi 1984).

MEYER, EVELINE
1986. Aṅkāḷaparamēcuvari. A Godess of Tamilnadu, Her Myths and Cult, Stuttgart.

MEYER, URS WALTER
1994. Europäische Rezeption indischer Philosophie und Religion. Dargestellt am Beispiel Schopenhauers, Bern u.a.

MICHAELS, AXEL
1998. Der Hinduismus. Geschichte und Gegenwart, München.

MILDENBERGER, MICHAEL
1978. (Hg.) Denkpause im Dialog. Perspektiven der Begegnung mit anderen Religionen und Ideologien, Frankfurt a.M.

MILL, JAMES
1820. The History of British India, 9 Bde., hg. v. Horace H. Wilson (Reprint: New York, 1968).

MILLER, JANE
1990. Seductions: Studies in Reading and Culture, London.

MILLS, SARA
1997. Discourse (New Critical Idiom Series), London.

MILNER, MURRAY
1994. Status and Sacredness. A General Theory of Status Relations and an Analysis of Indian Culture, New York – Oxford.

MITCHELL, JOHN
1805. An Essay on the Best Means of Civilising the Subjects of the British Empire in India and of Diffusing the Light of the Christian Religion Throughout the Eastern World, Edinburgh – London.

MOFFATT, MICHAEL
1979. An Untouchable Community in South India. Structure and Consensus, Princeton.
1990. Deconstructing McKim Marriott's ethnosociology: an outcaste's critique, in: Contributions to Indian Sociology 24.2, 223–229.

MOHANAVELU, C.S.
1993. German Tamilology. German contributions to Tamil language, literature and culture during the period 1706–1945, Madras.

MOJUMDAR, M.A.T.
1976. Sir William James, the Romantics, and the Victorians, Dacca.

MONIER WILLIAMS, MONIER
1861. A Study of Sanskrit in Relation to Missionary Work in India, London.
1891. Brahmanism and Hinduism, London.
1894. Hinduism, London.
1899. A Sanskrit-English Dictionary. Ethymologically and Philologically arranged with Special Reference to Cognate Indo-European Languages, Oxford.

MOORE-GILBERT, BART
1986. B.J. Kipling and „Orientalism", New York
1997. Postcolonial Theory: Contexts, Practices, Politics, London.

MÖRNER, MAGNUS und SVENSSON, THOMMY
1986. (Hg.) The History of the Third World in Nordic Research, Göteburg.

MORITZEN, NIELS-PETER
1986. Werkzeug Gottes in der Welt. Leipziger Mission 1836 – 1936 – 1986, Erlangen.

MOSSE, DAVID
1986. Caste, Christianity and Hinduism: A Study of Social Organisation and Religion in Rural Ramnad (unveröffentlichte Diss.), Oxford.
1994. The politics of religious synthesis: Roman Catholicism and Hindu village society in Tamil Nadu, India, in: C. Steward und R. Shaw (Hg.), Syncretism / Anti-syncretism. The politics of religious synthesis, London – New York, 85–107.

MUDALIAR, K. VAJRAVELU
1953. Lectures on Saiva-Siddhanta, Annamalainagar.

MUIR, JOHN
1858. Original Sanskrit Texts on the Origin and Progress of the Religion and Institutions of India. Part First. The Mythical and Legendary Accounts of Caste, London – Leipzig.
1860. Original Sanskrit Texts on the Origin and History of the People of India, their Religion and Institutions, Part Second. The trans-Himalayan Origin of the Hindus, and Their Affinity with Western Branches of the Arian Race, London – Edinburgh.

MUKHERJEE, S.N.
1968. Sir William Jones. A study in Eighteenth Century British Attitudes to India, Cambridge.

MÜLLER, MAX
1854. On The Turanian Languages, London.
1883. India: What Can It Teach Us?, London.
1985. Caste, in: Ders., Chips from a German Workshop II (1868), London, 301–359.
1868. Bunsen. Letters from Bunsen to Max Müller in the Years 1848 to 1859, in: Ders., Chips from a German Workshop III (1870), London, 358–520.
1899. The Six Systems of Indian Philosophy, London.

MUNSLOW, ALUN
1997. Deconstructing History, London – New York.

MURALIDHARAN, M. u.a.
1993. Understanding Cummunalism, Bangalore.

MURDOCH, JOHN

1896. Caste: Its supposed Origin; its History; its Effects; the Duty of Government, Hindus, and Christians with Respect to it; and its Prospects (Papers on Indian Reform), Madras – London.

MURTON, B.

1973. Key People in the Countryside: Decisionmakers in Interior Tamilnadu in the Late Eighteenth Century, in: Indian Economic and Social History Review X.2, 157–180.

MUTHURAMAN, M.

1969. Religion of Tirukkural, Madras.

MUTHUSWAMI, E.S.

1994. Tamil Culture as Revealed in Tirukkural, Madras.

MYKLEBUST, OLAV GUTTROM

1955–1957. The Study of Missions in Theological Education, 2 Bde., Oslo.

MYRDAL, GUNNAR

1968. Asian Drama. An Inquiry Into the Poverty of Nations, 3 Bde., New York.

NAGASWAMY, R.

1989. Śiva Bhakti, New Delhi.

NAIR, JANAKI

1994. On the question of agency in Indian feminist historiography, in: Gender and History 6.1, April, 82–100.

NALLASWAMI PILLAI, J.M.

1913. A Chapter from the Kural, in: TA II.1, 73–81.

1984. Studies in Saiva Siddhanta (1911, Reprint: Madras).

NANDI, R.N.

1996. The Aryan Invasion of Indus Cities: Evidence and Assumptions, in: D.N. Jha (Hg.), Society and Ideology in India. Essays in Honour of Professor R.S. Sharma, New Delhi, 1–10.

NANDY, ASHIS

1983. The Intimate Enemy. Loss and Recovery of Self under Colonialism, Delhi.

NARAYANA AYYAR

1974. Origin and Early History of Śaivism in South India, Madras.

Narayana Rao, C.

1929. An Introduction to Dravidian Philology, Madras.

NARAYANAN, VASUDHA

1985. Hindu Devotional Literature: The Tamil Connection, Rezension zu Hardy 1983, in: Religious Sudies Review 11.1, 12–20.

NAVAMONEY, DAVID NADAR

1927. An English Translation of Sain Meikanda Deva Nayanar's Siva Jnana Botham, with Notes and Explanations, Trichinopoly.

NEHRING, ANDREAS
1994. (Hg.) Fundamentalism and Secularism. The Indian Predicament, Madras.

NEILL, STEPHEN
1974a. Geschichte der christlichen Mission, Erlangen.
1974b. Bhakti. Hindu and Christian, Madras.
1985. A History of Christianity in India II, 1707–1858, Cambridge.

NEUBER, WOLFGANG
1989a. Zur Gattungspoetik des Reiseberichts. Skizzen einer historischen Grundlegung im Horizont von Rhetorik und Topik, in: P. Brenner (Hg.), Der Reisebericht. Die Entwicklung einer Gattung in der deutschen Literatur, Frankfurt a.M., 50–67.
1989b. Die frühen deutschen Reiseberichte aus der Neuen Welt. Fiktionalitätsverdacht und Beglaubigungsstrategien, in: H.J. König, W. Reinhardt und R. Wendt (Hg.), Der europäische Beobachter außereuropäischer Kulturen. Zur Problematik der Wirklichkeitswahrnehmung (Zeitschrift für historische Forschung, Beiheft 7), Berlin, 43–64.

NEUFELD, RONALD
1989. The Response of the Hindu Renaissance to Christianity, in: H. Coward (Hg.), Hindu-Christian Dialogue. Perspectives and Encounters, Maryknoll, 28–46.

NILAKANTA SASTRI, K.A.
1972. Sangam Literature: Its Cults and Cultures, Madras.

NIRANJANA, TEJASWINI
1990. Translation, Colonialism and Rise of English, in: Economic and Political Weekly 25.15, 773–779.

NORGAARD, ANDERS
1988. Mission und Obrigkeit. Die Dänisch-hallesche Mission in Tranquebar 1706–1845, Gütersloh.

NORRIS, CHRISTOPHER
1982. Deconstruction. Theory and Practice, London – New York.

NOVALIS
1978. Werke, Tagebücher und Briefe Friedrich von Hardenbergs, 2 Bde., hg. von H.J. Mähl und R. Samuel, München.

OBERHAMMER, GERHARD
1983. (Hg.) Inklusivismus. Eine Indische Denkform, Wien.

ODDIE, GEOFFREY A.
1979. Social Protest in India. Britisch Protestant Missionaries and Social Reforms 1850–1900, Delhi.
1981. Christians in the Census: Tanjore and Trichinopoly Districts, 1871–1901, in: N.G. Barrier (Hg.), The Census in British India. New Perspectives, New Delhi, 119–149.
1991. Hindu and Christian in South-East India, London.
1995. Popular Religion, Elites and Reform: Hook-Swinging and its Prohibition in Colonial India, 1800–1894, New Delhi.
1997. (Hg.) Religious Conversion Movements in South Asia. Continuities and Change, 1800–1900, Richmond Surrey.

1998. (Hg.) Religious Traditions in South Asia. Interaction and Change, Richmind Surrey.

OEPKE, ALBRECHT
1917. D. Karl Grauls Bedeutung für die deutsche Missionswissenschaft und das deutsche Missionswesen, in: AMZ 44, 314–323. 354–365.
1918. Ahmednagar und Golconda. Ein Beitrag zur Erörterung der Missionsprobleme des Weltkrieges, Leipzig.
1928. Karl Barth und die Mystik, Leipzig.

O'FLAHERTY, WENDY
1980. The Origins of Evil in Hindu Mythology, Berkeley.

O'HANLON, ROSALIND
1988. Recovering the Subject: Subaltern Studies and Histories of Resistance in Colonial South Asia, in: Modern Asian Studies 22.1, 189–224.
1989. Cultures of Rule, Communities of Resistance: Gender, Discourse and Tradition in recent South Asian Historiographies, in: Social Analysis 25, 94–114.

O'HANLON, ROSALIND und WASHBROOK, DAVID
1994. After Orientalism: Culture, Criticism, and Politics in the Third World, in: Comparative Studies in Society und History 34.1, 141–167.

ÖKUMENISCHER RAT DER KIRCHEN
1978. Dialog in der Gemeinschaft. Erklärung und Berichte der Theologischen Konsultation in Chiang Mai, 18. bis 27. April 1977, in: M. Mildenberger (Hg.), Denkpause im Dialog. Perspektiven der Begegnung mit anderen Religionen und Ideologien, Frankfurt a.M., 47–88.

OLENDER, M.
1995. Die Sprachen des Paradieses. Religion, Philologie und Rassentheorie im 19. Jahrhundert, Frankfurt a.M.

O'MALLEY, L.S.
1935. Popular Hinduism. The Religion of the Masses, Cambridge.

OPPENBURG, U.
1965. Quellenstudien zu Friedrich Schlegels Übersetzungen aus dem Sanskrit, Marburg.

OPPERT, GUSTAV
1887–1889. The Dravidians, in: Madras Journal of Literature and Science (Reprint: Delhi 1988).

OSTERHAMMEL, JÜRGEN
1989. Distanzerfahrung. Darstellungsweisen des Fremden im 18. Jahrhundert, in: H.J. König, W. Reinhard und R. Wendt (Hg.), Der europäische Beobachter außereuropäischer Kulturen. Zur Problematik der Wirklichkeitswahrnehmung, Berlin, 9–42.

ÖSTÖR, ÄKOS und FRUZZETTI, LINA
1991. For an ethnosociology of India?, in: Contributions to Indian Sociology 25.2, 309–320.

OTT, HEINRICH
1978. Einander verstehen. Bemerkungen zum Dialog, in: M. Mildenberger (Hg.), Denk-

pause im Dialog. Perspektiven der Begegnung mit anderen Religionen und Ideologien, Frankfurt a.M., 35–38.

OTTO, RUDOLF
1930. Die Gnadenreligion Indiens und das Christentum. Vergleich und Untersuchung, Gotha.
1932. Gottheit und Gottheiten der Arier, Gießen.
1936. Das Heilige. Über das Irrationale in der Idee des Göttlichen und sein Verhältnis zum Rationalen (1917), München.
1979. West-Östliche Mystik. Vergleich und Unterscheidung zur Wesensdeutung (1926), Gütersloh.

PADMINI MONGIA
1996. (Hg.) Contemporary Postcolonial Theory: A Reader, London.

PANDEY, GYANENDRA
1990. The Construction of Communalism in Colonial North India, Delhi.

PANDIAN, JACOB
1987. Caste, Nationalism and Ethnicity. An Interpretation of Tamil Cultural History and Social Order, Bombay.
1991. Culture, Religion and the Sacred Self. A Critical Introduction to the Anthropological Study of Religion, Eaglewood Cliffs.
1995. The Making of India and Indian Traditions, Eaglewood Cliffs.

PANIKKAR, RAIMON
1990. Der neue religiöse Weg. Im Dialog der Religionen leben, München.

PANT, ROBERT
1987. The cognitive status of caste in colonial ethnography: a review of some literature on the North West Provinces and Oudh, in: Indian Economic and Social History Review 24.2, 145–162.

PARANJOTI, V.
1954. Saiva Siddhanta, London.

PARISH, STEVEN M.
1997. Hierarchy and Its Discontents. Culture and the Politics of Consciousness in Caste Society, Delhi.

PARRY, BENITA
1992. Overlapping Territories and Intertwined Histories: Edward Said's Postcolonial Cosmopolitanism, in: M. Sprinker (Hg.), Edward Said. A Critical Reader, Oxford, 19–47.
1994a. Resistance Theory / Theorizing Resistance or Two Cheers for nativism, in: F. Parker, P. Hulme und M. Iversen (Hg.), Colonial Discourse/postcolonial Theory, Manchester, 173ff.
1994b. Signs of Our Times. Discussion of Homi Bhabha's ‚The Location of Culture', in: Third Text 28, 5–24
1995. Problems in current theories of colonial discourse, in: B. Ashcroft, G. Gareth und H. Tiffin (Hg.), The Post-colonial Studies Reader, London, 27–58.

PARRY, J.P.

1980. Ghosts, greed and sin: the occupational identity of the Benares funeral priests, in: Man (New Series) 15, 88–111.

1985. The brahmanical tradition and the technology of the intellect, in: J. Overing (Hg.), Reason and Morality, London, 200–225.

PATHAK, S.M.

1967. American Missionaries and Hinduism, Delhi.

PEDERSEN, POUL G.

1984. The Racial Trap of India: Reflections on the History of a Regional Etnography, in: Folk 26, 5–24.

PERCIVAL, PETER

1854. The Land of the Veda: India Briefly Described in some Aspects, Physical, Social, Intellectual and Moral, London.

PETERSON, INDIRA VISWANATHAN

1991. Poems to Śiva. The Hymns of the Tamil Saints, Delhi.

1999. Science in the Tranquebar Mission Curriculum: Natural Theology and Indian Responses, in: M. Bergunder (Hg.), Missionsberichte aus Indien im 18. Jahrhundert. Ihre Bedeutung für die europäische Geistesgeschichte und ihr wissenschaftlicher Wert für die Indienkunde, Halle, 175–219.

PHILIP, T.V.

1982. Krishna Mohan Banerjea. Christian Apologist, Madras.

PHILIPS, C.H.

1961. (Hg.) Historians of India, Pakistan and Ceylon, London.

PHILIPS, C.H. und WAINWRIGHT, MARY DOREEN

1976. (Hg.) Indian Society and the Beginnings of Modernisation, C. 1830–1850, London.

PHILLIPS, GODFREY

1936. The Untouchables' Quest. The Depressed Classes of India and Christianity, London.

PICK, DANIEL

1989. Faces of Degeneration. A European Disorder, C. 1848–1918, Cambridge.

PICKETT, J. WASKOM

1933. Christian Mass Movements in India. A Study with Recommendations (Reprint: Lucknow 1969).

Piet, John H.

1952. A Logical Presentation of the Śaiva Siddhānta Philosophy, Madras u.a.

PIETERSE, JAN NEIDER VEEN

1991. Image and Power, in: R. Corbey und J. Leerssen (Hg.), Alterity, Identity, Image. Selves and others in Society and Scholarship, Amsterdam – Atlanta, 191–204.

PILLAY, K.K.

1979. Studies in Indian History. With special Reference to Tamiḷ Nāḍḍu, Madras.

PILLAY, S. SAMUEL
1858. Tholcapya-Nunnool, or a Comparative Reference Edition of the Tholcapyam and the Nunnool, with Examples, and Notes Critical and Explanatory, revised by Joyes, W., Part I, Madras.

POLIAKOV, LÉON
1971. Der arische Mythos. Zu den Quellen von Rassismus und Nationalismus, Wien – München – Zürich.

POLLOCK, SHELDON
1991. From Discourse of Ritual to Discourse of Power in Traditional India, in: Journal of Ritual Studies 4.2, 291–320.
1994. Deep Orientalism? Notes on Sanskrit and Power Beyond the Raj, in: C.A. Breckenridge und P. v. d. Veer (Hg.), Orientalism and the Postcolonial Predicament, Delhi, 76–133.

POLTERMANN, ANDREAS
1995. (Hg.) Literaturkanon – Medienereignis – Kultureller Text. Formen interkultureller Kommunikation und Übersetzung, Berlin.
1997. Den Orient übersetzen. Europäisches Zivilisationsmodell und die Aneignung orientalischer Weisheit. Zur Debatte zwischen den Gebrüdern Schlegel, Humboldt und Goethe, in: A. Bhatti und H. Turk (Hg.), Kulturelle Identität. Deutsch-indische Kulturkontakte in Literatur, Religion und Politik, Göttingen, 67–103.

PONNIAH, V.
1952. The Saiva Siddhanta Theory of Knowledge, Annamalainagar.

POPE, G.U.
1886. The Sacred Kurral of Tirivalluva Nayanar with Introduction, Grammar, Translation Notes, Lexicon and Concordance, Oxford.
1900. The Tiruvāçagam or ‚Sacred utterances' of the Tamil Poet, Saint, and Sage Māṇikka-Vāçagar. The Tamil Text of the fifty-one Poems with English Translation, Introduction and Notes, Oxford.
1910. Puṟa-Porul Veṇbā Mālai, in: TA I.6, 1–44.

PORTER, DENNIS
1983. Orientalism and Its Problems, in: F. Barker (Hg.), Politics of Theory, Clochester, 179–193.
1991. Haunted Journeys: Desire and Transgression in European Travel Writing, Princeton.

PRAKASH, GYAN
1990. Writing Post-Orientalist Histories of the Third World: Perspectives from Indian Historiography, in: Comparative Studies in Society and History 32.2, 383–408.
1992a. Writing post-Orientalist Histories of the Third World: Indian Historiography is Good to Think, in: N.B. Dirks (Hg.), Colonalism und Culture, Ann Arbor, 353–388.
1992b. Science ‚gone native' in colonial India, in: Representations 40, 153–178.
1994. Can the ‚subaltern' ride? A reply to O'Hanlon and Washbrook, in: Comparative Studies in Society and History 34.1, 168–184.
1995. Orientalism now: a review of reviews, in: History und Theory 34, 199–212.

PRATT, MARIE LOUISE
1992. Imperial Eyes. Travel Writing and Transculturation, London.

PRICE, PAMELA
1979. Raja-dharma in 19th century South India. Land, litigation and largess in Ramnad Zamindari, in: Contributions to Indian Sociology, N.S. 13.2, 207–239.
1986. Brahmans, Legal Culture and Kin-Caste Rules. Ethnicity under Imperial Rule in Madras Presidency, in: M. Mörner und T. Svensson (Hg.), The History of the Third World in Nordic Research, Göteburg, 131–149.
1996. Kingship and Political Practice in Colonial India, Cambridge.

PRINCEP, C.
1885. Record of Services of the Honourable East India Company's Civil Servants in the Madras Presidency from 1741 to 1858, London.

PULSFORT, ERNST
1991. Indien am Scheideweg zwischen Säkularismus und Fundamentalismus, Würzburg.

PURNALINGAM PILLAI, M.S.
1929. Tamil Literature, Munnirpallam/Tinnevelly Dt.

PYE, MICHAEL
1994. Religion: shape and shaddow, in: Numen 41, 51–75.

QUASTHOFF, UTA M.
1989. Ethnozentrische Verarbeitung von Informationen: Zur Ambivalenz der Funktion von Stereotypen in der interkulturellen Kommunikation, in: P. Matusche (Hg.), Wie verstehen wir Fremdes? Aspekte zur Klärung von Verstehensprozessen, München, 37–62.

QUIGLEY, DECLAN
1993. The Interpretation of Caste, Oxford.
1994. Is a theory of caste still possible?, in: M.S. Chatterjee und U. Sharma (Hg.), Contextualizing Caste: Post-Dumontian Approaches, Oxford, 25–48.

RABINOW, PAUL
1986. Representations are social facts: Modernity and Post-Modernity in Anthropology, in: J. Clifford und G.E. Marcus (Hg.), Writing Culture. The Poetics and Politics of Ethnography, Berkeley – Los Angeles – London, 234–261.

RACE, ALLEN
1983. Christians and Religious Pluralism. Patterns in the Christian Theology of Religions, London.

RADHAKRISHNAN, S.
o.J. Indische Philosophie I, Darmstadt – Baden-Baden – Genf.

RAGHAVAN, V.
1966. The Great Integrators: The Saint-Singers of India, New Delhi.

RAI, AMIT
1994. The King is dead: a review of Breckenridge and van der Veer (1993), Orientalism and the Post-colonial Predicament, in: Oxford Literary Review 16, 295–301.

RAJARAMAN, P.
1988. The Justice Party. A Historical Perspective 1916–37, Madras.

RAM, KALPANA
1992. Modernist Anthropology and the Construction of Indian Identity, in: Meanjin 51, 589–614.

RAMACHANDRA DIKSHITAR, V.R.
1930. Studies in Tamil Literature and History, Madras.

RAMANATHAN, P.
1902. An Eastern Exposition of the Gospel of Jesus according to St. John, being an Interpretation thereof by the light of Jnāna Yoga, London.
1906. The Culture of the Soul among Western Nations, London – New York.

RAMANUJAN, A.K.
1967. The Interior Landscape: Love Poems from a Classical Tamil Anthology, Bloomington.
1973. Speaking of Śiva. Translated with an Introduction, London.

RAMANUJAN, A.K. und CUTLER, NORMAN
1983. From Classicism to Bhakti, in: B. Smith (Hg.), Essays on Gupta Culture, Delhi, 177–214.

RANKE, WOLFGANG
1995. Integration und Ausgrenzung. Ausländische Klassiker in deutschen Literaturgeschichten des 19. Jahrhunderts, in: A. Poltermann (Hg.), Literaturkanon – Medienereignis – Kultureller Text. Formen interkultureller Kommunikation und Übersetzung, Berlin, 92–120.

RAO, NARAHARI
1989. Verstehen einer fremden Kultur, in: P. Matusche (Hg.), Wie verstehen wir Fremdes? Aspekte zur Klärung von Verstehensprozessen, München, 110–121.

RASK, R.
1826. Ueber das Alter und die Aechtheit der Zendsprache und des Zend-Avesta, Berlin.

RATSCHOW, C.H.
1973. Methodik der Religionswissenschaft, in: Enzyklopädie der geisteswissenschaftlichen Arbeitsmethoden 9.

RATTANSI, ALI
1997. Postcolonialism and its discontents, in: Economy and Society 26.4, 480–500.

REDFIELD, ROBERT
1960. Peasant Society and Culture, Chicago.

REHS, MARTIN
1987. (Hg.) Utopie – Projektion – Gegenbild. Indien in Deutschland, in: ZfK 37.3, 385–523.

REINHARD, WOLFGANG
1987. Sprachbeherrschung und Weltherrschaft. Sprache und Sprachwissenschaft in der europäischen Expansion in: Ders. (Hg.), Humanismus und Neue Welt, Weinheim, 1–36.

REINICHE, MARIE-LOUISE

1979. Les Dieux et les Hommes. Étude des cultes d'un village du Tirunelvelli, Inde du Sud, Paris.

1987. Worship of Kāḷiyammaṉ in Some Tamil Villages: The Sacrifice of the Warrior Weavers, in: V. Sudaresen, G. Prakash Reddy und M. Suryanarayana (Hg.), Religion and Society in South India (A Volume in Honour of Prof. N. Subba Reddy), Delhi, 89–106.

1996. The Urban Dynamics of Caste: A Case Study from Tamilnadu, in: C.J. Fuller (Hg.), Caste Today, Delhi, 124–149.

RHODE, J.G.

1827. Ueber religiöse Bildung, Mythologie und Philosophie der Hindus, mit Rücksicht auf ihre älteste Geschichte, 2 Bde., Leipzig.

RICŒUR, PAUL

1985. Der Text als Modell: hermeneutisches Verstehen, in: H.G. Gadamer und G. Boehm (Hg.), Seminar: Die Hermeneutik und die Wissenschaften, Frankfurt a.M., 83–117.

RICHMAN, PAULA

1994. (Hg.) Many Rāmāyaṇas. The Diversity of a Narrative Tradition in South Asia, Delhi.

RICHTER, JULIUS

1906. Die Entstehung der indischen Kaste, in: AMZ, 509–517. 548–563.

1924. Indische Missionsgeschichte (Allgemeine Evangelische Missionsgeschichte I), 2. Aufl., Gütersloh.

RITSCHL, ALBRECHT

1880–1886. Geschichte des Pietismus, 3 Bde., Bonn.

ROBB, PETER

1983. (Hg.) Rural India, Power and Society under British Rule, London.

1995. (Hg.) The Concept of Race in South Asia, Delhi.

ROBBINS, BRUCE

1992. The East is a Career: Edward Said and the Logics of Professionalism, in: M. Sprinker (Hg.), Edward Said. A Critical Reader, Oxford, 48–73.

ROBINSON, GNANA

1978. (Hg.) Influence of Hinduism on Christianity, Madurai.

1990. Positiver Synkretismus am Beispiel Indiens. Eine Herausforderung für die Kirche in ihrer pluralistischen religiösen Umwelt, in: W. Grieve und R. Niemann (Hg.), Neu glauben? Religionsvielfalt und neue religiöse Strömungen als Herausforderung an das Christentum, Gütersloh, 77–90.

ROCHE-MAHDI, SARAH

1997. The Cultural and Intellectual Background of German Orientalism, in: A. Nanji (Hg.), Mapping Islamic Studies. Genealogy, Continuity and Change (Religion and Reason 38), Berlin – New York, 108–127.

ROCHER, LUDO

1984. (Hg.) Ezourvedam: A French Veda of the Eighteenth Century (Studies on South Asia, 1), Amsterdam – Philadelphia.

ROCHER, ROSANE
1968. Alexander Hamilton (1762–1824): A Chapter in the Early History of Sanskrit Philology (American Oriental Series 51), New Haven.
1980. Nathaniel Brassey Halhed, Sir William Jones, and Comparative Indo-European Linguistics, in: J. Bingen, A. Coupez und F. Mawet (Hg.), Recherches de Linguistique: Hommages a Maurice Leroy, Brüssel, 173–180.
1994. British Orientalism in the Eighteenth Century: The Dialectic of Knowledge and Government, in: C.A. Breckenridge und P. v. d Veer (Hg.), Orientalism and the Postcolonial Predicament, Delhi, 215–249.
1995. Weaving knowledge: Sir William Jones and Indian pundits, in: G. Cannon und K.R. Brine (Hg.), Objects of Enquiry: The Life, Contributions, and Influences of Sir William Jones (1746–1794), New York – London, 51–79.

RÖHR, HEINZ
1990. Bhakti und christlicher Glaube bei Rudolf Otto (1869–1937), in: O. Bayer (Hg.), Mythos und Religion: Interdisziplinäre Aspekte, Stuttgart, 133–148.

RÖMER, RUTH
1985. Sprachwissenschaft und Rassenideologie in Deutschland, München.

RORTY, RICHARD
1982. Consequences of Pragmatism, Minneapolis.

ROSENBERG, ALFRED
1931. Der Mythos des 20. Jahrhunderts, 2.Aufl., München.

ROSS, ROBERT
1982. (Hg.) Racism and Colonialism. Essays on Ideology and Social Structure, The Hague.

ROTHERMUND, DIETMAR
1986. The German Intellectual Quest for India, Delhi.
1989. Indische Geschichte in Grundzügen, Darmstadt.

ROWE, WILLIAM L.
1968. Mobility in the Ninteenth-Century Caste System, in: M. Singer und B. Cohn (Hg.), Structure and Change in Indian Society, Chicago, 201–208.

RÜCKERT, FRIEDRICH
1811. Dissertatio philologico-philosophica de idea philologiae, Jena.
1988. Ausgewählte Werke, 2 Bde., Frankfurt a.M.

RUDOLF, LOYD und SUSANNE
1967. The Modernity of Tradition: Political Development in India, Chicago.

RUDOLPH, KURT
1973. Das Problem der Autonomie und Integrität der Religionswissenschaft, in: Nederlands Theologisch Tijdschrift (NTT) 27, 105–131.
1979. Synkretismus: vom theologischen Scheltwort zum religionswissenschaftlichen Begriff, in: Humanitas Religiosa. Festschrift für Haralds Biezais zu seinem 70. Geburtstag, Stockholm, 194–212; wieder abgedruckt in: K. Rudolph, 1992, 193–215.
1992. Die Ideologiekritische Funktion der Religionswissenschaft, in: Ders.: Geschichte und Probleme der Religionswissenschaft, Leiden – New York – Köln, 81ff.

RUNDBLOM, C.
1948. Svenska Forbindelser Med Leipzigmissionen, Lund.

RYERSON, CHARLES
1988. Regionalism and Religion: The Tamil Renaissance and Popular Hinduism, Madras.

SABBATUCCI, DARIO
1988. Kultur und Religion, in: B. Gladigow, H. Canzik und M. Laubscher (Hg.), Handbuch religionswissenschaftlicher Grundbegriffe I, Stuttgart, 43–58.

SAID, EDWARD
1978. Orientalism, London.
1983. The World, the Text and the Critic, Cambridge.
1986. Orientalism reconsidered, in: F. Barker, P. Hulme, M. Iversen und D. Loxley (Hg.), Literature Politics and Theory. Papers from the Essex Conference 1976–84, London – New York, 210–229.
1987. Edward Said, Interview, in: I. Salusinszky, Criticism in Society: Interviews, New York.
1989. Representing the Colonized: Anthropology's Interlocutors, in: Critical Inquiry 15.2, 205–225.
1993a. Culture and Imperialism, London.
1993b. Orientalism and after: An Interview with Edward Said, in: Radical Philosophy 63, 22–32.

SALUSINSZKY, I.
1987. (Hg.) Criticism in Society: Interviews, New York.

SANDEGREN, JOHANNES
1924. Om Sydindiens Rövarekaster och deras religiösa värld, Stockholm.

SANNEH, LAMIN
1990. Translating the Message. The Missionary Impact on Culture, Maryknoll – New York.

SARASWATHI, S.
1974. Minorities in the Madras State. Group Interests in Modern Politics, Delhi.

SARDAR, ZIAUDDIN
1998. Postmodernism and the Other – The New Imperialisim of Western Culture, London.
1999. Orientalism, Buckingham – Philadelphia.

SARGUNAR, SAMUEL
1880. Dravida Ksatriyas, Tinnevelly.
1883. Bishop Caldwell and theTinnevelly Shanars, Tinnevelly.

SARKAR, SUMIT
1994. Orientalism revisited: ‚Saidian frameworks in the writing of modern Indian history', in: Oxford Literary Review 16, 205–224.

SASTRI, KRISHNA
1974. South Indian Images of God and Godesses, Delhi.

SAVARIROYAN, D.
1907. The Bharata Land or ‚Dravidian India', in: TA, I.1, 1–28.

SCHAUTSCHICK, JOHANNES
o.J. Karl Graul – Mensch und Werk (unveröffentlichte Diss.), Halle.

SCHLEGEL, FRIEDRICH
1800. Gespräche über die Poesie, in: Athenäum III. Eine Zeitschrift.
1808. Über die Sprache und Weisheit der Indier, in: E. Behler und U. Struc-Oppenberg (Hg.), Kritische Friedrich Schlegel Ausgabe VIII, München 1976.

SCHLEHBERGER, ECKARD
1986. Die indische Götterwelt. Gestalt, Ausdruck und Sinnbild, Darmstadt.

SCHMID, GEORG
1979. Principles of Integral Science of Religion, The Hague – Paris – New York.

SCHMID, MARTIN
1961. Pietismus, in: RGG V, 3. Aufl., 370–381.

SCHMIDT-LEUKEL, PERRY
1992. ‚Den Löwen brüllen hören'. Zur Hermeneutik eines christlichen Verständnisses der buddhistischen Heilsbotschaft, Paderborn u.a.
1993. Zur Klassifikation religionstheologischer Modelle, in: Cath(M) 47, 163–183.
1997. Theologie der Religionen. Probleme, Optionen, Argumente (Beiträge zur Fundamentaltheologie und Religionsphilosophie 1), Neuried.

SCHNEIDERS, WERNER
1983. Aufklärung und Vorurteilskritik. Studien zur Geschichte der Vorurteilstheorie (Forschungen und Materialien zur deutschen Aufklärung II.2), Stuttgart.

SCHNIEWIND, JULIUS
o.J. Hilko-Wiardo Schomerus zum Gedächtnis. Rede, gehalten am 17. November 1945 bei der Trauerfeier in der Laurentiuskirche, o.O.

SCHOPENHAUER, ARTHUR
1977. Die Welt als Wille und Vorstellung II/2, in: Ders., Züricher Ausgabe, Werke in zehn Bänden IV, Zürich.
1977. Parerga und Paralipomena: kleine philosophische Schriften, in: Ders., Züricher Ausgabe, Werke in zehn Bänden VII-X, Zürich.

SCHREITER, ROBERT J.
1992. Abschied vom Gott der Europäer. Zur Entwicklung Regionaler Theologien, Salzburg.
1997. Die Neue Katholizität. Globalisierung und die Theologie, Frankfurt a.M.

SCHWAB, RAYMOND
1984. The Oriental Renaissance: Europe's Discovery of India and the East, 1680–1880, New York.

SEARLE-CHATTERJEE, MARY und SHARMA, URSULA
1994. (Hg.) Contextualising Caste: Post Dumontian Approaches (Sociological Review Monograph), Oxford.

SELVAM, S.
1999. Sociology of India and Hinduism: Towards a Method, in: S.M. Michael (Hg.), Dalits in Modern India. Vision and Values, New Delhi,166–185.

SEN, AMIYA P.
1993. Hindu Revivalism in Bengal 1872–1905: Some Essays in Interpretation, Delhi.

SEN, GEETI
1993. (Hg.) Perceiving India. Insight and Inquiry, New Delhi.

SENATHI RAJA, E.S.W.
1909. Glimpses of Ancient Dravidians, in: TA I,5, 1–21.

SEPP, J.R.
1853. Das Heidenthum und dessen Bedeutung für das Christenthum, Regensburg.

SESHA AIYAR
1909. Manikka Vacagar and His Date, in: TA I.4, 1–55.

SESHA IYENGAR, T.R.
1925. Dravidian India, Culcutta.

SESHAGIRI SASTRI, M.
1884. Notes on Aryan and Dravidian Philology, Madras.

SHARMA, KRISHNA
1987. Bhakti and the Bhakti Movement. A New Perspective. A Study in the Histories of Ideas, New Delhi.

SHARMA, R.S.
1961. Historiography of the Ancient Indian Social Order, in: C.H. Philips (Hg.), Historians of India, Pakistan and Ceylon, London, 102–114.

SHARPE, ERIC J.
1965. Not to Destroy but to Fulfill. The Contribution of J.N. Fraquhar to Protestant Missionary Thought in India before 1914, Uppsala.
1977. Faith Meets Faith. Some Christian Attitudes to Hinduism in the Nineteenth and Twentieth Centuries, London.
1985. The Universal Gita: Western images of the Bhagavad Gita. A Bicentenary Survey, La Salle.
1997. Nathan Söderblom (1866–1931), in: A. Michaels (Hg.), Klassiker der Religionswissenschaft. Von Friedrich Schleiermacher bis Mircea Eliade, München, 157–170.
1998. ‚Patience with the Weak‘: Leipzig Lutherans and the Caste Question in Nineteenth-Century South India, in: G. Oddie (Hg.), Religious Traditions in South Asia. Interaction and Change, Richmond Surrey, 125–138.

SHAW, ELLIS O.
1986. Rural Hinduism. Some Observations and Experiences, hg. von S.P. Appasamy, Madras.

SHOURIE, ARUN
1994. Missionaries in India. Continuities, Changes, Dilemmas, New Delhi.

SHULMAN, DAVID DEAN
1980a. Tamil Temple Myths. Sacrifice and Divine Marriage in the South Indian Śaiva Tradition, Princeton.
1980b. On South Indian Bandits and Kings, in: IESHR 17.3, 283–306.

SIEBERT, EVA MARIA
1967. Die Stellung der Lutherischen Kirche zur Kastenfrage in Südindien (Unveröffentlichte Magisterschrift), Hamburg.

SIEFERLE, ROLF PETER
1987. Indien und die Arier in der Rassentheorie, in: ZfK 37, 444–467.

SILLER, HERMANN PIUS
1991. (Hg.) Suchbewegungen. Synkretismus – Kulturelle Identität und kirchliches Bekenntnis, Darmstadt, darin: Ders., Synkretismus. Bestandsaufnahme und Problemanzeigen, 1–17.

SILVERBERG, J.
1967. (Hg.) Social Mobility in the Caste System of India: An Interdisciplinary Symposium (Comparative Studies in Society and History, Suppl. III), Den Haag.

SINGER, MILTON
1964. The social organization of Indian civilization, in: Diogenes 45, 84–119.
1972. When a Great Tradition Modernizes. An Anthropological Approach to Indian Civilization, Delhi.

SINGER, MILTON und COHN, BERNHARD S.
1968. (Hg.) Stucture and Change in Indian Society, Chicago.

SINGH, JYOTSNA G.
1996. Colonial Narratives, Cultural Dialogues. ‚Discoveries' of India in the Language of Colonialism, London – New York.

SINGH, KUMAR SURESH
1996. Manu and Contemporary Indian Ethnography, in: D.N. Jha (Hg.), Society and Ideology in India. Essays in Honour of Professor R.S. Sharma, New Delhi, 425–438.

SINHA, MRINALINI
1995. Colonial Masculinity: The ‚Manly Englishman' and the ‚Effimate Bengali' in Late Nineteenth Century, Manchester.

SIVARAMAKRISHNAN, K.
1995. Situating the Subaltern: History and Anthropology in the Subaltern Studies Project, in: Journal of Historical Sociology 8.4, 395–429.

SIVARAMAN, K.
1973. Śaivism in Philosophical Perspective. A Study of the Formative Concepts, Problems and Methods of Śaiva Siddhānta, Delhi.

SLATER, GILBERT
1987. The Dravidian Element in Indian Culture (1923, Peprint: New Delhi).

SMART, NINIAN
1980. Interpretation and Mystical Experience, in: R. Woods (Hg.), Understanding Mysticism, London, 78–91.

SMITH, BARDWELL L.
1983. (Hg.) Essays on Gupta Culture, Delhi.

SMITH, BRIAN K.
1996. After Said, after Ayodhya: New Challenges for the Study of Indian Religions, in: Religion 26, 365–372.

SMITH, VINCENT A.
1914. Early History of India from 600 BC to the Muhammedan Conquest. Including the Invasion of Alexander the Great, 3. Aufl., Oxford.

SMITH, WILFRED CANTWELL
1991. The Meaning and End of Religion, Minneapolis (1964).
1963. Vergleichende Religionswissenschaft: wohin – warum?, in: M. Eliade und J. Kitagawa (Hg.), Grundfragen der Religionswissenschaft, Salzburg, 75–105. Ursprünglich: Comparative Religion: Wither – and Why?, in: M. Eliade und J. Kitagawa (Hg.), The History of Religions. Essays in Methodology, Chicago 1959.

SÖDERBLOM, NATHAN
1941. Der lebendige Gott im Zeugnis der Religionsgeschichte. Nachgelassene Gifford-Vorlesungen, hg. v. F. Heiler, München.

SOLOMON, TED J.
1971. Early Vaiṣṇava Bhakti and its Autochthonous Heritage, in: History of Religions 10, 32–48.

SOMASUNDARAM PILLAI, J.M.
1968. A History of Tamil Literature, with Texts and Translations. From the Earliest Times to 600 A.D., Madras.

SONNENBERG, CLAUS-DIETER
1989. Die Auseinandersetzung der Leipziger Missionare mit dem Hinduismus (unveröffentlichte Wissenschaftliche Hausarbeit zum zweiten theologischen Examen in der Ev. Luth. Landeskirche Braunschweig).

SONTHEIMER, GÜNTER D. und KULKE, HERMANN
1991. (Hg.) Hinduism Reconsidered, New Delhi.

SONTHEIMER, GÜNTER D.
1964. Religious Endowments in India: The Juristic Personality of Hindu Deities, in: Zeitschrift für Vergleichende Rechtswissenschaft 67, 45–100.
1991. Hinduism: Five Components and their Interaction, in: Ders. und H. Kulke (Hg.), Hinduism Reconsidered, New Delhi, 197–212.

SOUTH INDIAN MISSIONARY CONFERENCE
1900. Report of the South Indian Missionary Conference held at Madras, January 2–5. 1900, Madras.
1880. The Missionary Conference: South India and Ceylon 1879, 2 Bde., Madras.

SPIVAK, GAYATRI CHAKRAVORTY
1976. Übers. Jaques Derrida, Of Grammatology, Baltimore.
1985. Subaltern Studies: Deconstructing Historiography, in: R. Guha (Hg), Subaltern Studies IV, Delhi, 330–363.
1985. The Rani of Sirmur, in: F. Barker u.a. (Hg.), Europe and Its Others I, Colchester, 128–151.
1988a. Can the Subaltern speak? Speculations on Widow Sacrifice, in: G. Nelson und L. Grossberg (Hg.), Marxism and the Interpretation of Culture, London, 271–313.
1988b. In Other Worlds. Essays in Cultural Politics, New York – London.
1990. The Post-Colonial Critic. Interviews, Strategies, Dialogues, hg. v. S. Harasym, New York – London.
1994. The Burden of English, in: C.A. Breckenridge und P. v. d. Veer (Hg.), Orientalism and the Postcolonial Predicament, Delhi, 134–157.
1996. How to teach a ‚culturally different' book, in: D. Landry und G. Maclean (Hg.), The Spivak Reader, 237–266.
1999. A Critique of Postcolonial Reason. Toward a History of the Vanishing Present, Cambridge – London.

SPRINKER, MICHAEL
1992. (Hg.) Edward Said. A Critical Reader, Oxford – Cambridge.

SRINIVAS, M.N.
1952. Religion and Society Among the Coorgs of South India, Bombay.
1962. Caste in Modern India and other Essays, Bombay.
1966. Social Change in Modern India, Bombay.
1968. Mobility in the Caste System, in: M. Singer und B. Cohn (Hg.), Structure and Change in Indian Society, Chicago, 189–200.
1976. The Village Remembered, Berkeley.
1992. Studying One's Own Culture: Some Thoughts, in: Ders., On Living in a Revolution and Other Essays, Delhi, 132–150.
1994. The Dominant Caste and other Essays, Delhi.

SRINIVASA AIYANGAR, P.T.
1982. History of the Tamils. From the Earliest Times to 600 A.D. (Reprint: Madras).
1985. Aryan Tamil Culture (Reprint: Madras).
1995. Pre-Aryan Tamil Culture (Reprint: New Delhi).

SRINIVASA AIYANGAR, M.
1914. Tamil Studies. Essays on the History of the Tamil People, Language, Religion and Literature, Madras.

SRINIVASA CHARI, S.M.
1994. Vaisnavism. Its Philosophy, Theology and Religious Discipline, Delhi.

STAGL, JUSTIN
1985. Die Beschreibung des Fremden in der Wissenschaft, in: H.P. Duerr (Hg.), Der Wissenschaftler und das Irrationale 2, Beiträge aus Ethnologie und Anthropologie, Frankfurt a.M., 96–118.

STANLEY, BRIAN
2001. (Hg.), Christian Missions and the Enlightenment, Grand Rapids – Cambridge.

STEADMAN, JOHN M.
1970. The Myth of Asia, London.

STEHEN, ANN-BELINDA
1986. The Hindu jajmani system – economy or religion? An outline of different theories and models, in: A. Parpola und B. Smidt-Hansen (Hg.), South Asian Religion and Society, London, 30–41.

STEIN, BURTON
1978. (Hg.) South Indian Temples: An Analytical Reconsideration, Delhi.
1983. Idiom and Ideology in Early Nineteenth-Century South India, in: P. Robb (Hg.), Rural India. Land, Power and Society under British Rule, London, 23–58.
1989. Thomas Munro: The Origins of the Colonial State and His Vision of Empire, Delhi.
1994. Peasant State and Society in Midieval South India, Delhi.

STEINER, GEORGE
1971. In Blueberd's Castle: Some Notes Towards the Redefinition of Culture, New Haven.
1994. Nach Babel. Aspekte der Sprache und des Übersetzens, Frankfurt a.M.

STEWARD, CHARLES und SHAW, ROSALIND
1994. (Hg.) Syncretism / Anti-syncretism. The politics of religious synthesis, London – New York.

STIETENCRON, HEINRICH VON
1987. Hinduistische Perspektiven, in: Ders. und H. Küng, Christentum und Weltreligionen II. Hinduismus, Gütersloh.
1988. Voraussetzungen westlicher Hinduismusforschung und ihre Folgen, in: Eberhard Müller (Hg.), „... aus der anmuthigen Gelehrsamkeit." Tübinger Studien zum 18. Jahrhundert. Dieter Geyer zum 60. Geburtstag, Tübingen, 123–154.
1991. Hinduism: On the Proper Use of a Deceptive Term, in: G.D. Sontheimer und H. Kulke (Hg.), Hinduism Reconsidered, New Delhi, 11–28.

STOEBER, MICHAEL
1994. Theo-Monistic Mysticism. A Hindu-Christian Comparison, London.

STOKES, ERIC
1959. The English Utilitarians and India, Delhi.

STOLER, ARM LAURA
1995. Race and the Education of Desire: Foucault's History of Sexuality and the Colonial Order of Things, London.

STOLZ, FRITZ
1996. Austauschprozesse zwischen religiösen Gemeinschaften und Symbolsystemen, in: Volker Drehsen und Walter Sparn (Hg.), Im Schmelztiegel der Religionen. Konturen des modernen Synkretismus, Gütersloh, 15–36.

STUDDERT-KENNEDY, GERALD
1991. British Christians, Indian Nationalists and the Raj, Oxford.

SUBBIAH, GANAPATHY
1991. Roots of Tamil Religious Thought, Pondicherry.

SUBRAMANIA AIYER, A.V.
1969. Tamil Studies. First Series, Tirunelveli.

SUBRAMANIAN, K.R.
1929. The Origin of Saivism and its History in the Tamil Land, Madras.
1928. The Maratha Rajas of Tanjore, Madras.

SULERI, SARA
1992. The Rhetoric of English India, London.

SUNDARAM PILLAI, P.
1909. Some Milestones in the History of Tamil Literature, or the Age of Tirujana-Sambandha, in: TA I.3, 1–65.

SUNDERMEIER, THEO
1991. Synkretismus und Religionsgeschichte, in: H.P. Siller (Hg.), Suchbewegungen. Synkretismus – Kulturelle Identität und kirchliches Bekenntnis, Darmstadt, 95–105.
1992. Inkulturation und Synkretismus. Probleme einer Verhältnisbestimmung, in: EvTheol 52.3, 192–208.
1996. Den Fremden verstehen. Eine praktische Hermeneutik, Göttingen.
1999. Was ist Religion? Religionswissenschaft im theologischen Kontext, Gütersloh.

SWAMINATHA AIYAR
1987. Dravidian Theories, Delhi.

TAMBY PILLAI, V.J.
1907. The Solar and the Lunar Races of India – Who are their Modern Representatives?, in: TA I.1, 29–53.
1913. An Old Tradition Preserved, in: TA II.1, 1–12.
1914. The Origin of the Word ‚Arya‘, in: TA II.2, 21–32.

TAYLOR, WILLIAM
1836. Marava Jathi Vernanam. – From the unpublished Mackenzie Manuscripts in the possession of the Asiatic Department of the Madras Literary Society & c. – Professor Wilson's Descriptive Catalogue Vol. I, A.II. No. 36 – Translated with introductory observations, in: Madras Journal of Literature and Science, Vol. IV, 350–360.
1847. A Memoir of the First Centenary of the Earliest Protestant Mission at Madras, Madras.

TEDLOCK, DENNIS
1993. Fragen zur dialogischen Anthropologie, in: E. Berg und M. Fuchs (Hg.), Kultur, Soziale Praxis, Text. Die Krise der ethnographischen Repräsentation, Frankfurt a.M., 269–287.

TELTSCHER, KATE
1995. India Inscribed. European and British Writing on India 1600–1800, Delhi.

THAPAR, ROMILA
1978. Ancient Indian Social History: Some Interpretations, Delhi.
1985. Syndicated Moksha, in: Seminar 313, 14–22.
1992. Interpreting Early India, Delhi.

1996. Ideology and the Upaniṣads, in: D.N. Jha (Hg.), Society and Ideology in India. Essays in Honour of Professor R.S. Sharma, New Delhi, 11–28.

THISTLETHWAYTE, LYNETT E.
1998. The Role of Science in the Hindu-Christian Encounter, in: G. Oddie (Hg.), Religious Traditions in South Asia. Interaction and Change, Richmond Surrey, 81–90.

THOMAS, GEORGE
1979. Christian Indians and Indian Nationalism 1885–1950. An Interpretation in Historical and Theological Perspectives, Frankfurt a.M. – Bern – Cirencester.

THOMAS, M.M.
1987. Risking Christ for Christ's Sake. Towards an Ecumenical Theology of Pluralism, Genf.
1989. Christus im neuen Indien. Reformhinduismus und Christentum, Göttingen.

THOMAS, NICHOLAS
1994. Colonialism's Culture: Anthropology, Travel and Government, Cambridge.

THOMPSON, A. FRANK
1989. Christian Views of Hindu Bhakti, in: H. Coward (Hg.), Hindu-Christian Dialogue. Perspectives and Encounters, Maryknoll, 176–190.

THURSTON, EDGAR
1906. Ethnographic Notes in Southern India, Madras.
1909. Castes and Tribes of Southern India, 7 Bde., Madras.

TILIANDER, BROR
1974. Christian and Hindu Terminology. A Study in Their Mutual Relations with Special reference to the Tamil Area, Uppsala.

TRAUTMANN, THOMAS
1987. The Study of Dravidian Kinship, in: G.W. Spencer (Hg.), Temples, Kings and Peasants. Perceptions of South India's Past, Madras, 29–52.
1997. Aryans and British India, New Delhi.

TRIEBEL, JOHANNES
1988. (Hg.) Der Missionar als Forscher. Beiträge christlicher Missionare zur Erforschung fremder Kulturen, Gütersloh.

TUCHER, PAUL VON
1980. Nationalism: Case and Crisis in Missions. German Missions in British India 1939–1946, Erlangen.

TURK, HORST
1993. Alienität und Alterität als Schlüsselbegriffe einer Kultursemantik. Zum Fremdheitsbegriff der Übersetzungsforschung, in: A. Wierlacher (Hg.), Kulturthema Fremdheit. Leitbegriffe und Problemfelder kulturwissenschaftlicher Fremdheitsforschung, München, 173–198.
1997. Kulturelle Identität? Deutsch-indische Kulturkontakte in Literatur, Religion und Politik, in: Ders. und A. Bhatti (Hg.), Kulturelle Identität. Deutsch-indische Kulturkontakte in Literatur, Religion und Politik, Göttingen, IX–XLII.

TURNBULL, T.
1817. Geographical and Statistical Memoir of Tinnevelly, Palamcottah.

TURNER, BRYAN S.
1994. Orientalism, Postmodernism and Globalism, London – New York.

TYLER, STEPHEN A.
1973. India: An Anthropological View, Pacific Palisades.
1991. Das Unaussprechliche. Ethnographie, Diskurs und Rethorik in der Postmodernen Welt, München.

UNIVERSITY OF MADRAS
1982. Tamil Lexicon, 6 Bde., Madras.
1965. English-Tamil Dictionary.
1971. Thirumathi Sarnammal Endowment Lectures on Tirukkural, 1959–60 to 1968–69, 2 Bde., Madras.

VEER, PETER VAN DER
1985. Brahmans: their purity and their poverty. On changing values of Brahman priests in Ayodhya, Contributions to Indian Sociology (New Series) 19, 303–321.
1989. The Concept of the Ideal Brahman as an Indological Construct, in: G.D. Sontheimer und H. Kulke (Hg.), Hinduism Reconsidered, New Delhi, 67–80.
1994. The foreign hand: Orientalist discourse in Sociology and Communalism, in: Ders. und C.A. Breckenridge (Hg.), Orientalism and the Postcolonial Predicament, Delhi, 23–44.
1996. Religious Nationalism. Hindus and Muslims in India, Delhi.

VENKATRAMA SASTRI, T.R.
1940. The Historic Roots of Some Modern Conflicts, Kumbakonam.

VERMA, NIRMAL
1993. India and Europe: The Self and the Other, in: G. Sen (Hg.), Perceiving India, New Delhi, 137–163.

VISWANATHAN, GAURI
1989. Masks of Conquest: Literary Study and British Rule in India, New York.

VIVEKANANDA, SWAMI
1989. The Complete Works of Swami Vivekananda (Mayavati Memorial Edition), 8 Bde., New Delhi.

VRIJHOFF, PIETER HENDRIK und WAARDENBURG, JAQUES
1979. (Hg.) Official and Popular Religion, Den Haag.

WAGNER, FALK
1996. Möglichkeiten und Grenzen des Synkretismusbegriffs für die Religionstheorie, in: V. Drehsen und W. Sparn (Hg.), Im Schmelztiegel der Religionen. Konturen des modernen Synkretismus, Gütersloh, 72–120.

WALDENFELS, BERNHARD
1990. Der Stachel des Fremden, Frankfurt a.M.

WANDALL, P.
1978. The Origin and Growth of the Arcot Lutheran Church, Madras.

WARD, WILLIAM
1822. A View of the History, Literature and Mythology of the Hindoos: Including a Minute Description of their Manners and Customs and Translations from their Principal Works, 3 Bde., London.

WASHBROOK, DAVID A.
1975. The Development of Caste Organisation in South India 1880–1925, in: Ders. und C.J. Baker (Hg.), South India: Political Institutions and Political Change 1880–1940, Delhi, 150–203.
1976. The Emergence of Provincial Politics. The Madras Presidency 1870–1920, Cambridge.
1982. Ethnicity and Racialism in Colonial Indian Society, in: R. Ross (Hg.), Racism and Colonialism: Essays on Ideology and Social Structure, The Hague, 143–182.
1988. Progress and Problems: South Asian Economic and Social History C. 1720–1860, in: Modern Asian Studies 22, 57–96.
1993. Economic Depression and the Making of ‚Traditional' Society in Colonial India, in: Transactions of the Royal Historical Society, 6. Reihe III, 237–263.

WEBER, MAX
1988. Gesammelte Aufsätze zur Religionssoziologie II (1921), Tübingen.

WEBER, ALBRECHT
1850. Analyse der in Anquetil du Perrons Übersetzung enthaltenen Upanishad, in: Ders., Indische Studien I, Berlin, 247–302; 1851 II, Berlin, 1–111.
1857. Indische Skizzen, Berlin.
1865. Indische Studien. Beiträge zur Kunde des indischen Altertums, Leipzig.
1869. Kritisch-bibliographische Streifen auf dem Gebiet der indischen Philologie seit dem Jahre 1849, in: Ders., Indische Streifen II, Berlin.

WEBSTER, JOHN C.B.
1994. The Dalit Christians. A History, Delhi.

WELBON, G.R. UND YOCUM, G.E.
1982. (Hg.) Religious Festivals in South India and Sri Lanka, New Delhi.

WELLECK, RENE
1974. Literature and Its Cognates, in: P. Wiener (Hg.), Dictionary of the History of Ideas III, New York, 81–89.

WENDT, REINHARD
1998. Allgemeine historische Perspektiven: Grundstrukturen des europäischen Interesses an Asien, in: K. Koschorke (Hg.), ‚Christen und Gewürze'. Konfrontation und Interaktion kolonialer und indigener Christentumsvarianten, Göttingen, 259–273.

WEZLER, ALBRECHT
1983. Bemerkungen zum Inklusivismus-Begriff Paul Hackers, in: G. Oberhammer (Hg.), Inklusivismus. Eine Indische Denkform, Wien, 61–91.

WHEELER, J. TALBOYS
1985. Annals of the Madras Presidency, Delhi.

WHITE, HAYDEN
1991. Metahistory. Die historische Einbildungskraft im 19. Jhd., Frankfurt a.M.
1985. Tropics of Discourse: Essays in Cultural Criticism, London – New York.

WHITEHEAD, HENRY
1921. The Village Gods of Southern India (Reprint: New Delhi 1988).

WIERLACHER, ALOIS
1983. Mit fremden Augen. Vorbereitende Bemerkungen zu einer interkulturellen Hermeneutik deutscher Literatur, in: Jahrbuch Deutsch als Fremdsprache 9, 1–16.
1994. (Hg.) Das Fremde und das Eigene. Prolegomena zu einer interkulturellen Germanistik, Bayreuth.
1993. (Hg.) Kulturthema Fremdheit. Leitbegriffe und Problemfelder kulturwissenschaftlicher Fremdheitsforschung, München.

WILKE, ANNETTE
1995. Ein Sein – Ein Erkennen. Meister Eckharts Christologie und Śaṃkaras Lehre vom Ātman: Zur (Un-)Vergleichbarkeit zweier Einheitslehren, Bern u.a.

WILKINS, CHARLES
1785. The Bhagvat-Geeta or Dialogues of Kreeshna und Arjoon in 18 Lectures with Notes, London.

WILLIAMS, PATRICK und CHRISMAN, LAURA
1994. (Hg.), Colonial Discourse and Postcolonial Theory. A Reader, New York.

WILLSON, A. LESLIE
1964. A Mythical Image: The ideal of India in German Romanticism, Durham.

WILLSON, H.H.
1846. Scetch of the Religious Sects of the Hindus, Calcutta.

WINDISCH, ERNST
1917. Geschichte der Sanskrit-Philologie und Indischen Altertumskunde I, Strassburg.
1920. Geschichte der Sanskrit-Philologie und Indischen Altertumskunde II, Berlin – Leipzig.

WINTERNITZ, MORITZ
1920. Geschichte der indischen Literatur III, Leipzig.

WOODS, RICHARD
1980. (Hg.) Understanding Mysticism, London.

YEĞENOĞLU, MEYDA
1998. Colonial fantasies. Towards a feminist reading of Orientalism, Cambridge.

YOCUM, GLENN E.
1973. Shrines, Shamanism, and Love Poetry: Elements in the Emergence of Popular Tamil Bhakti, in: Journal of the American Academy of Religion XLI, 3–17.
1982. Hymns to the Dancing Siva. A Study of Maṇikkavācakar's Tiruvācakam, Columbia.

YOUNG, ROBERT J.

1990. White Mythologies. Writing History and the West, London – New York.

1995. Colonial Desire. Hybridity in Theory, Culture and Race, London – New York.

YOUNG, RICHARD FOX

1981. Resistant Hinduism. Sanscrit Sources on Anti-Christian Apologetics in Early Nineteenth-Century India, Wien.

YULE, HENRY und BURNELL, A.C.

1903. Hobson-Jobson. A Glossary of Colloquial Anglo-Indian Words and Phrases, and of Kindred Terms, Ethymological, Historical, Geographical and Discursive, London.

ZEHNER, JOACHIM

1992. Der notwendige Dialog: Die Weltreligionen in katholischer und evangelischer Sicht, Gütersloh.

ZIEMER, ERNST

1904. Die Missionstätigkeit der Evangelisch-Lutherischen Kirche in Preußen von 1830–1890, Elberfeld.

ZVELEBIL, KAMIL V.

1973. The Smile of Murugan. On Tamil Literature of South India, Leiden.

1974. Tamil Literature, Wiesbaden.

1992. Companion Studies to the History of Tamil Literature, Leiden – New York – København – Köln.

1995. Lexicon of Tamil Literature, Leiden – New York – Köln.

ZYOSA, ASOKA DE

1997. „Blutrünstige Braminen am heiligen Strome". Indienbilder in der deutschen Unterhaltungsliteratur zwischen Aufklärung und Restauration, Frankfurt a.M. u.a.

Anhang

1
Protokoll der Sitzung von Abgeordneten der „Madras Missionary Conference“ mit Karl Graul

Report of the Deputation of the Madras Missionary Conference appointed to meet with Dr. Graul and converse with him on the Caste Question
(Members of the Deputation – Rev. Messrs. Anderson, Drew, Grant, Hardey, Page, Winslow)

1. According to appointment Dr. Graul met the Deputation in the Free Church Mission House, on Tuesday evening, 30th Sept. at 6 ½ p.m.: The Deputation consisted of the Rev. Messrs. Anderson, Drew, Grant, Hardey, Page and Winslow – being the senior members of each Missionary Body composing the Conference: the Secretary of the Conference was also present to give a report of the proceedings.

2. Mr. Winslow who was called to the chair, offered up prayer: the Secretary then read the Resolution of Conference expressing the purpose for which the present meeting was held.

3. A conversation, conducted with Christian courtesy and good feeling, succeeded: Mr. Anderson closed the proceedings with prayer.

The following are the results of this conversation:
(1) Mr. Drew, while disclaiming all intentions in his first note to Mr. Kremmer and his Brethren, either to hurt their feelings or to assert any authority on the part of the Conference over them, regrets that some of his expressions in that note should have been so understood by the Dresden Brethren, and, with the concurrence of the Conference, withdraws these expressions.
(2) Dr. Graul does not at all approve of the Latin Letter sent in reply to Mr. Drew's note, and believes that Mr. Kremmer is willing to express his regret that that letter was signed by him. [The two Missionary Brethren who signed it along with him are no longer in the country, – one having gone home sick & the other being now disconnected with the Dresden Society.]
(3) Dr. Graul wished it to be understood that his opinions on Caste were not fully and finally made up – he was open to information on all sides – he had declined giving a decided opinion on the subject to his colleagues in Germany, and much more would decline giving it to the Madras Missionary Conference – he was not to be understood therefore as expressing his own opinions on Caste, while he was quite prepared to state what the theory and practice of the Dresden Brethren were as to this subject.
The Minutes of the Dresden Brethren were then referred to, followed by a variety of questions and explanations, from which it appeared:
I. That the Dresden Brethren regard Caste, as it now exists in the Native Christian Churches, as totally different from Heathen Caste.

II. That they disallow Caste in the Church, and are using means to discountenance and banish it thence, and have in certain respects succeeded; – but do not see it to be their duty to meddle with it out of the Church, regarding it there simply in the light of a Civil Distinction or national institution.
III. That if Native Christians of other congregations, against whom no immorality or crime can be proved, seek admission to their church, they will not refuse them (even tho' it is known that they come to the Dresden Brethren simply on account of Caste*), provided that the persons who seek admission have broken off their former connection and profess a preference for the doctrines and principles of the Lutheran Church.
IV. That though Dr. Graul stated his mind was not made up on the subject of Caste, he had signed the Minute of the Dresden Brethren; but that he would not come to a final conclusion as to Caste, until he returned to Germany and consulted with his colleagues there.
Meanwhile, to remove all grounds of offence, and to show that there is no want of Christian charity or candour on our part, we suggest that an explanatory letter should be written to the Dresden Brethren, and now submit a Draft of it for the consideration and amendments of the Conference.

* Dr. Graul made, I think, one exception – „the case of an applicant who may leave another Church in consequence of the marriage of a Pariah with one of high caste.“ J.C. Page

(True Copy) John Braidwood, Secretary to the Madras Missionary Conference

2
Brief von Lechler an den Herausgeber des ‚Madras Christian Herald‘

An Missionar Kremmer, 5. März 1857 – VSK I

Correspondence: Heathen Persecution in Salem.
To the Editor of the Madras Christian Herald

Dear Sir,
We have of late been greatly troubled by the Heathen of some parts of the Salem District on account of caste. Our Christian people have relinquished it in to to, but the heathen consequently treat them, whatever their former caste may have been, – as out castes, denying them the use of village wells, putting them on an equality with Pariahs in places of justice etc.
We, as Europeans, also are forbidden to touch the village wells, being likewise classed with Pariahs. As to those of our converts who were originally Pariahs, be they ever so well educated, or ever so clean or rich, they are treated as out-castes or Pariahs, especially by Native officials in Government employ.
Lately the Mahomedans even, who certainly can claim no part in Brahma, have been encouraged by the Hindoos, so that they also forbid us and our converts their wells, and consequently we find it exceedingly difficult to follow our calling as Christian Missionaries and

Evangelists, and unless means be found of exposing this monstrous absurdity, it will presently be altogether impossible to visit some places of their District.
You are aware that this injustice is inflicted only on us and our native Christians; the Mahomedan inhabitants of the country have not, and I believe never had, to endure any thing of this kind from the Hindoos. In Government offices of the District the Mahomedan is admitted to the same place to which the Hindoo caste man is admitted and in villages, wherever the casteman draws his water there the Mahomedan draws his; only the Christians and we Europeans are debarred from such privileges.
You are aware also that the Brahmins pretend to be in possession of a power which they say enables them to raise a man from a lower caste into a higher one, and of late not a few persons after having broken caste were restored to it. We certainly do not wish to interfere with their powers or rights and privileges, for we do not believe in caste, we denounce it as an absurdity and as a work of Satan. – But, Sir, after we have educated a low caste man and he has, by the grace of God, become more clean, respectable and holy than the very best of Brahmins, can we allow the latter to pronounce him and deal with him in his office as if he were a brute and no man?
Again, if a Brahmin or a Soodra becomes a Christian, at once he is put down by the whole society of Heathens, as a person physically, socially, and morally impure, and unfit to enjoy such social and civil privileges as he enjoyed before. He is forbidden to take water from the public wells etc.
Now, Sir, as we cannot for a moment admit that either we, as Europeans, or our converts as Christians are physically, socially, and morally more impure than the Mahomedan or the Hindoo peasant, is it right that the Hindoos should treat us, as they now do, in towns and villages, and even in offices which some of them hold by our Government. If they persecute us for being Christians, that is nothing new, and we will bear it in obedience to our divine Master's command; but if we are told that we, as Europeans, or our peoples as Christians, are unclean, and therefore are debarred from village wells, certain places in Government offices etc. the question is different.
Would it not be outraging the honor of our Government if Europeans and native Christians were allowed to be put a few grades lower than the Mahomedans and the Hindoo peasantry of this country? and have native officials and Hindoos in general, a right to use the power vested in them by an enlightened and Christian Government, to oppose Christianity by means of an absurdity of which even an idolator is ashamed, when made to look on it?
As this caste power is mightily at work in various parts of the country, and works very much in the dark, unobserved by Government and others, would not some of your readers, especially Missionaries inform us how these matters are in their neighbourhoods, and could not some of them advise us how to deal with this mighty and wicked foe?
It is to be regretted that in Courts and Cutcheries, caste is to some extent recognized. Government, no doubt, would abandon it, were they asked to do so.
Salem, 30th Jan. 1857
Yours truly, J.M. Lechler

We see no direct and external remedy for the evil complained of. It does not appear to us that the Government are parties to any disabilities imposed on Native Christians by the exclusive customs of their fellow countrymen. Until the power of Satan in this land can be broken the followers of the true God and Saviour, must bear this cross.
Ed. M.C.H.

3
Manuskript über die Panchakammaler

[wahrscheinlich Abschrift einer Erklärung der Kaste von S. Samuel Pillay, undatiert]
LMA/GN, Kapsel 6, Aktenstück: Tamil. Literatur

1. According to the Dictionary called திகண்டு, 11th part, the word கம் signifies தலை, வான், வாயு, க்கனம், திர், விதி, வெளுப்பு: By which it is certain that the term and Caste கம்மாளன் imply creation, and Government of the world.
2. According to the Section of புருஷசூக்தம் in the எசுர்வேதம், the Four Castes originated from Brahma i.e. from his Face, the Brahmins, from his Breast the Chattryas, from his Thighs the Vysias, and from his Feet the Soodras, were born.
3. Again, according to the 2nd அனுவாகம், 3rd பன்னம், and 4th அட்டம் of the எசுர்வேதம், the 5 Castes of the கம்மாள tribe sprung from the 5 faces of the விஸ்வகர்ம்மா alias பஞ்சமுகப்பிர்மா.
4. According to the இருக்குவேதம் Rig Veda, one born or sprung forth from விஸ்வகர்ம்மா, is only entitled to Brahminship.
5. It is again said in the Vedas, that Ironsmiths have Rig Veda for their learning, Carpenters have எசுர்வேதம் Yesur Veda, Coppersmiths have Sama Veda, Architects have Atharvana Vedam, and the Goldsmiths have பிர்ணவவேதம் Pranava Veda.
6. Again it can be proved from the Shastras that the Mother of all Idols is Stone and the father thereof is Science. All scientific works are entrusted to the கம்மாள் tribe. Temples, gods in the temples, Bells, Musical Instruments, Vessels & utensils of all kinds, the தாலி Sacred badge of marriage, houses, etc. are created daily by our hands. There can no work, no motion of any kind go on but by our means.
7. In the எசுர்வேதம், 2nd அட்டம், 5th பன்னம், 1st பன்னசை, it is stated that the 5 Castes of விஸ்வகர்ம்மா ought properly to be termed தேவபிராம±ள் Divine Brahmins.
8. In the எசுர்வேதம், 5th அட்டம், 9th அனுவாகம், it is said that Viswa Karma is the Eternal & Everlasting Deity who produced Brahma Siva Vishnu and the Guardian gods of the 8 cardinal points: therefore we who are his discendants cannot be a low caste.
9. In the 7th அட்டம், 1st பன்னம், 5th அனுவாகம், & in the 1st பன்சை it is stated that விஸ்வகர்ம்மா created Ganges.
10. In the book called வித்யார்ண்யபாஷியம் Vithyaranya Bashyam, 3rd அடடம் of the அஸ்வமேதகாடடகம், 2nd பன்னம், 1st அனுவாகம், 20th பன்சை, it is stated about the Majesty and greatness of our Castes, and the exclusive privilege of reading Vedas and practicing religious rites and deeds.
11. The dignity of our workmanship or trade is honoured in this manner. The ஓமகுண்டம் of goldsmith Caste is compared to the Chakaram of Vishnu. Our washing Vessels are compared to Vishnu's Chante, our chief article, the gold is equal to Lakshmi. All our tools and implements are Gods.
12. In the work called அம்மரசிம்மம், in its 2nd காண்டம், our Caste people are called விஸ்வகர்த்தாள், சதானந்தர், மகமேருதிர்மிதர், ஆதிதேவபஞ்சபிரமாகாள், மேகவாகனர், திருவபாலகர்.
13. The Native judge says, that if Brahmins were to be polluted by seeing us, they are to look at the Sun immediately and pronounce the Gayatry: – But we can prove by our Books and their books, that the sun and his beams were created by தனுவிஸ்வகர்ம்மா; and that these

goddesses காயத்திரி, சாவிதிரி, சரஸ்வதி, பார்வதி, are of our caste; – and that the Brahmins who are our present rivals were sprung from low and base origins.
14. He states further, that a Brahmin whatever his crimes may be is privileged to pardon, and that a goldsmith is doomed to be cut into pieces. From this one passage he has spoiled all his arguments. There is no passage in all the Vedas to the end that a murderer can be pardoned. In the sight of the Deity all lines are the same is the Hindu doctrine.
15. According to the வச்சிரூச்சி, if a Pariah touch our பூணூல், we must get ourselves (பிராயச்சித்தம்) punished according to the Vedas; But if he pollutes a Brahmin's Head, it is not required to be sanctified.
16. It is stated in the 8th காண்டம் of the Rig Veda, 2nd பன்னம், 5th அனுவாகம், 3rd பன்சை, 50th பதம், 150th அடசரம், that if our Caste people speak with those calling themselves Brahmins, we should be liable to many great heavy punishments.
17. That Brahmins are sprung from Pariah origin, can be proved from many sources: Especially their progenitors viz. கலைககோடடுரிஷி, கௌஷிகரிஷி, செம்புகரிஷி, கௌதமர், வால்மீகர், அகஸ்தியர், வியாசர், வசிஷ்டர், நார்தர், கௌண்டண்ணியர், மதங்க-ரிஷி, மாண்டவ்விய-ரிஷி, சாங்கிய-ரிஷி, கார்க்கேய–ரிஷி, சௌன்க-ரிஷி; Thus says வசசிரூசசி.
18. The Brahmins interpret the Vedas by the help of their own coined new sloghas சுலோகங்கள்.
19. In the எசுர்வேதம் again it is stated, in the 4th பன்னம், 5th அனுவாகம், ௫ பனசை, 35th பதம் that Brahmins ought to be put into fire if they apply to them the name of Brahma: They ought to be called கிர்ாமபாசசிகாள்.
20. In the 6th பூர்வம் of the எசுர்வேதம், 5th அடடம், 5th பன்னம், 9th அனுவாகம், 6th பனசை, 45th பதம் it is stated that a Brahmin should for the purpose of punishing himself dig a pit and put himself in it, and should burn himself.
21. Among our caste people, the title is the same both to poor and rich. But to the சங்காப்பறையர், all kinds of titles are used; ஐயர் is one, படடன் is the other, ராயர் is a third, ஐயங்கார் a fourth, தீட்சதர் a fifth, சோசியர் is another again, ஆசசாரியர் is a seventh, etc. etc.
22. In this country of Salem (சேலம்) we challenged the so called Brahmins to prove their divine descent and superiority over us, but they avoid us and run away from us.
23. Our caste people do retain their original eminence and superiority still in the North. They read the Vedas and practice யாகம்.

4
Beantwortung verschiedener Fragen Grauls von S. Samuel Pillay

Madras 1853

LMA/GN, Kapsel 6, Aktenstück: Notizen für Tamul. Literatur etc., Nr. 1

Questions on Miscellaneous subjects

1. Difference between செய்யுள் and இயற்றமிழ்? A. There is no material difference; செய்யுள் is இயற்றமிழ் itself in the shape of verse consistent with the principles of அலங்காரம் Rhetoric and யாப்பு Prosody: And இயற்றமிழ் is a general name for all good classical Tamil

both poetry and prose. It consists of all grammatical works and their commentaries in the first rank; then of all சங்கச்செய்யுள் as குறள், நாலடி etc.; and finally of all such works known as புராணம். It may also hold good if I say that that is இயற்றமிழ் which is to be had in பிரபந்தம். செய்யுள் is generally known by these names also, viz. இலக்கணம், இலக்கியம் and உரை. இலக்கணம் Grammar, இலக்கியம் the language of the best men, உரை Comments and Scholia: See 44th root of ஒழிபியல் of இலக்கணக்கொத்து. Also see the answer to the question „what are the best Tamil works in Prose"?

2. What are the best Tamil works in Prose? A. Prose works of that kind which is expected by Europeans, are very scarce in Tamil. Commentaries of various works exhibit marks of superior prose, but still they are almost verse in so far as they are generally written to affect poetic style and turns of language not commonly used in speaking. Second in rank are such and such holy histories written on the Lives of eminent men. Of this kind are the ஆழ்வார்சரிதிரம் and that of the அப்பர், சுந்தரர், மாணிக்கவாசகர், and சம்பந்தர். Several others also are to be found which treat of famous poets. Those holy histories are scarcely to be procured. It is asserted that there is a (பாஷியம்) Bashyam for நலாயிர்ப்பிர்பந்தம் which is believed to be a superior prose. There are some prose Vedantic books of which வாசுதேவமன்னம் is one.

Third in importance may be enumerated the prose versions of மகாபாரதம் இராமாயணம் காந்தபுராணம் திருவிளையாடர்புராணம் etc. Several ordinary works by the Madras Editors of the modern time may be mentioned also. In this third class it may be said to belong all the Records and archives kept in ஆதினங்கள் or Monasteries, in திருவாவடு துறை and தருமபுரம். The fourth class comprises all those easily procurable books published by the Madras College such as Robertson's Papers பஞ்சதந்திரகதை, கதாமஞ்சரி, கதாசிந்தாமணி, தென்§று, ராமன்கதை etc. If one takes pains to visit such Native places of learning and collects all prose works to be had, he can, after that, come to the knowledge of the extent of the Tamil prose by reading and comparing, and lay the foundation, upon the thus acquired standard, of improving prose literature in Tamil. Inquiries for prose works will not be frustrated.

3. What are the best Specimens of கொடுந்தமிழ்? A. The best seat and the most easy book of கொடுந்தமிழ் is the Tamil county itself. Specimens of கொடுன்தமிழ் must be gleaned from the above mentioned prose works if one requires a book-கொடுந்தமிழ். This cannot be well defined, just as இயற்சொல் and திரிசொல் are difficult to be ascertained. இயற்சொல் are easy intelligible colloquial words while the latter are classical or book words, but again a majority of the first kind is also classical and approved by the சான்றோர் just so கொடுந்தமிழ் and செந்தமிழ் admit not a clear distinction between them except in this way that the former consists of a loose ungrammatical language, a language which is unrestricted by any law, which takes its run as the careless minds and cool unconcerned spirits would emit from the mouths, which, in one word, a man will speak most naturally like a child, like a sailor & without regard to repetitions, erroneous uses of cases, misapplied personal pronouns and their verbs, wrong numbers tenses & genders, and disorderly syntax. Of this kind are கோவலன்கதை. சிறுத்தொண்-டன்கதை, ஊனமையன்கதை (An account of the Peninsular war the battles of which are interesting when they relate the skirmishes of one ஊளமைத்துரை a chief or Polygar of பாஞ்சாலங்குறிச்சி in Tinnevelly), and various other stories or compositions sung or chanted in the streets and Bazars in the evening time when mobs composed of the lowest class crowd round the singers & take delight in hearing them. The authors of these கொடுந்தமிழ் books are illiterate soldiers, Pariahs etc. Also gleanings from the Dramatic authors who purposely employ such style in the language or speeches of

their actors. One more may be lastly mentioned and this is perhaps most interesting as well as instructive; i.e. A collection of phrases and stories (done hereafter) used by Native women whose uneducated and uncultivated speech presents the best picture of கொடுந்தமிழ். To suppose கொடுந்தமிழ் to be a separate independent dialect is erroneous; because the popular dialect or language (which only can be கொடுந்தமிழ், if it be that, at all, for, else there is no other கொடுந்தமிழ் but that) is halfmixed with செந்தமிழ் and is never altogether exempt from the beauties of book-Tamil. Some define it to consist in இழிசனர்வாகு vulgar pronunciations வந்திச்சு for வந்ததுஇ கீஞ்சுது for கிழிந்தது, தெருதாபடி for தெருதர்ம், தடிபபன், அமிததை அடிபபை for தகப்பன் அத்தை and அகப்பை, எநதிரி for எ9ந்திரு, இருக்கிrp for இருக்குது, கொயம்பு பயம் வாயபயம் கோமிகறி for குழம்பு பழும் வாழைபபழும் and கோழிக்கறி and vulgar use of சந்தி as குமிழ்பாடுதல் for தமிழ்ப்பாடுதல், கீரைகறி for கீரைக்கறி, வந்துச்சென்னை் for வந்துசொன்§ன், ஊட்டை கடலு§ன for வீட்டைககட்டி§ன. Some others define it to be merely foreign words only called தேசிகம், கிராமியம், காயலார் or லப்பைதமிழ, கொடுந்தமிழ், இங்கிலஷ் பொடுதிகிஷ etc. The commentators of Nannool lay down few words only as கொடுந்தமிழ் under the 16th sort of பெயரியல் of சொல்லதிகாரம்; from which it is evident that it is merely a foreign thing that they termed கொடுந்தமிழ். This term in those days of Tamil purity might have signified, besides இழிதமிழ், also அருந்தமிழ் a difficult tamil; difficult, because unpopular & few & less understood; hence its கொடுமை or அருமை. The modern idea of கொடுந்தமிழ் is almost made to exist in vulgar Pronunciation and Distortion of words as மொளவா for மிளகாய், chilly; குந்து for உட்காரு sit கொண்டாருன் for கொண்ருவருகி$ன், படுத்துகிடடான் for படுத்துகீகொண்டான், துண்±ன் தின்$னஇ பேசிறது for பேசுகிறது, அடிசசான், வசசான் for அடித்தான் and வைத்தான், பொமிடடான் for பொய்விட்டான்; அறுஇறு for அதுஇது (among the inhabitants of காயேல்) மொளவுதண்ணி for மிளகுதண்ணீர்; therefore I think கொடுந்தமிழ் is no separate or independent dialect.

4. What are இசைத்தமிழ் and நாடகத்தமிழ்? A. These terms signify இசைத்தமிழிலக்கணம், a Grammar of Musical Compositions and நாடகத்தமிழிலக்கணம் a Grammar of Dramatic Compositions. The first or Lyric Science gives rules and directions touching the musical cadence and explains the Names and Terms used in that branch while the Second does the same in respect of various constituents and departments of Dramatic Science. This is the general opinion of all the Tamil Literati in these days. However of the first i.e. இசைத்தமிழ், a certain kind of definition together with a little very short account of its nature is given in the 12th Part of நிகண்டு. Of the second viz. நாடகத்தமிழ் nothing is to be found in any work extant except the name. They say that அகத்தியம் contained an elaborate and complete treaties of both these subjects. But they are lost. The present Dramatic and Lyric works, it is asserted, are ungrammatical or uncanonical, i.e. they are not composed and executed on the right principles of those two Grammars above mentioned. In short they are no இசை and நாடகம். இயற்றமிழ் has the first rank and it is that in which all works of theology Ethics and every subject of human consideration are contained while the other two are mere instruments to instruct in tunes and Methods of of stage actions. Therefore authors and commentators in general assert that „இயற்றமிழ் சிறப்புடையது இசையும்நாடகமும் அசசிறபபன்று“ classical tamil or the language itself is preeminent and the other two are not so. See இலகாணக்கொது and சிவஞானதேசிகம். Even in the countries wherein இசை and நாடகம் were exclusively cultivated, no vestige of them remains. இசைதமிழ் was committed to the peculiar and sole fostering of சோழன் Chola Kings, and நாடகம் to that of சேரன் Chera Sovereigns; (இயற்றமிழ் of course was under the patronage of பாண்டியன் Pandyan). As a proof that இசை was cultivated in சோழதேசம், it may be added that Tanjore is stile spoken

of as „சங்கிததுக்குத்நசாவூர்". By this it is evident that the science of இசைதமிழ் is no more than a mere treatise on Music. And more it cannot be. Those works, as இராமநாடகம், சகுந்தலீவிலாசம், பராதவிலாசம் அரிச்சந்திரநாறாடகம் which are in use in these days, are not considered as நாடக்தமிழ் by learned men who say they are of inferior order of இயற்றமிழ். Also those works which go under the denomination of பசனை or கிர்த்தனை or பதங்கள் are taken for an inferior species of இயற்றமிழ். Again there is another remark to be made: i.e. That these 3 subjects termed தமிழ் are not to be confounded with what is termed இலக்கியம். இயற்றமிழ் is to be defined to be அரும்பொருணாந்துமே nothing more than the 5 grand Divisions of Grammar. However their commentaries are included in the same தமிழ். So இசைதமிழ் and நாடகம் are not more than several authors and commentators of their respective description, and not the writings and compositions above mentioned by the names of பசனை and நாடகம் or விலாசம். These are true இலக்கியம் and there is no doubt of it from this incident viz. that just as all கோவை writings are said to be இலக்கியம் of பொருளிலகணம் so there ought to be a prodigious number of works to be styled இலக்கியம் of இசைதமிழ் and நாடகதமிழில்காணம்; but as both do not exist there is no authority to reckon the above நாடகங்கள்விலாசங்கள் and பதங்கள் as truly such. These being more of the nature of இயற்றமிழிலக்கியம் they are rightly to be classed under இயற்றமிழ் itself. Therefore the conclusion is that these நாடகங்கள் etc. are to be numbered along with இலக்கியம் works in general. Again just as இலக்கியநாால்கள் are not இயற்றமிழ், so are not those நாடகங்கள் the other தமிழ்.

5. Are the following கதைகள் of literary value? Namely 1. வேதாளகதை 2. முப்பத்திரெண்டுபதிமைகதை 3. கிளிகதை 4. அன்னகதை 5. தமிழறியும்பெருமாள்கதை 6. பேசாமடந்றைகதை 7. வீரமான்விடுகதை 8. பகலிற்சொல்லுங்கதை-பாரிஷ் 9. நாலுமந்திரிகதை 10. எட்டுமந்திரிகதை 11. பனிருண்ருமந்திரிகதை 12. தென்§லிராமன்கதை 13. புகழேந்திபுலவர்பாடியகதை? What are the tendencies of these different கதைகள்? Ans: To prose works of ordinary and popular nature no literary value is attached. The books in question are generally read by the common populace. Natives who are read in இலக்கணம் & இலக்கியம் consider them not in any worth. That one composed by புகழேந்திப்புலவர் has for its praise the name of that celebrated author who wrote it when he was put in prison by his kings. He never designed it for men of learning. However they possess merits of literary nature in this way, i.e. they contained phrases and words peculiar to common people; they may be called the treasures of கொடுந்தமழ் so called; they will initiate a foreigner in the Tamil speaking and writing; they will lead him a certain distance into the poetic literature too; several of these works are written exactly in the speaking mode; – For a fashionable collection of good literary writings, one must have recourse to the Government transactions, Court documents, Petitions, etc. to be had from any Cutchery. This has not yet been done. The correspondences or letters which natives communicate to each other in the ஓலை writings, together with horoscopes and many other business matters may be formed a treasure of some good value. Again all the books of songs to evil Deities should be collected for a popular literature. Brahmins' Compositions in Tamil (not at all to be rejected), if collected, would make a peculiar museum.

The Tendencies of these stories are not of one kind; and they don't tend even to improve literature in point of sentiments; as to style, they must be rectified and they ought not to be confidently imitated; one must read them and after observing the variety of turns in the style, he must begin to set them in another book of his own. It prepares him a good prose writer if he employs it in another subject. Although everyone of them professes to treat of morals, yet they don't give consistent truths. The influence these books prossess in the minds of the

people is little or nothing, they don't quote them for any rule of life. They use them for amusement and leisure reading, and they kill time as they express it காலங்கழிகா. Sometimes, individual stories, with expressions, and examples of characters are brought forward out of them to prove any assertion when people fight with each other on things of small moments.
6. Are there any good Dialogues in Prose? Ans.: No. Such may be collected from the Cutcheries; but they would only form Dialogues of one kind, i.e. examinations of cases. However Revenue inquiries and inquiries made into general affairs of the people will do the purpose.
7. Who are the now living Tamil authors of notoriety? Ans.: Unfortunately the year 1852 has non of such men. திருவிசாகப்பெருமாள்ஐயர் the present moonshee in the Madras University though passes for an accomplished scholar has not produced any work of superior merit but the காண்டிகையுரை Succinct Commentary of Nannool. Those men who are renowned for Tamil learning in Madras assert that there are no such men in the [?] country. There is another who is one of the number of இலக்கியவித்துவான்கள், whose name is சபாபதிமுதலியார் of Conjeeveram. Nor is he any author hitherto. The names of a few such men who lived 2 or 3 years back are these viz: இராமாநுசகவிராயர், சரவணப்பொருள்ஐயர், மகாலிங்கஐயர், திருவேங்கடாசலமுதலியார் of whom the first published a Grammar and edited Drew's Cural, the second published a Koorall with his own commentary, the third edited a portion of தொல்காப்பியம், and the fourth Ramayanum and various other books.
8. Are there distinguished Tamil works referring to the Dwaita System and to the Visishtatweita System? Ans.: They say that works on Dweita system are not to be had of Elementary or Grammatical kind, I mean there are no books on that subject which are written on the Principles of that science upon systematic plan as a divinity-class book, but they say that all Puranas, and works on Poojahs etc. are of that kind, because they teach in practise the Principles of Dwaita philosophy. As for the Visishtatweita System there is no work in Tamil is certain. However நாலாயிரப்பிரபந்தம் and ஆழ்வார்வரலாறு may be reckoned as such. Gleanings from Maha Bahrat, Ramayanum, Bakavat Geeta and இருசமயவிளக்கம், say they will prove it. In Sanscrit there is a Bashyam called Ramanuja Bashyam which was purposely written against சங்கரபாஷியம் an Adwaita Commentary of the Vedas. This they say is not translated from Sanscrit. However there is another book called நாராயணபரத்துவம் „The divinity of Narayana" and this may teach more than others on the Visishtatweita System in Tamil. The History of ஆழ்வார் or ஆழ்வார்வரலாறு consists of 3 parts; the first of which is called விரி a large and full detail of the accounts of those 12 men; the second is வகை and the 3rd is தொகை. They are abridgments of the same with remarks and hints on the subject of விசிட்டாத்துவிதம். There is another book, say they, called சததூஷணி. Hundred objections answered; wherein 100 objections against Vishnuism are ably answered. In this also can be learnt as much of Visishtatweita System as is mentioned.
9. Is the ஞானவாசியம் part of the Ramayanam by Valmiki? A. Some say no; and others say Yes. Both parties are right in a certain Sense. The negative party contends for that the sum and substance of இராமாயணம் is the Incarnation of Vishnu in the person of Rama for the purpose displaying the இரட்சண்ணியகர்த்தத்துவம் saving powers of that god. They again confirm that the Principles of religion as held and maintained in the Ramayanam are those of விசிட்டாத்துவிதம். But those of ஞானவாசியம், they assert, affect Vedantism which they term அதுவிதம் or மாயாவாதம். They are jealous and angry against the Vedhantees on account of their using the term வேதாந்தம் which according to the true Vishnuites, signifies விசிடடாதுவிதம் and not அத்துவிதம். The Affirmative side maintains that the sum and substance of Ramayanam is the sum and substance of ஞானவாசிடம். வாசியம் is implied in

Ramayanam, they say, in the sense of the wording thereof. Which sense or the inferred substance of the இராமயணம், was written a separate book by some unknown author. All Vishnuites argue that the வாசிட்டம் is no Vedhantic book for the Principles proved in it are strictly and truly or literally applicable to Vishnu. வசிஷடர் the Gooroos of Rama teaches or illuminates him by saying that தத்பதம் and தெம்பதம் are அசிபதம், that is to say „Thou art not the son of தசரதன், but thou art the Deity and the Deity resides in thy person, and that thou wilt become that Deity itself in the end.“ Therefore they say that வசிடடர் never argued that all human beings are the deity himself. He was very right in affirming that the Deity is Deity himself and in him is every thing reducible etc. However many maintain that as Valmiki was inspired previously touching the subjects of Ramayanam and of Rama himself, he beforehand attributed the credits of the subjects of ஞானவாசியம் to வசியர் the family priest of his Hero.

10. What is கிருஷ்ணகர்±மிர்தம்? Ans. It is a Telugoo Book. The meaning of the term is this: „History of Krishnas' exploits written so that it may be [?] or pleasant agreeable to his ear as nectar is to tongue. It is a very indecent book as நளன்சரிதை in Tamil. It praises Krishna by lauding his licentious and libertinal deeds with those shepherdesses. The author's name is போகசுகர். There is a mystic virtue ascribed to his book which, when chanted, so allures Vishnu that he makes his appearance before the pious chanter and dancer in his presence.

11. Has not மகாலிங்கையர் of மழவை written a commentary on Kamban's Rayamanum? Ans. No. He has published only a portion of தொல்காபபியம். Also published the first காண்டம் of கம்பராமாயணம். There was no commentary written by anyone both in the ancient and modern time. The work being a very large one and obscure in various passages no one attempts commenting on it.

12. What castes are least dark coloured?

Ans: It must be first stated that the Brahmins are the least dark coloured: there are, however, many individual Brahmins, in every class of that caste, who are equally dark coloured as the other very dark coloured Tamil people. A majority of Brahminical classes are only as fair as the general complexion of the Vellalas, i.e. a sort of Brownish color. In every other class, the colour is more or less fair or dark. The கோமுபடி caste people are perfectly dark coloured is asserted by many. This is true only in the case of those who live in the Western part of the Southern India. Of the Pariah class, the Madras people have improved further in good colour than the upcountry Pariahs whose colour is almost black. The Brahmins especially, and also people of other castes who come from the North are generally (even without exception) very fair almost approaching to a white colour.

13. What castes do mostly resort to the temples of the Evil deities? Ans. The names of such castes who resort to the Evil Deities' temples are the following: viz. பறையர், பள்ளர், நூளயர், பள்ளிகள், மறவர், ஓயர், உப்பரவர் etc. Numerous or numberless instances of other castes worshipping the Evil deities may be seen often. Brahmins are scarcely or never seen to worship these. Chettys and Moodellys of vishnu Religion and the Vellalas of the Siva Religion do not generally resort to the Deities of the Evil kind.

14. Who and what was Siva Vakian (சிவவாக்கியர்); is he a follower of the Dwaita System? Ans. Some say that he was a Brahmin and other assert he was a Vellalah by caste. What profession of occupation he made is not known. He embraced every religion in the world and learned all the systems and proved them by experience; but at last he was satisfied by the Visishtatweita System of the Vishnuvites and remained as such until his death. He is also said to have embraced Christianity, but where and when, and by whom baptized is not accurately

to be learnt. The books which go by his name are not received as authentic and genuine. Some however assert that they were written by him when he was a Vedantist.
15. What are the Different Periodicals conducted by Natives? Ans.: At Present there is no paper conducted. There were several, as, தேசாபிமானி, சர்வார்த்தசிந்தாமணி, இராசதானி, திராவிட, தீபிகை etc. They are now fallen and the natives have set themselves now to conduct the publication of various books first, and then to begin Periodicals afterwards. These periodicals they intend in future to aim by them against European method an Systems of things, especially of Religion. Some years back they published a work called கொலைமறுதல். Refutation of murder, i.e. of Christian Religion; which they say indulges in & sanctions the eating of animal food. This work was written by one சிதம்பர்சுவாமிகள் of திருப்போரூர். He was the commentator of வாரகரியசதகம் and ஒழிவிலொடுக்கம் and அவிரோதவுந்தியார்.
17. Is குமரேசர்சதகம் printed? What does it contain? Rules for Life? Ans.: Yes. It is printed. It contains 100 stanzas all descriptive or didactic. Virtues are praised & vices are condemned, as all சதகங்கள் do generally. They may be said to contain rules of life in a certain way. They are not like the rules of Koorall or நாலடியார்.
18. To what castes does the பகல்விளகு belong? Ans.: This Prerogatine belonged exclusively to kings in the ancient time. The kings extended this privilege to such individuals also who distinguished themselves in public transactions or in doing in general good to the commonwealth. In a very long period it was not granted to collective bodies as their banner or ensignia. Now there are only two castes who enjoy this distinction of honour, of carrying torches by the day time in their processions. Namely the தேசாதி or தேசாயி a Royal family of that Gentoo caste commonly known by கவறைகள் the name of Kavaraygal; and தளவாய் another Royal family of that caste of Vellallahs who are generally termed சோழியர். The branch of தளவாய் family, of the சோழியர் tribe, who have this honour, is characterized by a peculiar title i.e. மண்±ளர் „lords of the earth“. These two castes viz. the தேசாதி and the மண்±ளர் are always the mediators or peace makers or Umpires between the Right வலங்கை and the Left இடங்கை hand Parties in all their quarrels and claims. It is in the hands of these two castes that the key of Civil caste power, was some days ago. In these days also this power is exercised to a certain degree. The English Government of the East India Company upholds it a little; and whenever their servants in the Mofussil are involved in public broils or whenever they have accidentally and unwittingly created discords among the Natives, the Government generally quell them through the instrumentality of the above two influential castes – of course it must be understood with some military force too. No other caste is allowed to take the privilege of பகல்விளகு except these castes. Both the right hand and the Left hand castes submit to them. These castes are purely civil and they have no connecton of any kind with the Religion of the Brahmins. Brahmins are not officially invited to their Meetings. Though they are in some instances called to their councils yet they are treated as equals and cooperators in the management. In the presence of the Brahmins themselves the தளவாய் and தேசாயி are honoured by the multitudes with all modes of respect and reverence in such meetings.
19. What is the present state of the சதுர்வேதசித்தாந்த-சபை? Who are the agents? What are their operations? Who is the head? Ans.: The present state of this association is not so healthy and prosperous now as when it originated. It has grown weak lately, and fell on the shoulders of one chief man and a few others who cannot uphold it by contributions. However the ignorant majority are in its favour. The learned and intelligent are not on its behalf only because the directors thereof do not agree with them in the principles of management; but

they applaud their object – one which is against the Christian Religion. The agent is உமாபதிமுதலியார் who is the head of the association: He supports a Telugu and a Tamil school. He had a Catechist to preach against the Christian Religion. His name is கதிர்வேற்கவிராயன் who is now dismissed for his immoral character. He now engages better men than the above one. His Printing Office is devoted to publish works of Hindu religion. His object now is to affect a strong union of the learned men against the missionaries.
20. Who are the எட்டெழுது வேதகாறர்? Ans.: Upon enquiry no satisfactory results or answers can be had, of the எட்டெழுது வேதகாரர்: Moonshees say that there is no separate people of that name but a company of வேதாந்திகள் Vedhantees who only use this name to devote such nominal Vishnuites who believe அத்துவிதம். This term occurs not, say they, in any work nor is it a popular name too to denote the Vishnuites. They object also to the term as ungrammatical and unmeaning. That is எட்டுளழுது and வேதம், they say, do not properly go together to express an idea definitely.
21. What is the difference between ஆதிபூசை and மகாலிங்கபூசை?
A. The difference is not to be well marked, for they are the same, except in one particular of Linghum இலிங்கம். The ஆதிபூசை as a term is applied to the சிவபூசை in general, because it is that which Siva originally granted to Parvati. Some say that it is that Poojah which was practized by Vishnu in order to set an example to the world in worshipping Siva, for, when Siva obtained the privilege of Deity from Vishnu, he requested the latter to set before the world an example of worshipping himself, which Vishnu did. மகாலிங்கபூசை is the one in vogue among the வீரசைவர்கள் Lingha-Sivites. However to get an accurate and clear understanding of the subject, it should be enquired from the religionists themselves. Those to whom I applied confessed they can not explain it better than in the above manner. They again think that these terms are not to be thought as denoting a separate or singular kind of Poojah but that they are to be taken as some terms of the like kind as சிவபூசை, சத்திபூசை etc.
22. In the temple of Ramasuram is a shrine of சேதுமாதவர் and of விசாலாட்சி; who are these? Ans.: Variety of conjectures is given and no historical account can be obtained. சேதுமாதவர் and விசாலாட்சி represent Siva and Parvati. They are again supposed to be the deified king and queen of Madura. Moreover [?] it is taken for an incarnation of பாண்டியவமிசம் Pandyan family & Siva.
23. What are the places mentioned in தேவாரம்? To this a person answered me in this way. He asked me: Do you not know how many சிவஸ்தலங்கள் Sacred Places to Siva are there in the world? Yes, I told him, there are ஆயிர்த்தெட்டுசிவஸ்தலஸ்கள் one thousand and eight. Well, he said, all those places are mentioned in தேவாரம். It remains now for us to get the list of those 1008 sacred Residences. The number of பதிகங்கள் hymns both in திநவாசகம் and தேவாரம் being 8000, I think the above account may be true.
24 & 25. எம்பெருமா§ர்மதம? What has he written? Is he a strict Vedantist? Is the எம்பெருமான்சதகம் still existant?
Ans. He was a strict Vishnuite and he wrote against Vedantism. The எம்பெருமான்சதகம் should be written எம்பிரான்சதகம். It is in praise of Vishnu. Although that personage was a Vishnuite, still he instituted a kind of சத்திபூசைமதம் among some loose Vishnuites.
26. A List of the Evil deities? [52 Gottheiten werden aufgeführt, die ebenfalls in der Lite der Evil Deities erwähnt werden. Siehe Anhang].
27. Are there Tamil works belonging to these systems viz. of 1. Kapilan கபிலன், 2. of Patanjali பதஞ்சலி, 3. of Djaimini, 4. of Gotama கௌதமன், 5. of Ganada க±தன்? Ans.: Of these Patanjali's works are to be had in Tamil. His works are generally known by பதஞ்சலிஞானம் and பதந்சலிவைமித்தியம். கபிலன்'s works are scarce except only one,

which is கபிலரகவல். It is not certain whether this கபிலன் brother of திருவள்ளுவர் is the same asked in the question. Gowtama's works are not entire except some fragments translated by Native authors in their writings. A portion of it is to be had in அத்தியம் which can be obtained from திருவாவடுதுறைமடம். Another portion is that composed or translated by சிவஞானதேசிகன் called தருசாசங்கிரகம்.

The following questions are yet to be answered.

What are the contents of the following works viz. நான்மணிகாடிகை, இனியாநாற்பது, இன்னாநாற்பது etc. etc.?
The names of the 12 ஆழ்வார் and the places where they lived?
A translation of those terms in the royal gifts or privileges to the Jews of the Malabar Coast.

6
Antwort auf zwölf Fragen Grauls von S. Samuel Pillay

Madras, den 3. November 1853

LMA/GN, Aktenstück: K. Graul, Briefe an ihn Nr. 4
S. Samuel Pillay, Answers to the 12 Questions enclosed in the letter dated 6th June 1853

To the Rev. Dr. K. Graul etc.
Reverend Sir,

The first of your twelve questions enclosed in your letter of the 6th June 1853 reads thus: – „Is the author of the திவாகரம் (சேந்தன்) considered to belong to the Jaina or Buddha Sect, – and if he be, upon what grounds?"
This question led me to enquire into five distinct queries all involved in the same question. The five queries are as follows:

1. Who is the author of திவாகரம்; is it சேந்தன் or திவாகரன்?
2. What was சேந்தன் by his Religion?
3. What was சேந்தன் by his Profession?
4. What was திவாகரன் by his Religion?
5. What was திவாகரன் by his Profession?

Now let me answer in order these 5 questions, which your First Query above, hinted me to enquire.

1. Who is the author of திவாகரம்; Is it சேந்தன் or திவாகரன்? (Answer) (1) சேந்தன் is not the author of திவாகரம். It is proved by that verse in the 5th Part of it called இடப்பெயர்த்தொகுதி, Page 87 in the 23rd line: See கழக மெனும் பெயர் wherein சேந்தன் is praised by the writer as a Deliverer from Calamities and as a learned personage. (2) See again the 210th Page 22nd Line பொறையென்னும்பெயர்; where சேந்தன் is represented to be a person in whom alone Patience takes delight to dwell. „மலைசுமைபாரம்

அம்பற்சேந்த§டுலவிய பொறுமைபாளைந்தும்பொறையே." (3) The received opinion is that சேந்தன் was (பாடுவித்தோன் or செய்வித்தோன்) Patron of திவாகரன், and author of some works not extant. (4) The eulogistic or commendatory conclusions at the end of each தொகுதி go against சேந்தன்'s modesty if he is the author of திவாகரம்: such autolaudatory sentences being prohibited in a work of this nature. See the 5th & 6th Sootrums of சிறப்புப்பாயிரம் of Nannool. (5) According to the 3rd Sootrum of சிறப்புப்பாயிரம் of Nannool, the திவாகரம் has derived its appellation both from the செய்வித்தவன் & from the கருத்தன். The name therefore is சேந்தன்திவாகரம் wherein the Patron's name is placed first and the author's last. (6) (a) See the bottom of the 18th Page: அறிவுகரியாக implies (say they) that சேந்தன் had the examination revision and Sanction of the work. (b) See the bottom of the 74th Page: ஆய்ந்ததிவாகரத்து indicates the same fact. (c) See the middle of the 93rd Page: தெரிந்ததிவாகரத்து shows the same thing again. (d) See the bottom of the 165th Page: இயல்வுற்ற strongly proves the medium (திவாகரன்) through whom சேந்தன் produced the work. (e) See the bottom of the 182nd Page: பயில்வுற்ற proves the same thing. (f) See the 214th Page where பகர்வுற்ற is so used to denote that he ordered the work to be written. (g) So does பன்னிய (say they) in the last Page denote his order.

Thus much to prove that சேந்தன் was not the author of திவாகரம். Now let me lay down some remarks for that திவாகரன் was the author of it.

(A) The appellation திவாகரம் is derived from திவாகரன். As அகத்தியம், தொல்காப்பியம் and many other works have derived their names from those of their authors, so has the work in question derived its appellation also from its writer who is திவாகரன். This fact rests first on Tradition or the unanimous acknowledgement of the now living scholars. திவாகரன் செய்த நூல் திவாகரம் is uttered by every one as an oracle.

(B) However, a stronger proof than the above one, is found in the 3rd Stanza of the சிறப்புப்பாயிரம் of சூடாமணிநிகண்டு or மண்டலப்புருஷனி கண்டு, a copy of which you have now in your possession. Please refer to it.

(C) திவாகரன் is allowed without the smallest hesitation to be styled the பாடி§ன் of the work; and சேந்தன் திவாகரம், resolvable according to Grammar into சேந்தனுடையதிவாகரம் or சேந்த§ல் சிறப்புப்பெற்ற திவாகரன் செய்தநூல், at once proves the Patron and the author of the work, and also distinguishes one from the other.

2nd Q: My second division of Enquiry concerns the religion of சேந்தன் viz. What was சேந்தன் by his Religion?

(Answer) (1) He was a Jainaite by his religious persuasion is admitted by all scholars without exception.

(2) The following terms strongly resemble the old Tamil names of சமணர் Caste. Such antiquated titles and names of Families or Towns are much to be met with in Jainaite works. They are அம்பற்கிழுவோன்-அம்பர்கிழான், அருவந்தைச்சேந்தன்–சேந்தன் etc. There is little or nothing of internal evidence in the திவாகரம் to prove the religion of சேந்தன்.

(3) However I rest all my belief on an epithet முக்குடைச்சேந்தன் much in vogue among the learned. This term முக்குடைச்சேந்தன் doubtlessly prove his religion to be சைநம், for the three Umbrellas is a distinguished mark of Jaina or Argha. The above word முக்குடைச்சேந்தன் is to be found in a verse (a detached verse) cited as an example under a rule (in the large Commentary of யாப்பருங்கலம்) for a particular versification. This verse or Stanza is supposed to have been written by a poet contemporary with சேந்தன் in praise of the latter, wherein the முக்குடை is used, which is a wellknown ensign of Argha not of Boodh. This stanza together with another stanza in திருவிளெயாடற்புராணம் I will copy in any of my future despatches, for they being detached verses are to be sought out by reading or

examining the whole work. You can be well assured at present of the truth of this fact, for it is the opinion of 4 or 5 wellread men who also promised me that they would leisurely find out those stanzas for us.

3rd Q: What was சேந்தன் by his Profession? (Answer) (1) He was a wealthy nobleman is provable by many epithets used in the concluding sentences at the end of each தொகுதி: such as வைவேல்எழிலி–அம்பன்மன்னன்–தரணிமாநவன்–அம்பற்கதிபதி & others; which make him to be a sort of king. (2) He is taken by all to have been a king or nobleman. (3) Also that detached Stanza (I mentioned above as to be found in யாப்பருங்கலவிருத்தியுரை) proves him to be a king too.

4th Q: What was திவாகரன் by his religion?

(Answer) (1) He was a Jainaite too by his religious persuasion is admitted by all scholars without exception. (2) It is also a received opinion among us that no Buddhist ever wrote a Tamil work. திவாகரன் is strongly supposed to have written some Tamil works one of which is the book in question. Therefore he could not have been a Buddhist. I did not like this argument much myself. However when I objected to this by advancing that Buddhists had disputed and held controversies with Sivites as is to be seen in the வாதவூர்ப்புராணம், They answered me that this objection could only prove the mere existence and prevalence of Buddhism. Again I advanced that there must have been some Buddhist works since the existence of that religion is admitted; to which they answered that there is no Buddhist work extant, and that in all the existing ancient works not one has an invokation to Buddh.

(3) The பஞ்சகாவியம், the நன்னூல், the பிங்கலந்தை, the நிகண்டு, the திவாகரம், the காரிகை, the எண்சுவடி, the பொன்னிலக்கம் & நெல்லிலக்கம் and a host of others are called and pass for Jainaite productions. The opinion of majority is always on the side of Jainaites regarding these works just mentioned.

(4) There is no good ground to produce as an internal evidence from the சேந்தன்திவாகரம் itself, either in favor of Jaina, i.e. Argha or in behalf of Buddha, for திவாகரம் in its religious principles stands in the same position as தொல்காப்பியம் குறள் etc. affording no determining marks as to the religion of its author. This indeterminate character of the most ancient works together with a partial siding of these works to Sivaism & Vishnuism proves (say they) more of their Jaina origin than a Buddhist one, because அகத்தியம், தொல்காப்பியம், குறள், நாலடி, திவாகரம் etc. are strongly supported by Tradition to be Jaina works though there be no invokation to Argha. The same tradition applies to all the original Lexicons in our language, and to some in Sanscrit, when பிங்கலந்தை a lexicon of later date than திவாகாம், and when நிகண்டு a dictionary of still later date than பிங்கலந்தை are taken for Jainaite works, how can we (say they) suppose that திவாகரம் an older book than the above two be a Buddhist production. திவாகரம் is so ancient that it was written in those days when மதுரைத்தலைச்சங்கம் flourished and was approved by them; therefore a reference to it is more credited than one to நிகண்டு.

(5) Besides the above opinion, there is still another a saying, which is very prevalent and generally received, i.e. யுத்திக்குச்சமண–(சைந)-யுத்தி–பத்திக்குச்சைவபத்தி and முத்திக்குவைஷ்ணவமுத்தி. In this old saying, Jainite is mentioned & no Buddhist for யுத்தி. Therefore we can safely conclude that no Classical, Grammatical, Philological or Lexicographical work was ever written by Buddhists.

(6) In order to prove the religion of திவாகரன் to be Jainaism they refer to the எண்குணவகைப்பெயர் (in the 12th or the last Chapter (தொகுதி) of திவாகரம் in the 227th Page – ௨௨௭). See the bottom of that Page in which the attributes of the Deity are enumerated not in the words of Siva or Buddhist authors but in those of Jainaites. This is not,

however, satisfactorily warranted. அனந்தஞானம், அனந்ததரிசனம்-அனந்தவீரியம்-அனந்தசுகி-நாமமின்மை-கோத்திரமின்மை–ஆயுவின்மை: – These terms are very ancient in Tamil and consequently Jainaite – is an opinion in the side of which we can be sure to get many to join. Though most of these words are Sanscrit yet they smell much of the Jainaite odour (in as much as they are a Tamil usage) rather than that of any other. This argument will more strongly persuade a native than a European.

(7) A stronger evidence than the above is found to prove திவாகரன்'s religion to be Jainaism in the 3rd verse (also above referred) of the சிறப்புபபாயிரம் of சூடாமணிநிகண்டு. Viz.: அங்கது போயபின்றை அலகில்நூல்பிறந்த; மற்றும் செங்கதிர்வரறிற்ருேன்றும் திவாகரர், சிறப்பின்மிக்கபிங்கலர், உரைநூற்பாவாற் பேணினர்செய்தார். Here திவாகரர் and பிங்கலர் are the honorific forms of திவாகரன் and பிங்கலன் whom the மண்டலப்புருஷன் religiously imitates.

(8) The invokation to Ganesa in the first page of திவாகரம் viz. தந்திமுகத்தெந்தைச்சதங்கைப்பதம்போற்றி etc. is unanimously rejected as spurious & recent. So it does appear when its language is compared with the simple dignified ancient Tamil of the body of திவாகரம்.

(9) The allusions to mythological stories of Sivaism & Vishnuism (found in some of the concluding commendatory sentences at each end of the twelve தொகுதி) are indulged and countenanced generally by all poets on the ground that பாரதம்-இராமாயணம் and ஸ்காந்தம் are common to several religious sects, & supply matter for poetic writings.

(10) Formerly the paragraph opening with the words „அருகன்பெயர்" (Page 3) was used to be placed as the very first beginning paragraph in ancient copies by way of eminence to Argha; but now it is altered & placed after the names of Siva Vishnu Brahma and those of their offsprings.

(11) Again மண்டலப்புருடன் the last of the Jainaite Lexicographers to preserve relationship between his work and that of his predecessor திவாகரன், opens the first stanza with அருகன்பெயர் which begins with the letter அ and with அநகன் the first name of Argha which begins also with the initial அ. This too, say they, proves the religion of திவாகரன் to have been Jainaism.

5th Q: What was திவாகரன் by his Profession?

(Answer): He was a Poet and a member of சேந்தன்'s family. Also a member of his Council and Government. A co-operator with him in improving literature and in writing useful works. This rests on Tradition as most of what I have written.

The opinion of விசாகப்பெருமாள்ஐயர் Visagaperumal Iyer the First Head Moonshee in the Madras University.

The above Gentleman says that both சேந்தன் the Patron & திவாகரன் the author of the work in question are Sivites. சேந்தன் belongs to that Caste generally called வெள்ளாஞ்செட்டி, and திவாகரன் to வெள்ளாள் Caste. The City or residence or the native place of சேந்தன் is காவிரிப்பூம்பட்டினம். This rests, says he, upon this simple ground that the work has Invokation to Ganesa and that allusions to Sivites' stories are made in the concluding sentences of each தொகுதி. Again he says, he knows & has known many learned men in different parts of the country and in different times testify to the fact that both those personages were Sivites & natives of the City mentioned above.

B. He admits the recency of the spurious invokation of Ganesa in the எண்சுவடி Multiplication Table. Why cannot he admit even in the case of திவாகரம்?

After all I think I must give my judgment. சேந்தன் & திவாகரன் are both Jainaites.

(a) It is plainly evident from the diction style, & purity of language.

(b) Such diction style & purity are not generally the properties of ancient Sivites but of Jainaites. The Tamil language is entire property of Jainaites in those days just as it is property in Sivites in these days.

(c) No Philological or Lexicographical work of the ancient Time is Sivite.

(d) Titles and Names occurring in the concluding sentences of each தொகுதி are more of Jainaite odour than of any other.

(e) The first verse beginning with அருகன்பெயர் in the word அநகன் of நிகண்டு is the one from which அருகன்பெயர் in the 3rd Page of திவாகரம் beginning also with the word அநகன் is borrowed by the author of the latter to show his veneration to the person of his Predecessor & to his Religion.

Although I have lengthened the answers more, than is necessary and perhaps to some degree fruitless, still it will be my endeavour to collect more materials on the subject, of a historical nature and shall transmit them to your Reverence. The evil is that our men here begin to enquire into these subjects after the questions were put to them. They have no previous researches of their own. After such questions of an inquiring European are put to them & roused their intellectual powers they furnish us with crude materials of varied & mixed nature. However, as we go on, I doubt not, we will collect ample fund of information on each subject of your enquiries.

I proceed now to answer your questions from the 2nd to the last, which are very easy.

2nd: How do you translate the words „காதலீகையிற்போதி“ till „அம்பற்கிழவன்“ (Page 57).

Answer: காதல் All his desires or all his ambition; ே[?]கையில் in giving liberally; போது going or running; இப்பெருந்தவன் this great nobleman; தெவ் enemies; அடு killing; கால like காலன் god of death; வைவேல் (possessing) sharp lance; எழிலி one graceful or beautiful; அவ்வை the female sage Auvai; பாடிய who sang; அம்பற்கிழவன் the lord of அம்பல்.

Free Rendering: This great nobleman whose ambitious desires always run to munificence; one graceful with a sharp lance which has the character of the god of death in killing enemies; The Lord of அம்பல் family whom the woman sage அவ்வை celebrated once.

Or he is a great nobleman his desires having gone or ran much in giving. In this latter rendering போதி signifies having gone (gerund past). பெருந்தவன் is குறிப்புமுற்று symbolic verb equivalent to பெருந்தவ§யிருக்கி$ன்.

Syntactical & Critical Remarks.

போது is a form of பெயரெச்சம் of the Present Tense (போகின்ற) of the verb போதல் used much in ancient but seldom in modern writings. Therefore it is வினைத்தொகை. Had not the Demonstrative இ intervened it would stand போதுபெருந்தவன். போது is the root & imperative of போதல் which root is equal to காலங்கரந்தபெயரெச்சம் like அடுகளிறு-கொல்யாகூ. இப்பெருந்தவன். The necessity of this Demonstrative supposes a figurative presence of the Patron before whom திவாகரன் represents himself as sitting.

அம்பற்கிழவன்:அம்பல் a place very ancient – hence the name of a family. You will see the same word quoted as அம்பர்கிழாஅன் in Nannool as an example of Vocative Case. See 50th Soot பெயரியல். „ஒருசார்னவ்வீற்றுயர்திகன் etc.“ The word அம்பல் is also spelt or written அம்பர்.

3rd: How do you translate the words „முற்றவப்பயே§கற்றவப்பயே§.“ Page 123.

Answer: முற்றவப்பயே§ Is it by the fruit or effect of former penances; கற்றவப்பயே§ Is it by that effect or fruit of his having learned. கற்ற அப்பயே§.

Free Rendering: முற்றவப்பயே§ கற்றவப்பயே§ சாபத்திழுக்கிய

தேவசாதரிற்சே§ற்றமுடையனென As or like one who has the same origin as the தேவசாதர் who are exempt from curses either on account of their merits of former Penances or on account of their superhuman excellence in divine learning i.e. Theology.

Remarks: தேவசாதர் Those in earth who have a common origin with gods in heaven. சாதர் in Sanscrit and பிறந்தார் in Tamil are equivalent. Both பயசே§ are in the ablative. By or on account of. கற்றவப்பயசே§ may be rendered either கல் for கற்கின்ற Present தவபயசே§ etc. Is it by the fruit of having the luck of learning: or கற்ற Past, and அப்பயசே§ that merit. In both cases the meaning is the same.

4th: Q: Is கவிகை (Page 145) கொடை or குடை? Answer: கவிகை is குடை Umbrella to which is attributed தண்ணளி Protection which properly belongs to the owner of the Umbrella. கவிகை a verbal noun from the verb கவித்தல். To overshadow or to hold any thing of the shape of a saucer or of a concave glass of a watch, over any object. கவிகை lit. Act of bending.

5th: Q: How do you translate the words „அண்ணல் till அம்மையை." (Page 165)? Answer: Literal Rendering: அண்ணல் of Siva; செம்பாதிக்கு to the exact half; ஆணியாட்டியை the Mistress or sole Proprietess (accusative); பெண்ணணங்கை the Superior female; மூவுலகும்பெற்றஅம்மையை the Mother of three worlds.

Or அண்ணல் செம்பாதி the exact half of Siva i.e. of the person or body of Siva; காணியாட்டியை the proprietess. காணி signifies place, land, ground. ஆட்டி a Wife, Mistress, Proprietess.

As காணியாட்சி signifies Proprietorship so காணியாட்டி means Mistress of a landed property = referring of course in this passage to the right side of Siva.

6th Q: Are the writings which are enumerated (Page 182) as composed by சேந்தன் still extant, and what are the exact titles? Answer: According to the liabilities of construction in Tamil the Relative Participle பாடிய in this passage may signify two things viz. 1. பாடிய who sang or 2. பாடுவித்த who caused it to be sung. Again by the same principle the three subjects therein enumerated may be three distinct works or one book wherein all these three subjects are treated. It is admitted that சேந்தன் was a patron of poets of every Religion – so that in regard and honor of their munificent lord they (the Bards) ascribed some of their productions to him as written by himself. These works are not to be had. These are not believed to be separate works nor were they written in three separate works or books. The most probable opinion & one which many are now led to form and believe is that these three subjects were treated in one masterly production of a Eulogistic Character, and were praised one after the other with Characteristics and powers all superhuman. This work is supposed to be the same in size or bulk as திருமுருகாற்றுப்படை a tract which is now in your possession. The exact title is not known.

7th Q: Who is that செல்வி who is mentioned? Page 214. Answer: செல்வி is no other than சரஸ்வதி, for கல்விச்செல்வி is a title applied to her and wellknown. புலவி means lustful love, or love quarrel, hence insatiable thirst for knowledge, in this passage. புலவிநீக்கியகல்விச்செல்வி Goddess of learning, who satisfied சேந்தன்'s thirst for learning. This is a figurative expression which represents சேந்தன் to be the Brahma i.e. husband of கல்விச்செல்வி, so that if she wanted pleasure she must be in good terms with her lord & must have no புலவி with him.

8th Q: How do you translate the words „செம்பொற்கிடையான்" till நலம்மிகுந்த, Page 242? Answer: சேந்தன் the lord of அமபல் who never draws himself back in giving gold to others, who is the lord or governor of all good things, & who is the possessor of eyes teeming with compassion.

9th Q: Why is அகஸ்தியன் called the குறுமுநி? Answer: Because the womb which contained him was a Small Pot. He was not only called குறுமுநி but, say they, he was actually short in stature. He was destined to be so short that he may grow monstrously big, whenever required, by the power of விஸ்வமந்திரம். துரோ±சாரி also was born of a jar or pot but he grew up to a great size and was destined for other purposes. அகஸ்தியன் possessed all the 8 superhuman powers – one of which is his waxing to the size of this earth, from the shortest state. Short round stature or figure is well adapted (say they) to extraordinary powers & developments. This is a peculiar privilege of அகஸ்தியன்.
10th Q: ho is the author of the தொகைப் பெயர்விளக்கம்? Answer: The author of the தொகைப் பெயர்விளக்கம் is வேதகிரிமுதலியார் who was a Moonshee at Madura in the service of the American Missionaries. He was not the actual author of it; but a compiler of it from various sources – one of which is the திவாகரம் itself. Vide the 12th Part or தொகுதி, Page 215. (The author of the தொகைப்பெயர்விளக்கம், வேதகிரிமுதலியார் who was alive when you were at Madras is now dead.)
11th Q: In the introduction to the „Atma bodha" the father of the author of a Telugu Commentator on it is called „புராணம் வேங்கடநாராயணசாஸ்திரியார்"; what does the word புராணம் mean here? Answer: The word புராணம் signifies that நாராயணசாஸ்திரியார்'s father was a Preacher or expounder of Puranas in general. There was one in Madras before, by the name of „தொல்காப்பியம்வரதப்பமுதலியார்" whose sole business all the days of his life was learning and teaching the தொல்காப்பியம் only together with the Commentaries thereof.
12th Q: In the same Introduction the Guru of the Tamil translator of the work before mentioned is called „அருந்தமிழ்க்குறுமுனியகத்தியர் பரம்பரைச்சோமசுந்தரதேசிகர்". What does the word பரம்பரை mean here? From the Family or from the school?
Answer: It means School or மடம் Monastic Institution, not family. There are various பாம்பரை viz. அகஸ்தியர்பரம்பரை-ஆதிசேஷபரம்பரை-சங்காரசாரிபரம்பரை-பீதாம்பரகுருபரம்பரை etc. etc. My inquiries upon this last subject as well as those upon அகஸ்தியன் swelled to a great size in paper but I contented myself with giving only so far as not to allow a thick despatch through the Mail. The yet unexplored literature of Tamil language as well as other languages of India is vast & very interesting. The natives begin to think after they were questioned. However those who are well read do not scruple to agree with us in almost every thing.
If Tamil works both ancient & modern be carefully read & compared, there is no doubt we shall come to almost satisfactory conclusions. What is not to be obtained from one book may be got by reading another. What one man conjectured & guessed upon obscure grounds of his own, may be elucidated by express [?] passages from some book or other. To prove that சேந்தன் did not write திவாகரம், I read into it and found those 2 passages mentioned above. If I only indulge myself in writing too detailed & lengthy dissertation on the religion of the author of the திவாகரம் (whoever he may be) I think I can establish it simply by comparing it with other works of the same time & of the same caste, in the language style, phraseologies & expressions, similarities of different things & a variety of other particulars: – all which vary and assume a different feature when compared with those of later date or former date. Just so in every case.
I have also to remark that your Inquiries lead to new researches. What we wanted once before is brought unasked in answer to an inquiry indirectly.
By the name of சேந்தன் there are two persons one of whom is Sivite & the other a Jainaite. This presents an impediment to decide the religion of our சேந்தன். However the main object, which is the religion of the author of திவாகரம், being generally allowed to be Jainaite I took

advantage to decide that the other சேந்தன் is a Sivite whom the present Sivaite parties represent as the Patron of திவாகரன்.

It is now my firm conviction – which is daily more & more growing – that if natives themselves adopt some method of reading & examining their works of every description upon European principles, they will doubtless bring to light almost all doubted points, for in their numberless works there are references and allusions in various ways to one another affording strong grounds and ample means for determination & conclusion. Only upon that one subject of பரம்பரை, – when I fully & properly inquired into it – there are works to be procured to any length or number. Each Monastry or ஆதீனம் possesses its own records in prose concerning the founders, renowned men, its authors which it produced, kings & nobles who patronized it, & about learned disputants who came in collision with it. So from each மடம் or பரம்பரை we can get matter for at least 2 folio volumes of paper; containing numerous & various accounts of persons, things, works, places, religion & caste.

I have in a manner begun to read & examine upon a small scale some works in company with a young Brahmin who is an able man in Sanscrit. He is the same age with myself, 28 or 29. He is a Tamil Brahmin of Conjeevaram. He made several Travels for learning. Many of the valuable hints, instructions, principles & desiderata which I derived from your Reverence on the subjects of Sanscrit literature I see this man possesses the ideas & germs of. He is not far beyond me in Tamil learning so that I engaged him to read with me in Sanscrit for which I pay him and to talk to me on subjects connected with Tamil literature. He understands Deva Nagri & knows many of the things both as to theory & practice in vogue with the Northern people. He reads Dr. Max Müllers Reg. Vida (of which I have a Copy) very well & explains in his own way, & praises the Grammatical knowledge displayed in the பாஷியம் thereof.

The first Book which I began to read & examine is இனியாநாற்பது. This is one of those 14 works சங்கச்செய்யுள் of whose contents & literary merit you wanted me to write while at Madras. It treats of the use of the word இனிது and it employs that term in various ways; or it enumerates so many things each of which one can say it is good or agreeable. The Tamil word இனிது in this little work is renderable by these English Adjectives viz. Good, agreeable, suitable, useful, profitable, honourable, beautiful, august or Majestic, comfortable and by many more of such nature. I have sent a copy of these 40 stanzas. It is very remarkable for its purity of language and simplicity. It is very sweet to read the stanzas. The construction is very easy. It contains one or two peculiar phrases & words.

Reverend Sir, I have to make a particular request of your Reverence to get me a copy of Maha Bashyam i.e. the large commentary of Panini. Is it printed? Professor Böhtlink (we understood when you were here) had the printings of it. Secondly for Sithantha Cowmudi and Mestergaard's Radies. And thirdly for a Copy of Sama Veda. For all of which I am not able to pay at once but I will pay a little by little to the Rev. Mr. Kremmer.

I beg to remain Reverend Sir your obedient Servant S. Samuel

6
Antwort auf drei Fragen Grauls von S. Samuel Pillay
Madras 1855

LMA/GN, Aktenstück: K. Graul, Briefe an ihn Nr. 6.

Out of the 28 Questions which you asked me (while in Madras, I think I have answered you 25 of them and 3 more remain yet unanswered: – 1. The question concerning the contents of those works generally called சங்கச்செய்யுள் (viz நான்மணிக்கடிகை–இனியாநாற்பது–இன்§நாற்பது etc.) being one which requires much research I postpone it to a future time. 2. The question about the 12 ஆழ்வார் is partially prepared; and as soon as I finish it I will send it. 3. The question of Evil Deities, I enquired at large, and I found it to be a vast subject as well as an interesting and important topic. The subject or the system, of Religion whose objects of worship are Demons, is called கருமவித்தை the Sinful Science. It is also termed மந்திரசாஸ்தரம் or மலையாளவித்தை, the mantra Science or the Malayalam Science. The latter name it applied to it because it is universally practiced by all people in Malayalim country. Boys and girls are known to practice the diabolic tricks & mischiefs, for instance, one boy causes his companion to fall down upon the ground by the agency of an evil deity to whom he is bound to be a votary. He moreover causes birds of the air fall down which another opponent boy raises to the sky by the same occult power. This system of Devilworship & Devil agency is less prevalent in the North of India than in the South. This is believed and feared by half of the population of India while at the same time they profess their own gods and mythological religion. I was somewhat surprised to find that there is no distinction allowed as to the deities employed in the errands of a sorcerer. I mean the Mahomedan and Roman Catholic as well as the Hindu Devil-dealers make no distinction in engaging and employing the wicked agents of one another. For instance a Hindu (he may be Sivite or Vishnuite or Bhoodist) learns Roman Catholic Mantras and engages the services of Angels Gabriel, Raphael and of such Saints as Antonio Havier etc. Again a Mahomedan practices magical tricks by the agency of துர்க்கை, காளி, பிடாரி etc. Hindu demons. And again a Roman Catholic man either learns the Hindu or Mahomedan Magic, and makes no objection to invoke a மாடன் & such like துஷ்டதேவதை of the Brahmanical System, as also to employ David, Suleman (Solomon) and other Nabis (Prophets) in his errands. Altho' there is no distinction in this respect, still there is one of this kind, viz. When a Hindu practices the Roman Catholic Magic he is obliged to kneel down and sign himself with cross the Symbol of our bleeding Saviour; and so also a believer of the Arabian Prophet, when sitting to his mischievous Prayers of Brahmins, makes a free use of Holy ashes, flowers etc., & leaves off his Mahomedan peculiarities. Again, when a Hindu makes himself a slave to Arabian Devils he falls prostrate in the direction of Mecca.

The reason why Devil dealing is more in the South (especially in Malayalim) than in the North is attributed to the dwelling of gods in the Himalaya mountains; and for the same cause வடதிசை the Northern Region is demon inated மங்கலதிசை and தேவதிசை the region of all well being and of all gods. (In imitation of this, I think, Beschius the Jesuit calls the North (especially the Land of Promise) மறைத்திசை the region of Scripture, for the purpose of making an impression on the minds of his converts that all divine favours ought to come from Zion, which holy hill is in the North of திருக்காவலூரார் tirukkāvaluur, on a rough reckoning of Geography.

„வாய்பொய்யாமறைத்திசையாம்வடதி“ „சையேதனிநோக்கித்“ „தாய்பொய்யாவடைக்கலமேதருவதுநி“ „ன்தயையாமோ“. From திருக்காவலூர்க்கலம்பகம் this is extracted.

The மந்திரசாஸ்திரம் is also termed அஷ்டகருமவித்தை. An art of eight different operations. Please refer this to the word அஷ்டகருமம் in the Rottlers' Dictionary. The advantage or aim of this Scinece, they say, is சித்தி worldly advantadge, gain, celebrity etc. The loss sustained by one who cultivates this art is said to be முத்தி Heavenly bliss or eternal felicity. Condition of slavish obedience and promises and oaths of strictest kind will keep up the union of a man with a devil. Simple பக்தி is that which is said to keep the union of a religious votary with his Deity i.e. god not a devil. This is known by the countenance or face of the devildealer being an ugly one பாழ்முகம் or பேய்முகம் or பீடைமுகம். The face of a religious votary is termed தேவகளை or சிவகளை, gracefulness of divine beauty.

Even among the wicked and evil Devils some are represented to be of Pure and Holy creatures. The whole is divided into 2 Systems of which the first is said to be மகாமந்திரசாம்பிரதாயம் and the second அஷ்டகருமசாம்பிரதாயம். To the மகாமந்திரசம்பிரதாயம் belong Hanuman அனுமான் Supramanian சுப்பிரமணியன், Virabadhran வீரபத்திரன் , and Ganēsā கணபதி. To the second சாம்பிரதாயம் belong all the devils given in the accompanying list. The former Devils are not employed and ought not to be commanded to perform a wicked deed such as deceit seduction, theft, murder, causing animosity between friends, various mischievous proceedings hurtful to men, women, children and domestic animals, and the like. They are treated with reverence and religious homage. If any of those four deities be forced to perform a wicked deed it will kill the man who so deserved. They are to perform useful miracles and wonderful deeds. For instance Hanuman may be requested to bring an article from Europe or America only for the purpose of shewing it to the assembly wherein the Devil dealer is practicing his craft. They say that this power of bringing things from different quarters of the globe, belongs only to அனுமான், because oceans seas lakes rivers & wherein there is water, are possessed of counteracting influence with regard to other Evil Spirits. In short water is an enemy to all evil spirits except to the four Superior Spirits mentioned above. So Fire is an inimical influence to all demons. They prove this from or rather refer this to the deeds of Hanuman in the Ramayanam, where it is said that the monster monkey was employed by his master Rama to go to Seetha and to burn Lanka. In both these instances he was obliged to pass by the sea and to touch fire. Therefore we see from this that these four deities are above the power of Fire and water. Other demons are easily overcome and conquered by throwing water and flambeau upon them. To encourage men who are initiated in the art of Devil-dealing, and to cause them to face and oppose devils, the teachers of this art first bring their disciples into a tank very early in the morning. The learner or student stands in water up to his hip, and pronounces the incantations and prayers, when the invoked spirits present themselves upon the bank. On such occasions he enters into covenant of service & obedience with those Spirits. To procure the consent or agreement of Hanuman, Supramanyan and others of the Higher order of Spirits, prayers & praises are offered, which prayers and praises are short and few. No sacrifices are made. But to procure or compel the favours of other evil spirits, sacrifices and various sinful obligations are tendered to them. The prayers & mantras are long and many. It is curious to learn that a devil will not tell lies, and that he will not break through engagements and covenants before the prescribed time, when we read in our Scriptures that he is a Liar and Father of lies.

Just as we observe caste so our Devils observe the same too. For instance, Pariah Devils are not sent upon Brahmins or Vellalas to commit mischiefs unto them; for they naturally shrink from so doing. However it is contended by many men who deeply entered into this so called science that Devils observe no caste at all.

Wicked men or women after their death are deified or rather demonified. Hence, I think, the distinction of caste among evil Spirits.

I tried to make enquiries into the Hindu account of the origin of Devils, but have not yet come to any satisfactory and definite knowledge. They all state that all devils are either பிரமகற்பிதம் or இசுரசிருஷ்டி. To Brahma and Siva they attribute the creation of Evil spirits, and to Vishnu they attribute it not. பிரமகற்பிதம் Brahma Kalpitha is applied to denote that those devils which are created by Brahma are original ones and coeval with gods and everlasting. But those created by Siva are only temporary.

I happened to meet a Tamil man (a moonshee who was employed by the Rev. Charles Rhenius at Palamcottah) with whom I conversed much on the subject in question, and I found him to be well acquainted in the Occult Science. But however as all moonshees are, he is deficient in explaining the first principles, and in furnishing us with any thing in the shape of Historical facts. Therfore he promised me he will procure all the written accounts in prose and poetic productions available from various individuals and who possess them. He told me that I can make out of them what I want. I thought that this was the best plan and left this branch (the subject of the origin) for a while.

Siva himself is said to be the author of Devil worship. He is Devil himself, not in a Christian sense but in the Heathen acceptation. I wish to prove this from the Puranas and Agamas. The Devil-dealers, for the purpose of claiming divine authority to their profession, refer to the titles of Siva such as பூதநாதன் Boodhanadan, பேயன் Possesser of devils, சுடலையாடி a dancer in the Burial Ground etc. etc., and confirm the same by alluding to Parvati being சத்தி, Sacti under 16 manifestations, called சோடசமூர்த்தங்கள்; all of which sixteen forms of Parvati are doubtless Diabolical. They further demonstrate this by naming the eldest son of Siva கணபதி or கணேசன் (which titles are of course allowed to be the epithets of Ganesa) Lord of clans of demons. They point also to சுப்பிரமணியன் the second son of Siva, being acknowledged by Devil-dealers to be their favorite deity. They confirm சுப்பிரமணியன் cuppiramaniyan to be an evil one, because his followers always settle their vows and their other affairs by an Oracle at Pashani பழனிமலை, a mountain in the middle part of the Southern India – Oracle they say is a sign of an earthly wicked deity & not of a heavenly Sāthwā god – and because they attribute this oracle to சன்னதம் a sort of coming of the Spirit upon a person; on which occasion he looses his ordinary natural disposition and affections, and exhibits develish symptoms such as redness of eyes, erection of Hair on the head and body, and a peculiar fearful shake of hands and feet. They again cite வீரபத்திரன் the 3rd son of Siva Verabadra to be an actual beastly devil fond of blood etc. – which is freely acknowledged by all popular faith. Lastly they simply refer to ஐயனார் the fourth son of Ashes-besmeared god to be an acknowledged and accredited demon. This also is ratified by popular acceptation.

Reverend Sir, you asked me a question whether Brahmins or Soodra Poojarees officiate in the temples of ஐயனார். This subject is fully settled now. In all those temples of ஐயனார் dedicated in their erection to evil purposes and to deceive people by frightening them with ghostly tricks, Soodra Poojarees are employed; they are generally uneducated. Such temples are easily discerible by various outward symbols of horses, buffaloes, dogs etc. which are kept in the shrine in abundance. This is known (not among the common people but among those who are somewhat informed) by the term உக்கிரமூர்த்தம் Fierce manifestation. Again, those themples, which have brahmins to officiate are those dedicated from the commencement of

the building to சாந்தமூர்த்தம் Gentle manifestation. Therefore they say that this depends more or less on the character and wishes of the individual or body of ind[ivid]uals who first projected the establishment of those shrines. That is to say – if the body of individuals be good repectable men of some taste for Saiva religion, then they employ Brahmins, who from generation to generation continue to be Brahmins – but again, if the corporation consists of common folk, then they engage the services of Soodras, who always perpetuate their own class-people. It is therfore settled that some shrines of ஐய§ர் aiyanar have Brahmins Priests and some have not. But it is necessary to mention that in both there are no sacrifices of any kind made. Poojahs of Siva kind are only offered. If people wish to offer sacrifices of sheep and fowls etc., they do them in the Pagodas of ஐய§ர் where Soodras are priests; but not to the ஐய§ர். They are offered to his headservants e.e. to demons under his control – known by the general name of முன்னடியான் the forerunner.
ஐய§ர் Aiyanar is called also கையநர் aikayanar. He is said to be the Generalissiomo of all சுதிரதேவதைகள் Suthira Devadhas. I cannot ascertain the meaning of the term சுதிரம். They say that as Supramanian சுப்பிரமணியன் is called தேவசே§பதி teevaceenapati the general of Devas தேவர்கள், so ஐய§ர் is termed சுதிரசே§பதி. From this I can only infer that சுதிரதேவதைகள் are a sort of mild and gentle manifestations of demons employed under ஐய§ர் as his infantry and pioneers as well as his cavalry. With this multitude of demon-army ஐய§ர் is seen to make a general procession and march once or twice in a month in the middle of night with lights & torches of various kinds, such as (as it is said) பவளவர்த்தி coral light, வெள்ளைவர்த்தி white light, முத்துவர்த்தி pearl torches, நீலவர்த்தி Blue Lights, மத்சல்வர்த்தி saffron light etc. He is moreover accompanied with Palankeens, Elephants & several other parts of an army. The space of ground or the extent of place occupied by this vast multitude is asserted to be four or five miles in circumference. ஐய§ர் is more worshipped with religious homage in Malayalim than சுப்பிரமணியன். The Malayalim people regard ஐய§ர் more religiously than Supramaniyan, and therefore pay him greater respect. The people are said to be able to fast 40 days by his influence. After such a fast they say they can go into a jungle (many in Malayalim) or forest of elephants, which loose their ferocity before them.

The List of Evil Deities which your Reverence furnished me while at Madras

Male Deities
1. மதுரைவீரன்
2. காத்தவராயன்
3. கறுப்பண்ணன்
4. தொட்டியச்சின்§ன்
5. மாதவசுவாமி
6. சக்கிலி properly சங்கிலிக்கறுப்பன்
7. புல்லமாதவன்
8. சோலைமலையன்
9. பதினெட்டாம்பதியான்
10. பச்சநுடையார்
11. காக்குவாலீயன் These were not originally demons, but wicked men who became devils after their death

Female Deities
1. குடோரி

2. செல்லியம்மன் – properly செல்லியம்ம்வந்சியம்மன்
3. காட்டேரி
4. சகமண்டி
5. சக்கம்மா
6. ஏகிரியம்மன்
7. செங்கலிநாச்சி
8. அங்காளம்மன்
9. வெய்யில்வருதம்மன்
10. கூரசங்காரி properly கோரசங்காரி
11. இரண்பத்திரகாளி
12. சதைச்சி (or சடைச்சி)
13. ஆண்டிச்சி
14. சுக்கம்மாகாளி
15. நாகம்மாகாளி
16 ஐயம்பிடாரி With the exeption of Nos. 12 & 13 the rest are all original deities. No. 2 is an incarnation of Parvati அவதாரமூர்க்கம். Nr. 9 is uncertain; whether it is one of the acknowledged demons or not it is difficult to confirm. At least the people with whom I conversed, do not say that வெய்யில்வருதம்மன் is a தேவதை.

தருமதேவதை

Spirits of impartiality and common justice destined to guard the profession of any creed in the world. The தருமதேவதை consist of several species whose individual particular names and instances are not enumerated. They are 1. கிராமதேவதை 2. வனதேவதை 3. மேட்டுத்தேவதை (மேடு the top of a house) 4. குலதேவதை 5. ஆகாயதேவதை 6. பரதேவதை 7. காப்புத்தேவதை 8. மசானதேவதை. These and some more are known by one general name தருமதேவதை. I think this is only an idea of a Universal Providence of God whose gracious and paternal regard to all his creatures is displayed everywhere whether it be a கிராமம், வனம், வீடு, குலம், ஆகாயம் or மசானம்.

This hypothesis is proved by such facts viz. Suppose man to travel through a desert with a companion. If the unwary companion be murdered by the other in the middle of that uninhabitated spot, the murderer either in the same year or some years after his crime, will meet with the same fate or with a sudden invitation of Providence in some lonly place whether he had necessity to walk single. Facts and instances of singular nature like this are enumerated to the extent of 50 or 60 of every variety; and upon these is built the Doctrine of Spirits of impartiality and common justice destined to guard and to protect the Simple and to avenge the wrong-doers. This தருமதேலதை is that which is termed அறக்கடவுள் in the Kooral (The 13th Chapter of குறள் the last verse)

கதங்காத்துக்கற்றடங்கலாற்றுவான்செவ்வி அறம்பார்க்குமாற்றினுழைந்து.

7
Brief von S. Samuel Pillay an Graul
vom April 1855

LMA/GN, Aktenstück: K. Graul, Briefe an ihn, S. Samuel Pillay: Brief vom April 1855, Nr. 7

To the Reverend Dr. Graul
Reverend and Worthy Sir,

The questions you sent me last through Mr. Kremmer were these three: Viz. 1st. Has the word தோகை the same meaning in Malayalim as it has in Tamil i.e. மயில்? 2nd. Are there more Lingam Pagodas than the 5 mentioned in the 183rd Page, 1st Part – Rottler's Dictionary? 3rd. Are the officiating Brahmins or Priests in the above 5 Pagodas real Brahmins; and are they equal in rank etc. etc. with other Brahmins?

1st Question: Has the word தோகை the same meaning in Malayalim as it has in Tamil i.e. மயில்?
Answer: This I enquired from two or three sources but did not succeed. However the parties agree that தோகை may mean the long tail or the plumage in general of மயில் – Peacocks; but its first meaning, they say, even in Malayalim is hair only of women. Having no other possible means of ascertaining a correct answer I left it without hope or success.

2nd Question: Are there more Lingam Pagodas than the Five mentioned in Rottler's Dictionary?
Answer: (α) In every Pagoda dedicated to Siva, there is a Lingam in the மூலஸ்தானம inmost recess of the temple. Wether the temple be larger or small there must be lingam in every one. This is one of the inviolable rules of Sivaism. இலிங்கம் இல்லையா§ல் கோமிலும்இல்லை: If there be no Lingam there can be no temple: so that not only these five Pagodas (mentioned in Rottler), but also every existing Pagoda in India, has a Lingam in the மூலஸ்தானம், known by the name of மூலர் in contra distinction to உற்சவர். மூலர் means The Original or the Secret one which is a carved Stone representing the Lingam place or fixed for ever in the same மூலஸ்தானம் into which Priests only can enter. உற்சவர் means the Public one or that designed for public processions. This also is a carved stone representing Siva in his man-shaped form or Manifestation (மூர்த்தம்) placed moveable in the சன்னிதி middle court of the Pagoda, that on processional days it is removed and put upon a car.
β. Now therefore, the Main Principle of Sivais in all its divisions, is Lingam, the most possible manifestation or representation of சிவன், which could give to delusion-covered understanding of mortals some idea or picture of the Universe-shaped Deity. Again this Lingam or in other words the Deity in abstracto is developed in 5 Original or eternal manifestations of Elements (பஞ்சபூதம்). These 5 Elements are also called அ§திலிங்கும். In these or by these Siva condescended to reveal himself in those 5 places (mentioned in Rottler).
γ. Therefore the difference is that all other Lingams except these five, are of later date and of human appointment, whereas the அ§திலிங்கம் of those 5 Places are eternal and of divine appointment, i.e. Siva made himself known there in his true image and shape viz. the 5 Elements.

δ. The உற்சவர் is sometimes called எழுந்தருளுநாயகர். There are One thousand and Eight Siva Pagodas called ஆயிரத்தெட்டுச்சிவாலிங்கம். Of these 1008, 5 are பஞ்சபூதஸ்வரூபம் and the other 1003 are mere stones carved in the shape of Lingham (சிலாஸ்வரூபம்). These five are known by the term சுயம்பு or ஸ்வயம்பு: the others are not ஸ்வயம்பு being, of course, made of stone. சிதம்பரம் therefore called அந்தரஸ்வயம்பு was Siva's last manifestation. திருவண்±மலை is termed பர்வதஸ்வயம்பு. And the remaining three திருவானைக்காவல், காளாஸ்திரி and காஞ்சி are styled பாதாளஸ்வயம்பு. The last காஞ்சி is sometimes distinguished by பிரதிஷ்டாபாதாளஸ்வயம்பு. Linghams in general are characterised again by the names of விடங்கம் and வீரட்டம். Of the above mentioned 1008 Linghams 504 are of Lower order and the rest of higher kind, of which 9, say they, came from தேவலோகம் and therefore second in rank to the Eternal Five. These things are traditions and are not to be found in any systematic books. However they say if we learn ஆகமங்கள் Agamas in Sanscrit we may find every thing to Satisfaction.

3rd Question: Are the Officiating Brahmins in the above 5 Pagodas real Brahmins; and are the equal in rank etc. etc. with other Brahmins?
Answer: This subject is one of curious importance. Your question concerns only the Officiating Brahmins, but my inquiry gives a Universal answer.
(a) குருக்கள்–சிவப்பிராம±ள்–கோயிற்பாப்பார் are equivalent names by which officiating Priests of Siva Pagodas are known. Again பெருமாள்கோயில்நம்பிகள் or நம்பிப்பிராம±ள் are the names of officiating Brahmins of Vishnu-Pagodas.
(b) Not only in the above said 5 Pagodas but also in every Siva Pagoda, as well as in every Vishnu Pagoda, the officiating Brahmins are lower than other Brahmins. In the temple only, and that also in the time of their Poojah or Service, these Brahmins are considered holy and sacred, but out of the temple they are to be viewed சண்டாளர் unworthy of high respect as well as low respect. The other Brahmins will not have eating or drinking with them; they are not allowed to take part in high religious or Vadic Ceremonies performed in Houses or temporary altars raised for the purposes of புண்ணியம், யாகம் and யோகம்.
(c) The கோயிற்பிராம±ள் are not eligible to high offices in the state, as Ambassadors or Prime Ministers. They are one of the ten (10) classes of Brahmins (தசவிதபிராம±ள்), known by the name of தேவலகாள். They have no right to practice வேதோக்தகருமங்கள் – nor are they privileged to mary among other 9 classes of Brahmins.

8
Memorandum

Fragen von Graul mit tabellenartiger Antwort von S. Samuel Pillay

LMA/GN, Kapsel VI, Aktenstück: Tamulische Literatur, Memorandum, Nr. 6

1. To what Deities are the different pagodas, temples and shrines in Madura dedicated. And which are the most ancient one's? The different மடம் and to what sect they belong.
2. The different classes of Brahmins in Madura. What is the proportion of Vaishnava Brahmins to Saiva Brahmins? What is the amount of Teloogoo Brahmins?
3. The case of the Brahmins at Rameseram ?

4. Are the Prâtiçâkja's (a Sanscrit work, auxiliary to the study of the four Vedas) to be had here? Dr. Lassen, Professor of Sanscrit etc. at Bonn, wishes for a copy of that work.

Letters for me to be directed to the care of Revd. Mr. Kremmer at Madras.

Ch. Graul

Memorandum

1st.

Pagodas, Temples and Shrines in Madura	To what dieties they are dedicated and what are the most ancient ones
1. மீனாட்சிசுந்தரேசுவராள கோவில் Meenatchee Soonderaisweral Covil	The 1rst and 3rd are dedicated to Siva and the 2nd to Vishnoo. The first two are the largest and most ancient Pagodas while the 3rd is of a later date but ancient
2. கூடல அழகர் கோவில் Goodal Alagher Covil	
3. நன்மைதருவாற கோவில் Nummay Taroovar Covil	
4. பழயசொக்கநாதற் கோவில் Palia Chockanauder Covil	This is dedicated to Siva, but it is not the most ancient one.
5. தருவாயிபுடையாற் கோவில் Teroovoypoodiar Covil	To Siva, ancient one
6. தென்திருவாலவாயன் கோவில் Ten Seroovalavayen Covil	To Siva. This was dedicated by Servomala Maick late Curnatie ruler of this part of the country.
7. மதனகோபாலசுவாமி கோவில் Madana Gopaula Sevasny Covil	To Vishnoo
8. விறகவபெமாள் கோவில் Veeraragava Percomaul Covil	To Vishnoo
9. கிஷணன் கோவில் Kistnen Covil	To Vishnoo
10. செல்லாத்தமன கோவில் Sellahthummen Covil	Neither to Vishnoo nor Siva. The diety to whom this is dedicated is called Buthera Caulee பதத்திரகாளி or a tutelary Goddess – Soodras make Poojah. This is said to be an ancient one.
11. சஙகத்தாற் கோவில் Sungattar Covil	To Siva. Soodras make Poojah.
12. அனுமார் கோவில் Hanoomaur Covil	Hanoomaur is a votary of Vishnoo
13. அனுமார் கோவில் Another Hanoomaur Covil	Dto.
14. கிஷணன் கோவில் Kistnen Covil	To Vishnoo – Soodras make Poojah

Madoms	
1. Sunkaracharies Madom	All belong to Seva Sect. The 1st and 4th are the ancient Madoms.
2. Canjeevaram Goorookuls Madom	
3. Durmasivaucharee Madom	

4. Teroogeana Summuntho Moorthy Madom	
5. Teroovadoothooray Madom	Belongs to Brahmins, the rest to Soodras
6. Chittray or Coonnacoody Madom	
7. Canadier Madom	

2nd

The Different classes of Brahmins in Madura.

The general division is into two Vistnava and Siva each of these consists of several classes of brahmins.

In Vishnava:

1. Tengalay Vistnavas 2. Vadagalay dto. 3. Selloor dto. 4. Sholeyah dto. 5. Teloogoo dto.	The first two are distinguished by the peculiar cast of their marks on the forehead. They intermarry and eat together. The three last have no intercourse among themselves or with the first two nor are they allowed to eat with them.

In Siva:

1. Teloogoo Brahmins	The subdivisions of these are 1) Valanaty Brahmins 2) Moorehy Natey dto. 3) Telooganiam dto. 4) Curna Commaloo dto. 5) Neyoghee dto. 6) Vaugenaday dto. These do not intermarry, but can eat together.
2. Tamil Brahmins	Subdivisions: 1) Vadarmaul 2) Brohacheroonem 3) Astamashasrom 4) Mauthemal 5) Sholeyor 6) Sivathenijal [?] The first five classes do not intermarry, but can eat together, but they cannot eat with class 6.

There are some more classes not in Madura.

Besides the above said classes of Brahmins there are Maratta Brahmins partly belonging to Siva Sect and partly to Muthoova sect which is exactly like Vistnava but only differing from the Vishnavas in their manners and observances. The intercourse of these Maratta Brahmins is confined to their own caste.

The proportion of Vishnava Brahmins to Siva Brahmins is as 1 to 4.

The proportion of Teloogoo Brahmins to Tamil Brahmins (both of Siva Sect) is as 1 to 3.

3rd

Case of Oria Brahmins

As far as I have been able to collect information respecting the Oria Brahmins nothing could be learned with certainity in respect of their origin and history owing to the distance of time. The Oria Brahmins lay pretensions to great antiquity and say they were invited from Nundee Village near Oude situated to the north of Benares by Stree Ramasevamy to ministers as priests in the temple at Ramaiseverum which was founded by the said Stree Ramasevamy. Whatever their pretensions may be, judging from their present state, the nature of their offices and the privileges they enjoy, this much is certain that they are not pure brahmins. They officiate as mere ministerial servants in the Pagoda, they are considered unfit and consequently not allowed to touch the God or to perform any other Poojah ceremonies which involved that act. The Poojahs are usually performed by Mohratta Siva Brahmins whom they bring from Mohratta country and give them girls in marriage out of their own caste and the children born of that marriage are considered as belonging to their mother's caste or Orias.

The Orias are not equal to the other Brahmins inhabeting this part of the country and have no intercourse with them. They do not eat together or intermarry. They (Orias) are not permitted to deal out the holy water of the place to the other Brahmins.

4th

Prâtiçâkja is not to be had here. No information could be obtained of is existence here.

9
Listen der Bhūtas und Pēy

S. Samuel Pillay vom 5. August 1853

LMA/GN, Kapsel I, Aktenstück: Aboriginal Religion, Nr. 1+2

D. A List of the Names of Evil Deities in Tamil

The Classification of பேய் according to some sects

1. அஞ்ஞுப்பேய்.
2. கொஞ்ஞுப்பேய்.
3. ஆடும்பேய்.
4. பாடும்பேய்.
5. காலைப்பேய்.
6. மாலைப்பேய்.

1. மலையாளபகவதி or மலையாளதேவி.
2. இரத்தசாமுண்டி
இரக்குதேஸ்வரி } Female deity.
3. பத்மநாபன் Male deity.
4. கருங்காளிor கருங்காளிமூர்த்தி or மல்லங்கருங்காளி Female.
5. கொடுங்காளி Female.
6. கழுகன் or கழுகுடையான் Male.

7. பிரமராட்ச்ச்ன் Male: Vide No. 86.
8. நாராயணன்.
9. நாராயணி Female.
10. வாலை Female.
11. புவன Female.
12. திரிபுனா Female.
13. பிடாரி or ஐயம்பிடாரி Female.
14. பத்திரகாளி or படபத்திரகாளி Female.
15. முருகன் Male. The Evil manifestation of சுப்பிரமணியன்.
16. சாத்தன் Male.
17. அறுகுலை Male.
18. ஆயிரவில்லி Male.
19. பூதப்பிரேதபிசாசு.
20. நிலமறுத்தகாளி.
21. கிங்கிலியன்.
22. அரகிங்கிலியன்.
23. ஆனைக்கிங்கிலியன்.
24. [fehlt]
25. விறற்கிங்கிலியன்.
26. விநோதகிங்கிலியன்.
27. உதிரமாலை.
28. உக்கிரவைரவன்.
29. காலவைரவன்.
30. வீரபத்திரன் or விசர்ப்பபுத்திரன்.
31. நரசிம்மமூர்த்தி.
32. உக்கிரநரசிம்மமூர்த்தி.
33. பட்சிவாதை.
34. புள்ளுவாதை.
35. பாலேந்திரவாதை.
36. இரண்ணியவாதை.
37. சங்கிலிப்பூநத்தான்வாதை.
38. சர்வசண்டாளதேவதை.
39. நிணம்பிடுங்கித்தேவதை.
40. மிருத்தஞ்செயுந்தேவதை.
41. மூதேவித்தேவதை.
42. திருநீலகண்டதேவதை.
43. பரமலோகதேவதை.
44. அஷ்டரிஷிதேவதை.
45. வீரமணிகண்டதேவதை.
46. துன்னரஎட்சிதேவதை.
47. கண்டகர்னன்தேவதை.
48. கர்னஎட்சிதேவதை.
49. பத்திரதேவதை.
50. மோகினிதேவதை.
51. வீரலட்சமிதேவதை.
52. மூன்$நந்திருக்கண்ணுடைத்தேவதை.
53. மூலாதாரதேவதை.

54. அஷ்டகாமேஸ்வரிதேவிதேவதை.
55. இஷ்டகாமேஸ்வரிதேவிதேவதை.
56. நாவளாதேவதை.
57. பரதேவதை.
58. எதிர்காமதேவதை.
59. வடக்குநாதன்தேவதை.
60. கார்த்தியாயனிதேவதை.
61. கோபத்திரித்தேவதை.
62. கன்னியாத்திரிதேவதை.
63. உடையநாய்ச்சிதேவதை.
64. பூலோகமுடையாள்தேவதை.
65. தேவகன்னிதேவதை.
66. பஞ்சவர்னதேவதை.
67. இலாடபத்திரகாளிதேவதை.
68. மூடாம்பாடிபகவதி.
69. அந்தரமாப்பற்க்குங்காளி.
70. மதனதேவதை.
71. கொலைமகள்தேவதை.
72. காத்தான்தேவதை.
73. உச்சாக்காத்தான்தேவதை.
74. உடும்புகாத்தான்தேவதை.
75. குக்கிடக்காத்தான்தேவதை.
76. கொண்டாருபாதாளமுடித்தான்.
77. வேதபூதாளம்.
78. ஐயன்காளி.
79. மோகினிவீரன்.
80. சடடசடாமுனி.
81. சாத்தாவு.
82. கார்த்திகைவீரியன்.
83. இடாகினி.
84. சாகினி.
85. பிரமராட்ச்சி Female. Vide No. 7.
86. வாகி.
87. சாமுண்டி.
88. எட்சணி.

{ உக்கிரசாமுண்டி
  இரத்தசாமுண்டி

89. முனி.
90. வாள்முனி.
91. சடாமுனி.
92. முத்துமுனி.
93. வீரமுனி.
94. மாடன்.
95. இருளன்.

{ சசரிலிமாடன்
  வண்±ரமாடன்

96. உத்தரணியம்மன் Female.
97. பொன்னியம்மன் Female.
98. ஏகாத்தம்மன் Female.
99. புதுமாரிக்கன்னி Female.
100. சிலக்கருணிபபிசாச Male.

101. திருவம்பலமுடையார் Male.
102. கந்தருவமூர்த்தி Male.
103. இமஞ்சாம்புவான் Male.
104. தேவமுனி Male.
105. வேலுவேலாயுதன் Male.
106. முன்னணி Male.
107. முன்§டி Male.
108. சாம்புவான் Male.
109. சப்பாணி.
110. கிஷ்ணமாய்கைதேவதை.
111. அகோரவீரபத்திரன்.
112. அகிலாண்டசொரூபவீரமணி.
113. சகாதேவி Female.
114. வீரமகாதேவி Female.
115. உக்கிரபர்வதேஸ்வரம்மகாலட்சுசுமணமூர்த்தி.
116. பயங்கரவைரவன்.
117. பிரதிமாங்கிஷஎட்சி.
118. தாடகைஎட்சி.
119. காமசுந்தரஎட்சி.
120. ஏமகாலஎட்சி.
121. அந்தரஎட்சி.
122. பிரமராட்சதஎட்சி.
123. பூவாடைக்காரி.

These onehundred and twenty three are the ordinary once. However several of them belong to the மகாமந்திரம்.

E. Description of Bhoodas
பூதவகை.

The following Demons are of monstrous and stupendous size. They are all manyfestations of Siva. Some those of wishnu. Many of this are asserted to belong to the மகாமந்திரசாம்பிரதாயம்.

1. பாதாளபூதம்.
2. சுப்பூதம்.
3. சுபரண்ணியபூதம்.
4. அர்ச்சுனபூதம்.
5. நரசிம்மபூதம்.
6. உக்கிரநரசிம்மபூதம்.
7. பாதபூதம்.
8. பாதாளம்புக்கொளித்தபூதம்.
9. இரண்ணியதுஷ்டபூதம்.
10. பரப்பிரம்மபூதம்.
11. காலயமதூதபூதம்.
12. பாராசோலைபூதம்.

13. செப்பூதம்.
14. விந்தானநாதபூதம்.
15. பயங்கரபூதம்.
16. ஆனந்தபூதம்.
17. அமிர்தபூதம்.
18. நாதபூதம்.
19. வேகபூதம்.
20. சவபூதம்.
21. குருபூதம்.
22. குடிபூதம்.
23. பிரமன்பாடுவந்தபூதம்.
24. விட்டுணுபாடொழித்தபூதம்.
25. மகேசுரன்பாடுபிரித்தபூதம்.
26. அந்தரமாங்கந்தர்வபூதம்.
27. அமரசூலினிபூதம்.
28. அமுங்குரப்பெண்டாடிபூதம்.
29. அயனபூதம்.
30. அயனராட்சதபூதம்.
31. அமுடபரிமிருடபூதம்.
32. அக்கினிவைரவபூதம்.
33. குலமகள்பூதம்.
34. பரலோகபூதம்.
35. சோதவபூதம்.
36. நாவிற்குறிகொண்டபூதம்.
37. சொலைப்பூதம்.
38. மயானக்கரைநீலபூதம்.
39. சாநித்தியபூதம்.
40. மகாதேவனைவென்றபூதம்.

Here are 721 different Bhoodas பூதங்கள் of which I have given the Chief ones. The others ought to be arranged according to the historical order in which the Hindoos give. Those names are written in such orthographical mistakes that if I copy them as they are they would signify wrong meanings. I shall study them and enquire upon them from the persons who practice மந்திரம். If all the names of Evil deities collected from time to time and from various men I think we can make a little dictionary of them. There are not less than 5000 Evil Deities. One asserted that he is able to prove that all the 3.300.000 millions of gods (asurs) are so many evil demons, and also that he is able to give the names of every individual of those millions. This astonished me in the 1st sense. I was so credulous to importune him to produce the same which he told me he would. There is no doubt, I believe, the மந்திரசாஸ்திரம் Mantra System of the Hindoos is as extensive and complicated as their Puranic or Mythological System. But it is difficult to settle wherein lies the line of difference between there Puranic Mythology and Mantra Mythology, because I see they are so much blinded with each other.

Under the generic names of சாத்தான் Satan there are, it seems, 1008 individuals of which I selected some. The Hindoos speak much of Satan சாத்தான்; but they cannot give any satisfactory reasonable meaning or derivation of that word. I even asserted them by merely mentioning to them that it is a Hebrew word and that Mahomedans introduced it among them;

but they derive it from the Epicene சாத்தன which you may see in our grammatical works cited as example to nouns of Epicene gender.

1. சாத்தான்.
2. குடிச்சாத்தான்.
3. கருங்குபடிச்சாத்தான்.
4. பழுக்காச்சாத்தான்.
5. மலைச்சாத்தான்.
6. பீச்சாத்தான்.
7. சபபாணிச்சாத்தான்.
8. பேய்ச்சாத்தான்.
9. கிருஷ்ணமரணச்சாத்தான்.
10. நிணம்பிடுங்கிச்சாத்தான்.
11. இறேமுசாத்தான்.
12. படுசாத்தான்.
13. குயிற்சாத்தான்.
14. பேய்க்குடிச்சாத்தான்.
15. ஆணைச்சாத்தான்.
16. அடம்புசாத்தான்.
17. இடம்புரிசாத்தான்.
18. வலம்புரிசாத்தான்.
19. கொலைவிளிச்சாத்தான்.
20. மரணச்சாத்தான்.
21. நிலச்சாத்தான்.
22. நீலகண்டசாத்தான்.
23. அமிர்தசாத்தான்.
24. ஆவினமதந்கொண்டசாத்தான்.
25. கார்வனம்புக்கொளித்தசாத்தான்.
26. ஏவலும்மாரணமும்வென்றசாத்தான்.
27. மயானசாத்தான்.
28. பிணந்தின்றிச்சாத்தான்.
29. மிருகபயங்கரசாத்தான்.
30. பாதாளம்புககொளித்தசாத்தான்.
31. எமதூதசாத்தான்.
32. வீரசூரசாத்தான்.
33. சொரணசாத்தான்.
34. சுகசாத்தான்.

5th August /53
S. Samuel

Namenregister

Aargaard, Johannes 82, 111, 117
Abdel-Malek, Answar 29, 35
Adam, W. 209
Aeschylos 31, 33
Agastya 149
Ahmad, Aijaz 31, 32
Aiyaṉāritaṉār 182
Aiyangar, S.K. 176, 184
Aiyar, Saravana Perumal 217, 230, 236
Aiyar, Visaga Perumal 236
Alexander der Große 161
Alexander, Bobby C. 291
Allen, Douglas 21
Allen, J.L. 29, 95
Almond, Philip C. 318
Althaus, Paul 240, 268
Ambedkar, Babahasaheb R. 116, 134
Andresen, Wilhelm 83
Andrew, A. 73, 207, 302
Anquetil-Duperron 78, 313f
Āṇṭaḷ 332
Appadurai, Arjun 29, 103, 177, 185, 196, 254, 293, 299
Appelt, E. 115
Ariarajah, S.W. 23
Arokiasamy, S. 199
Arooran, K. Nambi 131, 142
Aruṇanti 101, 279, 311
Arulsamy, S. 199
Arunachalam, M. 261
Assmann, Aleida 222f, 230
Aṭikaḷ, Maṟaimalai 236, 337
Augustine, J.S. 21
Aurobindo 28
Auvaiyār 332
Avencebron 323
Averroes 323
Avicenna 323
Ayrookuzhiel, A.M. Abraham 306
Bādarāyana 176
Baal, Jan van 257
Babb, Laurence A. 123, 294
Bachtin, Michail M. 46, 51f
Bacon, Francis 76
Baierlein, Ernst R. 86, 99, 110, 115, 130, 152, 167f, 177, 197f, 264
Baird, Robert D. 25f, 268, 275
Baker, Christopher John 180, 201
Balasubramaniam, K.M. 336, 338
Balle, Bischof 60
Banerjea, Krishna Mohan 264f
Barthes, Roland 96f, 345
Bateman, Josiah 106
Baudrillard, Jean 222
Baumgarten, Sigmund Jacob 70
Bayly, Christopher A. 21, 48, 104, 133, 138, 161, 166, 192, 205, 213, 305f
Bayly, Susan 21, 38, 205
Beasant, Annie 338
Beck, Brenda 185, 284, 294
Bell, Andrew 73f
Bell, Catharine 73, 291
Bellah, Robert N. 26
Benjamin, Walter 222
Berg, Eberhard 20, 87, 300
Bergunder, Michael 68, 131, 322
Berner, Ulrich 275–277
Bernhardt, Reinhold 18
Beschi 148, 212, 228, 234
Béteille, André 160, 164
Beythan, Hermann 86, 150f
Bhabha, Homi K. 40, 47, 49–52, 75, 97f, 134f, 295, 333, 340, 347
Bhadra, Gautam 210, 292
Bhandarkar, Ramakrishna Gopal 326f
Bharati, Somasundaran 236
Bhatnagar, Rashimi 46
Bhatti, Anil 41
Bhedad, Ali 94

Biardeau, Madeleine 290
Bitterli, Urs 126
Blackburn, Steward 302f, 305f
Blanke, Horst Walter 71, 75, 94
Blome, H. 45
Blumenberg, Hans 76
Bopp, Franz 43, 78, 142, 243
Bormbaum, R. 59
Bosch, David J. 59, 81
Braidwood 109
Breckenridge, Carol A. 29, 37, 79, 127, 196, 299
Brennan, Tim 42
Brenner, Peter 94, 96
Brimnes, Niels 171, 184
Brück, Michael von 23, 318
Brunner, Emil 321
Brunner, Helene 262
Buchanan, Ian 184
Bugge, Henriette 21, 48, 203, 207
Burghart, Richard 87, 155f
Burkhard, Franz-Peter 87
Bürkle, Horst 81
Burnell, A.C. 168, 189, 192, 201
Butler, Judith 38–40

Caemmerer, August Friedrich 56, 64, 70, 74, 228–230, 232, 234, 239
Caland, Wilhelm 57, 116, 119, 171, 243–245
Caldwell, Robert 55, 88, 140–142, 144, 147, 149, 152, 182, 197f, 212, 303f
Carman, John B. 320
Carter, Mia 33
Chakravarthi, A. 231
Chandler, John S. 192
Chandra, Bipin 154
Chatterjee, M.S. 103, 303
Chaudhuri, Sashi Bhusan 114, 162
Chenthinatha Iyer 198
Chinnappan, D. 88
Clarke, J.J. 295, 303, 308
Clarke, Sathianathan 303
Claus, Peter J. 291
Clifford, James 20, 29, 32–34, 40, 87, 267
Clooney, Francis X. 23
Cohn, Bernhard S. 17, 29, 37, 41, 79, 114, 125, 147, 161, 171, 189
Colebrooke, Henry Thomas 30, 37, 144, 148f, 232, 243, 264
Colpe, Carsten 275
Corbey, Raymond 34
Cordes, August 55, 107f, 110, 115, 142
Cordes, Heinrich 55, 108, 110, 115
Cosgrove, D. 180
Coward, Harold 23
Cracknell, Kenneth 23, 113
Crapanzano, Vincent 26f
Crole, Charles S. 168

Dachselt 289
Dal 118
Dalmia, Vasudha 43, 44, 242f
Dandekar, D. 164
Daniel, E. Valentine 87, 229, 237, 300, 335
Dante 216, 219
Das, Veena 154f, 303
Dayananda Sarasvati 263
De Man, Paul 222
De Nobili, Roberto 212
Derrida, Jacques 31, 50, 146
Deussen, Paul 43, 256, 309, 313–315, 322, 326
Devasagajam, N. 193
Deveraux, George 20
Dharampal-Frick, Gita 43, 62, 75, 120, 171, 244
Dharwadker, Vinay 226f
Diehl, Carl Gustav 68, 294, 307
Dirks, Nicholas B. 51, 87, 103f, 123, 139, 142, 193, 200, 254, 289
Dow, Alexander 30, 51
Drew, John 30, 58
Dubois, Abbé J.A. 170–173, 184, 192
Duchow, Ulrich 240
Duerr, Hans-Peter 29
Duff, Alexander 30
Dumézil 164
Dumont, Louis 114, 123, 132, 154, 157f, 160, 163–165, 170, 173, 193, 284, 286, 291, 295, 301f

Eco, Umberto 215
Edney, M. 29
Egnor, M. 335

Eichinger Ferro-Luzzi, Gabriella 251
Eickstedt, Eigen Freiherr von 150
Elias, Norbert 44
Ellis, Francis White 143, 185, 232–235, 238
Elmore, W.T. 293
Engelhardt 58
Esquer, A. 173
Euripides 31

Fabian, Johannes 282
Fabricius, Johann Philip 138, 174, 191, 234, 334
Faquar, J.N. 23
Feldtkeller, Andreas 275f
Feleppa, Robert 24
Fenger, J. Ferdinand 59f, 76
Figueira, Dorothy Matilda 42, 44, 58, 214, 282
Filipský, Jan 306, 307
Fischer, M.J. 20, 87, 334
Fischer, Wolfdietrich 219
Flasche, Rainer 318
Fleisch, Paul 18, 56, 117, 129, 204, 207, 210, 220, 290
Fohrmann, Jürgen 225
Forman, Robert K.C. 318
Forrester, Duncan B. 21, 105, 106, 114, 162, 203, 205
Forster, Georg 58, 78
Foucault, Michel 18, 32–34, 39f, 42, 46, 50, 57, 77f, 81, 86, 227, 342, 346
Fox, Richard G. 34, 47, 52, 170
Francis, G.D. 88
Francke, A.H. 62
Frank, Manfred 32
Frazer, Robert 227
Freeman, Kathryn S. 37
Frey, Hans-Jost 215
Freylinghausen 61
Frölich, Richard 86f, 99, 210, 266, 272, 284f, 293–295, 302, 304
Frykenberg, Robert E. 21, 71, 112, 166, 197f, 200, 242, 248, 254f, 259
Fuchs, Martin 20, 87
Fuchs, Stephen 307
Fuller, Christopher J. 123, 132, 161, 174, 292, 297, 306f

Gäbler, Paul 88, 295–299
Galanter, Marc 103
Ganeshan, Vidhagiri 42, 214
Garbe, Richard 326f
Gaur, Albertine 227
Gebīrōl, Ihn 323
Geertz, Clifford 21, 26, 34, 87, 122, 210, 230, 255, 267, 291, 334
Gehring, Alvin 86, 99, 168, 184, 194, 208, 266, 288, 297
Geissen, I. 45
Gensichen, Hans Werner 17, 67, 69, 82, 94, 169, 268, 310
Gerike 75
Germann, Wilhelm 60, 80, 86, 227, 237, 292, 295
Gerstdorf, Georg Rudolf von 95
Ghurye, G.S. 128
Gladigow, Burkhart 25
Glasenapp, Helmuth von 36, 214, 232, 246
Goethe, Johann Wolfgang von 216, 221
Gold, Daniel 116
Gonda, Jan 164
Goody, Jack 146
Gopalan, S. 238
Goreh, Neremiah 264
Göttsching 335
Gough, Kathleen 135, 169, 206, 306
Govindan, P.K. 142
Gowen, Herbert 227
Graefe, Wilhelm 26
Grafe, Hugald 17, 56, 73–75, 102, 105–107, 112f, 176, 178, 187, 204f, 221, 259
Gramski, Antonio 18, 49
Graul, Karl 55–57, 70, 74, 82–86, 88–90, 92–96, 98–101, 104, 106, 108–122, 126–143, 146–156, 158–162, 169–176, 178–188, 190–197, 201f, 206–208, 212f, 215–221, 223–241, 243–254, 256, 258–266, 282–285, 292, 295f, 299–308
Grierson, George A. 325f
Grove, Richard H. 78f
Grude 59
Gründer, Horst 18, 126, 131, 159, 174, 263
Gründler 69
Grünschloss, Andreas 18, 23f, 225, 275–278, 281

Guest, J. 107
Guha, Ranajit 38, 47, 127, 303
Gundert, Hermann 88, 113, 131, 172
Gunkel, Hermann 274
Günther, Wolfgang 23

Haas, Alois M. 318
Habermas, Jürgen 32
Hacker, Paul 260, 278, 280, 281, 319
Halbfass, Wilhelm 33, 36f, 44, 52, 58, 64, 78f, 213f, 242, 246, 278, 314, 324f
Halhed, Nathaniel Brassey 30, 51
Hamilton, Alexander 134, 143
Hammer, Karl 18
Handmann, Richard 18, 55, 56, 61, 63f, 70, 85, 95, 106–108, 112, 117, 142, 186, 192, 257, 259, 335
Hardeland 117
Hardgrave, Robert L. 196, 198, 201, 303
Hardy, Friedhelm 265
Harleß, Adolf Gottlieb Christoph 82f
Harlow, Barbara 36
Harnack, Adolf von 274, 321
Harper, E. 302
Harris, Marvin 20, 73, 276
Hart III, Kevin 239, 335
Hartmann, Eduard von 309
Hastings, Warren 30
Haubroe 113, 151
Heber, Reginald 110
Heestermann, Jan C. 264, 302
Hee-Wadum 59, 60
Hegel, Georg W.F. 71, 129, 166, 252, 307, 314, 325
Heidberg, K. 117
Heiler, Friedrich 270
Hellmann-Rajanayagam, Dagmar 137, 138, 139, 182, 188
Herder, Johann Gottfried 34, 44, 58, 153, 218, 225f, 243, 246, 282
Hermann, G. 82, 86, 88, 93, 117, 131, 150, 172, 309
Herrmann, Johann Wilhelm 321
Hertel, Bradley R. 304
Heydenreich 293
Hick, John 24
Hikosaka, Shu 205, 233
Hirsch, Emanuel 70
Hirsch, Alfred 241
Hocart, A.M. 160
Hock, Hans Heinrich 131
Hock, Klaus 18
Hoekendijk, Johannes Christian 82, 111, 117, 121, 252f, 282
Hoisington, H.R. 312
Holwell, John Zephaniah 30
Hoole, Charles R.A. 287
Houghton, Graham 205, 209
Huber, Wolfgang 282
Hudson, Dennis 22, 106f, 113
Humboldt, Wilhelm von 215f, 216, 241
Hutton, J.H. 186

Ihmels, Carl 162
Inden, Ronald 29, 36, 37–40, 47, 49, 72, 79, 103f, 127, 138, 141f, 155, 158, 200, 229, 242, 251, 260, 294, 314, 317f, 331f
Irschick, Eugene F. 47–49, 116, 130f, 138, 142, 149, 168f, 205, 209, 212, 336, 338, 343
Iser, Wolfgang 215
Iyer, Chenthinatha 198

Jagadisa Ayyar 66
Jennett, L. 112
Jeyaraj, Daniel 61, 65, 67, 69, 74, 87, 112, 116, 118–120, 212, 227, 229, 232, 237, 244
John, Christoph Samuel 30, 58–60, 63–75, 77–80, 95, 264, 339, 340
Jones, Wilhelm 30, 37, 41, 45, 51, 58, 66, 71, 124, 134, 225, 243, 247, 333
Just, Erich 86, 99, 310

Kabis, Johannes 203, 205–210
Kalidasa 45
Kanakasabhai, V. 136, 140, 186
Kane, Randurang Vaman 124, 207
Kant, Immanuel 80, 218, 313
Kantzenbach, Friedrich Wilhelm 85
Kapilarkaval 195
Kapp, Dieter B. 146
Kāraikkālammaiyār 332
Karsten, Hermann 18, 117

Katz, Stefen 318
Kavirajar, Kadervalu 259–261
Kejariwal, O.P. 30
Keyserling, Hermann Graf 309
King, Richard 28, 34, 51, 135, 242, 251, 263, 282, 318, 323
Kippenberg, Hans-Georg 215, 247, 267, 304
Kjaerholm, Lars 300
Klahre, Veit 212
Klass, Morton 183
Klein 59, 75, 76
Klostermaier, Klaus 27f, 261, 326f
Knapp, Johann Georg 62, 73
Knudson 55
Koberstein, August 225
Koepping, Klaus-Peter 20, 98
Kohlhoff, Christian Samuel 72, 107
König 59
Kopf, David 30f, 35, 75, 294f, 308f, 331
Koschorke, Klaus 18
Kraemer, Hendrik 81, 268, 275, 319
Kramer, Fritz 214
Kremmer 108, 115
Krieger, David 135, 180, 182
Krishnaswami Aiyangar, S. 193
Krügel, Siegfried 82, 245, 252
Krusche, Dietrich 217
Kruse, Hans-Stefen 131, 142, 338
Kuberski, Jürgen 18, 82, 88, 94, 111, 121, 212, 225, 245, 248, 253
Kulke, Hermann 242
Küppers, J. 240

Lambert, José 221
Lancaster, Joseph 73
Lassen, Christian 119, 128–130, 164, 232f, 243
Lechler, J.M. 113
Leerssen, Joep 34
Lehmann, Arno 58, 63, 77, 86, 101, 120, 212, 237, 248, 253, 256, 309, 329
Leifer, Walter 36, 59
Leiris, Michel 29
Lele, Jayant 21
Lenk, Hans 19
Leopold, J. 309
Lévinas, Emmanuel 88
Lévi-Strauss, Claude 20, 146
Lévy-Bruhl 122
Lewis, Reina 333
Liebau, Kurt 120
Lienemann-Perrin, Christine 342
Lowe, Lisa 30, 41
Lübbe, Hermann 44, 81
Ludden, David 29, 41, 76, 103, 180, 196, 200
Luhmann, Niklas 275
Luther, Martin 240

MacKenzie, John M. 51
Madan, T.N. 158
Madhvāchāryā 178
Maimonides, Moses 323
Maine, Henry Summer 168
Majer, Friedrich 34
Majumdar, R.C. 127
Malek, Anwar Abdel 35, 36
Malinowski, Bronislaw 20
Manavāla Māmuni 177
Māndalapuruṣa 235
Manickam 21, 102, 116, 203, 206
Māṇikkavācakar 101, 235, 311f, 315–318, 320f, 323f, 335
Maṟaimalaiyaṭikaḷ 138, 186, 236
Maravarman Kulacekara I. 180
Marcus, George E. 20, 34, 87, 334
Marriott, McKim 123, 127
Marshall, Peter 30, 247, 318, 326
Martinez, Colonel 59
Marx, Karl 47, 200
Massey, James 308
Maw, Martin 45, 127
Mcaulay, Alexander 30
Meenakshi Sundaram 180
Meischel 115
Meister Eckhart 316–320, 322
Mekaṇṭa Tēvar 311
Metcalf, Thomas R. 79, 127, 147
Metzger, Friedrich 225
Metzger, G.J. 174, 303–305
Meyer, Eveline 294
Michaels, Axel 238, 302, 326f
Mildenberger, Michael 18, 27, 342

Mill, James 72, 154, 161
Miller, Jane 333
Milner, Murray 158
Moffatt, Michael 169, 284, 292, 294–296, 298, 302, 306–308
Mögling 109, 110
Mohanavelu, C.S. 64
Monier Williams, Monier 246, 256, 325
Moore-Gilbert, Bart 35
Moraht, A. 108f, 117
Moritzen, Niels-Peter 18
Mosse, David 21, 48, 123, 305f
Mudaliar, K. Vajravelu 187, 188
Mudaliar, Tandavaraja 235
Mudaliar, Vedagiri 217, 230, 235
Mudaliyar, Umapati 259
Muir, John 144, 264
Müller, Max 43, 100, 113, 127, 139, 141f, 215, 247f, 261, 313
Munro, Thomas 73, 169
Muralidharan, M. 199
Myklebust, Olav Guttrom 82, 117
Myrdal, Gunnar 21

Nallaswami Pillai, J.M. 221, 235, 312, 314, 327, 330, 336–338, 340
Nallatambi 114f, 123
Nampi 239
Nampi, Āṇṭār Nampi 311
Nampi, Nārkavirāca 180
Nandi, R.N. 130
Narayana Rao, C. 140
Neill, Stephen 17, 208
Neuber, Wolfgang 95, 98
Neufeld, Ronald 257f
Newbigin, Leslie 81
Niekamp 61, 118
Nietzsche, Friedrich 32, 46
Niranjana, Tejaswini 333
Norgaard, Anders 58, 63f, 73, 106
Norris, Christopher 39
Novalis 224, 243

Oberhammer, Gerhard 278, 280
Ochs, Carl 55, 86, 93, 104, 107f, 110, 114–119, 128, 132, 135f, 152, 156, 161, 163, 192, 262, 287
Oddie, Geoffrey A. 21, 105, 107, 125, 177, 203, 209f, 254, 285–287, 289f
Oepke, Albrecht 41, 94, 321
O'Flaherty, Wendy 304
O'Hanlon, Rosalind 50, 333
Olender, M. 246
Oppert, Gustav 185
Ott, Heinrich 27
Otto, Rudolf 268, 310, 318–320, 323
Ouchterlony 115

Pace, Lionel 167, 168
Pandey, Gyanendra 46
Pandian, Jacob 20, 142, 151, 167, 187f, 231, 334, 335
Panikkar, Raimon 23
Pant, Robert 138
Parimēlaḷakar 217f, 234, 238
Parry, Benita 47, 51, 174, 345, 346
Päßler 288
Paul, D. 43, 88, 222, 260, 278, 295, 309, 313f
Pavanati 138
Percival, Peter 106, 107
Peterson, Indira Viswanathan 75, 101
Philip, T.V. 265
Pickett, J. Waskom 203
Pillai, K. Ramasvami 235
Pillai, P. Sundaram 131, 330
Pillai, Swami Vedāchalam 138, 337f
Pillay, P. Singarapelavanderam 88
Pillay, S. Samuel 88, 89, 170, 172, 173, 178, 188, 196, 228, 236, 300, 301, 305, 306
Pillay, Thillamayangam 136
Pillei, Adeikalam 107
Platon 313
Pocock, David 291
Poliakov, Léon 45, 214
Pollock, Sheldon 45, 51, 214, 322
Poltermann, Andreas 221
Pope, G.U. 112f, 172, 183, 212f, 225, 228, 230–235, 238, 311, 324
Porter, Dennis 33, 40, 42, 43, 347
Prakash, Gyan 38
Pratt, Marie Louise 94
Pressier 118

Price, Pamela 83, 207
Pulsfort, Ernst 21
Purnalingam Pillai, M.S. 116, 330
Purnalingam, M.S. 330
Pye, Michael 321

Quasthoff, Uta M. 37
Quigley, Declan 132, 158, 165

Rabinow, Paul 32
Race, Allen 24
Radhakrishnan, Sevarapalli 28, 263
Raghavan, V. 261
Rajaraman, P. 338
Rāja Ramachandra Tondaiman Behauder 192
Rāja, Serfogee 74
Ram, Kalpana 263, 333
Ramanathan, J.N. 336, 340
Rāmānujan, A.K. 176, 188, 239, 251f, 266, 302f, 305, 309, 328f
Ramasami Naikar, E.V. 131, 139
Ranke, Wolfgang 224
Rask, R. 140, 145
Ratschow, C.H. 270
Redfield, Robert 283, 303
Reede tot Drakenstein, Adriaan Hendrik van 78
Reiniche, Marie-Louise 301
Rhenius 113
Rhode, J.G. 140
Richman, Paula 131
Richter, Julius 17, 30, 110, 200, 204, 231, 259
Risley, Herbert 138, 150
Ritschl, Albrecht 321
Robbins, Bruce 31
Robinson, Gnana 341
Roche-Mahdi, Sarah 44, 45
Rocher, Ludo 242
Röhr, Heinz 320
Römer, Ruth 45, 71
Rorty, Richard 19, 38
Rosenberg, Alfred 315, 322f
Rothermund, Dietmar 36
Rottler, Johann Peter 58–60, 65, 67–70, 75–78, 80
Rowe, William L. 201
Rückert, Friedrich 85, 144, 217, 218, 219, 225
Rudolf, Loyd 171
Rudolf, Susanne 171
Rudolph, Kurt 267, 270, 275
Rundblom, C. 117
Ryerson, Charles 142, 254, 302, 338

Sabbatucci, Dario 270
Said, Edward 18, 29, 30f, 33–43, 46–48, 51, 79, 155, 201, 227, 330, 333, 338, 342, 345–347
Salusinszky, I. 31
Sandegren, C.J. 335
Śaṇkara 52, 100, 261, 263, 314, 316–320, 322, 326
Sanneh, Lamin 212
Sardar, Ziauddin 29
Sargunar, Samuel 198
Sastri, Krishna 294
Sastri, Venkatrama 263
Savariroyan, D. 140
Schad, Fritz 198, 199, 200, 201
Schanz, Hugo 86, 173–175, 184, 186f, 191, 198, 266
Schlegel, August Wilhelm 243
Schlegel, Friedrich 34, 43, 44, 64, 71, 78, 214, 220, 243, 313, 324, 325
Schlehberger, Eckard 194
Schmid, Bernhard 76, 141, 143, 144, 145, 146, 147, 149, 220, 230, 270
Schmidt-Leukel, Perry 24, 26, 267, 270
Schneiders, Werner 22
Schomerus, Hilko Wiardo 86, 99–101, 129, 160f, 163–167, 176, 181, 209, 214, 237, 243, 256, 258, 262, 266–275, 277–283, 301, 309–338, 340, 344
Schopenhauer, Arthur 224, 309, 313–315, 318
Schreber, Daniel von 229
Schreiter, Robert J. 43, 275, 282
Schreyvogel 60, 80
Schulze 77
Schwab, Raymond 42, 45, 214
Schwartz, Christian Friedrich 58, 75, 111, 169, 192

Schwarz 55, 62, 115, 123
Selvam, S. 286
Semler, Johann Heinrich 70
Senathi Raja, E.S.W. 140
Sepp, J.R. 248
Sesha Aiyar 317
Sesha Iyengar, T.R. 140
Sharma, Krishna 326, 328
Sharpe, Eric J. 23, 26, 114, 225, 247, 258, 268
Shaw, Ellis O. 275
Shaw, Rosalind 275
Shulman, David Dean 66, 193, 306
Siebert, Eva Maria 117f, 120, 129, 135, 137
Siller, Hermann Pius 273
Silverberg, J. 135
Singer 283, 284
Singer, Milton 303
Sinha, Mrinalini 333
Sivaraman, K. 262
Śivavakkiyar 116
Smart, Ninian 321
Smith, Wilfred Cantwell 24–28, 267
Söderblom, Nathan 268, 328
Solomon, Ted J. 329
Somasundaram Pillai, J.M. 149
Sontheimer, Günter D. 242, 252, 288, 298f, 303
Spivak, Gayati Chakravorty 36, 40, 47, 49, 50, 75, 345, 346
Sprinker, Michael 29, 36
Sri Ramaswamy 174
Srinivas, M.N. 20, 128, 133, 135, 155, 166, 170, 179, 283, 284, 286, 292
Srinivasa Aiyangar, M. 140, 184, 190
Srinivasa Aiyangar, P.T. 136
Stählin 111, 112
Stein, Burton 66, 167, 183, 185, 186, 193, 200, 228, 298f
Steiner, George 215, 222
Steiner, Rudolf 309
Stevenson, J. 144
Steward, Charles 275
Stietencron, Heinrich von 242, 246, 248, 250f, 272
Stoeber, Michael 318
Stokes, Eric 73, 161
Stolz, Fritz 196
Stosch, Georg 99, 124f, 153, 162f, 208
Subramanyam, R.S. 336, 338
Sundaram Pillai, P. 151, 330
Sundermeier, Theo 18, 23, 27, 342

Tājumānavar 261
Tamby Pillai 126, 129
Tāṇtavamūrttisvāmigel 100
Taylor, William 106, 194
Tedlock, Dennis 27
Teltscher, Kate 58, 61, 247
Thapar, Romila 37, 242
Thomas, G. 85
Thomas, M.M. 276, 340, 341
Thomas, Nicholas 346
Thompson, A. Frank 324
Thurston, Edgar 66, 170, 174, 182, 186–188, 190, 193f, 287
Tiliander, Bror 212
Tippu Sultan 72
Tiruvaḷḷuvar 69, 218, 221, 230, 231, 234, 238, 240
Tolkāppiyaṉār 149
Trautmann, Thomas 134, 143
Tremenheere, J.H.A. 205
Triebel, Johannes 18
Tucher, Paul von 41
Tuljaji 169
Tulsidas 279
Turnbull, T. 192
Turner, Bryan S. 291
Tyler, Stephen A. 20, 87, 146, 332
Tylor, E.B. 304

Vēdānta Dēsika 177
Veer, Peter van der 21, 29, 37, 79, 127, 174, 175, 308
Venkatrama Sastri, T.R. 263
Viswanathan, Gauri 75
Vivekananda, Swāmi 28, 52, 263, 336
Voltaire 243
Vrijhoff, Pieter Hendrik 282

Waardenburg, Jaques 282
Wadley, Susan 298

Waldenfels, Bernhard 18
Walhouse, M.J. 66
Walther 118
Wandall, P. 117
Ward, William 126
Washbrook, David A. 47, 51, 103, 131, 166, 171, 200, 201, 254
Weber, Albrecht 224, 232
Weber, Max 130, 133, 224, 227, 231, 313, 326
Webster, John C.B. 203, 303
Welbon, G.R. 297
Wendt, Reinhard 18
Wezler, Albrecht 278, 281
Whitehead, Henry 293–296, 300, 301, 306
Wierlacher, Alois 18, 26f, 96
Wilberforce 73
Wilke, Annette 318–320
Wilkins, Charles 30, 45, 66, 243, 325, 326
Williams, Patrick 246, 256, 272, 325, 326
Willson, A. Leslie 30, 34, 58, 214, 220, 224, 326
Wilson, H.H. 106, 295, 326
Wolff 108, 115, 192
Wüst, Walter 322

Yeğenoğlu, Meyda 38
Yocum, Glenn E. 317, 323

Zehme, Siegfried 86
Ziegenbalg, Bartholomäus 57, 59, 62, 65, 118f, 171, 212, 214, 227, 229, 232, 236, 244, 292, 301, 303
Ziegler, Leopold 309
Zvelebil, Kamil V. 116, 139, 142, 149, 180, 217, 227, 230f, 235f, 240, 311, 316f, 337

Stichwortregister

Abendmahl 106f, 111, 115, 122f
ācārya 177, 190
Adi Dravidu Jana Sabha 205
Adidravida 106, 134
ādipuruṣa 125
Ādiśaivas 174
Adivasi 133f, 148, 206, 347
Advaita Vedānta 52, 231, 251, 261, 263, 279, 309, 312f, 315, 318, 320, 326, 337
Āgama 261f, 311–313, 336
Agambadiyar 181f
ahiṃsā 232
Aiyaṉār 249, 254, 284, 286, 296, 299–304
Aiyappaṉ 300
akam 180f, 239
Akapporuḷ Viḷakkam 180–182, 194f, 236, 239
Āḷvār 176
American Madura Mission 192
Ammaṉ 208, 290, 292–294, 297, 307
āṇava 312
anṛta 164
Antiunionismus 84
Apologetik 255, 266
apologetisch 23, 35, 213, 255, 266–268, 270, 273, 278
aṟam 237f, 240
Arcot Lutheran Church 117
artha 165, 237
Arthasāstra 163
Arugan 233f
ārya 130, 152
Ārya Samāj 205, 257, 263
aruḷ 312
Asiatic Society of Bengal 30, 58, 66, 71, 81, 144, 228
Āśrama 238–240
asuras 164
Atharvaveda 164
ātipakavan 232f
Ātmabōdhaprakāśika 100
Ātman 314
Ātman-Brahman 261, 322f
Aufklärung 22, 36, 42, 44, 56f, 59, 61, 71, 80f, 147, 222, 242f, 246

Badaga 145, 148
bali 290
Baseler Mission 55, 88, 109, 110, 145
Berufs-Dharma 165
Bhāgavata Purāṇa 149, 328
Bhāgavata-Religion 326f
bhūta 284, 304
Bhadra-Kāli 292
Bhagavadgītā 45, 66, 156, 224, 235, 263, 325f
Bhakti 99, 101, 116, 154, 176, 205, 226, 231, 235, 256, 261, 266, 268, 279f, 294, 309f, 312, 315–317, 320, 324–329, 331f, 334, 340
– Bhakti-Bewegung 116, 205, 226, 231, 266, 279, 317, 328
– Bhakti-Frömmigkeit 99, 231, 266, 294, 309, 315, 324, 326, 332, 334
– bhakti-mārga 251
– Bhakti-Religion 154, 309, 316, 324–327, 329
Bibliotheca Malabarica 227, 237
Bibliotheca Tamulica 100, 139, 217, 228
Board of Revenue 127, 190f
Brahma 125, 153, 160, 260, 263f
brahmacarya 232
Brāhmaṇas 263f
Brahmanen 19, 45, 51, 58, 66f, 71–74, 87, 91, 102, 104, 115f, 120, 124–138, 145, 151–166, 169–178, 182, 186, 188, 190, 195, 198, 225, 228–232, 235, 237, 240, 242, 249f, 259, 261, 263, 283–290, 292f, 296, 299–303, 306, 314, 332f, 336, 338
– Pulṣay-Brahmanen 160

Smārta-Brahmanen 178, 251, 253, 259, 261f
Brahmanismus 135, 197, 233, 244, 248, 250–253, 256, 258, 261, 264f, 271f, 295, 300–302, 325, 327, 332, 334
– Anti-Brahmanismus 212
– Brahmanenthum 98, 247–251, 254, 261, 265, 284, 296
– Brahmanisierung 51, 133f
– Halbbrahmanenthum 249, 254, 265, 296, 299, 302
Brahma-Sūtra 263
Brahmo Samāj 257–259
Buddhismus 26, 103, 116, 147, 154, 205, 231–233, 237, 249, 266, 272, 316f, 324, 327, 334
– Buddhisten 226, 229, 231, 236, 241, 249, 265
– buddhistisch 26, 100, 153, 220, 229, 230, 232–235, 238, 241, 249, 254, 266

cāmiyāṭi 307
Cēnaināṭāṉ 193
cāntamūrttam 300
Cēntan Tivākaram 236
Cāti pētaka ṉūl 132
Caṅkam 70, 150, 218, 231, 239, 334
– Caṅkam-Literatur 138
caryāpāda 262
Census Report 127, 188
Centamiḻ 220, 226, 334
Ceylon 59, 76, 78, 131, 197, 203, 241, 249f, 340
Chōladēsa 196
Chāndogya Upaniṣad 323
Chetti 182, 184, 187
Chidambaram 175, 336
Chingleput (Chengalpattu) -Distrikt 168f, 205, 207, 289
Chola 196, 205
Choliyar-Vellalar 187f
Civilization 66, 69
CMS 56, 75, 113, 141, 197
Coimbatore-Distrikt 107f, 185
Criminal Tribes Act 192
Cuddalore 107f, 177

Dalits 102, 107, 126, 132, 164, 169, 178, 185, 186, 302f, 308, 347
– Dalit-Katechet 107
– Dalit-Religion 308
– Dalit-Theologie 308
Dämonenglauben 306
Dänisch-Hallesche Mission 22, 30, 53, 55, 56–60, 62, 64, 74, 80f, 87, 106, 108, 112, 117f, 133, 194, 197, 201, 228
– Dänisch-Hallesche Missionare 30, 106, 133, 197
Dharma 153–156, 165, 237
Dharma Samāj 257
Dialog 18, 22–24, 26–28, 35, 48f, 54, 87–89, 146, 211, 282, 324, 342f, 347
Dorfgottheiten 284–286, 293, 300
Draviden 128, 131, 137–139, 147, 150f, 265, 281, 294, 300, 302, 307, 328, 331–334
– drāvida 149, 152,
– Dravida Munnetra Kazhagam 142
– dravidisch 140, 142, 178, 272, 299–301, 335
– dravidische Bewegung 71, 116, 129, 131, 136, 140, 142, 149, 151, 182, 212, 222, 237, 317, 334–336, 338, 343f
– Dravidologie 212, 214
Dreihierarchienlehre 239
Dresdener Mission 55, 92, 110
– Dresdener Missionsnachrichten 92
Dvaita Vedānta 178, 251

East India Company 30, 36, 41, 43, 55, 73, 104, 126, 167f, 175, 189, 191f, 200
Endogamie 151
England 44, 45, 73, 80, 130
Erlangen 59, 82–85, 213, 217, 238
Ethnographie 29, 87f, 117, 169, 171, 195, 302, 335
Ethnologie 17, 20, 26f, 29, 82, 87, 94, 97, 122, 169f, 180, 187, 267, 283, 294
– Ethnologen 20f, 135, 137, 179, 267
– ethnologisch 17, 19f, 29f, 39, 41, 87, 95–97, 121, 124, 138–140, 143, 147, 179, 185–187, 189, 194, 196, 293f, 335
eurozentrischer Blick 19, 90
Exklusivismus 24, 276, 342

Ezhava 78f
Ezour Vedam 242

Franckesche Stiftungen 93, 141
Frankreich 30, 44f

gṛhasta 232
Gauḍīya Viṣṇuismus 326
Götzendienst 177, 198, 248, 252, 286–288, 296, 298
grāma dēvata 285, 294, 298
great tradition 283, 301, 309, 327f
guṇa 235

Hakenschwingen 285–291, 293
Halle 141
Hallesche Berichte 61, 87, 237
Harappa 130
Heidentum 57, 116, 120, 194, 204, 208, 244f, 288
Hindūtva 21, 347
Hindu-śāstras 110
Hinduisierung 133
Hinduismus 21, 23–28, 37, 53f, 72, 81, 99f, 105, 112–115, 120, 126, 132f, 153, 185, 205, 213, 231, 234, 237f, 242, 244, 246, 248–273, 277f, 280–284, 286, 296, 298, 300–302, 308–315, 317f, 324–331, 340, 344, 346
Hybridität 51, 97, 135, 340

Iṭaṅkai 171, 182, 183–186, 190
Ideiyar 181
Imperial Gazeteer 127
iṉam 138
Indologie 17, 29, 36–39, 58, 71, 85, 94f, 97, 117, 139, 154, 164, 169f, 189, 214f, 225, 227, 244, 246, 248, 250, 265, 271, 283, 310, 312, 322, 324–326, 331, 344
Inklusivismus 24, 276, 278
inpam 237, 240
Iraivan 302
iruḷ 312
Islam 18, 24, 205, 250, 255, 257, 263, 272, 274

jñāna-mārga 251, 331
jñānapāda 262
jātis 115, 127, 128, 157, 171, 173f, 178, 190, 193, 198
Jāti-Titel 186f
Jainismus 103, 116, 147, 154, 185, 232, 237, 249, 266, 272, 316f, 327, 334
– Jainas 226, 231, 234, 237, 254, 265
– jainistisch 99, 230f, 233, 235, 237–240, 249, 266
Japhet 128, 138, 245f
– japhetisch 137, 139, 245
jatrā 288
Justice Party 151, 166, 336, 338

Kṛṣṇa 326
Kṣatriya 124f, 128, 130, 135, 159f, 163–166, 179, 182, 193, 198
kāma 237
Kāmasūtra 239
kaḷavu 181
Kaṟpu 181, 334
Kaṟuppaṉ 301
Kaṭuval 302
Kaivaljanavanīta 100, 259
Kallar 72, 179, 182, 184, 187, 191–194, 196, 289
– Nadu-Kallar 193
– Paramalai-Kallar 193
Kamuthi 198, 200
kanaken 169
Kanchipuram 176, 184
karanam 168
Karma 278, 250, 312
karma-mārga 251, 331
karpu 239
karu 180, 195
Kastengeist 111, 191, 199, 337
Kastenhierarchie 123, 132, 137, 170, 174f, 181f, 188, 284–286, 291
Kasten-Panchayat 203
Kastenstreit 46, 84, 61, 102, 105f, 108, 114, 116–118, 120, 124, 127, 130, 132, 135, 143, 156f, 161, 171, 175, 188, 199
kayiru kuttu cāmi 290
Kerala 78, 88, 131, 167, 172, 300, 304
Klassik 32, 57, 77, 221
koṟṟavai 332

Koṭuntamiḻ 226
Kolonialismus 29, 31, 39, 49f, 257, 345f
- kolonial 18, 30f, 35, 37, 48–52, 78, 97, 103, 163, 171, 215, 227, 254, 333, 345–347
- Kolonialherrschaft 31, 103, 161, 163, 166
- Kolonialmacht 134, 175, 185, 193, 332
- Kolonialregierung 21, 29, 36, 51, 53, 60, 102, 104, 113, 126, 161, 170, 179, 188, 192, 196, 200, 207, 227, 286, 289
Konferenz der Leipziger Missionare 107f
Kostschulen 111
Kottṟavai 163
kriyāpāda 262
kula dēvam 284
kulam 138
kuliyāḷ 206
Kulturelle Texte 222–224, 230
Kumbakonam 107f
Kuṇam 235
Kuṟaḷ (auch Tirukkuṟaḷ) 69, 100, 180f, 217f, 220, 223f, 226, 228, 230–235, 237–241
kuṟaḷveṇpā 230
Kuravar 173
Kurukkaḷ 174
kuṟumpu 195
kuṭṭakai 206f

Leipziger Missionskomitee 117f
lettres édifiantes 61
lex loci act 117
Liṅgāyata 178
Linke-Hand-Kasten 182f, 186
Linnéisches System 76
little tradition 266, 283, 301, 309, 327
LMS 139, 197
lutherische Reformation 230, 258
Lutherisches Bekenntnis 108

Mādhavas 259
Māriyammaṉ 249, 254, 284, 286, 288–291, 294–297, 300, 304
māyā 312
Māyāvāda 316f
maṇmakkaḷ 131f, 179
Macht 18, 29, 32, 35, 39, 42, 48–51, 77f, 97, 103, 122, 124, 135, 146, 154, 157–167, 184–188, 192, 213, 227, 240f, 247, 257, 293, 302, 307, 323, 331, 333, 339, 345–347
Madras Advertiser 112
Madras Missionary Conference 105f, 108–110, 141, 205
Madras Presidency 167, 203
Madras-Purasawalkam 201
Madurai 123, 150, 173f, 177f, 191f, 196, 198, 200, 218, 231
Madurai sthāla purāṇa 196
Mahābhārata 163
Mahānāṭu 258
Maharastra 174
Malabarisches Heidentum 119f, 171, 244
Mangalore 110, 145, 148
maniakaren 169
Manikramam 201f
Manu 133, 153–156, 178, 250
- Manavadharmaśāstra (Manusmṛti) 66, 120, 124, 132, 135, 152f, 155f, 159, 182, 188
Maratha-Brahmanen 174, 178, 192
Maravar 180, 182, 191, 194–196, 198f, 201
Massenbewegungen 203, 205, 344
Mayaveram 123, 172, 201, 204
Mayilapore 230f
Meyakaṇṭaśātras 311
Mīnakṣī 174
Mirāsi-System 130, 168f, 207
- mirāsidar 167, 169, 207
Mischkasten 183, 186
Mission ohne Kaste 117
Missionskomitee 109
Mohenjo Daro 130
mokṣa 237f
Muṇḍaka Upaniṣad 263
Muniappaṉ 301
munsif 168f
Murukaṉ 149, 300
Mystik 270, 310, 312, 315–324

Nādiyammaṉ 286, 295–299
Naṉṉūl 89, 138f, 226, 236
Nadar 196, 201

Narāyana 326, 301
Nationalität 119, 139
Nationalkirche 111f, 155, 241
Nationalliteratur 225f
Nationalsozialismus 150, 322f
Nayakas 123
Neo-Hinduismus 31, 260
Neo-Vedānta 52
Neue Hallesche Berichte 77, 79
Neuluthertum 81–83
Nidi Venba 232
Nyāya 264

Orientalismus 29–31, 33–37, 40–50, 103, 214, 222, 227, 241, 260, 317, 321, 329f, 333f, 342, 344–346
– Orientalisten 17, 30f, 33f, 39, 41, 45, 50f, 71, 102–104, 124–126, 217, 220, 282, 300, 308f, 317, 331, 337, 342f
– orientalistisch 29f, 34–40, 42, 46f, 51–53, 81, 88f, 97, 103f, 124f, 134, 150, 155, 211, 213–215, 242, 257, 283, 286f, 294, 309, 313, 318, 329, 330–334, 338–340, 343f, 346f
Oupnek'hat 313

Padma Purāṇa 328, 331
Palayamcottah 198f
Pallar 206, 288
Pallava 205
paṇṇaiyāḷ 209
Pāṇṭiya 196, 198, 231
Pañcatantra 235
panchajatirāj 203, 209
Panchakammalar 173, 185, 189–191
Pantheismus 64, 309, 324–326
Paraiyar 66f, 80, 87, 111, 115f, 121–123, 130, 134f, 151, 170, 173, 184–186, 191, 201–210, 218, 288f, 293, 295, 308
paramapuruṣārtha 238
Parapakṣa 100
Paratar 181
Pariah Magna Carta 205, 208
pāśa 311f
paśu 311
Pāsupata-Religion 327
Patanay-Prabhu 160
pati 311
paṭiyāḷ 206f
Pattukkottai 88, 295f
Periya Purāṇa 101, 329
pettapiḷḷai 186
pēy 284, 300, 304–308
philosophia perennis 315, 318
Pidari 286
Pietismus 59, 76, 83, 321
Piḷḷai 151
Pluralistische Religionstheologie 24, 273, 342
Poligar 72, 192
Polytheismus 246f, 251, 280, 283
Poreiar 184, 201
poruḷ 180, 237, 240
postkoloniale Kritik 29, 34, 37, 39f, 46f, 49, 51, 329, 333, 339, 342, 345–347
Prabhus 159, 160
pracātam (skt.prasāda) 123
prajāpati 125
prapatti 176f
Proselytismus 106, 112
pūjā 123, 173f, 285, 290, 292f, 296–299, 301
puṟam 180, 239
Puṟanāṉūṟu 188, 163
Puṟapporuḷveṇpāmālai 180, 182, 193, 236
Pudukkottai 191, 192, 201, 288f
Pulayar 134
punniyam 174
Purāṇas 262, 266
Purasawalkam 89, 107f, 201
purohita 130, 159, 165
Puruṣārtha 237f
Puruṣa-Mythos 125, 153
puruṣasūkta 125

rājā 289
Rājadharma 207f, 210f
Rajatani 258–262
Rāma 194, 303
Rāmāyaṇa 131, 163, 194, 303
Rameswaran 173f
Ramnad Distrikt 123, 179, 196, 198, 305
Rasse 46, 81, 127, 137f, 143, 148, 150, 183, 211, 319, 321f, 345

Rassismus 137, 214
Rauravāgama 311
Rāvana 194
Rechte-Hand-Kasten 182f, 185
Reformhinduismus 257, 267, 277, 341
Reinheit 45f, 64, 71, 85, 106, 113, 120, 122, 124, 151, 173–175, 183f, 187f, 239, 284, 286, 290, 292f, 295–297, 299, 302, 334, 337
Repräsentation 17f, 20, 22, 28f, 31, 33–42, 45, 47, 49, 51, 54, 81, 86, 89, 91, 96–98, 102, 104, 155, 157f, 163, 170, 181, 210f, 214, 242, 250f, 255, 266f, 282, 286, 294, 306, 308, 318–320, 323–325, 330f, 333–335, 337, 344–346
Ṛgveda 128, 163, 246, 280, 322
Romantik 30, 43f, 121, 224, 242f, 246, 317, 321f
– romantisch 34, 42–45, 64, 129, 214, 220, 224, 229, 242f, 251, 324
Römisch-Katholische Kirche 112
ṛta 163
Rudra Gajatri 160
Rudra-Śiva 327, 329
Ryotwari-System 130, 167, 169

Sāṃkhya 218, 264, 314, 326
sādhanas 265
Sadur Veda Siddhanta Sabha 258–261, 265
Śaivas 100, 176, 231, 253, 259, 261, 289, 301
– Śaiva-Brahmanen 174f, 177
Śaivāgama 261, 311
Śaiva Siddhānta 99, 100f, 256, 261f, 266, 268, 279, 282, 309–311, 313f, 316f, 324, 330, 335–338, 340, 344
Śaiva Siddhānta Samāj 235, 310, 312, 335f, 338, 344
Śakti 311, 320
Śākuntala 45, 58, 224, 243
Salem 113, 190f
Saṃhitās 311
Saṃnyāsāśrama 232, 238
saṃnyāsin 238, 263
saṃpradāya 251, 265
Samajapuram 289
sanātanadharma 52
Śaṅkara 323
Sanskrit 27, 30, 43, 44–46, 49, 51, 58, 78, 88f, 95, 100, 128, 139f, 143–145, 149, 151, 174, 194, 215f, 225, 227f, 231, 235, 239, 256, 304, 311, 313, 322, 335, 344
– Sanskrit-Literatur 225, 227, 344
Sanskritisierung 133, 147, 170, 178, 265, 284, 286, 301, 303, 329
– Sanskritisierungsprozess 66, 186, 198, 284, 295
– Sanskritisierungstheorie 303f
Sarvadarśanasamgraha 278f
satī 204, 287
Schamanismus 307
Self-Respect-Bewegung 151, 166
Sexualität 32, 333
Shanar 88, 111, 196–199, 201f, 249, 284, 303–305, 307f
Siddhanta Deepika 221, 330, 336–338, 340
Sikhismus 205, 272
Śiva 149, 153, 232, 235, 261, 284, 290, 292, 294, 297, 300–302, 311f
– Śiva-Bhakti 316, 329
– Śiva-darśanam 340
– Śiva-Fest 66
– Śivāgama 261, 266
– Śivaismus 54, 153, 178, 242, 251, 254, 279, 306, 310f, 314, 316, 323, 325, 327, 329f, 337
– śivaitisch 256, 260, 266, 311
– Śiva-Śakti 292
Śivañāṇacittiyār 100f, 233, 279, 311
Śivañāṇapōtam 100, 311f
Śivavakkiyam 69, 116
Skanda Purāṇa 328
Sklaverei 206
Smṛti 250, 256
SPCK 74f, 81, 89, 106, 197
SPG 56, 106, 112, 197, 228
Śrībhāṣja 176
Śrīraṅgam 177, 289
riranganatha-Tempel 177
Śruti 256
Status 48, 113, 122f, 132f, 135, 157–160, 164f, 170, 173f, 179, 181–183, 185, 190, 193, 195–198, 205, 211, 238, 283, 293, 300, 302, 312

– Status und Macht 157f, 160, 164
Subalterne 38, 49, 50, 303, 346
Subaltern Studies 37, 47, 49, 103, 127
Subramaniam 149, 300f
Südindische Missionskonferenz 203
Śūdra 111f, 115, 122, 124, 126, 128, 132, 135, 151f, 159f, 164, 169f, 178f, 182, 188, 195, 202, 207, 289, 301
– Śūdra-Christen 107
– Śūdra-jātis 171, 179, 181, 183f, 193, 197
– Śūdra-varṇa 125
sūtras 311
Śvetāśvatara Upaniṣad 327, 329
Swarāj-Bewegung 338
Synkretismus 258, 273–282, 296, 340
– synkretistisch 248, 257, 273f

talaiyari 168
Tamiḻaṉ 151
Tamiḻvēdam 311
Tamil Christian Church Society 107
Tamulische Bibliothek 65, 213, 236
Tanjore 22, 66, 73f, 76, 106f, 111–113, 164, 169, 191f, 201, 203, 206, 286
Taxonomie 78, 138, 141, 284
Tenkalai 176f
Teufelsdienst 197f, 244, 249, 284f, 302f
Tēvāram 261, 311, 316
tēvatāṉam 299
Theosophische Gesellschaft 338
Tiṇai 180f
Tinnevelly (Tirunelveli) 76, 111f, 140, 142, 191f, 197–199, 202, 256, 300, 303
Tiruchirappalli 107f, 177, 201, 203, 289, 338, 340, 335
Tirukkuṟaḷ (auch Kuṟaḷ) 70, 99, 141, 185, 195, 213, 215–217, 220f, 224–226, 228–230, 265
Tirumuṟai 311, 316
Tiruvācakam 101, 235, 261, 311, 316, 324
Tiruvātavūrapurāṇa 101
Tiruvaḷḷuvar carittiram 230f
Tiruvaḷḷuvar varalāṟu 230
Toda 145
– Toda-Sprache 144, 146, 148
– Todavar 134
Tolkāppiyaṉār 149
Tolkāppiyam 89, 138, 180f, 226
Totti 170
Tranquebar 61, 107, 109, 201
Tyāgarāja 66

ukkiramūrttam 300
Upaniṣad 261, 263, 278, 311, 313–315, 322, 326f
Urbevölkerung 127, 130, 133–137, 139, 144, 147, 194f, 249, 256, 280, 295, 299, 303, 306
Ureinwohner 130f, 133, 137, 139f, 143–145, 183, 194, 206
Urga-Prabhu 159
Utilitarismus 73

Vaiṣṇava 100, 176, 178, 231, 235, 253, 259, 289
– Vaiṣṇava-Bhakti 329
– Vaiṣṇava-Brahmanen 174f
Vaiśya 124, 128, 130, 135, 159, 182
– Vaiṣya-varṇa 179
Valaṅkai 171, 183–185, 191
Vaḷḷuvar 218
vānaprasatha 232
Vanikar 132, 179, 181–183, 187
Varṇa 124, 127f, 136f, 153, 158, 160, 171, 185, 187, 196
– Varṇāśrama 250
– Varṇa-Kategorien 112
– Varṇa-Theorie 182
varam 206
Varuṇa 163, 247
Vaṭakalai 176f
Vātsyāyana 239
Vedānta 100f, 256, 259, 261, 263f, 279, 309, 313f, 318f, 324f, 344
Vedānta-Sūtra 176
Veda 125, 176, 190, 195, 221, 258, 263–265
Vellalar 22, 89, 106f, 113f, 124, 132, 136, 138, 169f, 172, 179, 181–189, 195f, 198, 235, 237, 337
– Karaler Vellalar 187
– Tondamandalam Vellalar 187f
vēḷir 188
Vepery 89, 106f, 151
vettiyam 169

Vhakti 324
Vijayanagara 167
Viśiṣṭādvaita Vedānta 178, 251, 261
Viṣṇu 279, 284, 290, 292, 294, 300–302, 326
– Viṣṇuismus 178, 251, 279, 314, 325–327
– viṣṇuitisch 327f
Viṣṇupurāṇa 295
Viṣvakarma 190
viraṉ 300
Viramuṭaiyāṉ 193
Viraśaiva 328
viṭu (mokṣa) 237f
Volksreligion 54, 87, 89, 148, 210, 242, 266, 268, 272, 282–285, 293–295, 302, 304f, 344
Volksreligiosität 67–99, 101, 265f, 282f, 286, 288, 291, 293, 295, 298, 303–305
Volkstum 129

yāgam 174
yogam 174
yogapāda 262
yugas 156

Zamindari 167, 207
Zensus 182
Zivilisation (siehe Civilisation) 44–46, 51, 85, 101, 135f, 138, 199, 211, 226, 283
Zivilisierungsprozess 249
Zwei-Reiche-Lehre 117